achkunde für
arten- und
andschaftsbau
rsg.: H. Seipel
on H. Seipel, J. Schmitt,
. Bietenbeck, K. Kruse
78-3-582-0**4156**-2

Prüfungsbuch
Garten- und
Landschaftsbau
von H. Seipel
978-3-7782-**7460**-6

Arbeitsheft
Gartenbau in
kleinen Schritten
von L. Krüger
978-3-582-0**4153**-1

Lösungen
978-3-582-**41531**-8

ösungen
achkunde für
arten- und
andschaftsbau
it CD
78-3-582-**41561**-5

Fachbegriffe des
Garten- und
Landschaftsbaus
von H. Seipel
978-3-7782-**7461**-3

Arbeitsheft
Fachwerker/-in
Werker/-in im
Gartenbau
Garten- und
Landschaftsbau
von K. Janowitz
978-3-582-0**4165**-4

Lösungen
978-3-582-**41651**-3

Pflanzen-
timmungsbuch
ehölze
Dr. F. Jacobi
-3-582-0**4158**-6

D1724379

Fachkunde für Garten- und Landschaftsbau

Herausgeber:

Holger Seipel

Autoren:

Holger Seipel, Wiefelstede
Jens Schmitt, Höchstädt a. d. Donau
Martin Bietenbeck, Osnabrück
Klaus Kruse, Edewecht

7., überarbeitete und erweiterte Auflage

Dr. Felix Büchner · Handwerk und Technik – Hamburg

ISBN 978-3-582-0**4156**-2

Verlag Dr. Felix Büchner - Handwerk und Technik GmbH, Lademannbogen 135, 22339 Hamburg;
Postfach 63 05 00, 22331 Hamburg - 2017

E-Mail: info@handwerk-technik.de
Internet: www.handwerk-technik.de

Layout: Büro Cairo, 70180 Stuttgart
Satz: CMS - Cross Media Solutions GmbH, 97080 Würzburg
Umschlagmotiv: Grafische Bearbeitung, as-illustration, 97222 Rimpar

Druck: Himmer GmbH, 86167 Augsburg

Die Normblattangaben werden wiedergegeben mit Erlaubnis des DIN Deutsches Institut für Normung e. V.
Maßgebend für das Anwenden der Norm ist deren Fassung mit dem neuesten Ausgabedatum, die bei der
Beuth GmbH, Burggrafenstraße 6, 10787 Berlin, erhältlich ist.

Vorwort

Wir beglückwünschen Sie zu Ihrer Berufswahl sowie zum Kauf dieses Buches, das Ihnen ein wertvoller Begleiter und Ratgeber während der gesamten Ausbildung und darüber hinaus im Beruf sein wird.

Gärtner/Gärtnerin der Fachrichtung Garten- und Landschaftsbau ist ein sehr anspruchsvoller Beruf, der an Vielfalt kaum zu überbieten ist:

- So entwerfen die Gärtner und Gärtnerinnen der Fachrichtung Garten- und Landschaftsbau Gestaltungspläne,
- führen Strecken-, Flächen- und Höhenmessungen durch,
- begrünen Straßenränder, Fußgängerzonen, Dächer, Fassaden, Hinterhöfe und Terrassen,
- schaffen Bachläufe, Teiche, Seen sowie Sumpf- und Feuchtgebiete,
- errichten Sicht- und Lärmschutzwände,
- pflanzen Bäume, Sträucher und Hecken, Stauden und Sommerblumen,
- führen Großbaumverpflanzungen, Baumsanierungen und Schnittmaßnahmen durch,
- erstellen Rasen- und Wiesenflächen, pflegen Pflanzungen und Grünflächen,
- rekultivieren Abraumhalden, Kiesgruben und Müllkippen,
- bauen Mauern, Treppen, Zäune und Rankgerüste,
- legen Kinderspielplätze und Sportanlagen an,
- erstellen Wege und Plätze, verlegen Platten und Pflaster,
- sorgen für Oberflächenentwässerung sowie Dränage
- und führen Erd-, Holz-, Stein- und Betonarbeiten durch.

Und ständig kommen neue Arbeitsfelder dazu wie z. B. in den letzten Jahren

- der Bau von Pflanzenkläranlagen, Schwimmteichen und automatischen Bewässerungsanlagen sowie
- Regenwassernutzungsanlagen zur Schonung der Trinkwasserreserven bei der Bewässerung von Gärten und Grünanlagen,
- die Gestaltung von Gärten mit künstlichem Licht oder
- die Holzverwertung,

die selbstverständlich auch im Fachkundebuch berücksichtigt sind.

Umfangreiches, in Tausenden von Jahren angesammeltes gärtnerisches Wissen (5000-jährige Berufsgeschichte!), gepaart mit dem Wissen aus zahlreichen anderen Berufen wie Straßenbauer, Pflasterer, Maurer, Steinmetz, Betonbauer, Installateur oder Zimmermann, ist das, was diesen Beruf so interessant und abwechslungsreich, aber auch so anspruchsvoll und schwierig gestaltet.

Um den hohen Anforderungen im fachgerechten Umgang mit der Vielfalt an Pflanzen, Baumaterialien und -techniken im Garten- und Landschaftsbau gerecht werden zu können, sind ein umfangreiches Fachwissen, Leistungsbereitschaft, Motivation und der Wille zum lebenslangen Lernen unabdingbar. Die Fähigkeiten, die Sie zu einem guten Gärtner, einer guten Gärtnerin machen, werden Ihnen nicht in den Schoß gelegt, sondern müssen mühsam erworben werden.

Mit der „Fachkunde für Garten- und Landschaftsbau" steht Ihnen ein modernes, zeitgemäßes und im besonderen Maße schülergerechtes Lehr- und Arbeitsbuch für den Berufsschulunterricht zur Verfügung, das Ihnen eine umfassende und fundierte Ausbildung gewährleistet. Das Buch baut didaktisch und konzeptionell auf der „Fachkunde für Gärtner/-innen" (4155) auf und erfasst die gesamten Ausbildungsinhalte für den Garten- und Landschaftsbau auf der Grundlage der Rahmenrichtlinien.

Nach einer Einführung in die **Geschichte der Gartenkunst** von der Antike bis in die heutige Zeit und Informationen zur **Berufsbildung** mit Hinweisen zur volkswirtschaftlichen Bedeutung, Auftraggeberstruktur und Tätigkeitsbereichen im Garten- und Landschaftsbau sowie Informationen zur beruflichen Fort- und Weiterbildung gliedert sich das Lehrbuch entsprechend der Vorgehensweise bei der Auftragsabwicklung im Garten- und Landschaftsbau:

1. **Objektplanung**
2. **Bautechnische Maßnahmen**
3. **Vegetationstechnische Maßnahmen** und
4. **Betriebliche Zusammenhänge** als übergeordnetes Kapitel für alle landschaftsgärtnerischen Tätigkeiten

Dort, wo bautechnische und vegetationstechnische Maßnahmen zusammenfallen, z. B. beim Teich- und Bachbau, sind diese Arbeiten zur Unterstreichung der Bedeutung gärtnerischen Wissens den vegetationstechnischen Maßnahmen zugeordnet.

Umfangreiche Pflanzentabellen und Fotoserien, Schritt-für-Schritt-Arbeitsanweisungen und ein ausführliches Sachwortverzeichnis machen das Lehrbuch gleichzeitig zu einem wertvollen Nachschlagewerk und Repetitorium für Lernende, Lehrende und andere Interessierte.

Und nun viel Spaß und Erfolg beim Lernen, vor allem aber viel Freude in Ihrem Beruf.

Herausgeber, Autoren und Verlag

Inhaltsverzeichnis

Bautechnische Maßnahmen

Vegetationstechnische Maßnahmen

Betriebliche Zusammenhänge

Geschichte der Gartenkunst

Die Wurzeln des heutigen Garten- und Landschaftsbaus liegen sehr weit zurück. Im Folgenden soll ein Überblick über diese Entwicklung von der Antike bis in die heutige Zeit gegeben werden.

Die Gartenkultur beginnt mit der Sesshaftigkeit der Menschen und ist eng mit der Umfriedung der Plätze für den Nahrungsanbau verbunden.

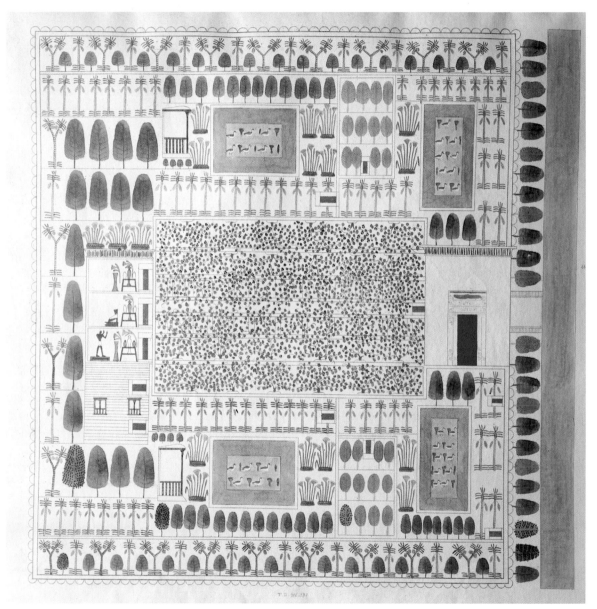

Abb. 1 Garten eines hohen ägyptischen Würdenträgers, um 1400 v. Chr.
aus: Ippolito Rosellini, Monumenti del Egypto e della Nubbia 1834, fol. 69.

Die Darstellung zeigt einen streng symmetrisch angelegten Garten, der rundherum von einer Mauer umgrenzt ist. Der Zugang erfolgt durch ein über einen Landungssteg erreichbares Portal, das links und rechts von Baumreihen eingefasst wird.

Im Zentrum des Gartens befindet sich eine mit Weinreben bewachsene Fläche, die von zahlreichen Pflanzen, darunter viele Bäume, umgeben ist. Ferner sind vier Teiche, zwei Pavillons und ein Haus erkennbar; insgesamt ein ausgewogenes Verhältnis von Zier- und Nutzgarten.

1   Das Altertum

1.1   Ägypten

Das erste Land mit einer ansprechenden Gartenkultur war Ägypten. Die Beschaffenheit des Bodens und des Klimas boten gute Voraussetzungen dafür. Das Niltal mit seinen fruchtbaren Äckern, einer Vielzahl von Terrassenbauten und einem verzweigten Kanalsystem für das Nilwasser half wesentlich bei der nutzbringenden Pflege der Vegetation.

Wandmalereien zeugen von einer **hoch entwickelten Gartenkultur**. In streng symmetrisch angelegten Gärten mit rechteckigen Beeten und viereckigen Teichen, durchzogen von gerade verlaufenden Alleen und Kanälen, wurden Gemüse, Obst, Wein und Blumen gezogen. Bestimmende Baumarten waren der Feigenbaum, die Dattelpalme und die Akazie (s. Abb. 1, S. 1).

Der Waldmangel wurde durch eine große Anzahl heiliger Haine (kleine, lichte Wälder) ausgeglichen.

Die Völker des Niltales verbanden alles, was ihnen lieb und teuer war, mit den Gärten und ihren Erzeugnissen. Diese Tradition hat sich bis heute erhalten. Feste ohne Blumenschmuck sind nicht denkbar.

1.2   Babylonien (antiker Name
für das Land zwischen Euphrat und Tigris)

Auch die babylonischen Völker pflegten eine reiche Gartenkultur. Sie waren die eigentlichen **Gründer der Parks**. Das war nur möglich, weil sie über Wälder verfügten und der Boden nicht so fruchtbar war. Tief verwurzelt in ihren Gewohnheiten war die Verehrung von Schatten spendenden Bäumen.

Von einem Park wird erstmals 1100 v. Chr. gesprochen: „Zedern und Ukarin (Buchsbaum) nahm ich mit und pflanzte sie in den Parks meines Landes ...". Leider fehlen bildliche Überlieferungen aus dieser Zeit.

Ab der zweiten Hälfte des vierten Jahrhunderts v. Chr. begannen die assyrischen Großkönige nicht nur ihre Parkanlagen zu rühmen, sondern ließen sie auch auf Schmuckreliefs abbilden.

Das siebte Weltwunder der Antike „Die Hängenden Gärten der Semiramis" wurde um 600 v. Chr. von Nebukadnezar dem II. für seine Gattin Amethyst gebaut. Es handelte sich um terrassenförmig angelegte und mit einem Wasserhebewerk bewässerte Dachgärten in der Königsburg Babylons (s. Abb. 1).

Die schwebende Gaerten zu Babylon.

Abb. 1   „Hängende Gärten der Semiramis" (Rekonstruktion)

Die Erben der assyrischen Gartenkultur waren die Meder und die Perser. Von ihnen wurden auch die Gärten weiterentwickelt. Es entstanden Grabhaine und Ziergärten. Bekannt geworden sind vor allem die Rosengärten der Perser.

1.3   Griechenland (800 v. Chr. – 150 n. Chr.)

Im alten Griechenland lebte man relativ einfach. Die Städte waren eng. Es gab keinen Platz für Gärten. Gemüse, Obst, Gewürze und Blumen kamen vom Land in die Städte.

Man pflegte kultische Handlungen, sportliche Übungen, philosophische Gespräche in einer **parkähnlichen Landschaft**, die eigens dazu angelegt wurde. Obwohl über die Einzelheiten der Gärten wenig bekannt ist, kann anhand mythologischer Überlieferungen von einer fortgeschrittenen griechischen Gartenkultur ausgegangen werden.

1.4   Rom (400 v. Chr. – 400 n. Chr.)

Zur Anlage des römischen Hauses reicher Patrizier gehörte auch ein Garten im Innenhof. Dieser war immer von einem bedachten Säulengang umgeben.

Beschnittene Buchsbaumhecken gliederten die Flächen symmetrisch. Sitzbänke, Brunnen, Wasserspiele, Tröge – bepflanzt mit Oleander, Rosen, Myrthe und anderen duftenden Blumen – belebten die Flächen. Außerhalb der Städte in der Nähe der Patriziervillen befanden sich große symmetrisch angelegte Prachtgärten mit Alleen, Buschgruppen, Rasen, Hecken, Pergolen und Plastiken.

Die römischen Gärten waren die **Vorbilder für die späteren Barockgärten**.

Abb. 1 Römischer Garten; Freskomalerei an der Villa der Kaiserin Livia (1. Jh. n. Chr.). Eines der typischen Gartenbilder auf den Mauern vor den echten Gärten

2 Das Mittelalter (400 – 1500)

Im Mittelalter waren die Gärten klein. Hinter den hohen Mauern der Burgen war wenig Platz. Nur in den Klöstern gab es große, streng geometrisch angelegte Gärten mit Obstbäumen, Gemüse- und Kräuterkulturen. Die **Klostergärten** waren die Träger der Gartenkultur. Die Mönche trieben mit den von ihnen erworbenen botanischen und gartenbaulichen Kenntnissen den Gartenbau wissenschaftlich voran.

Abb. 2 Mittelalterlicher Kräutergarten um 1400

Abb. 3 Mittelalterliche Gärtner, Holzschnitt

3 Gartenkunst in China und Japan

China und Japan sind in der Gartenkunst wesentliche Inspiratoren für Europa gewesen. Sie haben in der westlichen Welt viele Bewunderer gefunden. In beiden Kulturen klingen bei der Gestaltung von Parks und Gärten sowie beim Verhalten zu Natur und Landschaft **religiöse und philosophische Traditionen** an. Die Landschaft als Ganzes und ihre einzelnen Elemente stehen im Mittelpunkt.

Die Entwicklungen verliefen in beiden Kulturen parallel, wobei Japan dabei seinen eigenen Weg fand.

In **China** spielte die Gestaltung von Landschaftsbildern eine große Rolle. Meist waren es Parks als Inseln mit Pavillons zwischen Wasserzügen. Sie boten Ruhe, Zurückgezogenheit und Beschaulichkeit zu jeder Jahreszeit.

Man findet immer wieder Verbindungen zu anderen Künsten wie der Malerei und der Musik sowie der Wissenschaft.

Erste Berichte über die chinesische Gartenkunst gelangten durch den Seefahrer Marco Polo (1254 – 1324) nach Europa.

Abb. 1   Japanischer Garten

Abb. 2   Chinesisches Teehaus im Park von Sanssouci (1754 – 1757)

Abb. 3   Ein etwa 30 Jahre alter Fächerahorn *(Acer palmatum)* als Bonsai

Er überbrachte die Nachricht von großen Parks und Gartenanlagen, die in Gestaltung, Reichtum und Faszination alles Bisherige in der damaligen Welt in den Schatten stellten.

Eine der bedeutendsten Parkanlagen war der Sommerpalast in Peking. Er wurde in ca. 80 Jahren errichtet. Am Rande der alten Parkanlagen wurden später zwei Gärten nach französischem Vorbild erstellt, die größer als der Park von Versailles waren. Im Oktober 1860 wurden diese Anlagen allesamt durch englische und französische Truppen zerstört.

Die **Japaner** kopierten zuerst die Chinesen. Aber bereits in der Heian-Periode (794 – 1185) entstanden zahlreiche Gärten und Parks, die ihr eigenes unverwechselbares japanisches Gesicht hatten. Auffallend ist die Zurückhaltung beim Einsatz der verschiedenen Gestaltungsmittel.

Es wurden vor allem Meditationsgärten errichtet, die mit wenigen Kunstmitteln ausgestattet waren. Bei der Bepflanzung spielten nur wenige Arten eine Rolle. Jedes Detail hatte eine sinnbildliche Bedeutung. Damit wurde beim Betrachter nicht nur das Schönheitsempfinden, sondern auch seine Psyche angesprochen. Die Gartenkultur ist in Japan der Malerei gleichgestellt.

Als Gestaltungsmittel werden Kies, Steine und eine ausgewogene Bodenplastik eingesetzt. Steine, ihre Anordnung und ihre Beziehung zueinander sind sehr wichtig. Hügel in verschiedenen Höhen und Breiten, Senken und Mulden sowie kleinere Täler beleben das Landschaftsbild.

Im 12. Jahrhundert entstanden die **Teegärten**, ein besonderer Gartentyp, bei dem die Nutzung im Vordergrund stand. Zu diesem Zweck wurde ein Teehaus in einem Garten mit entsprechenden Einrichtungen geschaffen. Das Teetrinken erfolgte in Japan als eine Art Ritual und lief nach strengen Regeln ab. Man schritt auf einem Gartenpfad zum Teehaus. Dabei ging man über Trittsteine, die die verschiedenen Elemente des Gartens verbanden: Eingangstor, Wartebänke, Brunnen und Wasserbecken. Größe, Struktur und Farbe der Steine folgten genau den Vorschriften. Diese Gärten waren in allen Bevölkerungsschichten zu finden, daher gab es sehr einfache und auch sehr aufwendige Teegärten.

Viele Japaner halten und pflegen in ihren kleinen Gärten kunstvoll gezogene Bonsais (Zwergbäume, s. Abb. 3). Die Bonsai-Kunst, die ihren Ursprung in China hat, wurde von den Japanern zur Perfektion entwickelt. In ihr spiegeln sich asiatische Philosophie und Lebensanschauung (Lebenskraft auf kleinstem Raum, Beschränkung auf das Wesentliche) wider.

4 Die Neuzeit

4.1 Renaissance und Barock (1500 – 1750)

Während der Renaissance (Rückbesinnung auf die Antike) lebten die Gärten des alten Roms wieder auf. Zu Lehr- und Forschungszwecken entstanden **botanische Gärten** in Pisa (1543), Bologna (1567), Leipzig (1577) und Heidelberg (1593).

Das Blumensammeln, -züchten und -anbauen zählte zu den beliebtesten Hobbys der Barockzeit. Es entstanden große Schlossgärten als Werke von Gartenarchitekten, wobei Frankreich unter dem Einfluss von Ludwig dem XIV. (1638 – 1715; Schloss von Versailles) die Führung in der Gestaltung übernahm. Der **symmetrische Grundriss**, die Betonung der Mittelachse, die Schloss- und Zufahrtswege verbindet, sowie eine strenge Trennung von der natürlichen Umgebung sind wichtige Merkmale. Buchsbaumkanten, große Ornamente, Felder, mit bunten Steinen, Glassplittern oder Muscheln belegt, gehörten ebenso zu den Gestaltungsmerkmalen wie in den entfernteren Bereichen Baum- und Buschgruppen, Laubengänge, Pavillons, breite Wege für Reiter und Kutschen sowie Wasserläufe. Eine Reihe solcher Gärten kann man noch heute bewundern (z. B. den Park von Versailles, den Großen Garten in Hannover-Herrenhausen, den Barockgarten in Großsedlitz bei Dresden).

4.2 Rokoko und Klassizismus
(1750 – 1850)

Der architektonische Garten des Barock wurde unmodern. Die Sehnsucht nach der freien Natur lebte wieder auf. **Landschaftsnähe** hieß der neue Weg in der Gartengestaltung. Dieser fand vor allem Ausdruck in den englischen Gärten. Großräumige Parks mit naturnahen Wegen, Wasserläufen und Teichen, meist als Übergang in die freie Natur, wurden angelegt.

In diesen Parks wurden sehr viele Kübelpflanzen aufgestellt. Da die Pflanzen häufig aus südlichen Ländern kamen, baute man für deren Überwinterung Überwinterungshäuser, **Orangerien** genannt. Wichtige Pflanzenarten waren Zitrusfrüchte, Palmen verschiedener Arten und Fuchsien. Eine derartige Orangerie ist zum Beispiel im Pillnitzer Schlosspark zu bewundern. Dieser Park stellt eine Mischung aus Barockpark und englischem Garten dar.

Weitere Beispiele englischen Landschafts- und Naturstils vermischt mit Einflüssen des französischen Barockstils sind die Parks des Fürsten Pückler in Bad Muskau (s. Abb. 3), der Englische Garten in München und der Central Park in New York (s. Abb. 1, S. 6).

Abb. 1 Barockgarten in Großsedlitz bei Dresden

Abb. 2 Orangerie im Pillnitzer Schlosspark

Abb. 3 Parkanlage des Fürsten Pückler in Bad Muskau (Eichseewasserfall)

Abb. 1   Das Herz Manhattans, der 341 ha große Central Park
in New York

Abb. 2   Familie im Schrebergarten

5   Die Gründerjahre

Die Gründung des Deutschen Kaiserreiches (1871) hatte zu neuem Reichtum geführt. Sie bewirkte einen großen wirtschaftlichen Aufschwung. Deshalb wurden die folgenden Jahre **Gründerjahre** genannt.

Die Verschmelzung der zwei grundsätzlichen Stilrichtungen, dem natürlichen oder landschaftlichen mit dem geometrischen oder regelmäßigen Stil, wie auch der Repräsentationswille betuchter Bürger sind kennzeichnend für diesen Zeitabschnitt. Der **Wintergarten** wurde zum Statussymbol. Die Vorgärten sprachen für ihre Besitzer. Blumenbeete, Rosenrondelle, Buchsbaumhecken waren fast überall zu finden. Der Blumenhandel und die gärtnerische Blumenzucht erlebten einen großen Aufschwung. Die Begüterten der Gesellschaft gaben den Pflanzen damit eine neue Bedeutung.

Der „kleine Mann" hingegen lebte ärmlich. Aber auch ihn drängte es nach frischem Grün. Der Arzt Dr. Daniel Gottlob Schreber (1808 – 1861) begann damit, kleine Gärten innerhalb einer Gartenkolonie anzulegen. Diese Art von Gärten wird noch heute nach ihm benannt: **die Schrebergärten**. Die Parzellengröße lag bei ca. 100 m². Genauso wie heute wurden in ihnen Blumen- und Gemüsebeete angelegt, Obstbäume gepflanzt und Erholungsräume geschaffen. Bestimmende Pflanzenarten waren Stauden, z. B. Rittersporn, Phlox, Malven, Lupinen, Staudenastern und eine Vielzahl von Sommerblumenarten, sodass immer etwas blühte. Von Wicken umrandete Sommerlauben waren ein Zeichen für unpolitische Rückzugsräume, bis der Krieg diese beschauliche Gartenidylle beendete.

6   Die Entwicklung im 20. Jahrhundert

Zwei Weltkriege, wirtschaftliche Tiefpunkte und das „Wirtschaftswunder", die Entwicklung der Wissenschaften und der Technik, die größere Mobilität durch Flugzeuge, schnelle Autos und vieles andere mehr sind bestimmend für dieses Jahrhundert.

Die Nostalgie, die Freude am Überlieferten, gewann als Gegengewicht stärker an Bedeutung. Blumen wurden immer mehr zum Handelsobjekt und spielten im gesellschaftlichen Leben eine bedeutende Rolle.

Spätestens seit den Gartenbauausstellungen zu Beginn des 20. Jahrhunderts gelangte der Garten und mit ihm der Gartenarchitekt ins öffentliche Bewusstsein.

Nach dem Ersten Weltkrieg traten eine Reihe von begabten Gartenarchitekten „auf den Plan". Es entstanden zahlreiche **Volksparks**. In dieser Zeit wurden der Volkspark Hamburg (180 ha), die Jungfernheide Berlin mit 160 ha und andere Anlagen errichtet. Volksparks entstanden vor allem dort, wo es keine Schlossparks gab.

Karl Förster aus Bornim bei Potsdam züchtete zahllose Staudenarten und beschrieb diese in einmaliger Art und Weise. Viele namhafte Gartenarchitekten arbeiteten als Gärtner in seinem Betrieb. Es entstand eine Gemeinschaft von Gleichgesinnten, die in den Zwanzigerjahren eine Arbeitsgemeinschaft gründeten und denen es zu verdanken ist, dass zahlreiche Gartenanlagen in einem neuen Geist entstanden. Es seien hier nur Adolf Haag, Alfred Reich, Herta Hammerbacher, Gustav Allinger und Alwin Seifert als Vertreter erwähnt.

Der freie und offene und so fruchtbare Meinungsaustausch wurde durch die Machthaber der Nazizeit unterbrochen.

Nach dem Ende des Zweiten Weltkrieges dauerte es einige Zeit, bis ein Neubeginn in der Gartengestaltung sichtbar wurde. Fast alle Gartenarchitekten der Vorkriegszeit stellten sich den großen Aufgaben im Lande. Die Grünplanung wurde in jeder größeren Stadt zu einem wichtigen Bestandteil der behördlichen Einrichtungen. Sie hatte folgende Aufgaben zu erfüllen:

- ■ Grünflächenplanung im Rahmen einer Bauleitplanung mit perspektivischer Sicht,
- ■ Planung und Ausbau einzelner Grünobjekte in Fortsetzung der traditionellen Aufgaben,
- ■ Pflege und Unterhaltung aller vorhandenen und neu entstandenen Anlagen,
- ■ Eingriffe in die Landschaft durch Verkehrsplanung, Bau von Wasserstraßen, Flurbereinigung u. a.

Diese vielfältigen Aufgaben verlangten die Herausbildung eines neuen Fachmannes, des **„Landschaftspflegers"** bzw. des **Garten- und Landschaftsbauers.**

7 Die Gartenschauen

Der Ursprung der Gartenschauen liegt im 18. Jahrhundert. Ausgangspunkte waren die Pflanzenliebhaberei und der Erwerbsgartenbau.

Es war, wie bereits erwähnt, die große Zeit der privaten Pflanzensammlungen. Seltene Pflanzen dienten als Prestigeobjekte. So öffnete der Hofrat Wolfgang Wedel aus Jena um 1800 seine Sammlungen für die Öffentlichkeit. Das war die erste Freilandpflanzenschau.

Parallel zu privaten Hof- und Herrschaftsgärtnern des Adels und des reichen Bürgertums, denen die Anlage und Pflege von Gärten und Parks oblag, entwickelte sich ein neuer Gartenbauzweig, die unabhängige Kunst- und Handelsgärtnerei. Diese Unternehmen begannen mit der Zucht, der Kultur sowie dem Handel von Blumen, Topfpflanzen, Gemüse, Obst, Ziergehölzen und Saatgut.

Ab 1897 gab es die verschiedendsten Ausstellungsarten nebeneinander. Eine zentrale Regelung für die zeitliche und räumliche Abfolge fehlte. Die Städte und Vereine entschieden über die Ausstellungen.

1925 gab es allein in Deutschland 28 Ausstellungen. Deshalb wurde 1930 vom Reichsverband des deutschen Gartenbaus mit der Erarbeitung einheitlicher Richtlinien begonnen. Die Machthaber des Dritten Reiches, die diesen Verband auflösten, übernahmen die bereits vorhandenen

Jahr	Aussteller/Anlass	Besonderheiten
1809	Belgische Pflanzen-gesellschaft	1. Pflanzen- und Blumen-ausstellung
1822	Gründung des Vereins zur Förderung des Gartenbaus in Preußen Deutsche Gartenbau-Gesellschaft	Wettbewerbe, Entwicklung von Spezialschauen
1885	Allgemeine deutsche Gartenbau-Ausstellung anlässlich der Weltausstellung in Erfurt	379 in- und ausländische Aussteller, davon 100 aus Erfurt, 30 000 Besucher
1869	1. Internationale Gartenbau-Ausstellung	420 Aussteller aus 8 europäischen Ländern und den USA
1897	IGA Hamburg	Sommerlanges Gartenfest, alle Merkmale der heutigen Bundesgartenschau sind bereits vorhanden

Tab. 1 Zeitlicher Abriss der Gartenschauen 1809 – 1897

Ideen. Sie machten sich das Anliegen der Gartenschauen zunutze, hatten sie doch erlebt, welch ein Besuchermagnet diese Ausstellungen waren.

So entstanden im Dritten Reich die ersten großen Gartenschauen mit einheitlichen Richtlinien und einer einheitlichen Bezeichnung: **Reichsgartenschauen.** Sie wurden 1936 in Dresden, 1938 in Essen, 1939 in Stuttgart durchgeführt.

Nach Kriegsende vergingen gerade vier Monate bis zur ersten kleinen Gartenschau in Erfurt. 1949 lud Landau zur „Südwega", der südwestdeutschen Gartenschau, ein.

Durch die Teilung Deutschlands verlief die Entwicklung auch auf dem Sektor der Gartenschauen unterschiedlich.

Auf dem Gebiet der Bundesrepublik Deutschland wurden die **Bundesgartenschauen** sowie **Landesgartenschauen** durchgeführt, in der DDR fand die **„iga"** statt.

7.1 Die Bundesgartenschauen (BUGA)

Seit 1951 finden im zweijährigen Rhythmus Bundesgartenschauen statt.

Eine Bundesgartenschau ist:
- ■ ein halbjähriges Einweihungsfest für einen neuen oder neu hergerichteten Park bzw. eine rekultivierte Landschaft,
- ■ ein Wettbewerbsort für Gärtner,
- ■ ein Ort zur Werbung für den Berufsstand und
- ■ ein Motor für die Stadtentwicklung.

Freiflächen und neue Grünräume werden geschaffen. Es können Fußgängerzonen entstehen, der Ausbau des Verkehrsnetzes, der Bau von Sport- und Freizeitanlagen wird vorangetrieben, Hotels werden errichtet und historische Gebäude restauriert. Die gesamte Infrastruktur wird verbessert.

Abb. 1   Bundesgartenschau 2009:
Schweriner Schloss mit Schlossgarten

über das Gelände, die ökologischen Rahmenbedingungen, das soziale und strukturelle Umfeld werden abgesteckt. Ein Grundkonzept für die Dauernutzung, ein erster Kosten- und Finanzierungsrahmen werden erarbeitet. Die Stadt präsentiert diese Überlegungen dem Zentralverband Gartenbau, der dann auch über die Bewerbung entscheidet. Beide zusammen schließen die notwendigen Verträge ab. Für die Abwicklung und Durchführung wird eine Gesellschaft gegründet.

Ein Planungswettbewerb unter den Landschaftsarchitekten kommt zur Ausschreibung und aufgrund der Empfehlung des Preisgerichtes und der Diskussion in der Öffentlichkeit vergibt die Stadt die Planung an einen oder mehrere Preisträger. In der Folge konkretisiert man die Wettbewerbsplanung. Der Aufsichtsrat und seine Gremien stimmen die Einzelmaßnahmen ab. Die Bauleitung überwacht die Ausführung im Gelände.

Jahr	Gartenschau	Stadt (Land)
2009	BUGA	Schwerin (Mecklenburg-Vorpommern)
2011	BUGA	Koblenz (Rheinland-Pfalz)
2012	Floriade[1]	Venlo (Niederlande)
2013	IGS	Hamburg
2015	BUGA	Havel-Region (Brandenburg, Sachsen-Anhalt)
2017	IGA	Berlin
2019	BUGA	Heilbronn (Baden-Württemberg)
2021	BUGA	Erfurt (Thüringen)
2023	BUGA	Mannheim (Baden-Württemberg)

[1] Die **Floriade** ist eine alle zehn Jahre stattfindende internationale Gartenschau in den Niederlanden.

Tab. 1   Übersicht Gartenschauen 2009 bis 2023

Von der Idee bis zur Realisierung wird nach einem einheitlichen Plan vorgegangen:
- Idee
- Meinungsbildung
- Untersuchung/Gutachten
- Präsentationen/Bewerbung
- Entscheidung
- Durchführungs- und Gesellschaftervertrag
- Durchführungs-GmbH
- Ideen- und Bauwettbewerb
- Planungsvergabe
- Planung und Ausbau
- Eröffnung und Durchführung
- Dauernutzung der Anlagen

Die Bürger, Politiker, Stadtverwaltung und Gartenamt tragen die Idee ins Stadtparlament. Es folgt die Diskussion im Stadtparlament, in der Presse und der breiten Öffentlichkeit sowie im Zentralverband Gartenbau. Die Vorstellungen

Abb. 2   Traditionell besucht die englische Königin Queen Elisabeth II am Eröffnungstag die Chelsea Flower Show[1]

[1] Europas größte und bedeutendste Gartenschau, die **Chelsea Flower Show**, findet jährlich im Mai im Londoner Stadtteil Chelsea statt; Veranstalter ist die Royal Horticultural Society (s. Abb. 2)

Alle zehn Jahre wird anstelle der Bundesgartenschau die **Internationale Gartenbauausstellung (IGA)** veranstaltet. Waren es bisher die 3er-Jahre (1953 Hamburg, 1963 Hamburg, 1973 Hamburg, 1983 München, 1993 Stuttgart und 2003 Rostock) sind es nun nach einer Neuregelung die 7er-Jahre. Weil die für 2013 in Hamburg vorgesehene IGA nun nicht mehr stattfinden durfte, man aber für die geplante Gartenschau den internationalen Charakter gewahrt wissen wollte, einigten sich die Vertragspartner Hamburg und die Deutsche Bundesgartenschau-Gesellschaft (DBG) auf die Bezeichnung **Internationale Gartenschau (IGS)**. Die nächste IGA findet 2017 in Berlin statt (s. Tab. 1, S. 8). Neben den großen Gartenschauen werden auf Landesebene in Deutschland und Österreich **Landesgartenschauen** durchgeführt (s. Tab. 1). Sie haben die gleichen Effekte für die jeweilige Region und den Berufsstand wie die Bundesgartenschauen.

Abb. 1 Blumenzwiebeln und -knollen – Arbeitsthema der Gartenschauen

Bundesland	Jahr	Ort
Baden-Württemberg	2017[1]	Bad Herrenalb
	2018	Lahr
	2019[1]	Remstal
	2020	Überlingen
Bayern	2017[2]	Pfaffenhofen a. d. Ilm
	2018	Würzburg
	2019[2]	Wassertrüdingen
	2020	Ingolstadt
Brandenburg	2019	Wittstock/Dosse
Hessen	2018	Bad Schwalbach
Niedersachsen	2018	Bad Iburg
Nordrhein-Westfalen	2017	Bad Lippspringe
	2020	Kamp-Lintfort
Sachsen	2019	Frankenberg
Sachsen-Anhalt	2018	Burg
Thüringen	2017	Apolda
Österreich	2017	Kremsmünster
	2019	Schlägl

Tab. 1 Landesgartenschauen (Abk. LAGA/LGS) 2017 bis 2020 In Baden-Württemberg und Bayern finden die Landesgartenschauen jährlich im Wechsel mit kleineren Landesgartenschauen, den sogenannten Grünprojekten[1] bzw. kleinen Landesgartenschauen[2], statt.

7.2 iga Erfurt

In der DDR sah die Situation anders aus. 1958 wurde die „iga Erfurt" gegründet. Im Gegensatz zur Bundesrepublik fanden die Gartenbauausstellungen in der DDR immer auf diesem Gelände, der Cyriaksburg in Erfurt, statt.

Auf diesem Gelände befanden und befinden sich noch 15 Hallen und 8 Pavillons sowie auf der großen Freifläche u. a. eine 400 m lange Blumenwiese und Lehrgärten.

1990 erlosch die Bedeutung der iga Erfurt als Ausstellungsgelände für große internationale gärtnerische Veranstaltungen. Das Gelände wurde unter Denkmalschutz gestellt und soll weiterhin der gartenbaulichen Tradition dienen. Die „ega cyriaksburg Erfurt", der Garten Thüringens, wurde ins Leben gerufen. Parks und Gärten des weiträumigen Geländes bieten für die Freunde der Flora vom zeitigen Frühjahr bis in den späten Herbst eine reiche Palette an Grünem und Blühendem in verschiedenen Sondergärten.

Aufgaben

1. Wann entstand die Gartenkultur und durch welche Leistungen wurde sie bekannt?
2. Zeigen Sie die Entwicklungsetappen der Gartenkultur im Altertum auf.
3. Welche Gärten waren die Vorbilder der Barockgärten? Begründen Sie Ihre Aussagen.
4. Nennen Sie Beispiele für heute noch vorhandene Barockgärten in Ihrem Bundesland.
5. Nennen Sie die Merkmale der Barockgärten und der Englischen Gärten.
6. Erläutern Sie Gemeinsamkeiten und Unterschiede der Gartentypen im asiatischen Raum und zeigen Sie deren Bedeutung für die heutige Zeit auf.
7. Welche wirtschaftlichen Voraussetzungen waren für die Entwicklung der Gartenschauen notwendig?
8. Erläutern Sie die Merkmale von Landes- und Bundesgartenschauen.
9. Besuchen Sie während Ihrer Berufsausbildung mindestens eine Landes- oder Bundesgartenschau und zeigen Sie auf, wie die allgemeinen Merkmale dieser Schauen dort wiederzufinden sind.

Berufsbildung

1   Branchenbericht

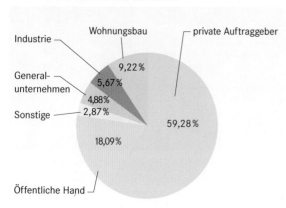

Abb. 1   Auftraggeber im GaLaBau (nach Umsatzanteilen in %)[1]

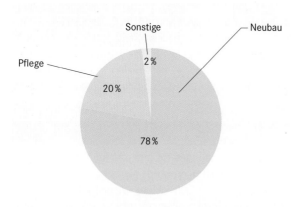

Abb. 2   Tätigkeitsbereiche im GaLaBau (nach Umsatzanteilen in %)[1]

Innerhalb der Volkswirtschaft hat sich der Gartenbau zu einem Wirtschaftszweig entwickelt, der in den vergangenen Jahrzehnten viele strukturelle Veränderungen durchgemacht hat. Aus der Landwirtschaft hervorgegangen, haben sich viele Betriebe in Richtung Handel und Dienstleistungen entwickelt.

Der Garten- und Landschaftsbau (im Folgenden GaLaBau genannt) hat sich als Branche des Gartenbaus seit den 60er-Jahren stark entwickelt. Das traf vor allem auf das Gebiet der alten Bundesländer zu. In der ehemaligen DDR war der GaLaBau keine eigenständige Branche. Nach 1990 erlebte der GaLaBau auch in den neuen Bundesländern einen starken Aufschwung. Es wurde eine Vielzahl von Firmen gegründet. Von 1991 bis 1993 gab es eine enorme Umsatzentwicklung. Die Gründe lagen einmal im großen Nachholbedarf auf diesem Sektor und zum anderen in der anhaltenden Entwicklung des Baugewerbes generell.

Der Branchenumsatz lag 2015 bei 7,14 Mrd. €, erwirtschaftet von 16 779 Betrieben. Gut jeder fünfte dieser Betriebe ist Mitglied im Bundesverband Garten-, Landschafts- und Sportplatzbau (BGL), die knapp 61 % des Gesamtumsatzes erwirtschafteten. 2015 waren 112 541 Personen im GaLaBau beschäftigt, darunter 6575 Auszubildende.

2   Bundesverband Garten-, Landschafts- und Sportplatzbau (BGL) e. V.[2]

Der **Bundesverband Garten-, Landschafts- und Sportplatzbau (BGL)** e. V. ist die Interessenvertretung der GaLaBau-Unternehmen beim Gesetzgeber, der Regierung, der Verwaltung sowie bei wirtschaftlichen und sozialen Organisationen. Er wird getragen von 12 **Landesverbänden** (s. Tab. 1, S. 11) und ist Mitglied im **Zentralverband Gartenbau (ZVG)**, der Dachorganisation der gartenbaulichen Unternehmen.

Zu seinen Aufgaben zählen u. a.:

- Information über aktuelle GaLaBau-relevante Entwicklungen der Gesetzgebung und auf administrativem Gebiet, in der Rechtssprechung sowie im Wirtschafts- und Konjunkturbereich
- Sicherung der wirtschaftlichen und gesellschaftlichen Interessen seiner Mitglieder
- als Arbeitgeberverband Tarifpartner der IG Bauen-Agrar-Umwelt
- Koordination der Arbeit der Landesverbände auf Bundesebene
- Abbau von Wettbewerbsverzerrungen
- Unterstützung des Berufsstandes bei der Erschließung neuer Arbeitsgebiete
- Mitwirkung bei der Normenbildung
- Darstellung des Berufsstandes in der Öffentlichkeit (Öffentlichkeitsarbeit)
- Durchführung von Bundesgartenschauen und internationalen Gartenbauausstellungen
- ideeller Träger (Sponsor) der Europäischen Fachmesse Garten-, Landschafts- und Sportplatzbau
- Förderung von Aus- und Weiterbildung
- Mitwirkung bei der Nachwuchswerbung

---

[1]   Quelle: GaLaBau-Statistik 2015, GaLaBau-Service GmbH

[2]   Anschrift: Bundesverband Garten-, Landschafts- und Sportplatzbau e. V., Alexander-von-Humboldt-Str. 4, 53602 Bad Honnef, www.galabau.de/www.galabau.com

Verband	Geschäftsstelle	Verband	Geschäftsstelle
Verband Garten-, Landschafts- und Sportplatzbau Baden-Württemberg e. V.	Filderstr. 109 – 111 70771 Leinfelden-Echterdingen Telefon: 0711-97 566-0 www.galabau-bw.de	Verband Garten-, Landschafts- und Sportplatzbau Niedersachsen-Bremen e. V.	Haus des Gartenbaues Johann-Neudörffer-Str. 2 28355 Bremen Telefon: 0421-53 64 16-0 www.galabau-nordwest.de
Verband Garten-, Landschafts- und Sportplatzbau Bayern e. V.	Haus der Landschaft Lehárstraße 1 82166 Gräfelfing Telefon: 089-82 91 45-0 www.galabau-bayern.de	Verband Garten-, Landschafts- und Sportplatzbau Nordrhein-Westfalen e. V.	Sühlstraße 6 46117 Oberhausen-Borbeck Telefon: 0208-84 830-0 www.galabau-nrw.de
Fachverband Garten-, Landschafts- und Sportplatzbau Berlin/Brandenburg e. V.	Jägerhorn 36 – 40 14532 Kleinmachnow Telefon: 033203-88 96-0 www.galabau-berlin-branden-burg.de	Verband Garten-, Landschafts- und Sportplatzbau Rheinland Pfalz und Saarland e. V.	Gärtnergasse 1a 55116 Mainz Telefon: 06131-62 97 05 www.galabau-rps.de
Fachverband Garten-, Landschafts- und Sportplatzbau Hamburg e. V.	Hamburger Haus des Landschaftsbaus Hellgrundweg 45 22525 Hamburg Telefon: 040-34 09 83 www.galabau-nord.de	Verband Garten-, Landschafts- und Sportplatzbau Sachsen e. V.	Am Wüsteberg 3 01723 Kesselsdorf Telefon: 035204-78 998-0 www.galabau-sachsen.de
Fachverband Garten-, Landschafts- und Sportplatzbau Hessen-Thüringen e. V.	Max-Planck-Ring 37 65205 Wiesbaden-Delkenheim Telefon: 06122-93 11 40 www.galabau-ht.de	Verband Garten-, Landschafts- und Sportplatzbau Sachsen-Anhalt e. V.	Lorenzweg 56 39128 Magdeburg Telefon: 0391-56 29 79-51 www.galabau-sachsen-anhalt.de
Fachverband Garten-, Landschafts- und Sportplatzbau Mecklenburg-Vorpommern e. V.	Bockhorst 1 18273 Güstrow Telefon: 03843-26 41 56 www.galabau-mv.de	Fachverband Garten-, Landschafts- und Sportplatzbau Schleswig-Holstein e. V.	Haus der Landschaftsgärtner Thiensen 16 25373 Ellerhoop Telefon: 04120-70 77 89-0 www.galabau-nord.de

Tab. 1 Landesverbände des BGL

3 Ausbildungsförderungswerk des GaLaBaus (AuGaLa)

Zur Förderung der Ausbildungsbereitschaft der Betriebe (finanzielle Unterstützung) und der fachlichen Qualifikation der Auszubildenden (überbetriebliche Ausbildung – ÜBA) wurde 1977 durch tarifvertragliche Vereinbarungen zwischen dem BGL und der Gewerkschaft Gartenbau, Land- und Forstwirtschaft (GGLF), heute Industriegewerkschaft Bauen-Agrar-Umwelt (IG Bau), das **Ausbildungsförderungswerk Garten-, Landschafts- und Sportplatzbau e. V.** (AuGaLa) gegründet.

Es bildet die Grundlage dafür, dass alle Betriebe des Garten- und Landschaftsbaus – gleichgültig, ob sie ausbilden oder nicht – an den Ausbildungskosten beteiligt werden. So führen die Betriebe des GaLaBaus monatlich 0,8 % ihrer Bruttolohnsumme als Umlage an das AuGaLa ab. Diese Gelder kommen den Ausbildungsbetrieben zugute, indem das AuGaLa folgende Leistungen erbringt:

- Übernahme der Kosten überbetrieblicher Ausbildung (Lehrgangsgebühren, Kosten für Übernachtung, Verpflegung teilweise, Reise und Materialien)
- Übernahme der Ausbildungsvergütung für Zeiten, in denen die Auszubildenden in der Berufsschule und bei der überbetrieblichen Ausbildung sind
- Erstattung der Lernmittelkosten (Pflanzenbücher, Ausbildungsordner mit Berichtsheft)
- Stellung von Werbemitteln und Einsatz von Nachwuchswerbeberatern zur Unterstützung der Betriebe bei der Nachwuchswerbung
- Durchführung von Infos, Seminaren und Tagungen zur Weiterbildung der Ausbilder
- vierteljährliche Zusendung eines Ausbilder-Infos, das sich speziell mit den Problemen der Ausbilder in der Praxis beschäftigt

4   Berufliche Fort- und Weiterbildung

Mit der erfolgreich bestandenen Abschlussprüfung zum Gärtner/zur Gärtnerin der Fachrichtung Garten- und Landschaftsbau ist das Lernen nicht vorbei. Ständig finden neue Erkenntnisse, Techniken und Arbeitsverfahren Eingang in unsere Berufswelt, ändern sich Gesetze und Vorschriften. Je höher Qualifikationen, Flexibilität und Mobilität, desto besser die Chancen auf dem Arbeitsmarkt.

Eine Vielzahl von Bildungseinrichtungen bietet ein weit verzweigtes und miteinander verflochtenes Netz beruflicher Bildungswege an, mit deren Hilfe entsprechend der jeweiligen Begabung und Neigung die berufliche Erstausbildung ergänzt werden kann, **zusätzliche Qualifikationen für** bestimmte Aufgaben (z.B. Mitarbeiterführung, EDV, Management, Marketing, Werbung, Umwelt- und Naturschutz) erworben und Prüfungsvorbereitungen zum beruflichen Aufstieg durchgeführt werden können.

Sehr empfehlenswert für den Junggärtner/die Junggärtnerin ist das Sammeln von Erfahrungen in verschiedenen Betrieben des In- und Auslandes. Die **„Internationale Weiterbildung und Entwicklung gGmbH** (INWEnt)" organisiert und fördert Arbeits- und Studienaufenthalte im Ausland (www.inwent.org).

Die Gemeinschaft des **Europäischen Garten-, Landschafts- und Sportplatzbaus** (European Landscape Contractors Association – **ELCA**) fördert den europäischen Austausch junger Landschaftsgärtner/-innen über den ELCA-Arbeitskreis der Betriebe. Der internationale Austausch junger Landschaftsgärtner wird außerdem durch den **ELCA-Berufsbildungspass** gefördert. Er enthält Angaben zur beruflichen Aus- und Weiterbildung und wird kostenlos an junge Landschaftsgärtner/-innen vergeben, die ihre berufliche Qualifikation durch einen Auslandsaufenthalt ergänzen wollen (www.eu-landscapers.org).

Von den **Landesverbänden des GaLaBaus** und dem **BGL** werden die verschiedensten Lehrgänge (Sportplatzbau, Pflanzenverwendung und -pflege, Baumpflege, Dach- und Fassadenbegrünung, Teichbau, Rasenbau, Steinarbeiten, Vermessung usw.) angeboten, mit deren Hilfe die berufliche Ausbildung ergänzt werden kann bzw. zusätzliche Qualifikationen für bestimmte Aufgaben erworben werden können. Als zentrale Weiterbildungseinrichtung gilt die **Bildungsstätte des deutschen Gartenbaus** in Grünberg, wo ganzjährig Seminare zu den unterschiedlichsten Themen durchgeführt werden.

Auch die **Arbeitsgemeinschaft der deutschen Junggärtner** führt zahlreiche Veranstaltungen zur allgemeinen und beruflichen Fortbildung durch. Wichtige Träger bei der beruflichen Fortbildung sind zudem die **Landwirtschaftskammern** mit ihren **Lehr- und Versuchsanstalten (LVG)** sowie die **DEULA-Schulen**. So bieten sie neben vielen fachlichen Kursen und Seminaren auch die Fortbildung zum/zur **Baumpfleger(in)**, **Greenkeeper(in)** [Golfplatzwart(in)] sowie **Natur- und Landschaftspfleger(in)** an (s. Tab. 1, S. 14).

Durch den Besuch der **Einjährigen Fachschule („Meisterschule")** können sich die Gärtner(innen) der Fachrichtung Garten- und Landschaftsbau auf die Meisterprüfung, durch den Besuch der **Zweijährigen Fachschule („Technikerschule")** auf die Technikerprüfung bzw. die Prüfung zum Agrarbetriebswirt vorbereiten. Die Zulassung zur Meisterprüfung setzt den Besuch der Einjährigen Fachschule zwar nicht voraus, ist aber dringend anzuraten.

Abb. 1   Gelernte Landschaftsgärtner(innen) werden bereits mit Führungsaufgaben betraut

Berufsziel	Gärtner(in)	Meister(in)	Staatl. geprüfte(r) Agrarbetriebswirt/-in Staatl. geprüfte(r) Techniker/-in	Bachelor, Master (FH) Diplom-Ingenieur/-in (FH)	Bachelor, Master Diplom-Ingenieur/-in Universität
Zulassungs-voraus-setzungen	Hauptschul-abschluss	Realschulabschluss[1], Berufsschulab-schluss, erfolgreiche Abschlussprüfung zum Gärtner, mindestens 2 Jahre Berufspraxis[2]	Realschulabschluss[1], Berufsschulabschluss, erfolgreiche Ab-schlussprüfung zum Gärtner, mindestens 1 Jahr Berufspraxis	Fachhochschulreife oder gleichwertiger Bildungs-stand, 12 Monate Praxis-ausbildung[3] (11. Klasse FOS oder 1-jähriges Praktikum oder Berufsausbildung zum Gärtner/zur Gärtnerin, was allgemein empfohlen wird)	Allgemeine oder fachge-bundene Hochschulreife (Abitur/Fachabitur), bis zum Hauptexamen ist ein halbjähriges Praktikum vorgeschrieben (empfoh-len wird ein mindestens 1-jähriges Praktikum)
Ausbildungs-zeit	2[4] bis 3 Jahre	1 Jahr[7]	2 Jahre[5]	Bachelorstudium: 6–8 Semester + Masterstudium: 2–4 Semester Gesamtdauer: ⌀ 10 Semester (8–12) I.d.R. 6/4-Modell: Bachelorstudium 6 Semester Masterstudium 4 Semester aber auch 7/3- und 8/2-Modelle möglich	
Ausbildungs-stätte	Berufsschule	Einjährige Fachschule („Meisterschule")	Zweijährige Fachschule („Technikerschule")	Fachhochschulen, Gesamthochschulen Fachhochschulen vermitteln eine anwendungsbezogene, auf wissenschaftlicher Grundlage beruhende fach-liche Ausbildung	Universität, Gesamthochschule
Abschluss	z. B. Gärtner/-in der Fach-richtung Garten- und Landschafts-bau	„Staatl. geprüfte Wirtschafterin/ Staatl. geprüfter Wirtschafter", nach erfolgreicher Meisterprüfung[6] „Gärtnermeister/-in"	„Staatlich geprüfte(r) Agrarbetriebswirt/-in", „Staatlich geprüfte(r) Techniker/-in", durch eine Zusatzprüfung kann die Fachhoch-schulreife erworben werden	„Bachelor of Engineering (B. Eng.)" „Master of Engineering (M. Eng.)" Nach mindestens zweijähriger Berufspraxis kann im GaLaBau die Berufsbezeichnung „Landschafts-architekt" durch die Architektenkammer verliehen werden.	
Schwerpunkt der Tätigkeit	z. B. Fachkraft im Garten- und Landschafts-bau, Leiter kleiner Bau-stellen	Arbeitsabwicklung auf der Baustelle, Bauleitung kleinerer bis mittlerer Bau-stellen, Ausbildung der Auszubildenden	Breite Einsetzbarkeit, Haupttätigkeit liegt im mittleren Manage-ment zwischen den Tätigkeitsbereichen der Meister und Ingenieure	Führungsaufgaben im Bereich Organisation und Abwicklung von Baumaß-nahmen, Erstellung von Leistungsverzeichnissen, Vor- und Nachkalkulation, Mitarbeiterführung, Entwurfsplanung usw.	Leitende Tätigkeit in Forschung, Lehre und Verwaltung
Weiterbildung	s. folgende Spalten	s. folgende Spalten	s. folgende Spalten	s. folgende Spalte	24 Monate Referendar-zeit, 2. Staatsprüfung [Assessor], Lehrer/-in an berufsbildenden Schulen; Promotion zum Dr.-Ing. bzw. Dr. rer. hort.; Dr. agr.

[1] Den Realschulabschluss oder mittleren Bildungsabschluss erhält, wer die Berufsschule erfolgreich besucht und die Abschluss-prüfung zum Gärtner/zur Gärtnerin bestanden hat.

[2] Ausbildungzeit und Besuch der Fachschule werden nicht angerechnet bzw. ohne Ausbildung 5 Jahre Berufspraxis.

[3] Kann auch während des Studiums absolviert werden. Im Studiengang Landschaftsentwicklung (GaLaBau) häufig auf 3 Monate reduziert, wovon die Hälfte bis zum Ende des ersten Studienjahres nachgeholt werden kann.

[4] Umschüler und Abiturienten.

[5] Wer die Abschlussprüfung an einer einjährigen Fachschule bestanden hat, kann in der Klasse II der zweijährigen Fachschule aufgenommen werden.

[6] Die einjährige Fachschule dient in erster Linie zur Vorbereitung auf die Meisterprüfung, die unmittelbar im Anschluss an den Fachschulbesuch erfolgt.

[7] An manchen Standorten auch in Teilzeitform oder gemischt in Teilzeit- und Vollzeitform durchgeführt.

Tab. 1 Ausbildungswege im Garten- und Landschaftsbau

Baden-Württemberg
www.lvg-heidelberg.de
www.sfg.uni-hohenheim.de
www.hfwu.de
www.imla-campus.eu

Bayern
www.lwg.bayern.de
www.fachschule-gartenbau.de
www.hswt.de
www.wzw.tum.de

Berlin/Brandenburg
www.peter-lenneschule.de
www.osz-werder.de
www.agrar.hu-berlin.de
www.tfh-berlin.de
www.tu-berlin.de

Hamburg
www.galabau-nord.de

Hessen
www.galabau-meisterschule.de
www.uni-kassel.de
www.hs-geisenheim.de
www.philipp-holzmann-schule.de

Mecklenburg-Vorpommern
www.bockhorst.de
www.hs-nb.de

Niedersachsen
www.jvl.de
www.meisterschule-gartenbau.de
www.uni-hannover.de
www.hs-owl.de
www.al.hs-osnabrueck.de

Nordrhein-Westfalen
www.gartenbauzentrum.de
www.fh-osnabrueck.de

Rheinland-Pfalz/Saarland
www.dlr-rheinpfalz.rlp.de
www.lwk-saar.saarland.de

Sachsen
www.gartenbaufachschule-pillnitz.de
www.htw-dresden.de
www.tu-dresden.de

Sachsen-Anhalt
www.loel.hs-anhalt.de

Schleswig-Holstein
www.nf-gartenbau.de

Thüringen
www.fh-erfurt.de
www.thueringen.de/th8/lvg

⚑ Meisterschule
⚑ Techniker-/
  Fachschule Agrarbetriebswirt
⚑ Fachhochschule
⚑ Gesamthochschule
⚑ Universität

Belgien
www.zawm.be
Italien
www.fachschule-laimburg.it

Schweiz
www.oeschberg.ch
www.lsfm.zhaw.ch
www.hsr.ch
www.lullier.ch

Österreich
www.boku.ac.at
www.landscape.tuwien.at
www.bildungszentrum.at
www.fachschule-gleisdorf.at

Abb. 1 Bildungskarte Deutschland und deutschsprachiger Raum

Bezeichnung	Fachagrarwirt/-in für:		Geprüfte/-r Natur- und Landschaftspfleger/-in
	Baumpflege und Baumsanierung[1]	Golfplatzpflege (Greenkeeper/-in)[2,3]	
Tätigkeitsbereich	■ Erkennen und Erfassen von Baum-schäden und deren Ursachen ■ Beurteilung der Sanierungs-würdigkeit und -möglichkeit ■ Kostenkalkulation ■ Durchführung von Pflege- und Sanierungsmaßnahmen ■ Baumfällungen ■ ...	■ Organisation und Durchführung von Pflege und Entwicklung eines Golf-platzes unter Berücksichtigung der Belange von Umwelt und Golfsport ■ Erdmassenbewegung zur Modellierung des Geländes ■ Wegebau ■ Drainage- und Bewässerungs-maßnahmen ■ ...	■ Betreuung und Pflege von Natur-schutzgebieten ■ Information, Aufklärung und Führung von Besuchergruppen ■ Erkennen und Erfassen schützenswerter Lebensräume wie Gewässer, Moore, Wälder, Heideflächen oder Streuobst-wiesen ■ ...
Voraussetzungen	1. Erfolgreich abgelegte Abschlussprüfung in den Ausbildungsberufen Gärtner/-in, Forstwirt/-in, Winzer/-in oder Landwirt/-in. Für Fachagrarwirt/-in der Natur- und Landschaftspflege gelten auch die Abschlussprüfungen zum/zur Revierjäger/-in, Fischwirt/-in, Tierwirt/-in (Schwerpunkt Schafhaltung) oder Wasserbauer/-in. Oder: eine mindestens fünfjährige Tätigkeit in entsprechenden Betrieben. 2. Dreijährige Berufspraxis in einem der genannten Berufe. Für die Fortbildung zum/zur Greenkeeper/-in bestehen noch keine bundeseinheitlichen Richtlinien/Empfehlungen.		

[1] Baumpfleger können sich zum **European Tree Worker** (ETW) oder **European Tree Technician** (ETT) fortbilden.

[2] Greenkeeper können sich zum **Chef-Greenkeeper** („Head-Greenkeeper") fortbilden. Voraussetzung für die Teilnahme an der zwei-jährigen Fortbildung sind eine mindestens dreijährige Tätigkeit als geprüfte/-r Greenkeeper/-in und die Beherrschung des Golfspiels (mindestens Handicap 36). Seine/Ihre Aufgaben liegen vor allem im Platzmanagement (Personalführung, Planung und Koordination der Arbeiten), wobei er/sie mit Platzwart, Spielführer und Clubmanager zusammenarbeitet.

[3] In NRW vergleichbare Ausbildung zum Fachagrarwirt/-in Sportstätten-Freianlagen.

Tab. 1 Weiterbildungsmaßnahmen

Fachhochschulen, Gesamthochschulen und Universitäten bieten die Möglichkeit, ein wissenschaftliches Studium zu absolvieren. Im Gegensatz zu den Universitäten vermitteln Fachhochschulen eine mehr anwendungsbezogene, auf wissenschaftlicher Grundlage beruhende fachliche Ausbildung. Gesamthochschulen bieten Langzeitstudiengänge auf Universitäts- und Kurzzeitstudiengänge auf Fachhochschulniveau an. Einem gemeinsamen Grundstudium schließt sich ein differenziertes Hauptstudium an (s. Tab. 1, S. 13 und Abb. 1, S. 14).

Da sich die Aufgabenbereiche der Absolventen von Meister-, Techniker- und Fachhochschulen überschneiden, treten diese Berufsgruppen in der freien Wirtschaft als Konkurrenten auf.

Anstelle der traditionellen Diplomstudiengänge, die es nach dem Willen der europäischen Bildungsminister ab dem Jahr 2010 nicht mehr geben wird, bieten die Hochschulen einen zweistufigen Studienaufbau nach englischem (europäischem) Vorbild mit den Abschlüssen **Bachelor** und **Master** an. Das Bachelorstudium umfasst eine Regelstudienzeit von mindestens sechs Semestern.

Der Bachelor-Abschluss bietet die Möglichkeit für den Einstieg in ein weiterführendes Masterstudium (zusätzlich 4 Semester) oder einen Berufseinstieg. Während die Universitäten eher theoretisch ausgerichtete Bachelor- und wissenschaftliche Masterstudiengänge anbieten, sind es bei den Fachhochschulen in erster Linie praxisbezogene, berufsqualifizierende Bachelor- und anwendungsorientierte Masterstudiengänge.

Durch den Besuch der **Fachoberschule (FOS)** kann die Fachhochschulreife erworben werden. Zulassungsvoraussetzungen für den Eintritt in die Klasse 12 sind der Realschulabschluss oder ein gleichwertiger Bildungsstand sowie die erfolgreich abgeschlossene Berufsausbildung zum Gärtner/zur Gärtnerin. Die Fachhochschulreife berechtigt zum Studium an allen Fachhochschulen. In der **Berufsoberschule (BOS)** werden ebenfalls Schüler(innen) mit einer beruflichen Erstausbildung unterrichtet.

Zulassungsvoraussetzungen sind eine abgeschlossene Berufsausbildung, der Berufsschulabschluss und der Realschulabschluss oder ein anderer gleichwertiger Bildungsstand. Die Ausbildung dauert zwei Jahre (Klasse 12 und 13). Wer die Fachhochschulreife oder einen gleichwertigen Bildungsstand besitzt, kann in die Klasse 13 aufgenommen werden. Die Klasse 12 der BOS entspricht der Klasse 12 der FOS. Mit erfolgreichem Abschluss der Klasse 12 wird die Fachhochschulreife erworben, mit Abschluss der Klasse 13 das Fachabitur. Wer die allgemeine Hochschulreife erlangen will, wird zusätzlich in einer zweiten Fremdsprache nach Abschluss der Klasse 13 geprüft.

Aufgaben

1. Informieren Sie sich über die Auftraggeberstruktur und den Tätigkeitsbereich Ihres Ausbildungsbetriebes. Stellen Sie die Ergebnisse in Form von Kreisdiagrammen dar (s. S. 10).
2. Nennen Sie sechs Aufgaben des Bundesverbandes Garten-, Landschafts- und Sportplatzbau.
3. Die Betriebe des GaLaBaus führen monatlich 0,8 % ihrer Bruttolohnsumme an das AuGaLa ab. Wofür wird das Geld verwendet?
4. Erstellen Sie in der Klasse ein Plakat „Weiterbildung im GaLaBau".
5. Veranstalten Sie einen Informationsvormittag/-abend für die Schüler(innen) im ersten Lehrjahr mit dem Thema: „Welche Perspektiven bietet mein Beruf?"
6. Beschreiben Sie den Bildungsgang, den Sie gehen müssten, wenn Ihr Berufsziel
   a) Meister(in),
   b) Techniker(in)/Agrarbetriebswirt(in),
   c) ein Studium an einer Fachhochschule
   d) ein Studium an einer Hochschule/Universität ist.
7. Bilden Sie je nach Interessenlage Gruppen, die sich über Ort, Unterrichtsform/Dauer, Vorbildung/Zulassungsvoraussetzungen, Bildungsschwerpunkte und -inhalte, Art der Abschlussprüfung, Kosten, Beginn/Anmeldetermin zu folgenden Bildungsgängen informieren und vor der Klasse darüber berichten:
   a) FOS, b) BOS, c) Meister(in), d) Techniker(in)/Agrarbetriebswirt(in), e) Baumpfleger(in), f) Greenkeeper(in) und g) Naturschützer(in) und Landschaftspfleger(in).
8. Nehmen Sie an Informationstagen von Fachhochschulen und Hochschulen teil und berichten Sie vor der Klasse darüber.
9. Diskutieren Sie die Tatsache, dass Absolventen der Meister-, Techniker- und Fachhochschulen auf dem freien Arbeitsmarkt als Konkurrenten auftreten.
10. Bewerben Sie sich auf ein Stellenangebot
    a) in der Zeitung,
    b) mit einem eigenen Stellengesuch in der Zeitung,
    c) über staatliche Vermittlungsstellen,
    d) direkt bei Firmen.
11. Informieren Sie sich im Internet über Auslandsaufenthalte. Tragen Sie Ihre Ergebnisse den Mitschülern vor.

Baustellenablauf

1   Von der Idee zum Auftrag

Sollen Gärten oder Teile von Gärten in der freien Landschaft angelegt oder umgestaltet werden, wird die Planung
meist durch die Ideen eines Auftraggebers bestimmt.
Jedem Projekt geht dabei eine Planung voraus, die beim
Auftraggeber beginnt und mit der Vollendung der Baudurchführung abschließt.

1.1   Auftraggeber

Grundsätzlich können alle rechtsfähigen natürlichen und
juristischen Personen Aufträge an den Garten- und Landschaftsbau vergeben.

In der Vergabe- und Vertragsordnung für Bauleistungen
(VOB) Teil A wird eine Unterteilung der Auftraggeber in
öffentliche Auftraggeber, halböffentliche Auftraggeber
und **private Auftraggeber** vorgenommen. Die Einteilung
orientiert sich daran, woher die Auftraggeber ihre Geldmittel beziehen (s. Tab. 1, S. 19).

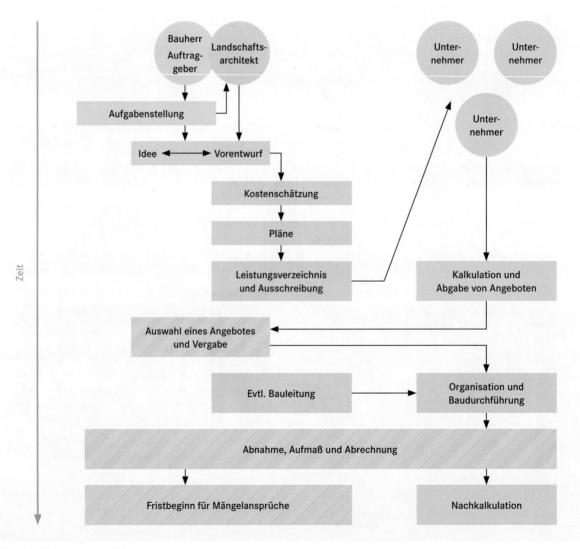

Abb. 1   Objektplanung im Ablauf

Auftraggeber	Finanzierung aus	Beispiele
öffentliche Auftraggeber	öffentlichen Mitteln	Bund, Länder, Gemeinden. Regierungsbezirke, Garten- und Friedhofsämter
halböffentliche Auftraggeber	z. T. öffentlichen Mitteln	Wohnungsbaugesellschaften, Sportvereine
private Auftraggeber	eigenen Mitteln	private Grund- und Hausbesitzer, Unternehmen

Tab. 1 Mögliche Auftraggeber

1.2 Rechtliche Vorgaben bei der Vorplanung

Jeder Auftraggeber kann auf seinem Grundstück grundsätzlich über jede Bau- und Pflanzmaßnahme frei bestimmen. Diese Freiheit kann jedoch durch Gesetze eingeschränkt werden. Die gesetzlichen Grundlagen für alle Baumaßnahmen sind in der Bundesrepublik im **Raumordnungsgesetz** (ROG) und im **Baugesetzbuch** (BauGB) festgelegt.

Das Raumordnungsgesetz schreibt vor, dass jedes Land die Entwicklung seiner Regionen ordnen und sichern soll. Dabei stehen die sozialen und wirtschaftlichen Belange der Bürger und die ökologischen Funktionen der Region im Vordergrund.

In den einzelnen Bundesländern wird die Raumordnung durch ein **Landesplanungsgesetz** (z. B. Bayerisches Landesplanungsgesetz, BayLPIG, oder das Landesraumordnungsprogramm Niedersachsen, LROP) geregelt. Diese Gesetze klären die Entwicklung in den Bereichen Wirtschaft (z. B. Verkehrswege, Sicherung von Arbeitsplätzen, ...), Soziales (z. B. Bereitstellen von Naherholungsgebieten, ...), Kultur (z. B. Schaffung von Einrichtungen für Bildung und Sport, ...) und Umwelt (z. B. Reinhaltung des Grundwassers, Naturschutz, ...).

Das wichtigste Instrument des Raumordnungsgesetzes ist das Raumordnungsverfahren. Das **Raumordnungsverfahren** hat zwei grundlegende Ziele:
- Zum einen wird geprüft, ob die durchzuführenden Maßnahmen mit den Zielen der Raumordnung vereinbar sind.
- Zum anderen werden alle Planungsvorhaben aufeinander abgestimmt.

Während das Raumordnungsgesetz das Gesamtkonzept der Planung einer Region darstellt, werden im Baugesetzbuch konkrete Vorgaben zur Baudurchführung vorgeschrieben.

Wichtiges Instrument des Baugesetzbuches ist der **Bauleitplan**. Die Aufgabe des Bauleitplanes ist es, die bauliche und sonstige Nutzung von Grundstücken in einer Gemeinde nach Maßgabe dieses Gesetzbuchs vorzubereiten und zu leiten.

Zu den Bauleitplänen gehören der **Flächennutzungsplan** (= vorbereitender Bauleitplan) und der **Bebauungsplan** (= verbindlicher Bauleitplan). Die Bauleitpläne sind dabei den Zielen des Raumordnungsgesetzes anzupassen.

Im **Flächennutzungsplan** werden die Grundzüge der späteren Nutzung von Flächen, z. B. als Gewerbegebiet, Grünanlage, Fläche der Landwirtschaft usw., aufgezeigt.

Im **Bebauungsplan** kann die Gemeinde oder Stadt dann das äußere Bild eines Gebietes vorschreiben. Dies geschieht durch Vorschriften z. B. zu den Gebäuden, aber auch durch Auflagen zur Pflanzenauswahl oder zum Pflanzabstand.

Auch kann vorgeschrieben werden, ob das Niederschlagswasser oberflächennah versickern muss (z. B. durch Drainpflaster, Rasenpflaster, ...) oder wie bei der Aufschüttung eines Geländes zu verfahren ist.

2 Auftragsabwicklung

Der planende Garten- oder Landschaftsarchitekt und der Landschaftsbauunternehmer entwickeln aus den Ideen des Auftraggebers Pläne, die dann innerhalb der rechtlichen Grundlagen umgesetzt werden sollen.

2.1 Rechtliche Grundlagen der Auftragsabwicklung

2.1.1 Das Bürgerliche Gesetzbuch (BGB)

Grundsätzlich sind alle Rechtsgeschäfte, also auch die Abwicklung von Käufen und die Durchführung von Dienstleistungen, durch das **Bürgerliche Gesetzbuch (BGB)** rechtlich abgedeckt.

Das BGB regelt die grundlegenden gesetzlichen Beziehungen zwischen den Bürgern Deutschlands.

Auch für den Garten- und Landschaftsbau sind im BGB wichtige Gesetze enthalten. Zu diesen zählen neben den allgemeinen Gesetzen zum Kauf von Gegenständen insbesondere die Paragraphen zum **Werkvertrag** (§§ 631 ff.). Diese werden z. B. bei der Erstellung von Bauwerken und anderen Arbeiten angewendet.

Da im Garten- und Landschaftsbau der Hauptstoff der Leistung das bereitgestellte Grundstück ist, gilt selbst dann, wenn der Auftragnehmer die Baustoffe liefert, der Werkvertrag. Auch geistige Arbeiten des Auftragnehmers, z. B. die Planerstellung oder die Veränderung von Objekten, durch z. B. Pflegearbeiten, werden nach dem Werkvertrag behandelt.

Regelungsbereich	Regelung im BGB-Vertrag	Regelung im VOB-Vertrag
Vertragsgrundlage	Es zählt der Werkvertrag §§ 631 ff. Die Regeln gelten immer, falls nichts anderes vereinbart wurde.	Die VOB gilt nur bei Vereinbarung. Öffentliche Auftraggeber sind verpflichtet die VOB anzuwenden.
Gefahrenübergang	Der Auftragnehmer trägt die Gefahr bis zur Abnahme. Es kann keinerlei Vergütung beansprucht werden, wenn die Leistung vor der Abnahme durch Gefahren wie Krieg, höhere Gewalt oder Aufruhr untergeht.	Führen Gefahren wie Krieg, höhere Gewalt oder Aufruhr zum Untergang vor der Abnahme, so kann eine Vergütung der ausgeführten Teile beansprucht werden. Witterungsgründe gelten im Außenbereich in der Regel nicht als höhere Gewalt.
Fristen für Mängelansprüche	§ 634a BGB: Für Bauwerke 5 Jahre, für Arbeiten an sonstigen Sachen („Arbeiten am Grundstück") 2 Jahre.	§ 13 VOB/B: Für Bauwerke 4 Jahre, für Arbeiten an anderen Werken, z. B. vegetationstechnische Arbeiten, 2 Jahre.
Subunternehmer-einsatz	Der Auftragnehmer ist lediglich zur Leistungserbringung verpflichtet: Auch Subunternehmer können ausführen.	§ 4(8) VOB/B schreibt die persönliche Leistungserbringung durch den Auftragnehmer vor. Der Auftragnehmer darf nur mit ausdrücklicher Genehmigung des Auftraggebers Subunternehmer beauftragen.

Tab. 1 Vergleich zwischen BGB-Verträgen und VOB-Verträgen

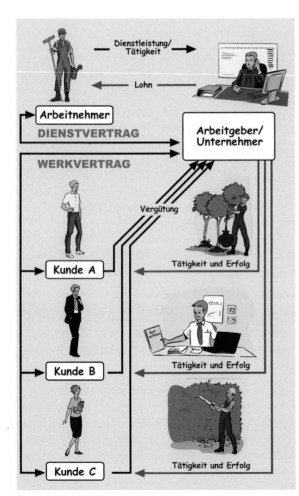

Abb. 1 Dienstvertrag/Werkvertrag

In den Paragrafen des Werkvertrags sind die grundlegenden Pflichten für den Auftraggeber und den Auftragnehmer geregelt:

- **Der Auftragnehmer hat die Pflicht**, das Werk mit den zugesicherten Eigenschaften herzustellen und dafür zu sorgen, dass keine Fehler vorhanden sind, die den Wert oder die Tauglichkeit aufheben oder mindern. Außerdem muss der Auftragnehmer am Werk auftretende Mängel beseitigen (Mängelansprüche).
- **Der Auftraggeber muss** die vereinbarte Vergütung entrichten, das Werk abnehmen und bei der Erstellung des Bauwerkes mitwirken, z. B. das Gelände zugänglich machen.

Die bekannteste Form des Dienstvertrags (§§ 611 ff.) ist der **Arbeitsvertrag**. Der Arbeitnehmer verpflichtet sich zur Leistung von Diensten gegen Entgelt.

2.1.2 Die Allgemeinen Geschäftsbedingungen (AGB)

Das BGB deckt jedoch nicht alle Feinheiten jeder Branche ab. Dafür kann jeder Unternehmer **„Allgemeine Geschäftsbedingungen" (AGB)** aufstellen. Die Bestimmungen der AGB sind erst dann gültig, wenn sie zwischen Auftraggeber und Auftragnehmer (schriftlich bzw. mündlich) vereinbart wurden. Alle AGB unterliegen dem **„Gesetz zur Regelung der Allgemeinen Geschäftsbedingungen"**, dem AGB-Gesetz.

In den AGB kann ein Unternehmer alle Vertragsbedingungen vorformulieren, die öfters auftreten. Dies kann z. B. der Hinweis auf den zuständigen Gerichtsstand oder die Zahlungsbedingungen sein.

Der Bundesverband Garten- und Landschaftsbau hat für den Garten- und Landschaftsbau eine zugelassene Muster-AGB entwickelt, die Verbandsmitglieder einsetzen dürfen.

2.1.3 Die Vergabe- und Vertragsordnung für Bauleistungen[1] (VOB)

Die Baubranche benötigt viele spezielle Vertragsbedingungen. Viele davon sind in der **Vergabe- und Vertragsordnung für Bauleistungen (VOB)** enthalten. Die Regeln der VOB entwickeln sich ständig weiter, da die enthaltenen DIN-Normen eine Anpassung an den Stand der Technik erfordern. Die Anpassung erfolgt durch einen **Normenausschuss**, der immer dann tätig wird, wenn eine Aktualisierung nötig erscheint. Die VOB ist nur dann Vertragsbestandteil, wenn sie ausdrücklich vereinbart wurde. Oftmals ist in der Allgemeinen Geschäftsbedingung ein Hinweis, ... *im Übrigen zählt die VOB...*, abgedruckt.

Werden die Allgemeinen Geschäftsbedingungen unterschrieben, so gilt damit auch die VOB. Bei Baurechtsunkundigen (i. d. R. Privatpersonen) jedoch nur bei nachgewiesener Aushändigung der VOB-Auszüge!

Es werden drei Teile der VOB unterschieden (s. Abb. 1, S. 22):

- Die **VOB Teil A** (DIN 1960) befasst sich mit den „Allgemeinen Bestimmungen zur Vergabe von Bauleistungen".
- Die **VOB Teil B** (DIN 1961) enthält die „Allgemeinen Vertragsbedingungen für die Ausführung von Bauleistungen".
- Der **Teil C** enthält **„Allgemeine technische Vertragsbedingungen"** und wird auch als **ATV** bezeichnet. Er enthält in verschiedenen DIN-Normen eine Vielzahl von technischen Vertragsbedingungen. Die für den Bau wichtigsten Normen sind in der **DIN 18299** „Allgemeine Regelungen für Bauarbeiten jeder Art" zusammengefasst. Diese DIN verweist unter anderem auch auf die **DIN 18320**, die Vertragsbedingungen für Landschaftsbauarbeiten. In der **DIN 18320** Landschaftsbauarbeiten wird wiederum auf weitere, speziell den Garten- und Landschaftsbau betreffende Normen, z. B. die **DIN 18917** Rasen und Saatarbeiten, hingewiesen.

2.1.4 Zusätzliche Technische Vertragsbedingungen (ZTV)

In einigen Fällen werden zusätzliche Vertragsbedingungen benötigt. So werden von der **Forschungsgesellschaft Landschaftsentwicklung Landschaftsbau e. V. (FLL)** z. B. für den vegetationstechnischen Bereich Richtlinien erarbeitet, die zusätzlich zu den Normen der VOB Teil C

gelten. Wichtig sind dabei z. B. die **Regel-Saatgut-Mischungen (RSM)** als Zusatz zur DIN 18917 „Rasen und Saatarbeiten" oder die **Gütebestimmungen für Baumschulpflanzen** als Grundlage für Pflanzarbeiten.

Zusätzlich zu den bisher aufgeführten Normen und Regelwerken ist eine Vielzahl von **Stoffnormen**, z. B. die **DIN 4226** „Zuschläge für Beton", zu beachten.

Die DIN-Normen und die ZTV sind die Grundlage jeder Auftragsabwicklung.

Die DIN-Normen sind kein Gesetz. Kommt es zu Streitigkeiten zwischen Auftraggeber und Auftragnehmer, werden diese Regeln und Normen jedoch häufig als Entscheidungsgrundlage herangezogen.

In diesen Normen ist also festgeschrieben, wie eine fach- und sachgerechte Ausführung auszusehen hat.

Alle rechtlichen Grundlagen dienen der schnellen und zweifelsfreien Abwicklung von Aufträgen. Sie nutzen dabei dem Auftraggeber und auch dem Auftragnehmer.

2.2 Vertragsarten

Üblicherweise werden im Garten- und Landschaftsbau sogenannte **Einheitspreisverträge** zwischen dem Auftraggeber und dem Auftragnehmer abgeschlossen. Der Auftragnehmer kalkuliert dabei für eine in etwa vorbestimmte Menge (z. B. Fläche) einen Einheitspreis (z. B. 7,50 € je m^2). Exakt abgerechnet wird dann nach der Bauausführung und einem exakten Aufmaß (s. S. 34).

Pauschalverträge werden dann abgeschlossen, wenn der Umfang der Leistungen genau vorherbestimmbar ist.

Bei kleinen, lohnintensiven Arbeiten, z. B. Pflegearbeiten, wird oftmals nach Stunden abgerechnet. Dies ist der sogenannte **Stundenlohnvertrag**.

3 Die Ausschreibung

3.1 Vergabearten

Ohne Aufträge kann kein Unternehmen bestehen. Grundsätzlich muss ein Auftragnehmer von einem Auftraggeber den Auftrag erhalten, um ein Bauvorhaben durchzuführen.

Wie kann ein Auftragnehmer an einen Auftrag gelangen? Nach VOB Teil A werden folgende Arten der Vergabe unterschieden:

---

[1] Arbeiten, durch die eine bauliche Anlage hergestellt, instand gehalten, geändert oder beseitigt wird. Zu den Bauleistungen zählen alle in der VOB Teil C enthaltenen Arbeiten. Im GaLaBau ist die Pflanze der wesentliche Teil der baulichen Anlage.

Normen- und Regelwerke für den Garten- und Landschaftsbau

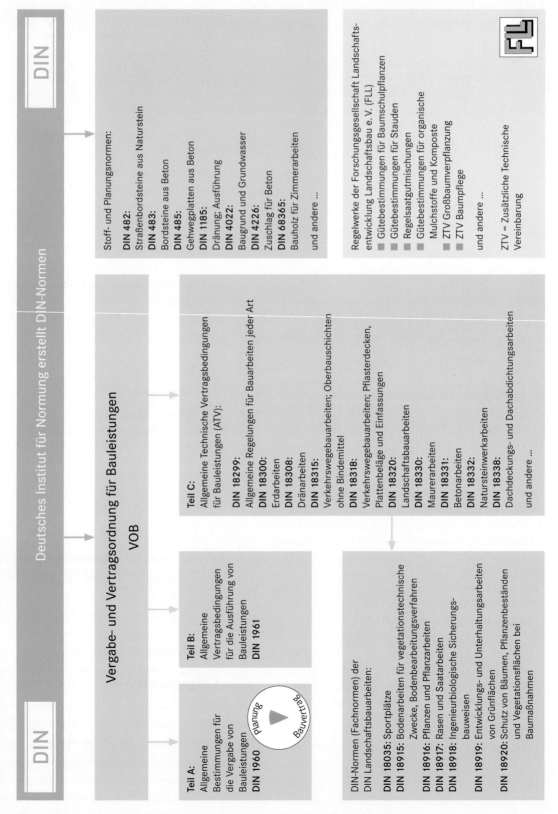

Abb. 1   Normen und Regelwerke für den Garten- und Landschaftsbau

Bei der **Öffentlichen Ausschreibung** veröffentlicht ein Auftraggeber sein Bauvorhaben in der Presse, amtlichen Veröffentlichungsblättern, auf Internetportalen oder in Fachzeitschriften und fordert mögliche Auftragnehmer auf, ein Angebot abzugeben (s. Abb. 1).

Als Bewerber sind alle Unternehmen zugelassen, die die geforderte Aufgabe erfolgreich durchführen können.

Diese Art der Ausschreibung soll bei öffentlichen Auftraggebern dafür sorgen, dass ein „gesunder Wettbewerb" zwischen den Bietern entsteht. Derjenige erhält den Auftrag, der Fachkunde, Leistungsfähigkeit, Zuverlässigkeit und einen angemessenen Preis bietet.

Bei der **Beschränkten Ausschreibung** wird eine beschränkte Anzahl von Bietern (3 bis 8) direkt angeschrieben und zur Angebotsabgabe aufgefordert. Sie kann durchgeführt werden, wenn nur ein beschränkter Kreis von Unternehmern die geforderten Arbeiten ausführen kann, z. B. wegen besonderer Arbeitsmethoden.

Die Beschränkte Ausschreibung ist laut VOB Teil A auch dann zulässig, wenn die öffentliche Ausschreibung für den Auftraggeber oder die Bewerber einen Aufwand verursachen würde, der zu dem erreichbaren Vorteil im Missverhältnis stehen würde. Dies ist z. B. oft bei kleineren Aufträgen (Auftragswert im GaLaBau unter 50 000 €) der Fall. Ist der Auftrag an bestimmte Auflagen gebunden, z. B. Geheimhaltung bei Aufträgen der Bundeswehr, so kann ebenfalls eine Beschränkte Ausschreibung erfolgen.

Freihändige Vergabe eines Auftrages bedeutet, dass der Auftrag ohne förmliche Ausschreibung vergeben wird. Eine Freihändige Vergabe eines Auftrages ist dann zulässig, wenn nur ein Unternehmer für die Auftragsabwicklung infrage kommt (z. B. wegen besonderer Geräte, Patentschutz o. Ä.) oder wenn öffentliche bzw. beschränkte Ausschreibungen nicht erfolgreich waren. Sie ist bei Aufträgen von privaten Auftraggebern die Regel. Gemäß VOB können auch Kleinaufträge unter 10 000 € Auftragswert (ohne Umsatzsteuer) freihändig vergeben werden.

Vergabeart	Art der Veröffentlichung	Anwendung
Öffentliche Ausschreibung	Veröffentlichung in der Presse; alle Unternehmer sind als Bieter zugelassen	Regelfall; Abweichungen nur in besonderen Fällen zulässig
Beschränkte Ausschreibung	beschränkter Bieterkreis wird informiert	bei besonderen Anforderungen, z. B. Geheimhaltung, Dringlichkeit, ...
Freihändige Vergabe	keine besondere Ausschreibung	in Fällen, in denen besondere Umstände vorliegen, z. B. Patentschutz, nur ein Bieter kommt infrage, ...

Tab. 1   Arten der Auftragsvergabe

Ausschreibungen

Öffentliche Ausschreibung nach VOB/A

1. **Baumaßnahme:** Parkanlage Musterhausen/ An der Spange 5, 08734 Musterhausen
2. **Auftraggeber:** Bauamt Musterhausen, Vergabestelle, Klausweg 61, 08734 Musterhausen, Telefon (0921) 45 61
3. **Ort der Ausführung:** Musterhausen, im Bereich Spange
4. **Art und Umfang:**

Druckverteilungsplatten	ca. 16 St.
Plattenbelag umlegen	ca. 20 m²
Großbäume STU 20/25, Baumgruben	ca. 60 St.
Bodendecker	ca. 160 St.
Rasensaat	ca. 800 m²
Fertigstellungs- und Entwicklungspflege	

5. **Aufteilung in Teillose:**   keine losweise Vergabe
6. **Voraussichtlicher Beginn:**   Ende November 20..
7. **Voraussichtliches Ende:**   Ende Dezember 20..
8. **Anschrift für die Angebote** siehe Pos. 1. Vermerk: „Parkanlage Musterhausen, Pflanzarbeiten"
9. **Kosten der Verdingungsunterlagen:** 25,00 € per Scheck
10. **Sprache der Angebote:** deutsch
11. **Angebotseröffnung:** 18. November 20.., 14 Uhr, Bauamt Musterhausen, Klausweg 61, 08734 Musterhausen
12. **Zugelassene Personen:** Bieter und Bevollmächtigte
13. **Zahlungsbedingungen:** VOB/B
14. **Nachweise und Eignung:** Für den Auftrag kommen nur Bieter in Betracht, die bereits Leistungen mit Erfolg ausgeführt haben, die mit den zu vergebenden Leistungen vergleichbar sind.
15. **Ablauf der Bindefrist:** 16. November 20..
16. **Nachprüfstelle:** Regierung von Musterland, VOB-Stelle, 08700 Regelstadt

Abb. 1   Ausschreibung

3.2   Ausschreibungsunterlagen

Bei einer Ausschreibung sollen die Bieter ein Angebot für eine zu erbringende Bauleistung abgeben. Um dieses Angebot abgeben zu können, müssen die Leistungen in den **Ausschreibungsunterlagen** „... *eindeutig und* [...] *erschöpfend ...* " (VOB Teil A) aufgeführt werden. Dies geschieht meist durch eine **Leistungsbeschreibung**. Darin enthalten sind alle notwendigen Vertragsbedingungen und ein in Teilleistungen gegliedertes **Leistungsverzeichnis**.

Das Leistungsverzeichnis gibt eine Übersicht über die **Art** und den **Umfang** der geforderten Leistungen wider (s. Abb. 1, S. 24).

Es ist in sogenannte **Positionen** gegliedert. Jede Position stellt eine in sich abgeschlossene Leistung, z. B. Boden lockern oder Pflanzflächen herstellen, dar.

Die Ausschreibungsunterlagen werden vom Bieter bearbeitet, unterschrieben und bis zu einem festgelegten Termin zum Auftraggeber geschickt.

Die wichtigste Aufgabe des Bieters bei der Bearbeitung eines Leistungsverzeichnisses ist sicherlich die **Kalkulation** der Einheitspreise. Sie sind die Einzelpreise für die Grundmengen einzelner Positionen (z. B. 1 m² Verbundsteine aufnehmen und bauseits lagern).

3.3   Öffnung der Angebote, Eröffnungstermin

Durch das Unterschreiben der Ausschreibungsunterlagen werden die Unterlagen zum bindenden Angebot. Das Angebot muss dann nur noch rechtzeitig beim Auftraggeber eingehen.

Liegt ein Angebot bis zum Eröffnungstermin (früher: Submissionstermin) noch nicht vor, darf es an dieser Ausschreibung nicht mehr teilnehmen.

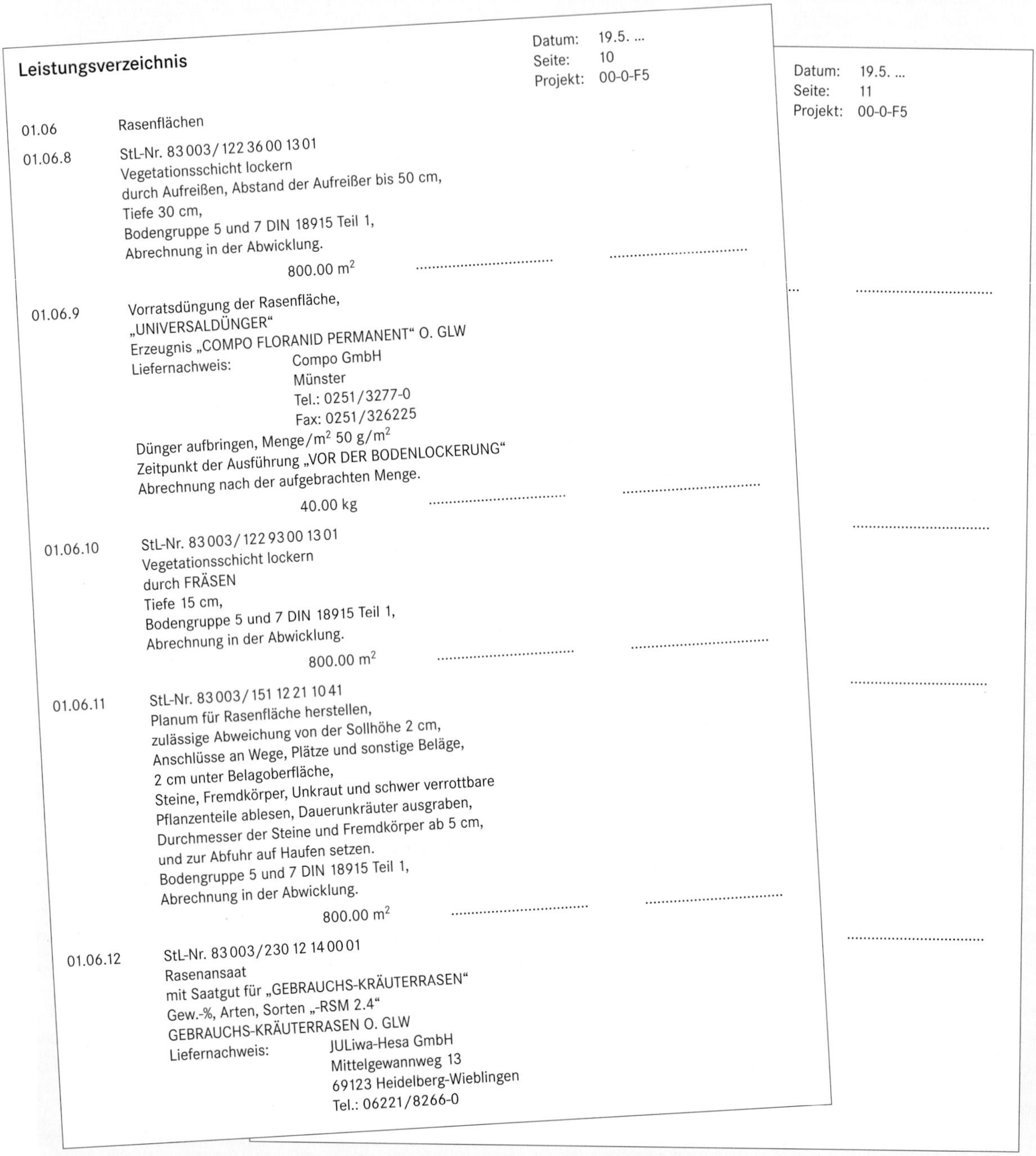

Leistungsverzeichnis		Datum: 19.5. ... Seite: 10 Projekt: 00-0-F5

Datum: 19.5. ...
Seite: 11
Projekt: 00-0-F5

01.06   Rasenflächen

01.06.8   StL-Nr. 83 003 / 122 36 00 13 01
Vegetationsschicht lockern
durch Aufreißen, Abstand der Aufreißer bis 50 cm,
Tiefe 30 cm,
Bodengruppe 5 und 7 DIN 18915 Teil 1,
Abrechnung in der Abwicklung.
800.00 m²

01.06.9   Vorratsdüngung der Rasenfläche,
„UNIVERSALDÜNGER"
Erzeugnis „COMPO FLORANID PERMANENT" O. GLW
Liefernachweis: Compo GmbH
Münster
Tel.: 0251 / 3277-0
Fax: 0251 / 326225
Dünger aufbringen, Menge/m² 50 g/m²
Zeitpunkt der Ausführung „VOR DER BODENLOCKERUNG"
Abrechnung nach der aufgebrachten Menge.
40.00 kg

01.06.10   StL-Nr. 83 003 / 122 93 00 13 01
Vegetationsschicht lockern
durch FRÄSEN
Tiefe 15 cm,
Bodengruppe 5 und 7 DIN 18915 Teil 1,
Abrechnung in der Abwicklung.
800.00 m²

01.06.11   StL-Nr. 83 003 / 151 12 21 10 41
Planum für Rasenfläche herstellen,
zulässige Abweichung von der Sollhöhe 2 cm,
Anschlüsse an Wege, Plätze und sonstige Beläge,
2 cm unter Belagoberfläche,
Steine, Fremdkörper, Unkraut und schwer verrottbare
Pflanzenteile ablesen, Dauerunkräuter ausgraben,
Durchmesser der Steine und Fremdkörper ab 5 cm,
und zur Abfuhr auf Haufen setzen.
Bodengruppe 5 und 7 DIN 18915 Teil 1,
Abrechnung in der Abwicklung.
800.00 m²

01.06.12   StL-Nr. 83 003 / 230 12 14 00 01
Rasenansaat
mit Saatgut für „GEBRAUCHS-KRÄUTERRASEN"
Gew.-%, Arten, Sorten „-RSM 2.4"
GEBRAUCHS-KRÄUTERRASEN O. GLW
Liefernachweis: JULiwa-Hesa GmbH
Mittelgewannweg 13
69123 Heidelberg-Wieblingen
Tel.: 06221 / 8266-0

Abb. 1   Auszug aus einem Leistungsverzeichnis zur Erstellung einer Rasenfläche

Am Submissionstermin werden die bis dahin verschlossenen Angebote geöffnet, Name und Anschrift des Bieters und die Angebotssumme verlesen. Einzelne Einheitspreise dürfen nicht genannt werden.

Am sogenannten Submissionstermin können nur die Bieter bzw. deren Bevollmächtigte teilnehmen.

3.4 Angebotsprüfung

Die verlesenen Angebote werden danach einer sachlichen, rechnerischen, technischen und wirtschaftlichen Prüfung unterzogen.

Bei der **sachlichen** Prüfung wird geprüft, ob das Angebot formal richtig ist, ob z. B. die Unterschrift vorhanden ist. Angebote, die sachlich beanstandet werden, können vom restlichen Verfahren ausgeschlossen werden.

Bei der **rechnerischen Prüfung** werden alle Angebote daraufhin geprüft, ob sie rechnerische Fehler aufweisen. Ist z. B. der Gesamtpreis (das Produkt aus Menge mal Einheitspreis je Menge) falsch berechnet, so zählt der Einheitspreis vor dem Gesamtpreis.

Die **technische und wirtschaftliche Prüfung** erstreckt sich auf die Kontrolle der Realisierbarkeit der Durchführung im Rahmen der genannten Preise. Ist der Prüfer aufgrund seiner Erfahrung der Ansicht, dass ein Unternehmer die vorgeschriebene Arbeit zum Angebotspreis technisch nicht richtig ausführen kann, so wird dies in den Submissionsunterlagen vermerkt.

3.5 Auftragserteilung/Zuschlag

Die ausschreibende Stelle oder der Ausschreibende, oft ein Garten- und Landschaftsbauarchitekt, wägt nun alle Angebote gegeneinander ab und vergibt die Bauleistung an einen fachkundigen, leistungsfähigen und zuverlässigen Unternehmer, der zu angemessenen Preisen angeboten hat. Nach der VOB Teil A sollte nicht alleine der niedrigste Preis entscheidend sein.

Der ausgesuchte Bieter erhält innerhalb einer **Zuschlagsfrist** (normalerweise zwischen 2 bis 4 Wochen) schriftlich die Zusage über die Erteilung des Auftrages. Er ist in der Zuschlagsfrist an sein Angebot gebunden.

Erhält der ausgesuchte Bieter erst nach der Zuschlagsfrist die Zusage, kann er den Auftrag ablehnen.
Nach Bestätigung durch den Auftragnehmer ist der Vertrag geschlossen. Alle anderen Bieter erhalten eine Absage.

4 Auftragsvorbereitung

Ist der Auftrag vergeben, kann noch nicht sofort mit dem eigentlichen Bau begonnen werden. Dazu sind noch organisatorische Vorüberlegungen und Vorplanungen sowie verschiedene Vorarbeiten nötig.

4.1 Baustellenbegehung

Zuerst sollte sich der Auftragnehmer einen Überblick über die Gegebenheiten auf der Baustelle verschaffen.

Am besten geschieht dies durch eine **Baustellenbegehung**. Dabei sollte der Auftraggeber oder ein Beauftragter (z. B. der Architekt) anwesend sein, um alle anstehenden Fragen zu beantworten.

Inhalte der Baustellenbegehung sind z. B.:
- Ort der Lagerplätze für Material, Werkzeuge und Maschinen
- Aufnahme der vorhandenen Vegetation und deren Sicherung
- Überblick über die Lage der Versorgungsleitungen
- Überblick über die Baugrundbeschaffenheit
- Beurteilung des Zustandes der Baustelle (z. B. Verunreinigungen durch Vorunternehmer, vorhandene Beschädigungen)
- bei Bedarf: Festlegung des Ortes für einen Einschlag
- bei Bedarf: Festlegung des Ortes zum Aufstellen von Bauwagen und Bautoilette

Außerdem kann der Auftraggeber den Auftragnehmer einweisen, wo Strom und Wasser bezogen oder wo ein Bauschild aufgestellt werden kann.

Über die Baustellenbegehung ist am besten ein **schriftliches Begehungsprotokoll** anzufertigen. Wird das Protokoll von Auftraggeber und Auftragnehmer unterschrieben, kann es bei Streitigkeiten als Beweismittel dienen.

4.1.1 Lagerplätze

Lagerplätze sind so anzulegen, dass sie bei jeder Witterung erreichbar sind. Was nützt ein Einschlagplatz für Pflanzen, wenn nach einem Regen der Weg dorthin derart verschlämmt ist, dass er nicht mehr begehbar ist?

Oberboden sollte als Miete dort gelagert werden, wo er die Bauarbeiten nicht behindert und wo eine Verunreinigung mit Müll und anderen Rückständen gering ist (s. Kap. 2, Erdarbeiten).

Außerdem sollten die Maschinen und Materialien vor Beschädigungen und Diebstahl geschützt werden. Oftmals wird im Garten- und Landschaftsbau dazu die Baustelle nur mit einem rot-weißen Kunststoffband (Flatterband) abgesperrt. Wo die Gefahr von Beschädigung oder Diebstahl und Unfall gering erscheint, reicht dies aus. Ein Bauzaun hat jedoch eine bessere Wirkung.

Auch zur Unfallverhütung auf der Baustelle, z. B. am Wochenende oder an viel befahrenen Straßen, ist eine Absperrung wichtig.

Alle Lagerplätze sollten so eingerichtet werden, dass sie zum betreffenden Bauabschnitt erreichbar sind.

4.1.2 Sicherung von vorhandener Vegetation

Viele Baumaßnahmen schließen an bestehende Einrichtungen an. Meist ist dann bereits Vegetation vorhanden. In der **DIN 18920** (Schutz von Bäumen, Pflanzenbeständen und Vegetationsflächen bei Baumaßnahmen) wird dargestellt, wie erhaltenswerte Vegetation zu schützen ist.

Ziel des Schutzes von vorhandener Vegetation ist die Erhaltung von ökologisch wichtigen Pflanzen, die das Kleinklima verbessern, das Landschaftsbild verschönern, der Erholung der Bevölkerung dienen und den Boden vor Wind- und Wassererosion schützen.

Kann vorhandene Vegetation nicht am Ort verbleiben, sollte überlegt werden, ob diese sinnvoll wiederverwendet werden kann. Rasen kann z. B. abgeschält und als Rasensoden oder Rollrasen verwendet werden (s. Kap. Rasenbau). Bäume und größere Gehölze können verpflanzt werden. Jahreszeitlich eignet sich dazu am besten die Vegetationsruhe.

Abb. 2   Bauzaun gegen Beschädigungen und Diebstahl

Schutz von	Maßnahme
zusammen- hängenden Flächen	◼ Einzäunen, Höhe mindestens 2,0 m ◼ Keine pflanzenschädlichen Stoffe (z. B. Öl, Benzin, Zementmilch) einbringen
Bäumen	◼ Wurzelbereich weiträumig einzäunen (s. Abb. 1) ◼ Falls keine Einzäunung möglich: Äste hochbinden, Stamm z. B. mit Brettern schützen
Wurzeln beim Überfahren	◼ Wenn ein Überfahren nicht vermeidbar ist, Bohlen/Matten über 20 cm dicke Kiesschicht legen (später wieder entfernen)
Wurzeln bei Überfüllung (nur wenn nicht vermeidbar!)	Wurzelbereich zur Belüftung mit Dränmaterial, z. B. Kies 0/32, abdecken:
a	◼ flach wurzelnde Gehölze 1/2 Abdeckung (a)
b	◼ tief wurzelnde Gehölze 1/3 Abdeckung (b) Zuvor von der Oberfläche organische Stoffe (Pflanzendecke, Laub usw.) entfernen
Wurzeln bei kurzfristigen Aufgrabungen	◼ Grabungen per Hand oder mit Absaugtechnik vornehmen ◼ Nicht dichter als 2,5 m an den Stamm herangraben ◼ Wurzelabrisse sauber nachschneiden (fördert Abschottung und Wurzel- neubildung)

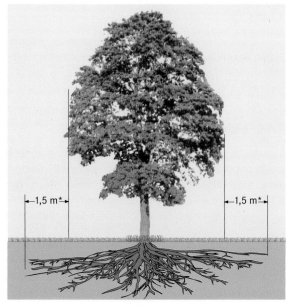

Abb. 1   Wurzelbereich von Bäumen nach DIN 18920
         (* bei Säulenform plus 5 m)

Tab. 1   Maßnahmen zum Schutz von vorhandener Vegetation nach
         DIN 18920

4.1.3 Lage der Versorgungsleitungen

Die Lage von Strom-, Wasser- und Gasleitungen muss vom Auftragnehmer in Erfahrung gebracht werden. Anfallende Kosten können dabei als **„Besondere Leistungen"**, das sind Leistungen, die extra abgerechnet werden können, verrechnet werden. Die Lage von Strom- und Gasleitungen kann beim örtlichen Energie-, die von Wasserleitungen bei den Wasserversorgungsunternehmen erfragt werden. Telefonleitungen sind in Plänen der Telekom verzeichnet. Die genaue Lage der Leitungen ist durch Querstiche festzustellen. **In Leitungsnähe sind Erdarbeiten unbedingt von Hand und mit äußerster Vorsicht vorzunehmen.**

Wurden die Vorarbeiten vorschriftsmäßig durchgeführt, sind Gas- und Wasserleitungen sowie Telefon- und Stromkabel durch ein Kunststoffband und Sand gekennzeichnet. Trifft man beim Ausgraben auf ein Kunststoffband, so ist Vorsicht angesagt. Ist einige Zentimeter tiefer Sand, so ist darunter mit großer Wahrscheinlichkeit eine Versorgungsleitung.

Oftmals hilft bei der Suche nach Versorgungsleitungen auch die Nachfrage beim Bauherren.

Auch von den Anschlüssen im Haus kann grob auf die tatsächliche Lage der Versorgungsleitungen geschlossen werden.
Werden Versorgungsleitungen beschädigt, sind unverzüglich die Hausbewohner, Versorgungsunternehmen, notfalls auch die Polizei zu verständigen.

4.2 Prüfung der Baugrundbeschaffenheit

Schon öfter wurde der Boden als Baugrund unterschätzt (s. Abb. 2). Denn insbesondere seine Beschaffenheit mit seiner Tragfähigkeit, Verdichtung und Frostbeständigkeit hat einen großen Einfluss auf die meisten Baumaßnahmen.

Bei größeren Aufträgen sollte daher vor Beginn der Baumaßnahmen der Baugrund geprüft werden. Die Möglichkeiten zur Prüfung der Baugrundbeschaffenheit sind vielfältig.

Eine einfache und oft ausreichende Methode ist die **Gelände- oder Vegetationsbeobachtung**. Anhand von Geländeformationen, z. B. Senken oder Hügel, oder durch Zeigerpflanzen kann dann auf die Bodenverhältnisse geschlossen werden.

Genauere Auskünfte geben sogenannte mechanische Bodenaufschlüsse. Zu diesen zählen:
- Schürfungen,
- Sondierungen oder
- Bohrungen.

Abb. 1 Mit einem gelben Kunststoffband und Sand markiertes Telefonkabel

Abb. 2 Schiefer Turm von Pisa

4.2.1 Schürfungen

Bei Schürfungen wird in einer ausgegrabenen Grube die Schichtverteilung (Horizonte) und -zusammensetzung betrachtet.

Da bei der Neuanlage von Gärten oftmals noch die Baugrube für den Keller des Hauses offen ist, kann dort bereits eine grobe Aussage zum Baugrund getroffen werden.

Ist die Baugrube bereits verfüllt oder ist eine Anlage in der freien Landschaft durchzuführen, werden die Gruben gesondert angelegt.

Die Tiefe der Erkundung richtet sich nach dem zu bauenden Bauwerk.

Abb. 1 Siebung zur Erkennung der Korngrößenverteilung

Abb. 2 Korngrößen nach der Siebung

Die DIN 18035 „Sportplatzbau" verlangt z. B. eine Schürfgrubentiefe von mindestens 1,50 m unter dem späteren Erdplanum.

Die genaue Ermittlung der Baugrundeigenschaften erfolgt dann im Bodenprüflabor mithilfe verschiedener Verfahren.

Dabei werden unter anderem folgende Eigenschaften untersucht:

Boden-eigenschaft	Ermittlungs-verfahren, z. B.	Ziel der Prüfung, z. B.
Lagerung, Schichtung	Schürfung, Sondierung	Lagerungsdichte
Korngröße, Kornverteilung	Siebanalyse, Schlämmanalyse	Verdichtungs-willigkeit
Kornform	Messschieber	Scherfestigkeit
organische Substanz	Glühverlust	Setzungsmaß, Beständigkeit
Kalkgehalt	Salzsäureversuch	Beständigkeit
Porengröße	Sickerversuch, Wasseraufnahme-versuche	Wasserdurchlässig-keit, Wasserauf-nahmefähigkeit
Verdichtungsgrad	Proctor-Versuch	Tragfähigkeit
Volumen des Bodens	Ballonverfahren, Gipsersatzverfahren, Sandersatzverfahren	Dichte des Bodens

Tab. 1 Auswahl von Möglichkeiten zur Baugrunduntersuchung

4.2.2 Sondierungen

Mit der Sondierung wird geprüft, wie die Lagerungsdichte der Bodenbestandteile zueinander ist.

Soll z. B. eine Terrasse gebaut werden, ist es wichtig zu wissen, ob der Vorunternehmer die Baugrube ordnungsgemäß, d. h. ohne Hohlräume und bei gleichmäßiger schichtweiser Verdichtung aufgefüllt hat.

Zur Sondierung wird häufig die sogenannte **Rammsondierung** eingesetzt. Ein genormtes Fallgewicht (der sogenannte Rammbär) treibt bei vorgegebener Fallhöhe eine genormte Sonde in den Boden. Es wird gemessen, wie viele Schläge für jeweils 10 cm Eindringtiefe nötig sind. Ein **Sondierungsdiagramm** (s. Abb. 1, S. 29) gibt dann Aufschluss darüber, in welcher Tiefe eine geringere Lagerungsdichte vorhanden ist.

Die Sondierung gibt nur Auskunft über den Eindringwiderstand in den Boden. Im Garten- und Landschaftsbau werden vorwiegend **manuelle** (s. Abb. 1, S. 30), im Straßenbau auch **maschinell** (s. Abb. 2, S. 30) angetriebene Rammsonden verwendet.

Institut für Materialprüfung | Dr. Schellenberg Ing. GmbH | Leipheim

Messprotokoll für Rammsondierungen nach DIN 4094

| Auftragnehmer: *Schmitt* | Auftragsnummer: *37* | Anlage: – |

Objekt: *Terrasse*

| Sondierung Nr: *1* | Datum: *12. Oktober 20..* |

| Ansatzpunkt (bezogen auf Bezugspunkt): – | Ansatzpunkt (bezogen auf m über NN): – |

Sonstige Angaben: –

Schläge / 10 cm Eindringtiefe N_{10}

Tiefe	N_{10}	Tiefe	N_{10}	Tiefe	N_{10}
0,10	6	3,10		6,10	
0,20	8	3,20		6,20	
0,30	12	3,30		6,30	
0,40	15	3,40		6,40	
0,50	15	3,50		6,50	
0,60	10	3,60		6,60	
0,70	14	3,70		6,70	
0,80	1	3,80		6,80	
0,90	4	3,90		6,90	
1,00	10	4,00		7,00	
1,10	15	4,10		7,10	
1,20	16	4,20		7,20	
1,30	2	4,30		7,30	
1,40	2	4,40		7,40	
1,50	4	4,50		7,50	
1,60	10	4,60		7,60	
1,70	16	4,70		7,70	
1,80	20	4,80		7,80	
1,90	25	4,90		7,90	
2,00	25	5,00		8,00	
2,10		5,10		8,10	
2,20		5,20		8,20	
2,30		5,30		8,30	

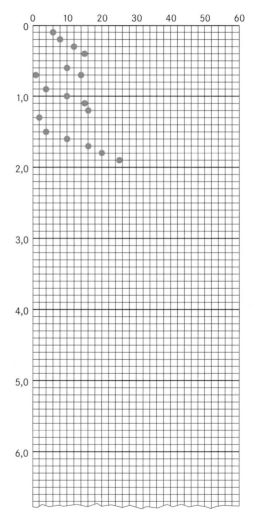

| Grundwasser: | m unter Ansatzpunkt | Unterschrift Geräteführer: |

Abb. 1 Sondierungsdiagramm

Abb. 1 Manuelle Rammsondierung

Abb. 2 Maschinelle Rammsondierung

Abb. 3 Pürckhauer-Bohrer

Das gezeigte Sondierungsdiagramm (s. Abb. 1, S. 29) weist eine geringe Lagerungsdichte in den Tiefen 70 bis 90 cm und 120 bis 150 cm auf. Hier befinden sich schlecht verdichtete Bodenbereiche, die unter Umständen später nachgeben könnten. Möglicherweise wurde hier vom Vorunternehmer beim Aufschütten nicht maschinell verdichtet.

Sondierungen sind mit maschinell angetriebenen Sonden bis zu einer Tiefe von 12 m möglich. Im Garten- und Landschaftsbau sind Rammsondierungen per Hand mit Tiefen von 1 bis 2 m üblich.

4.2.3 Bohrungen

Ziel von Bohrungen ist die Entnahme von Bohrkernen aus dem Baugrund.

Einfachste Maßnahme ist der Rillen- oder Sondierbohrer (= **Pürckhauer-Bohrer**, s. Abb. 3), der auch für Bodenproben im vegetationstechnischen Bereich eingesetzt wird.

Im vegetationstechnischen Bereich steht dabei die Berechnung des Düngemittelbedarfs im Vordergrund.
Maschinelle Bohrungen ermöglichen Aussagen über den Baugrund auch in größeren Tiefen.
In manchen Fällen (z. B. Modellierung eines Geländes zur späteren Bepflanzung) ist es oft ausreichend, geologische Karten oder **Baugrundkarten** einzusehen.

4.3 Organisation von Material-, Maschinen- und Arbeitseinsatz

Bereits bei der Angebotserstellung hat jeder Unternehmer den Auftrag weitgehend durchdacht, um sein Angebot zu erstellen.

Hat der Unternehmer den Auftrag erhalten, muss er den Einsatz von Material, Maschinen und Arbeitskräften im Detail planen. Eine Baustelle kann nur dann reibungslos laufen, wenn Material und Maschinen rechtzeitig auf der Baustelle vorhanden sind.

Durch diese Planung soll außerdem der effektive Einsatz von Arbeitskräften organisiert werden. Ziel ist dabei die Verminderung von Arbeitsspitzen oder Leerlauf. Kleine Baustellen in kleineren Unternehmen können vom Unternehmer meist noch ohne besondere Maßnahmen geplant werden.

In größeren Unternehmen und bei größeren Baustellen wird die Organisation von Material-, Maschinen- und Arbeitskräfteeinsatz meist mithilfe von sogenannten **Bauzeitenplänen** vorgenommen.

Im **Bauzeitenplan** (s. Abb. 1) werden die anstehenden Maßnahmen im zeitlichen Ablauf dargestellt. Zu jedem Teilabschnitt können dann das benötigte Material und die benötigten Maschinen herbeigeschafft werden sowie die erforderlichen Arbeitskräfte eingeteilt werden.

Außerdem können im Bauzeitenplan die geplanten (Soll-)Stunden mit den tatsächlich benötigten (Ist-)Stunden verglichen werden.

Besteht die Gefahr eines Zeitverzuges, kann der Bauleiter besondere Maßnahmen, z. B. erhöhter Maschineneinsatz, verstärkter Personaleinsatz, ergreifen.

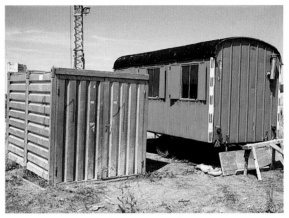

Abb. 2   Bauwagen mit Werkzeug- und Materialcontainer

4.4   Baustelleneinrichtung

Bei der Baustelleneinrichtung muss an die Zufahrt, den Büro- und Bauwagen, die Lagerplätze, die sanitären Einrichtungen und auch an die Bauzäune gedacht werden.

Ein Bautelefon – oder bei größeren Baustellen ein Baufunk – erleichtert die Baustellenkommunikation.

An der Baustelle angebrachte Firmenschilder dienen als Werbung und erleichtern Materialzulieferern das Auffinden der Baustelle.

Bei den sanitären Einrichtungen schreibt das Gewerbeaufsichtsamt in der **Arbeitsstättenverordnung** je nach Baustellendauer und ständigen Baustellenarbeitskräften eine Mindesteinrichtung vor (s. Tab. 1, S. 32).

Bei regelmäßiger Rückkehr nach Arbeitsende in entsprechend ausgestattete Betriebsgebäude können auf der Baustelle die Einrichtungen zum Umkleiden und Trocknen der Arbeitskleidung sowie der zusätzliche Waschraum entfallen.

Bauzeitenplan		Projekt: Wegebau; Schmitt; Auftrag Nr. 99/34-1				
Bezeichnung der Leistung		Kalenderwoche				
		7	8	9	10	11
Baustelleneinrichtung	soll	▓				
	ist		▓			
Oberboden sichern	soll		▓			
	ist			▓		
Planum erstellen	soll			▓		
	ist				▓	
Randbegrenzungen	soll			▓		
	ist				▓	
Oberbau erstellen	soll				▓	
	ist					▓
Deckschicht erstellen	soll					▓
	ist					▓
soll = geplante Zeiten						
ist = tatsächlich aufgewendete Zeiten						

Abb. 1   Bauzeitenplan

Ist auf der Baustelle ständig eine Toilette unmittelbar zu erreichen (z. B. der Wohnungseigentümer überlässt den Arbeitern den Schlüssel für die Haustoilette) oder ist bauseits ein Aufenthaltsraum vorhanden, muss sich der Unternehmer nicht um mobile Einrichtungen kümmern.

Die Arbeitsstättenverordnung hat das Ziel, die Arbeitsbedingungen auf Baustellen zu verbessern und vorhandene Benachteiligungen der in der Bauwirtschaft Beschäftigten zu verringern.

5   Baudurchführung

Bei der Baudurchführung sind die **rechtliche Seite** und die **technische Seite** zu berücksichtigen.

Die rechtlichen Belange der Bauabwicklung sind u. a. in der VOB Teil B niedergelegt.

Abb. 1 Eine Baustellentoilette ist schnell aufgestellt, aber aufgepasst, auch in der kalten Jahreszeit müssen sie mindestens 18 °C warm sein

5.1   Rechte und Pflichten

5.1.1 Auftraggeber

Der Auftraggeber muss z. B.:
- dem Auftragnehmer alle nötigen Bauunterlagen, z. B. die Fixhöhen und die nötigen Ausführungspläne, zur Verfügung stellen.
- für die Aufrechterhaltung der allgemeinen Ordnung durch Organisation aller am Bau beteiligten Unternehmer auf der Baustelle sorgen.
- erforderliche Genehmigungen und Erlaubnisse, z. B. Benutzung eines öffentlichen Gehweges als Materiallager, besorgen.
- dem Auftragnehmer die Benutzung von notwendigen Lager- und Arbeitsplätzen auf der Baustelle ermöglichen.
- vorhandene Zufahrtswege und vorhandene Anschlüsse für Wasser und Strom zur Verfügung stellen.

5.1.2 Auftragnehmer

Der Auftragnehmer hat z. B.:
- die Baustelle bis zur Abnahme vor Diebstahl und Beschädigungen zu schützen.
- die Ausführungsfristen einzuhalten. **Behinderungen** und **Unterbrechungen** sind dem Auftraggeber schriftlich mitzuteilen. Schlechtes Wetter innerhalb der Ausführungszeit, mit dem normalerweise gerechnet werden kann (z. B. Schnee im Winter), gelten nicht als Behinderung. Sind Anordnungen des Auftraggebers unberechtigt oder unzweckmäßig, so muss der Auftragnehmer **schriftlich und unverzüglich Bedenken anmelden**. Bedenken sind in diesem Fall schriftlich festgehaltene Einwände, die dem Auftraggeber vorgelegt werden.
- bei Zweifeln an der vorgesehenen Art der Ausführung, an der Güte der vom Auftraggeber gelieferten Materialien oder an Leistungen anderer Unternehmer, **Bedenken** zu melden.

Baustelle mit ...	Baustelleneinrichtung
a) höchstens 4 Arbeitskräften oder längstens 1 Woche	Möglichkeiten zum Umkleiden, Waschen, Aufwärmen, Einnehmen von Mahlzeiten, Trocknen von Arbeitskleidung; je Arbeitskraft ein abschließbarer Schrank, abschließbare Toilette, Mittel zur Ersten Hilfe.
b) mehr als 4 Arbeitskräfte und länger als 1 Woche	Tagesunterkunft mit z. B. Tisch und Sitzgelegenheit, Kleiderhaken, Abfallbehälter Vorrichtung zur Erwärmung von Speisen, Waschgelegenheit (min. je 5 Arbeitskräfte ein Waschplatz), Reinigungsmittel, abschließbare Toilette, Erste-Hilfe-Ausrüstung.
c) 10 und mehr Arbeitskräfte und länger als 2 Wochen	Wie b), zusätzlich Waschraum, Duschen (je 20 Arbeitskräfte min. 1 Dusche).

Tab. 1 Vorschriften der Arbeitsstättenverordnung

■ die technischen Belange der Baudurchführung zu berücksichtigen.

Die anerkannten Regeln der Technik zur fachkundigen Ausführung sind Inhalt z. B. der ATV (VOB Teil C, s. S. 21). DIN-Normen der VOB Teil C sind inhaltlich meist ähnlich aufgebaut. Als Beispiel soll hier die DIN 18318, Verkehrsarbeiten, Pflasterdecken, Plattenbeläge, Einfassungen herangezogen werden:

Inhalt	Beispiel DIN 18318
0 Hinweise für das Aufstellen der Leistungsbeschreibung	z. B. Angaben zur Baustelle, Abrechnungseinheiten, …
1 Geltungsbereich	z. B. … für das Befestigen von Straßen und Wegen aller Art, …
2 Stoffe, Bauteile	z. B. geltende Stoffnormen, Bettungs- und Fugenmaterialien, …
3 Ausführung	z. B. Dicke des Pflasterbettes bei Klinkerpflaster 3 bis 5 cm im verdichteten Zustand, …
4 Nebenleistungen und besondere Leistungen	z. B. Herstellen von behelfsmäßigen Zufahrten, … z. B. Schneiden von Platten und Pflaster, …
5 Abrechnung	z. B. Aussparungen oder Einbauten wie Schächte werden übermessen, …

Tab. 1 Aufbau einer ATV
(Allgemeine technische Vertragsbedingungen)

Nebenleistungen sind Leistungen, die nicht gesondert abgerechnet werden können, die aber auch nicht im Vertrag stehen müssen. Besondere Leistungen werden bei der Durchführung gesondert abgerechnet. Im Gegensatz zu ersteren müssen sie im Leistungsverzeichnis aufgeführt sein. Sind Leistungen zu erbringen, die nicht im Leistungsverzeichnis vereinbart worden sind, so sind diese vom Auftraggeber schriftlich zu genehmigen. Diese sogenannten **Regiearbeiten** werden dann gesondert abgerechnet.

6 Baustellenabschluss

6.1 Abnahme

Die Abnahme ist die Prüfung der Bauleistung oder eines Teilabschnittes und ihre Billigung. Zum Zeitpunkt der Abnahme muss die Leistung frei von Mängeln sein. Dies ist laut § 13 (1) VOB/B der Fall, wenn sie die vereinbarte Beschaffenheit aufweist und den anerkannten Regeln der Technik entspricht.

Die Abnahme hat folgende Wirkungen:
■ Beginn der **Fristen für Mängelansprüche** (Verjährungsfrist), s. Kap. 6.2 unten.
■ Fälligkeit der **Vergütung** (bei VOB als Vertragsgrundlage nur zusammen mit der Schlussrechnung).
■ **Gefahrenübergang** vom Auftragnehmer auf den Auftraggeber. Bis zur Abnahme trägt der Auftragnehmer das Risiko, dass das Werk zerstört oder beschädigt wird.
■ Umkehr der **Beweislast**: Vor der Abnahme muss der Auftragnehmer beweisen, dass er mängelfrei geleistet hat. Nach der Abnahme muss der Auftraggeber beweisen, dass ein Baumangel vorliegt, der vom Auftragnehmer verursacht wurde.

In der Regel erfolgt eine **förmliche Abnahme**. Auftragnehmer und -geber führen eine gemeinsame Begehung der Baustelle bzw. eine gemeinsame Prüfung der Bauleistung durch. Laut VOB/B sind die Ergebnisse der Begehung/Prüfung in einem Protokoll (Abnahmeprotokoll) niederzulegen.

Neben der förmlichen Abnahme kennt die VOB/B noch die sogenannte **fiktive Abnahme**. Danach gilt die Bauleistung als abgenommen, wenn
■ innerhalb von 12 Werktagen nach der schriftlichen Mitteilung über die Fertigstellung der Bauleistung keine förmliche Abnahme durch den Auftraggeber verlangt wird (sogenannte **stillschweigende Abnahme**) oder
■ der Auftraggeber die Bauleistung bzw. einen Teilbereich in Benutzung genommen hat und sechs Werktage verstrichen sind (sogenannte **Abnahme durch Benutzung**).

6.2 Mängelansprüche

„Der Auftragnehmer hat dem Auftraggeber seine Leistungen zum Zeitpunkt der Abnahme frei von Sachmängeln zu verschaffen … Sie ist dann frei von Sachmängeln, wenn sie die vereinbarte Beschaffenheit hat und den anerkannten Regeln der Technik entspricht …" (§ 13 (1) VOB/B).

Treten innerhalb der **Frist für Mängelansprüche** Mängel auf, die auf den Auftragnehmer zurückzuführen sind, so muss er diese kostenlos beseitigen.

Gelingt dieses nicht, hat der Kunde Anspruch auf Minderung der Vergütung, Wandlung (Rückgängigmachung des Werkvertrages) und gegebenenfalls Schadenersatz. Dabei kann die Frist für Mängelansprüche unterschiedlich lang sein, je nachdem, ob die Geltung der VOB vereinbart wurde oder nicht. Wurde sie nicht vereinbart, gelten die Bestimmungen des BGB (s. Abb 1, S. 34).

Soweit nichts anderes vereinbart wurde, gelten folgende Gewährleistungsfristen:

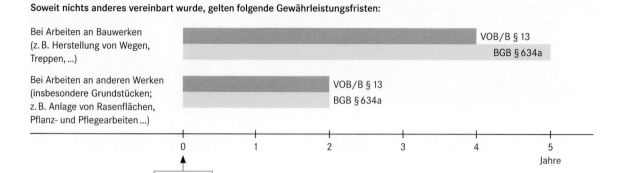

Bei Arbeiten an Bauwerken
(z. B. Herstellung von Wegen,
Treppen, ...)

VOB/B § 13

BGB § 634a

Bei Arbeiten an anderen Werken
(insbesondere Grundstücken;
z. B. Anlage von Rasenflächen,
Pflanz- und Pflegearbeiten ...)

VOB/B § 13

BGB § 634a

0   1   2   3   4   5   Jahre

Abnahme

Abb. 1   Fristen für Mängelansprüche nach BGB und VOB

6.3   Abrechnung der Bauleistung

Abb. 2   Aufmaß nach Wegebauarbeiten

Ist die Bauleistung fertiggestellt, hat der Auftraggeber die Pflicht das vereinbarte Entgelt zu bezahlen. Dafür muss der Auftragnehmer einen lückenlosen Nachweis über die erbrachten Leistungen liefern. Dieser Nachweis ist erforderlich, weil die im Leistungsverzeichnis aufgelisteten Mengen von den tatsächlich verbauten Mengen abweichen können.

Sind im Leistungsverzeichnis z. B. 300 m^2 Wegefläche vorgesehen, kann die tatsächliche Fläche kleiner, bzw. größer ausgefallen sein.

Die Ermittlung der tatsächlichen Größen und Mengen erfolgt durch das sogenannte **Aufmaß**, an dem meist Auftraggeber und Auftragnehmer beteiligt sind. Vorschriften zum Aufmaß einer Bauleistung finden sich in jeder VOB Teil C (ATV).

Außerdem müssen alle Materialien, die nach Gewicht, Stück oder Raummaß ausgeschrieben worden sind, anhand von Lieferscheinen oder Wägekarten nachgewiesen werden. Alle Nachweise sind in einer Massenzusammenstellung aufzulisten.

Bei größeren Baustellen können sogenannte **Abschlagszahlungen** vereinbart werden. Der Auftraggeber zahlt dann nach einzelnen Bauabschnitten einen Teilbetrag der Bausumme an den Auftragnehmer.

Die **Schlussrechnung** sollte unmittelbar nach Fertigstellung der Gesamtleistung eingereicht werden. Regiearbeiten werden gesondert abgerechnet.

6.4   Sicherheitsleistungen

Sicherheitsleistungen dienen dazu, die vertragsgemäße Ausführung der Leistung (Sicherheit für Vertragserfüllung) und die Mängelansprüche (Sicherheit bei Mängeln) sicherzustellen. Sie müssen im Vertrag ausdrücklich vereinbart werden. Bei größeren Aufträgen, etwa ab 25 000 €, ist es üblich, dass der Auftragnehmer dem Auftraggeber eine Sicherheit in Höhe von 5 % (max. 10 %) der **Schlussrechnungssumme** als Sicherheit für Mängel, die nach der Abnahme und während der Fristen für Mängelansprüche auftreten, stellt. Dabei kann der Auftragnehmer wählen zwischen:

■ dem Einbehalten von Vergütung durch den Auftraggeber und Einzahlung auf ein Sperrkonto, über das beide Parteien nur gemeinsam verfügen können,
■ der Hinterlegung von Geld auf einem Sperrkonto durch den Auftragnehmer oder
■ einer Bankbürgschaft.

Näheres zur Abwicklung der Sicherheit ist in § 9 VOB/A und § 17 VOB/B geregelt.

Aufgaben

1. Wie können die möglichen Auftraggeber im Garten- und Landschaftsbau unterschieden werden?
2. Warum benötigt ein Land ein Raumordnungsgesetz?
3. Welche Ziele verfolgt ein Flächennutzungsplan?
4. Erklären Sie einem Auszubildenden, nach welchen rechtlichen Grundlagen die Auftragsabwicklung im Garten- und Landschaftsbau erfolgt.
5. Welche Pflichten haben Auftraggeber und Auftragnehmer laut Werkvertrag?
6. Wofür steht die Abkürzung VOB?
7. Wie heißen die Teile der VOB? Beschreiben Sie mit einem Satz die Inhalte der einzelnen Teile.
8. Welche Möglichkeiten gibt es für einen Auftraggeber, seinen Auftrag auszuschreiben?
9. Welche Inhalte umfasst ein Leistungsverzeichnis?
10. Was bedeutet Submission?
11. Was wird bei der Angebotsprüfung untersucht?
12. Wer „gewinnt" eine Ausschreibung?
13. Was bedeutet der Begriff „Zuschlagsfrist" für den Auftragnehmer?
14. Führen Sie als Rollenspiel eine Baustellenbegehung durch. Fertigen Sie dazu ein Begehungsprotokoll an.
15. Welche Inhalte sollten bei einer Baustellenbegehung geklärt werden?
16. Welche Maßnahmen können für den Schutz der Baustelle getroffen werden?
17. Warum muss Vegetation nach DIN 18920 geschützt werden?
18. Welche Maßnahmen können für den Schutz von Bäumen getroffen werden?
19. Warum ist bei Grabungen im Wurzelbereich Handarbeit vorgeschrieben?
20. Wie ist bei Tiefbauarbeiten in der Nähe von Versorgungsleitungen vorzugehen?
21. Wer kann Auskunft über die Lage von Versorgungskabeln geben?
22. Warum ist die Kenntnis über die Baugrundbeschaffenheit wichtig für die Auftragsdurchführung?

23. Welches Ziel verfolgt eine Schürfung?
24. Warum werden Sondierungen durchgeführt?
25. Was sagt ein Sondierungsdiagramm aus?
26. Wozu dient der Pürckhauer-Bohrer?
27. Was ist ein Bauzeitenplan?
28. Welche sanitären Einrichtungen müssen bei einer Baustellendauer von längstens einer Woche vorhanden sein?
29. Welche Unterlagen müssen vom Auftraggeber zur Verfügung gestellt werden?
30. Was bedeutet Bedenken anmelden im Zusammenhang mit der Baudurchführung?
31. Wann müssen Bedenken angemeldet werden?
32. Was sind Regiearbeiten?
33. Die Abnahme soll zügig vorgenommen werden. Diskutieren Sie in der Klasse die Folgen der Abnahme.
34. Führen Sie in der Klasse ein Rollenspiel zur Abnahme eines Teiches/Weges/Terrassenbelages durch. Worauf müssen Sie achten?
35. Die Abnahme einer Rasenfläche soll am Samstag, den 3.7. stattfinden. Am Donnerstag vorher fährt ein Autofahrer über die von Ihnen angelegte, abnahmefähige Rasenfläche. Kann der Auftraggeber von Ihnen die Wiederherstellung der Rasenfläche verlangen?
36. Was bedeutet Gewährleistung für den Auftraggeber und für den Auftragnehmer?
37. Die VOB/B kennt auch die sogenannte fiktive Abnahme.
    a) Welche Nachteile hat eine fiktive Abnahme für den Auftraggeber?
    b) Wie kann er sie vermeiden?
38. Worin unterscheiden sich die Regelungen der VOB/B und des BGB bezüglich der Fristen für Mängelansprüche?
39. Wozu dienen Sicherheitsleistungen und wann gelten sie?
40. Wie können Sie dem Auftraggeber Sicherheiten für Gewährleistung und Vertragserfüllung verschaffen?

Plandarstellung

Vor Beginn eines Bauvorhabens müssen sowohl der Auf-traggeber (Kunde) als auch der Auftragnehmer (der Gar-ten- und Landschaftsbaubetrieb) eindeutige Absprachen treffen, damit das Bauvorhaben für beide Seiten ohne Missverständnisse und Fehlplanungen ausgeführt werden kann. Eine Plandarstellung ist daher das wichtigste Instru-ment, Aufträge und Wünsche eindeutig zu formulieren.

Während bei kleineren Aufträgen – vorwiegend im Privat-gartenbereich – die ausführende Firma die Ausführungs-vorschläge übernimmt, wird die Planung bei größeren Bauvorhaben i.d.R. von einem Landschaftsarchitekten übernommen. Die Arbeit des Landschaftsarchitekten ist abhängig vom Schwierigkeitsgrad der Bauleistungen (Honorarzonen) und den erforderlichen Maßnahmen zur Koordinierung.

Die Bewertung der Leistungen erfolgt gemäß der **Honorar-ordnung für Architekten und Ingenieure** (HOAI) nach folgenden Leistungsphasen:

1. **Grundlagenermittlung**
   Ermittlung der Voraussetzungen zur Durch-führung der Baumaßnahme
2. **Vorplanung**
   Planungsvorbereitung, Lösung der Planungs-aufgabe
3. **Entwurfsplanung**
   Erarbeiten der endgültigen Lösung
4. **Genehmigungsplanung**
   Erarbeiten der Vorlagen zur Genehmigung
5. **Ausführungsplanung**
   Ausführungsreife Plandarstellung
6. **Vorbereitung der Vergaben**
   Aufstellen des Leistungsverzeichnisses und Mengenermittlung
7. **Mitwirkung bei der Vergabe**
   Ermittlung der Kosten, Mitwirken bei der Auftragsvergabe
8. **Objektüberwachung**
   Überwachung der Ausführung
9. **Objektbetreuung**
   Ergebnisdokumentation, Mängelfeststellung

Jede dieser neun Leistungsphasen stellt unterschiedliche Ansprüche an die Darstellung und die Inhalte der Planung. Während im Privatgartenbereich oftmals eine Plandarstel-lung (Kombination aus Entwurfs- und Ausführungsplan) für alle Leistungsphasen ausreicht, müssen bei größeren Bau-vorhaben von der ersten Idee bis zur Abrechnung unter-schiedliche Planungen erstellt werden.

1   Entwurfsarten

Während dem Planer bis Ende der 80er-Jahre ausschließ-lich Bleistift und Tuschefüller als Arbeitswerkzeug zur Verfügung standen, hat auch in der Freiraumplanung die Computertechnik Einzug gehalten.

Mittels **CAD-Programmen** (**C**omputer-**A**ided **D**esign) kön-nen Bauvorhaben vom Vorentwurf bis zum Aufmaßplan ab-gewickelt werden. Die Planungsgrundlage wird nur einmal gezeichnet oder eingelesen. Eine Änderung in der Planung ist jederzeit möglich, ohne dass der gesamte Plan neu gezeichnet werden muss. Dieser Vorteil wird insbesondere bei der Ausführungsplanung genutzt. Technische Details können nach Bedarf zeichnerisch geändert werden. Zu-sätzlich besteht die Möglichkeit, die Planansichten zu ändern und das Objekt sogar dreidimensional darzustellen (s. Abb. 1, S. 41). Trotz dieser Möglichkeiten mit CAD bietet die **Zeichnung von Hand** Vorteile.

Ein Entwurfsplan von Hand wirkt häufig lebendiger und individueller als eine Computerdarstellung.

Einige Planer kombinieren die computergezeichnete Pla-nungsgrundlage mit der Entwurfsdarstellung von Hand.

2   Darstellung einer Gartenplanung

2.1   Katasterplan/Bestandsplan

Ein **Katasterplan** wird auf Grundlage des Baugesetzbu-ches von Städten und Gemeinden zur Ermittlung exakter Bebauungs- und Freiflächengrenzen in Auftrag gegeben. Vermessungsbüros erstellen diese Bestandspläne mit ge-nauer Angabe von Höhen und Grenzverläufen. Darüber hinaus sind z.T. vorhandene Gehölzbestände, Ver- und Ent-sorgungsleitungen sowie die unterschiedlichen Nutzungen der Flächen eingezeichnet. Im Maßstab 1:1000 oder 1:500 enthalten diese Pläne wichtige Informationen zur weiteren Planung (s. Abb. 1, S. 37).

2.2   Planskizze und Vorentwurf

Die **Planskizze** dient der ersten Verständigung zwischen Planer oder Ausführungsbetrieb und dem Kunden. Hierbei ist es wichtig, dass die funktionale und gestalterische Auf-teilung auf Grundlage eines Bestands- oder Katasterplanes für alle Beteiligten deutlich wird.

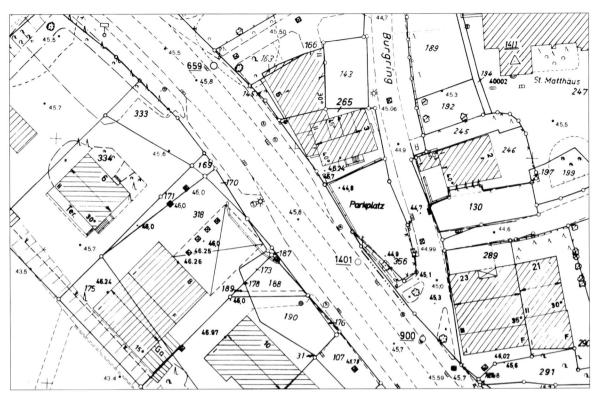

Abb. 1 Ausschnitt aus einem Katasterplan

Im Unterschied zur Planskizze zeigt der **Vorentwurf** bereits konkrete Lösungsansätze, die es umzusetzen gilt. Der Vorentwurf beinhaltet Vorschläge zur Bepflanzung, Wegeführung, sowie ggf. die Festlegung wichtiger Höhenpunkte u. a. (s. Abb. 2).

2.3 Entwurfs- und Bepflanzungsplan

2.3.1 Entwurf

Der **Entwurfsplan** ist ein weiterentwickelter Vorentwurfsplan. Gemäß der Leistungsphase 3 (s. S. 36) ist der Entwurfsplan die ausgearbeitete, verbindliche Projektlösung. Mithilfe von Schnitten, Schnittansichten (Kombination aus Seitenansicht und Schnitt) und Perspektiven wird die Lösung verdeutlicht. Ein Entwurfsplan muss sämtliche wichtigen Höhenangaben und Signaturen beinhalten, auf deren Grundlage die Ausführungspläne erstellt werden.

Zu den wichtigen Signaturen gehören auch technische Vorgaben wie Nordpfeil und Maßstabsangabe (1 : 100, 1 : 200). Bereits im Entwurf können für das planerische Konzept wichtige technische Details vergrößert (z. B. M 1 : 50) dargestellt werden. Bei der Gestaltung des Entwurfes muss bedacht werden, dass der Plan auch für den Laien lesbar sein muss. Vielfach ist eine farbige Darstellung besser lesbar als eine Schwarz-Weiß-Planung (s. Abb. 1, S. 38).

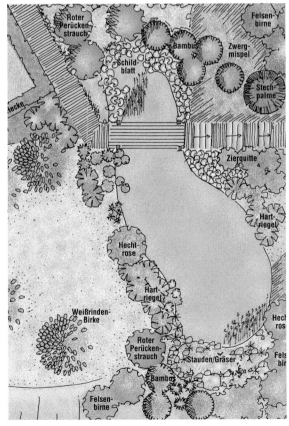

Abb. 2 Ausschnitt aus einem Vorentwurf

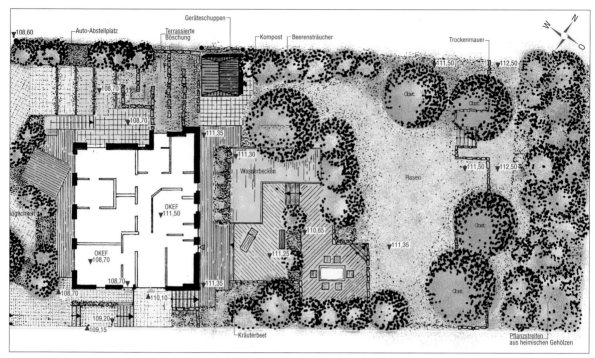

Abb. 1   Entwurfsplan

Bei kleineren Projekten wird der Entwurfsplan auch als Ausführungsplan eingesetzt. Das bedeutet allerdings, dass der Entwurf sämtliche für die Ausführung wichtigen technischen Angaben enthält. Somit bedarf es einer exakten Absprache zwischen Baustellenleitung und Planer, damit Fehlinterpretationen vermieden werden.

Eine eindeutige Beschreibung der Bauleistung wird nur durch Ausführungspläne in Verbindung mit einem korrekten Leistungsverzeichnis erreicht.

2.3.2 Bepflanzungsplan

Der **Bepflanzungsplan** (s. Abb. 1, S. 39) ist ein Ausführungsplan auf der Grundlage des Entwurfes. Der Plan dient dem Gärtner auf der Baustelle zur Pflanzung.

Aus diesem Grund sollten die Pflanzen so eindeutig dargestellt werden, dass mit einem Blick auf die beiliegende Pflanzenliste die vorgesehene Pflanze eindeutig dem Standort zugeordnet werden kann.

Folgende Regeln sollten beachtet werden:
- Gehölze werden entsprechend ihrem nach ca. zehn Jahren erreichten Kronenvolumen als Kreis eingezeichnet. Hierdurch werden zu enge Pflanzabstände vermieden.
- Flächige Bepflanzungen (z. B. Bodendecker) sollten in Schraffur gezeichnet werden. Die Anzahl der Pflanzen sollte an den Teilflächen vermerkt sein (auch Pflanzenbedarf pro m²).

- Leitstauden bekommen eigene Symbole mit entsprechender Erklärung in der Legende.
- Gehölze werden durch Abkürzungen kenntlich gemacht, z. B. CO für *Corylus colurna* oder Ti für *Tilia cordata* etc. Pflanzen nach Zahlen zuzuordnen ist wenig sinnvoll.
- Bei der Planung von differenzierten Heckenpflanzungen oder Pflanzungsstreifen mit wiederkehrenden Gehölzen werden Pflanzschemata verwendet. Hierbei dient ein bemaßtes Raster zur besseren Orientierung.

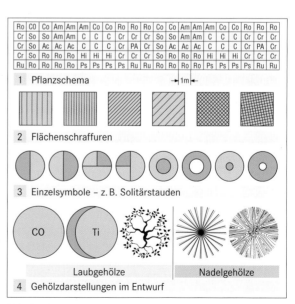

Abb. 2   Symbolbeispiele

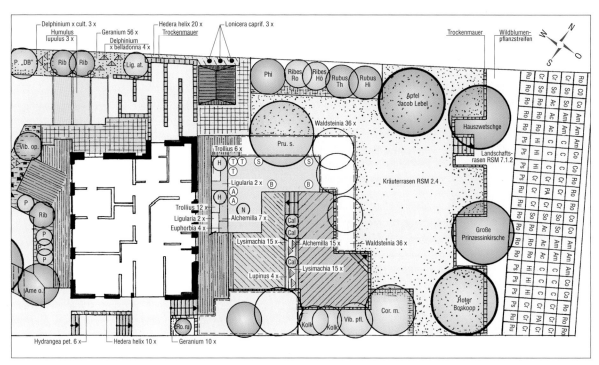

Abb. 1 Bepflanzungsplan

- Zu jedem Bepflanzungsplan muss eine Liste mit Größe und Qualität der Pflanzen erstellt werden (Pflanzenlegende).
- Zur Verdeutlichung der Pflanzenauswahl kann eine farbige Darstellung mit den unterschiedlichen Blühzeitpunkten beitragen.

2.4 Ausführungsplan

Ausführungspläne enthalten alle für die Bauausführung notwendigen technischen Angaben (s. Abb. 1, S. 40). Gemäß den Leistungsphasen der HOAI müssen diese Pläne zur Vorbereitung der Projekte erstellt und dem ausführenden Garten- und Landschaftsbaubetrieb überlassen werden.

Aus diesem Grund müssen Ausführungspläne nach übertragbaren Standards gezeichnet werden. Sowohl die Schriften, die Strichstärken als auch die Signaturen und Bemaßungen entsprechen Fachnormen. Der Ausführungsplan ist die Bauanweisung für den Unternehmer.

Hinweis

Werden technische Pläne mit dem Computer erstellt, können erforderliche Änderungen leichter eingearbeitet werden als bei einer Zeichnung von Hand.

Baustoff, Bauteil	Ausführungs- und Teilzeichnungen	
	Art der Darstellung	
	schwarz-weiß	farbig
Unbewehrter Beton		olivgrün
Bewehrter Beton ohne Darstellung einer Bewehrung		blaugrün
Mauerwerk aus künstlichen Steinen		braunrot
Betonfertigteile ohne Darstellung einer Bewehrung		violett
Holz in Schnittflächen		braun
Sperrschicht gegen Feuchtigkeit		
Dämmschicht gegen Schall, Wärme oder Kälte		
Dichtstoffe		
Kies		
Boden		
Aufgefüllter Boden		

Abb. 2 Schraffuren und Signaturen für Bauteile und Baustoffe

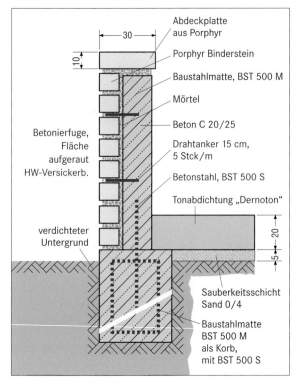

Abb. 1 Technischer Ausführungsplan, Natursteinmauer

2.4.1 Höhenplan

Neben der Darstellung konstruktiver Details müssen im Garten- und Landschaftsbau insbesondere Geländeverläufe kenntlich gemacht werden.

Im Bereich des Erdbaus müssen Auf- und Abtragsmengen genau bestimmt und abgerechnet werden können. So müssen beim Bau eines Teiches oder beim Auftragen eines Erdwalles schon im Vorfeld der Baumaßnahme der Aushub bzw. die zu liefernden Erdmengen berechnet werden.

Abb. 2 zeigt die Erdmassenberechnung eines Hügels. Dieser Plan wurde mit CAD erstellt. Die Volumenberechnung erfolgt aus Schnittfläche und Längsachse.

2.4.2 Funktionsplan

Die Entwässerung einer befestigten Fläche muss bei der Planung eines Bauvorhabens genau festgelegt werden. Geländeverläufe, Gefällestrecken, Einzugsflächen und die Fließrichtung des Niederschlagswassers werden in sogenannten **Funktionsplänen** dargestellt. So kann z. B. eine vorgesehene Entwässerungseinrichtung dimensioniert werden.

2.4.3 Aufmaßplan

Nach Beendigung einer Baumaßnahme (Leistungsphase 9) werden **Aufmaßpläne** als Abrechnungsgrundlage erstellt. Während bei kleineren Baumaßnahmen eine Handzeichnung mit den abgemessenen Teilflächen ausreicht, müssen bei großen Bauvorhaben aussagefähige, nachvollziehbare Aufmaßpläne erarbeitet werden.

Das **Elektrooptische Aufmaßverfahren** ist die modernste Form, solche Pläne zu erstellen. Mit einem Nivelliertachymeter (computergesteuerte Vermessungsstation) können Geländepunkte mit Lage und Höhe eingemessen werden. Die genauen Daten der Punkte werden im Computer gespeichert und als CAD-Zeichnung ausgedruckt.

Diese Aufmaßmethode kann sowohl zur Flächen- als auch zur Massenberechnung eingesetzt werden (s. Abb. 2, S. 41).

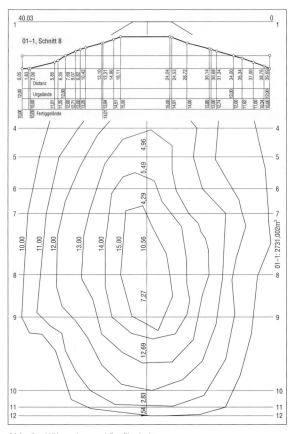

Abb. 2 Höhenplan und Profilschnitt

Abb. 1 Dreidimensionale CAD-Darstellung

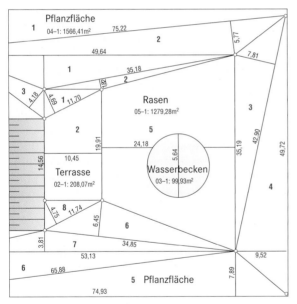

Abb. 2 Elektrooptisches Aufmaß

- Herstellen befestigter Flächen
- Be- und Verarbeiten von Naturstein
- Durchführen von Entwässerungsarbeiten
- Pflanzungen vorbereiten und durchführen
- Flächen für Ansaaten vorbereiten und ansäen

Nach Vorgabe müssen Sie innerhalb einer bestimmten Zeit einen Auftrag abwickeln.

Der **Gewerkplan** enthält alle notwendigen Angaben zur Höhe, zum Material sowie zur Himmelsrichtung. Abb. 3 ist eine Kombination aus Entwurfs- und Ausführungsplan. Ausführungshinweise:

- Rasenbord ohne Ansicht einbauen
- Gewerk ohne Gefälle erstellen
- Alle Außenkanten des Gewerkes liegen auf Höhe 00

3 Darstellung einer praktischen Prüfungsaufgabe[1]

Die hier vorgestellte **Prüfungsaufgabe** beinhaltet die folgenden Prüfungsleistungen:

---

[1] Praktische Abschlussprüfung Gärtner/-in, Beispiel Fachrichtung Garten- und Landschaftsbau

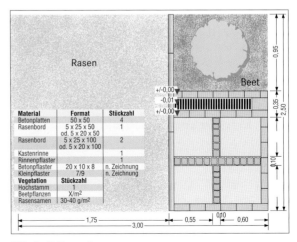

Material	Format	Stückzahl
Betonplatten	50 x 50	4
Rasenbord	5 x 25 x 50 od. 5 x 20 x 50	1
Rasenbord	5 x 25 x 100 od. 5 x 20 x 100	2
Kastenrinne Rinnenpflaster		1
Betonpflaster	20 x 10 x 8	n. Zeichnung
Kleinpflaster	7/9	n. Zeichnung
Vegetation	**Stückzahl**	
Hochstamm	1	
Beetpflanzen	X/m²	
Rasensamen	30–40 g/m²	

Abb. 3 Prüfungsplan

Vermessungstechnik

Das **Vermessen** ist eine wichtige Tätigkeit im Garten- und Landschaftsbau. Es ist immer dann notwendig, wenn:

- Flächen oder Körper aus dem Gelände zeichnerisch in einem Plan dargestellt (kartiert),
- Planmaße in das Gelände übertragen (sogenanntes **Abstecken**),
- vorhandene Pläne ergänzt (z. B. Einmessen von Bäumen) oder überprüft,
- Höhenpunkte festgelegt,
- Erdmassenberechnungen durchgeführt oder
- Aufmessungen zur Erfassung und Abrechnung von Bauleistungen oder zur Erstellung von Angeboten durchgeführt werden sollen (sogenanntes **Aufmaß**).

Umfangreiche Vermessungsarbeiten für größere Projekte werden zunehmend durch **Vermessungsbüros** (Ingenieurbüros, die sich auf Aufmaß und Abrechnung spezialisiert haben) durchgeführt.

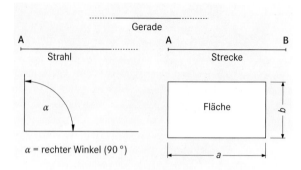

Abb. 1 Punkte – die Grundlage jeder Vermessung

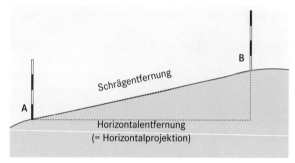

Abb. 2 Bei der Lagemessung wird die horizontale, beim Aufmaß die tatsächliche Entfernung gemessen.

1   Lagemessung

Punkte bilden die Grundlage der Vermessung. Bewegt sich ein Punkt in gleicher Richtung fort, entsteht eine **Gerade**, eine **Linie**, die sich nach beiden Seiten ins Unendliche erstreckt. Wird die Gerade auf einer Seite durch einen Punkt begrenzt, entsteht ein **Strahl**. Wird sie durch zwei Punkte begrenzt, spricht man von einer **Strecke**. Dreht man einen Strahl um seinen Punkt, so verändert er seine Richtung. Die Differenz zwischen seiner Anfangs- und Endlage nennt man einen **Winkel**. Verbindet man mehrere Eckpunkte miteinander, entstehen **Flächen** usw. (s. Abb. 1).

Bei der **Lagemessung** wird die horizontale (waagerechte) Lage der einzelnen Punkte zueinander festgestellt. Entsprechend spricht man auch von der **Horizontalmessung** oder von einer **Horizontalprojektion**, weil die Punkte und Linien auf eine horizontale Ebene projiziert (übertragen) werden. Eine Ausnahme bilden **Aufmaße**. Hier wird immer die tatsächliche Länge (Schräglänge) gemessen (s. Abb. 2).

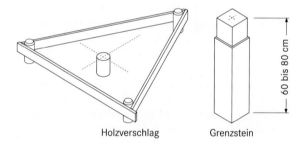

Abb. 3 Markierte Vermessungspunkte

1.1   Markierung von Punkten

Um unnötiges Suchen oder zeitaufwendiges Nachmessen zu vermeiden, werden die zu messenden Geländepunkte deutlich markiert (vermarken). Für eine vorübergehende Markierung genügen **Zählnadeln**, **Fluchtstangen** oder in den Boden geschlagene **Holzpflöcke** mit einem Nagel in Kopfmitte. Auf festem Untergrund können mit Ölkreide **Strichkreuze** gezeichnet werden. Pflöcke, die längere Zeit

stehen bleiben sollen, lassen sich mit einem **dreieckigen Holzverschlag** vor Beschädigung schützen.

Grenzsteine sind amtliche Vermessungspunkte. Sie erhalten am Kopf ein Kreuz als Markierung. Grenzsteine dürfen nur von der zuständigen Behörde bzw. durch von ihr beauftragte Personen eingemessen, verändert oder entfernt werden (s. Abb. 3).

1.2   Abstecken von Geraden

Die Grundlage für jede Vermessung ist eine gerade Linie. Von ihr ausgehend werden alle weiteren Vermessungen durchgeführt. Genügt bei kleineren Strecken das Spannen einer Schnur, wird bei größeren Entfernungen die Gerade sorgfältig ausgefluchtet und mit Fluchtstäben abgesteckt.

Abb. 1 Lattenrichter mit Dosenlibelle und Schnurlot (kegelförmiger Metallkörper, der an einer Schnur hängt)

Abb. 2 Einfluchtender und Messgehilfe

Abb. 3 Fluchtstab lose zwischen Daumen und Zeigefinger halten

Abb. 4 **Handzeichen:** Rechten oder linken Arm horizontal zur Seite bewegen → Stab wird in angezeigte Richtung verschoben. **Rufzeichen:** „von"

Abb. 5 **Handzeichen:** Ein oder beide Arme werden von oben nach unten bewegt. **Rufzeichen:** „ab"

Abb. 6 **Handzeichen:** Senkrecht nach oben gehaltener Arm wird zur Seite bewegt → oberes Stabende wird in angegebene Richtung bewegt. **Rufzeichen:** „von"

Abb. 7 Oberes Lattenende wird mit dem Lattenrichter senkrecht ausgerichtet

Abb. 8 Überprüfung der Flucht durch den Einweisenden

1.2.1 Fluchtstäbe

Fluchtstäbe (Fluchtstangen, Pikette oder Baken) dienen zum Abstecken von Punkten, Geraden, Winkeln und Flächen. Es handelt sich dabei um 1,50 bis 2,50 m lange Stäbe aus lackiertem oder kunststoffummanteltem Holz, Glasfiber, Kunststoff oder Aluminium, deren Spitze in einer Stahlhülse steckt. Ihr Querschnitt ist rund oder dreikantig. Damit sie im Gelände gut ausgemacht werden können, sind sie im Abstand von 50 cm (Halbmeterfelder) abwechselnd weiß oder rot lackiert (auch mit Leuchtfarbenlackierung erhältlich). Zur Aufstellung auf Grenzsteinen oder festem Untergrund dienen Fluchtstabhalter. Zur Erleichterung des Einlotens sollten Fluchtstäbe unten schwerer als oben sein.

Zusammensteckbare Stahlrohrstäbe lassen sich über Steckverbindungen beliebig verlängern. Sogenannte **Teleskopfluchtstäbe** bestehen aus zwei Rohren, die teleskopartig ineinander schiebbar sind.

Zur deutlichen Kennzeichnung können Fluchtstäbe mit Warnflaggen versehen werden.

1.2.2 Zwischenfluchten

Beim **Zwischenfluchten** werden zwischen zwei Endpunkten (A und B) weitere Punkte eingefluchtet. Dabei wird immer mit dem am weitesten entfernten Stab begonnen, d. h. auf den Einfluchtenden zu gearbeitet (s. Abb. 1).

Des besseren Kontrastes wegen sollte vor einem dunklen Hintergrund mit einem Fluchtstab, der oben weiß ist, begonnen werden und vor einem hellen Hintergrund mit einem Fluchtstab, der oben rot ist. Beim Fluchten erfolgt dann abwechselnd auf eine Fluchtstange mit einem roten Ende eine mit einem weißen Ende und umgekehrt.

Fluchtstäbe, die nicht benötigt werden, werden zur Vermeidung von Irrtümern schräg in den Boden gesteckt.

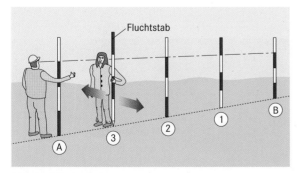

Abb. 1 Zwischenfluchten

⬇ Vorgehensweise

1. Punkt **A** und **B** werden durch je einen Fluchtstab gekennzeichnet. Dabei ist darauf zu achten, dass die Fluchtstäbe lotrecht (senkrecht) stehen. Das heißt, sie müssen mithilfe eines **Schnurlotes** bzw. einer **Wasserwaage** in zwei verschiedenen Richtungen eingelotet werden. Einfacher und schneller geht es mit einem **Lattenrichter**, einem Winkel mit oberseitig eingebauter Dosenlibelle (s. Abb. 1, S. 43). Sind weder Lot noch Lattenrichter vorhanden, können z. B. senkrechte Hausecken oder Lampenmasten zur Orientierung dienen. Damit sich die Fluchtstange im Punkt B gut vom Hintergrund abhebt, wird vor einem hellen Hintergrund eine Fluchtstange mit einem roten Ende und vor einem dunklen Hintergrund eine mit einem weißen Ende gesetzt.
2. Der Einfluchtende (Beobachter) stellt sich etwa 3 bis 5 m entfernt vom Fluchtstab A auf, um eine gute Übersicht zu haben. Der Messgehilfe steht zugewandt zum Einfluchtenden und blickt diesen an (s. Abb. 2, S. 43). Dabei hält er den Fluchtstab lose zwischen Daumen und Zeigefinger im oberen Drittel knapp über dem Boden, sodass sich dieser durch sein Eigengewicht selbst einlotet (s. Abb. 3, S. 43).
3. Der Einfluchtende versucht nun durch Visieren an einer Seite des Stabes A vorbei (nur eine Stabaußenkante als Flucht benutzen, nicht abwechselnd links und rechts vorbeischauen!) den Fluchtstab mit Stab B in Deckung zu bringen. Zur Einweisung des Messgehilfen benutzt er Hand- oder Rufzeichen (s. Abb. 4 und 6, S. 43).
4. Ist der Fluchtstab eingefluchtet, gibt der Einfluchtende das Kommando „ab" oder das entsprechende Handzeichen (s. Abb. 5, S. 43). Daraufhin lässt der Messgehilfe die Fluchtstange los, sodass die Spitze senkrecht in den Boden fällt.
5. Der Messgehilfe richtet das obere Ende der im Boden steckenden Fluchtstange mithilfe des Einfluchtenden oder eines Lattenrichters senkrecht aus (s. Abb. 7, S. 43).
6. Nach Erstellung der Geraden überprüft der Einfluchtende noch einmal die Flucht, indem er langsam seitwärts aus der Flucht herausgeht. Stimmt die Flucht, kommen die hintereinander stehenden Fluchtstäbe der Reihe nach zum Vorschein (s. Abb. 8, S. 43).

1.2.3 Verlängern bestehender Fluchten

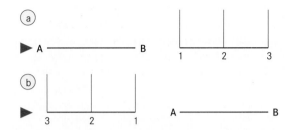

Abb. 1 Verlängerung vorwärts (a) und rückwärts (b)

In der Praxis kommt es häufig vor, dass bereits bestehende Fluchten (z. B. Haus-, Mauer-, Straßen- oder Wegfluchten) verlängert werden müssen. Bei der „Vorwärtsverlängerung" wird **vom Einfluchtenden weg**, bei der „Rückwärtsverlängerung" **auf den Einfluchtenden zu** gearbeitet. Können die Fluchtstäbe nicht in Verlängerung der bestehenden Flucht gesteckt werden, muss mit Parallelverschiebungen gearbeitet werden.

1.2.4 Wechselseitiges Einfluchten

Kann der Einfluchtende nicht hinter die Endpunkte treten, z. B. zwischen zwei Bauwerken, oder bestehen Sichtbehinderungen, z. B. in hügeligem Gelände, kann eine Flucht durch **wechselseitiges Einfluchten** erstellt werden. Im Gegensatz zum „normalen" Fluchten wird der Messgehilfe von zwei Einfluchtenden so lange wechselseitig eingewiesen, bis die Flucht steht.

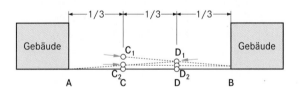

Abb. 2 Wechselseitiges Einfluchten

⬇ Vorgehensweise

Die Fluchtstangen **C** und **D** werden so gut wie möglich der Flucht $\overline{AB}$ genähert. Dabei ist darauf zu achten, dass von **C** nach **B** und von **D** nach **A** gefluchtet werden kann. Nun weist ein Beobachter von **C** die Fluchtstange **D** in die Gerade $\overline{CB}$ ein. Der zweite Beobachter weist von **D** die Fluchtstange **C** in die Gerade $\overline{DA}$ ein. Dieses wechselseitige Einfluchten wird so lange fortgeführt, bis die Gerade $\overline{ACDB}$ steht. Wechselseitiges Einfluchten erübrigt sich beim Vorhandensein eines Doppelpentagons (s. Kap. 1.4.3).

1.2.5 Indirektes Fluchten

Verhindern Sichtbehinderungen zwischen den Endpunkten einer Strecke das Einfluchten von Zwischenpunkten, können diese mithilfe geometrischer Hilfskonstruktionen gefunden werden.

Erstellung einer Parallele

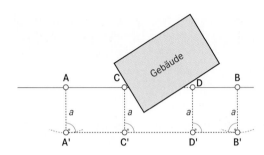

⬇ Vorgehensweise

Zur Flucht $\overline{AB}$ wird im Abstand **a** eine Parallele erstellt. Auf der Parallele werden die Lotfußpunkte **A'** und **B'** bestimmt. Rechtwinklig zu $\overline{A'B'}$ lassen sich nun in **C'** und **D'** im Abstand **a** die Punkte **C** und **D** abstecken.

Anwendung der Strahlensätze

Auf der Strecke $\overline{AB}$ sollen Zwischenpunkte eingefluchtet werden. Aufgrund einer Buschgruppe besteht zwischen beiden Endpunkten keine Sichtverbindung.

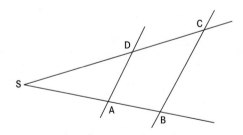

1. Strahlensatz: Werden zwei von einem Punkt ausgehende Strahlen von Parallelen geschnitten, so bestehen zwischen gleich liegenden Abschnitten der Strahlen gleiche Verhältnisse. Das bedeutet:

$\overline{SA} : \overline{SB} = \overline{SD} : \overline{SC}$ oder $\overline{SA} : \overline{SD} = \overline{SB} : \overline{SC}$ oder

$\overline{SC} : \overline{SB} = \overline{SD} : \overline{SA}$ usw.

2. Strahlensatz: Werden zwei von einem Punkt ausgehende Strahlen von Parallelen geschnitten, so bilden die Abschnitte der Parallelen und die zugehörigen Strahlenabschnitte gleiche Verhältnisse. Das bedeutet:

$$\overline{AD} : \overline{SD} = \overline{BC} : \overline{SC}$$

oder

$$\overline{SD} : \overline{AD} = \overline{SC} : \overline{BC} \text{ usw.}$$

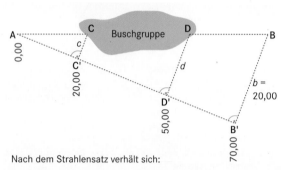

Nach dem Strahlensatz verhält sich:

$$c = \frac{\overline{AC'} \cdot b}{\overline{AB'}} = \frac{20\ m \cdot 20\ m}{70\ m} = 5,71\ m$$

$$d = \frac{\overline{AD'} \cdot b}{\overline{AB'}} = \frac{20\ m \cdot 50\ m}{70\ m} = 14,29\ m$$

> ### ⬇ Vorgehensweise
>
> Von Punkt **A** wird eine Hilfsgerade gelegt, auf die der Fußpunkt **B'** von **B** gesucht wird. Durch Verbindung von **B** und **B'** entsteht ein rechtwinkliges Dreieck. Die Fußpunkte **C'** und **D'** für die beiden Parallelen *c* und *d* werden festgelegt. Mithilfe des zweiten Strahlensatzes werden die Strecken *c* und *d* berechnet und rechtwinklig von **C'** und **D'** abgesteckt. Die Punkte **C** und **D** liegen auf der Strecke $\overline{AB}$.

1.3 Strecken- und Flächenmessung

Zur Strecken- und Flächenmessung können verschiedene Geräte oder Hilfsmittel, wie z. B. **Gliedermaßstab**, **Bandmaß**, **Messlatten**, **Fluchtstangen** oder **Nivelliergerät**, eingesetzt werden. Bei Aufmessungen zur Abrechnung von Leistungen, Erstellung von Angeboten oder Materialbeschaffung müssen immer die tatsächlichen Längen gemessen werden. Auf befestigten Flächen sind hierfür, vor allem für lange und kurvenreiche Strecken, **Messräder** (Rolltacho) gut geeignet. Die Genauigkeit liegt bei etwa ± 20 cm auf 100 m.

1.3.1 Entfernungsmessung mittels Bandmaß

Im Garten- und Landschaftsbau bedient man sich zur Messung von Strecken vor allem der **Messbänder** – sogenannter **Bandmaße** (s. Abb. 1) – aus Stahl, kunststoffummanteltem Stahl oder Kunststoff, mit Längen von 10 bis 50 m. In der Regel werden 20-m-Bänder verwendet. Am Anfang besitzen sie einen Haltering, am Ende sind sie in einem Aufrollrahmen mit Kurbel befestigt (Rollbandmaße).

Stahlbandmaße sind genauer (Abweichung ± 2 bis 3 cm auf 100 m) als solche aus Kunststoff. **Kunststoffbandmaße** sind zwar normalerweise ausreichend genau für Arbeiten im Garten- und Landschaftsbau. Kommt es aber auf sehr genaue Messungen an, wie z. B. im Sportplatzbau, sind Stahlbandmaße zu verwenden. Sie haben eine eingetragene Eichung, die angibt, um wie viel sich das Band bei Temperaturänderungen ausdehnt. Nachteilig bei Stahlbandmaßen sind die Gefahr der Schlaufen- und Knickbildung sowie das notwendige Reinigen nach der Arbeit zur Vermeidung von Rostbildung (auch aus nicht rostendem Stahl auf dem Markt).

Abb. 1 Stahlbandmaß als Rollbandmaß mit Aufrollkurbel

Fehlerquellen

Häufige Fehler bei der Arbeit mit Bandmaßen sind:
- Abweichung aus der Geraden oder Horizontalen (bei Messungen mit frei hängendem Bandmaß),
- Bandmaß wird nicht straff gezogen (Durchhang des Bandes),
- falsches Anhalten oder Ablesen (Maßanfang 10 cm nach Griffring bzw. Hinterkante Griffring bzw. Vorderkante Griffring),
- Vergessen einer Bandmaßlänge beim Aneinanderreihen der Bänder (Messung längerer Strecken),
- fehlerhaftes Abloten,
- keine Eichung bei Verwendung von Bandmaßen aus Leinen (dehnen sich bei Nässe aus).

Verwendung von Zählnadeln

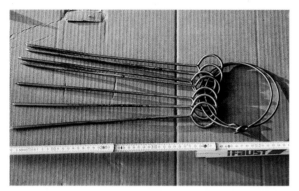

Abb. 1 Zählnadeln (Stahlnadeln mit Öse) gebündelt am Sammelring

Messen längerer Strecken
Sind die zu messenden Strecken länger als das verwendete Bandmaß, wird am Ende des Maßbandes eine **Zählnadel** aus Stahl (s. Abb. 1) in den Boden gesteckt. An diese kann das Bandmaß genau angelegt werden. Der Vordermann trägt einen vollen Nadelring und markiert jeweils die Bandmaßendpunkte, an die der Hintermann, der einen leeren Ring trägt, das Bandmaß erneut anlegt. Beim Weitergehen sammelt der Hintermann die im Boden steckenden Nadeln ein. Am Ende der Streckenmessung kann anhand der Nadelzahl am Ring des Hintermannes die Anzahl der Bandmaßlängen ermittelt werden.

Kontrollmessung

Längere Streckenmessungen sind zur Sicherheit mit einer zweiten Messung zu kontrollieren. Um dabei einen möglicherweise gemachten Fehler nicht durch gleiches Vorgehen zu wiederholen, sollte die **Kontrollmessung** entgegengesetzt zur ersten Messung durchgeführt werden. Weichen die beiden Ergebnisse voneinander ab, liegt aber die Differenz innerhalb der erlaubten Fehlergrenze, ergibt sich die Länge der Strecke aus der Mittelung beider Messergebnisse. Ist die Abweichung größer als erlaubt, muss der Messvorgang wiederholt werden.

1.3.2 Messung unzugänglicher Strecken

Kann eine Strecke wegen eines Hindernisses nicht gemessen werden, lassen sich mit geometrischen Hilfskonstruktionen Vergleichsstrecken messen oder berechnen.

Beispiel

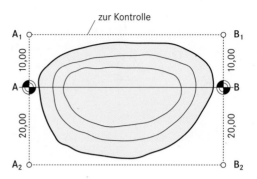

Die Strecke $\overline{AB}$ ist nicht direkt messbar, weil ein Gartenteich dazwischen liegt.

Lösungsmöglichkeit 1 (s. o.)
Zur Strecke $\overline{AB}$ wird auf jeder Teichseite eine parallel verlaufende Flucht abgesteckt. Das Mittel aus den gemessenen Strecken $\overline{A_1B_1}$ und $\overline{A_2B_2}$ ergibt die gesuchte Strecke $\overline{AB}$.

Lösungsmöglichkeit 2

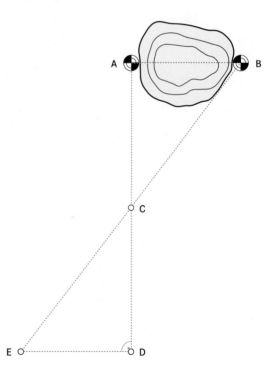

Der Punkt **C** wird festgelegt. Die Strecke $\overline{AC}$ wird über **C** um das Maß $\overline{AC}$ verlängert. Man erhält **D**. Die Strecke $\overline{BC}$ wird ebenfalls über **C** hinaus um das Maß $\overline{BC}$ verlängert. Man erhält **E**. Die Strecke $\overline{DE}$ entspricht der Strecke $\overline{AB}$.

Lösungsmöglichkeit 3

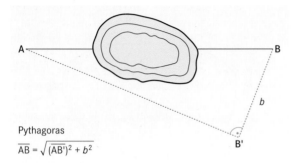

Pythagoras

$$\overline{AB} = \sqrt{(\overline{AB'})^2 + b^2}$$

Auf einer beliebigen Geraden wird zu Punkt **B** der Lotfuß-punkt **B'** gesucht. Anschließend werden die Strecken $\overline{AB'}$ und **b** gemessen. Die Strecke $\overline{AB}$ kann nun mithilfe des Pythagoras (s. Kap. 1.4.2) errechnet werden.

1.3.3 Staffelmessung

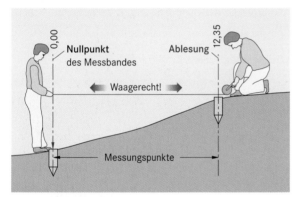

Abb. 1   Bandmessung in ansteigendem Gelände

Die **Staffelmessung** wird vor allem im hügeligen Gelände zur Messung kleinerer Strecken angewandt. Als Hilfsmittel dienen eine 3 bis 5 m lange **Messlatte**, eine **Wasser-waage** (s. Kap. 2.2.1) und ein Schnurlot.

Statt Messlatte und Wasserwaage kann auch ein **Richt-scheit mit integrierter Röhrenlibelle** verwendet werden. Mithilfe des Lotes wird der einzumessende Punkt am Boden markiert. Statt des Schnurlotes kann auch mit einer Fluchtstange (sollte mit Lattenrichter versehen sein) abge-lotet werden.

Auch das **Bandmaß** kann zur Erstellung der Horizontalen verwendet werden, indem man es in entsprechender Höhe (max. bis zur Brusthöhe) stramm zieht und nach Augenmaß waagerecht hält (rechter Winkel zwischen Messband und Lotschnur!). Der Lotfußpunkt ist der neue Anlegepunkt (s. Abb. 1).

1.3.4 Tachymetrische Entfernungsmessung

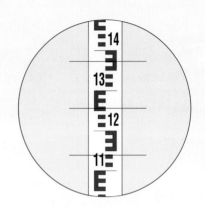

Die Entfernung errechnet sich nach folgender Formel:

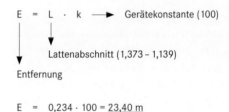

$$E = 0,234 \cdot 100 = \underline{23,40 \text{ m}}$$

Abb. 2   Tachymetrische Entfernungsmessung

Bei der **Streckenmessung** mit dem **Nivelliergerät** spricht man auch von **tachymetrischer Entfernungsmessung**. Voraussetzung dafür ist, dass das Gerät über ein Faden-kreuz mit einem oberen und unteren Distanzfaden verfügt (s. Abb. 2).

Der **Lattenabschnitt**, der mit zunehmender Entfernung immer größer wird, ergibt sich aus der Differenz zwischen der oberen und unteren Ablesung auf der **Nivellierlatte**.

Beim Ablesen ist darauf zu achten, dass die dritte Zahl hinter dem Komma so genau wie möglich geschätzt wird, denn bei der Multiplikation mit der Gerätekonstante (100) wird dieser Wert zum dm-Wert. Neben der normalen cm-Teilung gibt es auch Nivellierlatten mit zusätzlicher 2-mm-Präzisionsteilung.

Vorteilhaft bei diesem Messverfahren ist die schnelle und relativ einfache Durchführung. Nachteilig ist eine gewisse Ungenauigkeit, die – unabhängig von der Entfernung – bei ± 10 cm liegt.

1.3.5 Elektronische Entfernungsmessung

Abb. 1 Elektronisches Tachymeter, Totalstation

Die genauste Entfernungsmessung lässt sich mithilfe **elektronischer Geräte** wie z. B. dem elektronischen Tachymeter (s. Abb. 1) durchführen. Neben Lage- und Höhenmessungen (Horizontal- und Schrägmessung) ermöglichen sie auch exakte Winkelmessungen (horizontal und vertikal).

Das Messprinzip beruht darauf, dass elektromagnetische Wellen (Infrarot- oder Lichtstrahlen) in gebündelter Form von einem Sender-Empfänger-Gerät abgestrahlt und von einem Reflektor, einem auf einem Stab befestigtem Glasprisma (Prismenstab), zurück zum Ausgangspunkt reflektiert werden, wo sie der Empfängerteil des Gerätes wieder auffängt. Aus der Zeit, die die Wellen benötigen, um vom Anfangspunkt zum Endpunkt der Messstrecke und zurück zu gelangen, berechnet ein Laufzeitmesser die Entfernung. Die Messwerte, die digital auf einem Display angezeigt werden, können zur späteren Weiterverarbeitung mittels EDV-Anlage (z. B. zur Erstellung von Plänen mit **CAD-Bearbeitung**[1]) gespeichert werden.

Mithilfe eines eingebauten Rechners kann bereits auf der Baustelle eine Auswertung der Messdaten erfolgen.

Neben der Entfernungsmessung mittels eines durch ein Prisma reflektierten Laserstrahls können heutige elektronische Tachymeter, sogenannte **Totalstationen**, auch reflektorlose (prismenlose) Vermessungen durchführen. Derartige, als Einmannstation angewendete Geräte, sind mit einem Messlaser im Lichtbereich ausgestattet, der die natürliche Lichtreflexion der anvisierten Oberfläche misst. Eine Kombination mit GPS ist möglich, sodass bei Bedarf zwischen Tachymeter und GPS gewechselt werden kann.

---

[1] CAD = computer-aided design,
computerunterstütztes Konstruieren, s. auch S. 36

1.4 Abstecken rechter Winkel

Um die genaue Lage eines Punktes oder die Lage zweier Punkte zueinander (z. B. **A** und **B**) festzustellen, benötigen wir immer drei Punkte (**A, B, C**). Verbindet man diese miteinander, erhalten wir ein Dreieck. Die Lage der Punkte zueinander lässt sich nun durch das Messen der drei Dreiecksseiten feststellen. Statt die drei Seiten zu messen, können wir das Ergebnis auch durch das Messen zweier Seiten und eines Winkels erhalten. Dieses Verfahren ist vor allem dann, wenn es sich bei dem Winkel um einen rechten handelt, relativ einfach.

Zur Erstellung **rechter Winkel** (90° bzw. 100 gon) gibt es verschiedene Verfahren:

1.4.1 Schnurschlag

Mit einem **Bandmaß** oder einer **Schnur** und **Zählnadeln** („Schnurschlag", auf dem Papier mit Zirkel und Lineal) lassen sich mit ausreichender Genauigkeit rechte Winkel erstellen. Das Verfahren ist gut geeignet für kurze Strecken von etwa 5 m.

Beispiel 1

A ——————— P ——————— B Auf der Strecke $\overline{AB}$ soll im Punkt P eine Senkrechte (rechter Winkel) errichtet werden.

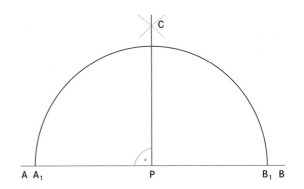

Abb. 2 Errichtung einer Senkrechten

Lösung

Um **P** wird mit beliebigem Radius ein Kreisbogen geschlagen, der die Strecke $\overline{AB}$ in den Punkten A_1 und B_1 schneidet.

Um A_1 und B_1 werden mit einem beliebigen, aber größeren Radius als $\overline{A_1P}$ oder $\overline{B_1P}$ Kreisbögen geschlagen, die sich in **C** schneiden. Die Verbindung $\overline{CP}$ ist die Senkrechte, die mit der Strecke $\overline{AB}$ einen rechten Winkel bildet. Je weiter der Schnittpunkt **C** vom Punkt **B** entfernt ist, desto genauer wird der rechte Winkel.

Beispiel 2

A ——————————— B Auf der Strecke $\overline{AB}$ soll der
Fußpunkt für einen rechten Winkel gesucht werden, der
durch den Punkt **C** läuft (Fällen eines Lotes).

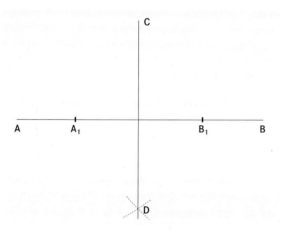

Abb. 1 Fällen eines Lotes (Bestimmung Lotfußpunkt)

Lösung

Um **C** wird ein Kreisbogen mit einem beliebigen Radius geschlagen, der die Strecke $\overline{AB}$ in A_1 und B_1 schneidet. Um
A_1 und B_1 werden Kreisbögen mit gleichem Radius geschlagen, die sich in **D** schneiden. Die Verbindung $\overline{CD}$
steht senkrecht auf der Strecke $\overline{AB}$.

Beispiel 3

A ——————————— B Halbieren Sie die Strecke $\overline{AB}$.

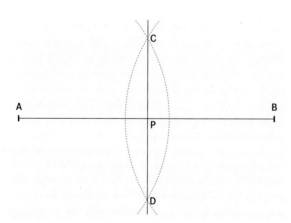

Abb. 2 Halbieren einer Strecke

Lösung

Um **A** und **B** werden mit einem beliebigen Radius, der jedoch größer als $\overline{AB}/2$ ist, Kreisbögen geschlagen, die sich in
C und **D** schneiden. Die Strecke $\overline{CD}$ halbiert die Strecke
$\overline{AB}$.

Beispiel 4

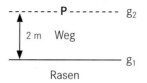

Parallel zum Rasen soll ein 2 m breiter Weg angelegt werden. Erstellen Sie die Parallele g_2, die durch den Punkt **P**
verläuft.

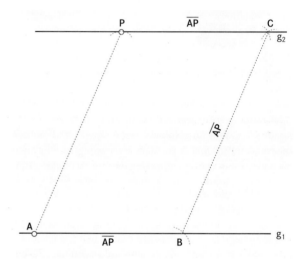

Abb. 3 Erstellen einer Parallelen

Lösung

Um einen beliebigen Punkt **A** auf der Geraden g_1 wird mit
$\overline{AP}$ als Radius ein Kreisbogen geschlagen, der die Gerade
g_1 in **B** schneidet. Um **B** und **P** werden ebenfalls mit $\overline{AP}$
Kreisbögen geschlagen, die sich in **C** schneiden. Verbindet
man **P** und **C**, erhält man die gesuchte Gerade g_2.

1.4.2 Satz des Pythagoras

Der Satz des Pythagoras (griech. Philosoph, um 570 v. Chr. –
um 500 v. Chr.), auch als pythagoreischer Lehrsatz bezeichnet, ist einer der ältesten Lehrsätze in der Geometrie.
**Er besagt, dass in einem rechtwinkligen Dreieck die
Summe der Kathetenquadrate gleich dem Hypotenu-
senquadrat ist.** Da in einem rechtwinkligen Dreieck die
Seite c als Hypotenuse und die Seiten a und b als Katheten
bezeichnet werden, gilt $c^2 = a^2 + b^2$. Stehen die Seiten in
einem Dreieck im Verhältnis **3 : 4 : 5** zueinander, handelt
es sich um ein rechtwinkliges Dreieck, wobei die beiden
kürzeren Seiten stets den rechten Winkel bilden (s. Abb. 1,
nächste Seite). Diese Erkenntnis macht man sich bei der
Konstruktion rechter Winkel zunutze.

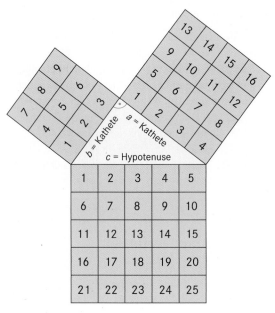

$$a^2 = 16\ \text{cm}^2$$
$$b^2 = 9\ \text{cm}^2$$
$$a^2 + b^2 = 25\ \text{cm}^2$$
$$c^2 = 25\ \text{cm}^2$$

$$c^2 = a^2 + b^2$$

Abb. 1 Lehrsatz des Pythagoras

Beispiel

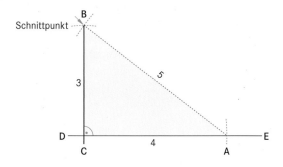

Mithilfe der pythagoreischen Zahlen soll auf der Strecke $\overline{DE}$ im Punkt **C** ein rechter Winkel errichtet werden.

Lösung

Um Punkt **C** wird ein Kreisbogen mit 4 m geschlagen, der die Strecke $\overline{DE}$ im Punkt **A** schneidet. Nun wird um Punkt **C** ein Kreisbogen mit einem Radius von 3 m und um Punkt **A** ein Kreisbogen mit einem Radius von 5 m geschlagen. Der Schnittpunkt beider Kreisbögen ergibt den Punkt **B**. Die Strecke $\overline{BC}$ steht senkrecht (rechtwinklig) auf der Strecke $\overline{DE}$.

Statt 3 m : 4 m : 5 m können auch andere Maße genommen werden, die wir durch Vervielfachung einer Basislänge im Verhältnis 3 : 4 : 5 erhalten (s. Tab. 1).

Basislänge	Verhältnis		
	3 :	4 :	5
1,00 m	3 m	4 m	5 m
2,00 m	6 m	8 m	10 m
1,20 m	3,60 m	4,80 m	6,00 m
0,50 m	1,50 m	2,00 m	2,50 m

Tab. 1 Statt 3 : 4 : 5 können auch andere Maße genommen werden

1.4.3 Doppelpentagon

Abb. 2
Doppelpentagon

Das **Doppelpentagon** (s. Abb. 2) hat das einfache Winkelprisma (dreiseitiges Prisma) zur Absteckung rechter Winkel weitgehend abgelöst. Es besteht aus zwei übereinander angeordneten fünfseitigen Prismen (Pentagone). Zwischen beiden Spiegeln befindet sich eine freie Durchsicht.

Steht man zwischen zwei Fluchtstäben auf der Geraden, sieht der Beobachter im oberen Spiegel den rechten und im unteren Spiegel den linken Stab. Stehen die beiden Fluchtstäbe senkrecht übereinander, hat sich der Beobachter eingefluchtet.

Mithilfe eines Doppelpentagons kann man
- sich selbst einfluchten,
- ein Lot fällen (Fußpunktbestimmung) oder
- eine Senkrechte errichten.

Errichtung einer Senkrechten

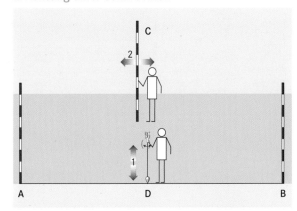

Abb. 3 Errichtung einer Senkrechten auf der Strecke $\overline{AB}$ im Fußpunkt **D**

Vorgehensweise

1. Doppelpentagon mit eingehängtem **Schnurlot** (kegelförmiger Metallkörper, der an einer Schnur hängt) lotrecht über Fußpunkt **D** halten (s. Abb. 3, S. 51).
2. Fluchtstäbe in **A** und **B** zur Deckung bringen (Beobachter fluchtet sich ein). Dazu wird das Doppelpentagon so lange vor- und zurückbewegt, bis beide Fluchtstäbe (**A** und **B**) in den beiden Spiegeln senkrecht übereinander stehen (1). Das Doppelpentagon befindet sich nun in der Flucht $\overline{AB}$.

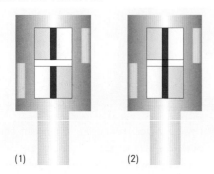

(1)   (2)

3. Jetzt wird der Messgehilfe so lange eingewiesen (s. Abb. 3, S. 51), bis sich der dritte Fluchtstab **C** in der Durchsicht mit den Fluchtstäben **A** und **B** deckt (2). Die Verbindung der Punkte C und D bildet einen rechten Winkel zur Strecke $\overline{AB}$.

Fällen eines Lotes

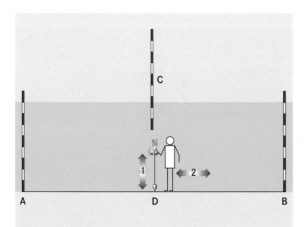

Abb. 1 Der Fußpunkt **D** auf der Strecke $\overline{AB}$ zum Punkt **C** wird gesucht

Vorgehensweise

Beobachter fluchtet sich ein und bewegt sich auf der Strecke $\overline{AB}$ so lange hin und her, bis der Fluchtstab in Punkt **C** in der Durchsicht erscheint und sich mit den Fluchtstäben in **A** und **B** deckt. Nun wird das Lot fallen gelassen (der Punkt wird abgelotet). Die Verbindung der Punkte **C** und **D** bildet einen rechten Winkel zur Strecke $\overline{AB}$.

Mithilfe des Doppelpentagons können rechte Winkel schnell abgesteckt werden. Der Umgang mit dem Gerät erfordert jedoch eine gewisse Übung.

1.5 Aufnahmeverfahren

Regelmäßige Flächen (s. Abb. 1, S. 53) sind am einfachsten zu vermessen. Leider kommen aber auch **unregelmäßige Geländeformen** recht häufig vor, deren Vermessung weit schwieriger ist. Sie müssen vor dem Aufmessen zunächst in berechenbare Flächen aufgeteilt werden. Dazu stehen verschiedene Verfahren zur Verfügung.

1.5.1 Zerlegen in einfache Flächen

Zusammengesetzte Flächen lassen sich durch Aufteilung in einfache Flächen (s. u. und Abb. 2, S. 53) berechenbar machen. Das Verfahren ist relativ einfach und schnell durchzuführen. Es ist vor allem für kleinere, überschaubare Flächen geeignet. Für größere Flächen und als Grundlage für die Erstellung von Plänen ist dieses Verfahren ungeeignet.

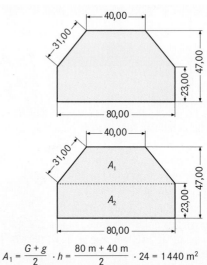

$$A_1 = \frac{G + g}{2} \cdot h = \frac{80\text{ m} + 40\text{ m}}{2} \cdot 24 = 1\,440 \text{ m}^2$$

$$A_2 = a \cdot b = 80\text{ m} \cdot 23\text{ m} = 1\,840 \text{ m}^2$$

$$A_1 + A_2 = \mathbf{3\,280 \text{ m}^2}$$

Abb. 2 Zusammengesetzte Flächen, s. auch nächste Seite

Rechteck

$A = a \cdot b$
$U = 2a + 2b = 2(a + b)$

Quadrat

$A = a \cdot a = a^2$
$a = \sqrt{A} \qquad U = 4 \cdot a$

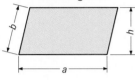

Parallelogramm

$A = a \cdot h$
$U = 2a + 2b = 2(a + b)$

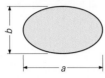

Ellipse

$A = \dfrac{a}{2} \cdot \dfrac{b}{2} \cdot \pi = a \cdot b \cdot \dfrac{\pi}{4}$

$U = \dfrac{a + b}{2} \cdot \pi$

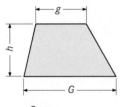

Trapez

$A = \dfrac{G + g}{2} \cdot h$

U = Seite + Seite + Seite + Seite

Dreieck

$A = \dfrac{g \cdot h}{2} \qquad g = \dfrac{2 \cdot A}{h}$

$h = \dfrac{2 \cdot A}{g}$

U = Seite + Seite + Seite

Kreis

$A = r \cdot r \cdot \pi = r^2 \cdot \pi$

oder $A = \dfrac{d^2 \cdot \pi}{4}$

$U = d \cdot \pi$

oder $U = 2r \cdot \pi$

$\pi = 3{,}14;\ r = \dfrac{d}{2}$

Kreisring

$A = R^2 \cdot \pi - r^2 \cdot \pi$
$\quad = \pi(R^2 - r^2)$

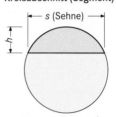

Kreisabschnitt (Segment)

$A \approx \dfrac{2}{3} \cdot s \cdot h$

(Näherungsformel)

Kreisausschnitt (Sektor)

$A = r^2 \cdot \pi \cdot \dfrac{\alpha}{360°}$ bzw.

$\dfrac{\alpha}{400^{\text{g}}}$ (g = gon)

oder $A = \dfrac{d^2 \cdot \pi}{4} \cdot \dfrac{\alpha}{360°}$

oder $A = \dfrac{d \cdot a}{4}$

Kreisbogen

$a = d \cdot \pi \cdot \dfrac{\alpha}{360°}$

Abb. 1 Flächen

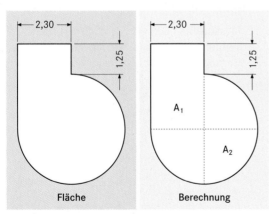

Fläche   Berechnung

$A_1 = a \cdot b = 3{,}55\ \text{m} \cdot 2{,}3\ \text{m} = 8{,}17\ \text{m}^2$

$A_2 = \dfrac{3}{4} \cdot r^2 \cdot \pi = \dfrac{3}{4} \cdot 2{,}3\ \text{m} \cdot 2{,}3\ \text{m} \cdot \pi = 12{,}46\ \text{m}^2$

$A_1 + A_2 = \mathbf{20{,}63\ m^2}$

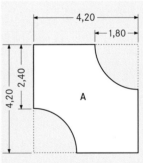

Fläche   Berechnung

$A = a \cdot a - 2 \cdot \dfrac{r^2 \cdot \pi}{4} = 4{,}2\ \text{m} \cdot 4{,}2\ \text{m} - \dfrac{r^2 \cdot \pi}{2}$

$= 17{,}64\ \text{m}^2 - \dfrac{1{,}8\ \text{m} \cdot 1{,}8\ \text{m} \cdot \pi}{2} = 17{,}64\ \text{m}^2 - 5{,}09\ \text{m}^2 = \mathbf{12{,}55\ m^2}$

Abb. 2 Fortsetzung zusammengesetzte Flächen

1.5.2 Dreiecksverfahren

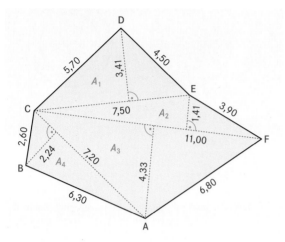

Abb. 1 Dreiecksverfahren

1.5.3 Koordinatenverfahren

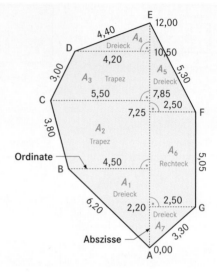

Abb. 2 Koordinatenverfahren (Rechtwinkelverfahren)

Beim **Dreiecksverfahren** (s. Abb. 1) wird die Fläche in Dreiecke aufgeteilt. Da eine Fläche auf verschiedene Weise in Dreiecke zerlegt werden kann, lässt das Verfahren Varianten zu.

Zur Flächenberechnung werden auf den Grundlinien der einzelnen Dreiecke die Höhen (**aus maßstäblichen Zeichnungen herausgreifbar**) errichtet. Die Größe der Grundstücksfläche ergibt sich aus der Summe der Dreiecke.

Während des Aufmaßes werden die Lage der einzelnen Punkte zueinander und die ermittelten Maße in einer einfachen **Lageskizze** festgehalten (**Feldbuch**[1]).

Statt mit der Formel

$$A = \frac{g \cdot h}{2}$$

kann die Fläche eines Dreiecks auch unmittelbar aus seinen drei Seiten mithilfe der **Heron'schen Formel**[2] (Satz des Heron) berechnet werden:

$$A = \sqrt{s(s-a)(s-b)(s-c)}; \qquad s = \frac{a+b+c}{2}$$

Der Vorteil dieses Verfahrens liegt in der schnellen und einfachen Durchführung. Als Hilfsmittel ist nur ein Bandmaß erforderlich. Das Dreiecksverfahren ist vor allem zum Aufmessen kleinerer, übersichtlicher Flächen sowie zum Einmessen und Sichern einzelner Punkte geeignet.

---

1 Feldbuch: Bezeichnung für die im Gelände gemachten Aufzeichnungen

2 Heron, H. von Alexandria, griech. Mathematiker des 1. Jh. n. Chr. (Altertum)

Beim **Koordinatenverfahren** werden alle zu messenden Punkte (z. B. Grenzsteine, Bäume, Hausecken) auf eine gerade Messlinie, die **Grundlinie** oder **Abszisse**, abgelotet, sodass Senkrechte entstehen. Die auf der Abszisse senkrecht stehenden Strecken werden als **Ordinaten** bezeichnet. Zur Flächenberechnung misst man die Längen der Ordinaten und die betreffenden Abstände auf der Abszisse. **Durchlaufende Maße** stehen rechtwinklig zur Maßlinie und beziehen sich auf 0,00. **Spannmaße** stehen parallel zur Maßlinie. Sie geben die Länge zwischen zwei Punkten an.

Flächen mit geraden Grenzen

⬇ Vorgehensweise

1. Messpunkte mit Fluchtstangen markieren.
2. Verlauf der Abszisse festlegen und markieren. Gegebenenfalls können mehrere Abszissen erstellt werden. Weist das Grundstück eine gerade Grenzlinie auf, kann auch diese als Grundlinie genommen werden (s. Abb. 1 und 2, S. 55).
3. Bandmaß entlang der Abszisse auslegen. Zur Vermeidung von Ablesefehlern Maßband nicht immer wieder neu anlegen.
4. Mit Doppelpentagon und Schnurlot auf der Abszisse die Lotfußpunkte zu den gekennzeichneten Punkten ermitteln und mit Zählnadeln markieren.
5. Länge der Ordinaten und Abstände auf der Abszisse messen und im Feldbuch festhalten.
6. Einzelne Flächen berechnen und addieren.

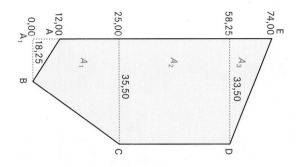

Abb. 1 Grenzlinie als Abszisse

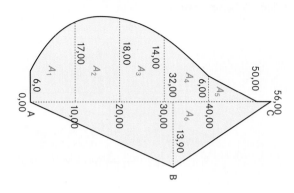

Abb. 3 Grundstück mit ungerader Grenzlinie

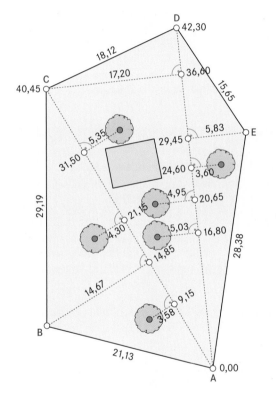

Abb. 2 Aufnahme mithilfe von zwei Abszissen

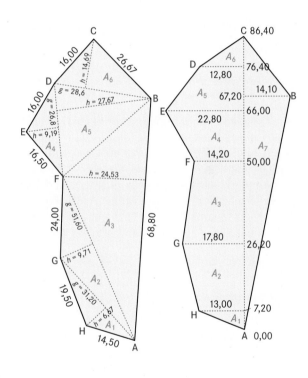

Abb. 4 Dreiecksverfahren/Koordinatenverfahren

Flächen mit ungeraden Grenzen (s. Abb. 3)

Vorgehensweise

1. Eckpunkte (A, B, C) markieren.
2. Grundlinie von A nach C festlegen.
3. Auf der Grundlinie in gleichen Abständen, Senkrechte errichten und Endpunkte auf der Grenzlinie markieren.
4. Einzelne Flächen (A_1–A_4 als Trapeze) berechnen.

Das **Koordinatenverfahren** ist vor allem bei größeren Grundstücken und der Einmessung vieler Punkte nicht nur übersichtlicher, sondern auch einfacher durchzuführen als das Dreiecksverfahren (s. Abb. 4).

1.5.4 Polarverfahren

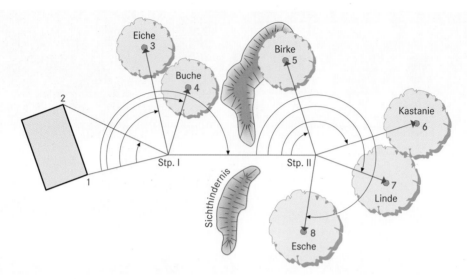

Abb. 1   Polarverfahren – Ermittelte Winkel und Entfernungen werden parallel zur Messung in Form einer Skizze und Tabelle (s. Tab. 1) im Feldbuch festgehalten

Beim **Polarverfahren** wird die Lage eines Punktes durch seine horizontale Entfernung vom Nullpunkt (Gerätestandpunkt) und durch den horizontalen Winkel, den der Radius (*r*) mit der Nullachse bildet, bestimmt (s. Abb. 1). Die Messung kann mit einem Nivelliergerät erfolgen. Dabei wird die Entfernung zum Gerätestandpunkt **tachymetrisch** (s. Kap. 1.3.4) und die Richtung durch Ablesen der **Horizontalkreisstellung** ermittelt. Die Angabe der Winkel erfolgt üblicherweise in Gon (gon) (s. Tab. 1).

Gerätestellung	Ziel	Richtung gon	Entfernung				Bemerkung
			Distanzfäden				
			Oben	unten	L	m	
I	1	0,00	–	–	–	20,00	Hausecke
				Bandmaß			
	2	45	–	–	–	28,00	Hausecke
				Bandmaß			
	3	100	2,140	1,889	0,251	25,10	Eiche
	4	145	2,995	2,840	0,155	15,50	Buche
	II	190	–	–		35,50	Neuer Standpunkt
				Bandmaß			
II	5	80	1,380	1,146	0,234	23,40	Birke
	6	180	0,481	0,230	0,251	25,10	Kastanie
	7	210	0,646	0,467	0,179	17,90	Linde
	8	310	1,876	1,735	0,132	13,20	Esche

$0° =$ 0 gon	
$90° = 100$ gon	$1 \text{ gon} = \dfrac{1 \text{ Vollwinkel}}{400} = \dfrac{360°}{400°} = 0{,}9°$
$180° = 200$ gon	
$270° = 300$ gon	1 Zentigon (cgon) $= 1/100$ gon
$360° = 400$ gon	1 Milligon (mgon) $= 1/1000$ gon

Tab. 1   Grad und Gon

Vorgehensweise

1. Wählen Sie einen Gerätestandpunkt von dem Sie möglichst viele der einzumessenden Punkte sehen können.
2. Visieren Sie mit der Zielachse des Fernrohres den Nullpunkt (bekannter Punkt) an. Diese Linie stellt die Bezugslinie für die Richtungsmessung (Winkelablesung) dar.
3. Stellen Sie den Horizontalkreis des Nivelliers auf 0,0 gon ein (Nullachse).
4. Peilen Sie die einzumessenden Geländepunkte mit dem Fernrohr der Reihe nach durch Drehung des Nivelliergerätes im Uhrzeigersinn an und lesen Sie die Winkel, die die Nullachse und die Ziellinien zu den jeweiligen Geländepunkten bilden, am Horizontalkreis des Nivelliers ab. Ermitteln Sie tachymetrisch parallel dazu die Entfernungen zu den Zielpunkten (s. Kap. 1.3.4).

Das Polarverfahren, mit seiner Kombination von Winkel- und Streckenmessung, ist heute das übliche Verfahren zur Aufnahme und Absteckung von Geländepunkten. Moderne, **elektrooptische Tachymeter**, sogenannte **Totalstationen** (s. Abb. 1, S. 49), ermöglichen eine genaue und schnelle Vermessung. Winkel, Distanzen, Höhenunterschiede werden automatisch berechnet und digital angezeigt. Alle Messwerte können intern gespeichert und auf mobile Datenträger übertragen werden.

1.6 Erstellung eines Lageplans

1.6.1 Maßstab und Papierformat

Detailpläne (Treppen, Pergolen, Spielgeräte, Mauern usw.)	Maßstäbe (gebräuch-liche)	1 m in der Wirklichkeit	sind auf dem Plan
	1 : 5	100 cm :	5 = 20 cm
	1 : 10	100 cm :	10 = 10 cm
	1 : 20	100 cm :	20 = 5 cm
	1 : 25	100 cm :	25 = 4 cm
Grundstücks-pläne (Hausgärten, Innenhöfe, Teiche, Freibäder usw.)	1 : 50	100 cm :	50 = 2 cm
	1 : 100	100 cm :	100 = 1 cm
	1 : 200	100 cm :	200 = 0,5 cm
	1 : 250	100 cm :	250 = 0,4 cm
	1 : 500	100 cm :	500 = 0,2 cm
	1 : 1000	100 cm :	1000 = 0,1 cm
Wanderkarten	1 : 50000	100 cm :	50000 = 0,002 cm
Straßenkarten	1 : 200000	100 cm :	200000 = 0,0005 cm

Tab. 1 Umrechnung wirklicher Maße in Planmaße

Planmaß	Maßstab		Maß in der Wirklichkeit
1 cm	1 : 20	1 cm x 20 =	20 cm
1 cm	1 : 25	1 cm x 25 =	25 cm
1 cm	1 : 50	1 cm x 50 =	50 cm
1 cm	1 : 100	1 cm x 100 =	100 cm
1 cm	1 : 200	1 cm x 200 =	200 cm
1 cm	1 : 250	1 cm x 250 =	250 cm

Tab. 2 Umrechnung von Planmaßen in wirkliche Maße

DIN-Format	Maße in cm	Flächengröße
A 0	84,1 · 118,9	1 m²
A 1	59,4 · 84,1	0,5 m²
A 2	42,0 · 59,4	0,25 m²
A 3	29,7 · 42,0	0,125 m²
A 4	21,0 · 29,7	0,06 m²
A 5	14,8 · 21,0	0,03 m²
A 6	10,5 · 14,8	0,015 m²
A 7	7,4 · 10,5	0,0078 m²

Tab. 3 DIN-Formate

Um die in der Wirklichkeit aufgenommenen und im Feldbuch in Form einer Skizze (Aufmaßskizze) festgehaltenen Messwerte im Lageplan darstellen zu können, muss eine maßstäbliche Verkleinerung durchgeführt werden.

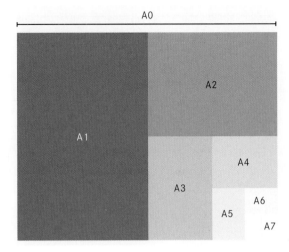

Abb. 1 Papierformate

Maßstäbe (s. Tab. 1) geben dabei das Verhältnis an, in welchem sich eine natürliche Länge verkürzt. So bedeutet dies z. B. für den Maßstab 1 : 100, dass alle Maße auf dem Plan 1 / 100 so groß sind wie in der Wirklichkeit. Oder, anders gesagt, alle Maße sind in der Wirklichkeit 100-mal so groß wie auf dem Plan.

Beispiel: 1 cm auf dem Plan entspricht in der Wirklichkeit 1 cm · 100 = 100 cm = 1 m in der Natur (s. Tab. 2).

5 m in der Natur würden dann 500 cm : 100 = 5 cm auf dem Plan entsprechen.

Die **Papierformate** sind genormt. Das Ausgangsformat bildet die Größe **A0**. Es ist ein Rechteck, dessen Flächeninhalt 1 m² beträgt. Die folgenden Formate erhält man durch abwechselndes Halbieren der Seitenlängen (s. Abb. 1). Der Maßstab kann nach dem vorhandenen Papierformat oder das DIN-Format nach dem gewünschten Maßstab ausgewählt werden (s. Tab. 3).

1.6.2 Darstellungsverfahren

Nachdem die Entfernungen in den **Aufmaßskizzen** (s. Abb. 1, S. 58) in den entsprechenden Maßstab umgerechnet worden sind, erfolgt die zeichnerische Darstellung (Kartierung) im Prinzip wie die Aufnahme, nämlich mit dem Dreiecks-, Koordinaten- oder Polarverfahren.

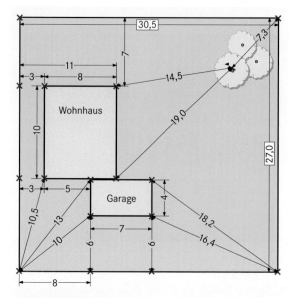

× Messpunkte, Angaben in m

Abb. 1 Aufmaßskizze

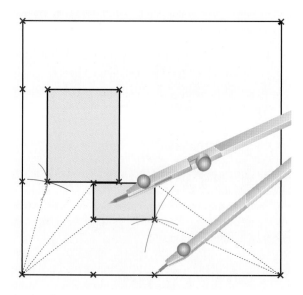

Abb. 2 Übertragung mit Dreiecksverfahren

Abb. 3 Übertragung mit Koordinatenverfahren

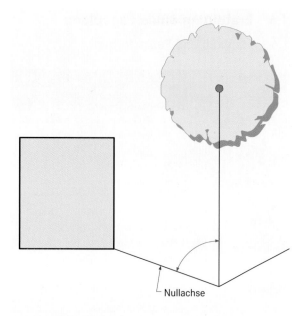

Abb. 4 Übertragung mittels Polarverfahren

Dreiecksverfahren

Beim **Dreiecksverfahren** (s. Kap. 1.5.2) werden die Strecken $\overline{AB}$ mit Bleistift und Lineal abgetragen. Um die Punkte **A** und **B** werden dann mithilfe des Zirkels Kreisbögen mit den Maßen der anliegenden Seiten geschlagen, die sich im Punkt **C** schneiden. Eine der drei Dreiecksseiten bildet nun die Grundseite für das nächste Dreieck. Zur Flächenberechnung können die Höhen in den Dreiecksseiten konstruiert und in Originalmaße umgerechnet werden (s. Abb. 2).

Koordinatenverfahren

Beim **Koordinatenverfahren** (s. Kap. 1.5.3) wird zunächst die Abszisse gezeichnet. Anschließend werden vom Nullpunkt ausgehend die Lotfußpunkte, von denen die Ordinaten abgehen, auf der Abszisse markiert. Mithilfe eines Geodreiecks und eines Lineals werden nun die Ordinaten angetragen (s. Abb. 3).

Polarverfahren

Beim **Polarverfahren** (s. Kap. 1.5.4) beginnt man mit der Festlegung des Gerätestandpunktes. Von dort aus wird die Nullachse (0,0 gon) festgelegt, an die die gemessenen Winkel angetragen werden. Auf den Schenkeln der Winkel werden im entsprechenden Maßstab die gemessenen Entfernungen abgetragen (s. Abb. 4).

2 Höhenmessung

Abb. 1 Amtlicher Höhenfestpunkt auf einem Pfeiler.
Der höchste Punkt des Höhenbolzens ist die NN-Höhe.

Bei der **Höhenmessung** (Vertikalmessung) werden die Höhenunterschiede zwischen zwei oder mehreren Punkten ermittelt. Häufig werden Lage- und Höhenmessung miteinander kombiniert.

2.1 Festpunkte

Die Höhe eines Punktes wird ermittelt, indem man die Höhendifferenz zu einem Festpunkt feststellt. Ein **Festpunkt** ist ein Punkt, dessen Höhe bekannt ist und der als Ausgangspunkt zum Messen weiterer Höhen dient. Dabei kann man mit relativen oder absoluten Höhen arbeiten.

■ **Relative Höhen** sind Höhen, die sich auf einen Festpunkt beziehen, dessen Höhe man selbst festlegt. Als Bezugspunkte eignen sich vor allem unverrückbare Punkte, wie z. B. Treppenstufen, Gullydeckel, Erdgeschoss-Fußboden-Höhe (EFH), Bord- oder Grenzsteine. Um nicht mit negativen Zahlen arbeiten zu müssen (Fehlergefahr!), legt man den Festpunkt im Allgemeinen auf + 10,00 m fest. Bei größeren Höhenunterschieden auf dem Gelände werden auch höhere Werte, z. B. + 100,00 m angenommen. Auf den Baustellen des Garten- und Landschaftsbaus wird der Einfachheit halber im Allgemeinen mit relativen Höhen gearbeitet. Zum sicheren Wiederfinden der Punkte sollten diese durch Einmessen gesichert werden. Dies geschieht, indem man ihre Lage zu unverrückbaren Merkmalen wie Mauerecken, Pfeilern, Treppenstufen, Bordsteinecken usw., misst und in einer Skizze festhält.

■ **Absolute Höhen** sind Höhen, die sich auf **NN** (Normal-Null) beziehen und in Metern über/unter **NN** angegeben werden. Es handelt sich dabei um amtliche Vermessungspunkte, deren Bezugsfläche die Höhe des Meeresspiegels im Amsterdamer Hafen bei Mittelwasser (Amsterdamer Pegel) ist und mit ± 0,00 angenommen wird.[1] Mit absoluten Höhen muss immer dann gearbeitet werden, wenn Baumaßnahmen im öffentlichen Bereich durchgeführt werden, in diesen übergehen (z. B. bei Kanalisations- oder Straßenanschlüssen) oder in öffentliche Pläne (z. B. Katasterpläne) eingetragen werden. Auch auf größeren Baustellen, wo verschiedene Firmen zusammenarbeiten, ist die Arbeit mit absoluten Höhen sinnvoll. Festpunkte bezogen auf NN sind durch eingeschlagene Höhenbolzen an Gebäudesockeln oder an im Boden sitzenden Pfeilern markiert und in Karten verzeichnet. Von ihnen werden alle anderen Höhenpunkte in der Bundesrepublik Deutschland übertragen. Lage und Höhe der Festpunkte können bei den zuständigen Vermessungsämtern erfragt werden (s. Abb. 1).

2.2 Geräte zur Höhenmessung

Je nach Entfernung der zu messenden Punkte werden verschiedene Geräte eingesetzt:

2.2.1 Wasserwaage, Richtscheit und Gliedermaßstab

Neben der **Wasserwaage**, die nur über kurze Strecken eingesetzt wird, lassen sich einfache Höhenmessungen mit **Richtscheit** und **Gliedermaßstab** (Meterstab, Zollstock) durchführen. Richtscheite (Richtlatte, Setzlatte, Wiegelatte) sind 2,00 bis 5,00 m lange Latten aus Leichtmetall (Aluminium) oder Holz mit oder ohne Röhrenlibelle (s. Abb. 1, S. 60).

Enthalten sie keine Libelle, können sie mithilfe einer Wasserwaage horizontal ausgerichtet werden. Wird mit der **Wasserwaage** gearbeitet, sollte diese vor Beginn der Messung auf ihre Genauigkeit hin überprüft werden. Dazu setzt man die Wasserwaage auf eine ebene Unterlage, um sie anschließend um 180° zu drehen. Nimmt die Luftblase in der Röhrenlibelle wieder die gleiche Stellung ein, ist sie in Ordnung. Der Richtscheit mit integrierter Röhrenlibelle kann auf gleiche Weise überprüft werden.

---

[1] In Österreich beziehen sich die Höhen auf eine Höhenmarke am Triester Pegel (etwa 27 cm unter NN), in der Schweiz auf eine Höhenmarke an einem Felsblock im Genfer See (etwa 8 cm unter NN).

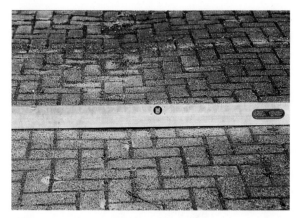

Abb. 1 Richtscheit mit integrierter Röhrenlibelle

Abb. 2 Schlauchwaage

Abb. 3 Höhenübertragung mit der Schlauchwaage

2.2.2 Schlauchwaage

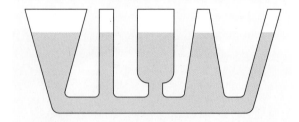

Abb. 4 **Gesetz der kommunizierenden Röhren:** Wenn man oben offene und unten miteinander verbundene Röhren/Gefäße mit Flüssigkeit füllt, stellt sich diese in allen Röhren gleich hoch ein

Diese Gesetzmäßigkeit (s. Abb. 4) macht man sich bei der Arbeit mit der **Schlauchwaage** (s. Abb. 2) zur Höhenübertragung zwischen zwei oder mehreren Punkten zunutze. Eine Schlauchwaage ist ein 10 bis 30 m langer mit Wasser gefüllter Schlauch. Die Schlauchwaage kann dazu verwendet werden, um Höhen auf ein gleiches Niveau zu bringen. So kann z. B. beim Ausheben eines Teiches eine Höhe von der einen Seite auf die andere übertragen werden. Die Schlauchwaage bietet den Vorteil, dass Höhenübertragungen auch um Ecken herum bzw. dort, wo die Sicht versperrt ist, durchgeführt werden können (s. Abb. 3). Befinden sich an beiden Enden Röhrchen mit einer Millimetereinteilung, können Höhenunterschiede zwischen zwei Punkten festgestellt werden. Beim Messen ist darauf zu achten, dass der Schlauch nie höher liegt als die Enden! Er muss immer unterhalb des Flüssigkeitsspiegels liegen.

Vorgehensweise

1. Wasser ohne Blasenbildung bis zur Markierung einfüllen. Etwaige Luftblasen sind durch Bewegung des Schlauches zu entfernen. Etwa 5 bis 10 cm Luft je Schlauchende lassen.
2. Schlauchwaage justieren: Schlauchenden auf gleiche Höhe halten, bis Wasserspiegel ausgependelt ist.
3. Beide Wasseroberflächen auf den Schlauchenden markieren.
4. Endstopfen aufsetzen, um einen Wasserverlust beim Transport zu verhindern.
5. An Messstellen Stopfen entfernen.
6. Ein Ende mit der Markierung an die zu übertragende Höhe halten, das andere Ende an den Punkt halten, der auf das gleiche Niveau des ersten Punktes gebracht werden soll. Der Punkt liegt auf gleicher Höhe, wenn der Wasserspiegel die zweite Markierung erreicht hat.

2.2.3 Visiertafeln

Ein **Visiertafelsatz** (Richttafelsatz) besteht aus drei Tafeln mit unterschiedlicher Farbmarkierung: z. B. einer weißen Tafel (Krücke), einer roten Tafel (Krücke) und einer rot-weißen Tafel (s. Abb. 1). Sie dienen dazu, zwischen zwei bekannten Höhen weitere Zwischenhöhen festzulegen.

Für dieses Verfahren sind drei Personen erforderlich (s. Abb. 1): Vorne und hinten befinden sich Höhenpflöcke mit gleicher Höhe. Dazwischen soll die gleiche Höhe markiert werden.

Abb. 1 Eintafeln eines Zwischenpunktes

 Vorgehensweise

Der Beobachter visiert über die rote Krücke die Tafel (Unterkante rotes Feld) an und gibt dem Messgehilfen Anweisung, wie weit der Holzpflock in der Mitte noch einzuschlagen ist. Die Zwischenhöhe ist gefunden, wenn der Beobachter von der Tafel nur noch einen schmalen weißen Strich sieht.

2.2.4 Nivelliergeräte

Das genauste Messverfahren zur Bestimmung von Höhen stellt das Nivellieren dar. Neben dem **Nivelliergerät** (Nivellier) werden dazu noch ein oder zwei 3 bis 5 m lange **Nivellierlatten** (s. Abb. 2) benötigt. Sie bilden das Ziel beim Nivellieren und sind bei der üblichen **E**-Teilung in cm-Felder eingeteilt – die Millimeter müssen geschätzt werden – und nach dm beziffert. Die cm-Teilung befindet sich von dm-Feld zu dm-Feld wechselnd entweder auf der rechten oder linken Lattenhälfte. Zur Vermeidung von Meterfehlern bei der Ablesung sind die Latten häufig abwechselnd 1 m lang schwarz und 1 m lang rot gefärbt. Nivellierlatten sollten mit einem Lattenrichter ausgerüstet sein, um eine lotrechte Haltung zu sichern. Für kleinere Messungen können auch

Abb. 2
Zusammenfaltbare Nivellierlatte (Messlatte) mit E-Teilung; rückseitige Teilung, falls vorhanden, in mm

Nivellierzollstöcke (-meterstäbe) verwendet werden. Es besteht jedoch die Gefahr, dass sich größere Ungenauigkeiten ergeben.

Ein **Nivelliergerät** (Nivellier) ist im Prinzip nichts anderes als ein waagerecht drehbares Zielfernrohr, das mit einer genau arbeitenden Wasserwaage, der **Röhrenlibelle**, verbunden ist. Der Instrumentenhorizont bildet dabei die horizontale Bezugsebene.

Heute werden im Allgemeinen **automatische** (selbsthorizontierende) **Nivelliergeräte** (s. Abb. 1, S. 64) verwendet. Bei ihnen übernimmt statt der Röhrenlibelle eine Automatik („Kompensator") die Feinhorizontierung. Zur groben Einstellung, d. h. zum waagerechten Stellen der Stativplatte (Grobhorizontierung), besitzen sie eine **Dosenlibelle**. Zum Ablesen von Winkeln dient ein am Gerät angebrachter **Horizontalkreis mit Gradeinteilung**, der in 400 gon („Neugrad") aufgeteilt ist.

Fehlerquellen

Häufige Fehlerquellen beim Nivellieren:

- Schätzungsfehler beim Ablesen
- Schiefhalten / Verkanten der Latten (Lattenrichter verwenden!)
- Einsinken von Nivellier oder Messlatte (Lattenuntersetzer, sog. Frosch, an Wechselpunkten für das Aufsetzen der Messlatte verwenden)
- Nivellier nicht richtig horizontiert bzw. in Augenhöhe aufgebaut
- zu große Zielweiten (> 100 Meter)
- unübersichtliche, nicht nachvollziehbare Feldbuchführung

2.2.5 Lasergeräte

Abb. 1 Einsatz eines Baulasers in Kombination mit einem Laserempfänger; die Ausstattung mit einem sichtbaren Strahl ermöglicht ein schnelleres Erfassen der Sollposition mit dem Empfänger

Abb. 2 Robuster Feldrechner empfängt kabellos die Messdaten; u. a. mit Touchscreen, zwei integrierten Digitalkameras und Windows 10

Mithilfe sogenannter **Baulaser** können Vermessungsarbeiten schneller und leichter als mit herkömmlichen Messgeräten durchgeführt werden. So ist z. B. nur eine Person notwendig. Nachteilig ist der höhere Anschaffungspreis.

Bei dem **Laser** (engl.: Kurzbezeichnung für **L**ight **a**mplification by **s**timulated **e**mission of **r**adiation, „Lichtverstärkung durch stimulierte Strahlungsemission") handelt es sich um ein Gerät zur Erzeugung eines scharf gebündelten Lichtstrahls (s. Abb. 1). Bei der Vermessung dient dieser rote oder grüne Lichtstrahl (Leitstrahl) als optische Ziellinie. Diese Ziellinie ist bei Dunkelheit als dünner roter bzw. grüner Strahl sichtbar. Am Tage wird er durch einen Empfänger aufgefangen und in ein optisches oder akustisches Signal umgewandelt.

An der Nivellierlatte kann durch Hoch- und Runterschieben eines **Laserempfängers** (s. Abb. 2) die Höhe gefunden werden. Für Lasergeräte gibt es auch spezielle elektronische **Lasernivellierlatten**, von denen die Messwerte direkt abgelesen werden können.

Für Erd-, Planier- und Pflasterarbeiten werden vor allem **Rotationslaser** eingesetzt. Bei ihnen rotiert der Laserstrahl horizontal um die senkrechte Geräteachse (kann auch auf Gefälle eingestellt werden). Innerhalb dieser Kreisfläche mit einem Durchmesser je nach Gerät von bis 800 m lässt sich an jeder Stelle die Höhenmessung durchführen (s. Abb. 1, S. 63).

Sinnvoll bei Erdarbeiten ist eine **Baumaschinensteuerung**. Hierzu wird ein universeller Laserempfänger mit 360°-Rundumempfang auf das Arbeitsgerät z. B. der Planierraupe, des Laders, des Graders oder am Bagger montiert. Über den Empfänger an der Maschine wird die Stellung des Werkzeugs bzw. die Tiefe der Auskofferung oder Höhe des Erdeinbaus genau kontrolliert (s. Abb. 3).

Abb. 3 Ein Standardlaser rotiert bis zu 900-mal/Minute und strahlt einen konstanten Laserstrahl aus; bei jeder Umdrehung legt er die Referenzebene als eine horizontale oder geneigte Ebene fest; der an der Maschine angebrachte Laserempfänger erfasst den Strahl und legt die entsprechende Schildreferenz fest

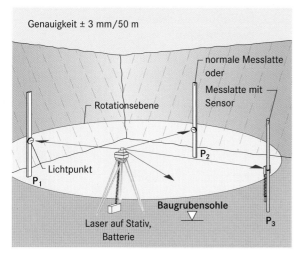

Abb. 1 Einsatz eines Rotationslasers

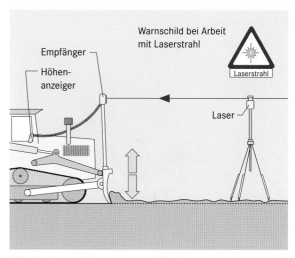

Abb. 2 Genaue Feinplanierung mithilfe des Lasers

Neigungen können eingestellt werden. Je nach Auftreffen des Laserstrahls auf dem Empfänger signalisiert dieser dem Maschinenführer hell leuchtend ZU HOCH – ZU TIEF oder AUF HÖHE, sodass auf Absteckarbeiten verzichtet werden kann. Eine Fernanzeige im Führerstand der Maschine erleichtert die Überwachung durch den Maschinenführer (s. Abb. 2).

Neben Rotationslasern werden auch noch sogenannte **Kanalbaulaser** zur Rohrverlegung (besitzen fest stehenden Laserstrahl, der auf das gewünschte Gefälle eingestellt werden kann) und **Lotlaser** (senden senkrechten Laserstrahl aus) zur Errichtung von Loten eingesetzt. Darüber hinaus gibt es auch Geräte, die einen 90°-Winkelstrahl, eine rotierende Laserlichtebene und einen 90°-Lotstrahl aufweisen.

Für kleinere Arbeiten bieten sich auch **Laserwasserwaagen** an. Sie verfügen über einen integrierten Laserstrahl, eine Reichweite von etwa 30 m und sind 360° drehbar. Mithilfe eines Kippschalters kann der Laserstrahl ein- oder ausgeschaltet werden. Unter Verwendung einer Nivellierscheibe und eines Stativs können Höhen bis zu etwa 2 m übertragen werden.

Achtung

Niemals direkt in den Laserstrahl sehen! Die hohe Lichtkraft des Laserstrahls kann die Netzhaut des Auges verbrennen.
Der Arbeitsbereich des Lasers muss durch **Warnschilder** gekennzeichnet werden (s. Abb. 2). In diesem Bereich Beschäftigte sind über die Gefahren und ihre Vermeidung zu unterrichten.

2.3 Höhenmessung mit dem Nivellier

2.3.1 Einstellung und Überprüfung des Gerätes

Bevor mit der Höhenmessung (Nivellement) begonnen werden kann, muss das Gerät sorgfältig eingestellt werden (s. Abb. 1, S. 64).

Genauso wichtig ist es, das Gerät auf seine Genauigkeit hin zu überprüfen. Dazu geht man wie folgt vor:

Geräteaufstellung (I)

1. Man stellt das Nivellier in der Mitte zwischen zwei etwa 50 bis 100 m voneinander entfernten Nivellierlatten auf.
2. Gerät justieren (Blase muss sich in der Mitte der Dosenlibelle befinden).
3. Die Lattenhöhen in A_1 und B_1 werden abgelesen und die Differenz (Δh) wird gebildet.

Geräteaufstellung (II)

1. Das Nivellier wird nun in einem Abstand von ca. 2 m zum höher liegenden Punkt aufgestellt.
2. Gerät neu justieren.
3. Die Lattenhöhen in A_2 und B_2 werden abgelesen.

Wenn der Unterschied zwischen A_1 und B_1 genauso groß ist wie zwischen A_2 und B_2, d.h. $A_1 - B_1 = A_2 - B_2$, verläuft die Ziellinie genau horizontal. Das Gerät ist in Ordnung. Treten Differenzen von einigen Zentimetern auf, muss das Fadenkreuz (s. Gebrauchsanweisung des Herstellers) neu justiert werden.

Vorgehensweise

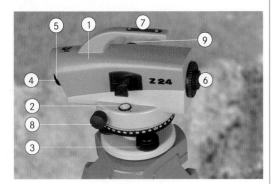

Abb. 1   Einstellung des Nivelliergerätes

1. **Stativbeine** so auf den Boden stellen, dass der **Stativkopf** in etwa eben steht.
2. **Nivelliergerät** vorsichtig aus dem Gehäuse nehmen, auf den Stativkopf legen und mittels der **Halteschraube** von unten darauf befestigen. Das **Fernrohr (1)** muss in Augenhöhe des Beobachters sein.
3. Unter Beobachtung der **Luftblase** in der **Dosenlibelle (2) Fußschrauben (3)** so lange verstellen, bis die Blase in der Mitte des schwarzen Kreises steht (Dosenlibelle einspielen lassen). Die Feinhorizontierung besorgt ein Kompensator. Will man feststellen, ob die automatische Nivellierkompensiereinrichtung funktioniert, tippt man leicht mit der Hand an das Stativ, um zu sehen, ob sich das Bild im Teleskop bewegt.
4. **Objektiv(4)kappe** vom Teleskop nehmen.
5. Ins **Teleskop (5)** schauen und **Okularjustierring (6)** so lange drehen, bis das **Fadenkreuz** (Strichkreuz) scharf erscheint.
6. Mit dem **Richtaufsatz (7)** das Ziel (auf der Latte) anvisieren.
7. Ins **Teleskop (5)** blicken und **Zielbild** mithilfe des **Horizontalfeinbewegungsknopfes (8)** in die Mitte des Blickfeldes bringen.
8. Durch Drehen der **Fokussierschraube (9)** Zielbild auf der Latte – ohne Abweichung – gegen das **Fadenkreuz** scharf einstellen. Zahlen auf der Nivellierlatte müssen klar und deutlich sichtbar sein.
9. Wenn man von der **Okularseite** her auf die **Dosenlibelle (2)** blickend feststellt, dass die Luftblase innerhalb des schwarzen Kreises steht, verläuft die **Ziellinie** genau horizontal.
10. Es kann mit der **Vermessung** begonnen werden.

2.3.2 Höhenunterschiede zwischen zwei Punkten

Bei der Aufstellung eines Nivelliergerätes haben wir die Auswahl zwischen vier Möglichkeiten:

Vorgehensweise 1

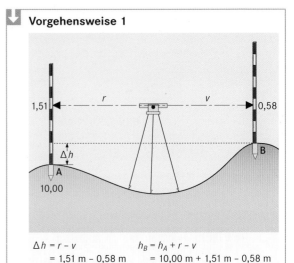

$$\Delta h = r - v \qquad\qquad h_B = h_A + r - v$$
$$ = 1{,}51\ m - 0{,}58\ m \qquad = 10{,}00\ m + 1{,}51\ m - 0{,}58\ m$$
$$ = \underline{0{,}93\ m} \qquad\qquad = \underline{10{,}93\ m}$$

Abb. 2   Aufstellung zwischen dem bekannten Höhenpunkt (**A**) und dem Neupunkt (**B**)

1. Nivellier wird zwischen **A** und **B** mit etwa gleichen Zielweiten aufgestellt. Dabei spielt es keine Rolle, ob das Gerät auf der Geraden zwischen den beiden Punkten oder außerhalb steht.
2. An der Nivellierlatte wird in **A** der Rückblick *(r)* abgelesen.
3. Die Nivellierlatte wird von **A** nach **B** versetzt, ohne die Gerätestellung zu verändern.
4. Das Nivellier wird um 180° gedreht. Der Vorblick *(v)* wird abgelesen.
5. Der Höhenunterschied zwischen **A** und **B** wird ermittelt: $\Delta h = + r - v$
6. Die Höhe des Neupunktes (**B**) wird ermittelt: $h_B = h_A + r - v$

Merke

Der **Rückblick** ist immer der Blick zum bekannten Höhenpunkt. Er ist immer positiv (+). Der **Vorblick** ist immer der Blick zum Neupunkt. Er ist immer negativ (–).

Vorgehensweise 2

1. Nivellier wird hinter den beiden Punkten aufgestellt.
2. In **A** wird der Rückblick *(r)*, in **B** der Vorblick *(v)* abgelesen.
3. Der Höhenunterschied wird ermittelt:
   $\Delta h = + r - v$
4. Die Höhe des Neupunktes wird ermittelt:
   $h_B = h_A + r - v$

$\Delta h = r - v$
$\quad = 2{,}05 \text{ m} - 0{,}81 \text{ m}$
$\quad = \underline{1{,}24 \text{ m}}$

$h_B = h_A + r - v$
$\quad = 10{,}00 \text{ m} + 2{,}05 \text{ m} - 0{,}81 \text{ m}$
$\quad = \underline{11{,}24 \text{ m}}$

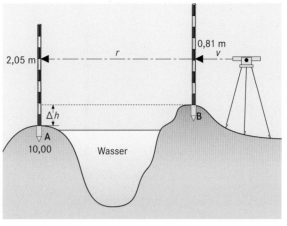

Abb. 1   Aufstellung hinter den beiden Höhenpunkten

Vorgehensweise 3

1. Nivellier wird über Punkt **A** aufgestellt.
2. Instrumentenhöhe *(i)*, der Abstand Punkt **A** bis Fernrohrmitte, wird gemessen.
3. Nivellierlatte wird auf dem Neupunkt (**B**) aufgestellt.
4. Vorblick *(v)* wird abgelesen.
5. Höhenunterschied wird ermittelt: $\Delta h = i - v$
6. Höhe des Neupunktes wird ermittelt:
   $h_B = h_A + i - v$

$\Delta h = i - v$
$\quad = 1{,}50 \text{ m} - 0{,}22 \text{ m}$
$\quad = \underline{1{,}28 \text{ m}}$

$h_B = h_A + i - v$
$\quad = 10{,}00 \text{ m} + 1{,}50 \text{ m} - 0{,}22 \text{ m}$
$\quad = \underline{11{,}28 \text{ m}}$

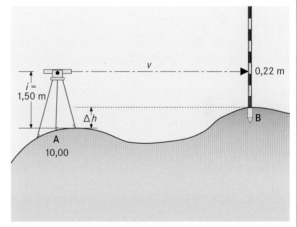

Abb. 2   Aufstellung über dem bekannten Höhenpunkt

Vorgehensweise 4

1. Nivellier wird über Punkt **B** aufgestellt.
2. Instrumentenhöhe *i* wird gemessen.
3. Nivellierlatte wird auf Punkt **A** aufgestellt.
4. Rückblick *(r)* wird abgelesen.
5. Höhenunterschied wird ermittelt: $\Delta h = + r - i$
6. Höhe des Neupunktes wird ermittelt:
   $h_B = h_A + r - i$

$\Delta h = r - i$
$\quad = 2{,}72 \text{ m} - 1{,}44 \text{ m}$
$\quad = \underline{1{,}28 \text{ m}}$

$h_B = h_A + r - i$
$\quad = 10{,}00 \text{ m} + 2{,}72 \text{ m} - 1{,}44 \text{ m}$
$\quad = \underline{11{,}28 \text{ m}}$

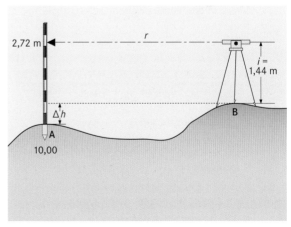

Abb. 3   Aufstellung über dem Neupunkt

2.3.3 Streckennivellement

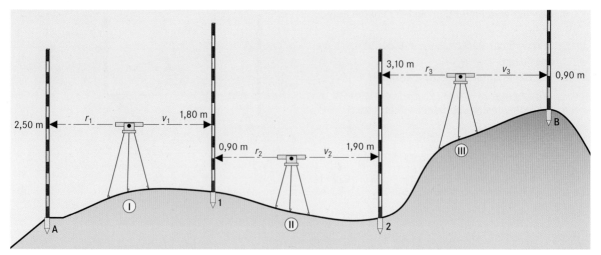

Abb. 1   Streckennivellement

Das **Streckennivellement** wird durchgeführt, wenn mehrere Höhenpunkte, die in einer Richtung liegen, gemessen werden sollen oder der Neupunkt so weit vom bekannten Höhenpunkt entfernt liegt, dass weitere Zwischenpunkte, sogenannte Wechselpunkte, eingerichtet werden müssen. Auch beim Übertragen von absoluten Höhen auf die Baustelle wird dieses Verfahren angewandt.

Aufgabe:

Der Höhenunterschied (Δh) zwischen dem Festpunkt (**A**) und dem Neupunkt (**B**) soll ermittelt werden. Der Punkt liegt vom bekannten Höhenpunkt (**A**) so weit entfernt, dass zwei Zwischenpunkte (1 und 2) eingerichtet werden müssen (s. Abb. 1).

Die Ablesungen werden in Tabellenform im Feldbuch festgehalten. Sollen auch die Höhen der Zwischenpunkte ermittelt werden, ist die Tabelle diesbezüglich zu ergänzen.

▶ **Ergebnis:** Es besteht ein Höhenunterschied von + 1,90 m (s. Tabelle).

Pkt. Nr.	Lattenablesung		Höhenunterschied	
	Rückblick (r)	**Vorblick (v)**	**steigt**	**fällt**
A	+ 2,50			
1		– 1,80	+ 0,70	
1	+ 0,90			
2		– 1,90		– 1,00
2	+ 3,10			
B		– 0,90	+ 2,20	
Summe	+ 6,50	– 4,60	+ 1,90	

$\Delta h =$ + 1,90 Höhenunterschied AB[1]

[1] Ist der Höhenunterschied positiv, steigt das Gelände an; ist er negativ, fällt es.

Tab. 1   Streckennivellement – Tabelle (zu Abb. 1)

Vorgehensweise

1. Auf dem bekannten Punkt **A** und dem 1. Wechselpunkt (Entfernung zwischen den Punkten ≤ 50 m) wird je eine Messlatte lotrecht aufgestellt.
2. Der Gerätestandpunkt (I) wird etwa in der Mitte der Strecke (gleiche Zielweiten anstreben) so gewählt, dass der horizontale Rückblick nicht über das obere Lattenende in **A** und der Vorblick noch auf die Latte in Wechselpunkt 1 trifft.
3. Instrument wird horizontiert.
4. Rückblick (r_1) auf Punkt **A** und Vorblick (v_1) auf Wechselpunkt 1 ablesen. Werte werden im Feldbuch unter Rückblick bzw. Vorblick eingetragen.
5. Nivellier wird nach II versetzt und neu horizontiert.
6. Die Nivellierlatte bleibt in 1 stehen und wird vorsichtig gegen den neuen Gerätestandpunkt gedreht. Die Nivellierlatte wird auf Weisung des Beobachters von **A** nach Wechselpunkt 2 versetzt. Der Messgehilfe sorgt durch Abschreiten für das Einhalten etwa gleicher Zielweiten.
7. Rückblick (r_2) auf Wechselpunkt 1 und Vorblick (v_2) auf Wechselpunkt 2 ablesen und im Feldbuch eintragen.
8. Nivellier nach III versetzen.
9. Rück- (r_3) und Vorblick (v_3) werden abgelesen und im Feldbuch notiert.
10. Die Höhe des Neupunktes wird errechnet.

2.3.4 Flächennivellement

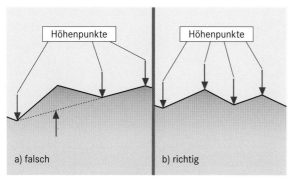

a) falsch   b) richtig

Abb. 1 Längsprofil – der Abstand der Höhenpunkte ergibt sich aus dem Verlauf der Geländeoberfläche

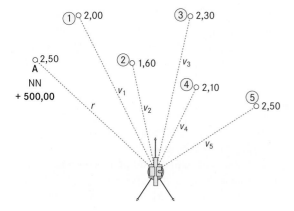

Abb. 2 Flächennivellement – Aufnahme

Pkt. Nr.		Vorblick (m)	Absolute Höhe (m)
A	500,00		
r	+ 2,50		
⊕	+ 502,50		
1		- 2,00	+ 500,50
2		- 1,60	+ 500,90
3		- 2,30	+ 500,20
4		- 2,10	+ 500,40
5		- 2,50	+ 500,00
v_A	- 2,49		Kontrolle
A	500,01		

Tab. 1 Flächennivellement – Tabelle (zu Abb. 2)

Soll die Geländeform eines Grundstücks erkennbar werden, müssen mehrere Höhenpunkte ermittelt werden. Geeignete Aufnahmeverfahren sind Profil- und Netznivellement, die auch zur Kontrolle von Erdmassenbewegungen eingesetzt werden.

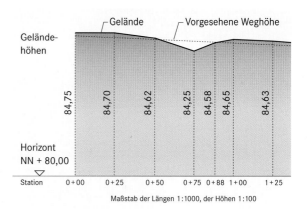

Abb. 3 Längsprofil – Feldwegaufnahme

Profilnivellement

Profile dienen zur höhenmäßigen Erfassung langer, schmaler oder unregelmäßig steigender Flächen. Das **Längsprofil** ist ein senkrechter Schnitt durch das Gelände. Die Profillinien müssen so verteilt werden, dass alle Erhebungen oder Mulden erfasst werden. Zwischen den Punkten wird der Geländeverlauf als geradlinig angenommen (s. Abb. 1 und 3).

> **Vorgehensweise**
>
> 1. Das Gelände wird besichtigt, um die Lage und den Verlauf der erforderlichen Profile festzulegen.
> 2. Anfang und Ende der Profile werden mit Fluchtstangen, die notwendigen Höhenpunkte mit Pflöcken markiert.
> 3. Die Punkte werden vermessen und im Feldbuch festgehalten.
> 4. Das Nivelliergerät wird so aufgestellt, dass möglichst viele Punkte anvisiert werden können.
> 5. Nivellieren: Der Blick zum Ausgangspunkt (**A**) wird als Rückblick, alle anderen als „Vorblick" behandelt. Die einzelnen Höhen erhalten wir, wenn wir die gemessenen Werte vom Instrumentenhorizont (⊕) = $h_A + r$ abziehen (s. Tab. 1).
> 6. Zur Kontrolle, ob das Nivelliergerät während der Messung unverändert geblieben ist, wird am Schluss noch einmal die Richtlatte auf den Ausgangspunkt gestellt und abgelesen. Dieses Mal wird der Blick als Vorblick gewertet. Ziehen wir diesen Wert von der Instrumentenhöhe ab, müssen wir wieder die Höhe erhalten. Diese Kontrollmessung muss für jeden Gerätestandpunkt erfolgen.

Netznivellement

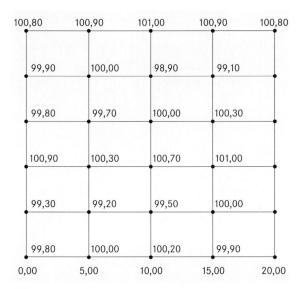

Abb. 1 Netznivellement

Bei diesem Verfahren, das vor allem zur Erdmassenberechnung bei einem Bodenauftrag oder -abtrag dient, wird die Fläche mit einem **Netz aus Höhenpunkten** überzogen. Dazu wird ein Raster aus sich kreuzenden Höhenlinien erstellt, sodass die Fläche in Punkte zerlegt wird. Der Abstand der Rasterpunkte zueinander und damit die Größe der einzelnen abzusteckenden Quadrate oder Rechtecke ergibt sich aus dem Verlauf der Erdoberfläche (z. B. 2-m-, 4-m-, 5-m- oder 10-m-Raster).

Je gleichmäßiger der Geländeverlauf, desto weiter kann der Punktabstand sein, je ungleichmäßiger, desto engmaschiger muss das Raster ausfallen (s. Abb. 1).

Ein Höhenplan entsteht, wenn man die Geländepunkte gleicher Höhe miteinander verbindet.

Vorgehensweise

1. Gelände besichtigen und Maschenweite des Rasters festlegen. Je größer die Höhenunterschiede, desto kleiner ist die Maschenweite zu wählen.
2. Rasterpunkte einmessen und mit Pflöcken, Fluchtstäben oder Zählnadeln markieren.
3. Die Höhen aller Kreuzungspunkte werden aufgenommen (auf 0,1 m Genauigkeit ablesen) und in das Feldbuch eingetragen.

3 Absteckungen

Beim **Abstecken** wird die Lage von Bauwerken, Mauerfluchten, Pflanzflächen, Wegen, Höhen usw. aus dem Plan ins Gelände übertragen. Bei der Absteckung werden die gleichen Verfahren, die zur Bestimmung von Lage- und Höhenpunkten dienen (s. Kap. 1 und 2), eingesetzt. Dabei stehen im Vordergrund das Einmessen mit dem Koordinatenverfahren und die Höhenübertragung mit dem Nivellier.

3.1 Absteckpläne

Zur Übertragung von Lageplänen (Ausführungsplänen) ins Gelände dienen bei größeren Bauvorhaben **Absteckpläne**. Sie sind vom Landschaftsarchitekten angefertigt und enthalten in der Regel alle Maße, die für die Übertragung der Baumaßnahme notwendig sind. Liegt kein Absteckplan vor, müssen die erforderlichen Maße aus dem Plan entnommen werden.

Vorgehensweise

1. Über den Plan (Planpause) wird ein Koordinatensystem gelegt. Bei der Festlegung der Abszisse ist darauf zu achten, dass alle zu messenden Punkte auf diese abgelotet werden können und ihre Übertragung ins Gelände ohne größeren Aufwand möglich ist. Gegebenenfalls sind mehrere Abszissen einzuzeichnen.
2. Die zu messenden Punkte werden auf die Abszisse(n) abgelotet.
3. Die Strecken werden gemessen, in Originalmaße umgerechnet und in den Plan eingetragen.

Bei kleineren Bauvorhaben wird in der Regel kein Absteckplan gezeichnet. Hier werden die Maße auf der Baustelle direkt aus dem Plan abgegriffen (z. B. mit Stechzirkel). Mithilfe eines Lineals und des angegebenen Maßstabs wird dann die tatsächliche Länge im Gelände ausgerechnet. Beim Abmessen mit **Dreikant-Maßstäben** ist eine Umrechnung in Originalmaße nicht erforderlich, die Maße können in cm und m direkt abgelesen werden. Beim Abgreifen der Maße aus den Plänen ist zu bedenken, dass Papier bei Schwankungen der Luftfeuchtigkeit nicht maßbeständig ist.

3.2 Geometrische Konstruktionen

3.2.1 Kreisbogenabsteckung

Neben geraden Strecken müssen auch immer wieder
Kreisbögen (s. Abb. 1) abgesteckt werden. Wesentlich für
die Konstruktion ist dabei, ob der Kreismittelpunkt zugänglich ist oder nicht.

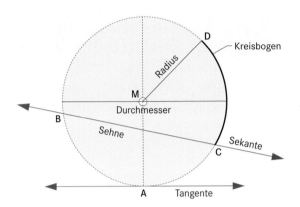

Abb. 1 Bezeichnungen am Kreis

Kreismittelpunkt zugänglich

Beispiel 1 (s. Abb. 2)
Gegeben sind der Bogenanfang **BA** und das Bogenende
BE. Der Radius ist $r \le 25$ m.

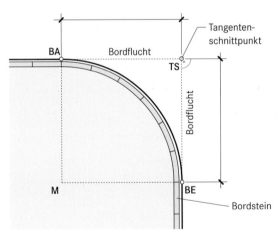

Abb. 2 Bogenabsteckung vom Mittelpunkt aus

Vorgehensweise

1. In den Punkten **BA** und **BE** werden die
   Senkrechten errichtet. Ihr Schnittpunkt bildet
   den Kreismittelpunkt **M**.
2. Der Radius r wird gemessen.
3. Um **M** wird ein Kreisbogen mit r geschlagen,
   der **BA** und **BE** miteinander verbindet.

Beispiel 2 (s. Abb. 3)
Gegeben sind die an den Kreisbogen anschließenden
Geraden (Tangenten). Der Radius r ist ≤ 25 m.

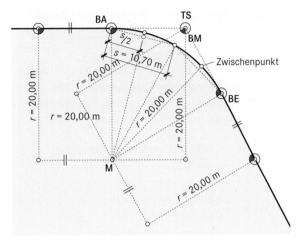

Abb. 3 Bogenanfang und -ende sind nicht bekannt

Vorgehensweise

1. Auf den Tangenten werden die Senkrechten
   errichtet.
2. Im Abstand r werden die Parallelen zu den
   Tangenten erstellt.
3. Der Schnittpunkt beider Parallelen ergibt **M**.
4. Von **M** aus wird auf beide Tangenten das Lot
   gefällt. Die Lotfußpunkte sind **BA** und **BE**.
5. Der Tangentenschnittpunkt (**TS**) wird durch
   Fluchten bestimmt. Die Bogenmitte (**BM**) liegt
   auf der Strecke $\overline{MTS}$ im Abstand r.
6. Um **M** wird ein Kreisbogen mit r geschlagen,
   der **BA** und **BE** miteinander verbindet. Durch
   Halbierung der Sehnen lassen sich bei Bedarf
   weitere Zwischenpunkte abstecken.

Kreismittelpunkt nicht zugänglich

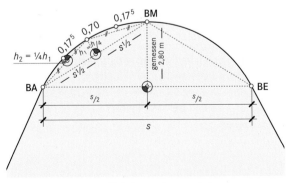

Abb. 4 Absteckung von Zwischenpunkten nach der
Viertelsmethode

Beispiel (s. Abb. 4, S. 69)

Gegeben sind **BA**, **BM** und **BE**. Der Kreismittelpunkt ist im Gelände nicht zugänglich.

⬇ Vorgehensweise nach der Viertelsmethode

1. Bogenanfang und Bogenende miteinander verbinden. Man erhält Sehne **s**.
2. Halbierung der Sehne ergibt die Sehnenmitte.
3. In der Sehnenmitte Senkrechte errichten.
4. Bogenmittelpunkt **BM** mit dem Bogenanfangspunkt **BA** und dem Bogenende **BE** verbinden. Man erhält die Sehnen **BA – BM** und **BM – BE**.
5. Abstand von Sehnenmitte zu **BM** ergibt Bogenhöhe **h**.
6. Auf den Sehnen werden die Mittelsenkrechten der Länge $h_1 = {}^h/_4$ errichtet.
7. Endpunkte der Mittelsenkrechten sind Bogenpunkte im Viertelabstand ($\frac{1}{4}$ der Hauptbogenhöhe).
8. Das Verfahren mit den Sehnen zwischen den Viertelspunkten wiederholen: $h_2 = \frac{1}{4} h_1$ usw., bis die gewünschte Punktdichte erreicht ist.

Gitterverfahren

Das **Gitterverfahren**, auch als **Schachtmeisterbogen** bezeichnet, stellt ein Näherungsverfahren dar. Mit diesem Absteckverfahren lässt sich nur annähernd ein Kreisbogen erzielen. Von Vorteil ist die einfache Durchführung (s. Abb. 1).

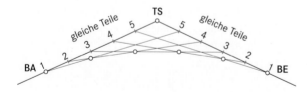

Abb. 1 Abstecken von Zwischenpunkten mit dem Gitterverfahren (Schachtmeisterbogen)

⬇ Vorgehensweise

1. Tangenten verlängern, sodass man den Tangentenschnittpunkt **TS** erhält.
2. Bogenanfang **BA** und -ende **BE** festlegen.
3. **BA – TS** und **BE – TS** in gleiche Teile unterteilen.
4. Die Teile kreuzweise verbinden.
5. Die innen liegenden Schnittpunkte ergeben die Bogenpunkte.

Koordinatenverfahren

Kreisbögen können auch im Koordinatenverfahren abgesteckt werden. Je dichter dabei die Fußpunkte auf der Abszisse liegen, desto genauer ist der Kreisbogen. Geeignet ist das Verfahren bei der Ausbildung größerer weich geschwungener Wege (s. Abb. 2).

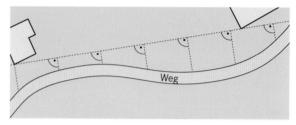

Abb. 2 Abstecken von Zwischenpunkten (Koordinatenverfahren)

Satz des Thales

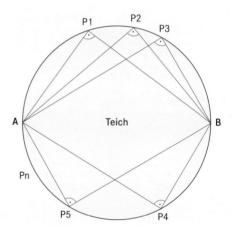

Abb. 3 Satz des Thales

Aufgabe: Um einen Teich soll ein kreisförmiger Weg angelegt werden. Der Mittelpunkt ist nicht zugänglich.

Lösung: Nach dem **Satz des Thales** ist jeder Winkel, dessen Schenkel durch **A** und **B** gehen und dessen Scheitel auf dem Umfang des Halbkreises über **AB** liegt, ein rechter.

⬇ Vorgehensweise

A und **B** werden mit je einer Fluchtstange gekennzeichnet. Mithilfe des Doppelpentagons werden nun die Lotfußpunkte auf dem Halbkreis über **AB** gesucht.

Bringt man die rechte Fluchtstange (oberer Spiegel) mit der Fluchtstange in **B** (Durchsichtfenster) zur Deckung, weist das Schnurlot des Gerätes auf die Kreislinie. Auf diese Weise lassen sich die Zwischenpunkte für den Kreis ermitteln.

3.2.2 Weitere Konstruktionen

Halbierung eines Winkels

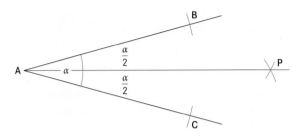

Abb. 1 Halbierung eines Winkels

Aufgabe: Der gegebene Winkel soll mithilfe einer Schnur halbiert werden.

 Vorgehensweise

Zeichnen Sie um den Scheitel **A** einen Kreisbogen, der die Schenkel des Winkels in den Punkten **B** und **C** schneidet. Nun schlagen Sie um **B** und **C** beliebige, aber gleich große Kreisbögen, die sich in **P** schneiden. Die Verbindung **P – A** bildet die Winkelhalbierende.

Konstruktion einer Ellipse

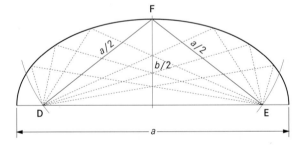

Abb. 2 Konstruktion einer Ellipse

Aufgabe: Ein Teich soll in Form einer Ellipse erstellt werden. Gegeben sind *a* (große Achse) und *b* (kleine Achse).

 Vorgehensweise

Um **F** wird ein Kreisbogen mit dem Radius *a*/2 geschlagen, der die *a*-Achse in **D** und **E** schneidet. **D** und **E** werden mit Pflöcken markiert. Um beide Punkte wird eine Schnur von der Länge $\overline{DFE}$ straff herumgeführt, sodass eine Ellipse entsteht.

1. Wozu werden im Garten- und Landschaftsbau Vermessungen durchgeführt?
2. Worin unterscheiden sich Lagemessung und Aufmaß bei der Entfernungsmessung?
3. Sie sollen eine Flucht erstellen. Beschreiben Sie die Vorgehensweise. Worauf ist besonders zu achten?
4. Beschreiben Sie die Vorgehensweise beim wechselseitigen Einfluchten.
5. **A** ——— 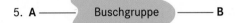 Buschgruppe ——— **B**

   Die zwei Eckpfosten **A** und **B** sollen durch einen Zaun verbunden werden. Durch die Buschgruppe ist entsprechend eine schmale Schneise zu schlagen. Zwischen beiden Punkten besteht keine Sichtverbindung. Beschreiben Sie die Vorgehensweise.
6. Nennen Sie drei Hilfsmittel zur Strecken- und Flächenmessung.
7. Warum sind Messpunkte deutlich zu kennzeichnen?
8. Worauf sollten Sie bei der Arbeit mit dem Bandmaß achten, um Messfehler zu vermeiden?
9. Mit dem Bandmaß soll der Umfang eines Grundstücks gemessen werden. Beschreiben Sie die Vorgehensweise.
10.
    A —— Teich —— B

    Die Strecke $\overline{AB}$ soll gemessen werden. Beschreiben Sie drei verschiedene Möglichkeiten.
11. Die Staffelmessung wird vor allem im hügeligen Gelände zur Messung kleinerer Strecken durchgeführt. Beschreiben Sie die Durchführung.
12. Worüber muss ein Nivelliergerät verfügen, damit es zur tachymetrischen Entfernungsmessung eingesetzt werden kann?
13. Sie messen mithilfe der Tachymetrie die Entfernung eines Baumes von einer Terrasse. Sie ermitteln folgende Werte: Oberer Distanzfaden 2,140, unterer Distanzfaden 1,889. Wie weit ist der Baum von der Terrasse entfernt?
14. Erklären Sie, warum die Genauigkeit bei der tachymetrischen Entfernungsmessung stark von der geschätzten dritten Kommastelle abhängt.
15. Beschreiben Sie das Messprinzip eines elektronischen Tachymeters.
16. Nennen Sie drei Verfahren zur Errichtung rechter Winkel.

Aufgaben

17. Führen Sie folgende Konstruktionen nur mit Zirkel (= Schnur in der Praxis) und Lineal durch:

    a) A ——— P ——— B   Errichten Sie auf der Strecke $\overline{AB}$ im Punkt P eine Senkrechte.

    b) A ————————— B   Fällen Sie von C auf die Strecke $\overline{AB}$ das Lot. (C über der Strecke)

    c) Halbieren Sie die Strecke A ——————— B

    d) A ———— P ———— B   Konstruieren Sie zur Strecke $\overline{AB}$ eine Parallele, die durch Punkt P verläuft.

18. Nachfolgendes Grundstück soll mit einer Buchenhecke eingefasst werden. Es werden 3 Pflanzen pro m gerechnet. Wie viele Pflanzen sind erforderlich?

    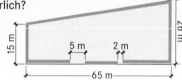

19. Ein Grundstück hat die Form eines rechtwinkligen Dreiecks. Die Maße sind **a** = 30 m, **b** = 40 m. Wie lang ist die dritte Seite **c**?

20. Eine 8,50 m lange Leiter lehnt an der Hauswand. Wie hoch reicht sie hinauf, wenn ihr unteres Ende 1,50 m von der Hauswand entfernt ist?

21. Ein quadratisches Grundstück weist eine Seitenlänge von 40 m auf. Wie lang ist eine Diagonale?

22. Beschreiben Sie die Vorgehensweise bei
    a) der Errichtung einer Senkrechten und
    b) dem Fällen eines Lotes mithilfe des Doppelpentagons.

23. Berechnen Sie die Flächeninhalte der folgenden Flächen:

    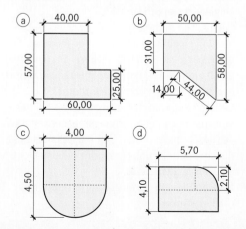

24. Beschreiben Sie die Vorgehensweise beim Aufmessen von Grundstücken nach dem
    a) Dreiecks- und
    b) Koordinatenverfahren.

25. Berechnen Sie die Flächeninhalte der in Abb. 1 und 2 auf Seite 54 sowie der in Abb. 1 bis 4 auf Seite 55 dargestellten Grundstücke.

26. Berechnen Sie den Flächeninhalt der Abb. 1, Seite 54, mithilfe der Heron'schen Formel.

27. Beschreiben Sie die Vorgehensweise bei der Aufnahme des Baumbestandes eines Grundstücks nach dem Polarverfahren.

28. Welches sind gebräuchliche Maßstäbe bei der Erstellung von
    a) Detail- und
    b) Grundstücksplänen?

29. Geben Sie jeweils die tatsächliche Größe in m an.

Maßstab	1:50	1:100	1:250	1:1000
Auf dem Plan	8 cm	7 cm	9,5 mm	15 mm

30. Geben Sie die Größe auf dem Plan an.

Maßstab	1:50	1:100	1:250	1:1000
In der Wirklichkeit	3,50 m	15 m	27,50 m	350 m

31. Welcher Maßstab ist für folgende Darstellungen
    a) Terrasse 5 m × 3,50 m,
    b) Pflanzplan 10 m × 15 m,
    c) Grundstück 57 m × 50 m auf einem A4- bzw. einem A3-Blatt zu wählen?

32. Wozu dient die Höhenmessung?

33. Was ist ein Festpunkt?

34. Wie stellt man die Höhe eines Punktes fest?

35. Unterscheiden Sie absolute und relative Höhen.

36. Warum legt man bei der Arbeit mit relativen Höhen den Festpunkt in der Regel auf + 10 m oder höher fest?

37. Nennen Sie fünf Geräte/Hilfsmittel zur Höhenmessung.

38. Beschreiben Sie die Höhenübertragung mit der Schlauchwaage.

39. Worauf beruht das Messprinzip der Schlauchwaage?

40. Zwischen zwei bekannten Höhen soll mithilfe von Visiertafeln eine Zwischenhöhe eingetafelt werden. Beschreiben Sie die Vorgehensweise.

41. Wie überprüft man die Genauigkeit einer Wasserwaage?

42. Woran können Sie ein automatisches (selbsthorizontierendes) Nivelliergerät erkennen?

43. Nennen Sie die häufigsten Fehlerquellen beim Nivellieren.

Aufgaben

44. Beschreiben Sie das Messprinzip eines Bau-lasers.

45. Was versteht man unter einem Rotationslaser?

46. Beschreiben Sie den Einsatz des Lasers zur Steuerung von Baumaschinen beim Planieren.

47. Welche Sicherheitsmaßnahmen sind bei der Arbeit mit Baulasern zu ergreifen?

48. Bevor Höhenmessungen durchgeführt werden, sollte das Nivellier auf seine Genauigkeit hin überprüft werden. Wie kann dies erfolgen?

49. Füllen Sie den folgenden Lückentext auf einem Extrablatt zur Einstellung des Nivelliers richtig aus: Ins … schauen und … so lange drehen, bis das … scharf und klar erscheint. Mit dem … (oben auf dem Teleskop) das Ziel auf der Latte anvisie-ren. Ins … blicken und Zielbild in die Mitte des Blickfeldes bringen, was mithilfe des … geschieht. Durch Drehen des … das Zielbild auf der Latte gegen das … scharf einstellen. Wenn man feststellt, dass die … innerhalb des schwarzen Kreises der Dosenlibelle steht, verläuft die Ziellinie genau …

50. Benennen Sie die gekennzeichneten Teile innerhalb der Abbildung.

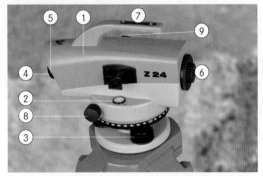

51. Sie messen mit dem Nivellier die Höhen für einen Weg ein. Die erste Ablesung auf der Messlatte beträgt 1,26 m. Die nächste Ablesung erfolgt in 14 m Entfernung bei 2 % Steigung. Wie lautet die Ablesung?

52. Wozu dienen Absteckungen?

53. Was versteht man unter a) einem Kreisbogen, b) einer Sekante, c) einer Sehne und d) einer Tangente?

54. Beschreiben Sie verschiedene Verfahren zur Absteckung von Kreisbögen.

55. Um eine dichte Baumgruppe soll ein kreis-förmiger Weg angelegt werden. Der Kreismittel-punkt ist nicht zugänglich. Beschreiben Sie die Vorgehensweise.

56. Konstruieren Sie mit Zirkel und Lineal einen Winkel von 22,5°.

57. Beschreiben Sie die Konstruktion einer Ellipse.

58. Ermitteln Sie in folgenden Fällen die Höhe des unbekannten Punktes.

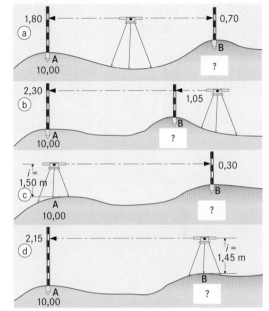

59. Ermitteln Sie den Höhenunterschied zwischen **A** und **B**.

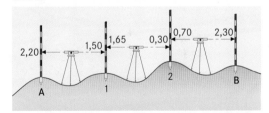

60. Ermitteln Sie die absoluten Höhen der einzelnen Punkte.

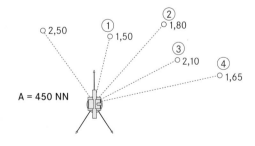

Erdarbeiten

1 Begriffe

1.1 Boden für vegetations- oder bautechnische Zwecke

Zu Beginn eines Auftrages im Garten- und Landschaftsbau stehen in der Regel die **Erdarbeiten**.

Dabei kann der Boden zur Geländemodellierung, als Unter- oder Baugrund sowie für Pflanzungen und Ansaaten verwendet werden. Entsprechend unterscheidet man zwischen Bodenarbeiten für bautechnische und vegetationstechnische Zwecke (s. Abb. 1):

- Boden für **vegetationstechnische Zwecke** muss hohlraumreich und locker sein, um eine optimale Entwicklung von Pflanzen und Bodenlebewesen zu gewährleisten (s. auch S. 200 ff.).
- Boden für **bautechnische Zwecke** darf hingegen keine Hohlräume aufweisen, er muss gut verdichtet sein, damit später keine Bauschäden aufgrund von Setzungen auftreten.

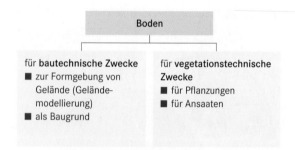

Abb. 1 Möglichkeiten der Bodenverwendung

1.2 Ober- und Unterboden

Hebt man eine Bodengrube aus, erkennt man parallel zur Bodenoberfläche verlaufende, mehr oder weniger einheitliche Zonen, die **Bodenhorizonte**. Dabei kann man vor allem drei Haupthorizonte unterscheiden:

- Ganz oben befindet sich der mit organischer Substanz und Bodenleben durchsetzte und durch Humusanreicherung dunkel gefärbte **Oberboden** (in der Regel zwischen 20 und 30 cm dick).
- Ihm folgt ein heller gefärbter Horizont, der humusarme und häufig steinreichere **Unterboden**.
- Den Abschluss bildet der **Untergrund**, das unverwitterte Ausgangsgestein, aus dem der Boden durch Verwitterung entstanden ist (s. Abb. 2).

Abb. 2 Schichtenaufbau

Oberboden ist für vegetationstechnische Zwecke besonders gut geeignet. Ist er nicht in genügenden Mengen vorhanden, kann Unterboden durch entsprechende Maßnahmen, z.B. durch Voranbau von Gründüngungspflanzen (s. Tab. 1), verwendbar gemacht werden.

Pflanzenart	Für Bodengruppe (s. Tab. 1, S. 203)	Höchster Grünmassenanfall in Wochen
Bitterlupine (einjährige blaue Lupine, einjährige gelbe Lupine, Dauerlupine)	4 bis 7	12 bis 15
Senf	6 bis 9	8 bis 12
Persischer Klee	2 bis 9	8 bis 10
Alexandriner Klee	4 bis 9	8 bis 10
Ölrettich	2 bis 9	8 bis 10

Tab. 1 Pflanzen für den Voranbau

Im Gegensatz zu Unterboden eignet sich Oberboden nicht als Baugrund. Da er aus einem mehr oder weniger großen Anteil organischer Substanz besteht, würde es wegen der Mineralisation dieser Humusanteile mit der Zeit zu Setzungen kommen. Zudem ist Oberboden nicht beliebig vermehrbar, sodass er auch nicht verbaut werden darf (Bodenschutz!). Entsprechend muss er von allen Auftragsflächen abgetragen und – bei nicht sofortiger Weiterverwendung – abseits vom Baubetrieb gesondert gelagert werden (s. S. 81).

Eine Ausnahme bildet der Oberboden im Wurzelbereich von Bäumen. Wegen der Gefahr von Wurzelverletzungen dürfen hier keine Abgrabungen erfolgen. In solchen Fällen sind besondere Maßnahmen zu ergreifen (s. S. 26).

Die VOB unterscheidet bei Bodenarbeiten zwischen Erdbauarbeiten und Bodenarbeiten für vegetationstechnische Zwecke:

Erdarbeiten
Für das Lösen, Laden, Fördern, Einbauen und Verdichten von Boden für bautechnische Zwecke gilt die DIN 18300 „Erdarbeiten".

Bodenarbeiten für vegetationstechnische Zwecke
(s. Kap. Boden)
Für Oberbodenarbeiten, die auf vegetationstechnische Zwecke ausgerichtet sind, gilt die DIN 18320 „Landschaftsbauarbeiten".

1.3 Von Bodenklassen zu Homogenbereichen

In den vergangenen Jahren hatte sich die Einteilung von Böden für bautechnische Zwecke auf Grundlage der DIN 18300 in sieben Bodenklassen bewährt (s. Tab. 1).

Die Einteilung auf einer Baustelle war jedoch relativ schwierig und ungenau. Daher sollen zukünftig in allen Normen der **VOB Teil C**, die den Boden und Arbeiten mit ihm betreffen, die Bodenklassen durch sogenannte **Homogenbereiche** abgelöst werden. Für jedes Bauprojekt werden danach die geotechnischen Eigenschaften des Bodens durch spezifische Kennwerte individuell beschrieben.

Als Homogenbereich wird ein Teilbereich des Bodens bezeichnet, der gleiche Leistungsaufwendungen z. B. zum Lösen, Laden, Transportieren, Verfüllen oder Verdichten erfordert. Homogenbereiche sind nicht per Vorgabe universell definiert, d. h. der Homogenbereich 1 der Baustelle A entspricht nicht unbedingt dem Homogenbereich 1 der Baustelle B.

Der Bauherr muss zukünftig einen geeigneten **Fachplaner** bzw. **Bodengutachter** beauftragen, der durch Bodenerkundung die auf einer Baustelle vorhandenen Homogenbereiche feststellt. Auf Grundlage dieses Gutachtens sind die in das Leistungsverzeichnis einfließenden Angebotspreise eindeutiger zu ermitteln.

Unter anderem können folgende Kennwerte zu Böden ermittelt werden: Kornverteilung, Anteil Steine und Blöcke, Wichte im feuchten Zustand, Wassergehalt, Konsistenz, Verformungsmodul, Durchlässigkeit, Kalkgehalt, ortsübliche Bezeichnung (s. Tab. 1, S. 78).

Inwieweit sich die neuen Bezeichnungen im Garten- und Landschaftsbau durchsetzen, werden die kommenden Jahre zeigen müssen.

1.4 Auftrag und Abtrag

Die Entnahme von Boden wird als **Bodenabtrag**, die Aufschüttung von Boden als **Bodenauftrag** bezeichnet. Durch Bodenabtrag entstehen Einschnitte (Mulden) auf ebener Fläche oder Anschnitte an Dämmen. Beim Bodenauftrag entstehen Schüttungen oder Dämme/Böschungen (s. Abb. 1, S. 78).

Bodenklasse	Beschreibung	
1	**Oberboden** Oberste Schicht des Bodens, die Humus und Bodenlebewesen enthält	
2	**Fließende Bodenarten** Bodenarten, die wegen ihres hohen Wassergehaltes von flüssiger bis breiiger Beschaffenheit sind	
3	**Leicht lösbare Bodenarten** Sande und Kiese mit höchstens 30 % Steinen über 63 mm Korngröße	Unterboden/Untergrund
4	**Mittelschwer lösbare Bodenarten** Bodenarten mit innerem Zusammenhalt und leichter bis mittlerer Plastizität	
5	**Schwer lösbare Bodenarten** Bodenarten nach den Klassen 3 und 4, jedoch mit mehr als 30 % Steinen von über 63 mm Korngröße, sowie ausgeprägt plastische Tone	
6	**Leicht lösbarer Fels und vergleichbare Bodenarten** Felsarten, die brüchig, weich oder verwittert sind, sowie vergleichbare verfestigte Bodenarten	
7	**Schwer lösbarer Fels** Felsarten, die eine hohe Gefügefestigkeit haben und nur wenig klüftig oder verwittert sind	

Tab. 1 Bodenklassen für bautechnische Zwecke nach DIN 18300

Nr.	Eigenschaft/Kennwert	Homogenbereich 2
1	Kornverteilung	siehe Korngrößenverteilung
2	Anteil Steine und Blöcke	< 3%
4	Wichte im feuchten Zustand	18,5 – 19,5 kN/m^3
7	Undränierte Scherfestigkeit	c_u = 12 – 18 kN/m^2
9	Wassergehalt	8,3 … 11,6%
10	Konsistenz	weich, breiig
11	Plastizität I_P, Fließgrenze w_L, Ausrollgrenze w_P	I_P = 6,7 … 14,8 w_L = 10 … 19%, w_P = 2,3 … 4,2%
14	Lagerungsdichte	(hier nicht maßgebend)
16	Organischer Anteil	< 1%
20	Bodengruppe	GU, GU*, GT, GT*, SU, SU*, ST, ST*
21	Ortsübliche Bezeichnung	Musterhausener Schluff

Dieser Boden wäre nach der „alten Systematik" gemäß der Bodengruppen GU, GU*, GT, GT*, SU, SU*, ST, ST* nach DIN 18196 in die Bodenklassen 3 und 4 einzuordnen.

Tab. 1 Beispiel für die Einteilung eines Bodens in Homogenbereiche

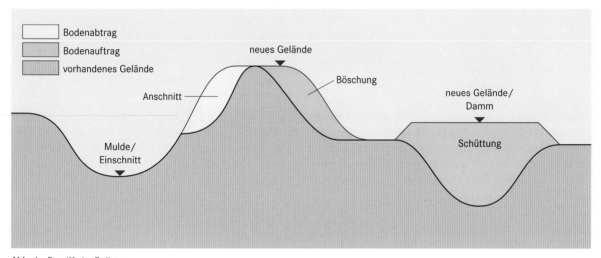

Abb. 1 Begriffe im Erdbau

1.5 Steigung und Gefälle

Sind Steigungen oder Gefälle auszuführen, muss hierfür die „Steilheit" eindeutig angegeben werden.

Dazu wird die Steigung in %, das Steigungs- oder Böschungsverhältnis in 1 : n oder seltener der Böschungs- oder Steigungswinkel in Grad ° oder in gon angegeben.

Hilfreich bei der Berechnung von Steigungen, Böschungsverhältnissen und Winkeln ist die Darstellung des Sachverhaltes in einer Hilfsskizze, dem **Steigungsdreieck**:

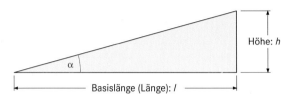

Die **Steigung** in der Ebene wird meist in % mit folgender Formel angegeben:

$$\text{Steigung in \%} = \frac{h}{l} \cdot 100\%$$

$$h = \frac{\text{Steigung in \%}}{100\%} \cdot l$$

$$l = \frac{h \cdot 100\%}{\text{Steigung in \%}}$$

Der **Winkel** einer Steigung wird am Böschungsfuß abgenommen. Er wird durch die Tangensfunktion bestimmt:

$$\tan \alpha = \frac{\text{Gegenkathete}}{\text{Ankathete}} = \frac{h}{l}$$

Da im Garten- und Landschaftsbau weniger der Winkel für die Ausführung von Böschungen maßgebend ist, wird zur Bestimmung von Böschungen meist das **Böschungsverhältnis** 1 : n angegeben:

$$1 : n = h : l \quad \text{oder} \quad \frac{1}{n} = \frac{h}{l}$$

$$n = \frac{l}{h}; \quad l = n \cdot h; \quad h = \frac{l}{n}$$

Ein Böschungsverhältnis von z. B. 1 : 3 sagt aus, dass zur Überwindung eines Höhenunterschiedes h von 1 m, eine Länge l von 3 m an der Basis (= Basislänge) zurückgelegt werden muss.

Steigungsverhältnis = 1 : 3

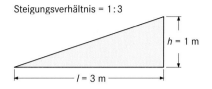

Rechenbeispiele:

1. Eine 6 m breite Terrasse hat ein Gefälle von 1 %. Um wie viel fällt die Terrasse ab?

   Gegeben: l = 600 cm;
               Steigung = 1 %
   Gesucht: h

   $$h = \frac{\text{Steigung in \%} \cdot l}{100\%} = \frac{1\% \cdot 600 \text{ cm}}{100\%} = 6 \text{ cm}$$

   ▶ Der Höhenunterschied beträgt 6 cm.

2. Ein Plattenweg ist in horizontaler Richtung 26 m lang und hat eine Höhendifferenz von 25 cm. Wie groß ist sein Gefälle?

   Gegeben: l = 26 m = 2600 cm;
               h = 25 cm
   Gesucht: Steigung in %

   $$\text{Steigung in \%} = \frac{25 \text{ cm} \cdot 100\%}{2600 \text{ cm}} = 0,96\%$$

   ▶ Die Steigung beträgt ca. 1 %

3. Ein 82 m langer Entwässerungsgraben soll ein Gefälle von 0,8 % bekommen. Berechnen Sie den Höhenunterschied zwischen Anfang und Ende des Grabens.

   Gegeben: l = 82 m = 8200 cm
   Gesucht: h

   $$h = \frac{\text{Steigung in \%} \cdot l}{100\%} = \frac{0,8\% \cdot 8200 \text{ cm}}{100\%} = 65,6 \text{ cm}$$

   ▶ Der Höhenunterschied beträgt 65,6 cm.

4. Eine Rasenfläche hat eine Neigung von 15 %.
   Wie lang ist die Rasenfläche bei einer Höhendifferenz von 1,2 m?

   Gegeben: Steigung = 15 %;
   $\qquad h = 1{,}2\ m = 120\ cm$
   Gesucht: l

   $$l = \frac{h \cdot 100\,\%}{\text{Steigung in }\%} = \frac{120\ cm \cdot 100\,\%}{15\,\%} = 800\ cm$$

   $$= 8\ m$$

   ▶ Die Rasenfläche ist 8 m lang.

5. Gegeben ist der Querschnitt einer Auffahrt.

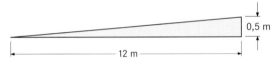

   0,5 m

   12 m

   a) Ermitteln Sie die Steigung der Auffahrt in %.
   b) Berechnen Sie das Böschungsverhältnis.

   Gegeben: $h = 0{,}5\ m = 50\ cm$;
   $\qquad l = 12\ m = 1200\ cm$
   Gesucht: Steigung in %

   a) $\text{Steigung in }\% = \dfrac{h}{l} \cdot 100\,\% = \dfrac{50\ cm}{1200\ cm} \cdot 100\,\%$

   $$\approx 4{,}2\,\%$$

   ▶ Die Steigung beträgt 4,2 %.

   b) Böschungsverhältnis: $\dfrac{1}{n} = \dfrac{h}{l}$, $n = \dfrac{l}{h} = \dfrac{1200\ cm}{50\ cm}$

   $$= 24$$

   ▶ Das Böschungsverhältnis beträgt 1 : 24.

1.6 Natürlicher Böschungswinkel

Werden Böden lose aufgeschüttet oder schräg abgetragen, bildet sich nach einiger Zeit für den jeweiligen Boden ein typischer natürlicher Böschungswinkel aus.

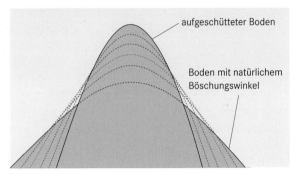

aufgeschütteter Boden

Boden mit natürlichem Böschungswinkel

Abb. 1 Entstehung des natürlichen Böschungswinkels

Bindige Böden weisen, weil die Bodenbestandteile stärker zusammenhängen, einen steileren Böschungswinkel auf als wenig bindige Bodenarten. Dieser Effekt wird bei der Ausbildung von Böschungen zur Grabensicherung genutzt.

1.7 Lockerung und Setzung

Bei der Entnahme von gewachsenem Boden, z. B. mit einem Bagger, wird der Boden aufgelockert. Die **Lockerung** ist beim Abtransport mit dem Lkw zu berücksichtigen, da der Boden auch auf dem Lkw im lockeren Zustand transportiert wird. Die anfängliche Auflockerung wird in % angegeben.

Kies hat eine anfängliche Lockerung von 25 bis 30 %. Das heißt, das Volumen nimmt bei der Entnahme um den Faktor 1,25 bis 1,30 zu. Dieser Faktor wird als **anfänglicher Lockerungsfaktor** bezeichnet.

Loses Material setzt sich nach dem Einbau nach einer gewissen Zeit von alleine. Das Ausmaß der **Setzung** wird jedoch erst nach längerer Zeit das ursprüngliche Niveau erreichen. Es bleibt eine **bleibende Lockerung** zurück (s. Tab. 1, S. 81).

Mit einem Verdichtungsgerät kann der Boden auf seinen ursprünglichen Verdichtungsgrad oder stärker verdichtet werden.

Wird in einem Leistungsverzeichnis der bündige Einbau einer Rasentragschicht an einen Weg gefordert, muss die Rasentragschicht anfangs höher eingebaut werden, um die Setzung zu berücksichtigen (s. Abb. 2, S. 81). Wird bündig eingebaut, setzt sich der Boden der Rasentragschicht und die Höhe entspricht am Ende nicht mehr den Vorgaben.

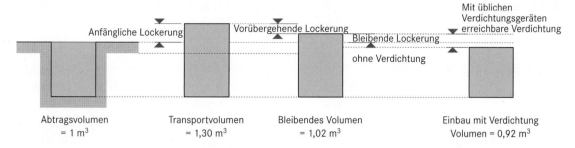

Abb. 1 Lockerung und Setzung im Überblick am Beispiel Kies

Bodenart	Anfängliche Lockerungsfaktoren	Einbau ohne Verdichtung, bleibende Lockerung als Faktor	Einbau mit Verdichtung als Faktor
Sand	1,15 bis 1,20	1,01 bis 1,02	0,95 bis 0,85
Kiessand	1,20 bis 1,25	1,01 bis 1,02	0,95 bis 0,85
Kies	1,25 bis 1,30	1,01 bis 1,02	1,0 bis 0,92
Steiniger Boden mit Feinkorn	1,20 bis 1,25	1,02 bis 1,03	1,0 bis 0,85
Grobschluff	1,05 bis 1,20	1,03 bis 1,05	0,95 bis 0,75
Ton	1,20 bis 1,30	1,05 bis 1,08	1,02 bis 0,90

Tab. 1 Lockerungsfaktoren für verschiedene Bodenarten

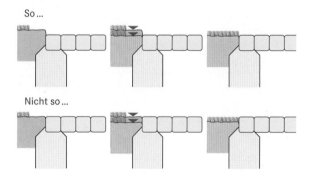

So ...

Nicht so ...

Abb. 2 Berücksichtigung des Setzungsfaktors beim Einbau einer Rasentragschicht

Das Ausmaß der Veränderung kann durch einen sogenannten **Setzungs-** oder **Verdichtungsfaktor** berechnet werden. Lockerung und Setzung sind abhängig von der Bodenart und betragen zwischen 15 % bei Sand und 30 % bei Ton.

Merke

$V_{locker} = V_{verdichtet} \cdot$ Lockerungsfaktor

$V_{verdichtet} = \dfrac{V_{locker}}{\text{Lockerungsfaktor}}$

$= V_{locker} \cdot \dfrac{1}{\text{Lockerungsfaktor}}$

Verdichtungsfaktor $= \dfrac{1}{\text{Lockerungsfaktor}}$

Der Lockerungsfaktor ist stets > 1.
Der Verdichtungsfaktor ist stets < 1.

Rechenbeispiele:

1. Eine Grube von 20 m Länge, 1 m Breite und 0,5 m Tiefe soll ausgehoben werden.
   a) Berechnen Sie das Volumen der Grube.

   $l \cdot b \cdot h = 20 \text{ m} \cdot 1 \text{ m} \cdot 0,5 \text{ m} = 10 \text{ m}^3$

   ▶ Es müssen 10 m³ ausgehoben werden.

   b) Wie viel m³ müssen abgefahren werden bei einem Lockerungsfaktor von 20 %?

   $V_{locker} = V_{verdichtet} \cdot$ Lockerungsfaktor
   $= 10 \text{ m}^3 \cdot 1,20 = 12 \text{ m}^3$

   ▶ Es müssen 12 m³ abgefahren werden.

2. Eine Fläche von 400 m² soll in einer Auftragshöhe von 25 cm mit Oberboden gefüllt werden.
   a) Berechnen Sie die Menge des neuen Oberbodens bei einem Lockerungsfaktor von 1,25.

   $\text{Volumen}_{Oberboden} = 400 \text{ m}^2 \cdot 0,25 = 100 \text{ m}^3$

   Vor der Setzung muss mehr Volumen eingebracht werden:

   $V_{verdichtet} = 100 \text{ m}^3$, Lockerungsfaktor = 1,25
   $V_{locker} = V_{verdichtet} \cdot$ Lockerungsfaktor
   $V_{locker} = 100 \text{ m}^3 \cdot 1,25 = 125 \text{ m}^3$

Probe

$$V_{\text{verdichtet}} = V_{\text{locker}} \cdot \frac{1}{\text{Lockerungsfaktor}}$$

$$= 125 \text{ m}^3 \cdot \frac{1}{1,25} = 100 \text{ m}^3 \text{ (verdichtet)}$$

▶ Es müssen 125 m³ Boden angefahren werden.

b) Wie viele Lkw-Fuhren sind nötig, bei einem Ladevolumen 2,5 m · 1,8 m · 3,8 m?

$$\text{Volumen}_{\text{Lkw}} = 2,5 \text{ m} \cdot 1,8 \text{ m} \cdot 3,8 \text{ m} = 17,1 \text{ m}^3$$

$$\frac{125 \text{ m}^3}{17,1 \text{ m}^3} = 7,3$$

▶ Es sind 8 Lkw-Ladungen erforderlich.

2 Durchführung von Erdarbeiten

Bautechnische Erdarbeiten bestehen im Wesentlichen aus den Arbeitsschritten

- Boden lösen,
- Boden laden,
- Boden abtransportieren,
- Boden einbauen und
- Boden verdichten.

Da **Oberboden** als Baugrund nicht geeignet ist und aus Gründen des Bodenschutzes nicht verbaut werden darf, ist er vor der Durchführung von Baumaßnahmen abzutragen und – bei nicht sofortiger Wiederverwendung – abseits vom Baubetrieb in Form einer trapezförmigen **Erdmiete** gesondert zu lagern (s. Abb. 1). Bei einer Lagerung von länger als drei Monaten während der Vegetationszeit ist diese mit einer **Zwischenbegrünung** zum Schutz vor unerwünschtem Aufwuchs und Erosion zu versehen. Soll Unterboden für Vegetationszwecke verwendet werden, ist er wie Oberboden zu behandeln.

Abtrag und Einbau von Oberboden sind getrennt von anderen Bodenbewegungen durchzuführen. Zur Vermeidung von Strukturschäden dürfen bindige Oberböden nur bei

Abb. 1 Erdmiete

weicher bis fester Konsistenz ab- oder aufgetragen werden. Als Hilfsmittel für die Prüfung der Bodenfeuchtigkeit wird die sogenannte **Rollprobe** durchgeführt. Dabei wird versucht, eine Bodenprobe zügig zwischen den Handtellern zu einer bleistiftdicken „Wurst" zu rollen. Gelingt dies, ist der Boden zu nass. Dann sollte die Baumaßnahme aufgeschoben werden.

2.1 Boden lösen, laden, transportieren und einbauen

Je nach Material, Lagerung des Bodens und Wassergehalt müssen unterschiedliche Maschinen und Geräte eingesetzt werden (s. S. 85 f.). Die Auswahl der Maschinen sollte in Abhängigkeit der Baumaßnahme erfolgen, wobei die Wirtschaftlichkeit eine große Rolle spielt (s. Abb. 2).

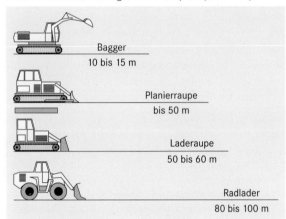

Bagger
10 bis 15 m

Planierraupe
bis 50 m

Laderaupe
50 bis 60 m

Radlader
80 bis 100 m

Abb. 2 Wirtschaftliche Transportentfernungen

Oftmals wird jedoch die Maschine verwendet, die gerade verfügbar ist. Wichtig ist daher die richtige Vorplanung einer Baustelle (s. S. 30 f.). Nur so kann sichergestellt werden, dass die benötigte und wirtschaftlichste Maschine auch zum richtigen Zeitpunkt eingesetzt werden kann. Für größere Transportentfernungen werden Lkws benutzt (s. Tab 1, S. 83). Das Ladevolumen (Lademenge) eines Lkws kann mit folgender Formel errechnet werden:

$$\text{Ladevolumen (m}^3) = \frac{\text{Nutzlast (t)}}{\text{spez. Gewicht des Materials (t/m}^3)}$$

Beispiel:
2-Achser mit 1,8 t Nutzlast
Ladung Kiessand (spez. Gewicht 1,7 t/m³)

$$L = \frac{1,8 \text{ t}}{1,7 \text{ t/m}^3} = 1,059 \text{ m}^3$$

Lkw-Art mit zulässigem Gesamtgewicht	Nutzlast in t	Ladevolumen z. B. Normalbeton	Ladevolumen z. B. Kiessand
2-Achser (3,5 t bis 18 t)	ca. 1,8 t bis 11,5 t	ca. 0,72 m³ bis 4,6 m³	ca. 1 m³ bis 6,5 m³
3-Achser (26 t)	ca. 15,6 t bis 16,6 t	ca. 6,24 m³ bis 6,64 m³	ca. 9 m³ bis 9,5 m³
4-Achser (35 t)	ca. 21,5 t	ca. 8,6 m³	ca. 12,5 m³

Tab. 1   Lkw-Art und Zuladung

Abb. 1   Beladen eines 3-Achsers mit dem Bagger

Überladung des Fahrzeuges führt zu höherem Verschleiß und vergrößert die Reparaturanfälligkeit des Lkws. Außerdem verstößt die Überschreitung des Gesamtgewichtes gegen die Straßenverkehrsordnung.

2.2   Bodeneinbau

Bei jeder Erdbaustelle sollte grundsätzlich darauf geachtet werden, dass anfallendes Wasser ablaufen kann und Oberflächenwasser durch Gräben oder Aufschüttungen vom Baubereich ferngehalten wird. Sind Fahrspuren durch Erdbaumaschinen entstanden, sollten diese deshalb bald ausplaniert werden. Wird Boden eingebaut, sollte er möglichst schnell so planiert werden, dass Wasser über ein seitliches Gefälle ablaufen kann, ohne Erde abzuschwemmen.

2.2.1   Einbauarten

Beim Bodeneinbau lassen sich zwei grundsätzliche Einbaumöglichkeiten unterscheiden.

Seiteneinbau (Seitenschüttung)

Bei der Seitenschüttung wird der Boden von oben herab eingeschüttet. Das Schüttgut lagert sich an der Böschung von unten nach oben an (s. Abb. 2).

Nachteilig ist dabei, dass das Schüttgut nur im oberen Bereich verdichtet werden kann. Diese Methode eignet sich am besten zur Auffüllung von später nicht belasteten Mulden, da die schlecht verfüllten Hohlräume lang anhaltende Setzungen nach sich ziehen.

Abb. 2   Seiteneinbau

Lageneinbau

Beim Lageneinbau wird der Boden schichtweise eingebaut. Da die einzelnen Schichten gleichmäßig verdichtet werden sollen, ist je nach Verdichtungsgerät eine Einbaudicke von maximal 50 cm (besser 30 cm) angebracht.

2.2.2   Oberbodeneinbau

Vor dem Auftrag von Oberboden muss der Baugrund oder Unterboden gelockert werden.

Der Einbau des Oberbodens erfolgt meist im Lageneinbau, wobei die Transport- und Einbaumaschinen auf dem eingebauten Material fahren sollten. Die entstehende Verdichtung kann dann mit einfachen Mitteln, z. B. dem Pflug oder der Fräse, wieder behoben werden.

Fahren die Transport- und Einbaumaschinen über den Untergrund, wird dieser verdichtet. Die Verdichtung liegt dann in tieferen Schichten und kann nur mit hohem Aufwand beseitigt werden (s. Abb. 3).

Geräte zur Tiefenlockerung für größere Flächen sind der Heckaufreißer (s. Abb. 1, S. 84), der Tiefenpflug, der Tiefengrubber, der Hubschwenklockerer, der Wippscharlockerer.

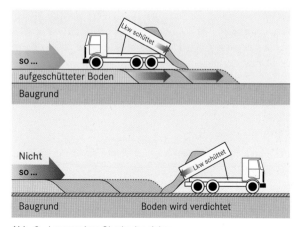

Abb. 3   Lagenweiser Oberbodeneinbau

Abb. 1   Heckaufreißer an einer Planierraupe

Abb. 2   Falscher Oberbodeneinbau mit schwerwiegenden Folgen

Bei kleinflächigen tiefer liegenden Verdichtungen können auch Pressluftverfahren, wie Terralift, Bioturbator, Turbojet oder andere angewendet werden.

2.2.3 Verdichtungsmaßnahmen

Mit Ausnahme von Untergründen für Vegetationsarbeiten, die gelockert sein sollen, verbessert die Verdichtung die bautechnischen Eigenschaften von Böden oder Schüttgütern.

Bei der Verdichtung werden die Hohlräume zwischen den einzelnen Körnern, das sogenannte Porenvolumen, verkleinert. Dadurch wird die Tragfähigkeit und die Scherfestigkeit[1] des Baugrundes erhöht. Die Verdichtung nimmt die natürliche Setzung vorweg und lässt eine rasche Belastung ohne Schäden durch Setzungen zu. Einfluss auf die Verdichtung haben hauptsächlich die Bodenart, die Kornform und der Wassergehalt.

Verdichtungsgeräte werden in zwei Hauptgruppen eingeteilt (s. Abb. 3):

- **Statisch wirkende Geräte:** Sie wirken hauptsächlich durch ihr Eigengewicht. Glattradwalzen werden z. B. zur Verdichtung von bindigen, also ton- bzw. schluffhaltigen Böden eingesetzt.
- **Dynamisch wirkende Geräte** (stampfende und vibrierende Geräte): Neben dem Gewicht wirkt zusätzlich eine stampfende (z. B. Rüttelstampfer) oder vibrierende Kraft (z. B. Rüttelplatte). Sie lockern kurzfristig das Bodengefüge auf, sodass sich dann die kleineren Bodenteilchen zwischen den größeren Teilchen einlagern können. Es entsteht eine dichtere Packung. Diese Geräteart wird hauptsächlich zur Verdichtung von nichtbindigen Böden, wie Sande oder Kies, verwendet.

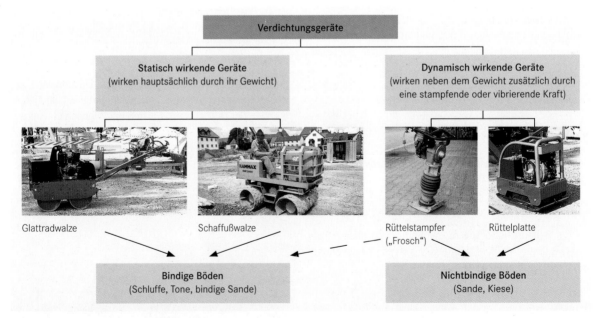

Abb. 3   Geräte zum Verdichten von Böden

---

[1] Scherfestigkeit: Die Kraft, die benötigt wird, um Bodenteilchen auseinanderzudrücken.

Planierraupe

Einsatzbereich

Planierraupen dienen zum flachen Abtragen unterschiedlicher Bodenschichten, zum Einebnen (Planieren), zum Aufreißen von Bodenverdichtungen mit Heckaufreißer (hydraulisch wirkend) und zum schiebenden Transport; im Garten- und Landschaftsbau relativ selten

Bau und Funktion

Das Laufwerk ist nach hinten verlängert, da Motor als Gegengewicht zum Schild vorne sitzt. Ketten besitzen breite Bodenplatten, die den Druck gut verteilen

⊕ große Kettenlauffläche, niedriger Bodendruck, hohe Griffigkeit der Bodenplatten, hohe Schubkraft

⊖ Ketten verursachen Schäden auf Belägen und Randbegrenzungen, geringe Manövrierfähigkeit, Tiefladertransport

Grader/Erdhobel

Einsatzbereich

Grader eignen sich zum Planieren, wobei kein großer Massentransport stattfindet. Besonders geeignet sind sie zum Einbau von Trag- und Dränschichten im Wege- und Sportplatzbau, Grader sind nur auf größeren Flächen wirtschaftlich

Bau und Funktion

Das Planierschild ist zwischen den Achsen angebracht und horizontal und vertikal schwenkbar. Das Fahrwerk ist luftbereift und weist einen großen Radstand auf. Durch breite Reifen wird ein geringer Bodendruck erreicht. Lasergesteuerte Geräte können sehr genau planieren

⊕ geringer Bodendruck (Niederdruckbreitreifen), genaue Planie

⊖ geringe Transportleistung, hoher Kostenaufwand für Spezialeinsatzgebiet

Scraper/Schürfkübel

Einsatzbereich

Transport von Erde auf der Baustelle, schnelles Abschürfen und Auffüllen von kleinen Unebenheiten

Bau und Funktion

Der Scraper hat zwischen den Achsen einen Schürfkübel mit einem verschließbaren Einlassschlitz. Durch Absenken des Kübels wird der Boden aufgenommen, durch Anheben abgegeben

⊕ Planier- und Transportfunktion

⊖ hoher Platzbedarf; im GaLaBau ohne Bedeutung

Lader
Laderaupe

Einsatzbereich

Dort wo Schubkraft und Standfestigkeit gefordert ist; Laden, Abräumen, Planieren, Transportieren

Bau und Funktion

Meist Frontlader, schmälere und kürzere Bauweise als Raupen

⊕ im Vergleich zum Radlader: besserer Schutz der Grobplanie, höhere Wendigkeit, mehr Schubkraft, geringerer Bodendruck

⊖ im Vergleich zum Radlader: langsamer, Tiefladertransport nötig

Radlader

Einsatzbereich

Transportieren, Laden, Abräumen, Planieren (grob), auch kleine Geräte gut geeignet zur Einsparung von Handarbeit

Bau und Funktion

Luftbereift (evtl. mit Terrareifen[1]), Allradantrieb, Allradlenkung oder Knicklenkung, Heckmotor

⊕ im Vergleich zur Laderaupe: schneller auf festem Boden, kann Wege und Kanten überfahren, weniger Fahrwerkverschleiß, größere Transportweiten

⊖ im Vergleich zur Laderaupe: Verdichtungsgefahr größer

---

[1] Breite Reifen, die auch mit verringertem Reifendruck gefahren werden können → breite Auflage → geringer Bodendruck.

Tab. 1 Erdbaumaschinen – Übersicht

▶ Fortsetzung nächste Seite

Bagger
a) Tieflöffelbagger

Einsatzbereich
Ausräumen, Auskoffern, Planieren (grob), Gräben ziehen, Laden, Heben, Böschungsanlage erstellen

Bau und Funktion
Dieselmotorgetriebener Hydraulikbagger, Fahrwerk mit Rädern oder Ketten

⊕ vielseitige Geräte, wenig Platzbedarf, genaue Arbeit
⊖ meist Tiefladertransport nötig (Ausnahme: Radbagger und geringe Entfernung zur Baustelle), geringe Leistung, unbeweglicher im Vergleich zum Radlader

– Tieflöffelbagger werden vorwiegend im Garten- und Landschaftsbau eingesetzt
– Minibagger eignen sich für kleine Baumaßnahmen
– Hochlöffelbagger sind im Garten- und Landschaftsbau eher selten
– Universalbagger werden im sogenannten Erdbau eingesetzt. Bei ihnen können die Schaufeln ausgetauscht werden und so an den jeweiligen Einsatzzweck angepasst werden

b) Greifbagger

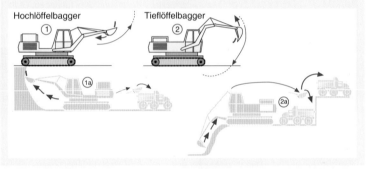

Baggerlader

Einsatzbereich
Vielfach kombinierte Bodenarbeiten, für mittlere und kleine Baustellen

Bau und Funktion
Grundgerät = Schlepper
Frontgerät = Lader
Heckgerät = Bagger

⊕ sehr vielseitig, mit Knicklenkung sehr beweglich
⊖ geringe Leistung, dadurch Gefahr von Verdichtung

Transporthilfen
Dumper

Einsatzbereich
Transport von Material auf der Baustelle

Bau und Funktion
Größe: vom motorgetriebenen Schubkarren bis zum Mini-Lkw

⊕ robustes Hilfsmittel zur Arbeitserleichterung, mit Raupenantrieb sehr geländegängig
⊖ erst ab größeren Baustellen wirtschaftlich

Tab. 1   Erdbaumaschinen – Übersicht (Fortsetzung)

3 Bodenprüfung für bautechnische Zwecke

Ist der Boden als Baugrund eingebaut und verdichtet, muss die Qualität des Einbaus geprüft werden. Die Prüfungen sollen sicherstellen, dass bei späterer Belastung keine ungewollten Setzungen entstehen.

Häufig wird die Korngrößenverteilung des eingebauten Materials geprüft. Daraus lassen sich Rückschlüsse auf die Frostempfindlichkeit und die Wasserdurchlässigkeit ableiten. Tragfähigkeitsprüfung und Prüfung des Verdichtungsgrades sind ebenso Standard.

3.1 Prüfung der Korngrößenverteilung

Die Korngrößenverteilung gibt die Massenanteile der im Boden vorhandenen Korngrößen an. Sie wird durch Abschlämmen der Feinteile und Aussieben der Grobteile (> 0,063 mm) bestimmt.

In einer Körnungslinie werden die Gewichtsprozente der Bodenprobe angezeigt, die durch eine bestimmte Siebgröße fallen (s. Abb. 1).

3.1.1 Frostempfindlichkeit

Eine besondere Zustandsform des Bodenwassers ist das Eis. Beim Gefrieren erhöht sich das Volumen um etwa 10 %.

Bei **nichtbindigen Böden**, z. B. Kiesböden, findet das gefrorene Wasser ausreichend Platz in den Bodenporen. Eine

Frosthebung unterbleibt. Im schlimmsten Fall hebt sich der Boden relativ gleichmäßig, wobei jedoch meist keine Schäden bei Erdbauten oder im Wegebau entstehen.

Bei **bindigen Böden**, z. B. tonigen oder lehmigen Böden, wird aufgrund der starken Kapillarität zusätzlich Wasser in Richtung Eis gezogen, das dann dort gefriert. Es bilden sich sogenannte **Eislinsen**. Im Bereich der Eislinsen hebt sich das Bauwerk ungleichmäßig. Bauwerke können uneben werden und brechen. Durch Einbau einer Frostschutzschicht aus Kies und Sand kann das Aufsteigen des Wassers verhindert werden.

Die Frostempfindlichkeit ist abhängig vom Kornanteil unter 0,063 mm. Böden mit weniger als 5 % Bodenbestandteilen unter 0,063 mm werden als nicht frostempfindlich eingestuft.

3.1.2 Wasserdurchlässigkeit

Für einige Bauwerke, z. B. Sportplätze, ist eine bestimmte Wasserdurchlässigkeit für den Baugrund vorgeschrieben. Die Wasserdurchlässigkeit äußert sich in der Sickergeschwindigkeit des Wassers, das nach unten abläuft. Sie wird mit einem **Durchlässigkeitsbeiwert k_f** (m/s) ausgedrückt.

Sehr stark durchlässige Böden, wie z. B. grober Flusskies, weisen einen k-Wert von über 10^{-2} m/s auf. Das bedeutet, dass das Wasser mit einer Geschwindigkeit von über 1 cm je Sekunde versickert. Sehr schwach durchlässige Böden, z. B. schluffige Tone bzw. Ton, haben einen k-Wert von weniger als 10^{-8} m/s. In solchen Böden versickert das Wasser weniger als 1 mm je Tag (s. Tab. 1, S. 88).

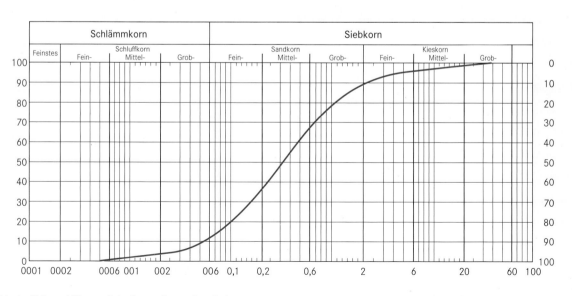

Abb. 1 Sieb- und Körnungslinie eines weit gestuften Bodens

Bodenart	Durchlässig-keitsbeiwert	Durchlässig-keitsbereich
Ton, Löss, Lehm, Schluff	$< 10^{-8}$ m/s	sehr schwach durchlässig
Löss, Lehm, Schluff, schluffiger Sand	10^{-8} bis 10^{-6} m/s	schwach durchlässig
Feinsand, Mittelsand	10^{-6} bis 10^{-4} m/s	durchlässig
Feinkies, Grobsand	10^{-4} bis 10^{-2} m/s	stark durchlässig
Mittelkies, Grobkies, Geröll	$> 10^{-2}$ m/s	sehr stark durchlässig

Tab. 1 Durchlässigkeitsbeiwerte verschiedener Bodenarten

Die Wasserdurchlässigkeit wird im Labor mit Sickerversuchen getestet.

3.2 Prüfung der Tragfähigkeit

Die Tragfähigkeit ist entscheidend für die Standfestigkeit eines Bauwerkes. Die Tragfähigkeit eines Untergrundes kann vereinfacht durch Überfahren mit einem Lkw mit 5 t Radlast getestet werden (**Befahrversuch**). Bleiben Spurrillen zurück, ist der Boden wenig tragfähig.

Genauer kann die Tragfähigkeit mit dem statischen und seit wenigen Jahren auch mit dem dynamischen Plattendruckversuch getestet werden.

Beim **statischen Plattendruckversuch** (s. Abb. 1) wird eine genormte Platte von 30 cm (auch 60 cm) Durchmesser mit einer genormten Kraft in den Boden gedrückt. Dazu ist als Widerlager ein schweres Baugerät, z. B. ein Lkw, nötig.

Abb. 1 Statischer Plattendruckversuch

Der Versuch läuft meist in drei Phasen ab:
Phase 1: Die Platte wird in 5 Stufen bis zu einer Maximalkraft belastet.
Phase 2: Die Belastung wird zurückgenommen.
Phase 3: Die Belastung wird wiederholt.

Der statische Plattendruckversuch liefert als Ergebnis die sogenannten **Verformungsmodule** E_{v1} und E_{v2}, aus denen Aussagen über die Tragfähigkeit abgeleitet werden können.

Beim **dynamischen Plattendruckversuch** (s. Abb. 2) fällt ein genormtes Fallgewicht aus einer bestimmten Höhe auf eine Druckplatte. Ein Computer errechnet aus den Setzungswerten die maximale Belastung in MN je m^2.

Abb. 2 Dynamischer Plattendruckversuch mit dem Fallgewicht

3.3 Prüfung des Verdichtungsgrades

Böden und Schüttgüter haben einen bestimmten Hohlraumgehalt (Porenvolumen), der durch Belastung und Verdichtung verringert werden kann. Durch die maschinelle Verdichtung wird eine Setzung des Bodens oder des Baugrundes vorweggenommen.

Wird der Boden nicht verdichtet, tritt mit der Zeit eine meist ungleichmäßige Setzung auf, die sich bis zur Oberfläche fortsetzen kann. Unebenheiten sind die Folge.

Je nach einzubauender Schicht wird ein Verdichtungsgrad (DPr) von 95 % (z. B. Baugrund im Sportplatzbau) bis 103 % (z. B. Tragschicht einer viel befahrenen Straße) der Proctordichte verlangt. Die **Proctordichte** ist der mit üblichen Verdichtungsgeräten erreichbare maximale Verdichtungsgrad eines Bodens oder Schüttgutes.

Die Ermittlung des Verdichtungsgrades erfolgt in Laborversuchen (s. Abb. 1).

Wird der im Leistungsverzeichnis geforderte Verdichtungsgrad in der Wirklichkeit nicht erreicht, muss auf der Baustelle erneut verdichtet werden.

Abb. 1 Proctorversuch

4 Bodenverbesserung

Genügt ein Baugrund nicht den Anforderungen an Tragfähigkeit, Verdichtbarkeit, Wasserdurchlässigkeit und Frostsicherheit, so muss er verbessert werden. Hauptursachen sind ein zu hoher Wassergehalt und eine ungünstige Korngrößenzusammensetzung.

Maßnahmen gegen zu hohen Wassergehalt:
- Dränung,
- trockenes Material zugeben (meist grobes Material),
- Verbesserung des Bodens mit Kalk (Bodenwasser wird chemisch gebunden und die Krümelstruktur des Bodens verbessert),
- Verbesserung des Bodens durch kalkhaltige Zusatzstoffe verschiedener Zementhersteller,
- Einbau eines Kunststoffvlieses. Dadurch wird die Lastverteilung gefördert und feine Bodenanteile können sich nicht mehr in den Wegekoffer drücken.

Maßnahme gegen ungünstige Korngrößenzusammensetzung:
- Fehlende Korngröße zugeben. Da Probleme meist bei bindigen Böden auftreten, wird in der Regel grobes Material, wie z. B. Splitt oder Kies, zugegeben.

5 Erdmassenberechnungen

Die Menge des abzutragenden oder aufzutragenden Bodens wird vor der Entnahme bzw. vor dem Einbau berechnet. So können dann die wirtschaftlichsten Maschinen festgelegt werden.

Das Gewicht von Erdmassen wird durch das Volumen und die Dichte des Materials bestimmt (s. Tab. 1).

Boden	Dichte ca.
Ton, halbfest	$2,1\ t/m^3$
Ton, steif	$2,0\ t/m^3$
Ton, weich	$1,8\ t/m^3$
Sand-Ton-Gemisch, fest	$2,0\ t/m^3$
Sand-Ton-Gemisch, weich	$1,9\ t/m^3$
Schluff-Ton-Gemisch, schwach organisch	$1,7\ t/m^3$
Schluff-Ton-Gemisch, stark organisch	$1,5\ t/m^3$
Erdaushubmaterial, Lehm	$1,7\ t/m^3$
Torf, lose geschüttet	$0,1\ t/m^3$
Torf, gepresst	$0,3\ t/m^3$
Kiessand, grubenfeucht	$1,8\ t/m^3$
Kiessand, trocken	$1,7\ t/m^3$
Sand, nass	$1,6\ t/m^3$
Sand, trocken	$1,5\ t/m^3$

Tab. 1 Dichte verschiedener Erdbaumaterialien

Beispiel:
5 m³ Erdaushubmaterial wiegen:
▶ $m = V \cdot q = 5\ m^3 \cdot 1,7\ t/m^3 = 8,5\ t$

Zur Berechnung des Bodenvolumens werden folgende Formeln verwendet:

Gerader Körper
(wobei: Deckfläche = Grundfläche):

Volumen = Grundfläche · Höhe

Körper mit ungleicher Deck- und Grundfläche:

$$\text{Volumen}_{(\text{angenähert})} = \frac{\text{Deckfläche} + \text{Grundfläche}}{2} \cdot \text{Höhe}$$

Körper mit ungleichen Höhen und regelmäßiger Grundfläche (z. B. Rechteck, Dreieck, Parallelogramm):

Volumen = Grundfläche · mittlere Höhe

wobei: mittlere Höhe = $\dfrac{\text{Summe der einzelnen Höhen}}{\text{Anzahl der Eckpunkte}}$

Körper mit ungleichen Höhen und unregelmäßiger Grundfläche:

Gesamtvolumen = Summe der Einzelvolumina

wobei: Einzelvolumina = Fläche · mittlere Höhe

und: mittlere Höhe = $\dfrac{\text{Summe der einzelnen Höhen}}{\text{Anzahl der Eckpunkte}}$

Die unregelmäßige Grundfläche muss so in Teilflächen zerlegt werden, dass regelmäßige Flächen entstehen. Jedes Teilvolumen ist einzeln zu berechnen. Dann werden alle Volumina addiert.

Rechenbeispiele:

1. Ein Weg mit folgendem Querschnitt soll auf 50 m Länge mit einer Tiefe von 2 m ausgehoben werden.

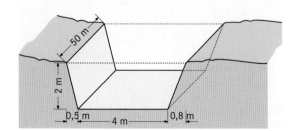

Wie viele Kubikmeter Erde müssen ausgehoben werden?

Volumen = Grundfläche (Trapez) · Höhe

Volumen = Fläche Trapez · 50 m

$$V = \frac{(4\text{ m} + 5{,}3\text{ m})}{2} \cdot 2\text{ m} \cdot 50\text{ m} = 465\text{ m}^3$$

▶ 465 m³ Erde müssen ausgehoben werden.

2. 50 Fundamente mit folgenden Maßen sollen ausgehoben werden:

D = 26 cm
d = 21 cm
h = 21 cm

Wieviel m³ Erde müssen ausgehoben werden (Lockerungsfaktor bleibt unberücksichtigt)?

Volumen = mittlere Fläche · Höhe

$$V = \frac{R^2 \cdot \pi + r^2 \cdot \pi}{2} \cdot h$$

$$= \frac{(0{,}13\text{ m})^2 \cdot \pi + (0{,}105\text{ m})^2 \cdot \pi}{2} \cdot 0{,}21\text{ m}$$

$$= 0{,}00921\text{ m}^3 \text{ (je Fundament)}$$

50 Fundamente · 0,00921 m³ je Fundament = 0,46 m³
▶ Es müssen ca. 0,5 m³ Erde ausgehoben werden.

3. Eine Erdmasse soll abgetragen werden. Berechnen Sie die Menge an Erde in m³, die Sie abfahren müssen (Lockerungsfaktor 1,25):

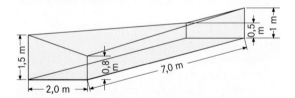

Berechnung der mittleren Höhe:

$$\text{mittlere Höhe} = \frac{\text{Summe der einzelnen Höhen}}{\text{Anzahl Eckpunkte}}$$

$$= \frac{1{,}5\text{ m} + 0{,}8\text{ m} + 1\text{ m} + 0{,}5\text{ m}}{4} = 0{,}95\text{ m}$$

Berechnung der Grundfläche:
$A = 2 \text{ m} \cdot 7 \text{ m} = 14 \text{ m}^2$

Berechnung des Volumens:
$V = 14 \text{ m}^2 \cdot 0{,}95 \text{ m} = 13{,}3 \text{ m}^3$

Einbeziehung des Lockerungsfaktors:
$13{,}3 \text{ m}^3 \cdot 1{,}25 = 16{,}625 \text{ m}^3$ (ca. 17 m³)

▶ Es müssen 17 m³ Erde weggefahren werden (in etwa zwei 3-Achs-Lkws).

4. Eine Erdmasse soll aufgetragen werden. Dabei ist folgende Skizze mit eingetragenen Sollhöhen gegeben:

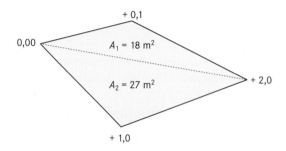

a) Wie viele Kubikmeter Erdmasse müssen aufgetragen werden?

Teilvolumen 1 = A_1 · mittlere Höhe 1

$V_1 = 18 \text{ m}^2 \cdot \dfrac{0 \text{ m} + 0{,}1 \text{ m} + 2{,}0 \text{ m}}{3} = 12{,}6 \text{ m}^3$

Teilvolumen 2 = A_2 · mittlere Höhe 2

$V_2 = 27 \text{ m}^2 \cdot \dfrac{0 \text{ m} + 1{,}0 \text{ m} + 2{,}0 \text{ m}}{3} = 27 \text{ m}^3$

Gesamtvolumen =
$V_1 + V_2 = 12{,}6 \text{ m}^3 + 27 \text{ m}^3 = 39{,}6 \text{ m}^3$

▶ Es sind 39,6 m³ aufzutragen.

b) Wie viel wiegt die Erde bei einer Dichte von 1,6 t/m³?

$m = 39{,}6 \text{ m}^3 \cdot 1{,}6 \text{ t/m}^3 = 63{,}36 \text{ t}$

▶ Die Erde wiegt 63,36 t.

Aufgaben

1. Welche Anforderungen werden an Böden für vegetationstechnische Zwecke und an Böden für bautechnische Zwecke gestellt?
2. Nennen Sie Beispiele, bei denen Boden für bautechnische Zwecke eingesetzt wird.
3. Was ist Geländemodellierung?
4. Wozu dient die Einteilung in Bodenklassen?
5. Eine Betonsäule hat folgendes Aussehen.

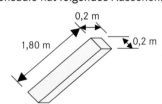

Wie viel wiegt die Säule bei einem angenommenen spezifischen Gewicht für festen Beton von 2,4 t je m³?

6. Auf einer Rasenfläche sollen im verdichteten Zustand 0,25 m Oberboden aufgetragen sein. Wie viel cm Boden müssen Sie vor dem Verdichten aufbringen, wenn mit einem Lockerungsfaktor von 1,15 gerechnet werden muss?

7. Für eine Auffahrt muss der vorhandene Boden weggefahren werden. Zielhöhe ist +/– 0,00. Die vorhandenen Höhen entnehmen Sie der Skizze. Die rechteckige Auffahrt soll eine Länge von 7 m und eine Breite von 5 m haben. Der Lockerungsfaktor berägt 1,25. Das Schüttgewicht des Bodens beträgt 1,8 t je m³.
Wie viele Lkws müssen fahren, wenn je Lkw 15 t aufgeladen werden können?

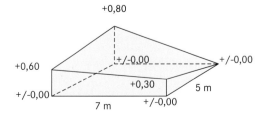

Aufgaben

8. Eine senkrecht in den Boden gesteckte 2,2 m hohe Messlatte (Höhe über dem Boden = 2 m) wirft einen Schatten von 1,2 m. Ein großer gerade gewachsener Nadelbaum steht in der Nähe. Sein Schatten hat zur selben Zeit die Länge l = 19 m. Wie hoch ist der Baum?

9. Eine trapezförmige Böschung soll das Böschungsverhältnis 1 : 10 erhalten. Wie hoch ist die Böschung bei einer Gesamtbreite von 40 m?

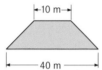

10. Eine Entwässerungsleitung aus Steinzeugrohr soll mit einem Gefälle von 1 : 75 verlegt werden.
    a) Welches Gefälle hat die Leitung?
    b) Um wie viel fällt die Leitung auf 100 m Länge?

11. Erläutern Sie den Begriff „vorübergehende Lockerung"?

12. Ihr Vorgesetzter möchte sich eine neue Maschine für den Bau von Hofeinfahrten zulegen.
    a) Für welche Maschine würden Sie sich entscheiden, warum?
    b) Diskutieren Sie Ihre Entscheidung in der Klasse.

13. Beschreiben Sie die Arbeitsweise und Einsatzgebiete eines
    a) Scrapers,
    b) Dumpers,
    c) Graders.

14. Welche Maßnahmen können Sie ergreifen, um Wasserschäden bei Erdbauarbeiten zu verhindern?

15. Welchen Nachteil hat der Seiteneinbau?

16. Warum sollte beim Oberbodeneinbau auf dem eingebauten Oberboden gefahren werden und nicht auf dem Baugrund?

17. Welche Ziele verfolgt die Bodenprüfung für bautechnische Zwecke?

18. Warum sind bindige Böden frostgefährdet?

19. Was wird mit dem Plattendruckversuch geprüft?

20. Wozu dient die Ermittlung des Verdichtungsgrades?

21. Ein nasser Untergrund soll für Wegebaumaßnahmen verbessert werden. Nennen Sie Maßnahmen.

22. Gegeben ist eine Fläche mit absoluten Höhenangaben, die auf 217,5 m aufgeschüttet werden soll.

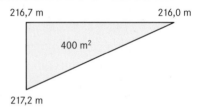

    a) Berechnen Sie die Menge an Erde, die benötigt wird, um auf die vorgesehene Höhe zu kommen. Berücksichtigen Sie einen Lockerungsfaktor von 1,25.
    b) Wie viele Lkws sind nötig, wenn ein Lkw 5,5 m³ Erde transportieren kann?

Platz- und Wegebau

Mit Beginn des Industriezeitalters, Anfang des 19. Jahrhunderts, begann man in Deutschland mit der planmäßigen, flächendeckenden Befestigung von Wegen und Plätzen.

Die gestiegenen Bevölkerungszahlen in den Städten brachten hygienische Probleme mit sich, die nur durch eine konsequente Ableitung des Schmutz- und Regenwassers zu lösen waren. Unter vielen Straßen wurden Kanäle und Leitungen zur Ver- und Entsorgung verlegt. Wege und Plätze befestigte man zu dieser Zeit mit Feldsteinen oder mit von Hand beschlagenen Natursteinen (s. Abb. 1). Darüber hinaus wurden viele Alleen angelegt (s. Abb. 2).

Abb. 1   Historischer Eselspfad

Abb. 2   Alte Allee

Die Bäume entlang den Wegen hatten folgende Funktionen:
- Beschattung des Weges (z. B. für Pferdegespanne oder andere Reisende),
- Markierung der Wegeführung,
- Erhaltung der Luftfeuchtigkeit zum Schutz einfacher wassergebundener Wegedecken.

Mit der Erfindung des Automobils veränderten sich die Ansprüche an Wegebeläge. Fahrkomfort, Geschwindigkeit und die zu transportierenden Lasten bestimmten fortan die Gestalt und den Aufbau von Straßen, Wegen und Plätzen.

Konsequenzen

Im Bereich des Tiefbaus und des Garten- und Landschaftsbaus müssen funktionale Voraussetzungen zum Bau von Flächen erfüllt werden, damit eine Nutzung dauerhaft gewährleistet werden kann.

Gerade wegen der fortschreitenden Befestigung und Versiegelung von Freiräumen besteht vonseiten des Garten- und Landschaftsbaus eine Verpflichtung, die Verwendung von Pflanzen nicht zu vernachlässigen. So gehört das Anlegen von Wegen und Plätzen nur dann zum Garten- und Landschaftsbau, wenn der Auftrag „landschaftsgärtnerisch geprägt" ist. Hier kommt es bei der Auftragsvergabe oft zu Überschneidungen mit dem Straßenbauhandwerk. Gerichte haben entschieden, dass kein Verstoß gegen die Handwerksordnung vorliegt, wenn ausschließlich Wege- und Flächenbefestigungen ausgeführt werden, die in einem landschaftsgärtnerisch geprägten Freigelände liegen.

1   Aufbau einer Wegedecke

Die **Dicke der einzelnen Schichten** ist abhängig
- von der Belastung des Weges,
- von dem verwendeten Material,
- vom Untergrund.

Nicht in jedem Fall sind alle Schichten erforderlich. Die Schichten werden getrennt eingebaut, ausplaniert und verdichtet.

Die **Auswahl des Materials** richtet sich in der Regel nach
- der Belastung,
- dem Pflegeaufwand,
- gestalterischen Gesichtspunkten,
- dem örtlichen Materialangebot,
- den finanziellen Mitteln.

Grundsätzlich werden unterschieden:
- **Ungebundene Bauweise:** Bettung und Fugen ungebunden, Tragschicht gebunden oder ungebunden ausgeführt
- **Gebundene Bauweise:** Bettung, Fugen und 2. Tragschicht gebunden ausgeführt

Außerhalb von Flächen des Straßenverkehrs können auch **Mischbauweisen** vorgesehen werden:
- **Gebundene Bettung:** Fugen und Bettung gebunden, Tragschicht ungebunden ausgeführt
- **Ungebundene Bettung:** Fugen gebunden, Bettung und Tragschicht ungebunden ausgeführt (s. S. 115 Hinweis)

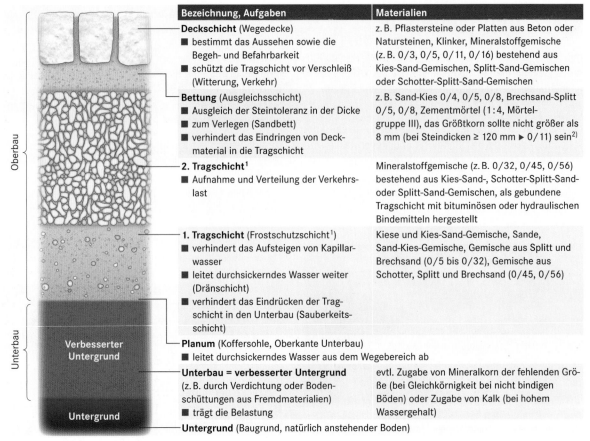

Bezeichnung, Aufgaben	Materialien
Deckschicht (Wegedecke) ■ bestimmt das Aussehen sowie die Begeh- und Befahrbarkeit ■ schützt die Tragschicht vor Verschleiß (Witterung, Verkehr)	z. B. Pflastersteine oder Platten aus Beton oder Natursteinen, Klinker, Mineralstoffgemische (z. B. 0/3, 0/5, 0/11, 0/16) bestehend aus Kies-Sand-Gemischen, Splitt-Sand-Gemischen oder Schotter-Splitt-Sand-Gemischen
Bettung (Ausgleichsschicht) ■ Ausgleich der Steintoleranz in der Dicke ■ zum Verlegen (Sandbett) ■ verhindert das Eindringen von Deckmaterial in die Tragschicht	z. B. Sand-Kies 0/4, 0/5, 0/8, Brechsand-Splitt 0/5, 0/8, Zementmörtel (1:4, Mörtelgruppe III), das Größtkorn sollte nicht größer als 8 mm (bei Steindicken ≥ 120 mm ▶ 0/11) sein[2]
2. Tragschicht[1] ■ Aufnahme und Verteilung der Verkehrslast	Mineralstoffgemische (z. B. 0/32, 0/45, 0/56) bestehend aus Kies-Sand-, Schotter-Splitt-Sand- oder Splitt-Sand-Gemischen, als gebundene Tragschicht mit bituminösen oder hydraulischen Bindemitteln hergestellt
1. Tragschicht (Frostschutzschicht[1]) ■ verhindert das Aufsteigen von Kapillarwasser ■ leitet durchsickerndes Wasser weiter (Dränschicht) ■ verhindert das Eindrücken der Tragschicht in den Unterbau (Sauberkeitsschicht)	Kiese und Kies-Sand-Gemische, Sande, Sand-Kies-Gemische, Gemische aus Splitt und Brechsand (0/5 bis 0/32), Gemische aus Schotter, Splitt und Brechsand (0/45, 0/56)
Planum (Koffersohle, Oberkante Unterbau) ■ leitet durchsickerndes Wasser aus dem Wegebereich ab	
Unterbau = verbesserter Untergrund (z. B. durch Verdichtung oder Bodenschüttungen aus Fremdmaterialien) ■ trägt die Belastung	evtl. Zugabe von Mineralkorn der fehlenden Größe (bei Gleichkörnigkeit bei nicht bindigen Böden) oder Zugabe von Kalk (bei hohem Wassergehalt)
Untergrund (Baugrund, natürlich anstehender Boden)	

Abb. 1 Standardisierter Schichtenaufbau

1.1 Untergrund (Baugrund)

In der Regel wird der Untergrund für die im Garten- und Landschaftsbau üblichen befestigten Wege und Flächen nicht weiter bearbeitet. Allerdings beeinflusst seine Beschaffenheit wesentlich den Aufbau des Unter- und Oberbaus. Sind zu viele bindige Bestandteile (Schluff- oder Tonanteile) enthalten, wird mit der Zugabe von grobkörnigen Materialien wie Sand oder Kies die Tragfähigkeit verbessert. Darüber hinaus ist die Wasserableitung des Untergrundes bei versickerfähigen Belägen entscheidend.

Böden mit einem Wasserdurchlässigkeitsbeiwert über 1×10^{-6} m/s sind als versickerfähiger Untergrund geeignet (s. Erdarbeiten, Kap. 3.1.2).

---

[1] Mindestdicke (DIN 18315) im verdichteten Zustand in Abhängigkeit vom Größtkorn
- bis 32 mm 12 cm ⎫
- bis 45 mm 15 cm ⎬ ≙ 3-fachem Korndurchmesser
- bis 56 mm 18 cm ⎭
- bis 63 mm 20 cm

[2] Für Flächen, die nicht mit Kraftfahrzeugen erreichbar sind, können als Bettungsstoffe und zur Fugenfüllung auch Mineralstoffgemische der Korngrößen 0/2, 1/3 oder 2/5 mm verwendet werden (ATV DIN 18318 Ausgabe 2015).

> **Merke**
>
> Bei der Vorbereitung zum Auftragen des Unterbaus muss der Untergrund möglichst eben profiliert werden.

1.2 Unterbau

Der **Unterbau** wird dem geplanten Wegeprofil entsprechend ausgebildet. Die **Schüttungen** bestehen in der Regel aus tragfähigen Füllböden. Kann die Tragfähigkeit des Unterbaus durch alleiniges Auftragen und lagenweises Verdichten nicht gewährleistet werden, muss der Unterbau verbessert werden.

Der Abschluss des Unterbaus wird als **Planum** bezeichnet. Das Planum darf auf einer Messstrecke von vier Metern nicht mehr als drei Zentimeter von der Sollhöhe abweichen und sollte ein Mindestgefälle von 2% aufweisen, damit durchsickerndes Wasser aus dem Wegbereich abgeführt werden kann.

1.2.1 Maßnahmen zur Verbesserung der Tragfähigkeit

- Nicht bindige Böden mit fehlender Kornabstufung können nicht verdichtet werden. Um die geforderte Verdichtung, bzw. Tragfähigkeit zu erreichen, werden **fehlende Körnungen** eingebracht.
- Mit der Einarbeitung von **Kalk** wird erreicht, dass ein zu hoher Wassergehalt bei trockener Witterung um 5 bis 9 % reduziert wird. Die Einarbeitung erfolgt mittels Fräse oder Egge.
- Durch Zugabe von **Zement** oder **Bindemitteln** kann die Tragfähigkeit entscheidend verbessert werden.

1.2.2 Überprüfung der Tragfähigkeit

Die Tragfähigkeit des Unterbaus und des Untergrunds kann mit speziellen Messmethoden (Plattendruck- und Proctorversuch) beurteilt werden (s. Erdarbeiten, Kap. 3.2, 3.3).

Bei Baumaßnahmen wird häufig nicht geprüft, ob eine ausreichende Tragfähigkeit des Unterbaus und Untergrunds vorhanden ist. Es empfiehlt sich der Einsatz einer leichten Rammsonde. Bei dieser Methode wird gemessen, mit wie vielen Schlägen eine Messsonde in die vorhandene Schichtung oder den anstehenden Boden getrieben werden kann (s. Baustellenablauf, Kap. 4.2.2). Kann die Rammsonde mit nur wenigen Schlägen mehrere Dezimeter tief eingeschlagen werden, deutet das auf eine fehlende Verdichtung hin.

1.3 Oberbau

1.3.1 1. Tragschicht (Frostschutzschicht)

Aufsteigendes Wasser gelangt im Boden bis in Schichten oberhalb der Frostgrenze von 60 bis 80 cm. Gefriert Wasser, entstehen Eislinsen, die den Oberbau samt Belag „ausbeulen". Dieses hätte keine Folgen für den Belag, wenn die Verkehrsfläche bis zum Frühjahr nicht befahren würde. Da Unterbau und Oberbau allerdings z.T. wassergesättigt sind, kann die Tragfähigkeit nicht mehr gewährleistet werden. Die Folge von Hebungen und Senkungen in Verbindung mit Kfz-Verkehr sind Frostschäden in Gestalt von z.T. tiefen Löchern in der Fahrbahndecke.

Um Frostschäden zu vermeiden, wird die sogenannte **Frostschutzschicht**, auch als 1. Tragschicht bezeichnet, eingebaut. Sie besteht aus Mineralstoffgemischen, wie z.B. Kies-Sand-Gemischen 0/32, mit einem Feinkornanteil (Korngröße < 0,063 mm) < 7 Gewichtsprozent.

Der Feinkornanteil muss jedoch so hoch sein, dass frostempfindlicher Boden nicht in die Frostschutzschicht eindringen kann. Aufgrund ihres Anteils an luftgefüllten Grobporen verhindert sie das Aufsteigen von Kapillarwasser und leitet durchsickerndes Wasser aus der Tragschicht ab. In der Frostschutzschicht gefrierendes Wasser kann sich in den Hohlräumen ungehindert ausdehnen, ohne dass es zu Bauschäden kommt.

Im Garten- und Landschaftsbau kann aufgrund geringer Verkehrsbelastungen – in Abhängigkeit vom Untergrund – häufig auf den Einbau einer Frostschutzschicht verzichtet werden.

1.3.2 2. Tragschicht

Ungebundene Tragschicht

Die 2. Tragschicht übernimmt die Aufgabe, die Verkehrslast so zu verteilen, dass die darunter liegenden Schichten nicht weiter verformt werden. Dabei unterscheidet man zwischen **ungebundenen Tragschichten** (ohne Bindemittel) und **gebundenen Tragschichten** (mit Bindemittel: Kalk, Zement oder Bitumen). Im GaLaBau werden vorwiegend ungebundene Tragschichten eingesetzt. Geeignete Materialien sind **Mineralstoffgemische** in unterschiedlichen Korngrößen (z.B. 0/32).

Bei der Auswahl von Tragschichtmaterial sollte Folgendes beachtet werden:

- Gebrochenes Gestein weist aufgrund seiner Verzahnung eine höhere Stabilität auf als rundkörniges Gestein.
- Mineralgemische sind aufgrund ihrer unterschiedlichen Korngrößen besser zu verdichten als gleichförmige Körnungen.
- Je größer die Kornabstufung (z.B. 0/32), desto besser können die Hohlräume zwischen den einzelnen Körnern gefüllt und damit verdichtet werden.
- Raue Oberflächen verzahnen besser als glatte.
- Würfelförmige Steinformen verzahnen besser als flache Steine.
- Die Tragschichtdicke muss mindestens das Dreifache des Größtkorndurchmessers betragen (s. Fußnote S. 94).

Korngröße (mm)	Ungebrochene Gesteinskörnung	Lieferkörnung (Beispiele)	Gebrochene Gesteinskörnung	Lieferkörnung (Beispiele)
a) 0/2	Sand	0/2	Edelbrechsand	0/2
			Brechsand-Splitt (Mischung)	0/5
b) > 2/32	Kies	2/4, 4/8, 8/16, 16/32	Splitt	5/11, 11/22, 22/32
			Edelsplitt	2/5, 5/8, 8/11, 11/16, 16/22
c) > 32	Kies	32/63	Schotter	32/45, 45/56

Tab. 1 Gesteinskörnungen mit Bezeichnung der Lieferkörnung

Eine preiswerte Alternative zu Mineralstoffgemischen ist der Einbau von **Recyclingschotter**. Bei der Verwendung ist darauf zu achten, dass nur gütegeprüftes Material eingebaut wird. Problematisch wird die Verwendung von nicht gütegeprüften Eigenmischungen, da keine exakte Kornabstufung gewährleistet werden kann. Darüber hinaus sind Recyclingschotter gelegentlich mit Bewehrungseisen aus Betonaufbruch durchsetzt, wodurch Reifenschäden an Baufahrzeugen auftreten können.

Sind gemahlene Kalksandsteine im Recyclingschotter zu finden, besteht die Gefahr, dass Niederschlagswasser die Kalkbestandteile auflöst und so Hohlräume entstehen.

Bei **sickerfähigen Belägen** (Sonderbauweise) muss das Tragschichtmaterial im Oberbau eine rückstaulose Versickerung ermöglichen:

- Das Pflasterbett mit Fugenfüllung besteht aus Material mit Feinkornanteil < 3 %; geeignet sind z. B. Splitt 1/3 und 2/5.
- Die 2. Tragschicht besteht aus grobkörnigen Mineralstoffgemischen mit ausreichender Filterstabilität gegenüber dem Pflasterbett; hierzu geeignet sind z. B. Schottertragschichten mit einem Feinkornanteil < 3 % oder Kiestragschichten mit einem Feinkornanteil < 5 %.
- Die Frostschutzschicht besteht aus Sand oder Kies mit einem Feinkornanteil < 5 %.

Hinweis: Falls eine Durchmischung der einzelnen Schichten innerhalb des Oberbaus oder zwischen Ober- und Unterbau zu befürchten ist, kann ein Geo-Textil als Trenn- oder Filterlage eingebaut werden. Dabei muss auf die richtige Maschenweite geachtet werden, damit das Material nicht verschlämmt.

Gebundene Tragschicht

Gebundene Tragschichten werden mit hydraulischen Bindemitteln hergestellt:

- wasserundurchlässig, z. B. aus Beton
- wasserdurchlässig (dränfähig)

Druckfestigkeit: $\geq 8 \text{ N/mm}^2$
Lieferkörnung: $\geq 2 \text{ mm}$
Wasserinfiltrationsrate: $\geq 1 \times 10^{-3} \text{ m/s}$
(Nach ZTV Wegebau ohne Verwendung von Gesteinskörnungen 0,063 mm bis 2 mm)

1.3.3 Schichtdicken

Die Dicke der Schichten ist abhängig von

- der Verkehrsbelastung (Belastungsklasse/Nutzungskategorie),
- dem vorhandenen Untergrund (Frostempfindlichkeitsklasse) und
- dem verwendeten Material.

Bauklassen und Verkehrsbeanspruchung

Die Art des Schichtaufbaus und die gewählte Schichtstärke einer Verkehrsfläche wird durch die Beanspruchung festgelegt. Je nach Beanspruchung (10-t-Achsübergänge) wird die Bauklasse der Straße definiert (RStO 12)[1]. Je höher die Beanspruchung, desto dicker ist i. d. R. der Schichtaufbau zu wählen. Es wird hierbei von einer Nutzungsdauer der Straße von 30 Jahren ausgegangen.

Achsübergänge in Mio. (10 t)	Belastungsklasse	Straßenart (Beispiele)	Belastungsklasse
über 32	Bk 100	Industriestraße	Bk 3,2 bis Bk 100
über 10 bis 32	Bk 32	Hauptgeschäftsstraße	Bk 1,8 bis Bk 10
über 3,2 bis 10	Bk 10	Dörfliche Einfahrtsstraße	Bk 3,2 bis Bk 10
über 1,8 bis 3,2	Bk 3,2	Quartierstraße	Bk 1,0 bis Bk 3,2
über 1,0 bis 1,8	Bk 1,8	Wohnstraße	Bk 0,3 bis Bk 1,0
über 0,3 bis 1,0	Bk 1,0	Wohnweg	Bk 0,3
bis 0,3	Bk 0,3		

Tab. 1 Beanspruchung, Belastungsklasse und Straßenart

Anforderungen gemäß ZTV-Wegebau

Bis zum Jahr 2013 wurden die Anforderungen im Wegebau in der ATV DIN 18318 und der RStO 12 geregelt. Somit galten die Normen für den verkehrsbelasteten Wegebau auch für Terrassen und private Hofeinfahrten. Die Dimensionierungen aus diesen Normen sind für viele Flächen des Garten- und Landschaftsbaus nicht notwendig und führten in der Vergangenheit häufig zu Streitfällen. Im Jahr 2013 wurden **„Zusätzliche Technische Vertragsbedingungen für den Bau von Wegen und Plätzen außerhalb von Flächen des Straßenverkehrs" (ZTV-Wegebau)** verabschiedet. Nur für nicht öffentlich zugängliche Bereiche kann diese Vertragsbedingung vereinbart werden. Die ZTV steht hierbei den gültigen Normen nicht entgegen, sondern ergänzt diese!

Zur Festlegung des Oberbaus werden in der ZTV Nutzungskategorien festgelegt:

Kategorie	Beschreibung	Beispiel
Nutzungskategorie 1 (N1)	begehbare, nicht von Kfz befahrene Flächen	Terrassen, Gartenwege, Sitzplätze
Nutzungskategorie 2 (N2)	befahrbar bis 3,5 t	Garagenzufahrten, Stellplätze
Nutzungskategorie 3 (N3)	befahrbar bis 20 t	Rettungswege, Garagen- und Gebäudezufahrten

Tab. 2 Nutzungskategorien gemäß ZTV-Wegebau

---

[1] Richtlinien für die Standardisierung des Oberbaus von Verkehrsflächen

Frosteinwirkung

Die Bundesrepublik Deutschland wird in drei **Frostein-wirkungszonen** unterteilt. So kann für unterschiedliche Regionen der frostsichere Oberbau bestimmt werden. Je nach Region werden Zu- oder Abschläge auf den gewählten Schichtaufbau aufgerechnet (s. Tab 1 und Abb. 1). Darüber hinaus bestimmt die Frostempfindlichkeitsklasse des Bodens die Schichtdicke (s. Tab. 2).

RStO 12:

Frostempfindlich-keitsklasse	Mindestdicke in cm bei Belastungsklasse		
	Bk 100 bis Bk 10	Bk 3.2 bis Bk 1.0	Bk 0,3
F2	55	50	40
F3	65	60	50

ZTV-Wegebau:

Frostempfindlichkeitsklasse	Mindestdicke (cm)		
	N1	N2	N3
F1 (nicht frostempfindlich, < 5 % Schluffe und Tone)	27	30	30
F2 (gering bis mittel frostempfindlich, 5 bis 15 % Schluffe und Tone)	30	40	40
F3 (sehr frostempfindlich, 15 bis 40 % Schluffe und Tone)	30	50	50

Tab. 1 Ausgangswerte zur Bestimmung der Mindestdicke des frostsicheren Oberbaus gemäß RStO 12 und ZTV-Wegebau

Frosteinwirkung	Zone I	± 0 cm
	Zone II	+ 5 cm
	Zone III	+ 15 cm
Wasserverhältnisse im Untergrund	Kein Grund- oder Schichten-wasser bis 1,5 m Tiefe unter Planum	± 0 cm
	Grund- oder Schichtenwasser dauernd oder zeitweise höher als 1,5 m unter Planum	+ 5 cm
Entwässerung der Fahrbahn / Ausführung der Randbereiche	Entwässerung über Mulden, Gräben oder Böschungen	± 0 cm
	Entwässerung über Rinnen, Abläufe und Rohrleitungen	− 5 cm

Tab. 2 Zuschlag / Abschlag je nach örtlichen Verhältnissen (RStO 12)

1.3.4 Bettung (Ausgleichsschicht)

Die **Bettung** beträgt im verdichteten Zustand bei Steinhöhen bis 120 mm 3 bis 5 cm. Es ist unbedingt darauf zu achten, dass die Körnungen von Bettung und Tragschicht aufeinander abgestimmt sind, damit kein Bettungsmaterial

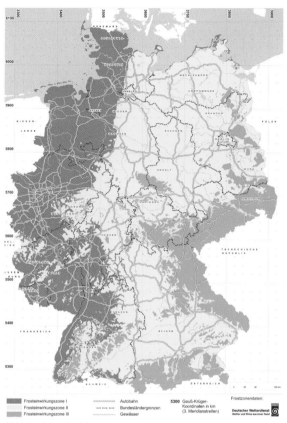

Abb. 1 Frosteinwirkungszonen

in die Hohlräume der Tragschicht eindringt. Als Bettungsmaterial eignet sich u. a. Flusssand oder Brechsand. Die Unebenheiten innerhalb der erstellten Ausgleichsschicht dürfen bei Pflaster- und Plattenbelägen innerhalb einer 4 m langen Messstrecke max. 1 cm betragen.

Neben der regionalen Verfügbarkeit und den Preisunterschieden des Materials bestimmen weitere Eigenschaften die Auswahl des geeigneten Bettungsmaterials (s. Tab. 3).

Verwendung	Körnung (mm)
Nutzungskategorie N1 und N2	0/2[1], 0/4, 0/5, 0/8, 0/11, 1/3, 2/5, 2/8, 2/11, 4/8[2], 4/11[2], 5/11[2]
Nutzungskategorie N3	0/4, 0/5, 0/8, 0/11, 1/3, 2/5, 2/8, 2/11
Wasserdurchlässige Beläge	1/3, 2/5, 2/8, 2/11
Begrünbare Beläge	0/4, 0/5, 0/8

[1] bei 0/2 maximal 50 % < 1 mm
[2] insbesondere bei überdachten oder teilüberdachten Flächen (kapillarbrechende Wirkung)

Tab. 3 Geeignete Gesteinskörnungen für die Bettung (Ausgleichsschicht) gemäß ZTV-Wegebau

Gesteins-körnung	Vorteile	Nachteile
Sand, Kies (ungebrochen)	■ Einfacher Einbau	■ schlechte Verzahnung ■ Gefahr von Ausblühungen bei Pflasterklinkern ■ Bewuchs in Fugen ■ wird teilweise von Ameisen und Grabwespen herausgearbeitet
Brechsand, Splitt (gebrochener Sand/Kies)	■ Einbau auch bei feuchter Witterung ■ gute Verzahnung ■ kein Ausblühen bei Pflasterklinkern	■ teurer als Sand/Kies

Tab. 1 Vor-/Nachteile verschiedener Gesteinskörnungen

1.3.5 Deckschicht

Die **Deckschicht** ist die oberste Schicht, die der Verkehrslast und den Witterungseinflüssen direkt ausgesetzt ist. Die Wahl der Deckschicht erfolgt im Landschaftsbau nach gestalterischen und funktionalen Gesichtspunkten.

Entscheidungskriterien für die Auswahl der Deckschicht sind u. a.:
- Belastung
- Preis des Materials
- Umgebung der zu befestigenden Fläche
- Oberflächenstruktur und Größe eines Steines
- Farbgebung des Belages

Die in den folgenden Kapiteln vorgestellten Deckschichtmaterialien sind nur eine kleine Auswahl dessen, was tatsächlich zur Befestigung von Oberflächen eingesetzt wird. Viele unkonventionelle Lösungen sind zwar in keiner DIN-Norm zu finden, stellen allerdings oftmals einen reizvollen Kontrast zu Standardbelägen dar (s. Abb. 1).

Abb. 1 Barfußpfad

2 Betondecken und bituminöse Bauweisen

2.1 Betondecken

Betondecken als Verkehrsfläche werden im Garten- und Landschaftsbau nur noch selten ausgeführt, denn Reparaturen sind kostspieliger als der Austausch einzelner Pflastersteine. Außerdem ist der Ausbau einer Betondecke erheblich teurer als das Aufnehmen von Pflastersteinen.

Da Betonflächen durch Regen, Wind, Frost und Streusalz angegriffen werden, ist eine schonende Pflege der Betondecke unbedingt erforderlich. Hierbei ist darauf zu achten, dass keine Mittel eingesetzt werden, die die Oberfläche angreifen. Selbst kleine Mängel im Belag sollten ausgebessert werden, damit durch Witterungseinflüsse (z. B. durch Frost) keine größeren Schäden entstehen können.

2.1.1 Dimensionierung, Bau und Pflege

Betondecken mit gelegentlichem Kfz-Verkehr müssen eine Stärke von mindestens 14 bis 16 cm aufweisen. Der passende Oberbau sollte mindestens 30 bis 40 cm betragen. Für den Bau einer dauerhaft angelegten Betondecke sollte werksgemischter Transportbeton verwendet werden (s. Betonbau, Kap. 5). Die Oberfläche ist so eben zu gestalten, dass auf einer Länge von 4 m die Abweichung max. 6 mm beträgt. Bevor eine Betonfläche für den Verkehr freigegeben wird, muss eine vorgeschriebene Druckfestigkeit des Betons erreicht werden. Bei einem Radweg aus Beton beträgt diese Festigkeit z. B. 20 N/mm^2.

Qualitätsmerkmale sind deshalb:
- ausreichende Druck- und Biegezugfestigkeit
- hoher Widerstand gegen Frost- und Tausalzeinwirkungen
- gute Griffigkeit und Ebenheit

Der Einbau des Betons erfolgt entweder von Hand oder durch spezielle Fertiger. Diese Maschinen bringen den Beton möglichst verdichtet auf und glätten die Oberfläche. Einzig die Nachbehandlung und Feinglättung wird von Hand durchgeführt.

2.1.2 Fugen

Da sich eine Betondecke wie eine große Betonplatte verhält, müssen zur Vermeidung von unkontrollierten Rissen in regelmäßigen Abständen **Fugen** eingeschnitten werden.

Man unterscheidet:

- **Scheinfugen**

  Zur Herstellung einer Scheinfuge werden dünne Folien oder Hartfaserplatten in den frischen Beton eingedrückt. Die Einschnitte gehen nur 20 bis 30 % in die Betondecke hinein. Somit bricht die Betondecke kontrolliert nur an den vorgesehenen Einschnitten.

- **Pressfugen**

  Sie trennen die gesamte Betondecke, ohne dass eine Längsverschiebung einzelner Betonplatten möglich ist.

- **Raumfugen**

  Auch eine Raumfuge trennt die gesamte Betondecke. Sie werden eingesetzt, wenn eine Betondecke an ein anderes Bauwerk anschließt und eine Beweglichkeit der Betondecke nicht behindert werden darf. Bereits beim Einbau des Betons werden senkrechte ca. 10 bis 15 mm starke Kunststoff- oder Holzbretter eingedrückt.

2.2 Bituminöse Bauweisen

Bitumen fällt als Rückstand bei der Heizöl- und Benzinherstellung an. Da es keinen festen Siede- oder Schmelzpunkt hat, wird Bitumen als Stoff mit „thermoplastischen Eigenschaften" bezeichnet. Bitumen ist äußerst reaktionsarm gegenüber Säuren, Laugen und Salzen und wird daher als dauerhafter Baustoff seit Jahrzehnten eingesetzt.

Im Gegensatz zu Bitumen ist **Teer** ein Nebenprodukt der Koks- und Kohleherstellung. Eine Mischung aus Mineralstoffen und Bitumen (Straßenbaubitumen) als Bindemittel nennt man **Asphalt**. Als Mineralstoffe eignen sich natürliche Mineralstoffe wie Schotter, Splitt und Edelsplitt. Die Einsatzgebiete für Asphalt im Garten- und Landschaftsbau liegen neben dem Verkehrswegebau im Sport- und Spielplatzbau (s. Abb. 1).

2.2.1 Verarbeitungsformen

Bitumen ist in unterschiedlichen Verarbeitungsformen erhältlich:

- **Kaltbitumen** (Einbautemperatur < 30 °C)

  Durch die Zugabe von Lösungsmitteln ist Kaltbitumen auch ohne zusätzliche Erwärmung misch- und einsetzbar. Erst nach der Verflüchtigung des Lösungsmittels erhält Kaltbitumen seine geforderte Festigkeit.

- **Heißbitumen** (Einbautemperatur > 130 °C)

  Diese Verarbeitungsform ist am weitesten verbreitet. Das Bitumen wird in speziellen Kochern so weit erhitzt, bis es dünnflüssig und damit zu verarbeiten ist. Unmittelbar nach dem Erkalten tritt die Verfestigung ein.

- **Verschnittbitumen** (Einbautemperatur 50 bis 130 °C)

  Wie beim Kaltbitumen wird Lösungsmittel zugegeben, das die Verarbeitungstemperatur herabsenkt. Die Aushärtung findet nach dem Erkalten und der Verflüchtigung des Lösungsmittels statt.

Abb. 1 Schwarzdeckenfertiger für Asphaltdecken

2.2.2 Asphaltmischungen

Die **Asphaltmischungen** werden nach Einsatz, Einbau und Mischungsgüte unterschieden:

- **Gussasphalt** wird sehr heiß und flüssig eingebaut. Dadurch entstehen nur wenig Hohlräume und Lufteinschlüsse. Eine Verdichtung ist nicht notwendig. Gussasphalt ist sehr hochwertig.

- **Asphaltbeton** ist die häufigste Asphaltart. Ebenso wie Gussasphalt wird durch den geringen Hohlraumanteil die Nachverdichtung überflüssig. Asphaltbeton wird werksseitig angemischt, mit Fertigern (s. Abb. 1) eingebaut und abgewalzt.

- **Makadambauweise** (benannt nach dem Schotten McAdam)

  Die Körnungen des Mineralgemisches der Deckschicht werden entweder bauseits oder ab Werk mit Bitumenemulsion getränkt bzw. umhüllt. Der Einbau erfolgt lagenweise, eine Verdichtung ist erforderlich. Der Einsatz von Makadam beschränkt sich auf Flächen mit geringer Verkehrsbelastung.

3 Pflasterdecken

Der Gebrauch von Steinen für den Bau von Wegen und Plätzen gehört zu den ältesten Arten der Flächenbefestigung. Bereits vor mehr als zweitausend Jahren wurden größere Handelsstraßen und Stadtplätze mit Natursteinen befestigt. Hierbei wurden sowohl bearbeitete Steine verlegt als auch Feld- und Flusskiese aus der jeweiligen Region.

Die prachtvollen ornamentalen Verlegemuster können auch heute noch an vielen Orten besichtigt werden (s. Abb. 1).

Abb. 1 Prachtvolles Verlegemuster

Heute werden Pflasterungen überall dort eingesetzt, wo die Geschwindigkeit von Fahrzeugen keine Rolle spielt (z. B. Parkplätze, Zuwegungen, Einfahrten, Wohnstraßen) oder eine kleinräumige Befestigung verlangt wird (z. B. Terrassen, Gehwege). Darüber hinaus lassen sich mit Pflasterbelägen auch Flächenprofile wie Wälle und Mulden befestigen.

Während der Bau von Beton- oder Asphaltdecken aufgrund fehlender Maschinen von Betrieben des Garten- und Landschaftsbaus in der Regel nicht selbst ausgeführt wird, ist der Bau von Pflasterflächen weit verbreitet. Dieses ist zum einen mit der Vielfältigkeit der Materialien zu begründen, zum anderen mit dem unproblematischen Einbau.

Die Auswahl des passenden Pflasterbelages hängt ab von

- der Verkehrsbelastung,
- der Tragfähigkeit des Baugrundes,
- den hydrologischen Verhältnissen,
- dem Budget des Kunden,
- der gestalterischen Einbindung und
- dem Geländeprofil.

Dabei spielen

- Oberflächenbeschaffenheit,
- Größe,
- Material,
- Umweltverträglichkeit,
- Belastbarkeit,
- Verlegemöglichkeit,
- Pflegebedarf,
- Dauerhaftigkeit und
- Preis des Materials eine Rolle.

Die Vielzahl der angebotenen Produkte macht es unmöglich, die gesamte Angebotspalette an Pflastersteinen zu berücksichtigen. Die Gegenüberstellung der Kunst- und Natursteine zeigt die unterschiedlichen Eigenschaften der Materialien:

Eigenschaften	Basalt	Klinker	Beton
Rohdichte in kg/dm^3	3	2,2	2,3
Druckfestigkeit in N/mm^2	300	75	60
Wasseraufnahme nach 24 h in %	0	3,1	1,2

Tab. 1 Materialeigenschaften

3.1 Betonsteine

Betonsteine sind in vielen Formen, Farben und Oberflächen lieferbar. Sie weisen eine hohe Haltbarkeit, Maßgenauigkeit (einfach zu verlegen) und Tragfähigkeit (v. a. als Verbundsteinpflaster) auf. Im Vergleich zu Natursteinen sind sie zudem relativ preiswert, auch bei der Verarbeitung.

Damit eine gleichbleibende Qualität gewährleistet werden kann, müssen Betonsteine die Gütebestimmung DIN EN 1338 erfüllen. Hieraus resultieren unter anderem folgende Qualitätsanforderungen:

- Mechanische Festigkeit: Bruchlast 250 N/mm², überwiegende Spaltzugfestigkeit > 3,6 N/mm²
- Maßtoleranzen:
  a) für Steinhöhen < 100 mm: Länge, Breite ± 2 mm, Höhe ± 3 mm
  b) für Steinhöhen > 100 mm: Länge, Breite ± 3 mm, Höhe ± 4 mm
- Frost- und Tausalzwiderstandsfähigkeit: von Klasse 1 (keine Anforderung) bis Klasse 3 (hohe Frost- und Tausalzwiderstandsfähigkeit)

Von **Pflastersteinen** spricht man, wenn der Stein maximal 4-mal so lang ist wie dick. Wird dieses Verhältnis überschritten, so spricht man von einer **Platte**.

Typische Einsatzbereiche für **Betonpflastersteine** sind:
- Wohnstraßen
- Haltebuchten und Parkplätze
- Park- und Rastplätze
- Industrieflächen (Stellflächen und Zuwegungen)
- private Hof-, Wege- und Terrassenflächen
- Garagenzufahrten
- Böschungsbefestigungen
- Radwege

3.1.1 Grundsätze für das Verlegen von Pflastersteinen

Steine ohne Verbund werden von der Industrie in zahlreichen Variationen angeboten. Normgrößen gibt es nicht für jedes Produkt.

Die günstigsten und bekanntesten Pflastersteine sind **Betonrechteckpflastersteine**. Sie haben in der Regel die Maße
- 20 · 10 · 6 cm,
- 20 · 10 · 8 cm oder
- 20 · 10 · 10 cm.

Die Steingrößen variieren jedoch aufgrund verwendeter Abstandshalter am Stein. In direkter Verbindung zur Steingröße steht der Steinbedarf pro m² (s. Tab. 1).

Länge (cm)	Breite (cm)	Höhe (cm)	Steine/m²
20	10	10	48
10	10	8	95
16	16	14	36
24	16	12	24

Tab. 1 Bedarf an Steinen pro m²

⬇ Arbeitsschritte zum Bau einer Pflasterfläche nach dem Tragschichteinbau:

1. Das Pflasterbett mit Überhöhung von 1 bis 2 cm aufbringen (Sollhöhe in verdichtetem Zustand nicht mehr als 3 bis 5 cm). Das Pflasterbett zwischen Lehren (Stahlrohre usw.) abziehen.
2. Steinlieferung prüfen (Format, Farbe, Menge). Die Steine werden mit einer Fugenbreite von 3 bis 5 mm verlegt (zusätzlich zum Abstandshalter am Stein; Steine mischen).
3. Fugen werden je nach Anforderung der Scherfestigkeit, Wasserdurchlässigkeit und Fugenbreite mit Sand 0/3 oder mit Brechsand-Splitt-Gemisch 0/5 verfüllt (aufbringen, einschlämmen und einfegen).
4. Die Fläche wird von den Rändern zur Mitte hin bis zur Standfestigkeit abgerüttelt (im trockenen Zustand).
5. Das Pflaster wird z. B. mit Sand eingeschlämmt und sauber abgefegt, zum Verfüllen der Fugen nochmals leicht nachsanden.

3.1.2 Verbundsteinpflaster

Wird eine Pflasterfläche durch Fahrzeuge stärker und regelmäßig belastet, sollten sogenannte „**Verbundsteine**" verwendet werden. Man unterscheidet zwischen
- Steinen mit zweiseitiger Verzahnung und
- Steinen mit umlaufender Verzahnung.

Die **Verzahnung** verhindert eine Verschiebung des Pflasters durch Radieren von Fahrzeugreifen. Die einwirkenden Kräfte werden auf die angrenzenden Steine übertragen. Die Lage der Steine kann durch die Verzahnung untereinander nicht verändert werden.

Das Fugenmaterial für die Pflasterzwischenräume muss eingeschlämmt werden. Als Fugenmaterial eignen sich Sande mit hohem Feinanteil.

Ausführungshinweise
Verbundpflastersteine sollten im System verlegt werden. Dazu gehört die Verlegung von Eck- und Randsteinen. Bei einer Materialbestellung muss somit nicht nur die Fläche bekannt sein, sondern auch der Flächenumfang (s. Tab. 1, S. 102).

Rechenbeispiel

Die Flächen sollen mit Verbundsteinpflaster befestigt werden. Beide Flächen sind 225 m² groß. Bestellen Sie die benötigte Menge halber und ganzer Randsteine für den Flächenumfang.

Ganzer Stein (1):   22 cm · 11 cm
Halber Stein (2):   11 cm · 11 cm
Bedarf pro m: 9 Stück
vorgegebener Pflasterverband:

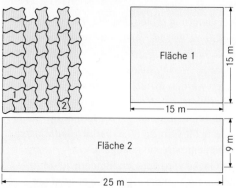

Überschlägige Berechnung:

Fläche 1:
Ganzer Abschlussstein:
15 m · 9 Stück · 2 = 270 Steine
4,5 Stück (pro lfdm) · 15 m · 2 = 135 Steine
Summe: 405 ganze Abschlusssteine
Halber Abschlussstein:
4,5 Stück (pro lfdm) · 15 m · 2 = 135 Steine
Summe: 135 halbe Abschlusssteine

Fläche 2:
Ganzer Abschlussstein:
9 Stück · 9 m · 2 = 162 Steine
4,5 Stück (pro lfdm) · 25 m · 2 = 225 Steine
Summe: 387 ganze Abschlusssteine
Halber Abschlussstein:
4,5 Stück (pro lfdm) · 25 m · 2 = 225 Steine
Summe: 225 halbe Abschlusssteine

Fläche 1 (15 m · 15 m = 225 m²)
405 ganze Steine   135 halbe Steine

Fläche 2 (25 m · 9 m = 225 m²)
387 ganze Steine   225 halbe Steine

(zuzüglich Verschnitt und Mehrmenge)

Tab. 1   Flächenumfang für Verbundsteinpflaster

Abb. 1   Verlegen von Verbundsteinpflaster

Merke

Beim Verlegen der Verbundsteine sollte mit Schnüren ständig die Richtung der Pflasterung kontrolliert werden. Ein späteres Ausrichten ist aufgrund der Verzahnung äußerst schwierig.

Rumpeln/Kollern
In einer rotierenden Trommel werden die Kanten der Steine unregelmäßig gebrochen.
Die Steine sehen „gebraucht" (natürlicher, rustikaler) aus und verlieren ihre gleichmäßige Struktur.

Schleifen
Die oberste Schicht des Betonsteines besteht z. B. aus Natursteinsplitt (Natursteinvorsatz). Je nach Körnung der verwendeten Schleifmittel entstehen verschiedene glatte Oberflächen.

Stocken
Mit dem Stockhammer wird die oberste Schicht zerstört. So entsteht eine raue Oberfläche.

Fein- und Kugelstrahlen
Durch Wasser oder kleine Kugeln werden die z. T. mit Natursteinvorsatz versehenen Oberflächen gestrahlt.
Die Oberfläche wird aufgeraut, die farbigen Zuschlagkörner freigelegt und teilweise gebrochen.

Einfärben
Dem frischen Beton werden bei der Herstellung Natursteinmehl, Farbpigmente (anthrazit, rot, sandsteinfarben) oder Betonzuschläge zugegeben. Nachteil: eingefärbte Betonsteine sind nur eingeschränkt farb- und lichtecht.

Tab. 2   Oberflächenbearbeitung

3.1.3 Oberflächenbehandlung und Verlegemuster

Über die Standardgrößen hinaus haben viele Betonpflasterhersteller eigene Produktlinien mit unterschiedlichen Steinformaten und Oberflächenstrukturen entwickelt. Diese Produkte unterscheiden sich nicht nur in den Steinformaten, sondern auch in der Strukturierung der Oberfläche und Farbgebung. Die Ränder der verwendeten Steine sind unterschiedlich ausgebildet. Die Abrundung oder Kantung eines Steines wird **Fase** genannt. Neben den rundum gefasten Steinen gibt es teilweise gefaste und nicht gefaste Pflastersteine. Bei nicht gefasten Steinen ist darauf zu achten, dass die Steine niemals „knirsch", d. h. ohne Fuge, verlegt werden, da die Gefahr von „Abplatzungen" beim Abrütteln besteht.

3.1.4 Dränfähige Pflasterbeläge

Diese Beläge besitzen die Eigenschaft, Oberflächenwasser vertikal in den Ober- bzw. Unterbau abzuleiten. Aufgrund der Förderung von Versicker- und Rückhalteflächen seitens der Gesetzgeber werden an geeigneten Stellen immer häufiger diese Pflastersysteme verwendet. Bei der Erstellung ist darauf zu achten, dass wasserdurchlässige Beläge Sonderbauweisen darstellen, die nicht in der DIN 18318 geregelt werden. Die Ableitung des Oberflächenwassers kann auf unterschiedliche Weise erfolgen:

Steinsysteme mit aufgeweiteten Fugen

Die Fugenbreite von 10 bis 35 mm wird mit Abstandshaltern am Stein oder durch Kunststoffabstandshalter erreicht. Ein versickerfähiger Untergrund und Tragschichtaufbau sowie wasserdurchlässiges Fugenmaterial (Splitt/Brechsand) müssen beachtet werden (s. Abb. 1).

Abb. 1   Pflasterung mit aufgeweiteten Fugen

■ **Fischgrätverband**
Wird häufig bei befahrenen Plätzen und Wegen verwendet. Die diagonal zur Fläche verlegten Steine zeigen eine Verbundwirkung. Durch die Lastverteilung auf viele Steine werden Spurrinnen vermieden.

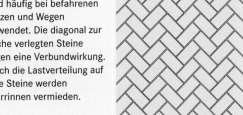

■ **Reihen-, Läufer- oder Halbsteinverband**
Es ist darauf zu achten, dass die Richtung der Reihen kontrolliert wird. Längs zur Fahrtrichtung verlegte Reihen bergen eine hohe Gefahr der Spurrinnenbildung.

■ **Kassette oder Winkelverband**
Sehr dekorativ, gleiche Merkmale wie ein Reihen- bzw. Läuferverband; auch hier muss regelmäßig die Richtung mittels Schnur kontrolliert werden.

■ **Ellenbogenverband**
Senkrecht angeordneter Fischgrätverband. Die Verlegung ist unproblematischer, da eine Gerade der Fläche immer als Verlegmaß vorhanden ist und keine speziellen Begrenzungssteine erforderlich sind.

■ **Schachbrett-, Block- oder Parkettverband**
Siehe Kassette/Winkelverband (nicht DIN-gerecht).

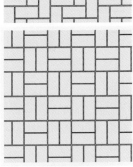

■ **Kreisförmige Anordnungen**
Dekorativer Pflasterverband.

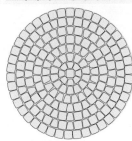

Tab. 1   Beispiele für unterschiedliche Verlegemuster

Steine mit Sickeröffnungen

In den Steinen befinden sich Öffnungen, die das Wasser vertikal ableiten. Bei einigen Steinsystemen wird das Oberflächenwasser durch eingelassene horizontale Kanäle an der Steinunterseite transportiert.

Hierzu gehören auch **Rasengittersteine** aus Beton (s. Abb. 1). Sie werden dort eingesetzt, wo ein regelmäßiger Kfz-Verkehr nicht zu erwarten ist, z. B. in Feuerwehrzufahrten.

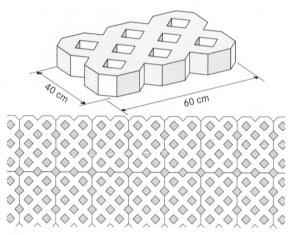

Abb. 1 Rasengitterstein, Schema

Der Tragschichtaufbau ähnelt dem eines konventionellen Pflasterbelages. Über einer wasserdurchlässigen Tragschicht wird ein Sandbett verdichtet und abgezogen. Damit eine dauerhafte Rasenvegetation erreicht werden kann, sollten nur Gräser verwendet werden, die stark wurzeln und sehr trockenheitsresistent sind (s. Rasenbau, Kap. 2).

Das in die Kammern des Rasengittersteins eingebrachte Oberbodenmaterial sollte der Bodengruppe 2 oder 4 entsprechen (Oberboden-/Sandgemisch).

Es wird ein gut wasserdurchlässiger und für Rasen brauchbarer Boden verwendet (z. B. 50 % Kies 4/8, 50 % Oberboden). Nach dem Abrütteln soll der Boden ca. 2 bis 3 cm unter der Steinoberkante liegen. So werden die Gräser nicht aus den Kammern gerissen und der Boden wird nicht durch Fahrzeugreifen verdichtet.

Abb. 2 Rasengittersteine

Dränbetonsteine

Dränbetonsteine werden aus Einkornbeton hergestellt. Dieser Baustoff besteht aus einer einzigen Kornfraktion, sodass ein hohlraumreiches wasserdurchlässiges Gefüge entsteht.

Durch Schmutzeintrag von außen (z. B. Laub, Reifenabrieb) verschlämmen die Hohlräume mit der Zeit. Deshalb muss in regelmäßigen Abständen eine Reinigung mit Spezialgeräten stattfinden. Dränbetonsteine sind widerstandsfähig gegen Frost, jedoch nicht für den Tausalzeinsatz geeignet. Sie werden häufig als fragwürdige Kompromisslösung im Bereich befahrener Baumscheiben eingesetzt.

Abb. 3 Dränbetonsteine

3.2 Betonplatten

Man spricht von **Platten**, wenn das Verhältnis Länge zur Dicke > 4 ist. Die größte Länge beträgt 1 m.

Wege und Plätze aus Platten findet man überall dort, wo kaum oder keine Fahrzeuge fahren. Platten aus Beton müssen frost- und tausalzresistent sein und gelegentlichen Fahrzeugüberfahrten standhalten.

Maße in mm[1]	Plattendicke in mm	Bedarf pro m²	Gewicht in kg/Stück
300 · 300	40	11,1	ca. 8,6
350 · 350	50	8,2	ca. 14,7
400 · 400	50	6,25	ca. 19,2
500 · 500	60	4,0	ca. 36,0

[1] Die Platten sind auch als rechteckige „Binderplatten" mit der halben Kantenlänge erhältlich.

Tab. 1 Beispiele für übliche Betonplattenformen und -größen nach DIN EN 1339

Darüber hinhaus:
Plattenstärke für gelegentlichen Pkw-Verkehr:
60 bis 80 mm
Plattenstärke für gelegentlichen Lkw-Verkehr
(= Ladeverkehr in Fußgängerzonen):
80 bis 100 mm

Mögliche Einsatzgebiete von Betonplatten sind

- Gehsteige, Wege,
- Terrassen,
- Fußgängerzonen und
- Verkehrsinseln.

Ebenso wie bei Betonpflastersteinen sind die Möglichkeiten zur Oberflächenbearbeitung vielfältig. Außer Stocken, Färben oder Sandstrahlen kann die Betonoberfläche als **Waschbetonoberfläche** bearbeitet werden.

Die oberste Betonschicht wird bei der Herstellung mit Kies oder Splitt versetzt und vor dem Aushärten des Betons aus- bzw. feingewaschen. Die Splitt- oder Kieskörnungen bleiben an der Oberfläche. Je nach Beschaffenheit des Kieses oder Splitts und je nach Waschverfahren werden sehr unterschiedliche Schattierungen und Strukturen der Oberfläche erzielt.

Im Gegensatz zur rauen Waschbetonoberfläche steht die geschliffene oder polierte Betonoberfläche (**Betonwerkstein**). Die matten oder glänzenden Platten werden auch in geschlossenen Räumen verwendet (s. Abb. 1).

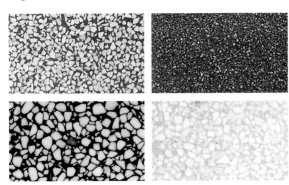

Abb. 1 Betonwerksteinplatten (geschliffen)

Platten werden für spezielle Zwecke auch aus Kunstkautschuk gefertigt. Besonders im Bereich von Spielplätzen oder Sportanlagen soll durch das Verlegen dieser Platten die Verletzungsgefahr verringert werden (s. Abb. 2).

Abb. 2 Fallschutzplatten eignen sich als stoßdämpfender Fallschutzbelag unter Spielgeräten für Fallhöhen von bis zu 3 m

Parallel-, Streifen- oder Reihenverband

- Fugen verlaufen in einer Richtung
- Verwendung gleich breiter Platten
- keine Kreuzfugen

Schiffsverband oder unregelmäßiger Rechteckverband

- durchgehende Fugen verlaufen in einer Richtung
- keine Kreuzfugen
- unterschiedliche Plattengrößen

Kreuz- oder Schachbrettverband

- baut auf Kreuzfugen auf
- Verwendung gleicher Plattengrößen (nicht DIN-gerecht)

Diagonalverband

- Verlegung wie Schachbrettverband, jedoch diagonal
- Randeinfassung mit „Bischofsmützen"! (nicht DIN-gerecht)

Wildverband

- Verwendung mindestens drei unterschiedlicher Plattengrößen
- unregelmäßige Verlegung
- rechtwinkliger Fugenverband
- keine Kreuzfugen
- eine durchgehende Fuge soll nicht mehr als drei Platten berühren

Römischer Verband
Im Unterschied zum Wildverband durchzieht ein immer wiederkehrendes Grundmuster die Fläche

Tab. 1 Plattenverbände für den öffentlichen und privaten Bereich

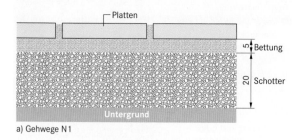

a) Gehwege N1

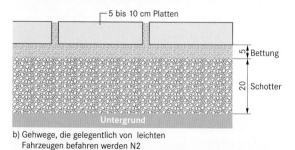

b) Gehwege, die gelegentlich von leichten Fahrzeugen befahren werden N2

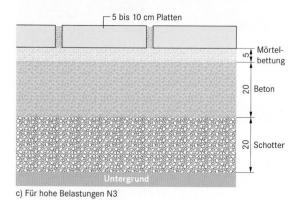

c) Für hohe Belastungen N3

Abb. 1 Schichtenaufbau für das Verlegen von Betonplatten

Werden Betonplatten eingesetzt, sollten für die Anschlüsse an seitliche Begrenzungen Pflastersteine aus Naturstein verlegt werden. Kleine Ecken oder runde Anschlüsse können nicht mit Betonplatten eingeschnitten werden. Hierzu wird auch aus gestalterischen Gründen oft Natursteinmosaikpflaster verwendet.

Schnitt- und Verlegeregeln

- Die Fuge beträgt bei Platten (Nenndicke < 120 mm) 3 bis 5 mm.
- Das Plattenbett sollte in verdichtetem Zustand nicht mehr als 3 bis 5 cm betragen.
- Bereits beim Verlegen der Betonplatten ist genügend Platz für die vorgesehene Bänderung zu lassen.
- Spitze Winkel (< 45°) sollten vermieden werden.
- Es sollten keine geschnittenen Platten mit weniger als 1/3 der Ausgangsgröße verlegt werden.

Das eigentliche Verlegen der Platten erfolgt nach unterschiedlichen Arbeitstechniken:

1. Das Sandbett wird nur verdichtet und die Betonplatten werden einzeln verlegt und auf Höhe geschlagen. Verlegt wird (mit Fuge 3 bis 5 mm) hammerfest, d. h. mit schwerem Gummihammer oder Fäustel und Klopfholz.
2. Die Sandbettung wird verdichtet und mit Richtscheiten oder Abziehhobeln auf Höhe gebracht. Die Platten werden auf das Planum verlegt. Die Arbeitskraft steht auf den verlegten Platten (d. h. vorwärts verlegen).

Grundsätzlich sollten Betonplatten gegenüber Randeinfassungen und Anschlüssen mit einer Überhöhung von 5 mm nach dem Verdichten eingebaut werden, um bei einer eventuellen Setzung der Platte Stolperkanten zu vermeiden.

Als Fugenmaterial eignet sich Sand/Brechsand mit möglichst kleinen Korndurchmessern. Bänderungen aus Naturstein können darüber hinaus mit dauerelastischem Fugenverguss ausgegossen werden. Die Fugenbreite sollte ≥ 8 mm betragen.

3.3 Keramikplatten aus Feinsteinzeug

Seit einigen Jahren werden von verschiedenen Herstellern großformatige Platten aus Feinsteinzeug angeboten.

Im Gegensatz zu Betonstein- oder Natursteinplatten (mit Schichtstärken ab 5 cm und einem Gewicht von 80 bis 100 kg/m²) wiegen großformatige Platten aus Feinsteinzeug (mit Schichtstärken ab 1,5 bis 2,5 cm) deutlich weniger.

Abb. 2 Keramikplatten können von Hand verlegt werden

Folgende Verlegearten sind möglich:
- Verlegung im Splittbett
- Verlegung auf Stelzlagern/Stelzfüßen oder auf Mörtelsäckchen
- Verlegung in gebundener Bauweise mit Dränbettungsmörtel und Dränbeton (2/5, 2/8, 5/8) und ggf. Dränmatten

Für die Verlegung im Außenbereich ist die **ATV DIN 18352** (Fliesen- und Plattenarbeiten bis 15 mm) anzuwenden. Darüber hinaus sollten Sonderbauweisen vereinbart werden.

Die Platten sollten nur auf nicht befahrenen Flächen wie Terrassen verwendet werden. Zwar weist das Material eine hohe Dichte und Druckfestigkeit auf, allerdings sprechen folgende Gründe gegen ein Befahren mit Pkw oder gar Lkw:

■ Abheben der Platte bei seitlicher punktförmiger Belastung
■ aufgrund der glatten Belagsunterseite: geringe Haftung zur Bettung
■ aufgrund der geringen Materialstärke: geringe seitliche Scherfestigkeit
■ aufgrund des geringen Gewichts im Verhältnis zur Oberflächengröße: geringe Eigenbelagslagesicherheit

3.3.1 Haftbrücke

Großformatige Platten von 2,0–2,5 cm haben eine große Oberfläche, aber ein geringes Eigengewicht. Aus diesem Grund sollte mindestens eine gebundene Bettung gewählt werden. Zusätzlich ist eine Haftbrücke, z. B. mittels eines Flexfliesenklebers, auf der Belagsunterseite aufzubringen. Nur so ist die Platte fest mit der Bettung verbunden und lagesicher.

Selbst bei ungebundener Verlegung können Scherfestigkeit und Lagefestigkeit der keramischen Beläge durch Aufbringen einer Haftbrücke erhöht werden.

Abb. 1   Auftragen der Haftbrücke

3.3.2 Entwässerung

Sofern ein nicht ausreichend dränfähiger Baugrund vorliegt oder nur eine geringe Aufbauhöhe möglich ist, muss eine untere Entwässerungsebene mittels Dränagematte direkt auf dem Baugrund aufgebaut werden.

Gemäß ZTV-Wegebau ist für großformatige Plattenbeläge im Außenbereich eine **Mindestneigung von ≥ 2 %** für begehbare Flächen einzuhalten.

Achtung: Feinsteinzeugplatten müssen entweder „nass" geschnitten werden oder mittels speziellen glattrandigen Diamantscheiben. Arbeitet man mit üblichen Steintrennwerkzeugen für Betonstein, kann dies ein unsauberes Schnittbild oder ein Brechen der Platte zur Folge haben.

Für die Fugen ist kunststoffvergüteter Fugenmörtel, Fugenmörtel auf Kunstharzbasis oder Fugendichtungsmasse vorzusehen.

Abb. 2   Verfugen durch Einschlämmen

3.4   Pflasterklinker

3.4.1 Material, Größe, Verwendung

Pflasterklinker werden aus Ton, Lehm und Zusätzen wie Sand hergestellt. Die geformten Steine werden bei ca. 1200 °C gebrannt. Der Brennvorgang bewirkt eine Härtung des Steines. Dadurch wird Pflasterklinker sehr druck- und wasserfest und damit widerstandsfähiger gegenüber Umwelteinflüssen wie Frost und Streusalzeinsatz. Er weist eine ebene Oberfläche auf, lässt sich gut bearbeiten (z. B. zuschlagen) und mit anderen Materialien kombinieren. Die Farbgebung reicht von Beige bis Schwarzblau.

Die Güteüberwachung und Fertigung nach DIN EN 1344 „Pflasterziegel" sichert die Qualität des Pflasterklinkers u. a. in Deutschland.

Pflasterklinker wird überall dort eingesetzt, wo der Flächenbelag repräsentativen Charakter hat:

■ Fußgängerzonen
■ Terrassen
■ Garagenzufahrten
■ Platzbefestigungen

Penter-Klinker

aus der Region Osnabrück hat eine braunrötliche Färbung mit einer leicht strukturierten Oberfläche und einheitlicher Farbgebung. Durch die raue Oberfläche besteht auch bei nassen Steinen keine Rutschgefahr.

Bockhorner Klinker

stammt aus dem ostfriesischen Raum und zeigt ein auffallenderes Farbenspiel. Die unterschiedlichen Farbtöne entstehen zum einen durch die Art des Brandes, zum anderen durch den verwendeten Ton und Lehm.

Tab. 1 Erscheinungsformen Pflasterklinker (Beispiele)

3.4.2 Verlegearten

Pflasterklinker ist in der Regel teurer als Betonsteinpflaster. Die Kosten sind ein entscheidendes Kriterium bei der Verlegeart, denn ein Pflasterklinker kann sowohl flach als auch hochkant (Rollschicht) verlegt werden (s. Abb. 1).

Der Materialpreis kann bei der Hochkantverlegung bis auf das Doppelte im Vergleich zur Flachverlegung steigen.

Der **Schichtenaufbau** zur Erstellung einer Fläche mit Pflasterklinker entspricht dem einer Betonpflasterfläche. Auch hier muss auf einen ausreichend dimensionierten und verdichteten Oberbau geachtet werden. Die Verwendung von Splitt anstelle von Sand als Bettungsmaterial unterbindet Kalkablagerungen auf dem Pflasterklinker.

Abb. 1 Hoch- und Flachverlegung

Pflasterklinker sind sowohl mit, als auch ohne Fase erhältlich. Sie werden mit 5-mm-Fugen verlegt, um ein Abplatzen der Kanten zu vermeiden. Pflasterklinker sind in der Regel nicht so maßhaltig herzustellen wie Betonsteine. Aus diesem Grund müssen die Verlegerichtungen mithilfe von Schnüren regelmäßig kontrolliert werden. Darüber hinaus haben Pflasterklinker herstellungsbedingt an einer Seite eine glatte, an der anderen Seite eine raue Oberfläche. Beim Verlegen in Reihenverbänden sollte immer nur entweder die raue oder die glatte Seite nach außen zeigen, da der Stein oftmals in sich gebogen ist und die Verlegerichtung sonst nicht gehalten werden kann.

Die verwendeten Steine sollten aus mehreren Paletten gemischt werden, da Pflasterklinker bei jedem Brand eine unterschiedliche Farbnuance erhalten.

Pflasterklinker dürfen nur mit geeigneten Geräten geschlagen oder geschnitten werden. Es empfiehlt sich hierbei der Einsatz von Schneidetischen, Steinknackern mit diamantbesetzten Schneideleisten oder bei kleinen Flächen der Einsatz einer Flex mit Diamantscheibe.

Neben dem „üblichen" Pflasterklinker werden auch **Klinkermosaikpflaster** unterschiedlicher Hersteller angeboten. Hierbei handelt es sich um einen perforierten Pflasterklinker, der mit Hammerschlag in acht Teile geschlagen

Abb. 2 Klinkermosaikpflaster mit Natursteinbänderung

wird. Im Gegensatz zur Natursteinverarbeitung kann durch die gleiche Höhe der Mosaikpflastersteine auch ein Pflasterbett vorbereitet werden. Die Arbeitsleistung steigt dadurch beträchtlich (s. Abb. 2).

3.4.3 Pflasterklinker fachgerecht verlegen

Abb. 1 Hier entsteht eine Terrasse. Der Oberboden wird abgetragen und seitlich gelagert. Als Tragschicht wird ein Kies-Sand-Gemisch (0/32) aufgebracht.

Abb. 4 Eine Randeinfassung wird mit Mörtelfuge auf die Betonunterlage (C12/C15) versetzt. Die Schnur ist auf der Seite der Pflasterfläche anzulegen.

Abb. 2 Höhen und Gefälle für die Entwässerung werden festgelegt. Nach Bestimmung des Pflasterverbandes wird die Randeinfassung eingemessen und mit Schnurnägeln festgelegt.

Abb. 5 Die Tragschicht aus kornabgestuftem Kies-Sand-Gemisch ist eingebracht, verdichtet und planiert.

Abb. 3
Parallel zur späteren Oberfläche wird für den Oberbau ein Planum erstellt. Dazu wird eine Kies-Sand-Schüttung eingebracht und unter Berücksichtigung des Verdichtungsmaßes planiert. Anschließend wird die Fläche mit dem Rüttler gleichmäßig verdichtet.

Abb. 6 Das Pflasterbett wird eingebracht (z. B. Brechsand 0/5) und unter Berücksichtigung des Verdichtungsmaßes in gleichmäßiger Schichtdicke (Abschnürung!) verteilt.

Abb. 7   Mithilfe der Abziehlehren wird das Pflasterbett abgezogen.

Abb. 11   Sind die Fugenfluchten nochmals ausgerichtet, sollte sofort das Fugenmaterial (0/4, 0/5) eingefegt bzw. eingeschlämmt werden. Überschüssiges Fugenmaterial ist vor dem Abrütteln des Pflasters zu entfernen.

Abb. 8
Abschnittsweise (ca. 1,50 m) wird der Verlegeverband abgeschnürt, um die Fugenflucht zu erhalten. Die Fugenbreite soll 3 mm – max. 5 mm betragen.

Abb. 9
Die Verlegerichtung ist immer vorwärts. Auch die Querflucht des Pflasters muss wiederholt geprüft werden.

Abb. 12
Vor der Verdichtung mit dem Flächenrüttler muss eine Absetzzeit eingeplant werden. Eine Hartgummimatte unter dem Rüttler schützt die Klinker.

Abb. 10   Mit einer Nassschneidemaschine mit Diamantsägeblatt werden die Anschlussklinker passend zugeschnitten.

Abb. 13   Die fertige Terrasse muss vor der Übergabe einige Tage ruhen und mehrmals mit Fugenmaterial abgestreut werden.

3.5 Natursteinpflaster

3.5.1 Materialien

Die älteste Form des Wegebelages ist das Natursteinpflaster. Naturstein besteht aus Mineralien (anorganische Bestandteile wie Quarz, Feldspat und Glimmer). Er wird in Steinbrüchen abgebaut und anschließend weiterverarbeitet. Das Gesteinsmaterial und die sichtbare Oberfläche der Steine zeigen die Geschichte ihrer Entstehung.

Vulkangesteine (Vulkanite und Plutonite)

Vulkangesteine entstehen, wenn ein Vulkan flüssiges Material (Lava) aus dem Erdinneren nach oben an die Erdoberfläche befördert. Dort oder in geringer Tiefe erstarrt die glühend heiße Masse. Nach dem Abkühlen entstehen Gesteine wie **Basalt**, **Porphyr**, **Andesit** oder **Granit** (Ergussgesteine = Vulkanite).

Kühlt die Lava in größeren Tiefen ab, spricht man von **Plutoniten** oder **Tiefengesteinen** (s. Abb. 1).

Abb. 1 Vulkangestein

Sedimentgesteine (Absatzgesteine)

Aus dem Namen Sediment- oder Schichtgestein lässt sich ableiten, dass bei der Gesteinsbildung hauptsächlich Ablagerungsprozesse beteiligt waren (sedimentieren = ablagern). Auf dem Land, im Wasser der Seen und Flüsse sowie in den Meeren lagerten sich im Laufe von Jahrmillionen Mineralien und andere Verwitterungsteile ab und verfestigten sich unter hohem Druck. Sedimentgesteine sind z.B. **Grauwacke**, **Sandstein** oder **Tonschiefer** (s. Abb. 2).

Metamorphe Gesteine (Umwandlungsgesteine = Metamorphite)

Unter „metamorph" versteht man die Veränderung einer Zustandsform. Vulkan- oder Sedimentgestein kann durch sehr hohen Druck oder hohe Temperatur seine kristalline Struktur verändern. Es entsteht ein metamorphes Gestein wie z.B. **Marmor**, **Quarzit** oder **Gneis** (s. Abb. 3).

Abb. 3 Metamorphes Gestein

3.5.2 Verwendung

Die verschiedenen Gesteinsarten unterscheiden sich stark im Hinblick auf Preise, Verarbeitbarkeit, Oberflächenbeschaffenheit, Einsatzmöglichkeiten und Haltbarkeit.

Preise

Natursteine sind erheblich teurer als Betonpflastersteine. Der Preis für das Material wird bestimmt
- vom natürlichen Vorkommen in der Region,
- von der Technik, den Stein zu brechen und zu bearbeiten,
- von der Größe des Natursteinvorkommens und
- von der Verarbeitung des Materials als Wegebelag.

Verarbeitbarkeit

Um die Eigenschaften eines Natursteines hinsichtlich der Verarbeitung besser eingrenzen zu können, unterscheidet man zwischen schwerer zu bearbeitendem **Hartgestein** und leichter zu bearbeitendem **Weichgestein** (s. Tab. 1).

Hartgestein	Weichgestein
Basalt	Grauwacke
Diabas	Kalkstein
Diorit	Sandstein
Gneis	Tonschiefer
Granit	
Porphyr	
Quarzit	

Tab. 1 Beispiele für Hart- und Weichgestein

Abb. 2 Sedimentgestein

Oberflächenbeschaffenheit

Ein weiteres Kriterium zur Auswahl von Natursteinen ist die Oberflächenbeschaffenheit. Die Natursteine unterscheiden sich grundlegend in ihrer Abriebfestigkeit. Während einige Sandsteinarten schnell verschleißen, ist Granit eine gute Wahl zur dauerhaften Befestigung von Verkehrsflächen.

Der Geh- oder Fahrkomfort auf Natursteinflächen hängt neben der Größe und Verlegbarkeit entscheidend auch von der Bearbeitung der Oberfläche ab (s. Tab. 1). Es gilt: je rauer die Oberfläche, desto besser die Griffigkeit des Belages bei Nässe.

Einsatzmöglichkeiten und Haltbarkeit

Naturstein kann als Belagsart überall dort eingesetzt werden, wo eine hohe Fahrgeschwindigkeit nicht erforderlich oder sogar unerwünscht ist.

Die Haltbarkeit von Naturstein ist je nach Gesteinsart unterschiedlich zu bewerten und von folgenden Einflussgrößen abhängig:
- Verkehrsbelastung
- Witterungseinflüsse
- chemische Einflüsse (Tausalz und Reinigungsmittel)
- Verlegeart

Da Naturstein sehr teuer ist und die Flächenleistungen beim Verlegen sehr gering sind, wird Naturstein dort eingesetzt, wo die gestalterische Wirkung gewünscht wird. Solche Flächen sind z. B.:
- Fußgängerzonen
- Ortskerne
- repräsentative Plätze
- Flächen im Privatbereich
- Eingangsbereiche z. B. von Firmen oder öffentlichen Gebäuden

Aus den oben angesprochenen Anforderungen ergibt sich die Konsequenz, dass nicht alle Natursteinarten als Wegebelag angeboten werden.

3.5.3 Steinauswahl, Steingrößen, Güteklassen und Einsatzmöglichkeiten

Natursteinpflaster wird in Qualität und Größe nach DIN EN 1342 eingeteilt. Hier beträgt das Nennmaß von Natursteinen 50 bis 300 mm. Gemäß der Norm können bis zu 10 % der Steinlieferungen maximal 10 mm außerhalb der zulässigen Abweichungen liegen (s. Tab. 1, S. 114).

Spaltrau
Die spaltraue Oberfläche betont die natürliche Charakteristik eines Steins und stellt zumeist die preiswerteste Bearbeitungsvariante dar. Die Bearbeitung erfolgt mit Fäustel und Spaltkeil. Spaltraue Oberflächen weisen eine hohe Rutschfestigkeit auf.

Gestockt
Auch das Stocken verleiht Bodenbelägen eine trittsichere Beschaffenheit. Die Bearbeitung erfolgt traditionell mit dem Stockhammer oder automatisiert mit einer Maschine.

Gespitzt
Das Spitzen verleiht Bodenoberflächen eine rutschfeste Beschaffenheit. Arbeitswerkzeuge sind Fäustel und Spitzeisen.

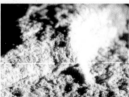

Bossiert
Es handelt sich hierbei um eine raue und grobe Form der Natursteinbearbeitung. Die Herstellung erfolgt zumeist mithilfe des Bossierhammers.

Geflammt
Diese Oberfläche wird bevorzugt bei Natursteinen mit hohem Quarzgehalt, wie z. B. Granit. Durch die Hitzeeinwirkung (ca. 3200 °C) kommt es infolge der Volumenvergrößerung des Quarzes zu feinen Abplatzungen an der Gesteinsoberfläche, wodurch der Stein eine raue aber noch recht ebene Oberfläche erhält. Auf einer geflammten Oberfläche setzt sich deutlich weniger schnell Schmutz ab als auf einer gestockten oder gespitzten Oberfläche.

Geschliffen
Die geschliffene Oberfläche verleiht Natursteinen eine hochwertige und edle Anmutung. Farben und Strukturen kommen gut zur Wirkung. Schleifgrade reichen vom Grobschliff, bei dem noch Schleifspuren und Poren sichtbar sind, über Halbschliff bis hin zum Feinschliff. Mit einem höheren Schleifgrad nimmt jedoch die Trittfestigkeit ab, sodass, je nach Schleifgrad, nicht alle Anforderungen an die Rutschfestigkeit von Bodenbelägen im Außenbereich (EN 1341 bzw. FGSV Merkblatt 407) erfüllt werden.

Tab. 1 Unterschiedliche Oberflächenbearbeitungen

Basalt

ist ein typisches Hartgestein und schwer zu bearbeiten. Als Wegebelag durchaus geeignet, verliert Basalt allerdings bei ständiger Verkehrsbelastung die Griffigkeit.
Farbe: blauschwarz.

Sandstein

ist durch die hohe Wasseraufnahmefähigkeit verwitterungsanfällig. Durch hohen Abrieb ist Sandstein nur bedingt als Wegebelag geeignet.

Quarzit

ist gut spaltbar (Schichtgestein); ist als Wegebelag geeignet, unterschiedliche Farbgebung.

Porphyr/Melaphyr

Von etwas feinerer Struktur als Granit und besser spaltbar.
Farbe: rötlichbraun.

Gneis

tritt als Schichtgestein auf, hat die gleiche chemische Struktur wie Granit, ist als Wegebelag ebenfalls geeignet.

Grauwacke

Sedimentgestein; trotz der etwas geringeren Abriebfestigkeit im Vergleich zu klassischen Hartgesteinen wie Granit und Basalt wird Grauwacke oft im Straßenbau verwendet.

Granit

Bekannteste Natursteinart im Wegebau, große Vorkommen, sehr unterschiedliche Farbspiele.

Schwedischer Granit

Portugiesischer Granit

Vietnamesischer Granit

Indischer Granit

Tab. 1 Steinauswahl

Art	Größe	1 Tonne ergibt	für 1 m² werden benötigt
Mosaik-pflaster	3 – 5 cm	10,0 m²	ca. 200 – 400 Steine
	4 – 6 cm	8,5 m²	
	5 – 7 cm	7,5 m²	
	6 – 8 cm	6,5 m²	
Kleinpflaster	7 – 9 cm	5,5 m²	ca. 100 – 150 Steine
	8 – 10 cm	5,0 m²	
	9 – 11 cm	4,5 m²	
Großpflaster	13 – 15 cm	3,3 m²	ca. 35 – 40 Steine
	16 – 17 cm	2,7 m²	

Tab. 1   Gängige Pflastermaße

Bei der Bestellung von Natursteinpflaster muss diese Abweichung (s. S. 112 unten) immer berücksichtigt werden. Die Euro-Norm gibt überdies an, ob der Stein frostbeständig ist (Klasse 1/F1) oder nicht (Klasse 0/F0).

3.5.4 Verlegehinweise

Zur Vorbereitung einer Natursteinfläche gehört – ebenso wie bei allen anderen Wegebelägen – die richtige, auf die jeweiligen Anforderungen abgestimmte Dimensionierung des Unter- und Oberbaus.

Während der Unterbau z.T. unabhängig von der Belagsart vorbereitet wird, muss der Oberbau auf die jeweiligen Verkehrsbelastungen abgestimmt werden.

Wird keine erhöhte Scherfestigkeit der Pflastersteine verlangt, kann der Naturstein direkt in eine rund- oder gebrochenkörnige Sandbettung verlegt werden.

Benötigen die Steine untereinander mehr Halt, sollte die Tragschicht gebunden sein. Hierzu reicht oftmals das Einharken von Zement (Trasszement) mit dem Mischungsverhältnis 1:5 bis 1:6. Der Zement wird trocken eingestreut und mit dem Pflastersand vermischt.

Das Pflasterbett wird so verdichtet, dass eine hammerfeste Verlegung möglich ist. Hier sollte man darauf achten, dass die Verdichtung nicht zu stark ausfällt, denn sonst wird das Versetzen mit dem Hammer unnötig erschwert. Die verdichtete Bettung sollte bei Großpflaster 4 bis 6 cm, bei Mosaikpflaster 3 bis 4 cm betragen. Mit einem Pflasterhammer werden die Pflastersteine hammerfest eingeschlagen. Die Natursteine sollten direkt nach dem Setzen mindestens zu 1/3 bis 1/2 eingebunden sein (s. Abb. 1).

Falls Einzelflächen nicht innerhalb eines Tages fertiggestellt werden können, empfiehlt sich das Abstreuen der Fläche mit dem Material der Sandbettung, bis ca. 2/3 Einbindung des Pflastersteines erreicht werden kann.

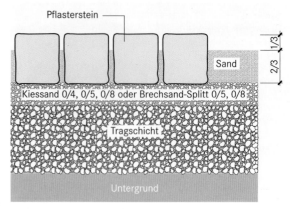

Abb. 1   Versetzen von Großpflaster

Jeder Natursteinverband muss mit einer Randeinfassung versehen werden, da Natursteinpflaster keine Verbundwirkung besitzt (s. Randeinfassung, Kap. 5).

Bedingt durch die grobe Oberflächenstruktur einer Natursteinpflasterfläche sollte ein Gefälle zur Niederschlagswasserableitung stärker ausgebildet sein als bei glatten Platten- oder Betonsteinflächen. Das Quergefälle beträgt laut DIN 18318 mindestens 3%. Bei der Anlage eines Weges sollte ein Überbogen gewählt werden.

Einige Pflasterverbände werden in einzelne **Felder** eingeteilt und eingemessen (s. Abb. 2).

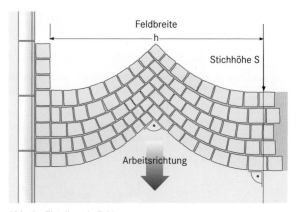

Abb. 2   Einteilung in Felder

Diese Felder sollten bei der Pflasterung in Bögen folgende Abmessungen haben:
- Kleinpflaster: 1,00 bis 1,50 m
- Mosaikpflaster: 0,80 bis 1,25 m

Erst wenn diese Maße nicht unterschritten werden, lassen sich **Pressfugen** (enganliegende Steine) und **Keilfugen** vermeiden.

Der **Fugenabstand** der Steine untereinander steht in einem angemessenen Verhältnis zur Größe der einzelnen Steine. Hierbei sind folgende Richtmaße einzuhalten:

- Großpflaster: bis 15 mm
- Kleinpflaster: 6 bis 10 mm
- Mosaikpflaster: 3 bis 6 mm (bei Mörtelfuge ≥ 8 mm)

Bei der Wahl der endgültigen **Pflasterhöhe** sind der gewünschte Überstand der Steine an Anschlüssen und Einfassungen (ca. 5 mm) und die Setzung durch das Rütteln (1 bis 1,5 cm) unbedingt zu beachten.

Anschließend werden die Steine verfugt. Die Auswahl des Fugenmaterials wird durch die Anforderungen an den Wegebelag vorgegeben.

Für **Fußwege** und andere wenig reinigungsintensive Flächen reicht die Verwendung von gebrochenem Material mit Feinanteil (Brechsand). Brechsand ist kostengünstig und leicht einzufegen oder einzuschlämmen. Mit Brechsand ausgefugte Bereiche schützen allerdings nicht vor Wildkrautbewuchs.

Bei intensiv genutzten **Straßen**, **Plätzen** und in direkten **Eingangsbereichen** sollten Spezialmörtel oder Bitumen als Fugenmaterial eingesetzt werden.

Während der Gebrauch von bituminöser Masse den optischen Eindruck einer Pflasterung stark beeinträchtigen kann, werden mittlerweile Zementmörtel in vielen Farben angeboten.

Der Mörtel wird nass aufgebracht und mit einem Gummiwischer verteilt. Nachdem der Mörtel leicht angezogen hat und der Abbindeprozess beginnt, kann der überschüssige Rest abgeschrubbt und abgespült werden (s. Abb. 1).

Achtung

Die Verarbeitung muss äußerst sorgfältig erfolgen, um Mörtelreste auf der Pflasterfläche zu vermeiden.

Abb. 1 Verarbeiten von Fugenmörtel

Seit einiger Zeit werden kunstharzgebundene Fugenmörtel angeboten. Ein Kunstharz-Sand-Gemisch wird auf die Pflasterung gebracht und eingefegt. Mit dieser Form der Verfugung soll der Wildkräuterbewuchs unterbunden und die Dränwirkung gewährleistet werden.

Die Verfugung ist nur dann dauerhaft, wenn der gesamte Schichtenaufbau aufeinander abgestimmt wird. Eine fachgerecht ausgeführte gebundene Tragschicht besteht z. B. aus Dränbeton (zum Teil mit konstruktiver Bewehrung) und die Bettung aus Dränbettungsmörtel. Wird nur die Verfugung gebunden ausgeführt, die Bettung und Tragschicht hingegen ungebunden, sind in der Praxis Schäden an der Verfugung nicht zu vermeiden.

Hinweis

Viele Hersteller von Fugenmörtel empfehlen in ihren Verarbeitungshinweisen eine ungebundene Tragschicht in Kombination mit einer gebunden ausgeführten Fuge. Im Zweifelsfall sollte hierbei eine Haftungsfreistellung vereinbart werden.

3.6 Pflasterverbände

Pflasterverbände unterscheiden sich nicht nur im Aussehen, sondern auch in der Funktion der Verkehrsfläche und vor allem im Anspruch an das handwerkliche Können.

3.6.1 Reihenverband/Diagonalverband

Der Reihenverband/Diagonalverband ist am einfachsten zu verlegen. Die Steine, ob Klein-, Groß- oder Mosaikpflaster, werden mit dem passenden Fugenabstand verlegt. Bei großen Flächen mit Verkehrsbelastung sind Kreuzfugen zu vermeiden.

Um ein gleichmäßiges Fugenbild zu erhalten, sollten die einzelnen Pflastersteine nicht mit einer Seite direkt an der Schnur verlegt, sondern vermittelt werden (s. Abb. 2).

Abb. 2 Reihenverband

Beim Reihenverband/Diagonalverband werden die Reihen entweder senkrecht oder diagonal (s. Abb. 1) zur Fahrtrichtung verarbeitet und Flucht und Höhe regelmäßig mit Schnüren kontrolliert.

3.6.2 Netzverband

Der Netzverband entspricht von der Verlegetechnik einem diagonalen Reihenverband. Im Unterschied zum Reihenverband werden die Steine nicht durchlaufend als Reihe verlegt, sondern wechseln die Richtung im 90-Grad-Winkel zueinander. Der Netzverband wird mit einer Steingröße verlegt (s. Abb. 1).

Abb. 1   Diagonalverband

3.6.3 Passeverband

Der Passeverband erfordert ein hohes Maß an handwerklichem Geschick. Die diagonal verlegten Steine dürfen beim Passeverband mit maximal drei Steinen als durchlaufende Fuge aufeinandertreffen. Der Verband endet zum Rand hin z. B. mit Segmentbögen. Wichtig beim Einbau ist sowohl, dass die Steine rechtwinklig verlegt werden, als auch das Zwischenschnüren, um Richtung und Höhe zu kontrollieren. Im Gegensatz zum Netzverband werden unterschiedliche Steingrößen verwendet (s. Abb. 2).

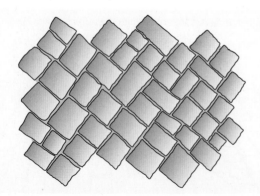

Abb. 2   Passeverband

3.6.4 Schuppenverband

Dieser Verband ist ähnlich dekorativ wie der Segmentbogen, allerdings ist die Verlegung noch aufwendiger.

Zunächst werden Halbkreise verlegt, die der für die Steingröße passenden Feldbreite entsprechen. Zwischen den Halbkreisen muss eine Steinbreite für die zu verlegende Schuppe freigehalten werden. Der Scheitel einer Schuppe wird mit einem Schnurgerüst abgesteckt. Die einzelnen Schuppen werden von innen nach außen verlegt. Das Innere der Schuppen wird so verlegt, dass keine Keilfugen entstehen. Hierzu ist es sinnvoll, nach Möglichkeit trapezförmige Steine zu verwenden (s. Abb. 3).

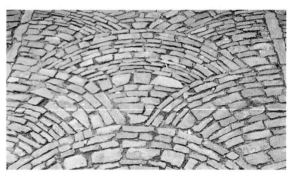

Abb. 3   Historischer Schuppenverband

3.6.5 Segmentbogenverband

Der Segmentbogen ist ein traditionelles Natursteinverlegemuster. Die Bögen können sowohl auf kleinräumigen Flächen als auch im Verkehrswegebau verlegt werden. Grundvoraussetzung für eine Pflasterung im Segmentbogenverband ist die passende Auswahl der Steine durch das geübte Auge des Pflasterers. Das Prinzip des Segmentbogens ist das Ineinanderlaufen von mehreren Bogenabschnitten. Im Gegensatz zum Schuppenbogen werden die Steinreihen nicht getrennt verlegt, sondern zwei Segmentbögen teilen sich einen Endstein (s. Abb. 1, S. 117).

Zunächst wird die Feldbreite (s. Abb. 2, S. 114) ermittelt. Nach einer Faustformel wird die Stichhöhe (maximale Bogenhöhe) berechnet:

$$\text{Stichhöhe} = 1/5 \text{ Feldbreite} + 1 \text{ cm}$$

In Abhängigkeit zur Steingröße ergeben sich empfohlene Maße für Bogenbreite und Stichhöhe.

Steingröße	Bogenbreite	Stichhöhe	Bogenradius
6/8 und 7/9	0,8 – 1,2 m	17 – 25 cm	0,57 – 0,85 m
8/10 und 9/11	1,1 – 1,5 m	23 – 31 cm	0,78 – 1,06 m
10/12	1,4 – 2,0 m	29 – 41 cm	0,99 – 1,41 m

Tab. 1   Steingrößen, Bogenbreiten und Stichhöhen

Das Verlegen der Bögen erfolgt aus der Mitte des Feldes (Grad) wechselseitig zum Bogenäußeren. Die Steinbreite nimmt von innen nach außen zu, wobei trapezförmige Steine die Bildung von Keilfugen vermeiden. Ein Richtmaß zur Verlegung sind die äußeren Begrenzungen. Die Bögen müssen immer im rechten Winkel auf Randeinfassungen oder Gebäudekanten stoßen. Aus der Mitte der Feldbreite sollte parallel zur Begrenzung regelmäßig mit der Schnur die Richtung überprüft werden.

Abb. 1   Segmentbogenverband

3.6.6 Kopfstein- und Kieselpflaster

Die ursprünglichste Art der Pflasterung ist das Kopfsteinpflaster. Hierbei werden unbearbeitete (bzw. halbierte) Feldsteine oder Flusskiesel in ein Sandbett verlegt. Aufgrund der geringen Verzahnung der glatten Steinoberfläche mit der Bettung sollten kleine Steine nur in ein Mörtelbett verlegt werden.

Abb. 2   Kieselpflaster

3.7   Natursteinplatten

Platten aus Naturstein werden überwiegend auf nicht oder nur wenig befahrenen Flächen verlegt. Die Oberflächen von Natursteinplatten sind ebenso wie Natursteinpflaster unterschiedlich bearbeitet, nach DIN EN 1341 (s. Tab. 1, S. 112).

Es eignen sich nur Natursteinmaterialien, die witterungsbeständig und somit dauerhaft haltbar sind, z. B. Porphyr oder Granit.

Entscheidend für die Auswahl der Tragschicht ist neben der Verkehrslast die Dicke des jeweiligen Natursteinmaterials. Platten unter 3 bis 5 cm Stärke sollten in Mörtel verlegt werden, um ein Brechen und Verschieben der Platten zu vermeiden. Dieses gilt unabhängig von der gewählten Verlegeart.

3.7.1   Verlegehinweise

Natursteinplatten können im Gegensatz zu vorgeformten Betonplatten starke Schwankungen in der Materialstärke aufweisen. So sind gesägte Platten mit ca. 1 cm Schwankungen in der Materialstärke leichter zu bearbeiten und verlegen, als einfach gebrochene Platten mit bis zu 4 cm Unterschied in der Plattendicke. Die Platten werden einzeln verlegt und mithilfe eines Gummihammers oder eines Kantholzes mit Fäustel auf die vorgegebene Endhöhe geschlagen.

Die Vorbereitung der Mörteltragschicht ist entscheidend für die Arbeitsleistung und Qualität. Der Mörtel sollte erdfeucht eingebracht und nur leicht verdichtet werden. So kann die Platte besser auf die vorgegebene Höhe geschlagen werden. Bei unregelmäßiger Schichtdicke der Platte ist die Unterfütterung mit wenig verdichtetem Mörtel besser als eine stark vorverdichtete Tragschicht.

Sollen Natursteinplatten auf einer gegossenen Betonplatte verlegt werden, dürfen nur Platten mit gleichmäßiger Schichtstärke verwendet werden. Der Mörtel sollte mindestens 3 bis 4 cm stark unverdichtet aufgebracht werden. Befindet sich unter der Betonplatte ein Raum der abgedichtet werden muss, sollten Dachbahnen aus Bitumen o. Ä. auf die Betonplatte aufgebracht werden. Diese Arbeiten führen Dachdecker aus.

Wird auf die exakte Maßhaltigkeit des Belages nicht so viel Wert gelegt, genügt bei entsprechender Schichtdicke der Platte der Einbau von Splitt oder Sand als Tragschicht. Das Verlegen der Platten gestaltet sich einfacher als bei einer Mörteltragschicht, allerdings lässt sich ein Verschieben der Platten auf Dauer nicht vermeiden.

3.7.2   Verfugen

Die Fugenbreite einer Plattenfläche hängt sowohl von der gewählten Verlegeart als auch von der Plattenart ab. Eine Fuge aus dauerelastischem Fugenmörtel ist nur bei ausreichend dimensionierter Mörteltragschicht oder gegossener

Betonplatte zu empfehlen. Durch Heben und Senken der Plattenfläche unter Frosteinfluss brechen die Fugen sonst nach wenigen Jahren aus (Fugenbreite bis 1,5 cm).

Eine Plattenfläche mit Sand oder Splitttragschicht wird nur mit Brechsand eingeschlämmt oder eingefegt (Fugenbreite bis 0,8 cm).

> **Hinweis**
>
> Unebene, bruchraue Natursteinflächen müssen mit einem Mindestgefälle von 3 % versehen werden. Je glatter die Oberfläche, desto geringer das erforderliche Gefälle (s. auch Entwässerung, Kap. 6).

3.8 Wassergebundene Wegedecken

Die wassergebundene Wegedecke ist eine der ältesten Belagsarten. Bereits im Mittelalter wurden verfestigte Deckschichten aus Sand auf Wege aufgetragen. Das Befahren war allerdings nur in der trockenen Jahreszeit möglich. Bedingt durch die fehlende Entwässerung weichten die Wege bei Regen stark auf.

Auch heute eignen sich solche Deckschichten mit geringer Verschleißfestigkeit nur für Wege ohne regelmäßigen Fahrzeugverkehr.

Damit die Standfestigkeit einer wassergebundenen Wegedecke dauerhaft gewährleistet werden kann, muss der Aufbau „korngestuft" erfolgen. Das bedeutet eine Abnahme des Größtkorns von unten nach oben.

Die Deckschicht sollte aus gebrochenkörnigem Splitt mit 0-Anteil bestehen. Hier eignet sich besonders Lehmsand mit der Körnung 0/3.

Alle Schichten müssen exakt eingebaut und mit einer Walze verdichtet werden. Es empfiehlt sich eine Randeinfassung aus Bordsteinen oder aus gestalterischen Gründen die Verwendung von Natursteingroßpflaster.

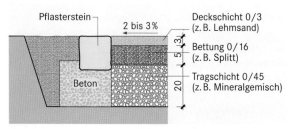

Abb. 1 Der dargestellte Schichtaufbau zeigt exemplarisch eine wassergebundene Wegedecke für Fußgängerverkehr

Die Entscheidung für den Bau einer wassergebundenen Wegedecke wird vielfach aus finanziellen und vermeintlich ökologischen Gründen getroffen. Hierbei gilt es zu bedenken, dass sie zwar geringere Herstellkosten als eine Pflasterdecke verursacht, allerdings erhebliche Reparatur- und Pflegekosten nach sich ziehen wird.

Eine wassergebundene Wegedecke
- kann im Winter nicht ohne Beschädigung der Deckschicht von Schnee geräumt werden,
- muss regelmäßig von Unkraut befreit werden,
- ist nur bedingt verschleißfest,
- sollte aufgrund des Schmutzeintrages nicht direkt an Hauseingängen eingebaut werden,
- ist nach einer Frostperiode bei Tauwetter stark aufgeweicht.

Darüber hinaus ist bekannt, dass der Versiegelungsgrad einer wassergebundenen Wegedecke dem einer Asphaltfläche entsprechen kann. Vorteilhaft sind dagegen das „natürliche" Aussehen, das angenehme Gehgefühl sowie der einfache Einbau.

Aufgrund des hohen Versiegelungsgrades muss auch bei einer wassergebundenen Wegedecke für eine ausreichende Niederschlagswasserableitung gesorgt werden. Hierbei kann der Einbau von Hof- oder Straßenabläufen zu Problemen führen, da bei Niederschlägen die Deckschicht ausgespült werden kann und der eingebrachte Schlamm die Rohrleitungen verstopft (s. Abb. 2).

Abb. 2 Verschlämmter Hofeinlauf auf einer wassergebundenen Wegedecke

3.9 Holzpflaster

Eine wenig verbreitete Form des Wegebelages ist der Einbau von Holzpflaster. Beim Aufbau einer Tragschicht für Holzpflaster ist für eine ausreichende vertikale Wasserabfuhr zu sorgen. Als Ausgleichsschicht eignet sich Splitt oder Sand ohne 0-Anteil.

Der Holzbelag besteht z. B. aus Fichten- oder Kieferrundhölzern mit 8 bis 20 cm Durchmesser oder Rechteckhölzern mit den Maßen 10 x 10 cm oder 10 x 20 cm. Die Höhe beträgt 10 bis 15 cm.

Die verwendeten Hölzer sollten aufgrund des direkten Bodenanschlusses kesseldruckimprägniert sein. Sie dürfen auf keinen Fall gesägt werden, da sonst die Haltbarkeit entscheidend beeinträchtigt wird. Ein entscheidender Nachteil der Holzpflasterfläche ist die extreme Rutschgefahr bei Nässe.

Abb. 1 Holzpflaster

3.10 Mulchweg

Eine Sonderform von Holz als Wegebelag ist die Verwendung von Rindenmulch oder Rindenhäcksel als Deckschicht.

Hierbei wird eine eingefasste Wegefläche mit Mulch oder Häcksel ca. 5 bis 10 cm stark abgestreut.

Abb. 2 Mulchweg

Diese Art der Deckschicht eignet sich für Flächen mit geringem Fußgängerverkehr sowie für Flächen, die nach einer begrenzten Zeit zurückgebaut oder sich selbst überlassen werden, da die Haltbarkeit von Mulch als Deckschichtmaterial nur begrenzt ist.

Eine mögliche Verwendung von Mulch als Wegebelag ist der Pflegeweg in Gehölzflächen oder Staudenrabatten in öffentlichen Grünanlagen (s. Abb. 2). Auf Spielplätzen wird gütegeprüftes Mulchmaterial verwendet.

4 Sonderformen

4.1 Belag aus Recyclingkunststoff

Die Verwendung traditioneller Baustoffe als Wege- und Flächenbelag wurde seit Beginn der Neunzigerjahre durch neue Materialien ergänzt. Insbesondere der Vormarsch von Recyclingkunststoffen als Baustoff macht die Herstellung vieler Belagsformen für unterschiedliche Situationen und Anforderungen möglich.

Der Kunststoff besteht in der Regel aus Polyethylen (PE) und Polypropylen (PP) der DSD- (Duales System Deutschland) Sammlung. Er ist witterungsbeständig, öl- und laugenfest.

4.1.1 Kunststoffwaben

Kunststoffwaben sind geeignet als kurzfristige, bodenschonende Abdeckung von Vegetationsflächen und Baustellenzufahrten.

Die Voraussetzung für den Einbau von Kunststoffwaben ist lediglich eine geglättete Oberfläche. Die Waben werden zusammengesteckt und erlauben als fertiggestellte Fläche eine Reifenlast von bis zu 500 kg.

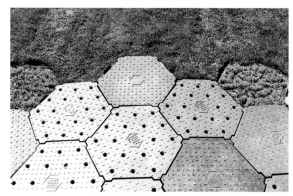

Abb. 3 Kunststoffwaben

Nach Fertigstellung einer Baumaßnahme können die Kunststoffwaben wegen ihres geringen Gewichts schnell auf Paletten gestapelt und zum nächsten Einsatzort gebracht werden.

4.1.2 Kunststoffrasengitterstein

Das Prinzip des Kunststoffrasengittersteines gleicht dem des Rasengittersteines aus Beton. Dies gilt auch für die verwendeten Substrate und den Tragschichtaufbau.

Ebenso wie bei den Kunststoffwaben bieten viele Hersteller ihre Produkte in unterschiedlichen Formen, Farben und Preisen an. Zwei Bauweisen sind weit verbreitet:

- Der **Kunststoffstein** gleicht dem Stein aus Beton. Maße, Aussehen und Einsatzgebiete sind identisch. Der Stein wird auf Feuerwehrzufahrten, Einstellplätzen oder anderen entsiegelten Flächen ohne fließenden Verkehr eingesetzt. Der Stein aus Kunststoff wiegt dabei erheblich weniger als sein Gegenstück aus Beton.
- Die **Rasengitterplatte aus Recyclingkunststoff** ist ca. 50% leichter als die oben beschriebene. Mit einem Stecksystem werden alle Elemente untereinander verbunden, was ein Verschieben einzelner Wabenplatten verhindert. Die Wabenstruktur bietet eine hohe Stabilität bei geringem Materialverbrauch. Das maximale Gefälle ist zu beachten.

Abb. 1   Rasengitterplatte aus Kunststoff

4.2   Kunstharzgebundener Dränbelag

Die in den letzten 15 bis 20 Jahren geänderten Anforderungen an Flächenbeläge in Bezug auf Wasserdurchlässigkeit und Luftaustausch gaben den Ausschlag zur Entwicklung kunstharzgebundener Dränbeläge.

Dieser Flächenbelag besteht aus gebrochenen oder rundkörnigen Materialien ohne 0-Anteil mit einem maximalen Durchmesser von 5 bis 8 mm umhüllt von Epoxidharz. Die Körnungen verkleben ausschließlich an den Berührungspunkten und bilden somit eine dränfähige Deckschicht.

4.2.1 Flächenguss

Der Einbau des Materials erfolgt mithilfe spezieller Fertiger in ca. 3 cm Stärke. Der gesamte Tragschichtaufbau muss wasserdurchlässig ausgebildet werden. Der Schichtenaufbau ist abhängig vom anstehenden Baugrund sowie der zu erwartenden Verkehrsbelastung. Bei einer Verkehrsbelastung über 7,5 t beträgt die erforderliche Schichtstärke 6 bis 10 cm, wobei der Einbau einer Kunststoffrasengitterwabe der Deckschicht zusätzliche Stabilität verleiht. Das Prinzip des Einbaus gleicht dem einer Betondeckschicht.

4.2.2 Dränplatten

Eine Alternative zum Flächenguss stellt die Verlegung von Dränplatten dar. Hierbei werden werksseitig hergestellte Dränplatten mit den Maßen 40 × 40 × 3 cm auf eine ebenfalls dränfähige Trag- und Ausgleichsschicht verlegt.

4.3   Schotterrasen

Schotterrasen ist eine mit Rasen begrünte Fläche für gelegentliche Verkehrsbelastung (s. Abb. 1, S. 121). Beim fachgerechten Aufbau werden die Vorteile einer natürlich wirkenden Rasenfläche mit den Eigenschaften einer Schottertragschicht kombiniert.

Bau- und vegetationstechnische Anforderungen:
- Standfestigkeit (verkehrs- und bautechnische Anforderung)
- Dauerhafte Begrünung (vegetationstechnische Anforderung)
- Wasserdurchlässigkeit (entwässerungstechnische Anforderung)
- gestalterische Anforderung

Die Vegetationstragschichten bestehen aus Gerüstbaustoffen wie Mineralstoffen, Lavaschlacke oder Recyclingbaustoffen. Die Schichtdicken sind abhängig von der gewünschten Tragfähigkeit.

Die Gerüstbaustoffe werden mit maximal 10% organischer Substanz gemischt. Als Regelsaatgutmischung ist Strapazierrasen (s. Kap. Rasenbau) zu empfehlen.

Belastungs-klassen	Fahrzeugtyp	Nutzungs-frequenz	Fahrzeugwechsel	Stand-zeiten	Standflächen (S) Fahrgassen (F)	Regelbau-weise	Dicke der Trag-schicht (cm)
1	Pkw bis 3,5 t	ganzjährig	1 bis 2 x wöchentlich	halbtägig	S/F	einschichtig	15 bis 20
2	Pkw bis 3,5 t,/ Lkw bis 11,5 t	periodisch	Pkw täglich 1 × Lkw gelegentlich	ganztägig	S	einschichtig	20 bis 25
3	Pkw bis 3,5 t,/ Lkw bis 11,5 t	halbjährlich	Pkw täglich 2 bis 3 × Lkw gelegentlich	ganztägig	S	einschichtig	25 bis 30
4	Lkw bis 16 t	ganzjährig, auf Einzelfälle beschränkt			F	zweischichtig	obere Schicht: 10 bis 15 untere Schicht: 20 bis 25

Tab. 1 Anforderungsprofil unterschiedlicher Belastungsklassen

Die Einteilung der **Belastungsklassen** ist abhängig von der Nutzungsdauer, der Nutzungsintensität sowie der Verkehrsbelastung (s. Tab. 1).

Abb. 1 Schotterrasenfläche (nicht fachgerecht erstellt)

5 Randeinfassung

Fast alle in den vorhergehenden Kapiteln angesprochenen Flächenbeläge benötigen eine seitliche Begrenzung oder Einfassung. Die Aufgaben einer Randeinfassung werden in zwei Bereiche unterteilt:

■ **gestalterische Aufgabe**
Ob Straße oder Parkplatz, in vielen Planungssituationen spielt eine konsequente Abgrenzung zwischen Vegetations- und Verkehrsfläche eine große Rolle: Eine Wegeführung wird durch die entsprechende Randausbildung betont, der Verkehrsteilnehmer wird eindeutig geleitet.

■ **technische Aufgabe**
Die Randeinfassung übernimmt die Aufgabe des „Rahmens" einer befestigten Fläche. Durch den Einbau entsprechender Widerlager, zum Beispiel in Form von Bordsteinen, wird eine Pflasterung gegen Verschieben geschützt. Zusätzlich übernimmt die Randeinfassung oft die Aufgabe, das Niederschlagswasser abzuleiten.

5.1 Bordsteine

Die bekanntesten Randeinfassungen sind Hoch-, Tief- und Rasenbordsteine aus Beton. Diese aus dem Straßenbau stammenden Betonfertigteile werden in unterschiedlichen Größen als Längs- oder Radialsteine angeboten.

Eine Alternative zu Betonbordsteinen sind Bordsteine aus Naturstein (DIN EN 1343). Sie sind haltbarer, aber wesentlich teurer (s. Abb. 2).

Der Arbeitsablauf zum Setzen von Hoch- und Tiefbordsteinen ist ähnlich, wobei die Bordsteine nur mit Bordsteinzangen oder Vakuumverlegezangen getragen und versetzt werden sollten (s. Abb. 2, S. 122). Rückenstützen sind gemäß DIN 18318 mittels Schalung auszuführen. Bei Randsteinen bis 8 cm Nennbreite ist die Rückenstütze 10 cm dick auszuführen, ab 8 cm Nennbreite 15 cm dick.
Diese Einbaustärken beziehen sich auf den Verkehrswegebau. Hiervon abweichend kann im Privatgartenbereich von den Vorgaben der DIN 18318 abgewichen werden. Folgende Abmessungen für Fundament und Rückenstütze sind ohne öffentliche Verkehrsbelastung möglich:

Nutzungskategorie	Dicke des Fundaments (cm)	Breite der Rückenstütze (cm)
N1	≥ 8	≥ 8
N2	≥ 10	≥ 10
N3	≥ 15	≥ 15

Tab. 2 Fundament und Rückenstütze für Einfassungen gemäß ZTV-Wegebau

Abb. 2 Bordsteine aus Naturstein

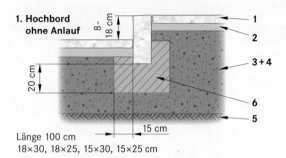

1. Hochbord ohne Anlauf

Länge 100 cm
18×30, 18×25, 15×30, 15×25 cm

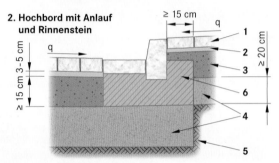

2. Hochbord mit Anlauf und Rinnenstein

Länge 100 cm
10×30, 10×25, 8×25, 8×20 cm

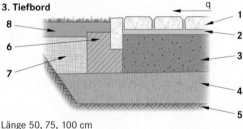

3. Tiefbord

Länge 50, 75, 100 cm
6×25, 6×20, 8×25, 8×20 cm

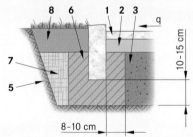

4. Rasenbordstein/Rasenkantenstein auf Fundament mit ein- oder beidseitiger Rückenstütze

Länge 50, 75, 100 cm
6×25, 6×20, 5×25, 5×20 cm

1 Pflaster	6 Betonfundament ≥ 20 cm
2 Bettung 3 - 5 cm	aus Beton C 12 / 15 auf
3 Tragschicht ≥ 15 cm	Frostschutzschicht gegründet
4 Frostschutzschicht	Rückenstütze ≥ 15 cm
5 Untergrund bzw. Unterbau	7 Füllboden
q Quergefälle	8 Oberboden

Abb. 1 Bordsteine aus Beton, Fertigung nach DIN EN 1340

Neben den klassischen Randeinfassungen wie Hoch-, Tief- oder Rasenborden entwickelt die Industrie ständig neue Produkte, um den gestalterischen Ansprüchen des Garten- und Landschaftsbaus gerecht zu werden.

Einbau von Rasenborden aus Beton (Beispiel)

- Zunächst wird mit der Schnur die Höhe und Richtung der Randeinfassung eingemessen.
- Die Fläche unter den Randsteinen wird ausgekoffert und anschließend verdichtet. Man muss darauf achten, dass mindestens 20 cm für das Betonbett eingerechnet werden.
- Der Beton (C 12/C 15) wird verdichtet.
- Die Rasenborde werden so ausgelegt, dass eine Person ausschließlich mit dem Setzen beschäftigt ist.
- Die Rasenborde werden mit einem Gummi- hammer auf die richtige Höhe gebracht.
- Dabei sollten zwischen den Rasenborden ca. 0,3 cm breite Fugen gelassen werden, um ein Abplatzen der Ecken zu vermeiden.
- Nachdem die Rasenborde lot- und waagerecht versetzt worden sind, wird eine Rückenstütze aus Beton gebaut. Die dauerhafteste Lösung ist die einfache Schalung der Stütze (15 cm nach DIN 18318) mit Bohlen.
- Der Beton wird hinterfüllt und verdichtet. Die Rückenstütze sollte unmittelbar nach dem Versetzen der Bordsteine gebaut werden, da sich frischer Beton besser verbindet.
- Nach dem Abbinden wird die Schalung entfernt.

Abb. 2 „Bordsteinzange"

5.2 Einfassungselemente aus Kunststoff oder Metall

Diese Schienen sind in der Regel als L-Profil ausgebildet und werden auf Höhe der Pflasterung eingebaut und verankert. Sie haben zum einen den Vorteil des unkomplizierten Einbaus, zum anderen können sie einfach entfernt werden. Der gestalterische Vorteil liegt darin, dass der Übergang zwischen zwei unterschiedlichen Belagsarten kaum sichtbar erscheint.

- **Metallschienen** bestehen aus verzinktem Stahl, Aluminium oder, um exklusiven Ansprüchen gerecht zu werden, aus Edelstahl.

Abb. 1 Alu-Schiene als Randeinfassung

- **Kunststoffschienen** sind ebenso variabel einzusetzen wie Metallschienen. Abgesehen davon, dass sie sehr preisgünstig sind, liegt ein weiterer Vorteil in der möglichen flexiblen Gestaltung der Pflasterränder. Kunststoffschienen sind z. T. biegsam und können als Randeinfassung für kreis- und bogenförmige Pflasterungen eingesetzt werden.

Material	Dicke in mm
Baustahl	≥ 3
COR-TEN-Stahl	≥ 3
Edelstahl	≥ 3
Aluminium	≥ 4
Kunststoff (PP, PVC-U, PE-HD)[1]	≥ 2

[1] nur für Nutzungskategorie N 1

Tab. 1 Mindestdicke für Einfassungen gemäß ZTV-Wegebau

5.3 Rollschicht, Binder und Läuferreihe

Wird als Abschluss einer befestigten Fläche auf Bordsteine oder Schienen verzichtet, besteht die Möglichkeit, mit Pflastersteinen aus Naturstein, Beton oder Klinker eine Begrenzung der Belagsfläche herzustellen. Diese Variante sollte allerdings nur dann gewählt werden, wenn die Flächen nicht ständig mit Kraftfahrzeugen befahren werden.

Die Pflastersteine werden bei einem **Binder** und einer **Läuferreihe** flach verlegt. Somit geht von diesen Schichten keine zusätzliche Stabilitätsfunktion aus. Im Gegensatz dazu wird die **Rollschicht** hochkant verlegt. Durch die tiefere Einbindung wird die Stabilität erhöht.

Die Steine einer Rollschicht werden in der Regel einzeln in Mörtel gesetzt. Es muss auf Höhe und Richtung geachtet werden, aber auch darauf, dass die einzelnen Steine „in Waage" verlegt, bzw. dem Geländeverlauf angepasst sind.

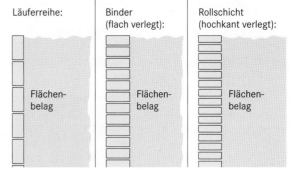

Abb. 2 Läuferreihe, Binder und Rollschicht

Läufer- und Binderschichten werden auf Höhe des vorhandenen Pflasterbetts versetzt. Die Steine müssen sowohl von der Seite als auch von unten in ein Mörtelbett eingebunden sein.

Achtung

Die Rückenstütze darf max. 1/3 der Steinhöhe betragen. Wird die Stütze zu hoch angebracht, bleibt eine unschöne Betonkante sichtbar.

5.4 Einfassung aus Natursteinpflaster

Häufig werden befestigte Flächen mit Natursteinpflaster begrenzt. Zur Einfassung eignen sich nur Steine größer als 11 cm Kantenlänge. Die Steine werden im gleichen Verfahren verlegt wie eine Rollschicht (s. oben).

Abb. 3 Einfassung aus Natursteingroßpflaster

5.5 Pflasterrinne

Zu Beginn dieses Kapitels wurde erwähnt, dass Randeinfassungen die Aufgabe der Niederschlagswasserableitung übernehmen können. Je nachdem wie viel Niederschlagswasser abgeführt werden muss, kann eine Rinne als 3-, 5- oder 7-zeilige Rinne ausgeführt werden.

Abb. 1 3-zeilige Pflasterrinne

Viele Landschaftsarchitekten suchen eigene unkonventionelle Lösungen (s. Abb. 2).

Abb. 2 Eisenbahnschiene als Randeinfassung

6 Entwässerung

Niederschläge auf befestigten Flächen folgen immer dem Gesetz der Schwerkraft, das heißt, sie fließen zur tiefsten Stelle auf der Fläche. Diese Stellen sollten entweder am Rand der Fläche liegen oder aber so beschaffen sein, dass das Wasser schnell abfließen kann, sonst bilden sich Pfützen. Das kleinste Übel sind dann nasse Füße.

Bilden sich hingegen Pfützen auf befahrenen Straßen, besteht bei nicht schnell genug abfließendem Niederschlagswasser der sogenannte „Aquaplaningeffekt". Die Folge sind vermeidbare Unfälle.

Abb. 3 Falsche Oberflächenausbildung

Des Weiteren können die Pfützen im Winter gefrieren und eine Gefahr für alle Verkehrsteilnehmer darstellen. Zusätzliche Probleme sind eine starke Schmutzablagerung sowie eine Vermoosung der Fläche. Gelangt viel Niederschlagswasser in den Oberbau, kann die Tragfähigkeit beeinträchtigt werden. Somit ist das oberste Ziel der Planung einer Wege- oder Platzfläche die **schnelle Niederschlagswasserableitung**.

6.1 Oberflächenausbildung und Regenwasserabfluss

Grundsätzlich wird unterschieden zwischen der horizontalen Entwässerung von versiegelten Flächen und der vertikalen Entwässerung durch entsiegelte Flächen.

6.1.1 Versiegelte Flächen

Versiegelte Flächen lassen kein oder nur wenig Niederschlagswasser in den Untergrund versickern. Aus diesem Grund muss es von der Fläche abgeleitet werden. Der **Abflussbeiwert** gibt an, wie viel der anfallenden Wassermenge abgeführt werden muss (s. Tab. 1).

Dachflächen	0,8 – 1,0
Asphaltflächen	0,9
Pflaster ohne Fugenverguss	0,5 – 0,8
unbefestigte Wege	0,15
Vegetationsflächen (abhängig von Gefälle und Vegetation)	0,0 – 1,0

Tab. 1 Abflussbeiwert Ψ

Asphaltdecken haben einen Abflussbeiwert von 0,9. Das bedeutet, dass 10 % des Niederschlagswassers aufgrund der Oberflächenstruktur auf der Asphaltfläche verbleiben und 90 % des Niederschlags abgeleitet werden müssen. Die abzuführende Wassermenge (Q in l/sec) ist abhängig von:

- der Größe der Fläche,
- dem Abflussbeiwert und
- der Menge des anfallenden Regenwassers (max. Abfluss-/Regenspende in l/sec und ha).

Beispiel:

Ein 500 m² großer, gepflasterter Platz mit einem Abflussbeiwert von 0,5 soll entwässert werden. Die Abflussspende beträgt 100 l/sec und ha. Wie viel Liter sind maximal pro Sekunde abzuführen?

Lösung:

500 m² ▶ 0,05 ha · 0,5 · 100 l/sec und ha = 2,5 l/sec
2,5 Liter pro Sekunde sind maximal abzuführen.

Die Neigung der Fläche sollte so groß gewählt werden, dass zum einen das Wasser schnell zum Tiefpunkt gelangt, zum anderen die gewünschte Ebenheit der Fläche erhalten bleibt.

> **Hinweis**
>
> Auf rauen Oberflächen fließt das Wasser langsamer ab als auf glatten Oberflächen.

Nutzungs-kategorie	Belagsart	Neigung (%)	Ebenheitsanforderungen (mm) unter der ...		
			1-m-Latte	2-m-Latte	3-m-Latte
N1	■ Beton ■ Betonwerkstein	≥ 1,5–2,0	≤ 3	≤ 5	≤ 8
	■ Klinker, Ziegel	≥ 2,0–2,5	≤ 4	≤ 6	≤ 10
	■ Naturwerkstein, bearbeitet	≥ 2,5	≤ 8	≤ 10	≤ 12
	■ Naturstein, unbearbeitet, spaltrau	≥ 2,0–3,0	≤ 5	≤ 7	≤ 10
		≥ 3,0	≤ 10	≤ 12	≤ 20
N2, N3	■ Beton ■ Betonwerkstein ■ Klinker, Ziegel	≥ 2,0–2,5	≤ 3	≤ 5	≤ 8
	■ Naturwerkstein, bearbeitet	≥ 2,5	≤ 4	≤ 6	≤ 10
	■ Naturstein, unbearbeitet, spaltrau	≥ 3,0	≤ 10	≤ 12	≤ 15
N1, N2, N3	■ Wasserdurchlässige Beläge	≥ 1,0	≤ 5	≤ 8	≤ 10
	■ Begrünbare Beläge	≥ 1,0	≤ 15	≤ 17	≤ 20

Hinweis: Bei N1 kann von den Vorgaben abgewichen werden, wenn der Wasserabfluss sichergestellt ist.

Tab. 1 Mindestneigungen außerhalb des Straßenbaus gemäß ZTV-Wegebau

6.1.2 Entsiegelte Flächen

Von entsiegelten Flächen spricht man dann, wenn ein Luft- und Wasseraustausch von unten nach oben und von oben nach unten möglich ist. Bei einem Abflussbeiwert kleiner als 0,5 verdunstet oder versickert mehr Niederschlag auf der Fläche als abgeleitet werden muss. Die entwässerungstechnischen Bauwerke können kleiner dimensioniert werden. Das spart zum einen Kosten, zum anderen werden bei großen Niederschlagsmengen Kanalleitungen, Bäche und Flüsse weniger belastet, da das Wasser vor Ort verbleibt.

In den vorhergehenden Abschnitten wurden bereits technische Möglichkeiten zum Bau von entsiegelten Flächen angesprochen (Schotterrasen, Rasengittersteine, Dränsteine etc.). Es können jedoch nicht alle Flächen versickerungsfähig ausgeführt werden, da nicht jeder Untergrund dafür geeignet ist. In diesen Fällen findet eine Oberflächenentwässerung statt.

6.2 Entwässerung der Oberfläche

6.2.1 Gräben/Vegetation

Neben dem Verbleib des Niederschlagswassers **auf** der befestigten Fläche, ist die Ableitung direkt **neben** der befestigten Fläche eine günstige Möglichkeit zur Entwässerung.

Während im Straßenbau der Graben bekannt ist, wird er im Hausgarten wegen des großen Platzbedarfs nicht verwendet. Steht genügend Platz zur Verfügung, können **Rasenmulden** (linienförmig) oder **Versickerschächte** (punktförmig) anfallendes Wasser vertikal ableiten. Eine Grundvoraussetzung ist hierbei ein geeigneter durchlässiger Untergrund.

Viele Wege werden auch direkt in eine Vegetationsfläche entwässert. Diese Möglichkeit ist praktisch kostenfrei, da auf den Bau von entwässerungstechnischen Einrichtungen verzichtet werden kann.

Abb. 1
Rasenmulde

Abb. 2
Versickermulde

Diese Möglichkeit eignet sich allerdings nur für kleine Flächen und kleine abzuleitende Niederschlagswassermengen.

Bei großen Wassermengen besteht die Gefahr, dass die Vegetation, insbesondere nässeempfindliche Stauden und Gehölze, Schäden davontragen. Darüber hinaus ist es möglich, dass der wassergesättigte Oberbau der Verkehrsfläche keine ausreichende Tragfähigkeit mehr besitzt. Folgeschäden der Deckschicht bleiben somit nicht aus.

Wird eine offene Entwässerung gewünscht, ist bei größeren Niederschlagsmengen und Flächen, bei gegebener Durchlässigkeit des Untergrundes, die Ausbildung einer Versickermulde vorzuziehen.

6.2.2 Punktentwässerung

Ist eine offene Entwässerung nicht möglich oder nicht gewünscht, kann das Niederschlagswasser durch Abläufe, Rinnen und Rohre der Kanalisation oder anderen Vorfluten wie Bächen oder Gräben zugeführt werden.

Straßenablauf/Hofablauf

Der **Straßen- oder Hofablauf** wird dort eingesetzt, wo anfallendes Niederschlagswasser zentral gesammelt und abgeleitet werden muss.

Ein **Ablauf** besteht in der Regel aus einem **Bodenteil** aus Beton, einem **Schaft** aus Beton sowie einem tragfähigem, **Aufsatz** aus Gusseisen, in einfacher Ausführung aus Stahl. Hinzu kommen ein **Rost** als Abdeckung und ein **Eimer** als Schlammfang (s. Abb. 1).

Die Wahl des geeigneten Ablaufs ist abhängig von
- der Einzugsfläche,
- der Geschwindigkeit der zu erwartenden Niederschlagsmenge und
- der Verkehrsbelastung.

Die maximale **Einzugsfläche** für Hofabläufe wird überschlägig mit 200 m^2 angegeben. Als Faustregel gilt: 1 cm^2 Einlaufquerschnitt = 1 m^2 Einzugsfläche. Ein Straßenablauf weist eine Einzugsfläche von ca. 800 m^2 (Einlaufquerschnitte 720 bis 1085 cm^2) auf. Bei befahrenen Wegen muss auf einen schnellen Wasserabfluss geachtet werden. Die Abstände der einzelnen Abläufe sind so einzuplanen, dass die Fließstrecke des Wassers möglichst gering bleibt. Hinweise zur richtigen Dimensionierung geben die einschlägigen Richtlinien zur Anlage von Straßen.

Ein wichtiges Kriterium ist die **Belastung durch Fahrzeuge**. Aufsätze der Abläufe sind, wie in Tab. 2, S. 127 dargestellt, in unterschiedlichen Belastungsklassen erhältlich.

Hofablauf mit:

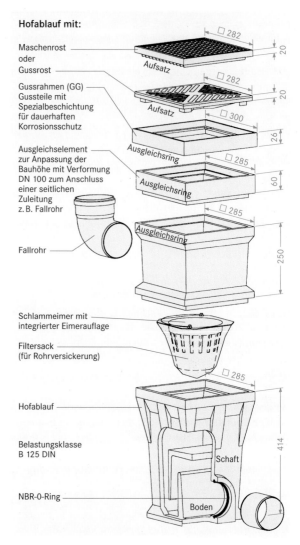

Maschenrost oder Gussrost

Gussrahmen (GG) Gussteile mit Spezialbeschichtung für dauerhaften Korrosionsschutz

Ausgleichselement zur Anpassung der Bauhöhe mit Verformung DN 100 zum Anschluss einer seitlichen Zuleitung z. B. Fallrohr

Fallrohr

Schlammeimer mit integrierter Eimerauflage

Filtersack (für Rohrversickerung)

Hofablauf

Belastungsklasse B 125 DIN

NBR-0-Ring

Abb. 1 Hofablauf

Im Garten- und Landschaftsbau werden überwiegend die Belastungsklassen A, B und C eingebaut.

Die Art des Aufsatzes (Abflussrost) muss berücksichtigt werden.
Für Bereiche mit Fahrradverkehr müssen die Stege des Abdeckrostes quer zur Fahrtrichtung eingebaut werden. Bei überwiegendem Fußgängerverkehr sollen die Stege der Roste gefahrlos begangen werden können.

Hinweise zum Einbau:

Das **Bodenteil** muss entsprechend der vorgegebenen Ablaufkonstruktion (Rohranschlusshöhe) standsicher eingebaut werden. Hierzu wird es auf ein Mörtelbett bzw. auf eine Betonplatte gesetzt. Bei tragfähigen Böden kann diese Konstruktion entfallen.

Der **Schaft** wird aufgesetzt und mit Mörtel oder elastischen Dichtungsbändern (besser) abgedichtet.

Belastungsklasse		Einsatzbereich	Geeignet für
A 15		Fußgänger Radfahrer Rollstühle	Verkehrsflächen, die ausschließlich von Fußgängern und Radfahrern benutzt werden und vergleichbare Flächen, z. B. Grünflächen
B 125		Pkw Lieferwagen	Gehwege, Fußgängerbereiche und vergleichbare Flächen, Pkw-Parkflächen und Pkw-Parkdecks
C 250		Lkw, Lieferverkehr, Feuerwehrzufahrt	nur für Aufsätze im Bordrinnenbereich, der maximal 0,5 m in die Fahrbahn und 0,2 m in den Gehweg hineinreicht, sowie für Seitenstreifen von Straßen

Tab. 1 Belastungsklassen nach DIN EN 124 (Auswahl)

Der **Aufsatz** wird durch eine angepasste Fugendicke (< 3,5 cm) auf die gewünschte Höhe gebracht. Kann die Einbauhöhe nicht erreicht werden, können **Ausgleichsringe** in verschiedenen Stärken aufgesetzt werden. Äußerst wichtig ist das anschließende Verfüllen um den Ablauf. Bis auf 20 bis 30 cm Tiefe kann Kies verdichtet eingebracht werden. Die letzten 20 bis 30 cm des Ablaufs sollten mit Mörtel umgeben werden. Dieser Mörtelring erhöht zum einen die Scherfestigkeit gegenüber radierenden Fahrzeugreifen, zum anderen wird ein Unterspülen des Aufsatzes verhindert.

Achtung

- Der Ablauf sollte 5 bis 10 mm unter der umliegenden Fläche oder Ablaufrinne liegen!
- Es empfiehlt sich, die Entwässerung außerhalb der Fläche zu legen und die Abläufe mit Rinnen zu verbinden. Wird eine Entwässerung in der Fläche gewünscht, sind Trichtergefälle nicht zu vermeiden.

6.2.3 Linienentwässerung

Linienentwässerungen werden dort eingesetzt, wo die Entwässerung auf ganzer Breite gewünscht oder verlangt wird. Bei einem ebenerdigen Hauseingang muss gemäß DIN eine Entwässerungsrinne eingebaut werden, um bei Starkregen Schäden im Haus zu vermeiden. Dieses gilt für alle Anschlusshöhen < 15 cm.

Kastenrinne

Die Profilierung der Gefällestrecken erfolgt nicht zwangsläufig an der Oberfläche, denn es werden oft Kastenrinnen eingesetzt, die durch ein eingebautes Eigengefälle eine Niederschlagswasserableitung ermöglichen.

Der Einbau einer **Kastenrinne** aus Polymerbeton[1] **ohne Eigengefälle** mit Geländeverlauf gestaltet sich recht einfach: Entlang einer Höhen- und Richtungsschnur werden die einzelnen Elemente der Kastenrinne nach dem Prinzip „Nut und Feder" auf ein 8 bis 10 cm dickes Bett aus erdfeuchtem Beton (z. B. C12/15; Betongruppen s. Beton, Kap. 3.2) versetzt. Man beginnt die Arbeit am tiefsten Punkt, da dort die Rinne mit vorgeschaltetem Einlaufkasten und Sandfang an das Entwässerungsrohr angeschlossen wird.

Bei **Kastenrinnen mit Eigengefälle** ist darauf zu achten, dass das Betonbett entsprechend der Höhe der Kastenrinne vorbereitet wird. Beträgt das Eigengefälle 0,5 %, vergrößert sich die Bauhöhe der Kastenrinne jeweils nach 20 m um 10 cm.

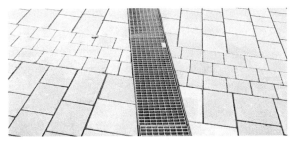

Abb. 1 Kastenrinne

Nach den Anforderungen an die Belastung durch Fahrzeuge werden Kastenrinnen mit entsprechenden **Abdeckrosten** für unterschiedliche Einsatzbereiche angeboten (s. Tab. 2).

Belastungsklasse/Einsatzbereiche	A 15	B 125	C 250
Zarge verzinkt, Stegrost verzinkt	■		
Zarge verzinkt, Maschenrost verzinkt	■	■	
Zarge verzinkt, Stegrost Guss	■	■	■
Zarge verzinkt, Doppelstegrost, Maschenrost oder Lochrost verzinkt	■	■	■
Zarge Edelstahl, Stab-, Doppelsteg-, Maschen- oder Lochrost Edelstahl	■	■	■

Tab. 2 Abdeckroste und Belastungsklassen

Neben den **zweiteiligen Kastenrinnen** gibt es **Monoblocksysteme** aus Polymerbeton für den Einsatz im Garten- und Landschaftsbau.

---

[1] Polymerbeton ist ein Werkstoff aus trockenen Füllstoffen (z. B. Quarzsand) und Reaktionsharzen als Bindemittel.

Der Vorteil der Monoblockbauweise liegt in der erhöhten Stabilität der Rinne. Zur Reinigung werden Zwischenstücke mit abnehmbarem Rost eingebaut, die den Zugang eines Spülschlauches zur Rinne ermöglichen.

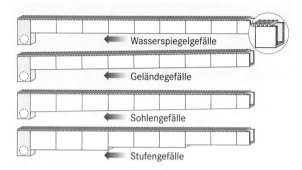

Abb. 1 Gefällearten bei Kastenrinnen

Schlitzrinne

Zusammenhängende Flächen werden optisch durch Kastenrinnen zerteilt. Eine Alternative ist die **Schlitzrinne**. Nach dem Prinzip der Kastenrinne ersetzt an der Oberfläche ein durchlaufender 15 mm breiter Schlitz den Rost.

Der Schlitzrahmen besteht aus verzinktem Stahl oder Edelstahl. Mit der Schlitzrinne kann die Oberflächenentwässerung so unauffällig wie möglich gestaltet werden, ohne die Funktionalität der Kastenrinne zu verlieren.

Abb. 2 Schlitzrinne

6.3 Beispiele von Oberflächenprofilierungen

Im Folgenden wird exemplarisch gezeigt, welche unterschiedlichen Alternativen der Oberflächenentwässerung in Linien- oder Punktentwässerungen möglich sind.

Grundsätzlich müssen bei der Planung die umliegenden festen Höhen und die Nutzungsform berücksichtigt werden.

Beispiele für Planungsfehler:

- Ein Trichtergefälle auf einer Terrasse verursachte ein ständiges Wackeln des Tisches.
- Ein Gefälle zum Gebäude kann zu Feuchtigkeit im Mauerwerk führen (s. Abb. 3).

Abb. 3 Schadhaftes Mauerwerk

6.3.1 Rechteckige Abmessung

Die **einseitige Neigung der Ebene** eignet sich besonders für Flächen die als Terrasse genutzt werden. Mit einem Gefälle von z. B. 2 % bleibt der Eindruck einer waagerechten Fläche erhalten (s. Abb. 4)

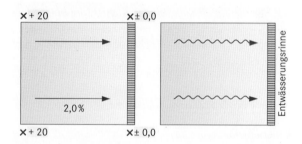

Abb. 4 Einseitige Neigung

Die Ausbildung eines **Dachgefälles** bietet sich dort an, wo eine Entwässerung außerhalb oder am Rand der befestigten Fläche gewünscht wird (s. Abb. 5).

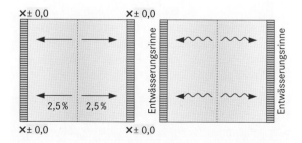

Abb. 5 Dachgefälle

Diese Entwässerung kann sowohl durch Kastenrinnen als auch durch Straßenabläufe und Pflasterrinnen erfolgen. Bei großen Plätzen sollten mehrere Teilflächen als Dachgefälle ausgebildet werden.

Das **Trichtergefälle** ist das Gegenteil des Dachgefälles. Die tiefste Stelle ist innerhalb des zu entwässernden Platzes. Diese Ausbildung eignet sich dort, wo eine komplett umbaute Fläche entwässert werden muss (s. Abb. 1).

Wie bei der Ausbildung des Dachgefälles, können große Platzflächen durch mehrere Trichter punktförmig entwässert werden.

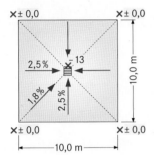

Abb. 1 Trichtergefälle

Die Ausbildung einer **Kehle** ist die Kombination aus Längs- und Querneigung. Drei Höhenpunkte können auf gleicher Höhe liegen. Es wird zu einem Eckpunkt entwässert (s. Abb. 2). Für Terrassenflächen eignet sich diese Form der Entwässerung nur bedingt, da die kürzeren Strecken stärker geneigt sein müssen, damit die Kehle ein ausreichendes Gefälle besitzt.

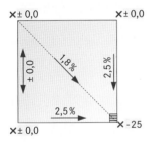

Abb. 2 Kehle

6.3.2 Wegeflächen

Das Niederschlagswasser auf befahrenen Wegen und Straßen sollte nach Möglichkeit auf der kürzesten Strecke von der befestigten Fläche abgeleitet werden. Die kürzeste Strecke ist die Straßenbreite.

Somit ergibt sich die Anforderung, mit einem **Quergefälle** (q) von mindestens 2,5 % das auftretende Niederschlagswasser abzuleiten.

Die **Längsneigung** (s) eines Weges ergibt sich zwangsläufig aus dem Geländeverlauf.

Die Kombination aus Längs- und Querneigung ergibt die Schrägneigung (p).

Die **Schrägneigung** zeigt den genauen Abfluss (Fließrichtung und Neigung), s. Abb. 3.

$$\text{Schrägneigung (p)} = \sqrt{s^2 + q^2}$$

Das Quergefälle wird ein- oder zweiseitig ausgebildet. Die Entscheidung, welches Querprofil geeignet ist, ergibt sich zum einen aus den gestalterischen Anforderungen, zum anderen aus den technischen Notwendigkeiten (s. Abb. 1, S. 130).

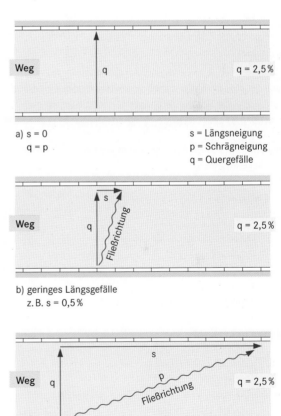

a) s = 0
q = p

s = Längsneigung
p = Schrägneigung
q = Quergefälle

b) geringes Längsgefälle
z. B. s = 0,5 %

c) großes Längsgefälle
z. B. s = 10 %

Abb. 3 Fließrichtung und Schrägneigung in Abhängigkeit vom Längsgefälle

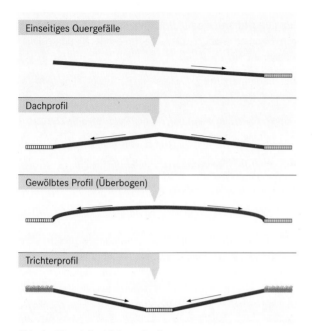

Abb. 1 Die gebräuchlichsten Profile

Beispiel:

Befindet sich eine Garageneinfahrt zwischen zwei Gebäuden, sollte zur Mitte hin entwässert werden. Der Schutz der Gebäude vor auftretendem Niederschlagswasser hat hierbei höchste Priorität.

Am Rand der Wege- oder Straßenfläche wird das anfallende Wasser entweder in

■ Vegetationsflächen,
■ Gräben oder
■ Straßenabläufe abgeleitet.

Während die Wasserableitung in die Vegetation oder in Gräben keine besonderen technischen Bauwerke verlangt, muss bei einer geregelten Entwässerung in **Straßenabläufe** das vorhandene Längsgefälle exakt einberechnet werden. Das Niederschlagswasser wird durch sogenannte **Straßenrinnen** den Abläufen zugeführt. Bei einem Längsgefälle der Fahrbahn unter 0,5 % muss die Straßenrinne so ausgebildet sein, dass diese entweder genügend Wasserspeicherraum bietet (Spitzrinne) oder mit Eigengefälle versehen wird (Pendelrinne).

6.4 Entwässerung/Ableitung unter der Oberfläche

Entwässert wird durch Rohre unter der Oberfläche entweder Schmutz- oder Niederschlagswasser. Während früher beide abzuleitenden Wasserarten in ein sogenanntes Mischsystem zusammengeführt und in Kläranlagen gereinigt wurden, werden Schmutz- und Regenwasser heute in der Regel getrennt abgeleitet (Trennsystem).

6.5 Bauwerke

6.5.1 Kontrollschächte

Grundregeln des Rohrleitungsbaus: Es muss ein **Kontrollschacht** eingebaut werden bei

■ Strecken > 50 m,
■ Höhenänderungen,
■ Richtungsänderungen.

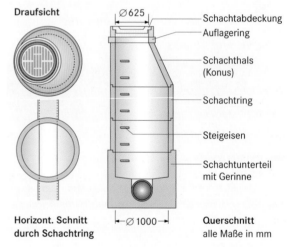

Abb. 2 Kontrollschacht

Kontrollschächte dienen der Reinigung des Rohrsystems. Jede Richtungsänderung der Leitung kann eine potentielle Sammelstelle für Ablagerungen darstellen.

Kontrollschächte können begehbar mit offenem Gerinne oder als Schacht mit Reinigungsöffnung verbaut werden.

6.5.2 Abscheider

Auf Flächen, auf denen Leichtflüssigkeiten wie Öl und Benzin in die Kanalisation gelangen können, sollte ein **Leichtflüssigkeitsabscheider** vorgeschaltet werden.

Das ist ein Sammelbecken, in welchem sich die leichten Flüssigkeiten wie Öl und Benzin absetzen. Diese Flüssigkeiten müssen fachgerecht entsorgt werden.

6.5.3 Rohrarten

Rohre, die für die Ableitung von Schmutz- oder Regenwasser eingesetzt werden, müssen unempfindlich gegen die durchfließenden Flüssigkeiten sein.

Das bedeutet im Einzelnen:

- Salz- und Säurebeständigkeit,
- Widerstandsfähigkeit gegen schleifende Sande und andere feste Stoffe,
- Temperaturbeständigkeit und
- Tragfähigkeit (Auflast des Erdreichs, der Verkehrsflächen und der Verkehrslast).

Damit eine **rückstaulose** Entwässerung und Selbstreinigung dauerhaft funktionieren, müssen die Leitungen Mindestgefälle aufweisen. Werden diese Neigungen unterschritten, besteht die Gefahr, dass Leitungen bei zu geringer Fließgeschwindigkeit verstopfen.

Beton

Betonrohre werden u. a. für größere Regenwasserleitungen verwendet. Sie werden in Durchmesser, Querschnittsform, Wanddicke, Verbindung und Auflager unterschieden.

Neben den geschlossenen Rohrsystemen werden Filter- und Teilsickerrohre ebenfalls aus Beton angeboten.

Steinzeug

Steinzeugrohre werden überwiegend für Schmutzwasserableitungen verwendet.

Steinzeug ist eine Mischung aus Ton und Schamott, welches unter hohem Druck geformt wird. Viele Steinzeugrohre werden nach dem Brand glasiert, was die Haltbarkeit weiter erhöht. Bedingt durch die aufwendige Herstellung sind Rohre aus Steinzeug sehr teuer. Steinzeugrohre werden bis ca. 1,5 m Durchmesser und 2,0 m Länge hergestellt.

Das Verlegen solcher Rohre gehört in den Aufgabenbereich von Tiefbaufirmen!

Kunststoff

Bei der Grundstücksentwässerung im Garten- und Landschaftsbau werden in der Regel Rohre aus PVC eingesetzt. Kunststoffrohre sind leicht zu transportieren, widerstandsfähig gegen chemische und mechanische Einflüsse und leicht zu verlegen. Sie sind in unterschiedlichen Längen, Winkeln und Nennweiten erhältlich, sodass auch kleinräumig gearbeitet werden kann (s. Tab. 1 und 2, S. 132).

> **Hinweis**
>
> Beim Verlegen der Kunststoffrohre ist zwingend auf die Fließrichtung des Wassers zu achten. Der Einbau muss immer mit den passenden Dichtungsringen erfolgen, da sonst Wurzeln in die Leitungen dringen können bzw. die Rohre dadurch undicht werden.

Die **erforderliche Nennweite** (innerer Durchmesser) der Rohre ergibt sich aus der abzuführenden Wassermenge in l/sec und ha (s. Kap. 6.1.1) und dem Leitungsgefälle (je geringer, desto größer die Nennweite). Sie kann aus Tabellen oder Diagrammen entnommen werden. Auf privaten Grundstücken dürfen Mindestnennweiten von 100 mm, im öffentlichen Bereich von 150 mm nicht unterschritten werden (s. Tab. 1, S. 132).

Dränrohre und Sickerrohre

Man unterscheidet zwischen „Sickern" und „Versickern".

Sickern: Das Sickerwasser wird dem Boden entzogen und abgeleitet.

Versickern: Das in den Rohren transportierte Wasser wird an den Boden abgegeben.

Im Gegensatz zu den dichten Rohren zur Wasserableitung haben **Drän- und Sickerrohre** die Aufgabe, anstauendes Wasser aufzunehmen und abzuleiten. Sickerrohre können aus Ton, Beton oder Kunststoff bestehen. Je nach Querschnitt können diese Rohre von allen Seiten (Vollsickerrohr) oder von oben (Teilsickerrohr) im Boden auftretendes Wasser aufnehmen und ableiten. Drän- oder Sickerrohre werden dort verbaut, wo das auftretende Wasser schädliche Einflüsse auf Bauwerke, Verkehrseinrichtungen oder Böschungen haben kann.

Rohr- und Rigolenversickerung

Wird eine Ableitung des Wassers in den Boden gewünscht, übernehmen Filterrohre die Aufgabe, das eingeleitete Wasser nach außen in eine sickerfähige Schicht abzugeben. Diese **Rohrversickerung** wird dort eingesetzt, wo nicht belastetes Oberflächenwasser wegen des durchlässigen Untergrundes vor Ort vertikal abgeleitet werden kann. Sie spart erhebliche Kosten durch den Wegfall aufwendiger Kanalleitungen.

Abb. 1 Rigolenversickerung

Eine kleinräumige Variante der Versickerung ist die **Rigolenversickerung**. Hierbei wird das anfallende Wasser in einen unterirdischen Speicherraum, z. B. bestehend aus grobkörnigem Mineralgemisch, eingeleitet und zwischengespeichert. Der gefüllte Rigolenraum wird nach und nach vertikal entwässert. Wie bei der Rohrversickerung kann auf kleinerem Raum eine größere Menge Niederschlagswasser versickern.

DN (Durchmesser nominal = innerer Durchmesser)	Rohre Außen Ø mm	Wanddicke mm	Baulänge mm	Bogenstücke	Abzweige 45°			
100	110	3,0		15°	100/100			
125	125	3,0	500	30°	125/100	125/125		
150	160	3,6	1000 2000 5000	45° 67,5° 87,5°	150/100	150/125	150/150	
200	200	4,5			200/100	200/125	200/150	200/250
250	250	6,1		15°	250/100	250/125	250/150	250/200
300	315	7,7	1000	30°	300/100	300/125	300/150	300/200
400	400	9,8	2000 5000	45° 87,5°	400/100	400/125	400/150	400/200
500	500	12,2			500/150	500/200		
600	630	15,4						

Tab. 1 Kunststoffrohre: Nennweiten/Bogen- und Längenmaße[1]

Bezeichnung	Beschreibung	Querschnittsform	Farbe	Lieferbare Nennweiten (mm)	Lieferbare Längen	Rohrverbindung	Wassereintrittsfläche pro m Rohr	Anwendungsbereiche
Dränrohr	kreisförmig, quergewellt, quergeschlitzt, flexibel, (auch ungelocht; auch mit Kokosummantelung)	◯	gelb	50, 65, 80, 100, 125, 160, 200	in Rollen 50 – 200 m	Doppelsteckmuffe	> 25 cm²/m	Garten- und Landschaftsbau, Landwirtschaft

keine hohen Verkehrslasten |
| Dränrohr | kreisförmig, vollwandig, längsgeschlitzt (auch quergeschlitzt) | ◯ | schwarz | 40, 50, 65, 75, 80, 90, 100, 110, 125, 140, 160

(80, 100, 150) | in Stangen 5 m | angeformte Steckmuffe | > 8 cm²/m

(> 50 cm²/m) | Garten- und Landschaftsbau, Landwirtschaft

keine hohen Verkehrslasten

Straßenbau, hohe Verkehrslasten |
| Teilsickerrohr oder Mehrzweckrohr | tunnelförmig, teilgewellt, quergeschlitzt | ⌂ | blau | 65, 80, 100, 150, 200, 250, 350 | in Stangen 6 m | Doppelsteckmuffe einseitig aufgesteckt | > 50 cm²/m | Straßen- und Wegebau, Sportplatzbau

mittlere Verkehrslasten |
| Teilsickerrohr oder Mehrzweckrohr | tunnelförmig, vollwandig, quergeschlitzt, längsgerieft | ⌂ | blau | 80, 100, 150, 200, 250, 350 | in Stangen 5 m | angeformte Steckmuffe | > 50 cm²/m | alle Arten von Verkehrswegebau, Sportplatzbau

hohe Verkehrslasten |

Tab. 2 Drän- und Sickerrohre aus Kunststoff[1]

---

[1] nach Taschenbuch f. d. Garten-, Landschafts- und Sportplatzbau; Blackwell Wissenschaftsverlag, Berlin

7 Winterdienst

Abb. 1 Schlepper mit Schneepflug

Um die Sicherheit von Fußgängern und Verkehrsteilnehmern auch im Winter zu gewährleisten, werden bei Schneefall oder Eisbildung Straßen, Wege und Plätze geräumt und gestreut (s. Tab. 1, S. 134). **Winterdienst** ist für viele Garten- und Landschaftsbaubetriebe eine Möglichkeit, in der arbeitsarmen Jahreszeit von November bis März den Umsatz zu steigern, die Maschinen auszulasten und die Mitarbeiter ganzjährig voll zu beschäftigen.

Für den Winterdienst werden im Allgemeinen **Schneepflüge** und **Schneefräsen, Streugeräte** (Schleuder-, Kasten- oder Kombinationsstreuer) und **Kehrmaschinen** eingesetzt. Dazu werden in der Regel im Betrieb vorhandene Maschinen mittels entsprechender **Anbaugeräte** umgerüstet.

Fahrzeuge im Winterdienst sind besonders harten Bedingungen (Kälte, Nässe, Salz) ausgesetzt, sodass sie einem erhöhten **Verschleiß** und einer schnelleren **Korrosionsbildung** unterliegen. Entsprechend sind die Maschinen regelmäßig zu warten. Vor den Einsätzen sollten sie gut eingewachst und nach den Einsätzen gewaschen werden.

Kommt es aufgrund nicht ordnungsgemäßer Erfüllung der **Räum- und Streupflicht** zu einem Unfall, kann der Verkehrssicherungspflichtige für den entstandenen Schaden haftbar gemacht werden. Zur **Glättebildung neigende Gefahrenpunkte** müssen deshalb besonders beachtet werden. Hierzu zählen vor allem Überwege, Treppen, Rampen und Kellereingänge. Zwecks Beweisführung sind tägliche **Räum- und Streuberichte** sowie **Wetteraufzeichnungen** zu führen.

Mit Winterdienst beauftragte Personen sollten zum **Schutz vor Kälte und Nässe** entsprechend warmhaltende Kleidung tragen, die zudem wasserabweisend ist sowie einen guten Luft- und Feuchtigkeitsaustausch gewährleistet. Sicherheitsschuhe (wasserdicht, gefüttert) schützen vor Fußverletzungen und erhöhen die Trittsicherheit (ggf. mit Eiskrallen). Im öffentlichen Verkehrsbereich ist **Warnkleidung** nach DIN EN 471 Pflicht.

Abb. 2 Schäden an Bordstein und Pflaster

Beim manuellen wie beim maschinellen Räumen von Schnee und Eis besteht die Gefahr, dass die Deckschicht von Wegen und Straßen beschädigt wird (s. Abb. 2). Während glatte Oberflächen problemlos geräumt werden können, muss bei rauen Oberflächen erheblich vorsichtiger vorgegangen werden. Gegebenenfalls sind hier mehrere Arbeitsgänge mit begleitender Handarbeit erforderlich.

Um nicht für bereits vorhandene Schäden haftbar gemacht zu werden, ist es hilfreich in der schnee- und eisfreien Zeit eine Ortsbegehung durchzuführen und eventuelle Schäden zu protokollieren.

Die **Ausschreibung** des Winterdienstes wird insbesondere durch die Nutzung der Gebäude und Freiflächen bestimmt. Während Hauseingänge und Garagenhöfe nicht permanent eis- und schneefrei gehalten werden müssen, muss der Eingangsbereich z. B. eines Krankenhauses ständig begehbar sein. Diese Unterschiede sind in der Kalkulation zu berücksichtigen.

> **Hinweis**
>
> Winterdienst ist nicht Inhalt des Ausbildungsplans. Lediglich der „Einsatz von Maschinen und Geräten" rechtfertigt die Beschäftigung von Auszubildenden im Winterdienst. Das Jugendarbeitsschutzgesetz und die tariflichen Arbeitszeiten müssen eingehalten werden.

Streumittel	Vorteile	Nachteile
Streusalz	Gut auszubringen, bei niedriger Fahrgeschwindigkeit und hohem Verkehrsaufkommen gut geeignet	Gefahr von Salzschäden an Straßenbepflanzung und Fahrzeugen, Verbrennungen an den Pfoten von Hunden (gelangt durch Ablecken in den Magen!), Verwehung bei höheren Fahrgeschwindigkeiten, wenig wirksam bei dicker Schneedecke, Schäden an wassergebundenen Decken und empfindlichen Natursteinoberflächen möglich
Feuchtsalz	Wirkt schneller und länger, reduziert den Salzverbrauch, haftet besser	Hohe Investitions- (Fahrzeugausstattung) und Wartungskosten, weitere Nachteile s. Streusalz
Splitt/Sand	Gute Wirkung bei Eisglätte und -regen, umweltschonend, kann unter Streusalz gemischt werden	Lackschäden an Fahrzeugen möglich, Verstopfungsgefahr von Hof- und Straßenabläufen, versinkt bei Tauphasen leicht im Schnee (Überfrieren möglich), muss nach Beendigung des Winters wieder aufgenommen und entsorgt werden (Sondermüll!), kann zwischen die Zehen von Hunden gelangen

Tab. 1   Streumittel im Winterdienst

Aufgaben

1. Erläutern Sie den Unterschied zwischen Untergrund, Unterbau und Oberbau.

2. Welche Aufgaben übernimmt die Tragschicht?

3. Ein Lkw hat laut Lieferschein mit Wiegekarte 15,5 t Mineralgemisch geliefert. Die Lkw-Pritsche war 4,0 m lang, 2,5 m breit und 0,8 m hoch beladen.
   Wie viel Tonnen wiegt 1 m³ dieses Mineralgemisches?

4. Begründen Sie, welche Körnungen für Tragschichten und Bettung bevorzugt verwendet werden.

5. Welchen Vorteil hat Splitt als Bettungsmaterial bei der Verlegung von Pflasterklinkern?

6. Welche Vor- und Nachteile bietet die Verwendung von Recyclingschotter gegenüber natürlich gebrochenem Material?

7. Betondecken müssen in regelmäßigen Abständen zur Vermeidung von Rissen durch Fugen unterbrochen werden.
   Beschreiben Sie drei unterschiedliche Fugenarten.

8. Welche unterschiedlichen Oberflächenbehandlungen von Pflastersteinen kennen Sie?
   Erklären Sie die Behandlungstechniken.

9. Erklären Sie den Unterschied zwischen „Kaltbitumen", „Heißbitumen" und „Verschnittbitumen".
   Gehen Sie hierbei insbesondere auf die unterschiedlichen Verwendungsmöglichkeiten ein.

10. Aus ökologischen Gründen wird eine Entsiegelung von befestigten Flächen gefordert.
    a) Welche Möglichkeiten kennen Sie?
    b) Welche unterschiedlichen Steinsysteme sind Ihnen bekannt?

11. Zur Versickerung des Niederschlagswassers werden Einkornbeton-Pflastersteine als Deckschicht verwendet.

a) Welche besonderen Eigenschaften hat ein Einkornbeton-Pflasterstein?
b) Nennen Sie zwei Nachteile, die der Stein gegenüber einem herkömmlichen Pflasterstein hat.

12. Welche Maschinen und Geräte eignen sich zur Steintrennung?
    a) Geben Sie für die Steinmaterialien Beton, Klinker und Naturstein geeignete Geräte und Maschinen an.
    b) Welche Sicherheitsmaßnahmen müssen Sie beim Einsatz dieser Geräte und Maschinen beachten?

13. Vergleichen Sie Granit, Sandstein, Pflasterklinker und Betonsteinpflaster hinsichtlich ihrer Materialeigenschaften und Einsatzmöglichkeiten.

14. a) Nach welcher Entstehungsart lassen sich Natursteine einteilen?
    b) Welche Gesteinsart eignet sich nicht für befahrene Wege?

15. Sie verwenden Natursteinpflaster als Wegebelag. Jede Steingröße hat einen unterschiedlichen Gewichtsbedarf pro m².
    Geben Sie als Faustformel an, wie viel m² mit den Steingrößen pro Tonne verlegt werden können.

Pflasterart	mögliche Fläche pro Tonne in m²
Mosaikpflaster	ca.
Kleinpflaster	ca.
Großpflaster	ca.

16. a) Welche unterschiedlichen Verlegemuster von Naturstein kennen Sie?
    b) Nennen Sie wichtige Verlegeregeln.

17. a) Mit welchen Materialien können Natursteinpflasterflächen verfugt werden?
    b) Geben Sie für die unterschiedlichen Fugenmaterialien geeignete Einsatzgebiete an.

Aufgaben

18. Eine Pkw-Zufahrt (4,0 m × 12,0 m) soll mit Granitkleinpflaster 9/11 erstellt werden.
    - Die Tragschicht aus Mineralgemisch soll eine Stärke von 25 cm aufweisen.
    - Die prozentuale Verdichtung beträgt 20 %.
    - Das spezifische Gewicht beträgt 1,8 t/m³.
    - Der anstehende Boden ist lehmig und schwer.

    a) Wie viele Tonnen Tragschichtmaterial müssen bestellt werden?
    b) Wie viele Tonnen Kleinpflaster (9/11) müssen für die Pkw-Zufahrt bestellt werden?
    c) Schildern Sie die erforderlichen Baumaßnahmen unter Berücksichtigung des entsprechenden Maschineneinsatzes.

19. Für einen Parkplatz mit 8 Pkw-Einstellplätzen müssen Rasengittersteine bestellt werden. Die Parkfläche für einen Pkw ist 5,20 m lang und 2,60 m breit. Im Prospekt des Herstellers finden Sie folgende Angaben:
    - Rasengitterstein: 40 cm × 60 cm × 8 cm
    - Bedarf pro m²: 4,17 Stück
    - Gewicht: 27,6 kg pro Stück

    a) Wie viele Tonnen Rasengittersteine müssen Sie bestellen, wenn Sie 10 % Verschnitt einrechnen?
    b) Wie oft muss der 7,5 t-Lkw fahren?

20. Wassergebundene Wegedecken werden auch aus Kostengründen häufig eingebaut. Welche Pflege- und Unterhaltungsmaßnahmen müssen bei einer wassergebundenen Wegedecke in regelmäßigen Abständen durchgeführt werden?

21. Recyclingmaterialien als Wegebelag finden immer größere Verbreitung. Welche Gründe sprechen für den Einsatz von Recyclingkunststoffen im Wegebau?

22. a) Welche typischen Aufgaben übernehmen Randeinfassungen?
    b) Skizzieren Sie die Betonbettung und Rückenstütze eines Tiefbordsteines.

23. Für welche Einsatzbereiche eignen sich Rasenborde?

24. Sie müssen eine 40 m lange Wegeinfassung mit Tiefbordsteinen herstellen. Planen Sie die Arbeitsschritte von der Materiallieferung bis zur Abrechnung.

25. Stellen Sie Vor- und Nachteile von Bordsteinen aus Beton- und Naturstein gegenüber.

26. Warum kann ein Mauerziegel nicht als Pflasterbelag verlegt werden? Beachten Sie die geforderten Eigenschaften eines Pflastersteines.

27. Welcher tatsächlichen Länge entspricht eine Läuferreihe, die mit 8,3 cm auf einem Ausführungsplan im Maßstab 1 : 50 dargestellt ist?

28. a) Welche Arten der Pflasterklinkerverlegung kennen Sie?
    b) Geben Sie Vor- und Nachteile der jeweiligen Verlegeart an.

29. Ihnen ist beim Betanken einer Rüttelplatte Diesel auf die Pflasterfläche gelaufen. Welche Maßnahmen sollten Sie ergreifen, um ein Versickern im Erdreich zu verhindern?

30. Aus welchen Gründen ist es sinnvoll, auftretendes Niederschlagswasser möglichst schnell von einer befestigten Fläche abzuleiten?

31. Erklären Sie den Unterschied zwischen „Sickern" und „Versickern".

32. Erklären Sie den Unterschied zwischen Hof- und Straßenablauf.

33. Unter welchen Voraussetzungen ist der Bau einer Pendelrinne sinnvoll?

34. Erklären Sie den Unterschied zwischen Schlitz- und Kastenrinne.

35. Aus welchen unterschiedlichen Materialien können Rohre für Schmutz- und Regenwasser bestehen?

36. Erklären Sie den Begriff „Abflussbeiwert".

37. Eine Wegefläche soll mit einem Quergefälle von 2,5 % und einem Längsgefälle von 1,5 % eingemessen werden. Wie viel Prozent beträgt die Schrägneigung?

38. Abdeckroste von Straßenabläufen sind nach unterschiedlichen Belastungsklassen eingeteilt. Nach welchen Einsatzbereichen werden die Ihnen bekannten Belastungsklassen unterteilt?

39. Der Abflussbeiwert gibt u. a. an, welcher Anteil Niederschlagswasser von Flächen abfließt. Bei einer Pflasterfläche gibt der Hersteller den Abflussbeiwert 0,7 an. Wie viel Liter Niederschlagswasser müssen auf einer 1000 m² großen Fläche bei einer Niederschlagsmenge von 3 l pro m² abgeleitet werden?

40. Erstellen Sie einen Bericht über den Winterdienst in Ihrem Ausbildungsbetrieb.

Mauerbau

Abb. 1   Üppig bewachsene Gartenmauer aus Klinker

Abb. 2   Kalksteinmauer als Terrassenbegrenzung

Mauern können sehr abwechslungsreich gestaltet werden und vielfältige Aufgaben übernehmen. So können sie vor kaltem Wind, unerwünschten Blicken oder Lärm schützen, Grenzen markieren, zum Abstützen von Hängen, als Einfassung oder Sitzmauer dienen oder als Südmauer ein günstiges Kleinklima schaffen, das Weinreben und Obstspaliere gedeihen lässt. Vor allem innerhalb größerer Gartenanlagen kommt ihnen als Gestaltungselement eine wachsende Bedeutung zu. Besonders reizvoll und natürlich wirken mit Pflanzen begrünte Mauern (s. Abb. 1).

Mauern werden im Allgemeinen aus natürlichen oder künstlichen Bausteinen mit Mörtel als Bindemittel oder ohne Bindemittel, als sogenannte Trockenmauern, errichtet.

1   Mauern aus künstlichen Steinen

Nach der Art der verwendeten Materialien kann man unterscheiden:

1.1   Ziegelmauerwerk

Ziegelsteine bestehen aus Lehm, Ton oder tonhaltiger Masse, die über Tage abgebaut wird. Nachdem die Rohstoffe in Formen gepresst wurden und getrocknet sind, werden sie bei Temperaturen von 900 bis 1100 °C gebrannt. Da die Ausgangsstoffe dabei gewissermaßen miteinander verbacken, spricht man auch von **Backsteinen**.

Bereits bei den Etruskern und Römern waren Mauern aus gebrannten Ziegeln weit verbreitet.

Für den Bau von Gartenmauern werden frostbeständige Steine, wie Klinker oder Vormauerziegel, verwendet. Im Garten- und Landschaftsbau sind Klinker gebräuchlich. Obwohl beide, Klinker und Ziegel, aus dem gleichen tonhaltigen Material bestehen, unterscheiden sie sich in ihren Eigenschaften:

■ **Klinker** (gesinterte Ziegel) sind Ziegelsteine, die bei Temperaturen von 1100 °C bis zur Sinterung (Schmelzgrenze der Oberfläche) gebrannt werden. Bei Brenntemperaturen oberhalb von 1000 °C verschmelzen die einzelnen Körner des Ausgangsmaterials miteinander. Dadurch erhält man einen porenlosen und somit sehr festen, harten Stein, der kein Wasser mehr aufnehmen kann. Entsprechend sind Klinker frostbeständig (!) und weisen eine hohe Druckfestigkeit und damit Belastbarkeit auf. Zudem sind sie säurebeständig und frei von ausblühenden Salzen.

■ Die als **Ziegel** (nicht gesinterte Ziegel) bezeichneten Steine werden niedriger gebrannt (900 bis 1000 °C), sodass sie relativ große Poren haben und weicher sind. Entsprechend weisen sie eine geringere Druckfestigkeit und damit Belastbarkeit auf. Da sie aufgrund ihres kapillaren Porensystems Wasser aufnehmen können, sind sie frostempfindlicher als Klinker. Außerdem sind sie gegenüber Säuren sehr empfindlich.

Im süddeutschen Raum ist es üblich, Ziegelsteinmauern zu verputzen und anschließend zu streichen.

Zum Bau von Gartenmauern werden im Allgemeinen ungelochte **Vollklinker** verwendet. Klinker lassen sich von Ziegeln dadurch unterscheiden, dass ihre Farbe wesentlich dunkler ist und sie einen klaren Klang (gedämpfter Ton bei Ziegel) abgeben, wenn man mit einem Hammer gegen den Stein schlägt. Aufgrund von Abweichungen in der Rohstoffzusammensetzung sowie im Herstellungsverfahren reicht ihre Farbskala von Hellgelb über Braun und die verschiedensten Rottöne bis Schwarz. Ihre Oberflächenstruktur kann glatt oder rau sein.

1.1.1 Ziegelsteinformate

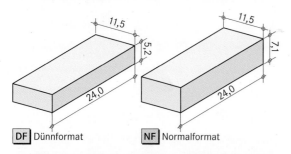

DF Dünnformat   NF Normalformat

Bezeichnung	Maße in cm		
	Länge	Breite	Höhe
DF (Dünnformat)	24	11,5	5,2
NF (Normalformat)	24	11,5	7,1
2 DF	24	11,5	11,3
3 DF	24	17,5	11,3

Abb. 1   Steinformate (Vorzugsgrößen)

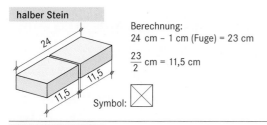

halber Stein

Berechnung:
24 cm – 1 cm (Fuge) = 23 cm

$\frac{23}{2}$ cm = 11,5 cm

Symbol:

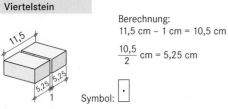

Viertelstein

Berechnung:
11,5 cm – 1 cm = 10,5 cm

$\frac{10,5}{2}$ cm = 5,25 cm

Symbol:

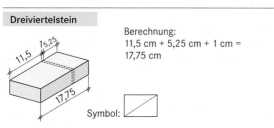

Dreiviertelstein

Berechnung:
11,5 cm + 5,25 cm + 1 cm =
17,75 cm

Symbol:

Abb. 2   Teilsteine

Die Formate sind nach DIN 105 genormt. Das gebräuchlichste **Ziegelsteinformat** ist das sogenannte **Dünnformat (DF)**. Das **Normalformat (NF)** unterscheidet sich nur in der Höhe des Steines. Alle anderen Steinformate werden als Vielfaches von 1 DF hergestellt und bezeichnet (s. Abb. 1).

Zur Erstellung von Mauersteinverbänden (s. Kap. 1.3) sind auch Teilsteine erforderlich. Dabei unterscheidet man **Halb-, Viertel-** und **Dreiviertelsteine** (s. Abb. 2).

1.1.2 Baurichtmaß

Die Länge eines Ziegels (24 cm) plus Fuge (1 cm) ergibt das Baurichtmaß 25 cm:

> Steinlänge (24 cm) + Fuge (1 cm) =
> Baurichtmaß (25 cm)

Die Breite eines Ziegels (11,5 cm) plus Fuge (1 cm) ergibt mit 12,5 cm ein halbes Baurichtmaß.

Die Höhe eines Ziegels im Dünnformat (5,2 cm) ergibt mit Fuge (1,05 cm) 6,25 cm, also ein Viertel vom Baurichtmaß. Somit lassen sich alle steingerechten Mauermaße in Länge, Breite (Tiefe) und Höhe auf das Baurichtmaß (25 cm) zurückführen.

1.1.3 Maßordnung

Mauerlängen

Als Grundlage für die Berechnung von Mauerlängen dient die Breite (Kopfmaß/Binder) des Normalformats (NF) plus Fugendicke (Stoßfuge). Da dies 1/8 eines Meters ist (100 cm : 12,5 cm = 8), bezeichnet man die 12,5 cm auch als **Achtelmeter (am)**.

Die Mauermaße sollten immer ein Vielfaches von 1 am betragen, da alle Steingrößen auf diesem Maß aufbauen und so auch verschiedene Steingrößen miteinander kombiniert werden können.

Bei den Maßangaben unterscheidet man:
- **Baurichtmaß** (Rohbaurichtmaß). Es ist ein Vielfaches des Achtelmeters. Baurichtmaße werden in Entwurfszeichnungen angegeben.
- **Baunennmaß** (Nennmaß). Es handelt sich dabei um die tatsächlichen Mauermaße. Sie werden aus dem Baurichtmaß zuzüglich oder abzüglich der für das Mauerwerk festgelegten Fugendicke berechnet. Nennmaße werden in Ausführungszeichnungen angegeben.

Nach der Begrenzung der Mauer kann man bei der Berechnung der Nennmaße zwischen Außen-, Innen- und Anbaumaßen unterscheiden (s. Abb. 1).

Anzahl der Schichten	5,2 cm $h = x \cdot 6,25$ cm	7,1 cm $h = x \cdot 8,33$ cm	11,3 cm $h = x \cdot 12,5$ cm
1	6,25	8,33	12,50
2	12,50	16,67	25,00
3	18,75	25,00	37,50
4	25,00	33,33	50,00
5	31,25	41,67	62,50
6	37,50	50,00	75,00
7	43,75	58,33	87,50
8	50,00	66,67	100,00
9	56,25	75,00	112,50
10	62,40	83,33	125,00
11	68,75	91,75	137,50
12	75,00	100,00	150,00
13	81,25	108,33	162,25
14	87,50	116,67	175,00
15	93,75	125,00	187,50
16	100,00	133,33	200,00

Tab. 1   Mauerhöhen (Nennmaße) in Abhängigkeit von der Steinhöhe und Lagerfugendicke

Auch bei guter Planung ist nicht immer auszuschließen, dass eine Mauerlänge zustande kommen kann, die nicht der Maßordnung entspricht. In solchen Fällen lässt sich mit schmaleren oder breiteren Stoßfugen ein Ausgleich herstellen.

Mauerhöhen

Die Höhe einer Mauer ergibt sich aus der Anzahl der Schichten, wobei die Dicke der einzelnen Schichten aus der Steinhöhe und der Dicke der Lagerfugen resultiert (s. Tab. 1):

> Mauerhöhe = Steinhöhe + Lagerfugendicke · Anzahl der Schichten

Mauerdicken

Die Dicke einer Mauer ergibt sich aus den Steinformaten und dem gewählten Verband (s. Abb. 1, S. 139). Die Benennung einer Mauer erfolgt nach ihrer Dicke in Zentimeter, z. B. 11,5er Mauer, 24er Mauer, 36,5er Mauer.

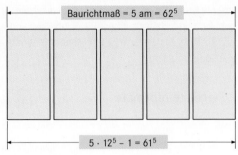

Außen- oder Pfeilermaße
(frei endende Mauern bzw. Pfeiler)

Baurichtmaß = 5 am = 62^5

$5 \cdot 12^5 - 1 = 61^5$

Nennmaß = Baurichtmaß – 1 cm
$l = n^1 \cdot 12,5$ cm – 1 cm

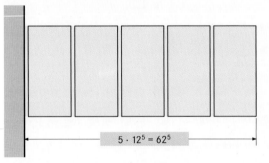

Anbaumaße
(einseitig angebaute Mauer)

$5 \cdot 12^5 = 62^5$

Nennmaß = Baurichtmaß
$l = n^1 \cdot 12,5$ cm

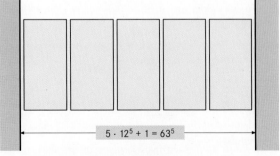

Innenmaße
(beidseitig angebaute Mauern)

$5 \cdot 12^5 + 1 = 63^5$

Nennmaß = Baurichtmaß + 1 cm
$l = n^1 \cdot 12,5$ cm + 1 cm

[1] n = Anzahl der Köpfe/Binder

Abb. 1   Nennmaße – die tatsächlichen Baumaße

Format	Mauerdicken					
	11,5	17,5	24	30	36,5	49
DF/NF	Läufer 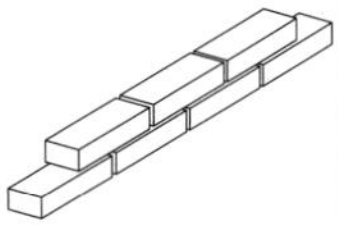 24 × 11,5 × 5,2 24 × 11,5 × 7,1		Block 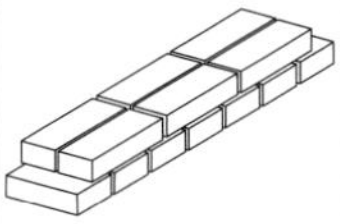 24 × 11,5 × 5,2 24 × 11,5 × 7,1	Läufer mit versetzten Stoßfugen aus 2 DF und 3 DF	Block 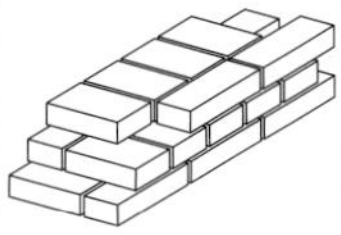 24 × 11,5 × 5,2 24 × 11,5 × 7,1	Block 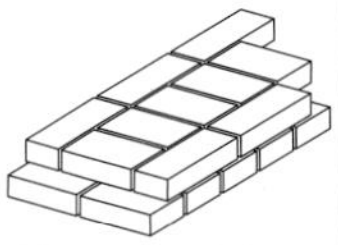 24 × 11,5 × 5,2 24 × 11,5 × 7,1
2 DF	Läufer 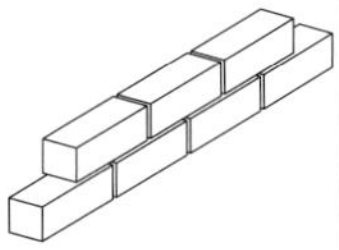 24 × 11,5 × 11,3		Block 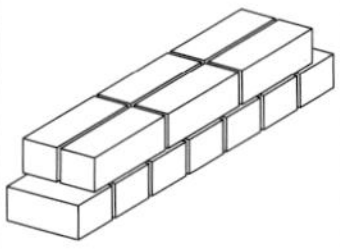 24 × 11,5 × 11,3	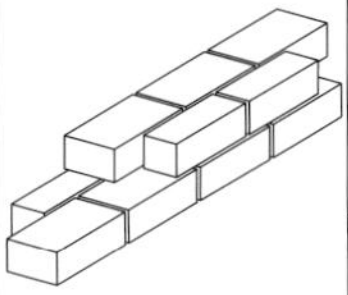	Block 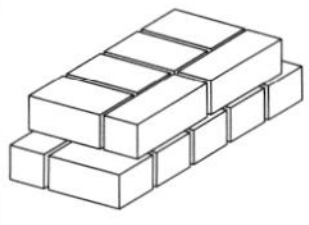 24 × 11,5 × 11,3	Block  24 × 11,5 × 11,3
3 DF		Läufer 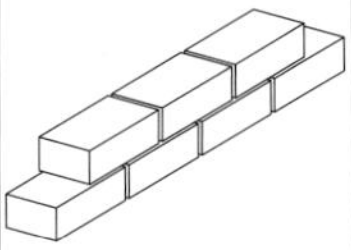 24 × 17,5 × 11,3	Binder 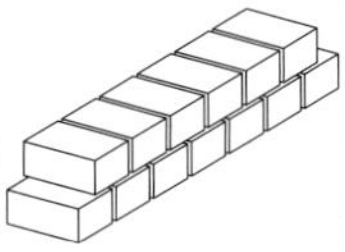 24 × 17,5 × 11,3	24 × 11,5 × 11,3 24 × 17,5 × 11,3		

Abb. 1   Mauerdicken (cm) in Abhängigkeit von Steinformaten und Verband

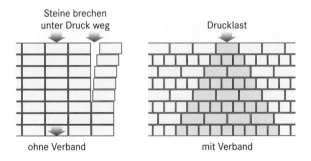

Abb. 2   Der Mauerverband soll die gleichmäßige Verteilung der Lasten und Kräfte im Mauerkörper gewährleisten

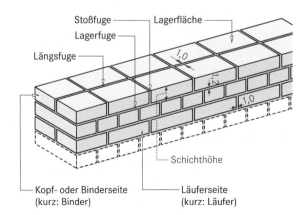

Abb. 3   Bezeichnungen

1.2   Kalksteinmauerwerk

Genau wie Ziegel wurden Kalksteine schon sehr früh zum Bau von Mauern eingesetzt (s. Abb. 2, S. 136). So verwendeten die Ägypter bereits in frühen Zeiten gebrochenes Felsgestein aus Kalkstein als Baumaterial.

Bei **Kalksandsteinen** handelt es sich um ungebrannte Mauersteine aus Kalk, Quarzsand und Wasser. Die gemischten Rohstoffe werden zu Rohlingen gepresst, die bei Temperaturen von 160 bis 220 °C unter Dampfdruck gehärtet werden. Für Außenmauern werden frostbeständige **Kalksandvormauersteine** und **Kalksandverblender** verwendet. Sie werden in den gleichen Größen wie die Mauerziegel angeboten.

1.3   Mauersteinverbände

Die Bausteine müssen beim Mauern so angeordnet werden, dass Lasten und Kräfte gleichmäßig im Baukörper verteilt werden. Nur so sind der Zusammenhalt des Mauerwerks und größtmögliche Stabilität gewährleistet. Die Art der Anordnung ergibt den **Mauersteinverband** (s. Abb. 2).

Die einzelnen Schichten einer Mauer bestehen aus **Läufersteinen** (kurz: Läufer), die parallel zur Mauerflucht angeordnet sind, und/oder **Bindersteinen** (kurz: Binder), die senkrecht zur Mauerflucht angeordnet sind (s. Abb. 3).

Bei der Anordnung der Läufer bzw. Binder sind folgende **Grundregeln** einzuhalten:

■ Die **Lagerfugen** (Dicke bis 1,25 cm) müssen waagerecht sein und durch die ganze Mauer verlaufen (s. Abb. 3, S. 139).

■ Läufer und Binder sind so anzuordnen, dass die Steine bzw. **Stoßfugen** (vertikale Fugen) schichtweise gegeneinander versetzt sind (Dicke 1 cm). Es darf nie Stoßfuge auf Stoßfuge treffen (Fugendeckung). In der Ansicht würde dies eine Kreuzfuge ergeben (s. Abb. 3, S. 139).

■ Durch das Versetzen der übereinander angeordneten Steine kommt es zu einer **Überbindung (Ü)**. Diese – auch als Fugenversatz bezeichnet – richtet sich nach der Steinhöhe und muss laut DIN 1053 mindestens das 0,4fache der Steinhöhe betragen und darf nicht kleiner als 4,5 cm sein:

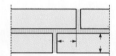

Mindestüberbindemaß = 0,4 · Steinhöhe ≥ 4,5 cm

Beispiel
Steinhöhe 11,3 cm ▶ 11,3 cm · 0,4 = 4,5 cm
(= $\frac{1}{2}$ am) muss das Überbindemaß mindestens betragen.

■ Läuferschichten gehen bei Ecken, Anschlüssen und Kreuzungen durch:

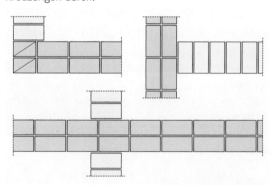

Je nachdem, wie die Bausteine zusammengefügt werden, ergeben sich verschiedene **Mauersteinverbände**. Neben den **Tragverbänden** (s. Tab. 1, S. 141) gibt es **Zierverbände** (Verblendverbände[1]) (s. Tab. 1, S. 142). Ihre Hauptaufgabe besteht darin, über ihr Fugenbild das Aussehen des Mauerwerks zu verschönern. Da bei Zierverbänden Steine und Fugen sichtbar bleiben – sogenanntes **Sichtmauerwerk** –, müssen die Arbeiten besonders sorgfältig durchgeführt werden.

---

[1] Verblendung: Das Verblenden (Verkleiden) eines Mauerwerkes mit besseren (schöneren) Steinen (Blendsteinen).

Damit sich in den Fugen weder Wasser noch Schmutz absetzen können, ist vollfugig zu mauern (s. Abb. 1).

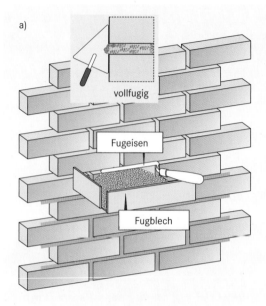

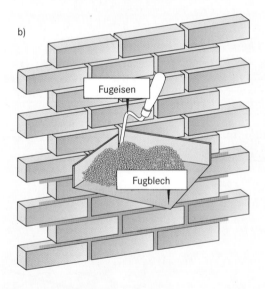

Abb. 1 Fugenausbildung bei Sichtmauerwerk
a) Lagerfugen, b) Stoßfugen

1.4 Ausführung

Zum Mauern werden verschiedene Werkzeuge benötigt (s. Abb. 1, S. 143).

Als Hilfsmittel zur Erstellung von waage- und senkrechten Mauerkanten werden Schichtlatten („Lügenhölzer"), auf denen die einzelnen Steinschichten mit Strichmarkierungen aufgetragen werden, benutzt (s. Abb. 2, S. 143).

Mauersteinverband	Kennzeichen
Läuferverband 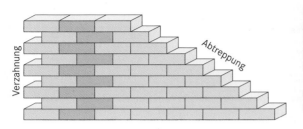	■ Alle Schichten bestehen aus Läufern (Steine in Längsrichtung vermauert) ■ Schichten sind um eine halbe Steinlänge versetzt ■ Stoßfugen liegen in Steinmitte ■ Fugenversatz 12,5 cm (1 am) ■ Für Mauern von der Dicke eines Halbsteins (11,5 cm) ■ Im Normalfall beginnt und endet die 11,5 cm dicke Mauer mit einem ganzen (1. Schicht) bzw. halben Stein (2. Schicht) ■ Ausführung mit DF-, NF- oder 2-DF-Steinen ■ Hauptsächlich für unbelastete Wände und Verblendmauerwerk. Lange und hohe Mauern müssen mit Pfeilern gesteift oder als Doppelmauer gebaut werden
Binderverband 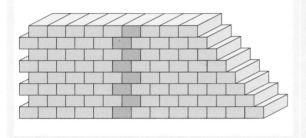	■ Alle Schichten bestehen aus Bindern ■ Schichten sind um eine halbe Steinbreite versetzt ■ Für Mauern von der Dicke eines Steines (24 cm) ■ Hoher Steinbedarf
Blockverband 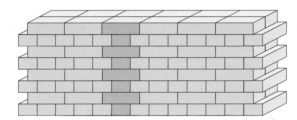	■ Binder- und Läuferschichten wechseln sich ab ■ Die Binderschicht beginnt und endet mit einem Binder ■ Fugen sind um $1/4$ Stein versetzt ■ Stoßfugen der gleichartigen Schichten liegen senkrecht übereinander ■ Für Mauern von der Dicke eines (24 cm) oder mehrerer Steine (z. B. $1 1/2$-Stein-Mauer: 36,5 cm[1]) ■ Die Läuferschicht beginnt und endet mit so vielen Dreiviertelsteinen, wie die Mauer am dick ist (z. B. bei 24 cm sind dies 2 Dreiviertelsteine). Bei 24er-Mauern aus 2-DF-Steinen kann das arbeitsaufwendige Schlagen von Dreiviertelsteinen entfallen, wenn an den Mauerenden 3-DF-Steine verwendet werden ■ Hat die Mauer eine Länge von einer geraden Anzahl am, muss in der Läuferschicht hinter den Dreiviertelsteinen ein Binder eingefügt werden. Dies geschieht entweder immer am Anfang oder Ende der Mauer ■ Starke Doppelmauer, als Gartenmauer weit verbreitet
Kreuzverband 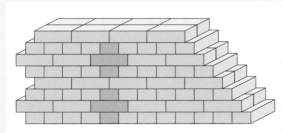	■ Binder- und Läuferschichten wechseln sich ab ■ Stoßfugen der Binderschichten liegen senkrecht übereinander ■ Die Binderschicht beginnt und endet mit einem Binder ■ Die Läuferschicht beginnt und endet mit so vielen Dreiviertelsteinen, wie die Mauer am dick ist (z. B. bei 24 cm sind dies 2 Dreiviertelsteine) ■ Stoßfugen zweier aufeinanderfolgender Läuferschichten sind um eine halbe Steinlänge (1 am = 12,5 cm) versetzt

[1] Bei der 36,5 cm dicken Mauer besteht jede einzelne Schicht aus Läufern und Bindern.
   Die Seite, von der aus man die Mauer betrachtet, wird als Bundseite bezeichnet.

Tab. 1   Übersicht Tragverbände

Holländischer oder flämischer Verband
Kennzeichen: Auf eine durchgehende Binderschicht folgt eine Schicht, in der Läufer- und Bindersteine abwechseln

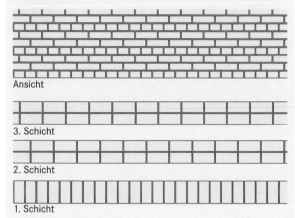

Ansicht

2. Schicht

1. Schicht

Englischer Verband
Kennzeichen: Auf eine Binderschicht folgen zwei oder drei Läuferschichten

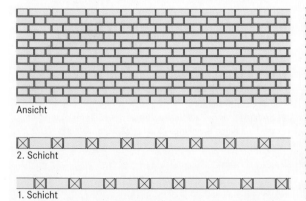

Ansicht

3. Schicht

2. Schicht

1. Schicht

Gotischer oder polnischer Verband
Kennzeichen: In den einzelnen Schichten wechseln sich Binder- und Läufersteine ab.

Ansicht

2. Schicht

1. Schicht

Schlesischer Verband
Kennzeichen: In den einzelnen Schichten folgt auf drei Läufersteine ein Binderstein

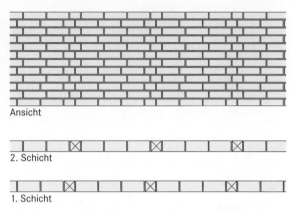

Ansicht

2. Schicht

1. Schicht

Märkischer Verband
Kennzeichen: In einer Schicht folgen auf einen Binder zwei Läufer

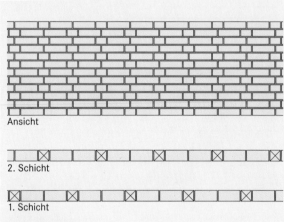

Ansicht

2. Schicht

1. Schicht

Wilder Verband
Kennzeichen: Anordnung von Läufer- und Bindersteinen in den einzelnen Schichten beliebig, jedoch nicht mehr als 5 Läufer hintereinander

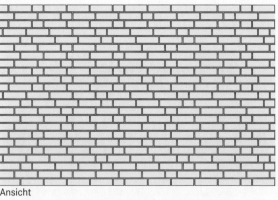

Ansicht

Tab. 1 Übersicht Zierverbände

dreieckige und viereckige Kelle   Fugeisen

Maurer-Hammer   Wasserwaage

Schichten-Meterstab   Senklot

Abb. 1   Werkzeuge zum Mauern

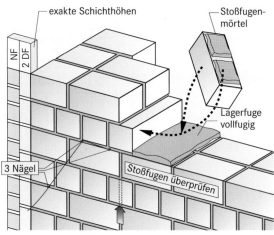

Abb. 2   Schichthöhen und Schichtmeßlatte

Mörtelgruppe	Mischungsverhältnis (Raumteile)	Ver-wendung
I (Kalkmörtel)	1 Kalk : 3 Sand	Mauern in frostfreien Räumen
II (Kalkzementmörtel)	1 Zement : 2 Kalk : 8 Sand	Verputzte Mauern im Freien
III (Zementmörtel)	1 Zement : 4 Sand	Unverputzte Mauern im Freien

Fertigmörtel als:
- Werk-**Frischmörtel** = Gebrauchsfertiger Mörtel
- Werk-**Trockenmörtel** = Fertige Mischung, der noch Wasser zugegeben werden muss

Tab. 1   Mörtelgruppen

1.4.1 Vorgehensweise

■ Zunächst werden die Mauerecken lotrecht hochgemau-ert. Dabei ist darauf zu achten, dass jeder Stein genau waage- und senkrecht ausgerichtet ist. Zur Mitte hin werden die Ecken abgetreppt. Die Abstufungen dienen zur Befestigung der Fluchtschnur (s. Abb. 4).

■ Als Nächstes wird von Ecke zu Ecke die Fluchtschnur gespannt. Sie dient zur waage- und fluchtrechten Errich-tung des Zwischenmauerwerks. Die Schnur darf weder durchhängen noch die Steine berühren (s. Abb. 3).

■ Die Steine müssen genau nach der Schnur in Mörtel ge-setzt werden (s. Abb. 4). Die exakten Schichthöhen las-sen sich mit der Schichtmeßlatte überprüfen (s. Abb. 2). Mit ihrer Hilfe wird die Maurerschnur Schicht um Schicht nach oben geführt.

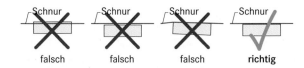

Abb. 3   Oberkante Stein = Schnurhöhe

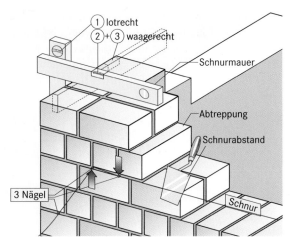

Abb. 4   Anlegen der Mauerecke – Spannen der Schnur

1.4.2 Mauerkrone

Ausblühungen (s. Abb. 1, S. 144) beeinträchtigen das optische Erscheinungsbild einer Mauer. Sie sind in erster Linie die Folge von eindringender Feuchtigkeit in das Mauerwerk. Das Wasser löst in der Mauer Salze. Verduns-tet es, verbleiben die gelösten Salze an der Mauerober-fläche zurück. Entsprechend wichtig ist der Schutz der Mauer vor eindringender Feuchtigkeit aus dem Boden wie auch von oben. Salzablagerungen, die nicht von selbst auf-grund von Witterungseinflüssen verschwinden, sollten mit der Drahtbürste entfernt werden.

Abb. 1 Ausblühungen

Damit von oben kein Niederschlagswasser in die Mauer eindringt, muss sie eine **Abdeckung** erhalten. Dabei spielen funktionelle wie auch gestalterische Gesichtspunkte eine Rolle. Als oberer Mauerabschluss können z. B. Kupferbleche, Abdeckplatten (z. B. bei Sitzmauern) oder andere Abdecksteine dienen. Häufig bilden auch **Rollschichten** den oberen Mauerabschluss. Damit das Wasser abfließen kann, sollte die Abdeckung abgeschrägt oder gerundet sein oder gar ein kleines Dach haben und möglichst über die Mauerfläche hinausragen und **Tropfkanten** (Tropfnasen) aufweisen. Sonst kann das Niederschlagswasser über die Plattenunterseite zur Lagerfuge gelangen. Bei Frost kann dies zum Lösen der Abdeckplatte führen (s. Abb. 2).

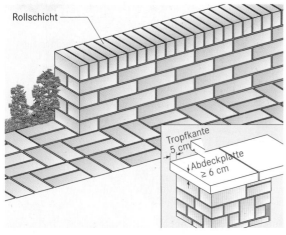

Abb. 2 Mauerabdeckungen

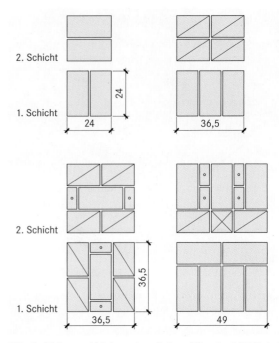

Abb. 3 Pfeiler aus kleinformatigen Steinen (NF- oder 2-DF-Steine)

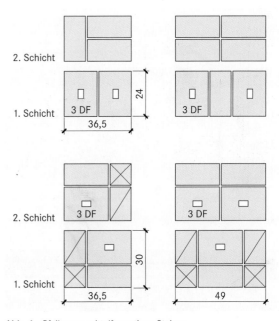

Abb. 4 Pfeiler aus mittelformatigen Steinen (3-DF- und 2-DF-Steine)

1.4.3 Mauerpfeiler

Pfeiler werden wie eine Mauer mit zwei Enden gemauert. Im Gegensatz zu Pfeilern aus kleinformatigen Steinen (DF-, NF- oder 2-DF-Steinen) werden für Pfeiler aus mittelformatigen Steinen (2-DF- und 3-DF-Steinen) nur wenige Teilsteine benötigt, wodurch das Schlagen der Steine entfällt (s. Abb. 3 und 4).

1.4.4 Fundamente

Aufgrund ihres hohen Gewichts benötigen Mauern ein Fundament aus Beton (C 25/30), das die Last gleichmäßig auf den Baugrund überträgt. Seine Tiefe sollte 80 bis 100 cm betragen. Die Breite richtet sich nach der Mauerstärke. Als Faustregel gilt: auf jeder Seite 5 cm breiter als die Mauer.

2 Mauern aus Naturstein

Obwohl nicht gerade preiswert, gewinnen Gartenmauern aus Naturstein wegen ihres schönen und natürlichen Aussehens zunehmend an Bedeutung. Natursteine werden in Steinbrüchen gewonnen.

Um die Transportkosten niedrig zu halten und ein harmonisches Einfügen in die Landschaft zu gewährleisten, wird häufig auf Material aus der näheren Umgebung zurückgegriffen, wobei Importe aus Brasilien, China und Indien in der Regel billiger angeboten werden als Natursteine aus heimischer Produktion.

Zyklopenmauerwerk aus Findlingen: In Norddeutschland als sogenannter Friesenwall weitverbreitet

Wechselmauerwerk

Schichtenmauerwerk

Höchste Bearbeitungsstufe einer Zyklopenmauer

Bruchsteinmauerwerk

Abb. 1 Natursteinmauern als Trockenmauern

2.1 Hart- und Weichgestein

Nach ihrer Bearbeitbarkeit kann man Natursteine in **Hart-** (z. B. Granit, Gneis, Quarzit, Basalttuff) und **Weichgestein** (z. B. Kalk- und Sandsteine) unterteilen. Aufgrund ihrer leichteren Bearbeitbarkeit und ihres verbreiteten Vorkommens haben Weichgesteine für den Bau von Natursteinmauern die größere Bedeutung (s. Tab. 1).

Muschelkalkstein
Dauerhafter Kalkstein, mit erkennbaren Organismenresten; Farbe: dunkelgrau bis bläulich

Konglomerat (Nagelfluh)
Ablagerungsgestein aus gerundeten Trümmern. Durch Ausbruch einzelner Steine entstehen die typischen runden Löcher. Farbe: grau, gelblich, rötlich

Kalkstein
Hier Jurakalk; in Blöcken für den Mauerbau geeignet; Farbe: weißlich gelb bis cremefarben

Sandsteine
Am meisten verwendetes Gestein im GaLaBau, sandkörnig, geschichtet, verwitterungsgefährdet; Farbe: dunkelrot, hellrot, braunrot, hellbraun, weiß bis gelblich, grünlich

Kalktuffe
Kalkgestein mit stark poröser Struktur; Farbe: weiß bis gelb, braun, rötlich

Grauwacke
Ein sehr fester, dunkler Sandstein

Brekzien
Ablagerungsgestein aus eckigen Gesteinstrümmern (Trümmergestein). Durch Ausbruch einzelner Steine entstehen die typischen eckigen Löcher. Farbe: grau, rötlich, bunt

Schiefer (Tonschiefer)
Leicht spaltbar in Schieferungsrichtung, wetterfest; Farbe: bläulich, grünlich bis tiefschwarz

Tab. 1   Häufig verwendete Weichgesteine

2.2 Natursteinbearbeitung

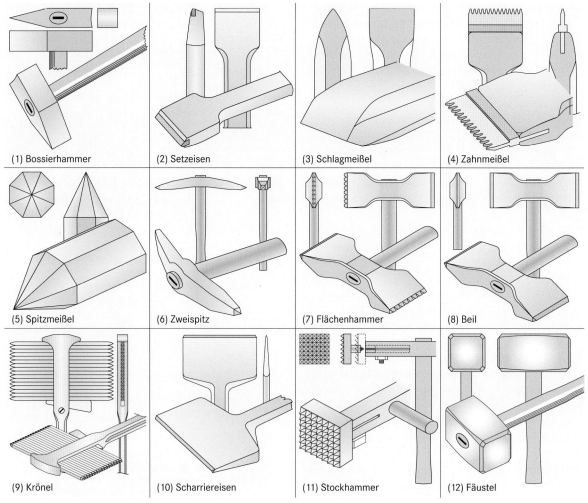

(1) Bossierhammer   (2) Setzeisen   (3) Schlagmeißel   (4) Zahnmeißel

(5) Spitzmeißel   (6) Zweispitz   (7) Flächenhammer   (8) Beil

(9) Krönel   (10) Scharriereisen   (11) Stockhammer   (12) Fäustel

Abb. 1 Werkzeuge zur Natursteinbearbeitung

Die Bearbeitung von Natursteinen setzt gute Fachkenntnisse und handwerkliches Geschick voraus. Heute wird in der Regel das Material vorgefertigt angeliefert, sodass auf der Baustelle nur noch geringfügige Nacharbeiten erforderlich sind.

Die erste rohe Bearbeitung des gebrochenen Felsgesteins, das sogenannte Bossieren, wird mit dem **Bossierhammer** (1) durchgeführt. Dabei wird das Gestein unter Belassen einer unregelmäßigen Oberfläche (Bossen = abzuarbeitendes Material) zu winkelrechten Blöcken (Rohform) bearbeitet. Das **Setzeisen** (2) (Stemmer, Preller) dient zum Bekanten, Spalten und Abschlagen größerer Teile. Mit dem **Schlagmeißel** (3) (Schlageisen, Flachmeißel) werden die Ecken und Kanten vorsichtig bearbeitet. Zur Beseitigung stehen gebliebener Bossen bedient man sich des **Zahnmeißels** (4) (Zahneisen), des **Spitzmeißels** (5) (Spitzeisens) und der **Zweispitze** (6).

Nach dem Spitzen erfolgt das Flächen. Mit dem **Flächenhammer** (7), dem **Zahnmeißel** (4) oder dem **Beil** (8), einem sehr breiten Flächenhammer, werden die gröbsten Unebenheiten in den Lager- und Sichtflächen geflächt.

Mit dem **Krönel** (9) (Kröneleisen), bestehend aus 12 bis 15 Spitzeisen, erhalten die Flächen ein gleichmäßiges grob gekörntes Aussehen. Nach dem Kröneln werden mit dem **Scharriereisen** (10) (Spalteisen) alle Unebenheiten beseitigt. Dazu werden breite, parallel zueinander geführte Schläge über die Fläche geführt, sodass die Fläche mit gleichmäßig breiten Rillen überzogen wird. Hartgesteine werden nicht gekrönelt oder scharriert, sondern mit dem **Stockhammer** (11) grob, fein oder schleifgerecht gestockt. Dabei ist darauf zu achten, dass die Schläge nicht senkrecht auftreffen, sondern der Hammer beim Stocken gezogen wird. Zum Treiben der Meißel dient der **Fäustel** (12).

2.3   Verlege- und Verbandsregeln

Um eine hinreichende Stabilität zu gewährleisten, müssen beim Aufsetzen von Natursteinmauern bestimmte Regeln eingehalten werden:

- Das Fundament sollte bei vermörtelten Mauern frostsicher (≥ 80 cm), bei Trockenmauern ≥ 40 cm gegründet sein.

- Die verwendeten Steine dürfen keine Verwitterungsschäden aufweisen und müssen frostbeständig sein.

- An den Ecken und am Sockel sind die größten Steine, gegebenenfalls in der Höhe von 2 Schichten, einzubauen.

- Geschichtete (lagerhafte) Steine müssen entsprechend ihrer natürlichen Schichtung (Lagerung) vermauert werden.

- Die Länge der Läufer soll das 4- bis 5-fache ihrer Höhe nicht übertreffen und die Steinhöhe nicht unterschreiten. Ihre Tiefe soll etwa gleich der Steinhöhe sein (s. Abb. 1).

- An den Sichtflächen dürfen nicht mehr als 3 Fugen zusammenstoßen (keine Kreuzfugen, s. Abb. 2).

- Keine Stoßfuge darf durch mehr als 2 Schichten gehen (s. Abb. 3).

- Die Überbindung der Stoßfugen muss beim Schichtenmauerwerk mindestens 10 cm, beim Quadermauerwerk mindestens 15 cm betragen (s. Abb. 4).

- Um eine ausreichende Verankerung des Mauerwerks zu gewährleisten, sind genügend Binder zu verwenden (Läufer : Binder = 2 : 1) oder Läufer- und Binderschichten müssen sich abwechseln (s. Abb. 5).

- Zwischenräume oder weite Fugen sind zu vermeiden oder mit Steinstücken auszufüllen (auszuzwicken, s. Abb. 5), damit sich keine Mörtelnester bilden bzw. bei Trockenmauern Stabilität zwischen den Steinen entsteht, und zu vermörteln.

- Die Tiefe (Dicke) der Binder muss mindestens 30 cm und möglichst das $1\frac{1}{2}$-fache der Schichthöhe betragen. Ihre Breite soll das 2-fache ihrer Höhe nicht übertreffen und die Steinhöhe nicht unterschreiten (s. Abb. 6).

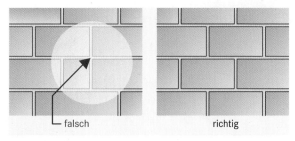

Abb. 2   Keine Kreuzfugen!

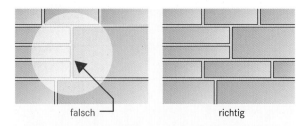

Abb. 3   Stoßfuge nur durch zwei Schichten

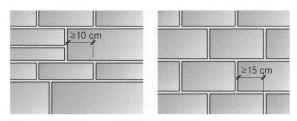

Abb. 4   Überbindung der Stoßfugen bei Schichten- und Quadermauerwerk

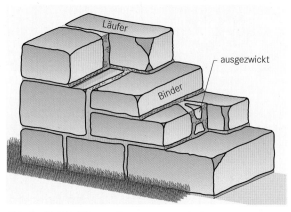

Abb. 5   Stabiles Mauerwerk

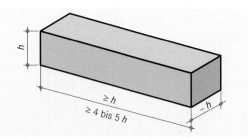

Abb. 1   Verhältnis von Länge, Breite und Höhe beim Läufer

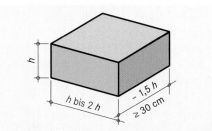

Abb. 6   Verhältnis von Länge, Breite und Höhe beim Binder

2.4 Mauerwerksarten

2.4.1 Mörtelmauerwerk

Zyklopenmauerwerk	Bruchsteinmauerwerk	Hammergerechtes Schichtenmauerwerk
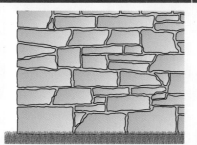		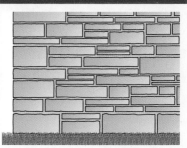
■ Unregelmäßige, weitgehend unbearbeitete, häufig rundliche Bruch-, Feld- oder Findlingssteine ■ Steine satt in Mörtel verlegt ■ Unregelmäßiges Fugenbild ■ Kein Verband ■ Breite Fugen ■ Höchstens alle 1,50 m Schichten der Höhe nach waagerecht abgleichen[1] ■ Auch als Trockenmauerwerk	■ Lagerhafte Steine mit weitgehend ebenen und parallelen Bruchflächen ■ Steine nur leicht bearbeitet ■ Verschiedene Steingrößen und -formen ■ An Mauerecken größere Steine, die wechselseitig überbinden ■ Unregelmäßiges Fugenbild ■ Ohne erkennbaren Verband ■ Fugen verkeilt und mit Mörtel verfüllt ■ Mind. alle 1,50 m Schichten abgleichen[1] ■ Auch als Trockenmauerwerk	■ Steine hammergerecht auf mindestens 12 cm Tiefe grob zugeschlagen ■ Unterschiedliche Steinformate ■ Fugenbild entspricht dem unregelmäßigen Schichtenmauerwerk ■ Steinhöhen in den einzelnen Schichten können verschieden sein ■ Mindestens alle 1,50 m Schichten abgleichen[1] ■ Auch als Trockenmauerwerk

Unregelmäßiges Schichtenmauerwerk (Wechselmauerwerk)	Regelmäßiges Schichtenmauerwerk	Quadermauerwerk

■ Steine auf mindestens 15 cm Tiefe bearbeitet ■ Stoß- und Lagerfugen senkrecht zueinander ■ Fugenstärke ≤ 3 cm ■ Überdeckung der Stoßfugen ≥ 10 cm ■ Lagerfugen durch größere Steine, sog. Wechsler, unterbrochen ■ Häufig wechselnde Schichthöhen innerhalb einer Schicht wie auch zwischen den verschiedenen Schichten ■ Nach Wechsler mit anderer Schichthöhe weitergemauert ■ Mindestens alle 1,50 m Schichten abgleichen[1] ■ Selten als Trockenmauerwerk	■ Steine regelmäßig verlegt ■ Lagerflächen der Steine in ganzer Tiefe bearbeitet ■ Steine innerhalb einer Schicht gleich hoch, zwischen den Schichten Wechsel in der Steinhöhe möglich ■ Stoß- und Lagerfugen senkrecht zueinander ■ Erkennbarer Verband ■ Fugenstärke ≤ 3 cm ■ Überdeckung der Stoßfugen ≥ 10 cm ■ Jede Schicht ist abzugleichen[1] ■ Anfertigung nach Versetzplan möglich, einzelne Steine nach Schicht und Reihenfolge nummeriert ■ Auch als Trockenmauerwerk	■ Steine in ganzer Tiefe bearbeitet (Quader) ■ Stoß- und Lagerfugen senkrecht zueinander ■ Fugenstärke ≤ 3 cm ■ Überdeckung der Stoßfugen ≥ 15 cm ■ Alle Schichten gleich hoch ■ Sehr stabiles Mauerwerk ■ Auch als Trockenmauerwerk

[1] durchgehende Lagerfuge herstellen (Mauerwerk horizontieren)

Tab. 1 Natursteinmauerwerksarten

2.4.2 Trockenmauerwerk

Abb. 1   Trockenmauer im Weinberg

Abb. 3   Aufsetzen einer Natursteinmauer mittels Greifbagger

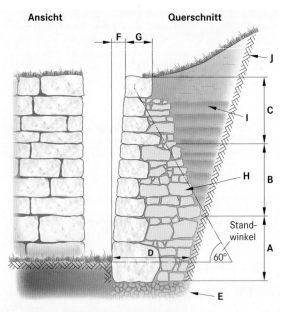

A untere Mauerpartie (größere Steine)

B mittlere Mauerpartie (mittelgroße Steine)

C obere Mauerpartie
(kleinere Steine plus schwere Mauerkronsteine)

D Mauerdicke am Mauerfuß
mind. ⅓ bis ½ der Mauerhöhe

E Fundament (Material Kies oder Schotter), Tiefe ≥ 40 cm

F Anlauf/Dossierung (zwischen 5 und 20 % der Mauerhöhe)

G Mauerkrone (Breite unabhängig von der Mauerhöhe ≥ 40 cm)

H Hintermauerung

I schichtweise Auffüllung mit Bodenmaterial

J gewachsener Boden

Abb. 2   Aufbau einer Trockenmauer mit Hintermauerung

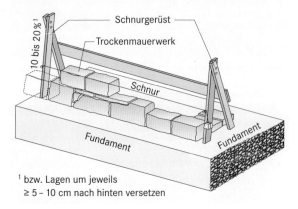

[1] bzw. Lagen um jeweils
≥ 5 – 10 cm nach hinten versetzen

Abb. 4   Schnurgerüst

Die ursprüngliche Form der Natursteinmauer ist die Trockenmauer. Bereits im Mittelalter legten die Winzer ihre am Hang gelegenen Weinberge mithilfe von Trockenmauern terrassenförmig an (s. Abb. 1). Ihre auch heute noch große Beliebtheit lässt sich vor allem daraus ableiten, dass sie

■ hohen ästhetischen Anforderungen genügen,

■ sich harmonisch in den Garten bzw. die Landschaft einfügen und

■ ökologisch wertvoll sind, indem sie zahlreichen Tier- und Pflanzenarten Lebensraum und Unterschlupf bieten.

Eine **Trockenmauer** besteht aus nur leicht bearbeiteten Bruchsteinen, die ohne Mörtel und damit „trocken" zu einer Mauer aufgesetzt sind. Im Allgemeinen wird sie als **Stützmauer** zur Böschungssicherung oder Terrassierung hängigen Geländes gebaut. Die Steine werden mit einer leichten Neigung zur Böschung hin aufgesetzt. Diese Neigung nennt man **Anlauf** oder **Dossierung**. Sie liegt zwischen 5 bis 20 % der Mauerhöhe (s. Abb. 2).

Statt die Natursteinmauer mit Kies oder Schotter zu hinterfüllen, werden immer häufiger nach traditioneller Bauweise der Weinbergsmauern zeitgleich mit dem Hochziehen der Sichtreihen Bruchsteine als **Hintermauerung** eingebaut (s. Abb. 2, S. 150). Verbliebene Hohlräume sind mit Mineralgemisch (8/16) zu schließen. Diese Bauweise erhöht nicht nur die Stabilität und Lebensdauer der Mauer, sie fördert auch das Ableiten des anfallenden Wassers (Dränschicht).

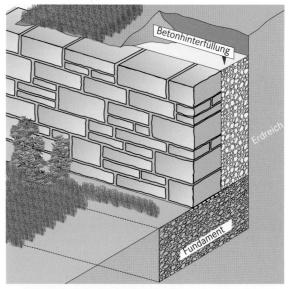

Stützwand als Verblendmauerwerk
(unregelmäßiges Schichtenmauerwerk)

⬇ Arbeitsablauf im Überblick

1. Verlauf der Mauer abstecken.
2. Boden 20 bis 40 cm tief für das Fundament auskoffern (muss auf gewachsenem Boden stehen).
3. Kies oder Schotter einbringen, gut verdichten und im Neigungswinkel der Mauer abziehen.
4. Schnurgerüst aufstellen, Anlauf mit Schnurlehren fixieren (s. Abb. 4, S. 150).
5. Steine der Sichtfläche mit möglichst engen Fugen und einer leichten Neigung zur Böschung hin aufsetzen. Als Hilfsmittel dient die Richtschnur, die mit den Steinreihen nach oben gezogen wird (Regeln s. S. 148).
6. Nach jeder Schichtreihe sichtbarer Bausteine den Leerraum zum dahinter liegenden Erdreich[1] mit Bruchsteinen sorgfältig ausfüllen. Hohlräume unter größeren Steinen so mit Steinkeilen (Steinsplittern) unterlegen, dass sie nicht mehr wackeln. Die restlichen Zwischenräume durch Einpassen kleinerer Steine schließen (nicht nur hineinschütten!).
7. Mauerabschluss mit Steinen erstellen, möglichst die gesamte Mauerdicke überspannen.

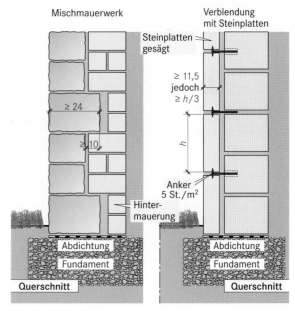

Abb. 1 Verblendmauerwerk

2.4.3 Verblendmauerwerk

Um die hohen Lohn- und vor allem Materialkosten einzusparen, werden häufig Scheintrockenmauern in Form von **Verblendmauerwerk** erstellt. Sie bestehen aus einer sichtbaren Natursteinverblendung und einer dahinter stehenden Mauer aus künstlichen Steinen oder Beton. Zur Verhinderung von Ausblühungen (s. S. 143 f.) sind Betonwände gegen das Erdreich mit einem Isolieranstrich vor eindringender Feuchtigkeit zu schützen.

Wird beim Hochmauern des Verblendmauerwerks aus natürlichen oder künstlichen Steinen gleichzeitig der Beton geschüttet und verdichtet bzw. die Hintermauerung durchgeführt, spricht man von einem **Mischmauerwerk**. Sollen Mischmauerwerke eine tragfähige Einheit bilden, müssen folgende Regeln eingehalten werden:

- Das Verblendmauerwerk muss mit der Hintermauerung durch mindestens 30 % Bindersteine, gleichmäßig über die Fläche verteilt, verbunden sein.
- Bei einer Hintermauerung aus künstlichen Mauersteinen darf nur jede dritte Schicht der Natursteinmauer aus Bindern bestehen.

---

[1] Bei frei stehenden Mauern wird der Bereich zwischen den beiden Mauerschalen mit Bruchsteinen ausgefüllt.

- Die Binder müssen mindestens 24 cm tief sein und mindestens 10 cm in die Hintermauerung einbinden.
- Mauerkronen vor eindringendem Regenwasser schützen, z. B. durch Rollschichten aus schräg stehenden Platten. Abdeckhauben oder –platten z. B. aus Edelstahl oder Zinkblech verwenden.

2.5 Pflanzen für Trockenmauern

Auf der Maueroberfläche oder in den Fugen einer Trockenmauer herrschen extreme Lebensbedingungen. Nur Pflanzen, die an Trockenheit und Nährstoffarmut angepasst sind, wie Flechten oder Sedum- und Sempervivum-Arten, die in ihren dickfleischigen Blättern Wasser speichern, können hier auf Dauer überleben. Andererseits entstehen je nach Lage der Mauer, z. B. in praller Sonne oder im Schatten großer Bäume, unterschiedliche Mikroklimata und damit Lebensräume. So bietet ein schattiger, kühler und feuchter Standort Algen, Moosen und Farnen einen idealen Lebensraum. Die Auswahl der Pflanzen zur Begrünung einer Trockenmauer hängt also in erster Linie von der Lage der Mauer zur Sonne ab (s. Tab. 1 und S. 153 f.).

Pflanzenart	Standort	Fuge	Mauerkrone	Pflanzenart	Standort	Fuge	Mauerkrone
Alyssum montanum (Bergsteinkraut)	○	X	X	Gentiana sino-ornata (Herbstenzian)	○–◐	–	X
Anaphalis triplinervis (Perlkörbchen)	○	–	X	Geranium dalmaticum (Storchschnabel)	○–◐	X	X
Anthemis biebersteiniana (Goldkamille)	○	–	X	Geranium sanguineum (Blutstorchschnabel)	○–◐	X	X
Arabis caucasica (Gänsekresse)	○	X	X	Geranium subcaulescens (Zwergstorchschnabel)	○–◐	X	X
Asplenium trichomanes (Brauner Streifenfarn)	◐–●	X	–	Gypsophila repens (Schleierkraut)	○	X	X
Aster alpinus (Frühlingsaster)	○	X	X	Iberis sempervirens (Schleifenblume)	○	X	X
Aster bellidiastrum (Alpenmaßliebchen)	○–◐	–	X	Inula ensifolia (Zwergalant)	○	X	X
Aubrieta-Arten (Blaukissen)	○	X	X	Lavandula angustifolia (Lavendel)	○	–	X
Aurinia saxatilis (Felsensteinkraut)	○	X	X	Lewisia cotyledon (Bitterwurz)	○	X	X
Campanula carpatica (Karpatenglockenblume)	○–◐	X	X	Limonium latifolium (Meerlavendel)	○	–	X
Campanula cochleariifolia (Zwergglockenblume)	○–◐	X	X	Linum flavum (Goldflachs)	○	X	X
Campanula garganica (Glockenblume)	○–◐	X	X	Linum perenne (Alpenlein)	○	X	X
Campanula portenschlagiana (Glockenblume)	○–◐	X	X	Morina longifolia (Steppendistel)	○	–	X
Campanula poscharskyana (Glockenblume)	○–◐	X	X	Papaver nudicaule (Islandmohn)	○	–	X
Centranthus ruber (Spornblume)	○	X	X	Petrorhagia saxifraga (Felsennelke)	○	X	X
Cerastium tomentosum (Hornkraut)	○	X	X	Phlox douglasii (Phlox)	○	X	X
Cymbalaria muralis (Zimbelkraut)	○	X	–	Phlox subulata (Teppichphlox)	○	X	X
Dianthus deltoides (Heidenelke)	○	–	X	Potentilla crantzii (Zottiges Fingerkraut)	○–◐	X	X
Draba aizoides (Hungerblümchen)	○	X	X	Primula x pubescens (Gartenaurikel)	○–◐	X	X
Dryas x suendermannii (Silberwurz)	○	X	X	Pulsatilla vulgaris (Küchenschelle)	○	–	X
Erigeron karvinskianus (Zwergfeinstrahlaster)	○	X	X	Rhodiola crassipes (Fetthenne)	○	X	–
Gentiana acaulis (Stängelloser Enzian)	○–◐	–	X	Saponaria ocymoides (Seifenkraut)	○	X	X
Gentiana lagodechiana (Sommerenzian)	○	–	X	Saxifraga pedemontana (Steinbrechgewächs)	◐	X	X
				Saxifraga trifurcata (Steinbrech)	○	X	X
				Sedum-Arten (Mauerpfeffer)	○	X	X
				Sempervivum-Arten (Hauswurz)	○	X	X
				Silene schafta (Leimkraut)	○	X	X
				Thymus doerfleri (Thymian)	○	X	X

Tab. 1   Geeignete Stauden zur Bepflanzung von Mauern

Anaphalis triplinervis (Perlkörbchen),
△, VII – VIII

Asplenium trichomanes
(Brauner Streifenfarn), △

Aster bellidiastrum (Alpenmaßliebchen),
△, IV – VI

Aubrieta columnae (Blaukissen),
〰⋗, △, IV – V

Aubrieta deltoidea (Griechisches Blaukissen),
〰⋗, △, IV – V

Aurinia saxatilis (Felsensteinkraut),
♄ - ♃, △, ▽, IV – V

Campanula carpatica (Karpatenglocken-
blume), △, VI – VII

Centranthus ruber (Spornblume), V – VII

Cymbalaria muralis (Zimbelkraut),
〰⋗, ⩚, △, VI – IX

Erigeron karvinskianus
(Zwergfeinstrahlaster), 〰⋗, △, ∧, V – IX

Geranium sanguineum (Blutstorchschnabel),
△, V – IX

Iberis sempervirens (Schleifenblume),
♄, i, △, V

Abb. 1 Stauden

Morina longifolia (Steppendistel),
∧, VI – VIII

Papaver nudicaule (Islandmohn), △, VI – IX

Petrorhagia saxifraga (Felsennelke),
△, VI – IX

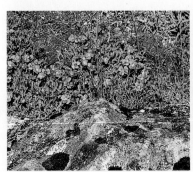

Phlox douglasii (Phlox), △, ⋙, V – VI

Potentilla crantzii (Zottiges Fingerkraut),
△, VI – VII

Primula x pubescens (Gartenaurikel), IV – VI

Rhodiola crassipes (Fetthenne), VI

Saxifraga pedemontana
(Steinbrechgewächs), △, ▽, VI

Sedum kamtschaticum (Fetthenne), VII – VIII

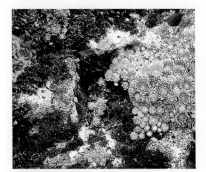

Sempervivum orbiculatum (links),
Sempervivum pittonii (rechts) (Hauswurz)

Abb. 1 Stauden

Die **Bepflanzung** sollte möglichst während des Baus der Mauer erfolgen. An den Stellen, an denen die Pflanzen eingesetzt werden, müssen die Stoßfugen notwendigerweise breiter gehalten werden[1]. Dabei ist zu bedenken, dass bei einer Trockenmauer möglichst enge Fugen angestrebt werden. Nicht nur aus diesem Grund ist eine zu dichte Bepflanzung zu vermeiden.

Das Mauerwerk sollte weitgehend sichtbar bleiben, denn gerade im Kontrast zwischen Naturstein und Pflanze liegt der besondere Reiz einer Trockenmauer.

---

[1] Stoßfugenfüllung zur Bepflanzung: z. B. Sand-Kies 0/8, Kalkschotter 0/8 + 20 % Blähtonschiefer 2/8

Aufgaben (KÜNSTLICHE STEINE)

1. Welchem Zweck dienen Mauern im GaLaBau?
2. Unterscheiden Sie Klinker und Ziegel.
3. Erläutern Sie das Baumaß 25 cm bei künstlichen Mauersteinen.
4. Was bedeuten die Bezeichnungen DF, NF, 2 DF und 3 DF bei Mauersteinen und welche Maße weisen sie auf?
5. Von welchem Format geht man bei der Bezeichnung der einzelnen Steine aus?
6. Welche Maße weisen Halb-, Viertel- und Dreiviertelstein auf?
7. Was versteht man unter einem „am"?
8. Unterscheiden Sie das Rohbaurichtmaß (Baurichtmaß) und das Nennmaß (Baunennmaß).
9. Geben Sie zu folgenden am die Rohbaurichtmaße und Nennmaße an: a) Türöffnung in Mauer 8 am, b) Mauernische 5 am, c) Mauerpfeiler 3 am, d) Mauervorsprung 2 am, e) Mauerfenster 14 am.
10. Die Steinhöhe beträgt 7,1 cm, die Mauerhöhe soll 1,50 m betragen. Wie viele Schichten müssen gemauert werden?
11. Warum erfolgt die Anordnung der Steine im Mauerwerk im Verband?
12. Unterscheiden Sie Läufer und Binder.
13. In welchem Verband wird die 11,5er-Mauer gemauert?
14. In welchen Tragverbänden wird in der Regel die 24 cm dicke Mauer gemauert?
15. Im Kreuzverband sind die Stoßfugen der Läuferschichten jeweils um 1 am = 12,5 cm versetzt. Wie erreicht man dies?
16. Welche Regeln sind beim Hochführen der Mauerschichten zu beachten?
17. Warum müssen Kreuzfugen vermieden werden und wie kann dies geschehen?
18. Was versteht man unter Überbindung bzw. Fugenversatz?
19. Wovon hängt das Mindestüberbindemaß der Steine ab, und wie groß muss es mindestens sein?
20. Warum sind Mauerziegel bei heißem Wetter anzunässen?
21. Zeichnen Sie zu den Ansichten der folgenden 24 cm dicken Mauern jeweils
    a) die ersten beiden Schichten in der Draufsicht, wenn im Blockverband gemauert wird,
    b) die ersten vier Schichten in der Draufsicht, wenn im Kreuzverband gemauert wird.

a)   1 = ungerade Anzahl am

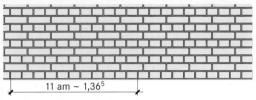

11 am ~ 1,36^5

b)   1 = gerade Anzahl am

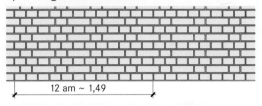

12 am ~ 1,49

22. Benennen Sie die folgenden Verbände:

23. Warum müssen die Ecken einer Mauer besonders sorgfältig gemauert werden?
24. Wozu dient die Abtreppung einer Mauer?
25. Womit können die waagerechte Ausrichtung der Schichten und die Genauigkeit der Schichthöhen überprüft werden?
26. Wodurch ergibt sich die große Variation von Ziegelmauern?
27. Was versteht man unter Ausblühungen, wie kommen sie zustande und wie können sie verhindert werden?
28. Was ist bei der Erstellung eines Mauerfundaments zu beachten?

Aufgaben (NATURSTEIN)

1. Unterscheiden Sie Hart- und Weichgestein.
2. Nennen Sie jeweils drei gebräuchliche Hart- und Weichgesteine zum Bau von Natursteinmauern.
3. Benennen Sie die abgebildeten Werkzeuge.

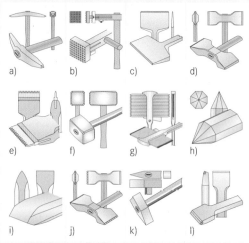

a)   b)   c)   d)

e)   f)   g)   h)

i)   j)   k)   l)

4. Was versteht man unter folgenden Bezeichnungen im Mauerbau: a) Läufer, b) Binder, c) Stoßfugen, d) Lagerfugen, e) Überdeckung/Überbindung, f) Wechsler, g) lagerhafte Steine, h) Knirsch- oder Pressfuge, i) Quader, j) Einbindtiefe, k) Anlauf/ Dossierung?
5. Nennen Sie zu den gekennzeichneten Punkten die einzuhaltenden Vermauerungsgrundsätze.

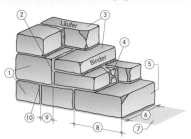

6. Welche Mauerwerksarten werden beim Bau von Natursteinmauern unterschieden?
7. Beurteilen Sie die abgebildeten Mauerausschnitte auf ihre fachliche Richtigkeit.

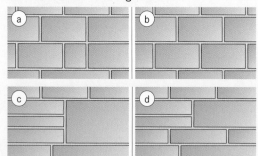

8. Benennen Sie die abgebildeten Mauerwerksarten und nennen Sie typische Kennzeichen.

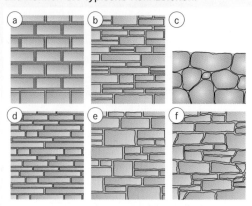

a   b   c

d   e   f

9. Warum sollten Binder keine keilige Form haben?

10. Wie groß soll die Überbindung beim
    a) Schichtenmauerwerk und
    b) Quadermauerwerk mindestens sein?
11. Was versteht man unter einer Trockenmauer und worin ist ihre ökologische Bedeutung zu sehen?
12. Wie sollte das Fugenbild aussehen?
13. Trockenmauern werden in der Regel als Stützmauern errichtet. Wie groß muss der Anlauf sein?
14. Wie sollte das Fundament einer Trockenmauer beschaffen sein?
15. Wie breit sollten der Mauerfuß und die Mauerkrone mindestens sein?
16. Nennen Sie drei Möglichkeiten für den oberen Mauerabschluss.
17. Warum besteht bei Trockenmauern keine Gefahr von Frostschäden?
18. Was versteht man unter Verblend- und Mischmauerwerk und welche Vorteile bieten sie gegenüber reinen Natursteinmauerwerken?
19. Worauf ist beim Erstellen von Verblend- und Mischmauerwerk zu achten?
20. Eine Trockenmauer in Südlage soll bepflanzt werden. Nennen Sie zehn geeignete Stauden mit ihren botanischen Namen.

Treppenbau

1 Funktion von Treppen

Abb. 1 Treppen als Blickfang des Gartens

Treppen dienen in erster Linie zur Überwindung von Höhen, um unterschiedliche Ebenen miteinander zu verbinden. Sie sind dann angebracht, wenn die Steigung eines Weges so groß ist, dass ein bequemes Begehen nicht mehr möglich ist. Allgemein gilt dies für Steigungen über 10% bzw. ab 8% bei glatten Belägen, älteren oder gehbehinderten Personen.

Darüber hinaus sind Treppen aufgrund der Vielfalt an unterschiedlichen Materialien, Oberflächenstrukturen/ -bearbeitungen und Bauweisen reizvolle architektonische Elemente in der Gartengestaltung (s. Abb. 1). Über ihre reine Nutzfunktion hinaus können Stufen und Podeste zum Aufstellen von Pflanzen, Skulpturen u. Ä. wie auch zum Sitzen und Entspannen dienen.

Für Fahrzeuge, z. B. Rollstuhl oder Pflegefahrzeug, bieten sich Rampen (Schrägen) an.

2 Fachbegriffe (s. Abb. 1, S. 158)

■ Auftritt

> **Auftritt** = nutzbare Stufentiefe

■ Stufenhöhe

> **Stufenhöhe** = Höhe einer Stufe

■ Steigungsverhältnis

Die Steigung einer Treppe ergibt sich aus dem Verhältnis Stufenhöhe zu Auftritt (s. Abb. 2, S. 155):

$$\text{Steigungsverhältnis} = \frac{\text{Stufenhöhe}}{\text{Auftritt}}$$

Beispiel: Stufenhöhe = 15 cm
Auftritt = 35 cm

Steigungsverhältnis $= \dfrac{15\,\text{cm}}{35\,\text{cm}} = 15/35$

Das Steigungsverhältnis einer Treppe sollte ein bequemes Begehen ermöglichen. Erfahrungen haben gezeigt, dass dies gewährleistet ist, wenn mit einem Schritt 2 × die Stufenhöhe und 1 × der Auftritt überwunden werden können. Dabei rechnet man in der Regel mit einem **Schrittmaß** von 63 bis 68 cm (s. Abb. 2, S. 158). Entsprechend lautet die **Schrittmaßregel** zur Berechnung von Auftritten bzw. Stufenhöhen:

> **2 · Stufenhöhe + Auftritt = Schrittmaß**

Die Stufe darf nicht zu hoch (schweres Begehen) und nicht zu niedrig (Stolpergefahr) sein. Nach Möglichkeit sollte in Gärten und Grünanlagen eine Mindeststufenhöhe von 10 cm und eine maximale Stufenhöhe von 16 cm nicht unter- bzw. überschritten werden.

Beispiel:
Wie lang ist der Auftritt bei a) 10 cm Stufenhöhe und b) 16 cm Stufenhöhe, wenn als Schrittmaß 65 cm zugrunde gelegt werden?

a) 2 · 10 cm + ? = 65 cm
   20 cm + 45 cm = 65 cm
   Ergebnis: Bei einer Stufenhöhe von 10 cm beträgt der Auftritt 45 cm (Steigungsverhältnis 10/45).

b) 2 · 16 cm + ? = 65 cm
   32 cm + 33 cm = 65 cm
   Ergebnis: Bei einer Stufenhöhe von 16 cm beträgt der Auftritt 33 cm (Steigungsverhältnis 16/33).

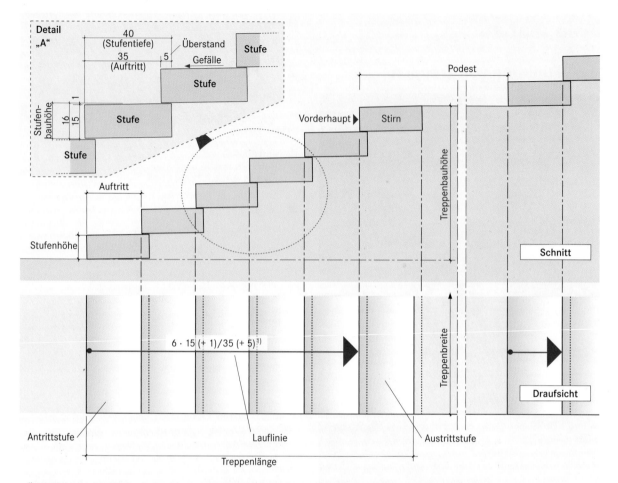

1) 6 Stufen mit einer Steigung von 15 cm + 1 cm (Stufengefälle) und einem Auftritt von 35 cm und einem Stufenüberstand von 5 cm

Abb. 1 Fachbegriffe

Merke

Je höher eine Stufe, desto kürzer ist der Auftritt und umgekehrt!

Die Steigung einer Treppe wird im Plan durch einen Pfeil (**Lauflinie**) dargestellt (s. Abb. 1). Er verläuft in Richtung Steigung und reicht von der untersten bis zur Vorderkante der obersten Stufe.

■ Stufenbauhöhe

Stufenbauhöhe = Stufenhöhe + Gefälle

Das Stufengefälle soll anfallendes Niederschlagswasser rasch ableiten und eine Vereisung der Stufenoberflächen im Winter vermeiden. Es wird nach vorne angelegt und liegt bei 1 cm/Stufe bzw. 1 bis 3 %.

■ Treppenbauhöhe

Treppenbauhöhe =
Stufenbauhöhe · Anzahl der Stufen

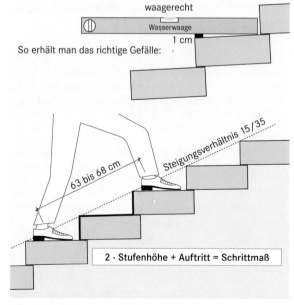

Abb. 2 Das Steigungsverhältnis

■ Treppenlänge

Treppenlänge = Auftritt · Anzahl der Stufen

■ Podeste (Treppenabsätze)
Podeste dienen zur Unterbrechung zu langer und damit unbequemer Treppen sowie als gestalterische Elemente.

Schrittregel für Podeste

Wenn mehrere Treppen hintereinander folgen, soll jede Treppe mit einem anderen Bein angegangen werden. Dazu muss auf dem Podest ein Schrittwechsel stattfinden. Man erreicht dies, indem auf eine gerade Stufenzahl auf dem Podest eine ungerade Schrittzahl folgt und umgekehrt (s. Abb. 1).

Im Gegensatz zur rechnerischen Podestlänge ergibt sich die optische (tatsächliche) Länge des Podests aus der Schrittzahl plus dem Auftritt der Austrittsstufe (s. Abb. 1, S. 158).

Treppe mit ungerader Stufenzahl

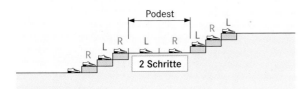

Treppe mit gerader Stufenzahl

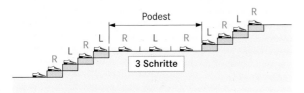

Abb. 1 Schrittwechsel auf dem Podest

3 Treppenläufe

Gerade Treppenläufe

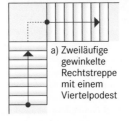

a) Einläufige gerade Treppe

b) Zweiläufige gerade Treppe mit einem Zwischenpodest

Gewinkelte Treppenläufe

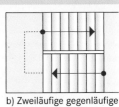

a) Zweiläufige gewinkelte Rechtstreppe mit einem Viertelpodest

b) Zweiläufige gegenläufige Rechtstreppe mit einem Halbpodest

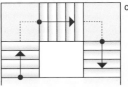

c) Dreiläufige zweimal abgewinkelte Rechtstreppe mit zwei Viertelpodesten

Gewendelte Treppenläufe

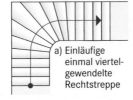

a) Einläufige einmal viertelgewendelte Rechtstreppe

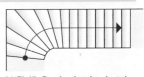

b) Einläufige im Antritt viertelgewendete Rechtstreppe

c) Einläufige zweimal entgegengesetzt viertelgewendete Rechtstreppe

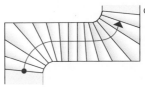

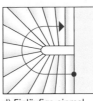

d) Einläufige einmal halbgewendelte Rechtstreppe

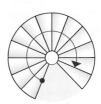

e) Einläufige Wendeltreppe

Abb. 2 Grundrisse unterschiedlicher Treppenformen

4 Stufenarten

Stufenarten	Kennzeichen und Materialien	Bemerkungen
Blockstufen 	Stufen aus einem Stück. Bei wenigen Stufen auf tragfähigem Untergrund aufgrund des hohen Eigengewichts in der Regel kein Betonfundament erforderlich. Gut verdichtetes Kies-Sand-Gemisch (0/32) mit einer Auflage von 3 bis 5 cm Sand ausreichend. Ggf. unter Antrittsstufe Fundament aus Beton C 25/30, Tiefe > 60 cm und Stufen in Mörtel setzen. Verlegung erfolgt mit leichtem Überstand (≥ 2 cm). **Materialien:** Porphyr, Granit, Gneis, Sandstein, Muschelkalk, Beton	Sehr schön und repräsentativ, relativ teuer, sehr stabil aufgrund hohen Eigengewichts. Maschinen bzw. Geräte zum Verlegen erforderlich. Bei Natursteinen Sonder- und Maßanfertigungen üblich. 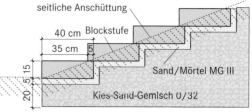
Legestufen 	Stufenplatten von 2 bis 10 cm Stärke, die mit Unterlagen (Breite ≤ 1/4 Auftritt) aus gleichem Material unterlegt werden; Platten werden mit 2 bis 6 cm Überstand (Schattenlinie) auf gestuftem Betonunterbau mit oder ohne Verblendstein verlegt; Auftrittsbreite meist zwischen 30 bis 40 cm, gebräuchliche Plattenbreiten zwischen 0,80 und 1,50 m. **Materialien:** Porphyr, Granit, Gneis, Sandstein, Beton, Holz, Metall	Letztendlich nicht preiswerter als Blockstufen, da Arbeitsaufwand größer (Fundament erforderlich); über die Stärke der Unterlage kann die Stufenhöhe reguliert werden; üblicherweise werden Platten und Unterlagen mit Mörtel verbunden; Ansichtsflächen von Platten und Unterlagen sollten gleiche Bearbeitung aufweisen. 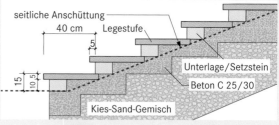
Stellstufen 	Stufenplatten sind gestellt. Höhe der Rückenstützen treppenabwärts ≥ 1/3, treppenaufwärts ≥ 1/2 der Stellkantenhöhe. Der ausgekofferte Auftritt kann z. B. ausgepflastert, bekiest, mit Platten belegt oder mit Rindenmulch ausgefüllt werden. Als Stellstufen eignen sich auch kurze Palisaden (etwa 40 cm) aus Holz oder Beton, Kantensteine oder L-Steine. **Materialien:** Porphyr, Granit, Gneis, Sandstein, Beton, Klinker, Holz, Metall	Einfache Treppenform; im Allgemeinen weniger robust als bei Block- und Legestufen. 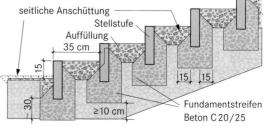

Tab. 1 Gebräuchliche Stufenarten

5 Gründungen

Die **Gründung** (Fundamentierung) stellt die Verbindung zwischen dem Bauwerk (der Treppe) und dem Baugrund her. Zur Vermeidung von Setzungsschäden soll sie eine bestmögliche Übertragung der Bauwerkslasten (Eigengewicht + Verkehrslast) auf den Baugrund gewährleisten. Bei ausreichender Tragfähigkeit kann der gewachsene Boden als Auflager für die Stufen dienen.

Bei der **Fundamentierung** kann zwischen unstarren und starren Fundamenten unterschieden werden:

- **Unstarre Fundamente** bestehen aus ungebundenen Schüttstoffen, z.B. Kies-Sand-, Schotter-Splitt-Gemischen (0/32) oder Splitt (8/32),
- **starre Fundamente** bestehen aus gebundenen Schüttstoffen, also Beton.

Welche Art der Gründung durchgeführt wird, hängt in erster Linie von der Größe der Treppe (Anzahl der Stufen), der Verkehrsbelastung und der Lage ab. So können Blockstufen bei wenigen Stufen (≤ 10) aufgrund ihres hohen Eigengewichts in der Regel ohne Betonfundament in einem gut verdichteten Kies-Sand-Gemisch (0/32) verlegt werden. Gleiches gilt für Legestufen bis 5 Stück. Bei größeren und vor allem öffentlich zugänglichen Treppen werden hingegen in der Regel starre Gründungen (Betonfundamente) vorgezogen.

Bei gering belasteten Treppen (z.B. in Hausgärten) mit bis zu 5 Stufen kann statt einer **frostfreien** (Einbaudicke ≥ 80 cm) eine **frostbeständige Gründung** erstellt werden. Bei dieser lagert das ≥ 40 cm dicke Betonfundament auf einer Frostschutzschicht. Beide zusammen müssen eine Dicke von ≥ 80 cm aufweisen. Die Gefahr von Bauschäden durch Frost ist zwar minimiert, jedoch nicht vollkommen auszuschließen.

Vollfundamente unterfangen die gesamte Treppe in voller Länge, Breite und Tiefe. Sie bilden sozusagen einen Betonblock unter der Treppe. Bei längeren Treppen (mehr als 5 Stufen) wird aus Kostengründen die Fundamentsohle abgestuft. Um Risse aufgrund unterschiedlicher Baugrundbelastungen zu vermeiden, ist hier Stahlbeton zu verwenden. Die preiswerteste Form der starren Gründung bilden längs zur Laufrichtung verlaufende **Streifenfundamente** (s. Abb. 1), weshalb sie im Garten- und Landschaftsbau bevorzugt eingebaut werden.

Die **Verkehrssicherheit von Treppen** wird in den jeweiligen Bauordnungen der Länder geregelt. Ab 3 bzw. 5 Stufen und einem Steigungsverhältnis > 1 : 4 ist in der Regel ein Handlauf zur Gehsicherung vorgeschrieben. Die Höhe des Geländers muss mindestens 90 cm betragen.

Bei einer seitlichen Absturzhöhe von > 1 m ist zusätzlich eine Absturzsicherung erforderlich. Besteht sie aus Stäben oder Gittern, dürfen diese nicht breiter als 12 cm sein, damit kein Kinderkopf hindurchpasst.

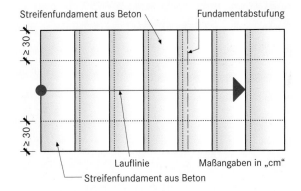

Abb. 1 Streifenfundamente längs zur Laufrichtung

6 Treppenberechnungen

Planung einer Treppe ohne Podest

Vorgaben:
- Höhenunterschied 1,28 m
- Höhe der verwendeten Stufen 15 cm

Gefragt sind
a) die Bauhöhe einer Stufe,
b) die Länge des Auftritts und
c) die Länge der Treppe.

Rechengang:
a) Die Anzahl der benötigten Stufen wird errechnet:
    128 cm : 15 cm = 8,5
    ▶ **Es sind 8 Stufen erforderlich.**
    15 cm · 8 = 120 cm werden mit der Treppe überbrückt.
    128 cm – 120 cm = 8 cm verbleiben für das Stufengefälle.
    8 cm : 8 (Anzahl der Stufen) = 1 cm beträgt das Gefälle pro Stufe.
    15 cm (Stufenhöhe) + 1 cm (Gefälle) = 16 cm
    ▶ **Die Bauhöhe einer Stufe muss 16 cm betragen.**
b) 2 · Stufenhöhe + Auftritt = 65 cm
    2 · 15 cm   +   ?   = 65 cm
    30 cm   + 35 cm   = 65 cm
    ▶ **Der Auftritt muss 35 cm lang sein.**
c) Treppenlänge = Auftritt · Anzahl Stufen
            = 35 cm · 8 = 280 cm
    ▶ **Die Länge der Treppe muss 280 cm betragen.**

Planung einer Treppe mit Podest

Vorgaben:

- Terrassenhöhe 4,50 m
- Rasenhöhe 2,50 m
- Entfernung 10 m
- Blockstufen 15/40/120 cm

Rechengang:

Es ist sinnvoll, zunächst einmal eine kleine Skizze zu erstellen, die die Sachlage veranschaulicht.

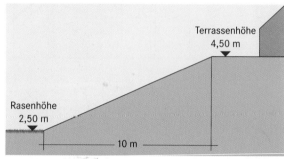

Abb. 1 Skizze zur Treppenplanung

1. Höhenunterschied

4,50 m – 2,50 m = 2 m

2. Erforderliche Stufenzahl

200 cm : 16 cm (15 + 1 cm Gefälle) = 12,5

▶ 12 Stufen

3. Bauhöhe der Treppe

16 cm (Stufenbauhöhe) · 12 = 192 cm

4. Gefälle für Podeste

200 cm – 192 cm = 8 cm

5. Baulänge der Treppe

2 · Stufenhöhe + Auftritt	=	65 cm
2 · 15 cm + 35 cm	=	65 cm
10 · 0,35 m + 2 · 0,40 m	=	4,30 m

6. Podestlängen

10 m – 4,30 m = 5,70 m verbleiben für Podeste. Geplant sind ein Eingangs-, Zwischen- und Ausgangspodest.

a) Eingangspodest (2 Schritte) = 1,30 m
b) 6 Stufen (5 · 0,35 m + 0,40 m) = 2,15 m
c) Zwischenpodest (3 Schritte) = 1,95 m
d) 6 Stufen (5 · 0,35 m + 0,40 m) = 2,15 m
                                    7,55 m
e) Ausgangspodest (10 m – 7,55 m) = 2,45 m
                                    10,00 m

7. Gefälle der Podeste

Es stehen für das Gefälle 8 cm zur Verfügung.

a) + c) + e) = 1,30 m + 1,95 m + 2,45 m = 5,70 m

$$\text{Gefälle} = \frac{8 \text{ cm}}{5,70 \text{ m}} = 1,4 \text{ cm auf } 1 \text{ m} = 1,4\%$$

a) 1,4 % von 130 cm = 1,82 cm = 2 cm
c) 1,4 % von 195 cm = 2,73 cm = 3 cm
e) 1,4 % von 245 cm = 3,43 cm = 3 cm
                                8 cm

8. Probe

Es galt 200 cm Höhenunterschied zu überwinden:

a) Eingangspodest = 2 cm
b) 1. Treppenlauf (16 cm · 6) = 96 cm
c) Zwischenpodest = 3 cm
d) 2. Treppenlauf (16 cm · 6) = 96 cm
e) Ausgangspodest = 3 cm
                    200 cm

Aufgaben

1. Wie errechnet man das richtige Steigungsverhältnis einer Treppe?
2. Nennen Sie jeweils drei mögliche Podestlängen für Treppen mit a) ungerader und b) gerader Stufenzahl (angenommenes Schrittmaß 65 cm).
3. Das gewünschte Steigungsverhältnis einer Treppe ist 15/35. Auf dem geplanten Zwischenpodest sollen 3 Schritte gemacht werden. Welche Podestlänge ergibt sich?
4. Skizzieren und benennen Sie zur Abb. 2 auf S. 159 drei zusätzliche Treppenläufe.
5. Unterscheiden Sie Block-, Lege- und Stellstufen.
6. Beschreiben und begründen Sie die Treppengründung bei Block-, Lege- und Stellstufen.
7. Zeichnen Sie aus Kap. 6 „die Treppe mit Podest" in einem Maßstab Ihrer Wahl (Grundriss, Schnitt) mit allen für den Bau erforderlichen Maßen.
8. Es soll mithilfe einer Treppe ein Höhenunterschied von 117 cm überwunden werden. Die Stufenhöhe beträgt 12 cm, das Schrittmaß 65 cm. Berechnen Sie a) die Bauhöhe einer Stufe und b) die Länge der Treppe.
9. Vorgaben: EFH (Erdgeschoss-Fußboden-Höhe) 250,63 m, Straße 246,78 m, Entfernung Haus – Straße 11,25 m, Blockstufen 12/40/120, Steigungsverhältnis 12/39.
   Berechnen und stellen Sie den Treppenverlauf zeichnerisch dar. Kopieren Sie Ihre Zeichnung auf Folie und diskutieren Sie Ihr Ergebnis mithilfe eines Overheadprojektors in der Klasse.
10. Beschreiben Sie die Vorgehensweise bei der Planung einer Treppe.

Holzbau

> # Holz
> ## hat eine einmalige Wirkung.
> Durch Wachstum entstanden, strahlt Holz eine Wärme und Natürlichkeit aus, die durch keinen anderen Baustoff erreicht werden kann.
>
> Verwenden auch Sie Holz für den Außenbereich.

Abb. 1 Ausschnitt aus einer Werbung

Abb. 2 Querschnitt durch die Stämme von Betula pendula (Splintholzbaum, links) und Robinia pseudoacacia (Kernholzbaum, rechts)

1 Holz als Baustoff

1.1 Schwinden und Quellen des Holzes

Auch wenn gefälltes Holz nicht mehr lebt, „arbeitet" es. Es kann Feuchtigkeit abgeben (**schwinden**) oder aufnehmen (**quellen**). Durch die damit verbundene Formveränderung kann es zu einem **Verziehen** oder **Reißen** (Rissbildung) des Holzes kommen.

1.2 Kern-, Splint- und Reifholz

Die Gefäße der älteren Jahresringe eines Baumes sind mit Gerbstoffen gefüllt. Dieses häufig dunkel gefärbte Holz bildet das **Kernholz** (Hartholz). Durch die Einlagerung von Gerbstoffen ist es imprägniert, sodass es vor Zersetzung geschützt ist. Die jüngeren, außen liegenden Jahresringe bilden das sogenannte **Splintholz** (Weichholz). Aufgrund der fehlenden Gerbstoffeinlagerung weist es keine Verfärbung auf. Bäume, bei denen im Stammquerschnitt ein deutlicher Farbunterschied zwischen Kern und Splint sichtbar ist, werden als **Kernhölzer** bezeichnet (z.B. Kiefer, Lärche, Eiche, Kirsche, Douglasie, Robinie, Walnuss, Ulme). Besonders wertvolle **tropische Kernhölzer** sind z.B. Bongossi, Mahagoni, Palisander, Teak und das tiefschwarze Ebenholz. Bei den **Splinthölzern** (z.B. Birke, Weißbuche, Rosskastanie, Erle, Berg- und Spitzahorn) erfolgt aufgrund der fehlenden Gerbstoffeinlagerung keine Verfärbung des älteren Holzes, sodass der Stammquerschnitt gleichfarbig hell erscheint. Ihr Holz ist somit weicher und nicht so schwer, arbeitet stärker und wird leichter von Pilzen und Schädlingen befallen. Ist im Stammquerschnitt trotz Ausbildung von Kernholz keine Verfärbung sichtbar, spricht man von **Reifhölzern** (z.B. Fichte, Tanne, Rotbuche, Birne, Linde, Feldahorn). **Kernreifholzbäume** weisen Kern-, Splint- und Reifholz auf (z.B. Ulme).

1.3 Holzarten für den Garten- und Landschaftsbau

Holz ist im Außenbereich einer Vielzahl von Beanspruchungen wie UV-Strahlung, Niederschlägen, Feuchtigkeit, Wind und Temperaturschwankungen ausgesetzt. Diese sogenannte **Bewitterung** verändert die Oberfläche des Holzes. UV-Stahlung löst eine Vergrauung des Holzes aus. Starker Regen und Wind führen zum Abrieb der weicheren Jahresringe. Die Bewitterung kann zum Austritt der natürlichen Inhaltsstoffe führen, was sich (z.B. bei Lärchenholz) durch Verfärbungen äußert.

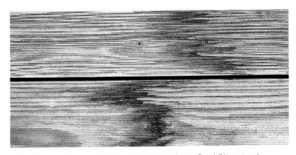

Abb. 3 Bewittertes Lärchenholz unter einem Dachüberstand: links unbewittert, Mitte mit ausgetretenen Inhaltsstoffen, rechts vergraut

Das größte Problem im Holzbau ist jedoch der Befall mit Pilzerkrankungen. Hiergegen helfen die richtige Holzauswahl oder chemische oder konstruktive Holzschutzmaßnahmen. Seltener ist der Befall mit tierischen Schädlingen.

Wesentliche **Auswahlkriterien für die Verwendung von Holz** im Garten- und Landschaftsbau sind deshalb
- die Resistenz gegen Pilzerkrankungen,
- die Rohdichte (daraus ergibt sich die Festigkeit) und
- die Fähigkeit, mit Wechselfeuchte zurechtzukommen.

Holzart	Besondere Kennzeichen	Eigenschaften des Holzes	Verwendung
Fichte *(Picea abies)*	Rötlich weiß glänzend, deutliche Jahresringe, Harzkanäle, Harzgallen, Verkernung ohne Farbveränderung	Rohdichte 480 kg/m³; weich bis mittelhart, gut zu bearbeiten, hohe Elastizität, im Trockenen dauerhaft, leicht entflammbar, Dauerhaftigkeitsklasse: 4	Betonschalungen, gering belastete Konstruktionen, Rankgitter usw.
Kiefer *(Pinus sylvestris)*	Kern gelblich rot bis rotbraun, im Splint gelblich weiß, deutliche Jahresringe sehr harzreich, Kern deutlich erkennbar	Rohdichte 520 kg/m³; härter und dichter als Fichtenholz, gut bearbeitbar, geringe Elastizität, große Tragfähigkeit, Bläuegefahr, Dauerhaftigkeitsklasse: 3 – 4	Im Außenbereich meist nur imprägniert einsetzbar, z. B. als Palisaden, Gartenbauschwellen oder Holzpflaster usw.
Lärche *(Larix decidua)*	Braunroter Kern und hellgelber Splint, nachdunkelnd, enge und gleichmäßige Jahresringe, dünne Harzgänge, harzreich, Kernholzbaum	Rohdichte ca. 590 kg/m³; härter, dichter und zäher als Kiefer, gut bearbeitbar, große Elastizität und Tragfähigkeit, Dauerhaftigkeitsklasse: 3 – 4	Holz im Außenbereich auch ohne Imprägnierung mäßig bis wenig dauerhaft; sibirische Lärche *(Larix sibirica)* mäßig dauerhaft
Robinie *(Robinia pseudoacacia)*	Europa und Nordamerika. Farbe grünlich bis olivgelb, Splint hellgelb	Rohdichte ca. 790 kg/m³; schwer und hart, ausgezeichnete Festigkeitseigenschaften, hohe Elastizität und große Zähigkeit; wenig schwindend, im Erd- und Wasserkontakt äußerst haltbar, Dauerhaftigkeitsklasse: 1 – 2	Meist als Pfahlholz eingesetzt, z. B. im Brückenbau und bei Kinderspielgeräten; adultes Kernholz dauerhaft bis sehr dauerhaft (Klasse 1 bis 2); juveniles Kernholz (das Mark nahe Kernholz, ersten 20 Jahre) nur wenig dauerhaft (Klasse 4)
Douglasie *(Pseudotsuga menziesii)*	Rötlich gelb, rasch auf rötlich braun nachdunkelnd, Splint gelblich weiß	Rohdichte ca. 500 kg/m³; mittelschwer und ziemlich hart; harzhaltig, mit guten Festigkeits- und Elastizitätseigenschaften; mäßig schwindend und mit gutem Stehvermögen: Der Witterung ausgesetzt, ist das Kernholz von guter Dauerhaftigkeit. Dauerhaftigkeitsklasse: 3 – 4	Holz im Außenbereich auch ohne Imprägnierung dauerhaft
Eiche *(Quercus robur)*	Im Kern gelblich braun, im Splint gelblich weiß, nachdunkelnd, deutliche Jahresringe, ringporiges Holz, helle Markstrahlen, Gerbsäuregeruch, Kernholzbaum	Rohdichte ca. 800 kg/m³; sehr hart und dicht, schwer zu bearbeiten, außerordentliche Tragfähigkeit, durch Gerbsäure sehr widerstandsfähig gegen Fäulnis, witterungsbeständig, sehr dauerhaft auch im Wechsel von nass zu trocken, Dauerhaftigkeitsklasse: 2 – 4*	Holz im Außenbereich auch ohne Imprägnierung dauerhaft * Wenig dauerhaft, wenn Splintholzanteil über 5 % (Pilze) bzw. 10 % (Insekten)
Rotbuche *(Fagus sylvatica)*	Gelblich bis rötlich, sichtbare Verkernung ohne Farbveränderung	Rohdichte ca. 780 kg/m³; mittelhart bis hart, leicht spaltbar, kurzfasrig, geringe Elastizität, hohe Tragfähigkeit, dauerhaft nur im Trockenen, Dauerhaftigkeitsklasse: 5	Wegen geringer Pilzbeständigkeit nur im Innenbereich

Tab. 1 Europäische Holzarten

Überseeische Holzarten (s. Tab. 1, S. 165) sind meist ohne Imprägnierung sehr dauerhaft, allerdings teilweise schwer zu bearbeiten.

Oftmals trägt die Gewinnung am Naturstandort zur Zerstörung der tropischen Regenwälder bei.

Solange nicht sichergestellt ist, dass die überseeischen Hölzer aus nachwachsenden Beständen stammen, sollte ihre Verwendung daher unterbleiben.

1.4 Haltbarkeit

Die Haltbarkeit von Holz wird durch die Einteilung in sogenannte **Dauerhaftigkeitsklassen** ausgedrückt. Die Dauerhaftigkeitsklasse gibt an, wie hoch die holzeigene Widerstandsfähigkeit gegen z. B. holzzerstörende Pilze, holzzerstörende Insekten, Termiten oder Holzschädlinge im Meerwasser ist.

Holzart	Besondere Kennzeichen	Eigenschaften des Holzes	Verwendung
Bongossi, Azobé *(Lophira alata)*	Dunkelbraunes bis rötliches, festes Holz, Hölzer mit ähnlichem Aussehen und ähnlichen Eigenschaften werden unter dem Handelsnamen Bongossi angeboten	Rohdichte ca. 1040 kg/m³; sehr schwer, neigt zum Reißen, schwindet stark, stehfest, witterungsfest, widerstandsfähig gegen alle Holzschädlinge, besonders hart, schlagfest, abriebfest, säurefest, Bearbeitung mit Metallwerkzeugen, Dauerhaftigkeitsklasse: 1–2	Schweres Holz für alle Konstruktionen im Wasser- und Brückenbau, Stützwände, Treppenstufen
Bangkirai *(Yellow Balau)*	Kernholz im frischen Zustand gelblich braun bis grünlich, oft zu olivbraun nachdunkelnd, der Kern ist nicht immer deutlich abgesetzt vom helleren Splint, Farbe variiert stark	Rohdichte ca. 940 kg/m³; schwer und sehr gut wetterbeständig; hohe Festigkeitswerte und deshalb schwer zu bearbeiten. Dauerhaftigkeitsklasse: 2	Im Außenbereich ohne Imprägnierung für z. B. Brücken- und Wasserbau, als Konstruktionsholz für den Hafenbau, Kaianlagen, Rammpfähle, Terrassen
Bilinga, Badi (Elfenbeinküste), **Opepe** (Nigeria), **Kusia** (Ghana)	Kernholz im frischen Zustand gelblich orange, stark nachdunkelnd; deutlich abgesetzt vom schmalen, weißlich gelben Splint	Rohdichte ca. 740 kg/m³; die Resistenz des Kernholzes gegen holzverfärbende und holzzerstörende Pilze und Insekten ist sehr gut, Nagel- und Schraubverbindung muss vorgebohrt werden, Dauerhaftigkeitsklasse: 1	Als Konstruktionsholz im Außenbau, auch für tragende Bauteile mittlerer mechanischer Beanspruchung, z. B. für Schwimmstege, Schwellen, Lärm- und Sichtschutzwände, Zaunanlagen, Terrassen
Meranti *(Shorea leprosula, Shorea leptoclados)*	Rötlich braun, Splint gelblich bis graurosa	Rohdichte ca. 650 kg/m³; hart, schwindet wenig und ist sehr widerstandsfähig. Dauerhaftigkeitsklasse: 1–2	Furnier- und Sperrholzherstellung, Fensterbau
Massaranduba *(Moabi, Mukulungu, Bitis)*	Dunkelbrauner Farbton, bisweilen mit leichtem Rotanteil, Herkunftsland Südamerika	Rohdichte ca. 1100–1300 kg/m³; sehr schweres und hartes Holz, Bearbeitung schon im ungetrockneten Zustand durch die hohe Dichte schwierig; im lufttrockenen Zustand enormer Werkzeugverschleiß, empfohlen: Stahlbearbeitungsgeräte, Dauerhaftigkeit: 1	Konstruktionsholz, sehr gut im Außenbereich einsetzbar für schwer belastbare Bettungen, Rampen, Schwellen, Waggon- und Schwerlastböden; Hafenbau, Bohrinseln, Terrassen
Iroko *(Chlorophora excelsa)*	Goldbraun, Splint gelblich weiß, Iroko wird in wirtschaftlich bedeutenden Mengen in Afrika genutzt	Rohdichte ca. 550–850 kg/m³; Ungewöhnlich wetterfest, sehr dekorativ, sehr hart, dicht, fest und dauerhaft, schwindet wenig, hat etwa das Gewicht und die Härte von Eichenholz. Dauerhaftigkeit: 1–2	Terrassen, Zäune, Außenbehälter, Bootsbau

Tab. 1 Überseeische Holzarten

Klassen der natürlichen Dauerhaftigkeit gegen Pilze		Mittlere Lebenserwartung unter gemäßigten Bedingungen, Gebrauchsklasse 4 (teilweise oder ganz im Erdreich)
1	sehr dauerhaft	13 Jahre
2	dauerhaft	8 bis 13 Jahre
3	mäßig dauerhaft	5 bis 8 Jahre
4	wenig dauerhaft	3 bis 5 Jahre
5	nicht dauerhaft	< 3 Jahre

Tab. 2 Dauerhaftigkeitsklassen nach DIN EN 350-2

1.5 Besondere Materialien für den Holzbau

1.5.1 WPC-Terrassendielen

WPC steht für „**Wood Plastic Composite**". Das heißt, dieses Material besteht aus einem Verbund von Holzfasern und Kunststoffanteilen, meist Polypropylen oder Polyethylen.

Durch das Herstellungsverfahren ist das holzähnlich aussehende Material sehr witterungsbeständig, aufgrund der Herstellung fehlt jedoch meist die interessante Struktur von echtem Holz.

Im Gegensatz zu Echtholz benötigt WPC nur geringe Pflege. Die Haltbarkeit ist mit einem Echtholz der Dauerhaftigkeitsklasse 1 zu vergleichen. Während Holzterrassen immer wieder mit Ölen eingelassen werden müssen damit sie ihre ursprüngliche Farbe erhalten, bleichen WPC-Materialien nur gering aus.

Abb. 1 WPC-Terrassendielen

1.5.2 Thermoholz

Als Thermoholz bezeichnet man meist heimische Holzarten, die mittels **Hitzeeinwirkung** konserviert worden sind. Die Thermobehandlung wurde in Skandinavien entwickelt. Getrocknetes Holz wird zugeschnitten und in einer Kammer bei geringem Sauerstoffgehalt und unter kontrollierter Zufuhr von Wasserdampf erhitzt. Durch den Hitze- und Feuchtigkeitseinfluss verändert sich die physikalische Struktur des Holzes. Das Holz wird dauerhafter.

Abb. 1 Thermoholz

Holzart	Vorteil	Nachteil
Fichte	Vergleichsweise günstig; auch aus heimischer Produktion; Imprägnierung in verschiedenen Tönen	Ohne Imprägnierung wenig dauerhaft
Lärche	Auch ohne Imprägnierung relativ dauerhaft; auch aus heimischer Produktion	Neigt zur Splitterbildung
Robinie	Auch ohne Imprägnierung dauerhaft; auch aus heimischer Produktion	Relativ teuer
Eiche	Interessante Maserung; auch aus heimischer Produktion	Relativ teuer
Überseeische Hölzer (z. B. Bongossi, Bangkirai, Massaranduba)	I. d. R. sehr dauerhafte Hölzer	Anbaumethoden noch immer oft zweifelhaft; umweltbelastender Transport; zum Teil schwierige Verarbeitung (Eisenbohrer)
Thermoholz (überwiegend aus heimischen Holzarten)	Dauerhaftigkeit vergleichbar mit überseeischen Holzarten	Mechanische Belastbarkeit wird geringer; das Holz wird weicher und spröder, dadurch **anfälliger für Brüche und Splitter**; besondere Aufmerksamkeit beim Bau erforderlich; vergleichsweise teuer
WPC	Splitterfrei, abwaschbar; schnelle Montage mit angepassten Befestigungssystemen	Kein Holz, nur Holzoptik (-anmutung); Holzmehl und Kunststoff; kann sich stark aufheizen; Qualitätsunterschiede beachten; auf das Qualitätssiegel der Qualitätsgemeinschaft Holzwerkstoffe e. V. achten

Tab. 1 Vor- und Nachteile verschiedener Holzarten und Materialien mit Holzoptik

1.6 Baurund- und Bauschnittholz

Für den Garten- und Landschaftsbau werden vor allem Baurundholz und Bauschnittholz eingesetzt.

Baurundholz ist entastetes und geschältes, meist auf einen einheitlichen Durchmesser gefrästes Holz. Dieses Holz wird für Palisaden (als Abgrenzung oder Abstützung), als Pfosten im Pergolabau oder als Holzpflaster verwendet. Gehandelt wird Baurundholz nach dem Durchmesser. Als **Bauschnittholz** werden Holzerzeugnisse bezeichnet, die durch Sägen von Rohholz längs in Stammesrichtung entstehen (s. Abb. 1). Die Schnittgrößen sind genormt (DIN 4074). Zusätzlich werden Sortierklassen (beeinflusst die Tragfähigkeit) benannt und wird die zulässige Holzfeuchte festgelegt.

Je nach Querschnittsabmessung werden **Kantholz** (einschließlich Kreuzholz und Balken), **Bohle**, **Brett** und **Latte** unterschieden (s. Abb. 2).

Abb. 1 Sägemöglichkeiten bei Bauschnittholz

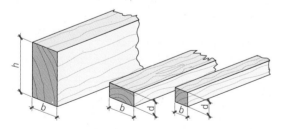

Kantholz ($b \leq h \leq 3\,b$ und $b \geq 40$ mm)	Bohlen ($d > 40$ mm, $b > 3\,d$)	Latten ($d \leq 40$ mm, $b < 80$ mm)
Balken $h \geq 20$ cm	Bretter ($d \leq 40$ mm, $b \geq 80$ mm)	
z.B. 8/8 cm 10/16 cm 12/24 cm	z.B. 24/120 mm 30/160 mm 60/200 mm	z.B. 24/48 mm 30/50 mm 40/60 mm

Abb. 2 Einteilungen von Bauschnittholz nach den Abmessungen

1.7 Lagerung von Holz

Frisches Holz (**Holzfeuchte** über 30 %) ist für den Einbau ungeeignet, da das Reißen und die Formveränderung des Holzes nicht vorhersehbar sind.

Halbtrockenes Holz hat eine Holzfeuchte von maximal 20 bis 30 %. Holz gilt als trocken, wenn es eine mittlere Feuchte von unter 20 % hat. Für den Garten- und Landschaftsbau sollte halbtrockenes Holz verwendet werden. Trockenes Holz wird meistens nur für den Innenbereich genutzt. Ein großer Teil des Schnittholzes wird im Freien getrocknet. Diese **Freilufttrocknung** wird als natürliche Holztrocknung bezeichnet. Der Feuchtegehalt des Holzes kann so gesenkt werden. Wird Schnittholz im Garten- und Landschaftsbauunternehmen gelagert, ist Folgendes zu beachten:

Unbesäumte Bretter (Kanten sind nicht beschnitten), z.B. für Rancherzäune, werden meist stammweise gestapelt, wobei mehrere Stämme als **Blockstapel** übereinander und nebeneinander angeordnet werden. **Besäumte Bretter** (alle Kanten sind gesägt), z.B. für Holzterrassen, werden zu Viereckstapeln (Kastenstapeln) aufgeschichtet (s. Abb. 3).

Stapelleisten innerhalb eines Stapels müssen genau übereinander liegen und ihre Abstände sollten nicht zu groß sein, da es sonst zu unangenehmen Brettverformungen kommen kann. Bei der Stapelung im Freien muss der Stapel vor Regen und Sonneneinstrahlung geschützt sein. Es ist zweckmäßig, die Stapel möglichst quer zur Hauptwindrichtung anzuordnen. Um Feuchtigkeit von unten zu vermeiden, müssen die Stapel vom Boden etwa einen Abstand von 50 bis 60 cm haben.

Abb. 3 Blockstapel mit unbesäumtem Holz und Viereckstapel mit gesägtem Holz

1.8 Holzschutzmaßnahmen

Um eine frühzeitige Zerstörung des verwendeten Holzes durch Schaderreger wie Pilze oder Insekten zu vermeiden, werden chemische Maßnahmen und konstruktive Maßnahmen durchgeführt (s. Abb. 1).

1.8.1 Chemischer Holzschutz

Holzschutzmittel wirken als Berührungs-, Atmungs- und Fraßgifte. Sie sind nur erforderlich, wenn das Holz der Gefahr von Bauschäden durch Insekten oder Pilze ausgesetzt ist. Meist werden ölige oder wasserlösliche Schutzmittel verwendet.

- **Ölige Schutzmittel** eignen sich nur für lufttrockenes Holz. Sie sind wasserabweisend, wasserunlöslich, keimtötend und setzen den Flammpunkt des Holzes herab. Mit öligen Mitteln wird ein Oberflächen und Randschutz erreicht.
- **Wasserlösliche Schutzmittel** (Salze) haben den Vorteil, dass sie auch bei feuchtem und nassem Holz anwendbar sind. Sie ermöglichen Tiefenschutz und Feuerschutz, sind jedoch auslaugbar und greifen Stahlteile an.

Grundsätzlich dürfen nur solche Holzschutzmittel verwendet werden, die ein Prüfzeichen und Prüfprädikat haben. Die Prüfprädikate geben die wichtigsten Eigenschaften der Holzschutzmittel in Kurzform an.

Abb. 1 Zerstörung durch Pilze (Fäulnis)

Abb. 2 Kesseldruckimprägnierung

Die **Schutzwirkung der Holzschutzmittel** ist von der Eindringtiefe abhängig:

- **Oberflächenschutz** durch Streichen oder Spritzen: Es wird keine wesentliche Eindringtiefe erreicht;
- **Randschutz** durch Trogtränkung: mit einer Eindringtiefe von weniger als 10 mm;
- **Tiefenschutz** durch mehrmalige Trogtränkung und Zwischentrocknung: Die Eindringtiefe beträgt mindestens 10 mm;
- **Vollschutz** durch **Kesseldruckimprägnierung**: Durchdringung aller zugänglichen Holzteile (s. Abb. 2).

Von **Teilschutz** spricht man, wenn der Schutz auf gefährdete Stellen beschränkt ist.

Unfallschutz

Holzschutzmittel sind für Menschen gesundheitsschädlich. Sie müssen als Gifte gekennzeichnet sein und sorgfältig verschlossen aufbewahrt werden. Beim Arbeiten mit Holzschutzmitteln ist Schutzkleidung zu tragen. Während des Arbeitens darf nicht geraucht und nicht gegessen werden. Nach der Arbeit sind Hände und Gesicht gründlich zu reinigen.

Beseitigung von Holzschutzmittelresten

Reste von Holzschutzmitteln, die nicht mehr verwendet werden, und Reste von behandelten (imprägnierten) Holzabfällen gelten als Sondermüll. Bei der Abfallbeseitigung muss der Umweltschutz beachtet werden.

1.8.2 Konstruktiver Holzschutz

Beim konstruktiven Holzschutz handelt es sich um vorbeugende bauliche Maßnahmen, die Feuchtigkeit vom Holz

- Holzteile so einbauen, dass sie gegen eintretende Feuchtigkeit geschützt sind, z. B. Bitumenpappe als Dichtungsschichten unter Schwellen, Bitumenpappe um Pfosten oder Noppenfolie hinter Palisaden
- Niederschlagswasser durch ausreichendes Gefälle schnell ableiten
- Quell- und Schwindverhalten des Holzes berücksichtigen
- Wasser führende Konstruktionen bei Holzteilen und Holzverbindungen einbauen
- Hirnholz durch Abdecken, Fasen, Abschrägen oder Abrunden schützen
- Spritzwasserschutz einbauen
- für Durchlüftung der Konstruktionen sorgen
- Vermeidung von Betonummantelungen (oder falls nötig Einkornbeton verwenden)
- keine sichtbaren Schrauben- oder Nagelverbindungen einbauen bzw. nicht rostende Materialien verwenden
- Bodenverbindungen mit Balkenschuhen durchführen

Tab. 1 Maßnahmen des konstruktiven Holzschutzes (Auswahl), s. auch Abb. 1, Seite 169

Zimmermannsmäßige Verbindungen passen ineinander und verursachen einen sehr hohen Arbeitsaufwand. Beim Ingenieurholzbau werden die Holzverbindungen durch Bolzen, Nägel, Schrauben und Blechformteile hergestellt. Verbindungen des **Ingenieurholzbaus** sind zweckmäßig und relativ einfach herzustellen (s. Abb. 1, S. 170).

1.9.2 Holzverankerungen im/am Boden

Bei Erdkontakt fault Holz an der Übergangsstelle zwischen Erde und Luft. Daher müssen Holzstützen und Pfosten – mit Ausnahme einiger tropischer Holzarten – vor dem direkten Kontakt mit dem Boden geschützt werden. Früher war die Verwendung eines Schutzanstrichs mit Bitumen üblich. Diese Form ist zwar in den ersten Jahren nach der Anbringung gut wirksam, später lässt die Wirkung jedoch nach. Heute werden meist Verbindungselemente aus verzinktem Metall, wie z.B. Flachstahl, T-Stahl, Winkelstahl verwendet, oder Rohre, in denen der Holzpfosten sitzt.

Der **Flachstahl** kann U-förmig zu sogenannten **Balkenschuhen** (s. Abb. 1) gebogen werden. Die Befestigung erfolgt dann mit einer Strebe in einem Betonsockel. Der Flachstahl kann auch schwertförmig in einem Einschnitt im Holz befestigt werden. Der Abstand zwischen dem Boden und dem Holz sollte mindestens 5 cm betragen. Je größer der Abstand zum Boden, desto geringer ist das Risiko, dass Spritzwasser an das Holz gelangt. Ein großer Abstand zum Boden ist jedoch von der Statik relativ schwer zu beherrschen.

1.9.3 Wandanschlüsse am Mauerwerk

Die eleganteste Möglichkeit, Balken am Mauerwerk zu befestigen, sind Aussparungen, in die die Balken eingelegt werden können, oder Simse, auf denen der Balken abgelegt werden kann (s. Abb. 2). Sind diese Möglichkeiten nicht bereits beim Bau eingeplant, ist es schwierig, diese nachträglich anzubringen. Deshalb werden spätere Wandanschlüsse oft mit metallischen Verbindungen hergestellt (s. Abb. 1, 170).

Bitumenpappe um Pfahl

Balkenschuh

Anfasen des Hirnholzes

Abdecken des Hirnholzes

Überdachen

Folie hinter Palisaden

Abb. 1 Konstruktiver Holzschutz

fernhalten bzw. schnell abführen sollen, um Holzfäulnis zu verhindern. Besonders wichtig ist aber auch, dass gesundes und trockenes Holz verwendet wird.

1.9 Holzverbindungen

Holzverbindungen werden dann benötigt, wenn Holz mit Holz verbunden oder Holz an oder auf Bauteilen befestigt werden soll.

1.9.1 Verbindungen von Holz mit Holz

Holzverbindungen sollten dauerhaft haltbar sein. Dazu können **zimmermannsmäßige Verbindungen** oder **Verbindungen des Holzingenieurbaus** verwendet werden.

Abb. 2 Wandanschluss durch Sims

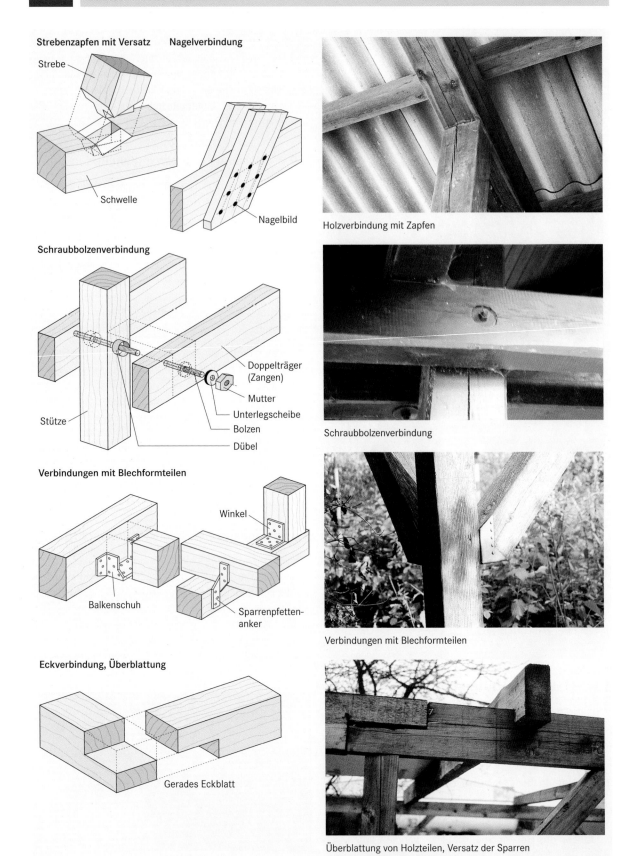

Strebenzapfen mit Versatz

Strebe

Schwelle

Nagelverbindung

Nagelbild

Holzverbindung mit Zapfen

Schraubbolzenverbindung

Stütze

Doppelträger (Zangen)

Mutter

Unterlegscheibe

Bolzen

Dübel

Schraubbolzenverbindung

Verbindungen mit Blechformteilen

Winkel

Balkenschuh

Sparrenpfetten-anker

Verbindungen mit Blechformteilen

Eckverbindung, Überblattung

Gerades Eckblatt

Überblattung von Holzteilen, Versatz der Sparren

Abb. 1 Übersicht über zimmermannsmäßige Verbindungen und Verbindungen des Ingenieurholzbaus

2   Holzkonstruktionen

2.1   Holzzäune

Zäune dienen der Abgrenzung von Grundstücken, dem Schutz vor Wind und als gestalterisches Element. Holzzäune bestehen im Prinzip aus **Pfosten**, **Querriegeln** (Rahmen, Bahnlatten) und **Latten**. Diese Grundelemente können vielfältig gestalterisch verwendet werden.

2.1.1   Zaunarten

Grundsätzlich werden schräge, waagerechte und senkrechte Holzzäune unterschieden.

Zu den **schrägen Holzzäunen** gehören die sogenannten Jägerzäune. Diese Zaunart war noch vor 15 Jahren die am häufigsten gebaute Zaunform im Gartenbereich.

Waagerechte Zäune werden überwiegend zur optischen Abgrenzung eingesetzt. Hierzu gehören z. B. der Rancherzaun aus rustikalen, waagerechten, unbesäumten Brettern, der Lamellenzaun und der waagerechte Halbrundholzlattenzaun.

Die **senkrechten Zäune** (Latten- und Staketenzäune) sind derzeit am weitesten verbreitet. Durch die unterschiedliche Verarbeitung ergeben sich große Variationsmöglichkeiten. Die einfachste Art eines Lattenzaunes ist der Staketenzaun aus halbrunden Hölzern. Werden die Latten gesägt, ergeben sich Bretter- oder Lattenzäune.

2.1.2   Zaunmontage

Bei der Zaunmontage sind Pfosten zu verankern, Querriegel und Latten anzubringen.

Pfosten sind das tragende Element des Zaunes. Sie bestehen meist aus Rund- oder Kantholz mit einem Durchmesser von ca. 9 bis 15 cm. Es gibt aber auch Zaunpfosten aus anderen Materialien wie z. B. T-Eisen oder Beton. Sie werden auf unterschiedlichste Art und Weise befestigt: Die sicherlich einfachste Art ist das Einrammen eines angespitzten Pfostens in den Boden. Dazu wird zuerst ein Loch ca. 20 cm · 20 cm · 30 cm ausgehoben. Mit einem Locheisen wird dann der Untergrund gelockert, sodass der Pfosten je nach Zaunhöhe ca. 50 bis 80 cm tief in den Boden kommt. Pfosten, die eine größere Last tragen sollen, müssen dabei zusätzlich mit einem doppelten Ringanker aus Beton versehen werden. Nachteil dieser Befestigungsart ist der direkte Kontakt des Holzes mit dem Boden und damit eine verkürzte Lebensdauer je nach Holzart und -imprägnierung.

Abb. 1   Jägerzaun

Abb. 2   Waagerechter Zaun mit gesägten Brettern

Abb. 3   Rancherzaun

Abb. 4   Staketenzaun

Abb. 1 Bretterzaun

Abb. 2 Eichenholz mit direktem Bodenkontakt

Die zurzeit am häufigsten angewendete Befestigungsart ist die mit **Balkenschuhen auf oder im Beton**. Nachteilig ist, dass die Balkenschuhe sichtbar sind. Außerdem besteht die Gefahr des Abkippens nach vorne oder hinten. Haltbarer ist die Befestigung der Pfosten an einem T-Eisen. Dazu werden die Pfosten an der hinteren Seite eingenutet und das T-Eisen wird mit Schrauben in der Nut befestigt. Die Befestigung ist nur von der Innenseite zu sehen. Weitere Befestigungsmöglichkeiten sind das Anbringen des Pfostens an einem Schwert oder das Anschrauben des Balkenschuhs auf einer Fundamentmauer.

Wichtig ist das exakte Ausrichten der Pfosten, die in allen Richtungen senkrecht stehen und die gleiche Höhe besitzen sollen. Dazu werden zuerst die Tür- oder Eckpfosten gesetzt und mit einer Richtschnur verbunden. Diese gibt die Höhe der restlichen Pfosten vor. Danach werden die dazwischenliegenden Pfosten eingepasst. Der Abstand der Pfosten zueinander sollte möglichst gleichmäßig auf der Länge verteilt sein. Er richtet sich nach der gebräuchlichen Länge der Querrahmen, das sind z. B. 200, 250, 275, 300 (350, 400) cm (s. Abb. 1 bis 8, S. 173).

Abb. 3 T-Eisen am Pfosten

An den Pfosten werden die **Querrahmen/Riegel** angebracht. Der Abstand der beiden Rahmen ist so groß wie die halbe Zaunhöhe. Der Abstand von der Pfostenoberkante zum Rahmen und vom Boden zum Rahmen sollte gleich sein. Gemessen wird dabei stets bis zur Rahmenmitte:

Merke
Rahmenabstand = $\frac{1}{2}$ · Zaunhöhe Abstand des obersten Rahmens von der Pfostenoberkante = $\frac{1}{2}$ · (Zaunhöhe – Rahmenabstand)

Beispiel: Zaunhöhe 100 cm

Rahmenabstand = $\frac{1}{2}$ · 100 cm = 50 cm,
Abstand des obersten Rahmens von der Pfostenoberkante = $\frac{1}{2}$ · (100 cm – 50 cm) = 25 cm

Abb. 4 Schwert im Pfosten

Abb. 5 Balkenschuhe auf Mauer geschraubt

Bei Jägerzäunen müssen die Querriegel so befestigt werden, dass sie hinter den Kreuzungspunkten der Latten liegen.

Bei halbrunden Riegeln wird die Schnittfläche so am Pfosten angebracht, dass später die Latten auf die abgerundete Seite genagelt oder geschraubt werden können. So ist die Verbindungsfläche zwischen Riegel und Latte relativ klein und die Feuchtigkeit kann besser abtrocknen. Bei gesägten Riegeln ist oft eine Seite abgeflacht. Solche Riegel werden so angebracht, dass das Wasser von den Latten weglaufen kann.

Danach werden die **Latten** mit nicht rostenden Nägeln oder Schrauben befestigt.

Der Abstand der Latten zueinander beträgt ca. 2/3 bis eine ganze Lattenbreite. Der Abstand vom Boden sollte 3 cm bis 5 cm betragen, damit wenig Spritzwasser an das Holz gelangen kann.

Die Latten können auch vor der Querrahmenmontage mit den Querrahmen verbunden werden. Man spricht dabei von sogenannten **Zaunfeldern**. Diese müssen dann nur noch mit den Pfosten verbunden werden.

Ablauf beim Bau eines Zaunes

Abb. 1 Ausheben der Löcher für die Pfosten

Abb. 4
Kantensteine zwischen den
Pfosten setzen

Abb. 5
Querriegelbefestigung

Abb. 2 Eckpfosten setzen

Abb. 6
Querriegel befestigen

Abb. 7
Montage der Latten mithilfe
von Abstandhaltern

Abb. 3 Restliche Pfosten in einer Flucht und auf eine Höhe setzen

Abb. 8 Fertig montierter Zaun

2.2 Holzterrassen

Bau einer Holzterrasse in Bildern

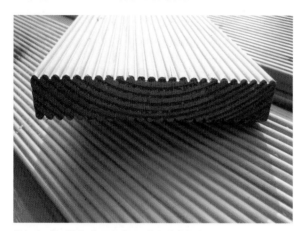

Abb. 1 Geriffelte Douglasie zur Rutschsicherung

Abb. 4 Anbringen der Unterkonstruktion;
hier: Verdübeln mit der alten Betonterrasse

Abb. 2 Edelstahlschrauben mit kleinem Kopf
(Terrassenschrauben), kein Rosten

Abb. 5 Ermitteln der Holzfeuchte (Deckbelag);
Unterkonstruktion hier aus Massaranduba

Abb. 3 Anbringen der Unterkonstruktion:
Prüfung des Gefälles mittels Richtlatte

Abb. 6 Anbringen der Deckbretter

Abb. 7 Anbringen der Deckbretter. Abstandshalter sorgen für gleichmäßige Fugen. Die Fugen sorgen im Rahmen des konstruktiven Holzschutzes für Durchlüftung

Abb. 11 LED-Leuchte vor dem Einbau

Abb. 8 Detailproblem Winkel

Abb. 12 LED-Leuchte nach dem Einbau

Abb. 9 Lösung mit Winkelhalbierender

Abb. 10 Randeinfassung mit farblicher Absetzung

Abb. 13 Abendlicher Eindruck

Holzterrassen sind eine interessante Alternative zu gefliesten Terrassen oder Terrassen mit Plattenbelag. **Holzdecks** sind Flächen aus quadratischen (50 · 50 cm bis 100 · 100 cm) oder rechteckigen (50 · 100 cm oder 60 · 120 cm) Holzrosten, die zu einer Terrasse zusammengesetzt werden.

Größtes Problem beim Bau einer Holzterrasse ist sicherlich der **Holzschutz**. Das anfallende Wasser muss rasch abfließen können und der Terrassenbelag darf nicht von unten mit Bodenfeuchtigkeit in Berührung kommen. Dazu ist eine Neigung von 1 bis 2 % vom Haus weg notwendig. Als Untergrund eignet sich Dränkies, der anfallendes Wasser nach unten abgibt und Wasser nicht kapillar nach oben zieht. Darauf ist eine Rahmenunterkonstruktion aus Holz zu bauen (s. Abb. 4, S. 174), die eine gute Durchlüftung der Bretter zulässt.

Bei schlecht tragfähigem Boden kann die Rahmenkonstruktion auf Punktfundamenten befestigt werden. Für die Unterkonstruktion sollten die Abstände zwischen den Rahmen je nach Holzart und -dicke nicht zu groß sein.

2.3 Palisaden

Palisaden sind aus der Gartenplanung nicht mehr wegzudenken. Sie fassen Beete ein, verstecken Mülltonnen und fangen Geländesprünge ab.

Für Palisaden wird vor allem geschältes, rund gefrästes oder eckiges Kiefernholz verwendet. Zur Verlängerung der Haltbarkeit sind Palisaden meist kesseldruckimprägniert.

Werden **Palisaden zur Hangsicherung** eingesetzt, sollte die zum Hang gerichtete Seite zusätzlich mit wasserundurchlässigem Material, z. B. Bitumenpappe oder Noppenfolie, vor Wechselfeuchte und durchrieselndem Erdmaterial geschützt werden. Zur Hinterfüllung eignen sich am besten Schüttmaterialien, die Wasser rasch nach unten abführen. So wird der seitliche Druck auf die Palisaden bei anstehendem Hangwasser verringert. Die Einbautiefe der Palisaden im Boden richtet sich nach der Höhe des abzufangenden Geländesprunges, der zu erwartenden Belastung und dem vorhandenen Boden (s. Abb. 1). Zur statischen Absicherung sollte ein Architekt oder Statiker hinzugezogen werden.

Einbauempfehlung
a) bei gleichem Erdniveau

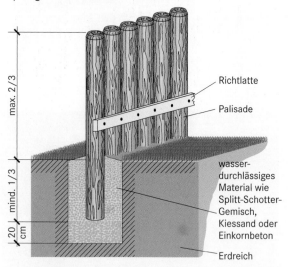

max. 2/3 · mind. 1/3 · 20 cm

Richtlatte
Palisade
wasserdurchlässiges Material wie Splitt-Schotter-Gemisch, Kiessand oder Einkornbeton
Erdreich

b) bei unterschiedlichem Erdniveau

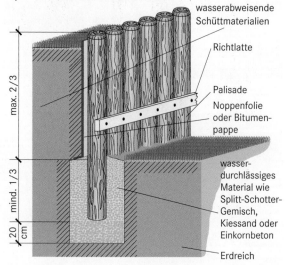

max. 2/3 · mind. 1/3 · 20 cm

wasserabweisende Schüttmaterialien
Richtlatte
Palisade
Noppenfolie oder Bitumenpappe
wasserdurchlässiges Material wie Splitt-Schotter-Gemisch, Kiessand oder Einkornbeton
Erdreich

Einbau bei gleichem Erdniveau
1. Graben ausheben
2. Ca. 20 cm Splitt-Schotter-Gemisch einbringen, um ein schnelleres Versickern von Wasser zu erreichen und das Aufsteigen von Kapillarwasser zu verhindern
3. Palisaden dicht an dicht einstellen: konische Palisaden wechselseitig mit dünnem und dickem Ende nach oben
4. Palisaden ausrichten und durch Anheftung einer Richtlatte fixieren; evtl. Höhenunterschiede ausgleichen
5. Graben mit Splitt-Schotter-Gemisch (0/32 bis 0/56) auffüllen und verdichten; Richtlatte entfernen

Einbau bei unterschiedlichem Erdniveau
1. – 5. gleich
6. Folie hinter den Palisaden anbringen und Graben auffüllen

Abb. 1 Palisadeneinbau

2.4 Pergolen

Der Name Pergola kommt aus dem Italienischen und bedeutet überrankter Pfeiler- oder Säulengang. Die Pergola besteht aus **Pfosten**, darauf liegenden **Pfetten** und **Querlatten** als Rankgerüst (s. Abb. 1). Am Rankgerüst sollen später Kletter- oder Schlingpflanzen die Pergola begrünen und Schatten spenden. Bei frei stehenden Pergolen ist es besonders wichtig, dass die Konstruktion kippsicher aufgebaut ist. Die Befestigung der Pfosten erfolgt im Wesentlichen wie im Zaunbau. Die Pergola besteht aus Rund- oder Kantholz oder Beton, Stein oder Metall. Die Pfetten liegen meist auf den Pfosten auf und sollten diese abdecken. Dadurch wird das Eindringen von Wasser in das Hirnholz des Pfostens verhindert. Bei anderen Konstruktionen werden die Pfetten an den Seitenflächen der Pfosten befestigt.

Für das Rankgerüst werden einfache Rund- oder Kanthölzer verwendet. Ist das Rankgerüst nur auf einer Pfette befestigt, spricht man von sogenannten **Reitern** (s. Abb. 2).

Abb. 2 Reiter auf einer Pergola

Abb. 1 Pergola mit Pfosten (1), Pfetten (2) und Querlatten (3)

3 Holzverwertung

Bei der Pflege von Gehölzen und beim Fällen von Bäumen in Privatgärten sowie im öffentlichen Bereich fallen häufig große Mengen wertvoller Biomasse an. Durch die Aufbereitung zu Hackschnitzeln oder Kaminholz kann der Garten- und Landschaftsbaubetrieb nicht nur eine kostenintensive Entsorgung des anfallenden Holzes vermeiden, sondern eine zusätzliche Einnahmequelle erschließen.

cpm Maschinenbau TH 200 B 17/35

Pezzolato PZ 110

Eliet Super Prof Max Cross Country

Häcksler	Häckselwerk	PS	max. Holzdurchmesser (mm)	Gewicht (kg)	Abmessungen (mm)
cpm Maschinenbau TH 200 B 17/35	Trommelhäcksler	35	150; 170 (Weichholz)	710	3200 x 1400 x 2250
Pezzolato PZ 110	Scheibenhäcksler	11 – 12	110	395	1950 x 1130 x 1000
Eliet Super Prof Max Cross Country	Axtprinzip mit Axelerotechnologie	23	130	506	2000 x 835 x 1450

Abb. 3 Kompakte, leistungsstarke Häcksler – gut für räumlich beengte Verhältnisse geeignet

3.1　Hackschnitzel

Gehäckselt wird vor allem Holz, das beim Schneiden von Bäumen und Sträuchern anfällt sowie minderwertiges Stammholz. Verwendung finden die Hackschnitzel u. a. als Mulch, Einstreu, Kompost- oder Heizmaterial.

Häcksler (Hacker, Holzzerkleinerer, Buschholzhacker, Shredder) werden in den verschiedensten Ausführungen, Leistungs- und Preisstufen angeboten. Von reinen Holzhäckslern bis zu Allesfressern (Universalhäcksler), von Hobbygeräten mit 230-V-Elektromotor für Aststärken von um die 30 bis 50 mm, über kompakte Profigeräte für Arbeiten im Privatgarten (s. Abb. 3, S. 177) bis hin zu Großhackern mit eigenem Schnitzelbunker und Kranbeschickung, die Baumstämme bis zu 900 mm Durchmesser zu Schnitzel verarbeiten (s. Abb. 2), reicht das Spektrum.

Professionell werden vor allem folgende **Bauarten** eingesetzt:

- **Zapfwellenhäcksler (Dreipunktanbauhäcksler)** werden über die Zapfwelle der Zugmaschine (Dreipunktanbau) angetrieben (s. Abb. 1).
- **Anhängehäcksler** als Anhänger am Schlepper, Lkw oder Unimog haben ein eigenes Fahrwerk. Sie sind in der Regel mit einem eigenen Motorantrieb (Benzin oder Diesel) ausgestattet (s. Abb. 3, S. 177).
- **Aufbauhäcksler** sind auf Fahrzeuge, z. B. Lkws, aufgebaut (s. Abb. 2).
- **Selbstfahrende Häcksler** besitzen eigene Fahrantriebe.
- **Fest installierte Häcksler** sind an einem zentralen Hack- und Lagerplatz im Betrieb.

Der **Einzug des Schnittguts** erfolgt durch einen stehenden, leicht geneigten oder liegenden Trichter über Messer oder Zwangseinzug durch hydraulisch angetriebene Einzugswalzen und/oder Stahlgliederbänder. Nach den **Häckselwerken** kann man zwischen Messer-, Walzen- und Schlegelhäckslern unterscheiden.

Im Profibereich werden überwiegend Trommel- und Scheibenhäcksler eingesetzt.

Bei ihnen wird das Holz an den auf Trommeln (**Trommelhäcksler**) oder Scheiben (**Scheibenhäcksler**) im Hackrotor sitzenden Messern vorbeigeführt und dabei zerkleinert (s. Tab. 1). Ein Auswurfgebläse befördert die Hackschnitzel über ein drehbares Auswurfrohr nach außen. **Walzenhäcksler** besitzen statt der Messer Walzen, die das Schnittgut zerkleinern. Sie arbeiten leiser („Leisehäcksler") aber auch langsamer. Kennzeichen der **Schlegelhäcksler** sind die an rotierenden Trommeln beweglich aufgehängten Schlegelmesser. Aufgrund ihres geringen Verschleißes durch Erde oder Steine sind sie vor allem zum Zerkleinern von gemischtem Material mit hohem Grün-, Wurzel- und Erdanteil, das kompostiert werden soll, geeignet. **Universalmaschinen** können für Häcksel- und Kompostgut eingesetzt oder durch Austausch der Messertrommel gegen eine Schlegeltrommel umgerüstet werden.

Die **Auswahl der richtigen Maschine** hängt in erster Linie ab von

- der jährlich anfallenden Holzmenge,
- der Art des Holzes, das vorwiegend gehackt wird (Hart- oder Weichholz, Rundholz oder Reisig),
- dem zu verarbeitenden Holzdurchmesser,
- dem Einsatzort.

Kennzeichen	Scheibenhacker	Trommelhacker
max. Holzdurchmesser	100 – 350 mm	100 – 900 mm
max. Leistung	2 – 60 m³/h	15 – 100 m³/h
Hackschnitzelform	sehr gleichmäßig	etwas ungleichmäßig
Gewicht und Preis	leichter und preisgünstiger	schwerer und teurer
gut geeignet für	Bäume, Rundholz	Bäume, Rundholz, Buschwerk

Tab. 1　Scheiben- und Trommelhacker im Vergleich (Anhaltswerte)

Abb. 1　Zapfwellenhäcksler Typ Biber 3-21, Scheibenhacker, max. Holzdurchmesser 210 mm

Abb. 2　Biber Power Truck Vican, Antrieb 750 PS Volvo Lkw-Motor, max. Holzdurchmesser 750 mm

Bei der Arbeit mit Häckslern ereignen sich immer wieder schwere **Unfälle** mit Hand-, Arm- und Beinamputationen, weil Körperteile in die Einzugswalze/Hackwerkzeuge gezogen werden, sowie Gesichts- und Augenverletzungen durch zurückschlagendes oder herausgeschleudertes Häckselgut.

Sicherheitsregeln

- Bedienungspersonen müssen mindestens 18 Jahre alt sein, zum Zwecke der Ausbildung unter Aufsicht mindestens 15 Jahre.
- Vermeiden Sie Stolperstellen vor dem Einzugstrichter.
- Entfernen Sie Fremdkörper aus dem Häckselgut.
- Achten Sie darauf, dass der Auswurf nicht auf andere Personen gerichtet ist.
- Überprüfen Sie vor Arbeitsbeginn, ob der Schaltbügel (unterbricht Materialeinzug) leicht zu bedienen ist.
- Führen Sie Äste mit dem dicken Ende voran in den Trichter.
- Verwenden Sie zum Nachschieben von kleinerem Material ein längeres Holzstück.
- Stellen Sie vor Behebung von Verstopfungen, Reinigungs- oder Wartungsarbeiten die Maschine aus und warten Sie die Nachlaufzeit ab.
- Tragen Sie die erforderliche Schutzausrüstung (Helm mit Gehör- und Gesichtsschutz, Sicherheitsschuhe mit griffiger Profilsohle, Schutzhandschuhe).
- Achten Sie auf anliegende Kleidung, insbesondere auf Handschuhe mit Bündchen.
- Arbeiten Sie möglichst zu zweit. Eine zweite Person kann im Notfall Hilfe leisten.

3.2 Kaminholz

Zur Herstellung von Kaminholz wird Rundholz mit einer **Wippkreissäge** auf Meterlänge vorgeschnitten, bevor es mit einem **Holzspalter** gespalten wird.

Der Antrieb der Stehend- oder Liegendspalter erfolgt über Elektromotoren oder mithilfe der Zapfwelle eines Schleppers. Das Spaltwerkzeug besteht aus einem Keil bzw. Messer. Je nach Form entstehen pro Werkzeughub zwei bis zwölf Scheite (s. Abb. 1).

Abb. 1 Holzspalter Growi Modell GS 12 K Turbo, 5,5 kW Elektromotor

Sägespalter (Schneidespalter), eine Kombination aus Querschneider und Spalter, können ganze Baumstämme in einem Arbeitsgang zu ofenfertigen Holzscheiten zerkleinern (s. Abb. 2). Die wahlweise auf 20, 25 oder 33 cm geschnittenen Scheite werden nach Weich- und Hartholz getrennt und abgefüllt, z. B. in Gitterboxen, oder als Sackware abgepackt. Nach einigen Monaten Lagerung können die durchgetrockneten Holzscheite als Brennholz verkauft werden.

Abb. 2 Sägespalter Posch Typ SpaltFix S-360, bis 12 t Spaltkraft, max. Stammdurchmesser 350 mm

Bei der Arbeit mit Holzspaltern und Sägespaltgeräten besteht ein hohes Gefährdungspotenzial! Entsprechend sollte darauf geachtet werden, dass das **GS-Zeichen** (Geprüfte Sicherheit) vorhanden ist. Es bescheinigt, dass das Gerät den Anforderungen des „Geräte- und Produktsicherheitsgesetzes" entspricht.

Hinweis

Infos zur Unfallverhütung bei der **Gartenbau-Berufs-genossenschaft:** www.lsv.de/gartenbau ▶ Berufsge-nossenschaft ▶ Informationsmaterial ▶ Merkblätter.

Das **Kuratorium für Waldarbeit und Forsttechnik e. V.** veröffentlicht Marktübersichten über Geräte- und Maschinen zur Holzverwertung (tabellarische Zusammenstellungen der wichtigsten technischen Daten, Preise, Hersteller- bzw. Händleradressen) unter www.kwf-online.org.

Gute Informationen bieten **internationale und nationale Forstfachmessen** wie die alle vier Jahre in München stattfindende **Interforst** mit wissenschaftlichen Fachveranstaltungen und Sonderschauen. Aussteller aus vielen Ländern zeigen die neuesten Maschinen und Dienstleistungen rund um das Thema Holz.

Aufgaben

1. Wodurch unterscheiden sich Kern-, Splint- und Reifholzbäume?
2. Warum sind Splinthölzer nicht so dauerhaft wie Kern- oder Reifehölzer?
3. Nennen Sie je drei Kern-, Splint- und Reifholzbäume.
4. Was bedeutet es, wenn vom „Arbeiten des Holzes" gesprochen wird?
5. Warum sollte nasses Holz nicht verbaut werden?
6. Diskutieren Sie die Problematik von überseeischen Hölzern in Ihrer Klasse.
   Besorgen Sie sich Informationen zum Thema „Kontrollierter Anbau von tropischen Hölzern".
7. Warum ist Holzschutz notwendig?
8. Welche Arten von Holzschutz werden unterschieden?
9. Was sind Bohlen und Latten?
10. Welche Sicherheitsmaßnahmen sollten Sie beim Umgang mit chemischen Holzschutzmitteln beachten?
11. Wie weit dringt ein Holzschutzmittel beim Streichen in das Holz ein?
    Ermitteln Sie im Rahmen eines Versuchs die Eindringtiefe.

12. Was versteht man unter konstruktivem Holzschutz?
13. Nennen Sie Maßnahmen des konstruktiven Holzschutzes und geben Sie dazu Beispiele.
14. Nennen Sie Holzverbindungsmöglichkeiten des Ingenieurbaus.
15. Ein Holzzaun soll gebaut werden.
    a) Beschreiben Sie den Arbeitsablauf.
    b) Erstellen Sie eine Liste mit den benötigten Maschinen, Geräten und Materialien.
16. Sie sollen für einen Kunden eine Pergola bauen:
    a) Erklären Sie dem Kunden die Begriffe Pfette, Pfosten und Rankgerüst.
    b) Welche Maßnahmen zum konstruktiven Holzschutz bieten sich an?
17. Wie tief sollten Palisaden mindestens im Boden verankert sein, wenn sie als Einfassung dienen sollen?
18. Worauf ist beim Einbau von Palisaden zur Böschungssicherung zu achten?
19. Berichten Sie über die Holzverwertung in Ihrem Ausbildungsbetrieb.
    Diskutieren Sie in der Klasse gegebenenfalls Pro und Contra.

Betonarbeiten

Ob zur Herstellung von Fundamenten, Wege- und Pflasterbelägen, Mauern, Treppen, Pflanztrögen, Bordsteinen, Rohren, Palisaden, Skulpturen und vielen anderen Bauteilen, Beton ist ein preisgünstiger, vielseitig zu verwendender Baustoff, der in verschiedenartigste Formen und Farben gebracht werden kann und dadurch ein breites Feld ideenreichen Gestaltens eröffnet.

1 Begriffsdefinitionen

> Gesteinskörnung
> + Zement
> + Wasser
> _____
> = Beton

Beton ist ein künstlicher Stein, der aus einem Gemisch von Zement, Wasser und Gesteinskörnungen (z. B. Sand, Kies, Splitt) hergestellt wird.

Zur Unterscheidung des Baustoffs „Beton" werden verschiedene Begriffe verwendet:

Als **Zementmörtel** bezeichnet man Beton, dessen Gesteinskörnungen (alte Bezeichnung: Zuschlag) auf die Korngruppe 0/4 (Sand-Kies-Gemisch) beschränkt sind.

In der Praxis sind noch eine Reihe weiterer Bezeichnungen für Beton geläufig, wie z. B. **Fließbeton** (nach der Konsistenz); **Stampf-** und **Rüttelbeton** (nach der Art der Verdichtung); **Pump-, Schütt-** und **Spritzbeton** (nach der Art des Förderns/Einbringens); **Sicht-** und **Waschbeton** (nach der Oberfläche des Festbetons).

2 Bestandteile des Betons

2.1 Zement

Zemente sind fein gemahlene, hydraulische Bindemittel, d. h., sie erhärten durch Hydratation (chemische Wasserbindung) sowohl an der Luft als auch unter Wasser. Verwendet werden sie vor allem zur Herstellung von Beton, Mörtel, Betonsteinen und Betonfertigteilen.

Mischt man Zement mit Wasser, entsteht **Zementleim,** der die Gesteinskörnungen umhüllt und miteinander verbindet. Die zwischen Zement und Wasser einsetzende chemische Reaktion führt dazu, dass die Zementbestandteile Wasser binden. Der Beton erstarrt, aus dem Zementleim wird ein starres Zementgel. Damit genügend Zeit für die Verarbeitung des Betons oder Mörtels zur Verfügung steht, darf dieser Vorgang nicht zu schnell erfolgen. Laut DIN-Vorschrift frühestens eine Stunde nach dem Mischen des Zements mit Wasser.

Nach spätestens zwölf Stunden muss das **Erstarren,** eine Vorstufe des Erhärtens, abgeschlossen sein. Die fortwährende Wasserbindung bewirkt mit der Zeit eine **Erhärtung** des Betons, wobei aus Zementgel **Zementstein** wird.

Die Bezeichnung für Beton richtet sich nach				
dem Erhärtungszustand	dem Ort der Herstellung	dem Ort der Erhärtung	der Trockenrohdichte (kg/dm³ oder t/m³)	der Bewehrung
Frischbeton ■ nicht erhärtet, noch verarbeitbar	**Baustellenbeton** ■ wird auf der Baustelle hergestellt	**Ortbeton** ■ erhärtet am Ort seiner Verwendung	**Leichtbeton** ■ Blähschiefer, Blähton, Hüttenbims, Naturbims ■ ≤ 2,0	**bewehrter Beton** ■ mit Stahleinlagen verstärkt (bewehrt), wird auch als Stahlbeton bezeichnet
Festbeton ■ erhärtet, nicht mehr verarbeitbar	**Transportbeton** ■ Frischbeton, der vom Betonwerk zur Baustelle transportiert wird ■ einbaufertiger Zustand	**Betonfertigteile, Betonwerksteine** ■ werden erhärtet zur Baustelle geliefert	**(Normal-)Beton**[1] ■ Sand, Kies, Splitt, Hochofenschlacke ■ > 2,0 – 2,6	**unbewehrter Beton** ■ ohne Stahleinlagen
			Schwerbeton ■ Schwerspat, Stahlsand, Stahlschrott ■ > 2,6	

[1] Sind Verwechselungen mit Schwer- oder Leichtbeton nicht möglich, wird der Normalbeton als Beton bezeichnet. Im Garten- und Landschaftsbau ist die Verwendung von Normalbeton üblich.

Tab. 1 Bezeichnungen für Beton

Der Vorgang der Erhärtung läuft in den ersten 28 Tagen sehr schnell, danach nur noch langsam ab. Er ist zeitlich nicht begrenzt und kann sich über viele Jahre hinziehen (s. Abb. 1).

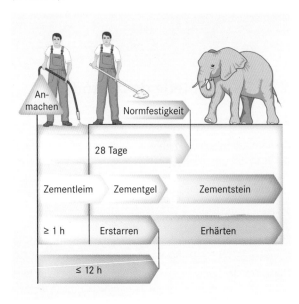

Abb. 1 Erstarren und Erhärten des Betons

2.1.1 Herstellung

Zement wird aus den Rohstoffen Kalkstein und Ton hergestellt. Dazu werden die in Steinbrüchen gewonnenen Ausgangsstoffe zunächst gebrochen, fein gemahlen und miteinander vermischt, bevor sie in einen Drehrohrofen, der bis zu 200 m Länge haben kann, gegeben werden.

Das **Rohmehl** durchwandert den schräg liegenden, sich drehenden Ofen, wobei es in verschiedenen Wärmezonen erhitzt und bei einer Temperatur von etwa 1400 bis 1500 °C bis zur beginnenden Schmelze (**Sinterung**) gebrannt wird. Dabei wird der gesamte Kalk mit den Si-, Al- und Fe-Oxiden der Tonminerale chemisch verbunden. Es entstehen etwa walnussgroße, steinharte, grauschwarze Klinkerkörner, die unbegrenzt gelagert werden können.

Unter geringem Zusatz von Gips, der ein zu schnelles Erhärten des Zements beim Anmachen mit Wasser verhindert, wird der **Zementklinker** bei Bedarf in großen Mühlen zu **Zement** vermahlen. In erster Linie wird in Deutschland **Portlandzement**[1] hergestellt.

---

[1] 1824 stellte Joseph Aspdin einen Zement durch Brennen einer Ton-Kalkstein-Mischung her. Er benannte ihn nach der englischen Halbinsel Portland, aus deren Steinbrüchen er den Kalkstein gewann, als Portlandzement.

2.1.2 Arten und Bezeichnungen

Zur Herstellung von Beton werden im Allgemeinen **Normzemente** benutzt. Sie unterliegen einer regelmäßigen Güteüberwachung durch Hersteller (Eigenüberwachung) und anerkannte Prüfstellen (Fremdüberwachung). Für die meisten Betonarbeiten wird üblicherweise **Portlandzement**[1] (Kurzbezeichnung CEM I) verwendet (s. Abb. 2).

Abb. 2 Portlandzement 32,5 R

2.1.3 Zementfestigkeitsklassen

Zemente werden entsprechend ihrer **Druckfestigkeit nach 28 Tagen** in Festigkeitsklassen eingeteilt.

Die Minimal- und Maximalwerte der jeweiligen Klasse dürfen während dieser Zeit nicht unter- oder überschritten werden. **Normzemente** werden in den drei Festigkeitsklassen 32,5, 42,5 und 52,5 hergestellt.

Die Zahlen, die zur Kennzeichnung der Festigkeitsklasse auf Verpackung und Lieferschein aufgeführt werden, geben die **Mindestdruckfestigkeit in N/mm²** (N = Newton) an. Eine zusätzliche Kennzeichnung erfolgt durch die Farbe des Zementsacks (**Kennfarbe**) und die Farbe des Aufdrucks. Besondere Eigenschaften des Zements werden zusätzlich hervorgehoben. So werden Zemente mit hoher Anfangserhärtung hinter der Festigkeitsklasse mit dem Buchstaben R (rapid) und normal erhärtende mit dem Buchstaben N gekennzeichnet (s. Tab. 1 und 2, S. 183).

Zemente höherer Festigkeitsklassen zeigen vor allem eine schnellere Anfangserhärtung. In der Endfestigkeit unterscheiden sie sich hingegen nur unwesentlich von denen der niedrigeren Festigkeitsklassen. Die Auswahl der Zementfestigkeitsklasse erfolgt also in erster Linie nach der erforderlichen Frühfestigkeit. Im Garten- und Landschaftsbau werden hauptsächlich Portlandzemente der Festigkeitsklasse 32,5 R verwendet (s. Abb. 2).

Festig-keitsklasse	Druckfestigkeit in N/mm²		
	Anfangsfestigkeit		Normfestigkeit
	2 Tage	7 Tage	28 Tage
32,5 N	−	≥ 16	≥ 32,5 ≤ 52,5
32,5 R	≥ 10	−	
42,5 N	≥ 10	−	≥ 42,5 ≤ 62,5
42,5 R	≥ 20	−	
52,5 N	≥ 20	−	≥ 52,5 −
52,5 R	≥ 30	−	

Tab. 1   Festigkeitsklassen der Normzemente (nach DIN 1164)

Festig-keitsklasse	Kennfarbe (Grundfarbe des Sackes)	Farbe des Aufdruckes	Erstarrungs-beginn in Minuten
32,5 N	hellbraun	schwarz	≥ 75
32,5 R		rot	
42,5 N	grün	schwarz	≥ 60
42,5 R		rot	
52,5 N	rot	schwarz	≥ 45
52,5 R		weiß	

Tab. 2   Kennfarben der Zementfestigkeitsklassen

2.2 Gesteinskörnungen

Als **Gesteinskörnungen** werden Stoffe bezeichnet, die dem Bindemittel Zement zugeschlagen werden. Sie bilden das tragende Gerüst des Betons und verleihen ihm bestimmte Eigenschaften, wie z. B. Verarbeitbarkeit und Druckfestigkeit.

2.2.1 Arten und Bezeichnungen

Zur Herstellung von Normalbeton werden **natürliche Gesteinskörnungen** aus Kiesgruben (Flüssen, Seen) und Steinbrüchen gewonnen. Seltener werden **künstliche Körnungen**, wie z. B. Hochofenschlacke, verwendet.

Gesteinskörnungen werden in gebrochener und ungebrochener Form sowie in unterschiedlichen Korngrößen geliefert. Nach ihrer Korngröße werden sie in **Korngruppen** unterteilt, deren Bezeichnung nach ihrem **Kleinst- und Größtkorn** in mm (z. B. 8/16) erfolgt (s. Tab. 3). Die Korngruppe 8/16 besagt, dass der überwiegende Teil der Körnung durch ein 16-mm-Sieb fällt und auf einem 8-mm-Sieb liegen bleibt.

Gemische verschiedener Korngruppen werden nach ihrer Zusammensetzung – z. B. als Kiessand – bezeichnet. Gebräuchliche Mischungen für die Betonherstellung sind 0/2; 0/4; 2/8; 4/8; 8/16; 8/32 und 16/32.

Einzelkörner, die größer als das Größtkorn oder kleiner als das Kleinstkorn der jeweiligen Korngruppe sind, werden als **Über-** bzw. **Unterkorn** bezeichnet. Die zulässigen Über- und Unterkornanteile sind in der DIN 4226 festgelegt.

2.2.2 Eigenschaften

Die Korngröße und -form der Einzelkörner sowie die Zusammensetzung der Gesteinskörnungen beeinflussen ganz entscheidend die Qualität des Betons.

Korngröße

Das Größtkorn ist so groß zu wählen, wie es das Mischen, Transportieren, Einbauen, Verdichten und Abziehen des Betons auf der Baustelle zulassen. Je feiner die Betonarbeiten oder je dichter z. B. die Bewehrung im Stahlbeton, desto kleiner muss das Größtkorn gewählt werden. Dabei darf es 1/3 der kleinsten Bauteilabmessung nicht überschreiten.

Für die Betonherstellung wird das Größtkorn normalerweise nicht größer als 32 mm gewählt.

Kornform

Gedrungene, also runde oder würfelige Körner sind länglichen oder plattigen Körnern vorzuziehen. Bei gleichem Volumen hat ein rundes, gedrungenes oder würfeliges Korn eine kleinere Oberfläche als ein längliches oder plattiges Korn, sodass weniger Zementleim – Wasser und Zement (!) – zur Umhüllung aller Körner benötigt wird (s. Abb. 1, S. 184).

Korngröße (mm)	Bezeichnung der Korngruppen		
	ungebrochene Gesteinskörnung (natürlich)	gebrochene Gesteinskörnung natürlich	recycelt
0/2	Sand	Brechsand, Edelbrechsand	Betonbrechsand, Bauwerkbrechsand
2/32	Kies	Splitt, Edelsplitt	Betonsplitt, Bauwerksplitt
> 32	Kies	Schotter	−

Tab. 3   Korngruppenbezeichnungen

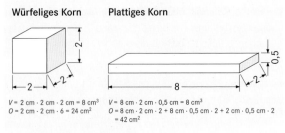

$V = 2\,cm \cdot 2\,cm \cdot 2\,cm = 8\,cm^3$
$O = 2\,cm \cdot 2\,cm \cdot 6 = 24\,cm^2$

$V = 8\,cm \cdot 2\,cm \cdot 0{,}5\,cm = 8\,cm^3$
$O = 8\,cm \cdot 2\,cm \cdot 2 + 8\,cm \cdot 0{,}5\,cm \cdot 2 + 2\,cm \cdot 0{,}5\,cm \cdot 2$
$= 42\,cm^2$

Vergrößerung der Oberfläche

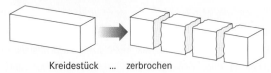

Kreidestück ... zerbrochen

Abb. 1 Kornoberfläche in Abhängigkeit von der Kornform

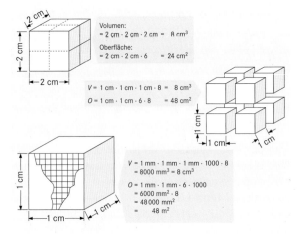

Volumen:
$= 2\,cm \cdot 2\,cm \cdot 2\,cm = 8\,cm^3$

Oberfläche:
$= 2\,cm \cdot 2\,cm \cdot 6 = 24\,cm^2$

$V = 1\,cm \cdot 1\,cm \cdot 1\,cm \cdot 8 = 8\,cm^3$
$O = 1\,cm \cdot 1\,cm \cdot 6 \cdot 8 = 48\,cm^2$

$V = 1\,mm \cdot 1\,mm \cdot 1\,mm \cdot 1000 \cdot 8$
$= 8000\,mm^3 = 8\,cm^3$
$O = 1\,mm \cdot 1\,mm \cdot 6 \cdot 1000$
$= 6000\,mm^2 \cdot 8$
$= 48000\,mm^2$
$= 48\,m^2$

Abb. 2 Kornoberfläche in Abhängigkeit von der Korngröße

Zudem lässt sich Beton mit gedrungenen Körnern besser verdichten. Mäßig raue Kornoberflächen verbessern die Haftung des Zementleims und sind deswegen vor allem für hohe Druckfestigkeitsklassen von Vorteil.

Kornzusammensetzung

Um eine hohe Betonfestigkeit zu erreichen, müssen die Gesteinskörnungen gut miteinander verkittet und ihre Oberfläche vollständig mit Zementleim umhüllt werden. Je kleiner die Einzelkörner sind, desto größer ist die Gesamtoberfläche pro Volumeneinheit (s. Abb. 2), desto mehr Zementleim wird benötigt. Bei der Verwendung möglichst großer Körner ist zwar die gesamte Oberfläche kleiner, jedoch nehmen die Hohlräume zwischen den Körnern zu, die nun ihrerseits mit zusätzlichem Zementleim ausgefüllt werden müssten. Neben einem erhöhten Zementverbrauch und damit steigenden Kosten würde dies vor allem eine geringere Druckfestigkeit des Betons mit sich bringen. Deswegen verwendet man **abgestufte Korngemische**, bei denen die kleineren Körner die Hohlräume zwischen den größeren Körnern ausfüllen (s. Abb. 3). Eine gut abgestufte Kornzusammensetzung lässt sich zudem wesentlich besser verdichten. Die Kornzusammensetzung wird durch Absieben festgestellt und durch Sieblinien dargestellt (s. Abb. 4).

In der DIN 1045 sind die **Regelsieblinien für die Gesteinskörnungen** 0/8, 0/16, 0/32 und 0/63 angegeben. Für jeden Sieblinienbereich sind drei Sieblinien aufgeführt, die mit A, B und C bezeichnet werden (s. Abb. 1, S. 185).

a) Einkorn (großer Hohlraum)

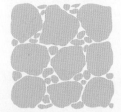

b) Mischkorn (kleiner Hohlr.)

Abb. 3
Die Kornzusammensetzung bestimmt den Hohlraum der Gesteinskörnungen

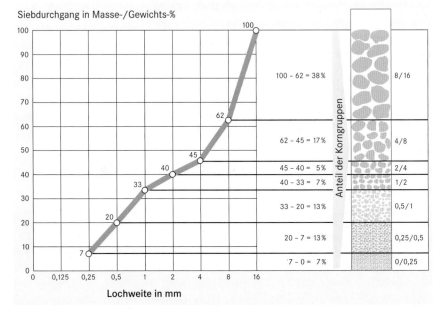

Abb. 4 Ermittlung einer Sieblinie eines Korngemisches mit einem Größtkorn von 16 mm

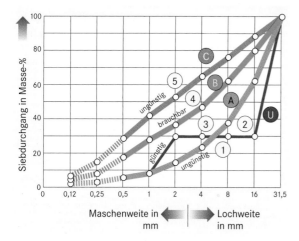

Abb. 1 Sieblinienbereiche nach DIN 1045 für Korngemische 0/32

Die Gesteinskörnungen sollen im „**günstigen**" (3), zwischen A und B, bzw. im „**brauchbaren Sieblinienbereich**" (4), zwischen B und C, liegen. Bezüglich des Zementleimbedarfs (Wasser + Zement) ist die Lage einer Sieblinie zwischen A und B günstiger als zwischen B und C (hoher Wasser- und Zementanspruch).

Fehlen in der Kornzusammensetzung eines Zuschlaggemisches einzelne Kornabstufungen, spricht man von **Ausfallkörnung**. Ausfallkörnungen müssen zwischen der Sieblinie U und C verlaufen.

Gesteinskörnungen, deren Sieblinien in andere Bereiche fallen, sind unbrauchbar.

2.3 Wasser

Wasser ist zum **Abbinden** (Erhärten) des Zements erforderlich. Von größter Bedeutung für die Betonfestigkeit ist die Menge des Wasserzusatzes (s. Wasserzementwert, S. 182). Da Wasser den Beton verarbeitbar macht, indem es ihn in die notwendige Form bringt, wird die Menge des Anmachwassers von der erforderlichen Konsistenz bestimmt. Für erdfeuchten Beton (Stampfbeton) ist sie am geringsten, für fließfähigen Beton am höchsten. Bei der Bemessung der Wasserzugabe muss auch die Eigenfeuchtigkeit der Gesteinskörnungen berücksichtigt werden. Bei einem Korngemisch 0/32 liegt sie im Allgemeinen bei 3 bis 5 Gewichtsprozent.

Als Anmachwasser kann jedes Wasser verwendet werden, soweit es sich nicht um Meerwasser, Moorwasser oder kohlensäurehaltiges Wasser handelt und es keine Bestandteile enthält, die das Erhärten oder die Qualität des Betons ungünstig beeinflussen. Leitungswasser ist auf jeden Fall geeignet.

3 Eigenschaften des Betons

3.1 Frischbeton

3.1.1 Konsistenz und Verarbeitbarkeit

Die **Konsistenz** („Steife/Zusammenhang des Betons") ist ein Maß für die Verarbeitbarkeit des Frischbetons auf der Baustelle. Sie wird vom Wassergehalt der Betonmischung bestimmt. Je höher der Wassergehalt, desto weicher oder fließfähiger wird der Beton.

Man unterscheidet **7 Konsistenzklassen**: sehr steif, steif, plastisch, weich, sehr weich, fließfähig und sehr fließfähig (s. Tab. 1). Ihre Bezeichnung erfolgt nach der Art der Konsistenzprüfung.

Bevorzugte Prüfverfahren sind die Prüfung des **Ausbreitmaßes (Bezeichnung F)** und für steifere Betone des **Verdichtungsmaßes (Bezeichnung C)**. Bei dem im Garten- und Landschaftsbau verwendeten Beton der Überwachungsklasse 1 (früher Betongruppe I) ist die Konsistenz zum Zeitpunkt der Verwendung bzw. Lieferung stichprobenartig durch Inaugenscheinnahme zu beurteilen (s. Abb. 1, S. 186). In Zweifelsfällen ist eine Konsistenzmessung vorzunehmen.

Konsistenz-beschreibung	Klasse	Ausbreitmaß (mm)	Verdichtungs-maß
sehr steif	C0	–	≥ 1,46
steif	C1		1,45 bis 1,26
	F1	≤ 340	–
plastisch	C2	–	1,25 bis 1,11
	F2	350 bis 410	–
weich	C3	–	1,10 bis 1,04
	F3	420 bis 480	–
sehr weich[1]	F4	490 bis 550	–
fließfähig[1]	F5	560 bis 620	–
sehr fließfähig[1]	F6	≥ 630	–
[1] ist mit Fließmittel herzustellen			

Tab. 1 Konsistenzklassen des Frischbetons

3.1.2 Wasserzementwert und Betonqualität

Der richtige Wasserzusatz ist von großer Bedeutung für die Güte des Betons. Je größer die Wassermenge, desto mehr verschlechtert sich im Allgemeinen die Betonfestigkeit.

Da Zement nur etwa 40 % seines Gewichts binden kann, ist zum ordnungsgemäßen Erhärten des Betons (Bildung des Zementsteins) nur eine verhältnismäßig geringe Wassermenge notwendig. Überschüssiges Wasser, das vom Zement nicht gebunden werden kann, muss verdunsten. Dabei hinterlässt es ein System feiner, miteinander verbundener Kapillarporen, die seine Dichtigkeit und Festigkeit

F1 (steifer Beton)   F2 (plastischer Beton)

F3 (weicher Beton)   F4 (sehr weicher Beton)

F5 (fließfähiger Beton)   F6 (sehr fließfähiger Beton)

Abb. 1 Konsistenzklassen (Quelle: Betonbild)

(der Zementstein wird porös) verringern. Aufgrund der schnelleren Austrocknung kann es zudem zu Spannungsrissen kommen.

Bei dünnflüssigem, wasserreichem Zementleim besteht zudem verstärkte Entmischungsgefahr mit der Folge eines späteren Absandens der Oberflächen. Deswegen sollte einer Betonmischung nie mehr Wasser zugesetzt werden, als unbedingt notwendig ist.

Mit erdfeuchtem Beton erreicht man höchste Festigkeit nur bei starker Verdichtung. Beim Einsatz von Flächenrüttlern sollte der Beton gerade plastisch, d.h. etwas weicher als erdfeucht sein.

Für Stahlbeton verwendet man weichen Beton, damit die Stahleinlagen gut umhüllt werden.

Ein Maß für den Wasseranteil im Frischbeton ist der **Wasserzementwert** (w/z). Er gibt das Gewichtsverhältnis von Wasser (w) zu Zement (z) im Frischbeton an:

$$\text{Wasserzementwert (w/z)} = \frac{\text{Gewicht des Wassers (kg)}}{\text{Gewicht des Zements (kg)}}$$

Ein Wasserzementwert von 0,4 ist ideal:

Beispiel: 300 kg Zement
              40% von 300 kg = 120 kg Wasser

$$w/z = \frac{120 \text{ kg Wasser}[1]}{300 \text{ kg Zement}} = 0,4$$

> **Merke**
>
> Je höher die Anforderungen an den Beton, desto niedriger muss der Wasserzementwert sein.

3.2 Festbeton

3.2.1 Druckfestigkeitsklassen

Die wichtigste Eigenschaft des Betons ist seine **Druckfestigkeit**. Die Einordnung der Betone in **Druckfestigkeitsklassen** erfolgt nach ihrer Druckfestigkeit nach 28 Tagen Erhärtungszeit in N/mm^2 (s. Tab. 1, S. 183).

Die Überprüfung der Festigkeit kann mithilfe von zwei verschiedenen Gefäßformen durchgeführt werden: a) Zylinder mit 150 mm Durchmesser und 300 mm Länge oder b) Würfeln mit 150 mm Kantenlänge. Die erste Zahl hinter dem Buchstaben C (engl. concrete = Beton) bezieht sich auf die **Druckfestigkeitsprüfung** in einem Zylinder, die zweite auf die in einem Würfel (s. Tab. 1).

Da in Deutschland in der Regel die Festigkeit nur am Würfel geprüft wird, ist nur der zweite Wert für uns interessant. Bei den Festigkeitsklassen ≤ C25/30 der Überwachungsklasse 1 reicht es aus, wenn zum Zeitpunkt ihrer Verwendung bzw. Lieferung die Konsistenz des Betons stichprobenartig durch Inaugenscheinnahme überprüft wird. Für die Herstellung und Verarbeitung von Beton der Überwachungsklassen 2 (≥ C30/37 und ≤ C50/60) und 3 (≥ C55/67) sind umfangreichere Prüfungen vorgeschrieben.

Überwachungsklasse 1 (Betongruppe I)					
C8/10*	C12/15*	C16/20	C20/25		
(B10)	(B15)	–	(B25)		
Überwachungsklasse 2 (Betongruppe II)					
C25/30	C30/37	C35/45	C40/50	C45/55	C50/60
–	(B35)	(B45)	–	(B55)	–
* nur für unbewehrte Betone					

Tab. 1   Druckfestigkeitsklassen für Normalbeton nach DIN EN 206-1 (in Klammern frühere Bezeichnungen)

---

[1] Eigenfeuchte der Gesteinskörnung + Zugabewasser (Anmachwasser)

3.2.2 Expositionsklassen

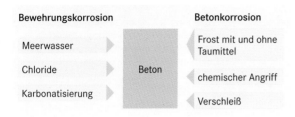

Abb. 1 Beton unterliegt zahlreichen Umwelteinflüssen

Damit Beton dauerhaft ist, muss er widerstandsfähig gegenüber den vorherrschenden Umweltbedingungen sein. Die Anforderungen an Betone sind in der DIN EN 206-1 in Abhängigkeit von **Expositionsklassen** festgelegt. Entscheidend für ihre Zuordnung zu einer der 21 Klassen sind die Umgebungsbedingungen, die die Dauerhaftigkeit beeinflussen, indem sie auf die Bewehrung (Bewehrungskorrosion) oder den Beton (Betonkorrosion) direkt schädigend einwirken (s. Abb. 1). Liegen mehrere schädigend einwirkende Bedingungen vor, so ist die Expositionsklasse auszuwählen, die eine höhere Belastung des Betons ermöglicht. Mit der Einteilung in Expositionsklassen werden gleichzeitig die Anforderungen an die Zusammensetzung des Betons festgelegt (s. Tab. 1, S. 188).

3.3 Stahlbeton

3.3.1 Eigenschaften

Als **Stahlbeton** bezeichnet man Beton, der durch Stahleinlagen verstärkt wurde. Er wird in der Regel überall dort, wo Zugspannungen auftreten können, in den Betonkörper gelegt (Bewehrung). Als Erfinder des Stahlbetons gilt der französische Gärtner **Monier**, der 1861 Pflanzkübel aus Beton mit Drahteinlagen herstellte. Nach ihm wurden später die Bewehrungseisen „Moniereisen" benannt. Stahlbeton oder bewehrter Beton ist somit ein **Verbundbaustoff** – Stahl und Beton verbinden sich in ihm zu einem Baustoff.

Da Beton zwar eine hohe Druckfestigkeit, aber nur eine geringe Zugfestigkeit aufweist, haben die Stahleinlagen, die über eine hohe Zugfestigkeit verfügen, die Aufgabe, auftretende Zugkräfte aufzunehmen (s. Abb. 2). Somit kann Beton durch die Verwendung von Stahl bei allen Bauteilen eingesetzt werden.

Die erzielte Verbundwirkung kommt zustande, weil
1. die Baustoffe fest aneinander haften,
2. die Wärmeausdehnung von Beton und Stahl nahezu gleich groß ist,
3. der Beton den Stahl aufgrund seiner Dichtheit und alkalischen Reaktion vor Korrosion schützt.

Ein weiterer Vorzug des Stahlbetons ist seine leichte Formbarkeit, die die Ausführung beliebig gestalteter Bauteile gestattet.

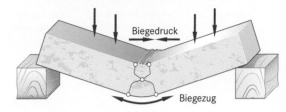

Abb. 2 Wirkung der Zugkräfte

3.3.2 Betonstahlstäbe und -matten

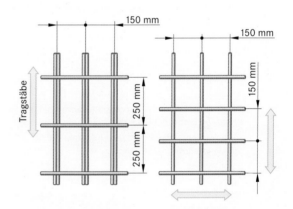

R-Matte als Doppelmatte   Q-Matte als Einzelmatte

Lagermatten: 6,0 m lang; 2,30 m breit

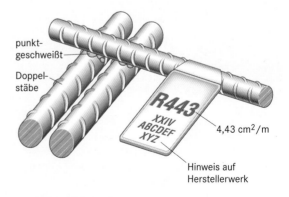

Kurzbeschreibung einer Lagermatte:
R-Matte mit rechteckigen Stababständen
443-Stahlquerschnitt in Längsrichtung in mm²/m

Abb. 3 Betonstahlmatten als Bewehrung

Expositions-klasse[1]	Umweltbedingungen	max. w/z	Mindest-druckfes-tigkeits-klasse	Mindest-zement-gehalt (kg/m³)	Beispiele
XO	kein Korrosions- oder Angriffsrisiko	–	C8/10	–	Unbewehrter Beton in nicht angreifender Umgebung (z. B. unbewehrte Fundamente ohne Frost, unbewehrte Innenbauteile)
XC	**Bewehrungskorrosion, ausgelöst durch Karbonatisierung** Bewehrter Beton, der Luft und Feuchtigkeit ausgesetzt ist.				
XC 1	trocken oder ständig nass	0,75	C16/20	240	Bauteile in Innenräumen mit üblicher Luft-feuchte (Küche, Bad, in Wohnräumen); Beton, der ständig in Wasser getaucht ist
XC 2	nass, selten trocken				Wasserbehälter, Gründungsbauteile
XC 3	mäßige Feuchte	0,65	C20/25	260 (240)	Bauteile, zu denen die Außenluft häufig oder ständig Zugang hat, z. B. offene Hallen, Innenräume mit hoher Luftfeuchtigkeit (gewerbliche Küchen, Bäder, Viehställe ...)
XC 4	wechselnd nass und trocken	0,60	C25/30	280/270	Außenbauteile mit direkter Beregnung (Niederschläge), z. B. Betonmauern
XD	**Bewehrungskorrosion, verursacht durch Chloride (einschließlich Tausalze)** Bewehrter Beton, der chloridhaltigem Wasser, einschließlich Tausalz, ausgenommen Meerwasser, ausgesetzt ist.				
XD 1	mäßige Feuchte	0,55	C30/37	300 (270)	Bauteile im chloridhaltigen Sprühnebelbereich von Verkehrsflächen; Einzelgaragen
XD 2	nass, selten trocken	0,50	C35/45	320 (270)	Solebäder und Bauteile, die chloridhaltigen Abwässern ausgesetzt sind
XD 3	wechselnd nass und trocken	0,45	C35/45	320 (270)	Teile von Brücken mit häufiger Spritzwasser-beanspruchung; Fahrbahndecken; Parkdecks
XS	**Bewehrungskorrosion, verursacht durch Chloride aus Meerwasser** Bewehrter Beton, der Chloriden aus Meerwasser oder salzhaltiger Seeluft ausgesetzt ist.				
XS 1	salzhaltige Luft, aber kein direkter Kontakt mit Meerwasser	0,55	C30/37	300 (270)	Außenbauteile in Küstennähe
XS 2	unter Wasser	0,50	C35/45	320 (270)	Bauteile in Hafenbecken, die ständig unter Wasser liegen
XS 3	Tidebereiche, Spritzwasser und Sprüh-nebelbereiche	0,45	C35/45	320 (270)	Kaimauern in Hafenanlagen
XF	**Frostangriff mit und ohne Taumittel** Durchfeuchteter Beton, der erheblichem Angriff durch Frost-Tau-Wechsel ausgesetzt ist.				
XF 1	mäßige Wassersättigung, ohne Taumittel	0,60	C25/30	280 (270)	Außenbauteile, z. B. Fundamente
XF 2	mäßige Wassersättigung	0,55	C25/30	300	Bauteile im Sprühnebel- oder Spritzwasser-bereich von taumittelbehandelten Verkehrs-flächen, soweit nicht XF 4
	mit Taumittel	0,50	C35/45	320	Bauteile im Sprühnebelbereich von Meerwasser
XF 3	hohe Wassersättigung	0,55	C25/30	300 (270)	offene Wasserbehälter
	ohne Taumittel	0,50	C35/45	320 (270)	Bauteile in Wasserwechselzone von Süßwasser
XF 4	hohe Wassersättigung mit Taumittel	0,50	C30/37	320	Mit Taumitteln behandelte Verkehrsflächen; überwiegend horizontale Bauteile im Spritz-wasserbereich von taumittelbehandelten Verkehrsflächen
XA	**chemischer Angriff** Beton, der chemischem Angriff durch natürliche Böden und Grundwasser ausgesetzt ist.				
XA 1	chemisch schwach angreifende Umgebung	0,60	C25/30	280 (270)	Behälter von Kläranlagen, Güllebehälter
XA 2	chemisch mäßig angreifende Umgebung und Meeresbauwerke	0,50	C35/45	320 (270)	Bauteile, die mit Meerwasser in Berührung kommen; Bauteile in betonangreifenden Böden
XA 3	chemisch stark angreifende Umgebung	0,45	C35/45	320 (270)	Industrieabwasseranlagen mit chemisch angreifendem Abwasser
XM	**Verschleißbeanspruchung** (für GaLaBau keine Bedeutung)				

[1] Die Ziffer hinter dem Buchstaben gibt den Angriffsgrad der jeweiligen Beanspruchung an. Je höher die Ziffer, desto stärker die Beanspruchung. im GaLaBau häufig erforderliche Expositionsklassen sind rot gekennzeichnet.

Tab. 1 Expositionsklassen

Stahl wird in Form einzelner **Betonstahlstäbe** (Einzelstab-bewehrung) oder **Betonstahlmatten** (Mattenbewehrung) eingebaut (s. Abb. 1).

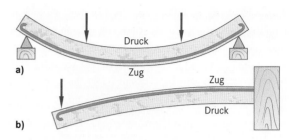

Abb. 2 Die Bewehrung muss stets in der Zugzone liegen

Abb. 1 Einbringen der Bewehrung

Betonstahlmatten bestehen aus Einfach- oder Doppel-stahlstäben (s. Abb. 3, S. 187). Bei Matten mit der Be-zeichnung Q sind die Stäbe quadratisch (Tragstäbe in Längs- und Querrichtung), bei Matten mit der Bezeich-nung R rechteckig angeordnet (Tragstäbe in Zugrichtung).

Die gerippte Oberfläche der Stäbe führt zu einer verbes-serten Haftung zwischen Beton und Stahl und damit zu einer besseren Verbundwirkung zwischen den beiden Bau-stoffen. Da Schmutz, Öle, Fette oder loser Rost eine ausreichende Haftung zwischen Beton und Stahl verhin-dern, müssen die Stahleinlagen vor ihrer Verwendung ge-gebenenfalls gereinigt werden (z. B. losen Rost mit einer Drahtbürste entfernen).

3.3.3 Einbau der Bewehrung

Damit der eingebaute Stahl die Zugkräfte aufnehmen kann, muss die Bewehrung stets in der **Zugzone** liegen (s. Abb. 2). **Zugkräfte** treten immer dort auf, wo sich der Baukörper strecken will und ohne Bewehrung Risse bekommen oder gar brechen würde.

Außer diesen Druck- und Zugkräften muss der Stahl den Beton auch bei der Aufnahme sogenannter **Schub-** oder **Scherkräfte** unterstützen. Die Wirkung der Scherkräfte kann man sich wie folgt vorstellen:

Wird z. B. ein Stapel Bretter auf zwei Unterstützungen gelegt, biegen sich diese in der Mitte durch. Die Folge ist, dass sich an den beiden Enden (Auflager) die Bretter gegeneinander verschieben, während in der Mitte des Stapels die Bretter genau übereinander liegen bleiben (s. Abb. 3). Übertragen auf den Stahlbeton bedeutet dies: Je näher man zum Auflager kommt, umso größer ist das Bestreben, sich wie beim Bretterstapel ineinander zu verschieben. Die Schubkräfte müssen durch Stahlbügel und aufgebogene Bewehrungsstäbe aufgefangen werden (s. Abb. 3).

Wirkung der Schubkräfte

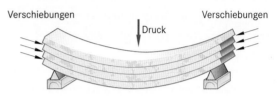

Querschubkräfte scheren den Balken an den Auflagern ab

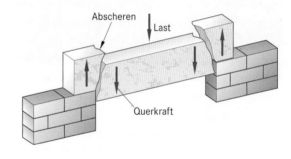

Bewehrung eines Stahlbetonbalkens

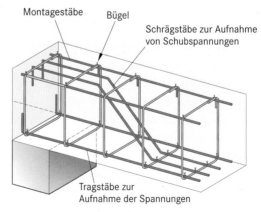

Abb. 3 Wirkung und Aufnahme der Schub-/Scherkräfte

Zum dauerhaften **Schutz vor Korrosion** ist darauf zu achten, dass die Stahleinlagen dicht und ausreichend dick (allgemein sind 2 bis 4 cm ausreichend) von Beton umgeben sind (s. Abb. 1). Durch den Einbau von **Abstandhaltern**, die zwischen der Schalung und der Bewehrung oder auf den Stäben angebracht werden, wird die vorgeschriebene Betondeckung eingehalten (s. Abb. 2).

Die Durchführung von Bewehrungsarbeiten setzt eine genaue Kenntnis der auftretenden Kräfte und ihre richtige Verteilung auf Stahl und Beton voraus.

Die Stahleinlagen, ihre Abmessungen, ihre Form, ihre Verbindung untereinander und ihre Lage müssen aufs Genaueste den Anforderungen angepasst sein, damit der Stahlbeton allen Beanspruchungen mit hinreichender Sicherheit gewachsen ist. Das bedingt, dass bei Bewehrungsarbeiten in den überwiegenden Fällen ein **Statiker** zurate gezogen werden muss. Dieser erstellt einen genauen **Bewehrungsplan** und nimmt die Bewehrung vor dem Betoneinbau ab.

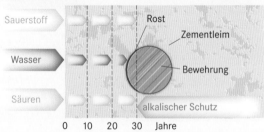

Abb. 1 Korrosion der Stahleinlagen infolge ungenügender Betondeckung

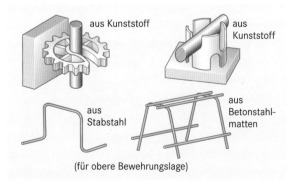

Abb. 2 Abstandhalter

4 Herstellung des Betons

4.1 Anlieferung und Lagerung der Ausgangsstoffe

Gesteinskörnungen können nach Korngruppen getrennt, ungetrennt oder werksgemischt bezogen werden. Wegen der Entmischungsgefahr ist besondere Vorsicht beim Entladen notwendig (s. Abb. 3). Bei **Lagerung auf der Baustelle** muss eine Verunreinigung durch Mutterboden, herabfallendes Laub usw. unbedingt vermieden werden. Auch dürfen die Gesteinskörnungen nicht mit abschlämmbaren Teilchen (< 0,063 mm) verunreinigt sein, da diese den Wasseranspruch des Betons erhöhen und dadurch seine Festigkeit (s. Wasserzementwert, S. 186) vermindern. Aus diesem Grunde werden Gesteinskörnungen gewaschen angeliefert.

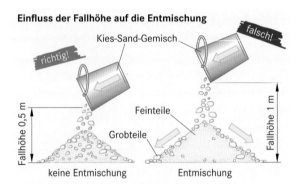

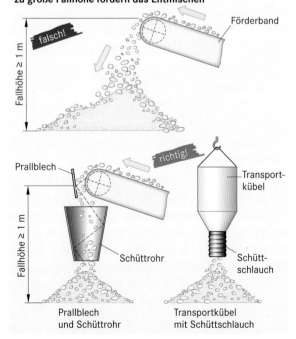

Abb. 3 Maßnahmen zur Verhinderung einer Entmischung

Zement wird in Säcken (25 kg) oder lose angeliefert. Da er stark wasseranziehend (hygroskopisch) ist, muss er in geschlossenen, trockenen Räumen oder im Freien auf Paletten unter Folienabdeckung gelagert werden. Nicht vollständig entleerte Säcke müssen wieder sorgfältig verschlossen werden, damit es nicht zur Klumpenbildung und Festigkeitsminderung kommt.

Zement sollte generell spätestens 1 bis 2 Monate nach seiner Lieferung verarbeitet sein.

4.2 Standardbeton

Zur Gruppe der **Standardbetone** zählen Betone der Festigkeitsklassen C8/10, C12/15 und C16/20. Sie können auf den Baustellen des Garten- und Landschaftsbaus selbst hergestellt werden, wobei folgende Beschränkungen gelten:
- Verwendung natürlicher Gesteinskörnungen,
- keine Verwendung von Zusatzmitteln oder -stoffen,
- Mindestzementgehalt nach Tab. 1.

Die Herstellung derartiger Betone kann nach **Rezepten** erfolgen, die Richtwerte für die Bestandteile von 1 m³ verdichteten Betons enthalten (s. Tab. 1).

Die Zementgehalte müssen **erhöht** werden um:
- 10 % bei einem Größtkorn von 16 mm
- 20 % bei einem Größtkorn von 8 mm

Konsistenz	Druckfestigkeitsklasse	Sieblinienbereich	Baustoffbedarf/m³ verdichteten Betons		
			Zement kg	Gesteinskörnung kg	Wasser kg
	C8/10	3	230	2045	140
		4	250	1975	160
steif C1, F1	C12/15	3	290	1990	140
		4	320	1915	160
	C16/20	3	310	1975	140
		4	340	1895	160
	C8/10	3	250	1975	160
		4	270	1900	180
plastisch C2, F2	C12/15	3	320	1915	160
		4	350	1835	180
	C16/20	3	340	1895	160
		4	370	1815	180
	C8/10	3	280	1895	180
		4	300	1825	200
weich C3, F3	C12/15	3	350	1835	180
		4	380	1755	200
	C16/20	3	380	1810	180
		4	410	1730	200

Tab. 1 Mindestzementgehalt für Standardbeton bei einem Größtkorn von 32 mm und einer Zementfestigkeitsklasse 32,5 nach DIN EN 197-1

Die Zementgehalte dürfen **verringert** werden um:
- 10 % bei Zementfestigkeitsklasse 42,5
- 10 % bei einem Größtkorn von 63 mm

Beispiel Mischungsberechnung
Gefordert:
- Standardbeton C16/20
- Zement der Festigkeitsklasse 32,5
- Größtkorn des Korngemisches 32 mm
- Sieblinienbereich 3 (günstig)
- Konsistenz weich (C3)

Lösung:
1. Baustoffbedarf für 1 m³ verdichteten Beton
   Zement: 380 kg   (s. Tab. 1)
   Gesteinskörnung: 1810 kg   (s. Tab. 1)
   Wasser: 180 l   (s. Tab. 1)

2. Stoffmengen für eine Mischerfüllung
   Es steht ein Mischer mit einem Nenninhalt von 150 l (0,15 m³) zur Verfügung.

Nenninhalt des Mischers nach DIN 459 (m³)	0,15	0,25	0,33	0,50	0,75	1,00
Nutzinhalt (m³) für						
steif	0,15	0,25	0,33	0,50	0,75	1,00
plastisch	0,18	0,30	0,40	0,60	0,90	1,20
weich	0,20	0,34	0,45	0,67	1,01	1,35

Tab. 2 Nutzinhalt von Betonmischern

Die Werte für den Baustoffbedarf für 1 m³ verdichteten Beton sind mit dem Nutzinhalt des Mischers zu multiplizieren:
Zement: 380 kg · 0,2 = 76 kg
Gesteinskörnung: 1810 kg · 0,2 = 362 kg
Wasser: 180 l · 0,2 = 36 l
                            ▶ 18 bis 25 l[1]

4.3 Mischung der Ausgangsstoffe

4.3.1 Maschinenmischung

Zur Mischung der Ausgangsstoffe wird der Betonmischer entsprechend der jeweiligen Betonrezeptur gefüllt. Wird die Wasserzugabe zur besseren Verarbeitung des Betons erhöht, muss zur Einhaltung des Wasserzementwertes (s. S. 186) auch mehr Zement hinzugefügt werden. Als Faustzahl gilt: Pro Liter mehr zugegebenen Wassers muss die Zementmenge um zusätzliche 2 kg erhöht werden.

[1] Bei der Wassermenge 36 l handelt es sich um den Gesamtbedarf. Da die Eigenfeuchte der Gesteinskörnung im Allgemeinen bei 3 bis 5 Gew.-% liegt, müssen bei 362 kg Gesteinskörnung etwa 18 bis 25 l Wasser pro Mischung zugegeben werden.

Abb. 1 Kipptrommelmischer

Im Garten- und Landschaftsbau werden zur Betonmischung hauptsächlich **Kipptrommelmischer** eingesetzt (s. Abb. 1). Es handelt sich dabei um sogenannte **Freifallmischer**, bei denen das Mischgut beim Drehen der Mischtrommel mittels schaufelartiger Rippen gehoben wird und von oben im freien Fall nach unten zurückfällt, wodurch es gemischt wird. Die Mischzeit sollte nach Zugabe aller Stoffe mindestens eine Minute betragen. Die Entleerung des Mischers erfolgt durch Kippen der Trommel.

Bei sogenannten **Zwangsmischern** wird das Mischgut in einem fest stehenden Mischbehälter mithilfe von Scharen, Schaufeln oder Schnecken durchgearbeitet. Bei ihnen reicht eine Mindestmischzeit von einer halben Minute aus.

4.3.2 Handmischung

Das Mischen von Hand kommt nur für geringe Betonmengen der Festigkeitsklassen C8/10 infrage (s. Tab. 1). Dabei sollte niemals auf der Erde gemischt werden, sondern immer auf einer sauberen Unterlage (z. B. auf einem Bretterboden, einer Folie oder einer Sauberkeitsschicht aus Kiessand oder Beton, 3 × 3 bis 4 × 4 m).

⬇ Vorgehensweise

- Gesteinskörnungen und Zement werden mindestens zweimal trocken durchschaufelt, bis eine gleichmäßige Graufärbung erreicht ist.
- Anschließend wird mit einer Gießkanne mit Brause unter ständigem Mischen Wasser zugegeben.
- Die feuchte Mischung wird mindestens noch zweimal durchmischt. Dies geschieht durch Umschaufeln des Mischgutes bei gleichzeitigem Harken.

Druckfestigkeitsklasse	Mischungsverhältnis Zement : Gesteinskörnungen
C8/10	1:9/1:6
C12/15	1:4
C20/25	1:3

Tab. 1 Mischungsverhältnisse aus der Praxis für kleinere Handmischungen

5   Transportbeton

Unter **Transportbeton** versteht man Frischbeton, der vom Betonwerk zur Baustelle transportiert wird.

Der Transport erfolgt in der Regel in Fahrzeugen mit Mischvorrichtungen – **Transportbetonmischern** mit einem Fassungsvermögen von 4 bis 10 m³ (s. Abb. 2). Nur Beton der Konsistenz F1 darf auf normalen Lkws transportiert werden und kann von Kunden selbst abgeholt werden (Selbstabholer). Solche Betone kommen meist zum Einsatz, wenn geringere Mengen benötigt werden. Die **Mischung** kann im Werk (werksgemischt) oder im Fahrzeug während der Fahrt oder nach dem Eintreffen auf der Baustelle (fahrzeuggemischt) erfolgen.

Abb. 2 Betontransportfahrzeug

5.1   Vorteile

Der große **Vorteil bei der Verwendung von Transportbeton** liegt darin, dass Betone aller Festigkeitsklassen und Konsistenzen in genauer und garantierter Zusammensetzung einbaufertig geliefert werden können (Sicherheit!). Im Betonwerk können Gesteinskörnungen und Zement exakt nach dem Gewicht bemessen sowie die Eigenfeuchtigkeit der Zuschlagstoffe bei der Wasserzugabe genau berücksichtigt werden. Zeitaufwendige Mischarbeiten auf der Baustelle entfallen ebenso wie die Lagerung von Gesteinskörnungen und Zement. Entsprechend wird bei Betonarbeiten im Garten- und Landschaftsbau überwiegend Transportbeton verwendet.

5.2 Angaben zur Bestellung

Für einen reibungslosen Betonierablauf sind bei der Bestellung von Transportbeton folgende Angaben notwendig:

Wer ist der Rechnungsempfänger (Firma) und Besteller?

Wohin soll geliefert werden (Baustellenanschrift, Annahmestelle)?

Wann soll geliefert werden (Tag, Datum, Uhrzeit)?

Was genau soll geliefert werden (Betonsorten-Nr. des Lieferwerkes oder Festigkeitsklasse, Konsistenz, Größtkorn, besondere Eigenschaften oder Anforderungen)?

Wie viel soll geliefert werden (Menge)?

Wie schnell kann entladen werden (m^3/h)?

Was muss sonst noch berücksichtigt werden (Baustellenverhältnisse, z. B. Zufahrtsmöglichkeiten, Rangiermöglichkeiten, Gewichtsbeschränkungen, erforderliche Geräte, z. B. Pumpe)?

5.3 Entladen und Verarbeiten

Entladen (max. sechs Minuten für 1 m^3 Beton) und Verarbeiten von Transportbeton sollten schnell erfolgen. Dazu ist sicherzustellen, dass

- die Schalungsarbeiten beendet sind,
- eine freie und sichere Zufahrtsmöglichkeit für das Mischfahrzeug vorhanden ist,
- genügend Personal und Geräte (Pumpe, Rüttler, Schubkarren, usw.) für Abnahme, Förderung, Einbau, Verdichtung und Nachbehandlung zur Verfügung stehen.

Auftretende Fragen/Probleme sind bei der Bestellung mit dem Lieferwerk zu klären.

Bei einer Betonlieferung erhält der Kunde einen Lieferschein, der vor dem Entleeren des Fahrzeugs auf die Richtigkeit folgender Angaben überprüft werden muss:

> **Merke**
>
> **Der Lieferschein enthält:**
> - Anschrift der Baustelle
> - Betonsortennummer
> - Festigkeitsklasse
> - Konsistenz (auch in Augenschein nehmen!)
> - Größtkorn
> - Besondere Anforderungen/Eigenschaften

Nach dem Entladen und Überprüfen auch aller restlichen Angaben wird unterschrieben. Die Betonlieferung ist vom Baustellenleiter im Tagesbericht (s. S. 500) festzuhalten. Dabei ist zu vermerken, welche Lieferung (Lieferschein-Nummer) wo eingebaut wurde.

6 Verarbeitung des Frischbetons

6.1 Schalung

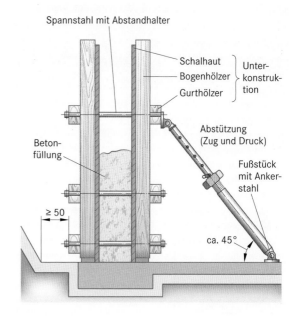

Abb. 1 Wandschalung

Bevor mit dem Betonieren begonnen werden kann, muss zuerst die Form hergestellt werden, in die der Beton eingebracht werden soll. Man bezeichnet diese Form als **Schalung**. Sie muss maßgenau, dicht, ausreichend stabil und sauber sein. Zudem darf die Schalung dem eingebrachten Frischbeton kein Wasser entziehen, muss ein leichtes Ausschalen nach dem Erhärten ohne Beschädigung der Betonoberfläche ermöglichen und außerdem leicht zu reinigen sein.

Neben der klassischen Art der Einschalung mit Schalbrettern oder Schaltafeln aus massivem Holz werden auch Furnier-, Span-, Stahl- und Kunststoffplatten für Schalungsarbeiten verwendet.

Eine Schalung besteht aus der **Schalhaut**, der **Unterkonstruktion** und einer **Abstützung** (s. Abb. 1):

Schalhaut

Als Schalhaut bezeichnet man den Teil der Schalung, der direkten Kontakt mit dem Frischbeton hat, ihn wie eine zweite „Haut" umgibt – also Schalbretter oder Schalungsplatten. Sie verleiht dem Beton Form und Aussehen. Vor allem Kunststoffschalungen mit ihren glatten Oberflächen eignen sich zur Herstellung von Sichtbeton. Als Strukturschalungen verleihen sie Betonoberflächen besondere Strukturen.

Unterkonstruktion

Die Schalhaut wird gegen senkrecht stehende Kanthölzer (**Bogenhölzer**) genagelt, die ihrerseits über quer verlaufende Kanthölzer (**Gurthölzer**) miteinander verbunden sind (s. Abb. 1, S. 193). Der Abstand der Gurthölzer verkleinert sich nach unten hin aufgrund des zunehmenden Betondrucks (s. Abb. 1).

Bogen- und Gurthölzer bilden die Unterkonstruktion. Sie tragen die Schalhaut, steifen sie aus und schützen sie vor Verformungen. Die auf sie einwirkenden Kräfte werden auf die Abstützung übertragen.

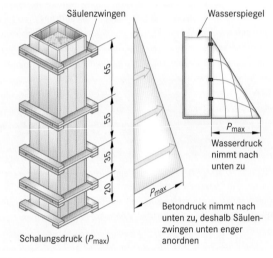

Abb. 1 Säulenschalung

Abstützung

Abstützungen bestehen in der Regel aus Kanthölzern oder Stahl. Da sie die einwirkenden Kräfte auf den Untergrund weitergeben, müssen sie einen festen, unverrückbaren Stand haben. Der Vorteil von Stahlrohrstützen gegenüber Stützen aus Kanthölzern ist vor allem in ihrer einfachen Handhabung zu sehen. Mithilfe von Ausziehvorrichtungen lassen sich ihre Längen einfach und schnell variieren.

6.2 Verarbeitungszeit

Beton erhärtet relativ schnell, sodass er sofort nach dem Mischen und ohne Unterbrechung (Pausen) verarbeitet werden muss.

Allgemein gilt, dass Beton bei trockener, warmer Witterung innerhalb einer halben Stunde, bei kühler, nasser Witterung innerhalb einer Stunde eingebracht und verdichtet sein sollte (s. Abb. 2). Beim **Selbstabholen** sollte der Beton 45 Minuten nach der Wasserzugabe zum Zement (Uhrzeit s. Lieferschein) verarbeitet sein. Durch Zugabe von Verzögerer kann es zu Konsistenzveränderungen kommen.

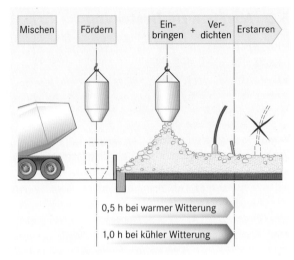

Abb. 2 Verarbeitungszeit für Frischbeton

6.3 Fördern und Einbauen

Frischbeton wird auf der Baustelle mit Schubkarren, Transportbändern, Pumpleitungen (**Pumpbeton**) u. a. gefördert. Beim Befördern des Betons von der Misch- zur Verarbeitungsstelle ist darauf zu achten, dass sich der Beton nicht entmischt. **Die Entmischungsgefahr ist umso größer, je wasserreicher der Beton ist.** Weicher oder flüssiger Beton sollte deswegen nicht über längere Strecken transportiert werden. Auch beim Herabstürzen von Beton besteht Entmischungsgefahr. Sie steigt mit zunehmender Fallhöhe, sodass Beton nicht tiefer als 1 m frei fallen sollte. Bei größeren Höhen muss mit geeigneten Maßnahmen, z. B. mithilfe von Rutschen, Schläuchen oder Fallrohren, der Beton beim Fallen zusammengehalten werden (s. Abb. 3, S. 190). Bei Schalungen ist darauf zu achten, dass diese vorgenässt und ggf. mit einem geeigneten Trennmittel versehen sind. Der Beton wird mittig eingefüllt.

6.4 Verdichten

Frischbeton enthält luftgefüllte Hohlräume, die die Festigkeit des Betons mindern. Deshalb muss Beton verdichtet werden. Je nach Konsistenzstufe geschieht dies durch **Stampfen, Rütteln, Stochern** bzw. **mehrmaliges Abziehen** oder **Klopfen** an der Schalung.

Je weicher/fließender der Beton ist, desto vorsichtiger muss wegen der steigenden Entmischungsgefahr die Verdichtung erfolgen. Auch geht der notwendige Verdichtungsaufwand zurück, da die Reibungskräfte zwischen den Zuschlagstoffen mit zunehmender Konsistenz geringer werden (s. Tab. 1, S. 195).

Konsistenz-bereich	Eigenschaften beim Schütten	Verdichtungsart	Verarbei-tungs-aufwand
sehr steifer und steifer Beton (C0, C1, F1)	lose, krümelig, etwas feuchter als erdfeucht	kräftiges Rütteln mit Oberflächen-rüttler (Platte, Bohle) oder kräfti-ges Stampfen	sehr hoch
plastischer Beton (C2, F2)	schollig bis knapp zusammen-hängend	Rütteln mit Ober-flächenrüttler (Bohle), Innenrütt-ler, Außenrüttler (Schalungsrüttler), zusätzliches Klopfen an der Schalung	hoch
weicher und sehr weicher Beton (C3, F3, F4)	schwach fließend	Rütteln mit Ober-flächenrüttler (Bohle), Innenrütt-ler, Außenrüttler, Stochern bzw. mehrmaliges Abziehen, zusätz-liches Klopfen an der Schalung	mäßig
fließfähiger und sehr fließ-fähiger Beton (F5, F6)	fließend	Entlüften durch leichtes Rütteln (Innenrüttler), Außenrüttler, Oberflächenrüttler (Bohle); Stochern bzw. mehrmaliges Abziehen, zusätz-liches Klopfen an der Schalung	gering

Tab. 1 Konsistenzbereiche des Frischbetons und die sich daraus ergebende Verdichtung

Abb. 1 Rüttelplatte (Vibrationsplatte)

Abb. 2 Vibrationsstampfer

6.4.1 Oberflächenrüttler und Stampfer

Oberflächenrüttler (z. B. **Rüttelplatte**, s. Abb. 1) und **Stampfer** (Hand- oder Motorstampfer, s. Abb. 2) werden auf die Oberfläche des zu verdichtenden Betons aufge-setzt. Zur Verdichtung wird steifer Frischbeton in Schicht-dicken von 15 bis 25 cm eingebracht. Die verdichtete Schicht sollte in der Regel nicht dicker als 15 cm sein. Es wird so lange verdichtet, bis die Oberfläche matt feucht er-scheint (überschüssiges Wasser entweicht an die Ober-fläche). Dabei beginnt man längs der Schalung und an den Schalungsecken. Vor dem Einbringen einer weiteren Schicht wird die Oberfläche der verdichteten Schicht zur besseren Verzahnung der Schichten untereinander aufge-raut. Oberflächenrüttler und Stampfer werden vorwiegend bei unbewehrtem Beton und Fundamenten verwendet.

Rüttelbohlen oder **Vibrationsbohlen** bestehen aus einem Schwingungserreger, der auf einer Bohle angebracht ist. Die Bohle wird auf Schienen oder Abziehlehren über Beton, Estrich oder Sandschüttungen geführt, wobei diese abge-zogen, verdichtet und geglättet werden.

Neben handgeführten Geräten gibt es Rüttel-/Vibrations-bohlen auch als Anbaugeräte an Maschinen. Die Verdich-tungstiefe liegt zwischen 10 und 40 cm, die Arbeitsge-schwindigkeit zwischen 0,6 bis 1,5 m/Minute.

Innenrüttler, Wirkungsweise

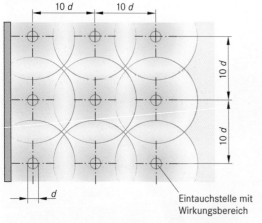

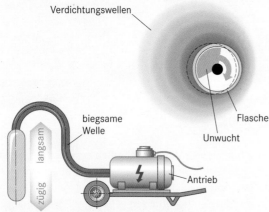

Eintauchstelle mit
Wirkungsbereich

Verdichtungswellen

Innenrüttler im Einsatz

Abb. 1 Einsatz und Wirkungsweise des Innenrüttlers

6.4.2 Innenrüttler

Bei der Verwendung von Innenrüttlern, auch als **Rüttelflasche**, **Tauchrüttler** oder **Innenvibrator** bezeichnet, wird der Beton in einer Schichtdicke von 30 bis 100 cm eingebaut. Beim Eintauchen ist darauf zu achten, dass sich die Wirkungsbereiche der Rüttelflasche überschneiden (s. Abb. 1, 2. Zeichnung von oben). Sie sind am Feuchtwerden der Betonoberfläche zu erkennen.

Um eine Rüttelverbindung zwischen den Schichten zu erreichen, wird die Rüttelflasche beim Eintauchen noch 10 bis 20 cm in die zuletzt verdichtete Schicht eingeführt (sogenanntes Vernadeln). Die Rüttelflasche wird zügig eingetaucht und nach Erreichen der tiefsten Lage sofort wieder (Hand über Hand) langsam (4 bis 8 cm pro Sekunde) und senkrecht herausgezogen. Wegen der Gefahr einer Entmischung sollte ein Abstand von etwa 20 cm zur Schalung eingehalten werden. Vorhandene Stahleinlagen dürfen nicht berührt werden (s. Abb. 1).

Beim Betonieren dünner Betonschichten (z. B. Betondecken) werden die Rüttelflaschen schräg eingetaucht und durch den Beton gezogen. Neigung und Richtung der Flasche beim Eintauchen sollten immer gleich sein und die sich bildenden Streifenspuren müssen sich überschneiden.

6.4.3 Außenrüttler

Außenrüttler, auch als **Schalungsrüttler** oder **Außenvibrator** bezeichnet, werden außen an der Schalung befestigt, über die sie die verdichtenden Schwingungen in den Frischbeton übertragen (s. Abb. 2).

Ihre Tiefenwirkung beträgt etwa 30 cm. Die richtige Platzierung der Geräte erfordert viel Erfahrung.

Abb. 2 Außenrüttler

6.5 Fugenausbildung

6.5.1 Arbeitsfugen

Arbeitsfugen entstehen, wenn auf abgebundenem Beton betoniert wird. Sie sind unerwünscht, weil sie die Festigkeit des Bauwerks herabsetzen und Ausgangspunkte für Rissbildungen, Frostschäden, Wasserdurchtritte und Ausblühungen sind. Arbeitsfugen sind jedoch nicht zu umgehen, wenn Betonierarbeiten unterbrochen werden müssen, da z. B. aus schalungstechnischen Gründen erst die Erstarrung des eingebrachten Betons abgewartet werden muss.

Je höher der Beton geschüttet und verdichtet wird, desto größer ist die Gefahr, dass die Schalung unten durch den stark zunehmenden Druck auseinandergeht und zerbricht. Abgesehen davon können Arbeitsunterbrechungen durch Witterungsumschläge, Maschinenschäden oder sonstige Betriebsstörungen erzwungen werden. Bei größeren Betonierungsarbeiten sollten von vornherein Arbeitsfugen – bevorzugt an weniger beanspruchten Stellen – eingeplant werden.

Ausführung

Schwachstellen im Betonbau sind die Verbindungen zwischen Alt- und Neubeton (= Arbeitsfugen). Hier ist auf die Ausführung der Arbeitsfugen besonderer Wert zu legen.

> **⬇ Vorgehensweise**
>
> - Säubern des Altbetons mittels Drahtbürste oder Sandstrahlgebläse;
> - Abkehren bzw. Abspritzen des Mauerwerks durch scharfen Wasserstrahl;
> - Annässen des Altbetons, um Wasserentzug aus Neubeton zu vermeiden;
> - Anschlussfläche mit einem zementreicheren (fetten) Beton bestreichen bzw. in Hohlräume einbürsten;
> - Betonzwischenschicht von 5 bis 7 cm auftragen und gut verdichten (hier etwas höherer Zementgehalt);
> - Fortfahren mit den Betonierarbeiten.

6.5.2 Dehnungsfugen

Beton dehnt sich bei Wärme aus und zieht sich bei Abkühlung zusammen. Zur Vermeidung von Rissbildungen infolge der entstehenden Spannungen müssen bei größeren Betonflächen Dehnungsfugen eingeplant werden.

Häufig genügen auch **Scheinfugen**. Sie durchschneiden nicht die gesamte Betonschicht, sondern sind nur Einker-

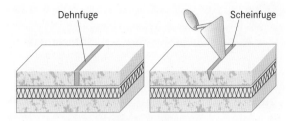

Abb. 1 Fugen zur Vermeidung von Rissbildungen

bungen im Beton (s. Abb. 1). Zur Anlage von Scheinfugen werden im Abstand von 6 bis 12 m Latten in die Schalung genagelt, Styropor o. Ä. eingelegt.

Bei Überschreitung seiner Zugfestigkeit reißt der Beton an diesen durch Querschnittsverringerung geschwächten Stellen (Sollbruchstellen). Da sich die Risse in den tiefer liegenden Fugen bilden, sind sie nicht zu sehen. Nach dem Entfernen der Einlagen werden die Fugen mit einem Spezialkitt abgedichtet. In Beton, der wasserundurchlässig sein muss, erfolgt die Fugenabdichtung durch das Einlegen von Fugenbändern.

7 Nachbehandlung des Betons

Alle Maßnahmen, die durchgeführt werden, um den Beton ungestört erhärten zu lassen, fallen unter den Begriff „Nachbehandlung". Die Nachbehandlung soll vor allem ein vorzeitiges Austrocknen mit der Folge von Erhärtungsstörungen (verminderte Festigkeit, Rissbildung, absandende Oberfläche, verringerter Rostschutz bei bewehrtem Beton) vermeiden. Geeignete **Maßnahmen** sind:

- die Abdeckung des Betons mit (wärmedämmender) Folie oder angefeuchteten und ständig feucht gehaltenen Abdeckmatten (z. B. aus Jute),
- ein längeres Belassen der Schalung, wobei Wasser aufsaugende Holzschalung möglichst feucht gehalten werden sollte,
- ein häufiges Benetzen des Betons mit Wasser (nicht mit kaltem Wasser abschrecken, d. h., die Temperaturunterschiede zwischen der Betonoberfläche und dem Wasser dürfen nicht zu groß sein) oder das Aufsprühen von flüssigen Nachbehandlungsmitteln (s. Abb. 1, S. 198).

Erschütterungen während des Erhärtens sind zu vermeiden.

Die **Dauer der Nachbehandlung** hängt von den **Witterungsbedingungen** und der Festigkeitsentwicklung des Betons ab (s. Abb. 2, S. 198). Bei kühler Witterung oder Frost kann es zu Erhärtungsverzögerungen kommen. Deswegen sollte bei Temperaturen < + 5 °C nicht betoniert werden. Genaue Angaben für das Betonieren bei kühler Witterung und bei Frost sind in der **DIN 1045** zu finden.

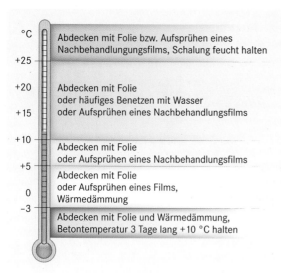

Abb. 1 Nachbehandlungsmaßnahmen

Einzelumgebungsbedingungen			Maßgebende Umgebungsbedingung = ungünstigste Umgebungsbedingung
Sonneneinstrahlung	Wind	relative Luftfeuchtigkeit	
stark (wolkenlos) (III)	stark III	< 50% III	
mittel (bewölkt) II	mittel II	50–80% (II)	
schwach (bedeckt) I	schwach (I)	> 80% I	

I II (III)

Betonzusammensetzung		Beton-festigkeits-entwicklung	Mindestnach-behandlung in Tagen (24 h)		
Zementfestig-keitsklasse	Wasser-zementwert				
≥ 42,5 R	< 0,50	schnell	1	1	2
32,5	< 0,50	mittel	2	3	4
≥ 32,5 R	0,50–0,60				
32,5–NW/HS	< 0,50	(langsam)	2	4	(5)
(32,5)	(0,50–0,60)				

Beispiel mit folgenden Bedingungen:
wolkenlos (III), schwacher Wind (I),
relative Luftfeuchte 60 % (II), 32,5, w/z = 0,55

Ergebnis: Mindestbehandlungsdauer = 5 Tage

Bei Temperaturen < 10 °C Nachbehandlungszeit verdoppeln!

Abb. 2 Mindestnachbehandlungsdauer in Tagen für Außenbauteile bei Betontemperaturen über + 10 °C

8 Sichtbeton

Beim **Sichtbeton** bleibt die Betonoberfläche sichtbar. Nach seiner Oberflächengestaltung kann man unterscheiden zwischen:

Schalungsbeton

Beim Schalungsbeton bleibt die Betonoberfläche nach dem Ausschalen unbehandelt. So kann z. B. mit einer ungehobelten Bretterschalung eine raue Oberfläche (Holzstruktur) hergestellt werden. Mit Kunststoff oder Metallplatten lassen sich hingegen besonders glatte Oberflächen erzielen. Mithilfe von Strukturschalungen aus Kunststoff, die auf die Trägerschalung genagelt oder geklebt werden, oder anderen Materialien (Rundhölzer oder Schilfmatten), die in die Schalung eingelegt werden, lassen sich besondere Strukturen auf der Betonoberfläche erzeugen (s. Abb. 1, S. 199).

Waschbeton

Als Waschbeton wird Beton bezeichnet, bei dem durch Ausbürsten und anschließendes Auswaschen des Zementleims und Feinkorns aus der Betonoberfläche die groben Zuschlagstoffe freigelegt wurden. Um eine Lockerung zu vermeiden, müssen sie noch zu 2/3 von Zementleim umgeben sein. Die Auswaschung hat vor dem völligen Erstarren des Zementleims zu erfolgen (s. Abb. 2, S. 199).

Gesandstrahlter Beton

Hierbei wird mithilfe von Druckluft feiner Quarzsand aus der Düse eines Sandstrahlgebläses auf die erhärtete Betonoberfläche gestrahlt. Durch das Wegblasen der Zementhaut werden die Spitzen der Zuschläge freigelegt (s. Abb. 4, S. 199).

Steinmetzmäßig bearbeiteter Beton

Hierbei wird die Betonoberfläche nach dem Erhärten durch Bossieren, Spitzen, Stocken oder Scharrieren bearbeitet. Mit dem **Bossier**hammer oder einem Setzeisen wird der Beton so bearbeitet, dass deutliche Einschläge (5 bis 6 mm tief) sichtbar werden (siehe Abb. 3, S. 199). Beim **Spitzen** wird mit einem Spitzeisen Schlag neben Schlag gesetzt, sodass eine grobe Oberfläche entsteht. Durch das Anspalten größerer Zuschlagskörner entstehen farbige Kieselbruchflächen (s. Abb. 5, S. 199). Beim **Stocken** wird mit dem Stockhammer die Oberfläche gleichmäßig leicht aufgeschlagen (s. Abb. 6, S. 199). Beim **Scharrieren** werden mit einem meißelartigen Scharriereisen in die zunächst glatte Oberfläche parallele Furchen geschlagen, sodass eine gleichmäßige Aufrauung erfolgt (s. Abb. 7, S. 199).

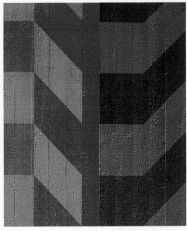

a) Sägeraue Brettstruktur

b) Industrieschalung, Holzstruktur

c) Glatte Betonoberfläche mit Farbbeschichtung

Abb. 1   Schalungsbeton

Abb. 2   Waschbeton

Abb. 3   Sichtbeton mit bossierter Oberfläche

Abb. 4   Gesandstrahlter Beton

Abb. 5   Gespitzte Oberfläche

Abb. 6   Gestockte Oberfläche

Abb. 7   Scharrierte Oberfläche

Aufgaben

1. Woraus besteht Beton?
2. Was versteht man unter
   a) Frischbeton,
   b) Festbeton,
   c) Baustellenbeton,
   d) Ortbeton,
   e) Transportbeton,
   f) Stahlbeton?
3. Was ist Zement?
4. Woraus besteht Zementleim und welche Aufgaben hat er?
5. Zemente erhärten durch Hydratation. Was versteht man darunter?
6. Warum darf der Beginn des Erstarrens frühestens eine Stunde nach dem Mischen von Zement und Wasser eintreten?
7. Welche Zementart wird hauptsächlich für Betonarbeiten verwendet?
8. Was gibt die Zementfestigkeitsklasse auf den Zementsäcken an?
9. Was besagt die Kennzeichnung 32,5 R auf einem Zementsack?
10. Nennen Sie die Farbe des Zementsackes und des Aufdruckes von Portlandzement der Festigkeitsklasse 32,5 R.
11. Wonach erfolgt in erster Linie die Auswahl der Zementfestigkeitsklasse?
12. Wofür steht die Kurzbezeichnung CEM I?
13. Wozu dienen die Gesteinskörnungen im Beton?
14. Nach ihren Korngrößen werden Gesteinskörnungen in Korngruppen unterteilt. Wonach erfolgt deren Bezeichnung?
15. Nennen Sie die Korngrößen von Sand, Kies und Grobkies.
16. Wie lautet die Bezeichnung für gebrochenen
    a) Sand,
    b) Kies und
    c) Grobkies?
17. Wie groß ist das Größtkorn für die Betonherstellung zu wählen?
18. Erklären Sie, welchen Einfluss die Kornzusammensetzung der Gesteinskörnungen auf die Betonfestigkeit hat?
19. Warum bestimmt in erster Linie die Qualität des Zementsteins die Festigkeit des Betons?
20. Wonach werden Kornabstufungen/-verteilungen in Korngemischen hergestellt?
21. Für jeden Sieblinienbereich sind drei Sieblinien aufgeführt. In welchem Bereich sollte eine ideale Sieblinie verlaufen?
22. Wozu ist Wasser bei der Betonherstellung notwendig?
23. Wovon hängt der Wasserbedarf des Frischbetons ab und wodurch kann er gesenkt werden?
24. Wie würde sich eine zu geringe Wasserzugabe bei der Betonherstellung auswirken?
25. Wodurch zeichnet sich eine gute Kornzusammensetzung einer Gesteinsmischung aus?
26. Wie bezeichnet man die Beschaffenheit des Frischbetons in Abhängigkeit von seinem Wassergehalt?
27. Welche Konsistenzbereiche werden unterschieden?
28. Was gibt der Wasserzementwert an?
29. Erklären Sie, warum mit zunehmendem Wasserzementwert die Festigkeit des Betons abnimmt.
30. Wie kann ein zu hoher Wasserzementwert vermieden werden, wenn aus Gründen der Verarbeitbarkeit mehr Wasser zugegeben werden muss, als zur Erhärtung des Betons notwendig ist?
31. Wodurch wird die Festigkeit des Betons bestimmt?
32. Welche Betonfestigkeitsklassen zählen zu der Gruppe der Standardbetone?
33. Worauf beruht die Tragfähigkeit und Beständigkeit des Stahlbetons?
34. Wann wird Stahlbeton benötigt?
35. Wo im Bauwerk wird der Stahl eingebaut?
36. Welche Betonfestigkeitsklasse ist für Stahlbeton vorgeschrieben?
37. Worüber geben Bewehrungspläne Auskunft und wer fertigt sie in aller Regel an?
38. Wann sollte Zement spätestens verbraucht sein?
39. a) Worauf ist beim Entladen von Gesteinskörnungen zu achten?
    b) Worauf muss beim Lagern von Gesteinskörnungen geachtet werden?
40. Was enthalten Betonrezepte?
41. Wovon hängen die Mindestzementgehalte bei der Herstellung von Rezeptbeton ab?
42. Welche Betone dürfen als Rezeptbeton hergestellt werden?
43. Wovon ist die zu wählende Expositionsklasse abhängig?
44. Warum erübrigt sich bei Rezeptbeton die Angabe eines Wasserzementwertes?
45. Welche Expositionsklasse ist für ein unbewehrtes Streifenfundament zum Setzen von Bordsteinen auszuwählen?

Aufgaben

46. Gefordert: Betonfestigkeitsklasse C8/10, Konsistenz F2 (plastisch), Zement der Festigkeitsklasse 32,5, Größtkorn der Gesteinskörnung 32 mm, Sieblinienbereich 3 (günstig). Berechnen Sie den Baustoffbedarf für eine Mischung, wenn der Mischer einen Nenninhalt von 250 l aufweist.

47. Folgende Betonmischung ist herzustellen: 5 m³ Beton C16/20, Zementfestigkeitsklasse 32,5, Konsistenz C2, Sieblinienbereich 3.
    a) Wie viel Sack Zement (25 kg), Tonnen Gesteinskörnung und Liter Wasser werden zur Herstellung benötigt?
    b) Wie viel Wasser muss zugeführt werden, wenn die Eigenfeuchte der Gesteinskörnung 3 Gew.-% beträgt?
    c) Wie hoch ist der Wasserzementwert?
    d) Um wie viel müssen die Wasser- und Zementzugaben bei der Verwendung von Gesteinskörnung mit dem Sieblinienbereich 4 erhöht werden?

48. Ein Streifenfundament soll in C12/15, Zementfestigkeitsklasse 32,5, Größtkorn 32, Sieblinienbereich 3, Konsistenz C2 hergestellt werden. Die Tiefe des Fundamentes beträgt 80 cm, die Breite 50 cm, die Länge 8 m. Wie viel Sack Zement (à 25 kg) und Gesteinskörnungen sind zu bestellen?

49. Welche Mindestmischzeiten sind bei der Betonherstellung einzuhalten?

50. Wann ist eine Handmischung zulässig?

51. Welche Aufgaben hat die Schalung?

52. Wie nennt man den Teil der Schalung, der dem Beton die gewünschte Form und Oberflächenbeschaffenheit verleiht?

53. Warum sollten Schalwände aus Holz vor dem Betonieren vorgenässt werden?

54. Wie viel Zeit steht im Allgemeinen zur Verarbeitung (Fördern, Einbauen, Verdichten) von Beton auf der Baustelle zur Verfügung?

55. Warum muss Beton verdichtet werden?

56. Wonach richtet sich die Art der Verdichtung des Betons?

57. Mit welchen Geräten bzw. Maßnahmen können
    a) steifer,
    b) plastischer,
    c) weicher und
    d) fließfähiger Beton verdichtet werden?

58. Beschreiben Sie die Verdichtung mittels Rüttelflasche (Innenrüttler).

59. Worauf ist bei der Verdichtung mittels Rüttelflasche besonders zu achten?

60. Wie entstehen Arbeitsfugen und warum sollten sie nach Möglichkeit vermieden werden?

61. Wozu dienen Dehnungsfugen?

62. Warum muss Beton unmittelbar nach dem Betonieren nachbehandelt werden?

63. Nennen Sie geeignete Nachbehandlungsmaßnahmen zur Verhinderung eines frühzeitigen Feuchtigkeitsentzugs.

64. Warum herrscht bei feuchten Witterungsbedingungen ideales Betonierwetter?

65. Nennen Sie Anhaltswerte für die Dauer der Nachbehandlung bei Verwendung von Zement der Festigkeitsklasse 32,5 R.

66. Um wie viel verdoppelt sich die Nachbehandlungsdauer bei Temperaturen < + 10 °C?

67. Bis zu welchen Mindesttemperaturen kann Beton ohne besondere Vorschriften verarbeitet werden?

68. Von welchen Faktoren wird die Erhärtung und damit die Güte des Betons beeinflusst?

69. Was ist Sichtbeton?

70. Unterscheiden Sie Sichtbeton nach der Art seiner Oberflächengestaltung.

71. Welche Vorteile hat die Verwendung von Transportbeton?

72. Wonach sind Betone zu bestellen?

73. a) Bisher wurde im GaLaBau im Außenbereich als „Universalbeton" Beton der Festigkeitsklasse B25 eingesetzt. Welche Betonfestigkeitsklasse muss nun mindestens verwendet werden, wenn der Beton Frost ausgesetzt ist?
    b) Welche Expositionsklasse und Festigkeitsklasse muss der Beton in Küstennähe (salzhaltige Luft) erfüllen?

Der Boden

Niederschlagsmenge und -verteilung

Sonnenscheindauer

Luftfeuchtigkeit

Temperaturverlauf

Spät- und Frühfröste

Bodenleben

Nährstoffgehalt

Bodenstruktur

Wasser- und Lufthaushalt

Gehalt an organischer Substanz

Grundwasserstand

pH-Wert

Abb. 1 Standortbedingungen – Grundlage für die Pflanzenauswahl

Eine optimale Pflanzenentwicklung ist nur gewährleistet, wenn die ausgewählten Pflanzen den **Standortbedingungen** (s. Abb. 1) angepasst sind. Dabei müssen vor allem die Wärme-, Licht- und Feuchtigkeitsansprüche der Pflanzenarten berücksichtigt werden.

Im Gegensatz zu den Klimaverhältnissen, die im Freiland nur wenig beeinflussbar sind, können die Eigenschaften eines Bodens durch gezielte Maßnahmen verändert werden.

1 Bodenbeschaffenheit

Pflanzenwachstum ist nur möglich, wenn der Boden den Pflanzen als Standort dienen und der Wurzel in ausreichenden Mengen Wasser, Sauerstoff und Nährstoffe zur Verfügung stellen kann. Wichtige Beurteilungskriterien sind:

- die Korngrößenverteilung,
- die Wasserdurchlässigkeit,
- die Höhe des Grundwasserstandes,
- der Gehalt an organischer Substanz,
- der pH-Wert,
- der Nährstoffgehalt.

1.1 Korngrößenverteilung

1.1.1 Korngrößen

Unter **Boden** versteht man die mit Wasser, Luft und Lebewesen durchsetzte Verwitterungsschicht der festen Erdkruste. Durch die Verwitterung des Ausgangsgesteins entsteht ein Gemisch aus verschiedenen Korngrößen.

Alle Bodenteilchen mit einer Korngröße größer als 2 mm bilden den **Grobboden**. Dabei unterscheidet man nach ihrer Form zwischen **Kiesen** (abgerundet) und **Steinen** (eckig/kantig).

Die Teilchen mit einer Korngröße kleiner als 2 mm bilden den **Feinboden**. Nach ihrer Korngröße spricht man von **Sand** (< 2 mm), **Schluff** (< 0,063 mm) und **Ton** (< 0,002 mm) (s. Abb. 2, S. 205).

1.1.2 Bodenstruktur

Unter der **Bodenstruktur** (Bodengefüge) wird die räumliche Anordnung der festen Bestandteile des Bodens verstanden. Die Hohlräume zwischen den mineralischen und organischen Bodenbestandteilen bilden das **Porenvolumen**. Dieses Porenvolumen, das aus Poren unterschiedlicher Größe besteht, ist mit Luft und Wasser gefüllt.

In den **Feinporen** mit einem Durchmesser kleiner als 0,0002 mm wird das Wasser so festgehalten, dass es für die Pflanzen nicht verfügbar ist. Entsprechend wird dieses Wasser auch als **Totwasser** bezeichnet. Für die Pflanzen verfügbar hingegen ist das in den **Mittelporen** gespeicherte Wasser mit einem Durchmesser von 0,0002 bis 0,01 mm. Trocknet der Boden aus, sind diese Poren mit Luft gefüllt.

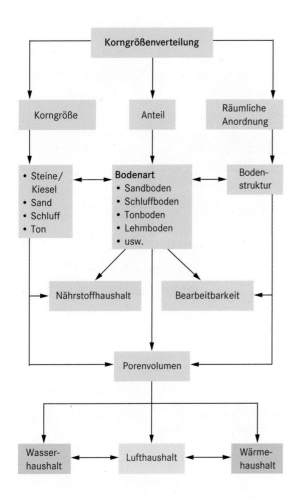

Abb. 1 Die Korngrößenverteilung bestimmt die Eigenschaften eines Bodens

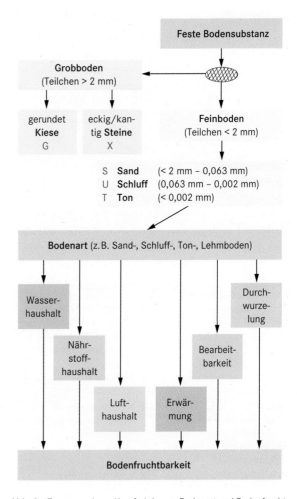

Abb. 2 Zusammenhang Kornfraktionen, Bodenart und Bodenfruchtbarkeit

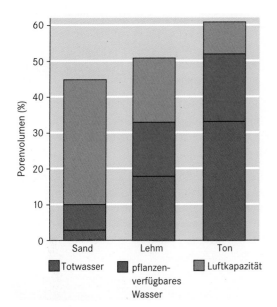

Abb. 3 Wasser- und Luftgehalt verschiedener Bodenarten

In den größeren Poren, den sogenannten **Grobporen**, mit einem Durchmesser größer als 0,01 mm kann der Boden das Wasser nicht gegen die Schwerkraft der Erde festhalten, sodass das Wasser durch den Boden hindurchsickert.

Die Grobporen sind nach Abfluss des Sickerwassers mit Luft gefüllt. Ihr Anteil am Porenvolumen bestimmt den Lufthaushalt eines Bodens. Der **Wasser- und Lufthaushalt** eines Bodens wird also durch die Aufteilung des Porenvolumens in Fein-, Mittel- und Grobporen bestimmt, die wiederum vom Anteil der Kornfraktionen Sand, Schluff und Ton, ihrer Anordnung und dem Humusgehalt des Bodens abhängt.

So haben Tonböden wegen ihres hohen Tongehaltes ein großes Gesamtporenvolumen, jedoch nur wenig Grobporen und sehr viele Feinporen. Sandböden hingegen besitzen wegen ihres hohen Sandanteils ein kleines Gesamtporenvolumen mit wenig Feinporen, dafür aber vielen Grobporen. Entsprechend weisen Tonböden eine gute

Wasserhaltekraft, aber eine schlechte Durchlüftung und Wasserdurchlässigkeit auf. Sandböden zeigen dagegen eine gute Durchlüftung, aber eine schlechte Wasserhaltekraft. Lehmböden nehmen aufgrund ihrer Porenvolumenaufteilung eine Mittelstellung zwischen Sand- und Tonböden ein (s. Abb. 1 und 3, S. 205).

1.1.3 Bodenart

Zur Kennzeichnung der Eigenschaften eines Bodens benennt man die Bodenart nach dem Anteil der Kornfraktionen Sand, Schluff und Ton am Feinboden. Herrscht eine dieser drei Kornfraktionen vor, bezeichnet man den Boden als **Sand-, Schluff- oder Tonboden**. Enthält der Boden etwa gleiche Anteile dieser drei Kornfraktionen, spricht man von einem **Lehmboden** (s. Tab. 1):

Sandboden	Tonboden
■ gute Wasserführung	■ schlechte Wasserführung (Gefahr der Staunässe)
■ gute Durchlüftung	■ schlechte Durchlüftung (Gefahr von Sauerstoffmangel)
■ schnelle Erwärmung und schnelle Abkühlung	■ langsame Erwärmung und langsame Abkühlung
■ geringes Wasser- und Nährstoffhaltevermögen (→ leichte Nährstoffauswaschung, schnelle Austrocknung)	■ hohes Wasser- und Nährstoffhaltevermögen
■ geringer Nährstoffgehalt	■ hoher Nährstoffgehalt
■ schlechte Pufferung (→ Düngefehler und pH-Veränderungen werden schlecht aufgefangen)	■ gute Pufferung (→ Düngefehler und pH-Veränderungen werden gut aufgefangen)
■ gute Durchwurzelbarkeit	■ schlechte Durchwurzelbarkeit
■ leichte Bearbeitbarkeit „leichte Böden")	■ schwere Bearbeitbarkeit („schwere Böden")

Lehmboden nimmt eine Mittelstellung zwischen Sand- und Tonboden ein.

Tab. 1 Bodeneigenschaften

Eine weitere Unterteilung wird durch die Hinzufügung der Bezeichnung sandig, schluffig oder tonig möglich. So wird z. B. ein Sandboden, der relativ viel Ton enthält, als toniger Sand oder ein Tonboden, der relativ viel Sand enthält, als sandiger Ton bezeichnet (s. Abb. 1).

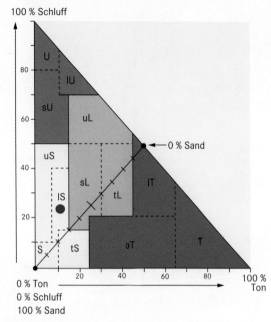

● **Beispiel:** Der Punkt entspricht einem Gehalt des Bodens an der Fraktion Ton = 10 %, Schluff = 25 % und Sand = 65 % → IS = lehmiger Sand

Abb. 1 Dreiecksdiagramm (nach Ämter für Bodenforschung) zur Bestimmung der Bodenart

Mithilfe der **Fingerprobe** können mit einiger Übung alle Bodenarten ausreichend genau bestimmt werden.

1.1.4 Bodengruppen

Um Strukturschäden zu vermeiden, darf der Wassergehalt eines Bodens zum Zeitpunkt der Bearbeitung oder Bewegung nicht zu hoch sein. Dies ist der Fall, wenn der Boden bei der Bearbeitung krümelt. Als Hilfsmittel für die Prüfung der Bodenfeuchtigkeit kann die sogenannte **Rollprobe** durchgeführt werden (s. S. 82).

Zur Abschätzung der Verwendbarkeit und Bearbeitbarkeit von Böden für vegetationstechnische Zwecke werden in der **DIN 18915** zehn **Bodengruppen** unterschieden (s. Tab. 1, S. 207).

Die Einordnung der Böden erfolgt anhand ihrer **Körnungskurven** (s. Abb. 1, S. 207). Einteilungskriterien sind die Korngrößenanteile < 0,02 mm (Schluff und Ton) und > 20 mm (Kiese / Steine) sowie der Größtkorndurchmesser mit den Grenzwerten 50 oder 200 mm im Oberboden (s. Tab. 2, S. 207).

Boden-gruppe	Bezeichnung	Beispiele, Boden aus	Zeitpunkt der Bearbeitbarkeit ohne Strukturschädigung	Körnung < 0,02 mm (Schluff, Ton) Gewichtsanteil in %	> 20 mm (Steine, Kiese) Gewichtsanteil in %	Größtkorndurchmesser in mm
1	Organischer Boden	Hoch- und Niedermoor	strukturstabil	–	–	–
2	Nichtbindiger Boden	Sand	keine Einschränkung	≤ 10	≤ 10	50
3	Nichtbindiger, steiniger Boden	Kies, Schotter	keine Einschränkung	≤ 10	> 10 bis ≤ 30	200
4	Schwachbindiger Boden	anlehmigem Sand, Sandlöß, Löß	erst nach oberflächlicher Abtrocknung	> 10 bis ≤ 20	< 10	50
5	Schwachbindiger, steiniger Boden	lehmigem Kies und Schotter	wie Bodengruppe 4	> 10 bis ≤ 20	> 10 bis ≤ 30	200
6	Bindiger Boden	lehmigem Sand, sandigem Lehm	erst nach Abtrocknung	> 20 bis ≤ 40	≤ 10	50
7	Bindiger, steiniger Boden	lehmigem Kies und Schotter	wie Bodengruppe 6	> 20 bis ≤ 40	> 10 bis ≤ 30	200
8	Stark bindiger Boden	Schluff, Ton, Lößlehm	wie Bodengruppe 6	> 40	≤ 10	50
9	Stark bindiger, steiniger Boden	wie Bodengruppe 8 mit Kies- und Schotteranteilen	wie Bodengruppe 6	> 40	> 10 bis ≤ 30	200
10	Stark steiniger Boden	leichtem Fels	–	–	> 30	–

Tab. 1   Bodengruppen nach DIN 18915 (leicht verändert)

Körnungsart	Korngröße (mm)	Größenvergleich kleiner (<), größer (>)
Kies		
■ Grobkies	> 20 bis 63	< Hühnerei, > Haselnuss
■ Mittelkies	> 6,3 bis 20	< Haselnuss, > Erbse
■ Feinkies	> 2 bis 6,3	< Erbse, > Streichholzkopf
Sand		
■ Grobsand	> 0,63 bis 2	< Streichholzkopf, > Grieß
■ Mittelsand	> 0,2 bis 0,63	Grieß
■ Feinsand	> 0,063 bis 0,2	Mehl, aber Einzelkorn noch erkennbar
Schluff		
■ Grobschluf	> 0,02 bis 0,063	Einzelkörner nicht mehr mit bloßem Auge
■ Mittelschluff	> 0,0063 bis 0,02	zu erkennen
■ Feinschluff	> 0,002 bis 0,0063	
Ton	≤ 0,002	

Tab. 2   Übersicht Korngrößen und ihre Bezeichnungen

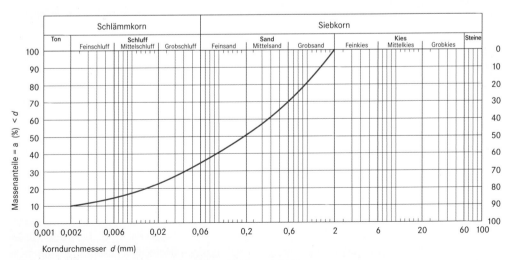

Abb. 1   Körnungskurve

Nach dem Anteil an Schluff und Ton werden **nichtbindige** (< 10 Gew.-%) und **bindige Böden** (> 10 Gew.-%) unterschieden. Die Ermittlung der Korngrößenverteilung erfolgt im Labor anhand von **Sieb- und Schlämmanalysen**. Bei kleineren Bauvorhaben erfolgt die Bestimmung in der Regel durch visuellen **Vergleich des Oberbodens** mit natürlichen Vorkommen (s. Tab. 1, S. 207, Spalte 2).

Beispiel: Die Körnungskurve in Abb. 1, S. 207 zeigt, dass der Boden aus 10 % Ton, 25 % Schluff und 65 % Sand besteht. Damit handelt es sich bei der Bodenart um einen **lehmigen Sand** (s. Abb. 1, S. 206). Da die Korngrößenanteile < 0,06 mm 35 % und > 20 mm weniger als 10 % betragen, wird der Boden der **Bodengruppe 6** (bindiger Boden) zugeordnet.

1.2 Wasserdurchlässigkeit

Bezeichnung	Bedeutung	Größe (mm)
Feinporen	Totwasser	< 0,0002
Mittelporen	pflanzenverfügbares Wasser	0,0002 bis 0,01
Grobporen	dränend, Sauerstoffversorgung, Gasaustausch	> 0,01

Tab. 1   Porenarten und ihre Bedeutung

Entscheidend für die Wasserdurchlässigkeit eines Bodens ist sein **Anteil an Grobporen** (s. Bodenstruktur, S. 204 f.), da nur über sie Wasser versickern kann. Je geringer ihr Anteil, desto schlechter ist die Wasserdurchlässigkeit und damit der Lufthaushalt eines Bodens. Vor allem Bodenbelastungen führen über eine Verdichtung des Bodens zu einer Verkleinerung des Porenvolumens, wobei der Anteil an Mittel- und Feinporen zulasten der Grobporen zunimmt. Mögliche Folgen sind Staunässe und Sauerstoffmangel im Wurzelbereich. Je höher z. B. die zu erwartende Belastung einer Rasenfläche, desto höher sind die Anforderungen an die Wasserdurchlässigkeit der Vegetationstragschicht. Dies trifft erst recht für solche Flächen zu, die auch bei Nässe belastet werden, da die Gefahr von Strukturschäden mit zunehmendem Feuchtigkeitsgrad des Bodens stark ansteigt. Im Zweifelsfall können zur Beurteilung der Wasserdurchlässigkeit eines Bodens Laboruntersuchungen durchgeführt werden.

1.3 Höhe des Grundwasserstandes

Das in den Boden eindringende Niederschlagswasser sickert zum Teil durch den Boden (Sickerwasser) und bildet auf undurchlässigen Schichten das **Grundwasser**. Durch die ständige Wasserabgabe des Bodens an die Atmosphäre und den Wasserentzug der Pflanzen entsteht in den oberen Bodenschichten eine Saugspannung, die bewirkt, dass Wasser aus dem Grundwasser in haarfeinen Röhrchen, den sogenann-

ten Kapillaren, nach oben aufsteigt. Aus diesem **Kapillarwasser** decken die Pflanzen hauptsächlich ihren Wasserbedarf. Der Grundwasserstand eines Bodens beeinflusst somit maßgeblich das Pflanzenwachstum. Je nach Bodenart sind unterschiedliche **Grundwasserhöhen** anzustreben: Sandboden etwa 1,0 m, Lehmboden etwa 1,5 m und Tonboden etwa 2,0 m. Beim Tonboden liegt der optimale Grundwasserspiegel also wesentlich tiefer als beim Sandboden. Dies beruht darauf, dass ein Tonboden aufgrund seines hohen Tongehaltes sehr viele Kapillaren aufweist, sodass ein guter Wasseraufstieg – auch aus größeren Tiefen – gewährleistet ist. Ein zu hoher Grundwasserstand würde den Lufthaushalt dieser Böden weiter verschlechtern. Bei zu hohem Grundwasserstand kann der Boden zur Verbesserung des Lufthaushalts durch **Dränung** entwässert werden.

1.4 Gehalt an organischer Substanz

Die Bedeutung der **organischen Substanz** für Boden und Pflanze liegt nicht nur in der Zuführung von Nährstoffen, sondern vor allem darin, dass bei der Zersetzung der organischen Substanz schwer zersetzbare **Huminstoffe** (Humusteilchen < 0,002 mm) entstehen. Sie bewirken die typische Dunkelfärbung des Oberbodens („Mutterboden"). Je dunkler der Boden, desto höher ist in der Regel sein **Humusgehalt**. Ein Boden mit 4 % organischer Substanz gilt bereits als stark humos (s. Tab. 2).

Gehalt	Bezeichnung
< 1 % organische Substanz	humusarm
1 – 2 % organische Substanz	humushaltig
2 – 4 % organische Substanz	humos
4 – 8 % organische Substanz	stark humos
8 – 15 % organische Substanz	sehr stark humos
15 – 30 % organische Substanz	anmoorig
> 30 % organische Substanz	torfig

Tab. 2   Bezeichnung der Böden nach ihrem Gehalt an organischer Substanz (Humus)

Ton- und Humusteilchen werden als **Bodenkolloide** (Bodenteilchen < 0,002 mm) bezeichnet. An ihrer Oberfläche können sie Wasser und Nährstoffe pflanzenverfügbar anlagern. Damit verbessern sie den Wasser- und Nährstoffhaushalt eines Bodens ganz entscheidend.

Die optimale Bodenstruktur ist die **Krümelstruktur**. Sie entsteht durch locker aneinander gelagerte Krümel unterschiedlicher Größe (1 bis 10 mm) und Form. Schleimige Stoffwechselprodukte der Mikroorganismen und die innige Vermischung von organischen und mineralischen Bestandteilen im Darm der Bodenlebewesen, vor allem der Regenwürmer, führen zum Verkleben mineralischer und organischer Stoffe. Die entstehenden **Ton-Humus-Komplexe** bilden die Grundsubstanz der Krümel (s. Abb. 1, S. 209).

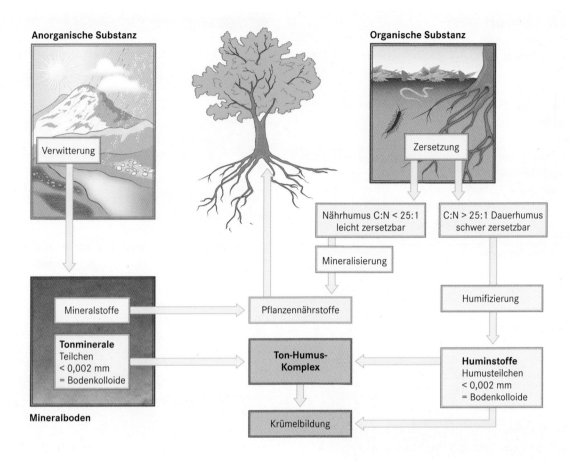

Abb. 1 Entstehung von Ton-Humus-Komplexen

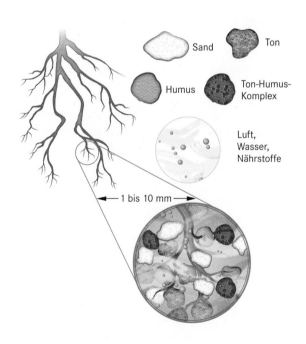

Abb. 2 Krümelaufbau

Die locker aufgebauten **Krümel** sind von einem Netz feiner Poren durchzogen, in denen das Wasser wie in einem Schwamm festgehalten und bei Bedarf an die Pflanzen abgegeben wird. Zwischen den Krümeln besteht ein Netz aus größeren Poren, die vor allem mit Luft angefüllt sind.

Sie fördern den Luft- und Wärmehaushalt sowie die Wasserdurchlässigkeit eines Bodens. Die locker aneinander gelagerten Krümel erleichtern den Luftein- und -austritt und damit den Gasaustausch (Bodenatmung). Die CO_2-reichere Bodenluft kann gegen die O_2-reichere Luft der Atmosphäre ausgetauscht werden.

In einem lockeren, gut durchlüfteten Boden wird das Bodenleben gefördert. Schleimige Stoffwechselprodukte, Pilzhyphen, Bakterienkolonien, Humusstoffe und die feinen Wurzelhaare der Pflanzen sorgen für die Stabilität der Krümel (**Lebendverbauung**), die Milliarden von Mikroorganismen als Lebensraum dienen (s. Abb. 2).

Die Krümelstruktur eines Bodens ist somit ein typisches Kennzeichen für biologisch aktive Böden. So stellt die Förderung des Bodenlebens eine wichtige Maßnahme zur Bodenverbesserung dar.

1.5 Der pH-Wert

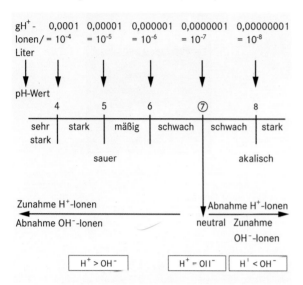

Abb. 1 pH-Bereich der meisten Kulturböden

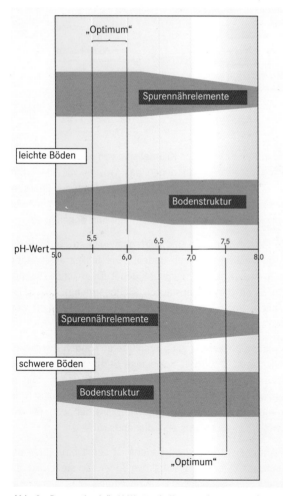

Abb. 2 Der „optimale" pH-Wert – ein Kompromiss

	leichte Böden	schwere Böden
	Kohlensaurer Kalk Hüttenkalk/ Algenkalk	Brannt-/Löschkalk
pH-Wert	in g/m^2	
4,0	150	600/700[1]
5,0	60	400/470
6,0	0	100/120
7,0	0	0

Zur Erhaltung des optimalen pH-Wertes alle 3 bis 4 Jahre:
- leichte Böden 100 bis 200 g $CaCO_3$/m^2
- schwere Böden 100 bis 200 g CaO/m^2

[1] Gabe auf 2 bis 3 Jahre verteilen

Tab. 1 Richtwerte für die Aufkalkung

Der **pH-Wert** gibt die Konzentration der Wasserstoffionen (H^+-Ionen) in einem Liter Bodenlösung an. Er kennzeichnet die saure, neutrale oder alkalische Reaktion eines Bodens (s. Abb. 1).

Da ein hoher pH-Wert die Verfügbarkeit der Spurennährelemente verringert, die Bodenstruktur aber verbessert, sind bei leichten und schweren Böden unterschiedliche pH-Werte anzustreben. Weil **leichte Böden** eine relativ gute Bodenstruktur besitzen, jedoch aufgrund ihres geringen Tongehaltes wenig Nährstoffe speichern können, muss bei ihnen vor allem verhindert werden, dass die Nährstoffverfügbarkeit durch einen zu hohen pH-Wert weiter verringert wird. Daher strebt man bei leichten Böden einen mäßig sauren **pH-Wert von 5,5 bis 6,0** an und nimmt damit eine leichte Verschlechterung der Bodenstruktur in Kauf. Genau umgekehrt ist es bei den **schweren Böden**. Sie weisen aufgrund ihres hohen Tongehaltes eine gute Nährstoffhaltekraft, aber eine schlechte Bodenstruktur auf. Bei ihnen muss es vor allem darum gehen, die Struktur zu verbessern. Deshalb strebt man bei schweren Böden einen schwach sauren bis schwach alkalischen **pH-Wert von 6,5 bis 7,5** an und nimmt damit eine leichte Verschlechterung der Nährstoffverfügbarkeit in Kauf. Der „optimale" pH-Wert stellt somit einen Kompromiss dar (s. Abb. 2).

Auch der **Gehalt an organischer Substanz** beeinflusst den anzustrebenden pH-Wert. Ein pH-Wert um 7 stellt für Bakterien das Optimum dar. Bei Böden mit besonders hohem Gehalt an organischer Substanz ist eine rasche Zersetzung nicht erwünscht, da sie zu einer Verschlechterung der Bodenstruktur führt. Deswegen strebt man bei Moorböden einen pH-Wert von 4,0 an.

Zur Feststellung des pH-Wertes muss zunächst eine repräsentative Bodenprobe von der zu untersuchenden Fläche genommen werden. Die Messung des pH-Wertes kann dann nach unterschiedlichen Verfahren erfolgen.

1.6 Nährstoffgehalt

Abb. 1 Zur Entwicklung benötigen Pflanzen Nährstoffe

Zur Entwicklung benötigen Pflanzen bestimmte Nährstoffe (Nährelemente), die sie dem Boden und der Luft entnehmen. Nach dem Mengenbedarf unterscheidet man zwischen **Haupt- und Spurennährelementen**. Da jedes einzelne Haupt- und Spurennährelement im Leben der Pflanze ganz bestimmte Aufgaben übernimmt, kommt es beim Mangel an einem dieser Nährelemente zu typischen **Mangelsymptomen**. Andererseits kann es durch eine erhöhte Nährstoffzufuhr zu **Überdüngungsschäden** kommen. Fehlende Nährstoffe müssen dem Boden mit der **Düngung** zugeführt werden.

Der Düngerbedarf hängt allgemein vom Nährstoffgehalt des Bodens und dem Nährstoffbedarf der Pflanze ab. Die **Bodenuntersuchung** findet im Labor statt. Voraussetzung hierfür ist die richtige Entnahme der **Bodenprobe**. Sie muss in ihrer Zusammensetzung repräsentativ für die zu untersuchende Fläche sein.

Zur Düngung stehen mineralische und organische Dünger zur Verfügung. **Mineralische Dünger** enthalten die Nährstoffe in Salzform (anorganischer Form). Die Salze lösen sich im Bodenwasser, sodass die Pflanze mit ihren Wurzeln die Nährstoffe aufnehmen kann. Die **organischen Dünger** enthalten die Nährstoffe in organisch gebundener Form. Damit die so gebundenen Nährstoffe pflanzenverfügbar werden, müssen sie erst freigesetzt werden. Dies erfolgt bei der Zersetzung der organischen Substanz durch die **Bodenlebewesen**. Die Nährstoffgehalte organischer Dünger sind, verglichen mit denen von Mineraldüngern, relativ niedrig. Ihre Bedeutung liegt daher vor allem in der Versorgung des Bodens mit **organischer Substanz** (s. Abb. 1). In **organisch–mineralischen Düngern** liegen die Nährstoffe in mineralischer (vor allem Kalium und Magnesium) und organischer Form (vor allem Stickstoff) vor.

2 Bodenverbesserungsmaßnahmen

2.1 Stoffe zur Bodenverbesserung

Ziel	Maßnahme[1]
Verbesserung der Wasserdurchlässigkeit und damit des Lufthaushaltes	Einarbeitung von Sand (zu kleine Mengen und zu grobe Körnung – wirkungslos, Körnung 0/3, 5 bis 10 m³/100 m²), Bims, Styromull, Perlite, Hygropor, Leichtlava oder organische Substanz, Gründüngung
Verbesserung der Wasserhaltefähigkeit	Einarbeitung von organischer Substanz, Tongranulat (Bentonit), Schluff, Hygromull oder Torf[2]
Erhöhung der Belastbarkeit	Anteil an Sand und Kies im Boden erhöhen
Erhöhung des pH-Wertes	Kalkung, (s. S. 210, Tab. 1), Verwendung physiologisch alkalisch wirkender Dünger
Absenkung des pH-Wertes	Einarbeitung von elementarem Schwefel, Eisensulfat[3] oder Torf[2]; Verwendung physiologisch sauer wirkender Dünger
Erhöhung der organischen Substanz	Zufuhr organischer Substanz, wie z.B. Kompost (ca. 20 l/m³ bei der Neuanlage von Pflanzflächen), Stallmist, Gründüngung, Rindenprodukte
Grundwasserabsenkung	Dränung, Gräben anlegen, Bodenauftrag zur Geländeerhöhung
Erhöhung des Nährstoffgehaltes	Düngung
Verringerung des Nährstoffgehaltes	Abmagerung des Bodens durch Einarbeitung von Sand-Kies-Gemisch (Wasser- und Nährstoffhaltekraft wird reduziert)

[1] Ggf. nach Analyse der Kornverteilungskurve des Bodens
[2] Aus ökologischen Gründen sollte Torf nach Möglichkeit nicht verwendet werden
[3] Eisengehalt des Bodens (Spurennährelement, Schwermetall) beachten

Tab. 1 Maßnahmen zur Bodenverbesserung

Obwohl die Struktur eines Bodens in erster Linie durch die Bodenart bestimmt wird, lassen sich die Eigenschaften eines Bodens durch gezielte Maßnahmen (s. Tab. 1 und Tab. 1, S. 212 f.) verändern.

So kann aus fast jedem Boden, wenn auch mit unterschiedlichem Aufwand, ein geeigneter Standort für Pflanzen werden, indem z.B. bei schweren Böden die Durchlüftung und Wasserdurchlässigkeit, bei leichten Böden die Wasser- und Nährstoffhaltekraft verbessert werden.

2.2 Bodenbearbeitung

Bodenbearbeitungsgeräte	Arbeitsweise und Einsatzgebiete
Spatenmaschine 	An einer rotierenden Welle befinden sich spatenartige Werkzeuge, die den Boden umgraben. Dabei werden die Schollen aus dem Boden gestochen, gewendet und wieder abgelegt. Die Spatenmaschine hinterlässt einen gut gelockerten Boden mit grober Krümelung. Vor allem auf kleinen und schmalen Flächen ist die Spatenmaschine eine gute Alternative zum Pflug.
Fräse 	An einer Welle befinden sich rotierende Messer, die einen „Bissen" nach dem anderen aus dem festen Boden herausschneiden und nach hinten gegen das Prallblech bzw. Fräsgehäuse werfen. Dadurch kommt es zur Lockerung, Krümelung und intensiven Durchmischung des Bodens. Mit der Fräse kann in einem Arbeitsgang ein optimales Saat- bzw. Pflanzbeet hergerichtet werden.
Rüttelegge 	An zwei bis vier hintereinanderliegenden Balken befinden sich 20 bis 30 cm lange, leicht nach vorne gebogene Zinken. Die mit Zinken bestückten Balken werden gegenläufig hin- und herbewegt. Die Rüttelegge krümelt, mischt und ebnet den Boden. Eingesetzt wird die Rüttelegge vor allem nach dem Pflügen zur Saatbettbereitung. Auf nicht zu sehr verfestigten Böden kann sie die Fräse ersetzen. Für steinreiche Böden sind Rütteleggen wegen des hohen Verschleißes weniger geeignet.
Kreiselegge 	An einer Achse befinden sich Kreisel, die aus zwei bis vier starren oder gefederten Zinken bestehen. Die Kreisel rotieren horizontal und gegenläufig, wobei sie so angeordnet sind, dass die Zinken benachbarter Kreisel ineinander greifen und sich die Arbeitskreise überschneiden. Kreiseleggen krümeln, mischen und ebnen den Boden ein, ohne seine Schichtung zu verändern. Sie eigenen sich vor allem zur Saatbettbereitung auf schweren Böden. Auf steinreichen Böden ist mit hohem Verschleiß zu rechnen.
Grubber 	Grubber bestehen aus einem Rahmen, an dem starre oder gefederte Grubberzinken mit Scharen angebracht sind. Sie brechen den Boden bis zu einer Tiefe von 10 bis 30 cm auf. Dabei kommt es neben der Lockerung auch zu einer Krümelung des Bodens. Grubber ermöglichen eine strukturschonende Bodenbearbeitung.

Tab. 1   Geräte zur Bodenbearbeitung

▶ Fortsetzung nächste Seite

Bodenbearbeitungsgeräte	Arbeitsweise und Einsatzgebiete
Hubschwenklockerer 	Es handelt sich hierbei um einen zapfwellenangetriebenen Untergrundlockerer mit beweglichen Werkzeugen. Die maximalen Lockerungstiefen liegen bei 60 bis 100 cm, wobei die Zinken in Fahrtrichtung hin- und herbewegt werden. Der Hubschwenklockerer dient zur Beseitigung von Verdichtungen unterhalb des Oberbodens. Weitere geeignete Geräte sind Wippscharlockerer, Tiefpflüge und Heckaufreißer (s. S. 84, Abb. 1).
Glattwalze 	Glattwalzen weisen eine glatte Oberfläche auf. Zur Erhöhung des Gewichts können sie mit Sand oder Wasser gefüllt werden. Sie dienen zur Wiederherstellung des Bodenschlusses auf gelockerten Böden und damit der kapillaren Wasserversorgung der oberen Bodenschichten. Zudem wird die Oberfläche geglättet.
Rauwalze (Cambridgewalze) 	Rauwalzen bestehen aus mehreren beweglichen Ringen mit gezähnten Oberflächen, häufig auch aus glatten und gezähnten Ringen im Wechsel. Durch ihr Gewicht und ihre gezähnte Oberfläche kommt es neben der Wiederherstellung des Bodenschlusses auch zu einem Aufbrechen verkrusteter Bodenoberflächen. Die Krümelung der Bodenoberfläche bewirkt eine Verminderung der Wasserverdunstung durch den Boden.

Tab. 1   Geräte zur Bodenbearbeitung (Fortsetzung)

Aufgaben

1. Nennen Sie wichtige Kriterien zur Beurteilung eines Bodens hinsichtlich seiner Eignung als Pflanzenstandort.
2. Erklären Sie, wie die Korngrößenverteilung die Eigenschaften eines Bodens beeinflusst (s. Abb. 1, S. 205).
3. Begründen Sie die Eigenschaften von Sand- und Tonböden (s. Tab. 1, S. 206).
4. In der DIN 18915 werden Oberböden für vegetationstechnische Zwecke in Bodengruppen eingeteilt. Wozu und wonach erfolgt die Einteilung?
5. Was muss durchgeführt werden, um einen Boden einer Bodengruppe zuordnen zu können? Wie erfolgt gewöhnlich auf der Baustelle die Einordnung?
6. Durch die Bearbeitung zu nasser Böden kann es zu schweren Strukturschäden kommen. Wie sollte der Zustand eines Bodens zum Zeitpunkt der Bearbeitung sein?
7. Wann wird ein Boden nach DIN 18915 als bindig bzw. nichtbindig bezeichnet?
8. Wovon hängen Größe und Gliederung des Porenvolumens eines Bodens ab?
9. Erklären Sie, warum die Belastbarkeit eines Bodens mit zunehmendem Tongehalt abnimmt.
10. Warum werden bei Sand- und Tonböden unterschiedliche Grundwasserhöhen angestrebt?
11. Erklären Sie die Bedeutung der organischen Substanz für die Bodenstruktur.
12. Nennen Sie die anzustrebenden pH-Werte bei a) leichten Böden, b) schweren Böden, c) Moorböden und erklären Sie die Unterschiede.
13. Welche Auswirkungen hat die Schädigung der Bodenstruktur?
14. Erstellen Sie eine Tabelle mit den Düngern Ihres Ausbildungsbetriebes, aus der die jeweiligen Nährstoffgehalte, die Form und der Verwendungszweck hervorgehen.
15. Nennen Sie mögliche Maßnahmen zur Verbesserung a) der Wasserdurchlässigkeit, b) der Wasserhaltefähigkeit, c) der Belastbarkeit und d) des Nährstoffgehaltes eines Bodens.
16. Welche Bodenbearbeitungsgeräte sind in Ihrem Ausbildungsbetrieb vorhanden und zu welchen Arbeiten werden sie eingesetzt?

Gehölze

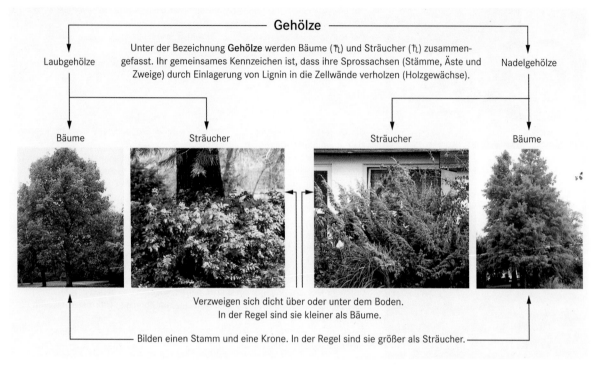

Abb. 1   Einteilung der Gehölze

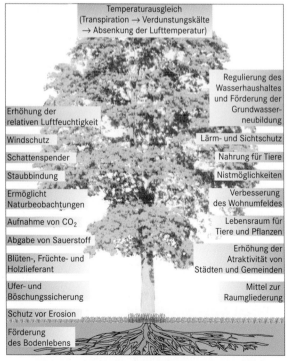

Abb. 2   Bäume, wichtige ökologische Elemente und Gestaltungsmittel für Gärten, Landschaften und Städte

1   Bäume und Sträucher

*Jede zehnte Baumart ist vom Aussterben bedroht. Das geht aus der „**Weltliste der bedrohten Bäume**" hervor, die am 25. August 1998 in Genf vorgestellt wurde. 77 Baumarten sind bereits verschwunden. 80 % der weltweit 80 000 bis 100 000 Baumarten stehen in den Tropen. 18 Arten sind heute nur noch in botanischen Gärten vorhanden.*

Bedrückende Zahlen, gehören Bäume doch zu den bemerkenswertesten Erscheinungen in der Natur. Sie stellen die größten (Sequoiadendron giganteum mit über 120 m Höhe) und ältesten Lebewesen (Pinus aristata mit über 4600 Jahren der älteste Baum der Welt) auf dieser Erde dar. Durch ihr stattliches Wachstum und ihre Langlebigkeit prägen sie maßgeblich das Bild einer Landschaft, einer Stadt oder eines Gartens. Entsprechend sind sie für den Garten- und Landschaftsbau die wichtigsten Gestaltungsmittel. Mit ihrer Hilfe lassen sich Räume bilden und gliedern. Aufgrund ihrer herausragenden ökologischen Bedeutung verbessern sie unsere Umwelt und Lebensbedingungen nachhaltig, was auch ihre besondere Bedeutung für den städtischen Ballungsraum erklärt (s. Abb. 2).

1.1 Laubbäume

1.1.1 Größe und Wuchsformen

Das Wachstum und damit die zu erwartende Wuchshöhe sowie die Wuchsform eines Baumes sind die wichtigsten Gesichtspunkte bei der Gestaltung mit Bäumen (s. Abb. 1 und 2 sowie S. 216 ff.).

Sie entscheiden maßgeblich mit darüber, ob Bäume als Solitär, in Form von Baumreihen, Alleen oder in kleineren oder größeren Gruppen gepflanzt werden (s. Tab. 1, S. 217).

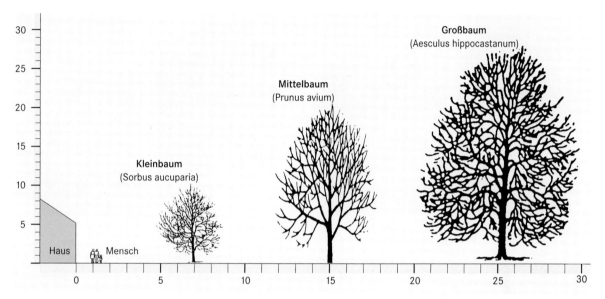

Abb. 1 Bäume in Höhe und Breite

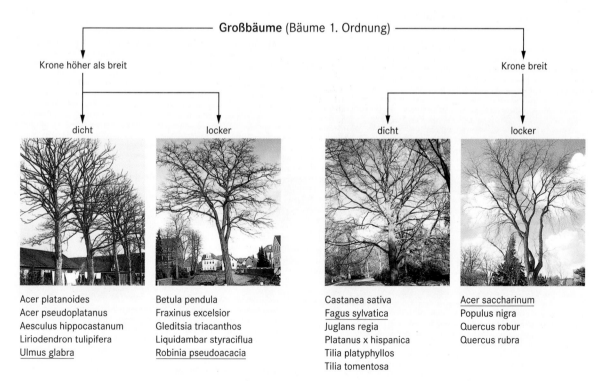

Abb. 2 Großbäume (Höhe bis etwa 30 m, Breite bis etwa 10 m)

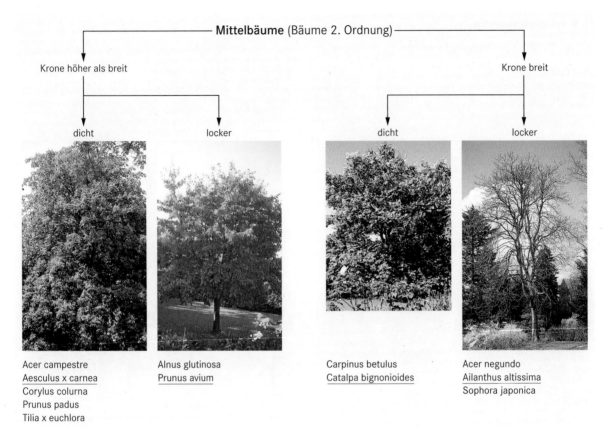

Mittelbäume (Bäume 2. Ordnung)

Krone höher als breit

dicht

Acer campestre
Aesculus x carnea
Corylus colurna
Prunus padus
Tilia x euchlora

locker

Alnus glutinosa
Prunus avium

Krone breit

dicht

Carpinus betulus
Catalpa bignonioides

locker

Acer negundo
Ailanthus altissima
Sophora japonica

Abb. 1   Mittelbäume (Höhe bis etwa 20 m, Breite bis etwa 6 m)

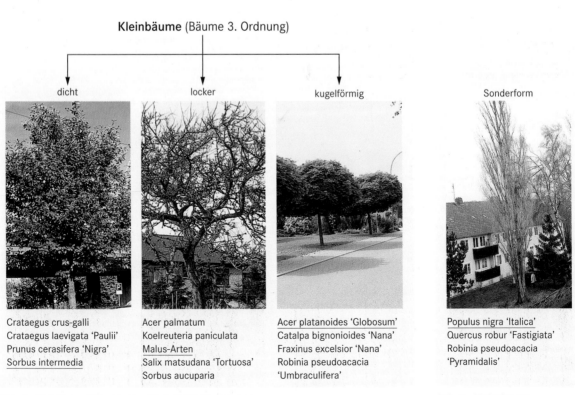

Kleinbäume (Bäume 3. Ordnung)

dicht

Crataegus crus-galli
Crataegus laevigata 'Paulii'
Prunus cerasifera 'Nigra'
Sorbus intermedia

locker

Acer palmatum
Koelreuteria paniculata
Malus-Arten
Salix matsudana 'Tortuosa'
Sorbus aucuparia

kugelförmig

Acer platanoides 'Globosum'
Catalpa bignonioides 'Nana'
Fraxinus excelsior 'Nana'
Robinia pseudoacacia
'Umbraculifera'

Sonderform

Populus nigra 'Italica'
Quercus robur 'Fastigiata'
Robinia pseudoacacia
'Pyramidalis'

Abb. 2   Kleinbäume (Höhe bis etwa 10 m, Breite bis etwa 4 m)

Abb. 3   Säulenformen

1.1.2 Formen der Raumbildung

Ob einzeln stehend, in Reihen oder in Gruppen angeordnet, Bäume sind die bedeutendsten räumlich wirkenden Gestaltungselemente im Garten- und Landschaftsbau. Mit ihrer Hilfe lassen sich verschiedene Bereiche voneinander trennen, Räume bilden und gliedern sowie Orts- und Landschaftsbilder verschönern.

Nach der Art ihrer Anordnung kann man unterscheiden zwischen Solitärbäumen, Baumreihen, Alleen und Baumgruppen (s. Tab. 1).

Solitärbaum
Ein einzeln stehender Baum, der aufgrund seiner markanten Erscheinung, z. B. des Wuchses, der Blüte oder der Blattfärbung, besonders auffallend ist. Entsprechend steht er an einer hervorgehobenen Stelle. Solitärbäume finden gleichermaßen im privaten und öffentlichen Grün sowie in der freien Landschaft Verwendung.

Baumreihe
Einreihige, in gleichen Abständen angeordnete Bäume.
Als wichtiges ökologisches Mittel und Gestaltungselement häufig angepflanzt. Als weitverzweigtes Netz verleihen sie der Landschaft ein unverwechselbares Aussehen.

Allee
Beidseitig einer Straße oder eines Weges zueinander parallel angeordnete Baumreihen bilden eine Allee. Häufig verwendete Bäume sind Eiche, Buche, Ahorn, Kastanie, Linde, Esche, Pappel, Birke und Platane. Obstbäume, wie Apfel, Birne und Kirsche, sollten viel mehr Verwendung finden. In Ostdeutschland stehen Alleen in einer Gesamtlänge von über 5000 Kilometern auf der Liste des erhaltenswerten Kulturgutes.
Die Abbildung links zeigt eine zu einem Bauernhof führende Grundstückszufahrt mit einer Allee aus Kastanien (Aesculus hippocastanum). Aufgrund der dichten Pflanzung sind die Kronen ineinander gewachsen, sodass eine „geschlossene Allee" entstanden ist.

Baumgruppe
In regelmäßigen oder unregelmäßigen Gruppen angeordnete Bäume. Nach Anzahl und Anordnung unterscheidet man:
- **Baumpaare:** zwei nebeneinander stehende Bäume. Sie dienen vor allem zur Einrahmung von Eingängen, Sitzplätzen, Treppen usw.
- **Baumpakete:** kleine Gruppe von Bäumen in regelmäßiger, geometrischer Anordnung
- **Rasterpflanzung:** größere Anzahl von Bäumen in regelmäßiger, geometrischer Anordnung (z. B. Obstplantagen, Wirtschaftswälder in Monokultur, Barockgärten)
- **Streupflanzung:** Bäume in unregelmäßiger, verstreuter Anordnung (z. B. Streuobstwiesen, Naturlandschaften, Bauerngärten, Landschaftsgärten, Parks)

Tab. 1 Bäume – verschiedene Gestaltungselemente

1.1.3 Großbäume (Bäume 1. Ordnung)

Acer platanoides (Spitzahorn)
Höhe 20 bis 30 m, Breite 15 bis 20 m
Eigenschaften:
- Flachwurzler
- sehr frosthart
- hitzeverträglich
- trockenheitsresistent
- sehr windfest
- schattenverträglich
- stadtklimafest
- Bienenweide
- Vogelnährgehölz

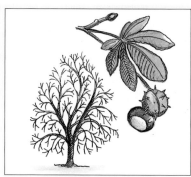

Aesculus hippocastanum (Rosskastanie)
Höhe 25 bis 30 m, Breite 15 bis 20 m
Eigenschaften:
- Tief- und Flachwurzler
- sehr frosthart
- empfindlich gegen Luftverschmutzung
- salzempfindlich
- Bienenweide
- Kastanien sind ein wertvolles Futter für Rotwild
- stark schattenwerfend
- Lebenserwartung 300 Jahre
- bei fortdauerndem Befall durch die Kastanienminiermotte gefährdet (zur Abtötung der Puppen Blätter verbrennen oder vergraben)

Betula pendula (Sand-/Weißbirke)
Höhe 18 bis 30 m, Breite 7 bis 12 m
Eigenschaften:
- Flachwurzler
- sehr frosthart
- trockenheitsresistent
- Schnittmaßnahmen nur während Vegetationsruhe
- Vogelnährgehölz (Nüsschen)
- Lebenserwartung 90 bis 120 Jahre

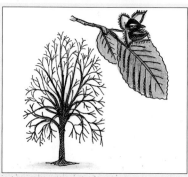

Fagus sylvatica (Rotbuche)
Höhe 25 bis 30 m, Breite 25 bis 30 m
Eigenschaften:
- hohe Schattenverträglichkeit
- frosthart
- windfest
- etwas spätfrostgefährdet
- liebt hohe Luftfeuchtigkeit
- empfindlich gegen Staunässe und längere Trockenheit
- empfindlich gegen Luftverschmutzung
- stark schattenwerfend
- Früchte: Bucheckern
- Vogelnährgehölz
- Lebenserwartung 300 bis 400 Jahre

Fraxinus excelsior (Esche)
Höhe 25 bis 40 m, Breite 20 bis 30 m
Eigenschaften:
- junge Bäume spätfrostempfindlich
- windfest
- Rinde wird gerne von Wild und Vieh verbissen
- empfindlich gegen Luftverschmutzung
- wärmeliebend
- Bienenweide
- wertvolles Holz
- Lebenserwartung 200 Jahre
- gefährdet durch das Eschentriebsterben (Pilzkrankheit, *Chalara fraxinea*)

Juglans regia (Walnuss)
Höhe 15 bis 30 m, Breite 10 bis 20 m
Eigenschaften:
- Tiefwurzler
- spätfrostempfindlich
- wärmeliebend
- stadtklimafest
- lichtbedürftig
- Vogelnährgehölz
- Bienenweide
- wertvolles Holz
- Früchte: Walnüsse: Sämlinge tragen nach dem 10. bis 15. Lebensjahr
- Schnittmaßnahmen nur im Sommer bei vollem Laub (August) durchführen, da der Baum ausbluten kann
- Lebenserwartung 600 Jahre

Tab. 1 Großbäume (Auswahl)

▶ siehe Fortsetzung nächste Seite

Platanus x hispanica (Platane)
Höhe 20 bis 30 m, Breite 15 bis 25 m
Eigenschaften:
- frosthart
- wärmeliebend
- trockenheitsresistent
- für Stadtklima sehr gut geeignet
- leicht verpflanzbar
- Schnittmaßnahmen bis ins alte Holz werden gut vertragen

Quercus robur (Stieleiche)
Höhe 25 bis 40 m, Breite 15 bis 25 m
Eigenschaften:
- frosthart
- wärmeliebend
- trockenheitsresistent
- stadtklimafest
- empfindlich gegen Grundwasserabsenkung
- sturmfest
- wertvolles Holz
- Früchte: Eicheln
- Lebenserwartung 500 bis 1000 Jahre
- Befall durch Eichenprozessionsspinner (*Thaumetopoea processionea*)

Robinia pseudoacacia (Robinie, Scheinakazie) *Höhe 20 bis 25 m, Breite 10 bis 20 m*
Eigenschaften:
- frosthart
- Jungbäume etwas empfindlich gegen Früh- und Spätfröste
- wärmeliebend
- wertvolles Holz
- hitze- und trockenheitsresistent
- für Stadtklima sehr gut geeignet
- lichthungrig
- Symbiose mit Knöllchenbakterien
- Bienenweide
- Wurzelausläuferbildung

Salix alba (Silberweide)
Höhe 15 bis 25 m, Breite 10 bis 20 m
Eigenschaften:
- Flachwurzler
- frosthart
- wärmeliebend
- verträgt Überschwemmungen
- windresistent
- stadtklimafest
- zweihäusig
- wichtige Bienenweide (Vorfrühlingsblüher)
- Vogelnährgehölz (Kapseln)
- Lebenserwartung 80 bis 200 Jahre

Tilia cordata (Winterlinde)
Höhe 15 bis 30 m, Breite 10 bis 20 m
Eigenschaften:
- Tiefwurzler
- sehr frosthart
- wärmeliebend
- hitzetolerant
- trockenheitsresistent
- stadtklimaverträglich
- schnittverträglich
- windfest
- Bienenweide
- wird nicht so stark von Blattläusen befallen wie die Sommerlinde (Honigtau)
- gut verpflanzbar
- Lebenserwartung über 1000 Jahre

Ulmus glabra (Bergulme)
Höhe 25 bis 40 m, Breite 15 bis 20 m
Eigenschaften:
- frosthart
- verträgt kurzzeitige Überflutung
- windfest
- Bienenweide
- Lebenserwartung 400 Jahre
- Pflanzung problematisch wegen Ulmensterben (Borkenkäferbefall)

Tab. 1 Großbäume (Höhe > 20 m) sind vor allem für die freie Landschaft, weiträumige Grünanlagen und parkartige Gärten geeignet (Auswahl)

1.1.4 Mittelgroße Bäume (Bäume 2. Ordnung)

Botanischer Name (Deutscher Name)	Größe (m)		Schmuckwirkung			Wurzelwachstum		Parkbaum (Solitär/Gruppe)	Straßenbaum			Standort[2]	Bienenweide	Vogelnähr-/-schutzgehölz
	Höhe	Breite	Frucht	Rinde/Herbstfärbung	Blüte (Blütezeit)	Tief	Flach		Innerstädtischer Raum[1]	Aufgelockerte Bebauung	Freie Landschaft			
Acer campestre (Feldahorn)	5–20	5–10	X	H			X		X	X	X	○–◐		X
Acer negundo (Eschenahorn)	15–20	10–15	X	X H	X(III–IV)			X	X			○–◐	X	
Acer platanoides 'Faassen's Black' (Spitzahorn)	10–20	8–15		H	X(IV)		X	X	X	X		○–◐		
Aesculus x carnea (Rotblühende Rosskastanie)	10–20	8–15		H	X(V)	X		X	X	X		○–◐	X	
Aesculus x carnea 'Briotii' (Scharlachrosskastanie)	10–15	8–12		H	X(V)	X		X	X	X		○–◐	X	
Ailanthus altissima (Götterbaum)	15–20	10–20	X		X(VII)			X	X		X	○	X	X
Alnus glutinosa (Schwarzerle)	10–20	8–12	X		X(III–IV)	X				X	X	○–◐	X	X
Alnus incana (Grauerle)	6–20	4–12	X		X(III–IV)		X			X	X	○–◐	X	X
Betula papyrifera (Papierbirke)	15–20	10–15	X	H	X(IV)		X	X			X	○		
Betula pendula 'Tristis' (Hängebirke)	15–20	6–10	X	H			X	X			X	○		X
Carpinus betulus (Hainbuche, Weißbuche)	10–20	7–12		H				X	X		X	○–◐		X
Carpinus betulus 'Fastigiata' (Pyramidenhainbuche)	15–20	4–5		H				X	X	X		○–◐	X	X
Catalpa bignonioides (Trompetenbaum)	10–15	6–10	X	H	X (VI–VII)		X	X	X	X		○–◐	X	X
Corylus colurna (Baumhasel)	15–20	8–12	X	X	X(III–IV)			X	X	X	X	○–◐		X
Paulownia tomentosa (Paulownie)	12–15	12–15	X		X(IV–V)	X		X				○	X	
Populus tremula (Zitterpappel, Espe)	10–20	5–10		H			X	X			X	○–◐	X	
Prunus avium (Kirsche)	15–20	10–15	X	X H	X(IV–V)			X			X	○–◐	X	X

[1] Die Ständige Konferenz der Gartenamtsleiter (GALK) gibt in gewissen Abständen eine Liste mit der Beurteilung von Baumarten für die Verwendung im städtischen Straßenraum heraus.
[2] Die meisten Baumarten sind hinsichtlich der verschiedenen Bodenarten recht anpassungsfähig.

Tab. 1 Mittelgroße Bäume (Auswahl) werden bis etwa 20 m hoch. Sie können wie Großbäume verwendet werden. Daneben sind sie als Solitär (z. B. als Hausbaum) auch für kleinere Gärten geeignet.

1.1.5 Kleinbäume (Bäume 3. Ordnung)

Botanischer Name (Deutscher Name)	Größe (m)		Schmuckwirkung			Wurzel-wachstum		Parkbaum (Solitär/Gruppe)	Straßenbaum			Standort[2]	Bienenweide	Vogelnähr-/-schutzgehölz
	Höhe	Breite	Frucht	Rinde	Blüte (Blütezeit)	Tief	Flach		Innerstädtischer Raum[1]	Aufgelockerte Bebauung	Freie Landschaft			
Crataegus laevigata 'Paul's Scarlet' (Rotdorn)	4 – 6	3 – 6			X (V)	X		X	X	X		○ – ◐		X
Fagus sylvatica 'Purpurea Pendula' (Hängeblutbuche)	6 – 10	3 – 5	X (essbar)				X	X				○		
Fraxinus ornus (Blumenesche)	8 – 10	4 – 8			X (V – VI)		X	X			X		○ – ◐		
Ilex aquifolium 'Pyramidalis' (Stechpalme)	6 – 8	2 – 3	X (giftig)			X		X					○ – ●	X	X
Laburnum x watereri 'Vossii' (Goldregen)	5 – 6	3 – 4	X (giftig)	X	X (V – VI)			X			X		○ – ◐	X	
Magnolia kobus (Kobushi-Magnolie)	10	4 – 8			X (IV – V)	X		X					○ – ◐		
Magnolia soulangiana (Tulpen-Magnolie)	4 – 8	4 – 8			X (IV – VI)	X		X					○		
Malus sp. (Apfel)	2 – 8	2 – 12	X (essbar)		X (IV – V)	X		X					○	X	X
Nothofagus antarctica (Scheinbuche)	6 – 10	4 – 6				X	X						○ – ◐		
Prunus cerasifera 'Nigra' (Blutpflaume)	5 – 7	3 – 6	X (essbar)	X	X (III – IV)	X		X	X	X			○	X	
Prunus padus (Traubenkirsche)	6 – 10	4 – 8	X		X (IV – V)	X		X					○ – ◐		
Prunus serrulata 'Kanzan' (Nelkenkirsche)	7 – 10	5 – 8			X (III – IV)	X		X	X				○		
Rhus typhina (Essigbaum)	3 – 5	3 – 7	X	X			X	X					○	X	
Robinia pseudoacacia 'Tortuosa'	8 – 12	5 – 8				X		X					○		
Salix caprea (Salweide)	5 – 8	3 – 6			X (III – IV)		X	X					○ – ◐	X	X
Salix matsudana 'Tortuosa' (Korkenzieherweide)	4 – 8	3 – 4				X	X						○		
Salix udensis 'Sekka' (Japanische Drachenweide)	3 – 5	4 – 8		X	X (IV)	X	X						○	X	
Sorbus aucuparia (Vogelbeere, Eberesche)	6 – 12	4 – 6	X		X (V – VI)	X	X					X	○ – ◐	X	X

[1] Die Ständige Konferenz der Gartenamtsleiter (GALK) gibt in gewissen Abständen eine Liste mit der Beurteilung von Baumarten für die Verwendung im städtischen Straßenraum heraus.
[2] Die meisten Baumarten sind hinsichtlich der verschiedenen Bodenarten recht anpassungsfähig.

Tab. 1 Kleinbäume, auch für kleinere Gärten geeignet (Auswahl)

1.1.6 Bestimmungsübungen – Wer bin ich?

Abb. 1

Abb. 2

Abb. 3

Abb. 4

Abb. 5

Abb. 6

Abb. 7

Abb. 8

Abb. 9

Abb. 10

Abb. 11

Abb. 12

Lösung s. S. 530

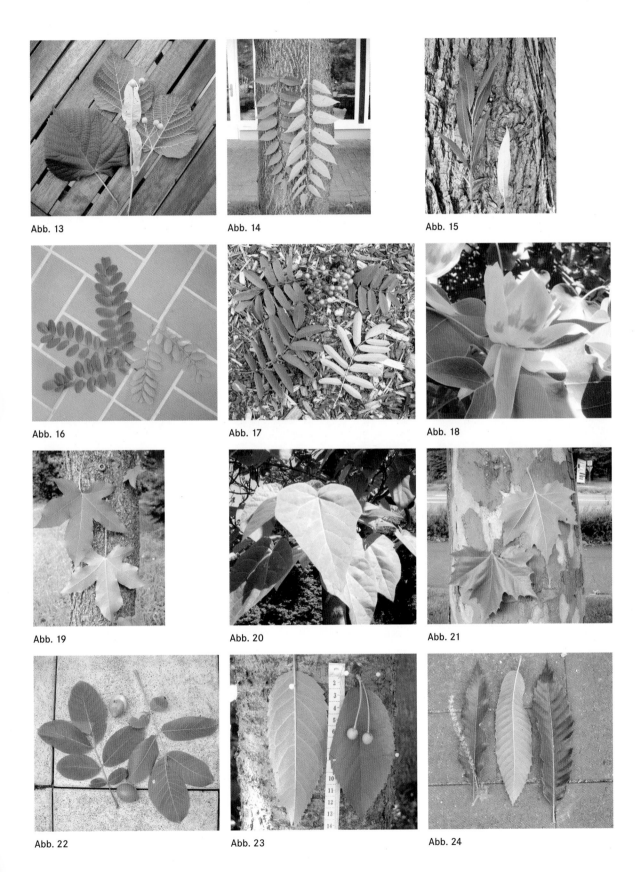

Abb. 13

Abb. 14

Abb. 15

Abb. 16

Abb. 17

Abb. 18

Abb. 19

Abb. 20

Abb. 21

Abb. 22

Abb. 23

Abb. 24

1.2 Sträucher

1.2.1 Zierwert

Wuchsform

Aufrecht (Rhus typhina)

Breitbuschig (Buddleja davidii)

Abb. 1 Im Gegensatz zu breitbuschigen Formen können solche mit aufrechtem Wuchs unterpflanzt werden

Sträucher gibt es in den verschiedensten Größen und Formen. Zusammen mit den Bäumen bilden sie das Grundgerüst einer Pflanzung. Die Unterscheidung zwischen beiden ist nicht immer einfach, da die Übergänge fließend sind. So gibt es baumartige Sträucher und strauchartige Bäume. Ihre Blüten, Früchte, Blätter und Rinde machen Sträucher auf vielfältige Weise dekorativ (s. Abb. 1 und 2 sowie S. 225 f.).

Blüte

Laburnum x watereri 'Vossii'

Ribes sanguineum

Cytisus x praecox

Paeonia suffruticosa

Philadelphus coronarius

Spiraea japonica

Prunus serrulata 'Kanzan' ♄, ♄

Abb. 2 Die Blütenvielfalt der Sträucher ist unendlich groß. Ein zusätzlicher Reiz ist der Duft vieler Blüten

Belaubung

Weißbunt (Pieris japonica 'Variegata')

Gelblich/Gelbbunt (Buxus)

Immergrün (Nerium oleander)

Silbergrau/Silberblau (Salvia)

Rötlich/Braunrot (Cotinus)

Schwarzrot (Prunus cerasifera 'Nigra')

Abb. 1 Durch die richtige Auswahl der Laubfarben lässt sich eine starke Wirkung erzielen

Herbstfärbung

Gelb (Hamamelis)

Orange (Kolkwitzia)

Rötlich (Euonymus)

Abb. 2 Besonders reizvoll, die Herbstfärbung vieler Sträucher

Fruchtschmuck

Rot (Gaultheria procumbens)

Orange (Pyracantha coccinea)

Auffallende Fruchtformen

(Mespilus germanica)

Blau (Mahonia aquifolium)

Rot/Schwarz (Viburnum lantana)

(Magnolia x soulangiana)

Abb. 1 Früchte zieren vom Spätsommer bis in den Winter hinein und sind für viele Vögel wichtige Überlebenshilfen

Rindenschmuck

Aceraceae
Acer davidii
Ernest Wilson
Vater Davids Ahorn

Hellgelb-grün (Cornus sericea 'Flaviramea')

Schwärzlich (Prunus cerasifera 'Nigra')

Aceraceae
Acer pensylvanicum
Streifen-Ahorn

Grün mit weißen Längsstreifen

Rot (Cornus alba 'Sibirica')

Grün (Kerria japonica)

Abb. 2 Besonders im Winter kommen die prachtvoll gefärbten Zweige vieler Sträucher zur Wirkung

1.2.2 Ziersträucher im Überblick

Botanischer Name (Deutscher Name)	Höhe (m)	Breite (m)	Blütezeiten (Farben)	Weitere Hinweise
Amelanchier lamarckii (Kupferfelsenbirne)	4 – 6	6 – 8	IV – V (weiß)	○ – ◑ B V ⚘ ħ – ħ
Buddleja alternifolia (Schmalblättriger Sommerflieder, Schmetterlingsstrauch)	2 – 3	2 – 4	X (hell-violett)	○ D B Λ
Buddleja davidii (Sommerflieder, Schmetterlingsstrauch)	3 – 4	3 – 4	VII – X (diverse)	○ B Λ
Chaenomeles japonica (Japanische Zierquitte)	1	1	III – IV (rot)	○ – ◑ D B V ⚘
Corylus avellana (Haselnuss)	5 – 7	5	III – IV (gelb)	○ – ● B V ⚘ ħ – ħ
Cotinus coggygria (Perückenstrauch)	3 – 5	3 – 5	VI – VII (unscheinbar)	○ ⚘ ✗
Cotoneaster bullatus (Runzlige Zwergmispel)	3	4	V – VI (rosa/rot)	○ – ○ B V ⚘
Cotoneaster salicifolius var. floccosus (Weidenblättrige Strauchmispel)	3 – 4	3 – 4	VI – VII (weiß)	○ – ◑ i B ⚘
Cytisus scoparius (Besenginster)	0,5 – 2	0,5 – 2	IV – V (gelb)	○ D B ✗
Deutzia gracilis (Zierliche Deutzie)	0,8	0,8	V – VI (weiß)	○ B
Deutzia scabra 'Plena' (Deutzie)	3 – 4	2 – 2,5	VI – VII (weiß/rosa)	○ – ◑ B
Enkianthus campanulatus (Prachtglocke)	2 – 3	1,5 – 3	V (hellgelb/-rosa)	◑ – ●
Euonymus alatus (Flügelspindelstrauch)	2 – 3	2 – 4	unscheinbar	○ – ◑ B ⚘ ✗
Euonymus europaeus (Pfaffenhütchen)	2 – 6	2 – 4	unscheinbar	○ – ◑ B V ⚘ ✗ ħ – ħ
Forsythia x intermedia (Forsythie)	2 – 3	2	IV – V (gelb)	○
Hamamelis japonica (Japanische Zaubernuss)	3 – 4	3 – 4	I – IV (gelb)	○
Hamamelis mollis (Chin. Zaubernuss)	3 – 5	3 – 5	I – III (gelb)	○
Hibiscus syriacus (Roseneibisch)	1,5 – 2	1 – 1,5	VIII – IX (diverse)	○ B ✗
Hippophae rhamnoides (Sanddorn)	3 – 6	2 – 3	III – IV (unscheinbar)	○ B V ⚘

Botanischer Name (Deutscher Name)	Höhe (m)	Breite (m)	Blütezeiten (Farben)	Weitere Hinweise
Hydrangea macrophylla (Gartenhortensie)	0,5 – 1,5	0,5 – 1,5	VI – X (diverse)	○ – ◑ Λ
Hydrangea paniculata 'Grandiflora' (Rispenhortensie)	2 – 3	2 – 3	VII – IX (weiß)	○ – ◑ ⚘
Kerria japonica (Ranunkelstrauch)	1,5 – 2	1,5 – 2	IV – V (gelb)	○ – ●
Kolkwitzia amabilis (Kolkwitzie)	2 – 3	2 – 3	V – VI (rosa)	○ – ◑ B V
Magnolia liliiflora 'Nigra' (Purpurmagnolie)	3 – 4	2 – 3	V – VI (rot)	○
Magnolia stellata (Sternmagnolie)	2 – 3	2 – 3	III – IV (weiß)	○ D
Mahonia aquifolium (Mahonie)	1	1	IV – V (gelb)	○ – ● i B V ⚘
Philadelphus coronarius (Falscher Jasmin, Pfeifenstrauch)	2 – 3	1,5 – 2	V – VI (weiß)	○ – ◑ D B
Pieris floribunda (Amerikanische Lavendelheide)	1,5 – 2	1,5 – 2	IV – V (weiß)	◑ – ● i
Pieris japonica (Japanische Lavendelheide)	2 – 3	2 – 3	III – V (weiß)	◑ – ● i ✗
Potentilla fruticosa (Fingerstrauch)	1,5	1,5	V – VIII (gelb)	○ – ◑ B
Pyracantha coccinea (Feuerdorn)	1 – 4	1 – 4	V (weiß)	○ – ◑ i B V ⚘
Ribes sanguineum (Zierjohannisbeere)	1,5 – 4	1,5 – 3	IV – V (rot)	○ – ◑ B V
Spiraea japonica 'Little Princess' (Zwergspiere)	0,5	1	VI – VII (rosa)	○ B
Spiraea x vanhouttei (Prachtspiere)	2 – 3	2 – 3	V – VI (weiß)	○ – ◑ B
Symphoricarpos albus (Schneebeere)	2	2 – 3	VII – VIII (rosa-weiß)	○ – ◑ B V ⚘ ✗
Syringa-Hybriden (Flieder)	4 – 6	4 – 5	V (diverse)	○ – ◑ D B V ħ – ħ
Viburnum farreri (Duftschneeball)	2 – 3	2 – 3	II – IV, (XI – I) (rosa)	○ – ◑ D
Viburnum lantana (Wolliger Schneeball)	3 – 5	3 – 5	V – VI (weiß)	○ – ◑ B V ⚘ ✗
Viburnum opulus (Gewöhnlicher Schneeball)	2 – 4	3 – 4	V – VI (weiß)	○ – ◑ B V ✗
Weigela-Hybriden (Weigelie)	2 – 3	3 – 4	V – VII (rot)	○ – ◑ B V

○ = Sonne D = Duft B = Bienennährgehölz (u. a. Insekten) Λ = bei strengen Wintern Winterschutz

◑ = Halbschatten i = immergrün V = Vogelnähr-/Vogelnist-/Vogelschutzgehölz ✗ = Schnitt

● = Schatten ✗ = giftig ⚘ = Fruchtschmuck ħ/ħ = Strauch/Baum

Tab. 1 Sträucher mit auffallendem Blüten-/Fruchtschmuck (Auswahl)

1.3 Nadelgehölze

Wuchsgrößen

Auch die **Nadelhölzer** oder **Koniferen** (lat. Zapfen tragend) wachsen zu unterschiedlich großen und geformten Bäumen, selten auch zu Sträuchern, heran (s. Tab. 1 und Abb. 1, S. 229). Kennzeichnend sind ihre zahlreichen nadel- oder schuppenförmig ausgebildeten Blätter sowie ihre verholzten weiblichen Blütenstände, die typischen **Zapfen**.

In der Regel sind Nadelgehölze immergrün. Eine Ausnahme bilden z. B. Lärche *(Larix)*, Sumpfzypresse *(Taxodium disti-*

chum), Urweltmammutbaum *(Metasequoia glyptostroboides)* und die Goldlärche *(Larix amabilis)*, die ihre Nadeln alljährlich im Herbst abwerfen.

Nadelgehölze können, je nach Größe und Wuchsform, einzeln, in Gruppen, flächig oder als Hecke gepflanzt werden. Ihre Vielfalt an Formen, Farben und Strukturen eröffnet viele Verwendungs- und Gestaltungsmöglichkeiten.

Größe < 50 cm
Juniperus horizontalis 'Glauca', Juniperus squamata 'Blue Star', Juniperus squamata 'Blue Carpet', Picea abies 'Echiniformis', Picea abies 'Little Gem', Pinus mugo 'Mini Mops'

Größe bis 1 m
Abies balsamea 'Nana', Picea abies 'Procumbens', Taxus baccata 'Summergold', Tsuga canadensis 'Nana'

Größe bis 2 m
Chamaecyparis obtusa 'Nana Gracilis', Chamaecyparis pisifera 'Filifera Aurea Nana', Chamaecyparis pisifera 'Filifera Nana', Picea abies 'Nidiformis'

Größe bis 10 m
Abies koreana, Cedrus atlantica 'Aurea', Chamaecyparis lawsoniana 'Alumigold', Chamaecyparis lawsoniana 'Columnaris', Chamaecyparis lawsoniana 'Golden Wonder', Cryptomeria japonica 'Cristata', Juniperus communis, Picea abies 'Inversa', Taxus baccata, Taxus baccata 'Fastigiata', Thuja occidentalis 'Smaragd'

Größe bis 20 m
Abies procera 'Glauca', Cedrus atlantica 'Glauca', Cedrus deodara, Chamaecyparis lawsoniana 'Alumii', Chamaecyparis nootkatensis 'Pendula', Cryptomeria japonica, Larix kaempferi 'Diana', Picea breweriana, Picea pungens 'Glauca', Pinus cembra, Pinus contorta, Pinus leucodermis, Thuja occidentalis, Thujopsis dolabrata, Tsuga canadensis

Größe über 20 m
Abies nordmanniana, Abies veitchii, Larix decidua, Larix kaempferi, Metasequoia glyptostroboides, Picea abies, Picea orientalis, Picea sitchensis, Picea strobus, Pinus nigra, Pinus strobus, Pinus sylvestris, Pinus wallichiana, Pseudotsuga menziesii, Sequoiadendron giganteum, Taxodium distichum

Tab. 1 Von sehr klein bis sehr groß (Auswahl)

Die Pflanzenlieferung ist beim Eintreffen anhand des Lieferscheins (s. Abb. 1, S. 232) auf Übereinstimmung mit der Bestellung, Vollzähligkeit, Art, Sorte, Größe, Qualität, Krankheits- und Schädlingsbefall, Transportschäden und andere Verletzungen zu überprüfen. Zur Vereinfachung werden Abkürzungen verwendet. Nachfolgend eine Auswahl aus den **Kennzeichnungsvorschriften**:

Anzuchtformen

l.Str. = leichter Strauch; v.Str. = verpflanzter Strauch, l.Hei. = leichter Heister, Hei. = Heister, Stbu. = Stammbusch, ha. = Halbstamm, lH. = leichter Hochstamm, H. = Hochstamm, Al. = Alleebaum/Hochstämme für Verkehrsflächen, Sol. = Solitärgehölz, He. = Heckenpflanze

Anzuchtstand

j. = jährig, v. = verpflanzt, 3xv. = 3-mal verpflanzt, w. = aus weitem Stand, ew. = aus extra weitem Stand

Wurzelbeschaffenheit

bew. = bewurzelt, we. = wurzelecht, oB. = ohne Ballen, wvp. = wurzelverpackt, mB. = mit Ballen, mDb. = mit Drahtballen, P = mit Topf (kleiner 2 Liter), C = mit Container (ab 2 Liter)

Anzuchtarten

S. = Sämling, St. = Steckling, Sth. = Steckholz, Abl. = Ableger, Abr. = Abrisse, Vg. = Veredlung

Maßarten

h. = hoch, br. = breit, StU. = Stammumfang, Ø = Durchmesser, Sth. = Stammhöhe, Gst. = Grundstämme, Tr. = Triebe, Krbr. = Kronenbreite. Höhe, Breite und Stammumfang werden in cm, der Durchmesser in mm angegeben.

Tab. 1 Abkürzungen laut Kennzeichnungsvorschriften

Die Überprüfung der Lieferung erfordert aufgrund des großen Arten- und Sortenspektrums sowie den umfangreichen Qualitätsvorschriften sehr gute Pflanzenkenntnisse. Entsprechend sollte sie nur von speziell geschultem Fachpersonal und möglichst im Beisein des Architekten vorgenommen werden. Auftretende Mängel sind schriftlich festzuhalten. In diesem Fall wird auf dem Lieferschein „Annahme nur unter Vorbehalt" notiert. Ein unterschriebener Lieferschein würde die Abnahme ohne Beanstandung bedeuten. Gegebenenfalls ist die Annahme auch zu verweigern.

2.3 Zwischenlagerung und Einschlag

Nach der Lieferung sollten die Pflanzen möglichst umgehend gepflanzt werden. Ist dies nicht möglich, sind sie vor Austrocknung, Frost oder Überhitzung zu schützen.

Erfolgt die Pflanzung innerhalb der nächsten 48 Stunden (2 Tage), reicht eine einfache **Zwischenlagerung** aus. Bei dieser werden die Pflanzen durch Abdecken mit z. B. Strohmatten oder Sackleinen geschützt (s. Abb. 1). Können die Pflanzen nicht innerhalb von 48 Stunden gepflanzt werden, müssen sie eingeschlagen werden. Beim **Einschlag** werden Gräben ausgehoben, in die die Pflanzen mit ihren Wurzeln eingestellt werden (s. Abb. 2). Gebündelte Pflanzen sind gegebenenfalls auseinanderzuziehen, damit alle Wurzeln Bodenkontakt erhalten. Nach dem Anfeuchten der Pflanzen werden die Gräben zugeschaufelt, sodass die Wurzeln mit lockerer Erde bedeckt sind. Anschließend wird leicht angetreten und gegebenenfalls eingeschlämmt.

Sollen die Pflanzen den Winter im Einschlag verbringen, wird bei ballenlosen Pflanzen der Wurzelschnitt vor dem Einschlag und nicht erst im Frühjahr beim Pflanzen durchgeführt. Sonst würde man die im Herbst und über Winter neu gebildeten Wurzeln wieder abschneiden.

Häufig wird die Lage des Einschlagplatzes durch den Auftraggeber oder Architekten vorgegeben. Dabei ist darauf zu achten, dass er gewisse Anforderungen erfüllt. So sollte er gut mit dem Lkw erreichbar, schattig und windgeschützt sein und über lockeren Boden sowie einen Wasseranschluss verfügen. Wenn notwendig, ist der Platz zum Schutz vor Wildverbiss oder Diebstahl einzuzäunen.

Abb. 1 Zwischenlagerung

Abb. 2 Einschlag

3   Gehölzpflanzung

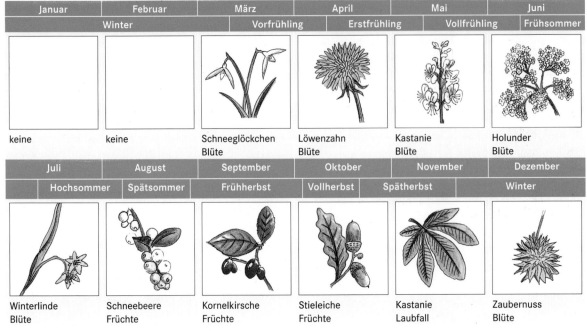

Januar	Februar	März	April	Mai	Juni
Winter		Vorfrühling	Erstfrühling	Vollfrühling	Frühsommer

keine · keine · Schneeglöckchen Blüte · Löwenzahn Blüte · Kastanie Blüte · Holunder Blüte

Juli	August	September	Oktober	November	Dezember
Hochsommer	Spätsommer	Frühherbst	Vollherbst	Spätherbst	Winter

Winterlinde Blüte · Schneebeere Früchte · Kornelkirsche Früchte · Stieleiche Früchte · Kastanie Laubfall · Zaubernuss Blüte

Abb. 1   Die zehn phänologischen Jahreszeiten (biologischer oder naturnaher Kalender)

3.1   Pflanzzeiten

Gehölze mit oder ohne Ballen können bei offenem Boden während der Wachstumsruhe von Oktober bis April gepflanzt werden. Günstige Pflanzzeiten sind das Frühjahr (März bis Mai, vor dem Laubaustrieb) und der Herbst (Oktober bis Mitte Dezember, nach dem Laubfall), wobei im Allgemeinen die **Herbstpflanzung** zu bevorzugen ist. Bis zum Austrieb im Frühjahr (starke Wasserverdunstung!) haben die Pflanzen genügend Zeit, um ausreichend neue Wurzeln zur Sicherung der Wasserversorgung zu bilden. Zudem ist Trockenheit bei der Herbstpflanzung wegen der meist folgenden Winterfeuchtigkeit weniger gefährlich als im Frühjahr. In Gebieten mit starken Winterfrösten (Gebirgslagen) und auf sehr schweren, zur Nässe neigenden Böden kann die **Frühjahrspflanzung** vorteilhafter sein.

Immergrüne Nadelgehölze sollten etwas früher im Herbst (Mitte August bis September) und etwas später im Frühjahr (April bis Mai) gepflanzt werden. Da sie über ihre Blätter laufend Wasser verdunsten, müssen sie rasch einwurzeln bzw. ihre Mykorrhiza entwickeln, was durch höhere Bodentemperaturen zu den genannten Zeiten gefördert wird.

Containerpflanzen (in Gefäßen ≥ 2 Liter kultivierte Pflanzen) können ganzjährig – außer bei Frost und Schnee – gepflanzt werden.

3.2   Baumpflanzung

1. Pflanzloch ausheben

Das Pflanzloch sollte mindestens 1 ½-mal so tief und breit ausgehoben werden wie die Wurzel bzw. der Wurzelballen groß ist (s. Abb. 1, S. 235). Bei Straßenbäumen in der Stadt sollten 6 m³ (2 m · 2 m · 1,5 m) nicht unterschritten werden. Bei der Pflanzung von Baumreihen haben sich bei notwendigen Bodenverbesserungen Pflanzgräben bewährt.

Beim Aushub ist darauf zu achten, dass Ober- und Unterboden getrennt gelagert, d. h. nicht miteinander vermischt werden. Die Sohle des Pflanzlochs – wie auch Verfestigungen der Seitenwände – sind mit dem Spaten zu lockern. Liegen undurchlässige Schichten vor, müssen zur Vermeidung von Staunässe ein bis drei Löcher bis in den sickerfähigen Untergrund gebohrt und mit Kies verfüllt werden. Steine > 5 cm sind zu entfernen.

2. Baumpfahl setzen

Ein Pfahl schützt den Baum vor Windschiefe und -bruch. Vor allem aber verhindert er ein Hin- und Herbewegen im Wind, was über Hebelbewegungen zum Abreißen der sich neu bildenden feinen Wurzelhaare und damit zur Hemmung der Wasser- und Nährstoffaufnahme führen würde.

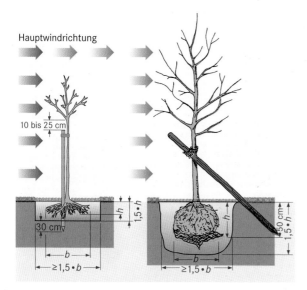

Abb. 1 Senkrecht- und Schrägpfahl

Baumpfähle müssen geschält und mindestens zwei Jahre haltbar sein. Ihre **Mindestzopfstärke** (Durchmesser) sollte für Bäume mit einem Stammumfang (StU.) bis 18 cm mindestens 8 cm und bei über 18 cm mindestens 10 cm betragen. Sind die Köpfe der Pfähle aufgespalten, müssen sie nachgeschnitten werden, damit das Regenwasser ablaufen kann.

Die **Auswahl der Baumverankerung** (s. Tab. 1, S. 236) richtet sich nach der Baumgröße, der Pflanzenqualität (StU., Ballen- oder Wurzelware) und dem Standort:

Für Hochstämme bis 16 cm StU. wird in der Regel ein **Senkrechtpfahl** (s. Abb. 1 und Tab. 1, S. 236 a)) (Kiefer/Fichte) genommen. Er wird zum Schutz der Wurzel vor dem Pflanzen des Baumes etwa 30 cm tief in den gewachsenen Boden des Pflanzlochs geschlagen. Dabei ist darauf zu achten, dass er gerade und zur Hauptwindrichtung steht. Um Verletzungen der Äste durch ein Scheuern am Stamm zu vermeiden, darf der Pfahl nicht in die Krone reichen. Bei Hochstämmen bis 250 cm Stammhöhe sollte er höchstens 10 cm und mindestens 25 cm unter dem Kronenansatz enden.

Die Bindung darf nicht zu tief liegen, weil sonst ein Hebeleffekt entsteht, der bei Windbelastung sehr schnell zum Brechen des Stammes führen kann. Da sie zwischen Pfahl und Stamm etwa eine Handbreite betragen soll, können **Ballenpflanzen** nicht mit einem Senkrechtpfahl gesichert werden. Für kleinere Ballenpflanzen verwendet man einen **Schrägpfahl**[1] (s. Abb. 1 und Tab. 1, S. 236 b)).

Pflanzen, die so nicht ausreichend gesichert werden können, benötigen ein **Pfahlgerüst** aus zwei (Zweibock), drei (Dreibock) (s. Tab. 1, S. 236 c) und d)) oder vier Pfählen (Vierbock).

Stangenscheren (s. Tab. 1, S. 236 e)) dienen in der Regel nur der vorläufigen Baumsicherung.

Nach 3 bis 4 Jahren, wenn der Baum gut verwurzelt ist, sollten die Baumpfähle entfernt werden, da der Baum nur so angeregt wird, eine kräftige Wurzel und einen kräftigen Stamm auszubilden.

Die Aufgaben von Senkrechtpfählen können auch **Drahtseilverspannungen** (s. Tab. 1, S. 236 f)) übernehmen. Dazu werden drei mindestens 2 mm dicke, verzinkte Stahlseile in der Krone befestigt, im Winkel von 45° zum Boden geleitet und verankert. Wegen der Stolper- und Verletzungsgefahr sind sie nur an für die Öffentlichkeit unzugänglichen Stellen verwendbar.

Eine unauffällige Fixierung des Ballens ermöglichen in die Pflanzgrube eingebrachte Verankerungssysteme. Eine dieser sogenannten Unterflurverankerungen ist der **Ballenanker** (s. Tab. 1, S. 236 g)). Zur Fixierung des Ballens werden breit aufliegende Spanngurtbänder an drei Stellen über den **ungeöffneten** Ballen gespannt und an unterhalb der zukünftigen Erdoberfläche endenden Erdankern (z. B. unverzinkte Schraubanker) befestigt und z. B. mittels einer Ratsche gespannt. Zur besseren Verteilung des Spanndrucks und damit der Schonung der Wurzeln sollte der Ballen zuvor mit verrottungsfähigen Auflagen (z. B. Kokosscheiben) abgedeckt werden. Voraussetzung für eine derartige Verankerung ist ein gut durchwurzelter, fester, möglichst flacher Ballen. **Alle verwendeten Materialien sollten so beschaffen sein, dass sie im Lauf der Zeit verrotten.** Durch **intensive Wässerung** wird dieser Prozess gefördert. Um ein Einwachsen zu verhindern, sollte der oberste Spanndraht des Drahtgeflechts am Ballen nach einem Jahr durchtrennt werden. Im Gegensatz zu den starren, oberirdischen Anbindungen fördern beim Ballenanker die durch den Wind verursachten Belastungsreize frühzeitig die Ausbildung von Zug- und Druckholz im Stamm, das Dickenwachstum des Stammes sowie die Ausbildung von kräftigen Wurzeln. Da sich der Wurzelballen noch setzt, sollten die Spanngurte vier Wochen nach der Pflanzung nachgespannt werden.

Der gleiche positive Effekt, wie durch eine Ballenverankerung, lässt sich durch eine tiefere Anbindhöhe (1 m) erreichen (s. Tab. 1, S. 236 i)). Auch hier kann sich der Baum im Wind hin- und herbewegen, ohne dass die Bewegung auf die Wurzel übertragen wird.

Das Wichtigste zur raschen Einwurzelung ist ausreichendes Wässern. Gut verschulte Bäume benötigen bei gutem Substrat schon nach einem halben Jahr keine Pflanzhilfe mehr.

---

[1] Gefahr von Reibungsschäden

a) Senkrechtpfahl

| oB. | mB. | H. | Hei., Stbu., Nadelb. | Großb. |

b) Schrägpfahl

| oB. | mB. | H. | Hei., Stbu., Nadelb. | Großb. |

c) Zwei Senkrechtpfähle

| oB. | mB. | H. | Hei., Stbu., Nadelb. | Großb. |

d) Dreibock (gebräuchlichste Form)

| oB. | mB. | H. | Hei., Stbu., Nadelb. | Großb. |

e) Stangenschere

| oB. | mB. | H. | Hei., Stbu., Nadelb. | Großb. |

f) Drahtseilverspannung (© GEFA Produkte®)

| oB. | mB. | H. | Hei., Stbu., Nadelb. | Großb. |

g) Ballenanker, StU ≥ 20 cm, Ballen-ø ≥ 60 cm (© GEFA Produkte®)

| oB. | mB. | H. | Hei., Stbu., Nadelb. | Großb. |

h) Verankerung mittels Baustahlmatte (© GEFA Produkte®), wo eine Ballenverankerung mit Ankern nicht möglich ist

i) Niedrig angebrachte Baumbindung (© GEFA Produkte®)

| oB. | mB. | H | Hei., Stbu., Nadelb. | Großb. |

oB.   = ohne Ballen
mB.   = mit Ballen
H.   = Hochstamm
Hei.   = Heister
Stbu.   = Stammbusch
Nadelb. = Nadelbaum
Großb.   = Großbaum (StU. > 30 cm)

Tab. 1   Baumverankerungen – Versuche haben gezeigt, dass Bäume ab StU 30/35 und entsprechendem Ballendurchmesser (etwa 130 cm) auf innerstädtischen Standorten kein Sicherungssystem benötigen

3. Bodenverbesserung

Zur Bodenverbesserung wird der Aushub (Oberboden) mit gut zersetztem Kompost – auf 2 Teile Aushub 1 Teil Kompost – vermischt. Organische Substanz sollte nicht tiefer als 35 cm eingearbeitet werden, da es aufgrund des geringeren Sauerstoffgehaltes in größerer Tiefe leicht zur Fäulnis und damit zur Schädigung der Wurzel kommen kann.

Als **Startdünger** sind Mehrnährstoffdünger in Form von Depotdünger (Frühjahrspflanzung 3 bis 6 Monate, Herbstpflanzung 9 bis 12 Monate) geeignet. Die Höhe der Düngung ergibt sich aus der empfohlenen N-Menge in Abhängigkeit vom Stammumfang (s. Tab. 1).

Stammumfang (StU)	N-Menge/Baum
12 – 14	15 g
16 – 18	18 g
20 – 25	24 g
25 – 30	30 g

Tab. 1 Startdüngung bei der Baumpflanzung

Bei Straßenpflanzungen in der Stadt ist der Aushub in der Regel nicht verwendbar. Um jedoch einen **„Blumentopfeffekt"** – ein zu nährstoffreiches Substrat in der Pflanzgrube fördert nicht die Durchwurzelung des angrenzenden Bodens – zu vermeiden, wird der Aushub zu 50 Gewichts-% wiederverwendet und mit 50 % geeignetem Füllboden vermischt. Für die oberen 30 bis 40 cm ist nährstoffhaltiger Oberboden geeignet, der mit Langzeitdüngern und das Bodenleben fördernden Präparaten angereichert werden kann. Auf eine zu starke Anreicherung mit Humus im Oberboden wird bei Stadtbäumen häufig verzichtet, da dies zu einer starken Wurzelkonzentration in der Nähe der Bodenoberfläche führt und die Tiefendurchwurzelung stark zurücktritt. Zur Erhöhung der Standfestigkeit, wie auch der Nährstoff- und Wasserversorgung, ist aber eine tiefe Wurzelausbildung notwendig. Unabdingbare Voraussetzung dafür ist eine gute Sauerstoffversorgung im Unterboden, was mit porenreichem Material, wie z. B. Lava und Bims, erreicht werden kann. Sie weisen eine hohe Wasserspeicherfähigkeit und eine gute Wasser- und Sauerstoffleitung auf, sind strukturstabil und trittfest und wirken so einer Verdichtung entgegen.

Anforderungen an Bodensubstrate für Stadtbäume:
- struktur- und verdichtungsstabil
- hoher Anteil an luftführenden Grobporen (20 bis 30 %)
- hohe Wasserleitfähigkeit zur Vermeidung von Staunässe
- gute Wasserversorgung (Anteil an wasserführenden Mittelporen 30 bis 40 %)
- gute Nährstoffversorgung und nicht zuletzt
- kostengünstig und standortgerecht

Zur Belüftung und zusätzlichen Versorgung der Bäume mit Wasser und Nährstoffen wurden häufig Dränrohre aus PVC ringförmig in 40 bis 50 cm Tiefe um den Wurzelbereich gelegt. Diese Maßnahme hat sich nicht bewährt, da der Einbau von Dränrohren vor allem zu einer schnellen Wasserabführung führt, sodass die Austrocknung des Ballens gefördert wird. Zudem kann es im Laufe der Zeit zu einer Feinkornverlagerung und damit zur Bildung von Sperrhorizonten kommen. Als Alternative bietet sich der vertikale Einbau von **Belüftungsrohren** an (s. Abb. 1). Bei der **Grabenbelüftung** wird die Luftzufuhr über einen an die Pflanzgrube grenzenden Graben gefördert. Der Graben sollte mindestens 30 cm breit, so tief wie die Pflanzgrube und mit Material der Korngröße 8/22 mm oder gröber verfüllt sein (s. Abb. 2).

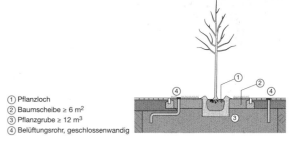

① Pflanzloch
② Baumscheibe ≥ 6 m²
③ Pflanzgrube ≥ 12 m³
④ Belüftungsrohr, geschlossenwandig

Abb. 1 Belüftungsrohr

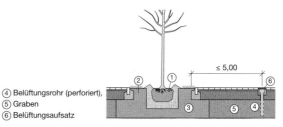

④ Belüftungsrohr (perforiert),
⑤ Graben
⑥ Belüftungsaufsatz

Abb. 2 Grabenbelüftung

Unterbodensubstrat:
60 Vol.-% Leichtlava „Lavapor 800" 8/16
40 Vol.-% Feinboden
Zusammensetzung des Feinbodens:
75 Vol.-% Sand 0/3 (Schluffgehalt 15 – 20 %)
25 Vol.-% Perlite „Agriperl" 0/3
zzgl. je m³ 15 kg Bentonit-Tongranulat,
15 kg Rindenhumus 0/20

Oberbodensubstrat:
25 Vol.-% Leichtlava „Lavapor 800" 8/16
25 Vol.-% Sand 0/3 (Schluffgehalt 15 – 20 %)
20 Vol.-% Rindenhumus 0/20
20 Vol.-% Perlite „Agriperl" 0/3
zzgl. je m³ 10 kg Bentonit-Tongranulat

Tab. 2 Beispiel für einen zweischichtigen Substrataufbau (Ober- und Unterbau) für Stadtbäume (auch einschichtige Substrate möglich)

4. Pflanzschnitt

Bei Laubgehölzen ist der **Pflanzschnitt** in der Regel ein **Auslichtungsschnitt**, d.h., nur verletzte, kranke, zu dicht stehende Äste und Konkurrenztriebe werden entfernt (s. Abb. 2, S. 243). Dabei sollte auf ein Gleichgewicht zwischen Spross (Versorgung der Wurzel mit Assimilaten) und der Wurzel (Versorgung des Sprosses mit Wasser und Nährstoffen) geachtet werden. Dies gilt umso mehr, als durch Schnittmaßnahmen auch der **Hormonhaushalt der Pflanzen** gestört wird. So wird Cytokinin, das das Sprosswachstum anregt, hauptsächlich in der Wurzel gebildet. Hingegen wird die Indolylessigsäure (IES), die das Wachstum der Wurzel steuert, in den Blättern gebildet. Bei einem Kronenschnitt wird also die IES-Produktion und damit das Wurzelwachstum gehemmt. Umgekehrt wird durch den Wurzelschnitt wiederum das Sprosswachstum verringert. Entsprechend wird die Krone soweit ausgelichtet, dass ein angemessenes Verhältnis zwischen der durch den Rodevorgang verminderten Wurzelmasse und dem Kronenvolumen (Verringerung der Verdunstungsfläche!) erreicht wird. Dabei ist die natürliche Wuchsform zu erhalten. Am besten werden ganze Äste/Zweige herausgenommen. Dabei kommt es auf eine fachgerechte Schnittführung an (s. Exkurs Fachgerechte Schnittführung). Der stammverlängernde Leittrieb darf nicht eingekürzt werden, es sei denn, dieser ist im Verhältnis zur Länge erheblich zu dünn, sodass ohne Rückschnitt keine gerade Weiterentwicklung gewährleistet ist. Das Gleiche gilt für die Seitenäste. Sie sollten nur zurückgeschnitten werden, wenn der letzte Jahrestrieb im Verhältnis zur Baumhöhe zu lang ist. Auch hier hat der Auslichtungsschnitt Vorrang.

Ballenpflanzen sollten leicht ausgelichtet werden, da auch sie einen Teil ihrer Wurzeln bei der Herausnahme aus dem Boden verloren haben. Eine Ausnahme bilden **Heckenpflanzen** und **Obstbäume**, bei denen ein stärkerer Schnitt erfolgt. Bei ihnen ist der Pflanzschnitt ein **Rückschnitt** (s. Hecken, Kap. 6.3) bzw. ein **Erziehungsschnitt** (s. Obstbaumschnitt, Kap. 8.3).

Exkurs Fachgerechte Schnittführung

Wunden an Gehölzen stellen **Eintrittspforten für holzzerstörende Pilze** dar. Zum Schutz bilden Bäume bei Verletzungen im Gewebe eine **Sperrzone**, um die Ausbreitung von Krankheitserregern zu verhindern, und äußerlich **Wundgewebe** zur Schließung der Wunde. Damit die natürliche Schutzzone nicht durchbrochen wird, ist so nah wie möglich am **Astring** zu schneiden, da sich in ihm das Gewebe für die Bildung der Sperrzone befindet (s. Abb. 1 (2)). Schneidet man stammparallel (s. Abb. 1 (1)), wird diese natürliche Schutzzone durchbrochen. Stummel („Kleiderhaken") sollten nicht belassen werden (s. Abb. 1 (3)), da diese absterben und wiederum Eintrittspforten für Pilze bilden.

Stehenlassen von Stummeln bewährt, weil die Bäume durch den **Stummelschnitt** (Pilz muss zunächst durch den Stummel wachsen) mehr Zeit für die innere Abschottung erhalten.

Größere Äste werden fachgerecht in drei Schnitten entfernt (s. Abb. 2).

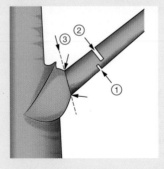

Abb. 2

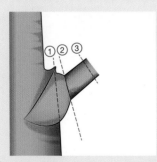

Abb. 1

Beim **Steinobst** (z. B. Kirsche, Pflaume, Pirsich oder Aprikose) hat sich aufgrund der hohen Infektionsgefahr durch **Monilia** (Pilzkrankheit) bei der Entfernung größerer Äste das

(1) Der Ast wird von der Unterseite etwas eingeschnitten und dann von oben abgesägt (2). Anderenfalls könnte der Ast beim Abbrechen durch sein Gewicht Rinde und Holz herausreißen und den Stamm beschädigen. Das verbleibende Aststück wird nun durch einen „Schnitt auf Astring", d. h. direkt vor dem Wulst zur Astseite hin, abgesägt.

Beim **Einkürzen von Ästen** ist auf nach außen zeigende Augen (Knospen) zu schneiden (s. Abb. 3, S. 239).

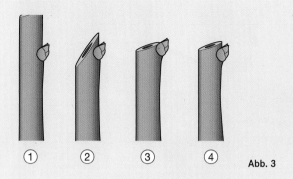

① ② ③ ④ **Abb. 3**

(1) falsch, Zapfen zu lang
(2) falsch, zu schräg → große Schnittfläche → Gefahr, dass Auge vertrocknet/ausbricht
(3) falsch, Schnitt zu dicht am Auge; durch den Wasserverlust der Wunde kann das Auge vertrocknen, sodass das darunterliegende, nach innen wachsende Auge austreiben würde
(4) richtig, ½ cm über dem Auge geschnitten; Schnitt verläuft leicht schräg nach oben, sodass Regenwasser schnell ablaufen kann → Schutz vor Fäulnis

Baumbiologen haben festgestellt, dass der günstigste Zeitpunkt für den Pflanzschnitt das Frühjahr kurz vor dem Austrieb ist, also nicht beim Pflanzen. Durch die einsetzende Fotosynthese stehen mehr Assimilate für die Wundheilung zur Verfügung. Bei der Herbstpflanzung ist ein geringerer Auslichtungsschnitt erforderlich als bei der Frühjahrspflanzung, da die Wurzelbildung bereits über Winter erfolgt. Je später die Pflanzung im Frühjahr, desto stärker muss der Pflanzschnitt zur Reduzierung der Verdunstung durchgeführt werden.

Wunden mit einem Durchmesser > 3 cm sind laut VOB mit **Wundbehandlungsmittel** zu behandeln. Diese Maßnahme ist umstritten, da sie bei manchen Baumarten mehr geschadet als genützt hat. Fest steht, dass verschiedene Baumarten unterschiedlich auf Wundverschlussmittel reagieren, sodass keine pauschale Antwort möglich ist.

Bei Straßenbäumen muss ein **Lichtraumprofil** (Abstand der unteren Kronenäste vom Boden) von 4,50 m freigehalten werden. Die Aufastung sollte möglichst bald, spätestens im zweiten Standjahr, jedoch nicht zusammen mit dem Pflanzschnitt erfolgen, da der entstehende Verlust an Photosynthesefläche zu groß ist. Sogenannte „Bluter", z. B. Birken, sollten nicht vor dem Blattaustrieb (Saftdruck wird reduziert) geschnitten werden (Walnuss nicht vor August), da sie sonst „verbluten" können.

An den Wurzeln darf aufgrund der bereits hohen Wurzelverluste nicht mehr als unbedingt notwendig geschnitten werden. Beim **Wurzelschnitt** sind entsprechend nur beschädigte Wurzeln zu entfernen. Dabei ist darauf zu achten, dass die Schnittstellen nach unten zeigen und scharfe Werkzeuge benutzt werden. Quetschungen sind die Hauptursache für Wurzelfäule. Ein leichtes „Anschneiden" der Wurzelspitzen (wenige cm) fördert über den entstehenden Wundreiz (Wundkallusbildung) die Wurzelentwicklung.

5. Einsetzen des Baumes

Das Eintauchen der Wurzel in Wasser vor dem Pflanzen fördert das Anwachsen. Ballenpflanzen dürfen nie mit trockenem Ballen gepflanzt werden, da die Aufnahme von Feuchtigkeit in den Ballen aus dem umgebenden Erdreich zu lange dauert, wodurch das Anwachsen erschwert wird. Trockene Ballen sind so lange in Wasser zu tauchen, bis keine Luftblasen mehr aufsteigen.

Das **Einpflanzen** sollte von zwei Personen durchgeführt werden, wobei die eine den Baum gerade in das Pflanzloch hält und die andere die Erde einfüllt. Dabei ist darauf zu achten, dass die Wurzeln gut verteilt sind. Die Pflanze sollte genauso tief gepflanzt werden, wie sie in der Baumschule gestanden hat, was an der dunklen Verfärbung am Wurzelhals erkennbar ist.

Besonders Flachwurzler, z. B. Birken, reagieren empfindlich auf ein zu tiefes Pflanzen. Bereits 2 cm können bei bindigen Böden das Anwachsen gefährden. Bei zu tiefer Pflanzung erhalten die sich neu bildenden, sehr atmungsaktiven Wurzeln nicht genügend Sauerstoff. Da der Boden sich im Laufe der Zeit noch setzt, sollte etwa 5 cm höher gepflanzt werden. Vor allem bei Straßenbäumen ist die aufgrund der tieferen Pflanzlöcher nicht unerhebliche Setzung des Bodens zu berücksichtigen.

Aus Steckhölzern gezogene Gehölze können im Allgemeinen 5 cm tiefer als vorher gepflanzt werden, da sie aus dem überschütteten Stammabschnitt Wurzeln bilden. Bei Obstbäumen ist darauf zu achten, dass sich die Veredlungsstelle über dem Boden befindet, weil sich sonst die Edelsorte „freimacht", d.h. Wurzeln bildet. Am besten überprüft man die Pflanztiefe nach dem Einsetzen des Baumes, indem man den Spaten über das Pflanzloch legt. Ballenpflanzen werden so tief gepflanzt, dass der Wurzelballen ganz dünn mit Erde überdeckt ist. Ballentücher und Drahtballen sind aufzuknüpfen und verbleiben im Pflanzloch. **Ballentücher** bestehen entweder aus einem Mischgewebe aus Natur- und Kunststofffasern (z. B. Konitex) oder reinen Naturfasern, wie z. B. Jute. Nach Verrottung des Naturfaseranteils zerfällt der Rest des Gewebes innerhalb von 4 bis 6 Monaten. Ballentücher aus reinen Kunststofffasern (z. B. Balledur) dürfen nicht mehr verwendet werden. Für **Drahtballen** werden unverzinkte Drahtgeflechte, deren Dicke je nach Größe des Ballens 0,8 bis 2,5 mm beträgt, verwendet. Sie beginnen bereits nach 4 Monaten zu zerfallen und sind spätestens nach 2 Jahren verschwunden. Zur Vermeidung von Wurzelschäden (Drahteinwüchse) sollten die Drahtgeflechte nach dem Einsetzen des Baumes geöffnet und heruntergedrückt werden.

Während des Einfüllens der Erde (Unterboden zuerst!) sollten ballenlose Gehölze leicht hoch und runter gerüttelt werden, damit sich die Erde gut zwischen die Wurzeln legt. Nach dem Füllen des Pflanzloches wird die Erde angetreten.

6. Anbinden

Ziel des Anbindens ist es, eine feste und dennoch elastische, nichtscheuernde, luftdurchlässige und gegen Nässe und Temperaturschwankungen unempfindliche Verbindung zwischen Pfahl und Baumstamm herzustellen. Aus dem kaum überschaubaren Angebot an **Baumbindematerialien** haben sich vor allem Kokosstrick (siebenfach gezopft) und (Elastofix-)Gummibänder bewährt. Nachteil der Gummibänder ist, dass sie nach Gebrauch entsorgt werden müssen.

Beim Anbinden ist besonders darauf zu achten, dass keine Rindenverletzungen auftreten. Zur Vermeidung von Einschneidungen sollte die Auflagefläche mindestens 4 cm breit sein. Die **Bindung mit Kokosstrick** erfolgt, indem der doppelt genommene Strick zunächst um Stamm und Pfahl in Form einer 8 geschlungen und dann zwischen Stamm und Pfahl vom Stamm zum Pfahl hin umwickelt wird, sodass die Wicklung einen stabilen Abstandshalter (etwa Handbreite) bildet, der ein Andrücken des Stammes an den Pfahl verhindert. Da sich der Boden noch setzt, sollte die Bindung etwas schräg nach oben angelegt sein. Gegen ein Verrutschen wird das Tauende mit einer Krampe am Pfahl befestigt. Überhängende Stücke werden abgeschnitten. Für die Bindung an einem Senkrechtpfahl benötigt man in etwa eine Taulänge von drei Armspannweiten, für einen Dreibock mit 40 cm Abstand zwischen Pfahl und Stamm etwa 380 cm. Die Bindungen sind mindestens im halbjährlichen Abstand zu kontrollieren, damit es durch das Dickenwachstum des Stammes nicht zu Einschnürungen kommt (s. Abb. 1).

7. Wässern

Nach dem Einpflanzen des Baumes wird ein **Gießring** geformt und mehrmals mit Wasser gefüllt (20 bis 50 Liter). Er sollte etwa doppelt so groß wie der Durchmesser des

Abb. 1 Vernachlässigte Pflanzung, leider kein Einzelfall

Abb. 2 Schilfrohr-, Reet-/ Riedmatten reduzieren die Verdunstung und schützen den Stamm vor Überhitzung (Gefahr von Stammrissen)

Ballens / der Wurzel sein und, je nach Größe des Baumes, eine Tiefe von 10 bis 30 cm aufweisen, damit die benötigte Staumenge vorhanden ist. Durch das Einschlämmen (durchdringendes Wässern) wird der notwendige Bodenschluss zur kapillaren Wasseraufnahme hergestellt. Der Gießring sollte mindestens 2 Jahre erhalten bleiben. Zur besseren Wasserausnutzung sollte zunächst der Innendurchmesser des Gießrandes dem Ballendurchmesser entsprechen, sodass sich die Innenseite des Gießrandes über dem äußeren Rand des Ballens befindet (s. Abb. 3). So wird gewährleistet, dass das gesamte Gießwasser dem Ballen zugeführt wird. Mit zunehmendem Wurzelwachstum ist der Gießring zu vergrößern.

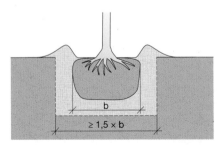

Abb. 3

Bei Trockenperioden im Frühjahr und Sommer des Pflanzjahres ist unbedingt zu wässern, wobei während des Austriebs im Frühjahr und in der zweiten Triebphase (**Johannistrieb**, um den 24. Juni) der größte Wasserbedarf vorliegt. Fallen an einem Tag in der Woche mehr als 20 mm Niederschlag, braucht nicht gewässert zu werden (Ausnahme Großbäume und Kübelpflanzen). Ansonsten haben sich Bewässerungsabstände von 10 Tagen bewährt. Spätestens bis Mitte April sollte jeder neu gepflanzte Baum einmal gründlich gewässert worden sein. Die Bewässerungsmaßnahmen sind mindestens so lange durchzuführen, bis die Wurzeln die Kronentraufe (Regentraufe) des Baumes erreicht haben.

8. Mulchen

Zum Schutz des Bodens vor Austrocknung, Erosion und Wildkrautwuchs ist das Mulchen des Bodens mit **Rindenmulch** (Schichtdicke 5 bis 10 cm) zu empfehlen.
Es handelt sich dabei um die Wiederverwendung der in Sägewerken in großen Mengen anfallenden Baumrinde. Gängige Größen sind 10 bis 40, 10 bis 80 und 20 bis 80 mm. Der Feinanteil kleiner 10 mm sollte 10 % nicht überschreiten, da sonst die Fläche zu langsam abtrocknet, was die Keimung anfliegender Wildkrautsamen begünstigt. Da Rindenmulch ein weites C:N-Verhältnis aufweist, ist zur Vermeidung von N-Festlegungen vor der Ausbringung eine N-Ausgleichsdüngung (1,5 bis 2 kg N/m³ oder 3 g N/m²) durchzuführen. Natürlich muss die verwendete Rinde auch frei von Schadstoffen sein. Gewährleistet wird dies in den Produkten der Betriebe, die sich in der **„Gütegemeinschaft Rinde für Pflanzenbau e. V."** zusammengeschlossen haben. Ihre Produkte unterliegen einer laufenden freiwilligen Kontrolle durch unabhängige Wissenschaftler.

9. Verdunstungsschutz

Bei größeren Gehölzen (StU. > 30 cm) sowie empfindlichen Pflanzen ist die Verdunstung einzuschränken. Mögliche Verfahren sind z. B.:

- Blatt- und Stammspritzungen mit verdunstungshemmenden Mitteln, z. B. Wachsemulsionen (Wirksamkeit etwa 8 Wochen).
- Umwickeln von Stämmen und größeren Ästen (Lentizellen!) mit in Lehmbrei getränkten Jutebandagen[1], Holzwollseilen, Schilfrohr- (s. Abb. 2, S. 240), Weiden- oder Bambusmatten.
- Aufbau von Wind-/Sonnensegel, vor allem bei immergrünen Pflanzen an windigen/sonnigen Standorten.
- Kronenberegnung durch Einbau einer Sprühnebelanlage. Dazu werden eine oder mehrere Sprühdüsen in der Krone des Baumes befestigt. Die Wasserzufuhr erfolgt über Schläuche.

---

[1] Bei starker Sonneneinstrahlung können unter Jutebandagen sehr hohe Temperaturen (bis über 50 °C) entstehen.

10. Schutz vor Verbiss

Durch Wild (Hasen, Kaninchen, Rehe), Weide- oder Nagetiere (Mäuse) gefährdete Pflanzen sind vor Verbiss durch

- Einzäunungen mit Draht (Maschendraht bei Rehen mindestens 1,80 m hoch; bei Hasen und Kaninchen 1 m hoch, Maschenweite 4 mm, 30 cm tief in den Boden eingraben),
- Plastikspiralen oder feinmaschige Drahtgeflechte, die um die Stämme der Bäume gelegt werden (schützen vor dem gefährlichen Benagen der Rinde) oder
- das Anstreichen bzw. Spritzen von Wildverbissmittel zu schützen.

3.3 Fertigstellungspflege

Durch die **Fertigstellungspflege** soll ein **abnahmefähiger Zustand** entsprechend der DIN 18916 (Pflanzen und Pflanzarbeiten) erreicht werden, der die artgerechte Weiterentwicklung der Pflanzen erwarten lässt. Pflanzungen sind abnahmefähig, wenn sie angewachsen sind. Ersichtlich ist dies am Durchtrieb der Pflanzen, was im Allgemeinen im letzten Drittel des Junis der Fall ist (frühestmöglicher Zeitpunkt der Abnahme!). Ist eine Fertigstellungspflege vertraglich nicht vereinbart, erfolgt die Abnahme direkt nach der Pflanzung. Zur Fertigstellungspflege gehören folgende Arbeiten:
Lockern und Säubern der Pflanzfläche von z. B. unerwünschten Wildkräutern.

- Überprüfung der Bindungen und Verankerungen.
- Entfernung trockener und beschädigter Pflanzenteile.
- Entfernung von Unrat und Steinen > 5 cm Durchmesser.
- Wässern bei Trockenheit. Immergrüne Pflanzen sind auch im Winter bei frostfreiem Wetter und trockenem Boden durchdringend zu wässern.
- Düngungs- und Pflanzenschutzmaßnahmen.

3.4 Entwicklungs- und Erhaltungspflege

An die Fertigstellungspflege schließen sich die Entwicklungs- (dient der Erzielung eines funktionsfähigen Zustandes) und Erhaltungspflege (dient der Erhaltung des funktionsfähigen Zustandes) nach DIN 18919 an. Sie umfassen u. a. folgende Leistungen:
Bodenpflege, Pflanzenschutz-, Schnitt- und Düngemaßnahmen (s. Tab. 1)

N	P_2O_5*	K_2O*	MgO*
bis 5 g/m²	3 – 4 g/m²	6 – 8 g/m²	0,8 – 1 g/m²
*aufgeteilt in 2 Gaben (März/April; Juni/Juli)			

Tab. 1 Jährlicher Düngerbedarf von Gehölzen

3.5   Großbaumverpflanzung

Abb. 1   Großbaumverpflanzung, das Verpflanzen von Großbäumen, die nicht aus regelmäßig verpflanzten Anzuchtbeständen stammen

Abb. 2   Unterschiedliche Wurzelentwicklung

Der Spruch „Einen alten Baum verpflanzt man nicht" ist heute, wie auch früher schon nicht ganz zutreffend. Mit dem notwendigen Know-how ist eine erfolgreiche Umsiedelung selbst von Großbäumen durchaus möglich (s. Abb. 1).

Als **Großbäume** gelten Bäume mit einem Stammumfang von mehr als 30 cm, gemessen in 1 m Höhe über dem Erdboden. Hinweise für das Verpflanzen von Großbäumen und **Großsträuchern** (ab ca. 2 m Breite/Durchmesser) finden sich in den **ZTV-Großbaumverpflanzung** (Zusätzliche Technische Vertragsbedingungen für das Verpflanzen von Großbäumen und Großsträuchern).

Ob ein Baum verpflanzfähig ist oder nicht, hängt in erster Linie von seinem Alter, seiner Größe und seinem Gesundheitszustand ab. Daneben spielen auch seine ökologische und kulturelle Bedeutung wie die voraussichtlichen Kosten der Verpflanzaktion eine Rolle. Im Gegensatz zu Großbäumen aus der Baumschule, die aufgrund des regelmäßigen Umstechens und Verpflanzens einen gut ausgebildeten Wurzelballen aufweisen, hat sich das Wurzelsystem bei den „freiwachsenden" Gehölzen nach außen hin entwickelt (s. Abb. 2). Ein Herausnehmen derartiger Pflanzen aus dem Boden verursacht große Wurzelverluste, was ein Anwachsen enorm erschwert bzw. unmöglich macht. Entsprechend wichtig ist eine sorgfältige Vorbereitung des Baumes.

3.5.1   Vorbereitende Maßnahmen

Mindestens eine, möglichst zwei Vegetationsperioden vor dem Verpflanztermin sollte begonnen werden, einen **Wurzelvorhang** zu erstellen. Dazu wird um den künftigen Ballen, der mindestens den 10-fachen Durchmesser des Stammes (wenn kein Ballen, dann mindestens den 12-fachen Stammdurchmesser) aufweisen sollte, ein Graben bis unter den Hauptwurzelbereich von mindestens 20 cm Breite ausgehoben (Graben wird zum späteren Ballen dazuge-

rechnet). Das Freigraben sollte zur Schonung des Baumes abschnittsweise erfolgen (s. Abb. 1, S. 243). Der Graben wird mit einem lockeren, nährstoffreichen Substrat (z.B. Komposterde mit Torf vermischt) verfüllt und feucht gehalten, sodass die Wurzelbildung in diesem Bereich gefördert und ein Großteil der verlorengegangenen Wurzeln ersetzt werden kann. Um ein Herauswachsen der neugebildeten Wurzeln aus dem Ballenbereich zu verhindern, ist die Grabenaußenseite mit einer luftdurchlässigen Schalung (z.B. Maschendraht abgedeckt mit Sackleinen) bzw. Vlies auszukleiden. Wurden größere Wurzelabschnitte durchtrennt, sind ausgleichende Schnittmaßnahmen in der Krone durchzuführen (s. S. 238 f. und Abb. 2, S. 243). Die Wurzeln sind glatt durchzuschneiden, wobei größere Wundflächen mit Wundverschlussmitteln zu behandeln sind. Ist durch das Abtrennen der Wurzeln die Standsicherheit des Baumes beeinträchtigt, muss er verankert werden (s. S. 236).

3.5.2   Verpflanzarbeiten

Nach ein bis zwei Vegetationsperioden wird der Baum herausgenommen. Dabei ist darauf zu achten, dass Großbäume nur am Ballen/Wurzelwerk angehoben und transportiert werden. Stamm, Krone und Wurzeln sind vor Verletzungen durch z.B. Umwickeln mit Kokosstrick oder die Verwendung von Ballentüchern zu schützen.

Die **Pflanzgrube** muss folgende Größe aufweisen: Tiefe = Ballentiefe (Setzmaß berücksichtigen!), Breite = Ballenbreite + 30 cm nach allen Seiten. Beim Einsetzen des Baumes ist darauf zu achten, dass die Südseite des Stammes wieder genau nach Süden hin ausgerichtet wird (Südseite kennzeichnen), da sich im Laufe der Jahre das hier gebildete Gewebe an die starken Temperaturschwankungen auf der Südseite angepasst hat. Wird eine andere Stammseite nach Süden ausgerichtet, können die im Gewebe auftretenden Spannungen zu tiefen Rissen in der Rinde führen.

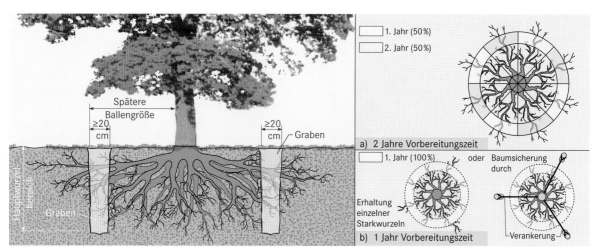

Abb. 1 Erstellung eines Wurzelvorhanges

Beim Pflanzen mit einer Großbaumverpflanzmaschine (Rundspatenmaschine) muss nachträglich ein 40 cm breiter und 20 cm unter den Hauptwurzelbereich reichender Graben, die sogenannte **Rehazone**, um den Ballen herum ausgehoben werden. Der Graben wird mit einem besonders wachstumsfördernden Substrat (z. B. Aushub gemischt mit Kompost, Rindensubstrat, Pferdemist und Hygromull) gefüllt. Damit keine wurzelschädigenden Stoffe (z. B. Methan) entstehen, sollte organische Substanz nicht tiefer als 60 cm in den Boden eingearbeitet werden. Nach dem Verfüllen des Pflanzloches sind Stamm und größere Äste durch das Anlegen z. B. von Lehmbandagen (s. Fußnote S. 241) vor Verdunstung zu schützen. Anschließend wird durchdringend gewässert. Die Verankerung (s. S. 236) ist entsprechend der Größe des Baumes, dem Standort sowie ästhetischen Gesichtspunkten auszuwählen. Das Kronenvolumen muss durch Schnittmaßnahmen (nach **ZTV-Baumpflege**) dem verringerten Wurzelvolumen angepasst werden (s. Abb. 2).

3.5.3 Fertigstellungspflege

Für die Fertigstellungspflege bei Großbaum- und Großstrauchverpflanzungen sind in der Regel drei Jahre erforderlich.

Wässern

Neben den üblichen Maßnahmen (s. S. 241) muss gewässert werden. Laut ZTV-Großbaumverpflanzung sind unter den üblichen Witterungs- und Standortbedingungen

■ im 1. Jahr bis zu 20 Bewässerungsgänge,
■ im 2. Jahr bis zu 15 Bewässerungsgänge,
■ im 3. und 4. Jahr bis zu 10 Bewässerungsgänge erforderlich.

Die erforderliche Wassermenge ergibt sich aus der Baumgröße und den Witterungsbedingungen (s. Tab. 1):

Baumgröße (StU. in cm)	Wassermenge in l/Bewässerung	
	Regelmenge	extreme Bedingungen
30 – 50	200 – 300	– 500
> 50 – 80	300 – 500	– 1000
> 80	400 – 600	– 1500

Tab. 1 Wassermenge in Abhängigkeit von Baumgröße und Witterungsbedingungen

Düngen

Die Düngung sollte nach einer Bodenanalyse erfolgen. Mithilfe der Flüssigdüngung können dem Baum schnell Nährstoffe zur Verfügung gestellt werden. Eine Faustzahl besagt z. B. 150 l Nährlösung/m³ Ballen. Gedüngt wird ab Anfang März in 3 Gaben im Abstand von 3 bis 4 Wochen (0,2 bis 0,3 %).

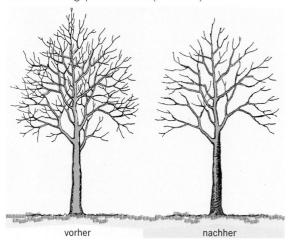

Abb. 2 Auslichtungsschnitt zur Anpassung des Kronenvolumens an das verringerte Wurzelvolumen

4 Pro und Kontra heimische Gehölze in der Stadt

Heimische oder fremdländische Gehölze?

Umweltschützer: „Nicht nur in der freien Landschaft, sondern auch in der Stadt sollten nur einheimische Gehölze verwendet werden."

Landschaftsarchitekt: „Wir reden von heimischen Gehölzen. Können wir eigentlich definieren, was heimische und was nicht heimische Gehölze sind?"

Baumschuler: „Das ist nicht so einfach. So ist z. B. die Kastanie für die meisten Deutschen ein deutscher Baum. Sie ist aber gar nicht einheimisch. So gibt es eine ganze Reihe von Gehölzen bei uns, die schon vor Jahrhunderten eingebürgert wurden."

Umweltschützer: „Die Bevölkerung gewöhnt sich wahrscheinlich schneller an eine neue Baumart als dies Käfer oder Schmetterlinge tun. Eine Kastanie wird z. B. nur von wenigen Insektenarten heimgesucht."

Baumschuler: „Mit den extremen Standortbedingungen in der Stadt werden nur wenige Pflanzen wie Platane und Robinie fertig. Davon abgesehen, gibt es auch fremdländische Pflanzen, die heimischen Tierarten als Nahrungs- und Lebensraum dienen, wie z. B. der Schmetterlingsstrauch (Buddleja davidii)."

Landschaftsarchitekt: „In den Innenstädten gibt es keine natürlichen Standorte. Hier ist selbst die Auswahl standortgemäßer fremdländischer Pflanzen stark eingeschränkt. Es geht eigentlich nur noch um die Frage, welche Pflanzen können unter diesen Bedingungen gedeihen? Da muss es uns egal sein, wo diese herkommen."

Baumschuler: „Ja, hier kann es nicht um Ideologien gehen. Da ist man auf Züchtungen und nicht heimische Pflanzen angewiesen, sonst wird es in Teilen der Stadt nicht mehr grün."

Umweltschützer: „Wir müssen die Standortverhältnisse in der Stadt so beeinflussen bzw. ändern, dass dort wieder heimische Gehölze wachsen können."

Baumschuler: „Es gibt auch in der Stadt viele Standorte, an denen einheimische Gehölze gut wachsen können. Dies sind z. B. Parkanlagen und große Grünflächen. Das Problem ist aber das Straßenbegleitgrün."

Landschaftsarchitekt: „Ist die Forderung nach heimischen Gehölzen in der Stadt eigentlich ökologisch noch vertretbar? Ist es sinnvoll bei Hausgartenbesitzern dafür zu werben?"

Umweltschützer: „Ganz sicher! Es ist eine der letzten Möglichkeiten, Natur in die Stadt zu holen und zu erhalten. Gerade Gehölze können der heimischen Tierwelt helfen, in der Stadt Fuß zu fassen."

Landschaftsarchitekt: „Da steckt auch eine ganz gewaltige Gefahr darin, wenn man Tiere anlockt. Tiere, die sich in der Stadt ansiedeln, unterliegen sehr stark der Gefahr, dem Straßenverkehr zum Opfer zu fallen. Zudem handelt es sich dabei um Inselbiotope. Die dort lebenden Tiere sind von anderen Populationen abgeschnitten."

Umweltschützer: „Das sehe ich nicht so. Tiere aus der Umgebung werden mit Sicherheit nicht angelockt, wenn man von Vögeln einmal absieht, die aber in dem Maße auch nicht gefährdet sind."

Baumschuler: „Die Leute möchten Gehölze mit schönen Blüten, leuchtender Herbstfärbung usw. in ihren Gärten haben. Fast alle sogenannten Blütengehölze sind fremdländisch."

Umweltschützer: „Das gibt es alles auch bei einheimischen Gehölzen."

Baumschuler: „So, was blüht denn im Winter?"

Umweltschützer: „Muss man denn im Winter blühende Pflanzen erleben? Überhaupt könnten die Baumschulen als Anbieter und die Landschaftsarchitekten als Planer versuchen, den naturfremden Kunden zu leiten, indem sie mehr einheimische Pflanzen anbieten bzw. verwenden."

Baumschuler: „Wir verweigern dem Kunden ja nicht die heimische Gehölzhecke. Eine Baumschule ist aber auch ein Wirtschaftsunternehmen. Wir müssen uns danach richten, was der Kunde verlangt, was wir verkaufen können. Der Markt umfasst auch nicht nur Deutschland, sondern inzwischen haben wir einen gesamteuropäischen Markt. Entsprechend ist die Anforderung an die Baumschulen groß, was das Sortiment betrifft. Die Baumschulen müssen den Markt beobachten und sich fragen, was wird zukünftig in 5 bis 10 Jahren verlangt? Und dann kommt mit einem Male, wenn die Investitionen zehn Jahre geflossen sind, eine völlig andersartige Forderung: Nur noch heimische Gehölze! Dazu ist eine Baumschule nicht in der Lage."

www.stadtbaum.at (Plattform rund um Stadtbäume)

5   Gehölzschnitt

Das Schneiden von Gehölzen stellt immer einen großen Eingriff in das Leben eines Baumes oder Strauches dar. Werden Gehölze entsprechend den Standortbedingungen richtig ausgewählt, sodass sie sich optimal entwickeln können, kann in der Regel auf größere Schnittmaßnahmen verzichtet werden.

5.1   Pflanzschnitt

Bei Bäumen ist der Pflanzschnitt in der Regel ein **Auslichtungsschnitt** (s. S. 238). Das Pflanzen von Sträuchern unterscheidet sich von Baumpflanzungen dadurch, dass bei Pflanzen ohne Ballen der Pflanzschnitt ein **Rückschnitt** ist. Dabei wird der oberirdische Teil um etwa ein Drittel eingekürzt. Ballenpflanzen werden nur leicht, Containerpflanzen gar nicht beschnitten.

5.2   Aufbauschnitt

Der **Aufbauschnitt** erfolgt bereits in der Baumschule. Ziel ist ein arteigener, natürlicher Aufbau. In den ersten Jahren nach der Pflanzung können korrigierende Maßnahmen zur Entwicklung eines ausgewogenen Astgerüsts erforderlich werden. Diese beinhalten meist die Entfernung überflüssiger, schlecht platzierter oder schwach entwickelter Triebe.

5.3   Erhaltungsschnitt

Hierbei geht es um die Erhaltung des arttypischen, natürlichen Wuchses und der Funktionsfähigkeit der Gehölze.

Beispiele: *Amelanchier, Corylopsis, Cotoneaster, Daphne mezereum, Hamamelis, Ilex, Laburnum, Magnolia, Prunus laurocerasus, Pyracantha, Rhododendron, Stranvaesia, Viburnum.*

Beim Schneiden anderer Sträucher ist vor allem der Zeitpunkt der Blütenbildung zu berücksichtigen.

5.3.1 Blüte am einjährigen Holz

Blüte im Frühjahr bzw. Frühsommer

Bei zu dichtem Wuchs oder nachlassender Blühwilligkeit kann ein Auslichtungsschnitt unter Wahrung des Wuchscharakters durchgeführt werden. Dabei werden zu dicht stehende, schwache und alte Triebe herausgeschnitten. Gleiches kann durch das Schneiden von Zweigen für die Vase erreicht werden.

Da bei Sträuchern, die im Frühjahr und Frühsommer blühen, die Blütenknospen bereits an den Trieben des vorjährigen Jahres (am vorjährigen Holz) angelegt werden, sind sie **unmittelbar nach der Blüte** zu schneiden. Wird später geschnitten, werden die für das nächste Jahr angelegten Blütenknospen mit entfernt bzw. die sich neu bildenden Triebe haben nicht genügend Zeit, Blütenknospen für das nächste Jahr zu bilden.

Beispiele: *Buddleja alternifolia, Clematis montana, C. alpina, C. macropetala, Cornus; Deutzia, Erica carnea, Forsythia* (auch an zweijährigem Holz), *Jasminum nudiflorum, Kerria japonica, Kolkwitzia, Philadelphus, Rhododendron, Ribes sanguineum, Spiraea arguta, Syringa, Viburnum, Weigela.*

Blüte im Sommer oder Herbst

Bei diesen Pflanzen werden die Blüten im Jahr der Blüte, also am diesjährigen Holz, angelegt. Zur Förderung der Blüte erfolgt **jährlich im Frühjahr**, wenn kein starker Frost mehr zu erwarten ist, **ein starker Rückschnitt** auf ein mehr oder weniger dauerhaftes Astgerüst. Wird dieses im Laufe der Jahre zu dicht, können einige ältere Triebe ganz entfernt werden. Neue sich an der Basis entwickelnde Triebe können bei Bedarf in das Astgerüst einbezogen werden.

Beispiele: Beet- und Edelrosen (s. Kap. Rosen), *Buddleja davidii, Calluna vulgaris,* Clematis-Hybriden (z. B. 'The President', 'Nelly Moser', 'Jackmannii', 'Perle d' Azure'), *Clematis viticella, Hibiscus syriacus, Hydrangea paniculata, Lavandula angustifolia, Perovskia abrotanoides, Spirea bumalda.*

5.3.2 Blüte am zweijährigen Holz

Beim Auslichten dieser Pflanzen ist darauf zu achten, dass im Hinblick auf die Blüte **genügend älteres Holz erhalten** wird.

Beispiele: Zieräpfel und Zierkirschen.

5.4   Verjüngungsschnitt

Wenn Sträucher in der Blühwilligkeit nachlassen, von unten her verkahlen, verwahrlost oder für den Standort zu groß geworden sind, kann durch das Zurückschneiden auf junge Triebe oder, falls diese Maßnahme nicht ausreichend ist, durch einen radikalen Rückschnitt ins alte Holz eine Verjüngung erfolgen. Im letzteren Fall werden alle Haupttriebe auf 30 bis 60 cm über den Boden zurückgeschnitten.

Zu beachten ist, dass nicht alle Sträucher einen derart starken Eingriff vertragen.

6   Hecken

Abb. 1 Weite Teile Nordeutschlands sind von Wallhecken, den Knicks, geprägt (Hecken-/Knicklandschaft)

6.1   Geschichte

Im Jahre 1770 vollzog der dänische König Christian VII., König von Dänemark und Norwegen, Herzog von Schleswig und Holstein, eine Landreform. Er ordnete an, dass jeder Bauer sein Land mit lebenden Zäunen, die auf Erdwällen gepflanzt werden sollten, zu umgeben hat. Dies war die Geburtsstunde der norddeutschen **Wallhecken**[1], auch **Knicks**[2] genannt (s. Abb. 1).

Daneben bildete sich bei uns ein zweiter Typ von Hecke, die **Lesesteinhecke**. Auf den von den Feldern gelesenen und an den Rändern zu Wällen aufgeschichteten Steinen siedelten sich mit der Zeit Gehölze an.

6.2   Bedeutung

Obwohl Hecken vom Menschen geschaffen wurden, bilden sie naturnahe Lebensräume, wobei gerade ihre Lage inmitten unserer intensiv genutzten Kulturlandschaft ihre große Bedeutung für die Natur ausmacht.

Neben ökologischen Aufgaben erfüllen Hecken noch vielfältige weitere Funktionen, sodass sie ein wichtiger Bestandteil der Garten- und Landschaftsgestaltung sind:

---

[1] Auf einen Erdwall (Breite mindestens 2,50 m, Höhe bis 3 m) gepflanzte Hecke

[2] Durch das Umknicken einzelner Äste machten die Bauern ihre Wallhecken für das Weidevieh undurchlässig

Hecken

- bieten zahlreichen Tier- und Pflanzenarten Zuflucht, Rückzugsmöglichkeiten, Nahrungs- und Lebensraum (z. B. für über 80 Vogelarten).
- mit blühenden Randstreifen fördern die Entwicklung vieler nützlicher Insektenarten, die sich als erwachsene Tiere hauptsächlich von Nektar und Pollen ernähren.
- verbinden Ökosysteme miteinander und erhöhen somit die Überlebenschancen wildlebender Tier- und Pflanzenarten.
- schützen vor Staub, Lärm, Wind, Frost, Austrocknung und Erosion des Bodens.
- schützen vor neugierigen Blicken.
- dienen als Raumteiler, Begrenzung, Einfriedung und Einfassung.
- liefern Früchte, z. B. Schlehen, Holunderbeeren, Brombeeren, Himbeeren, Wildäpfel und Hagebutten.
- stellen nachwachsende Rohstoffquellen dar.
- machen eine Landschaft, einen Garten oder Park abwechslungsreicher und erhöhen ihren Erholungswert.

Hecken zählen zu den artenreichsten Ökosystemen. Trotzdem wurden sie in der Vergangenheit, vor allem im Rahmen der Flurbereinigung, verstärkt gerodet. So ist von dem dichten Heckennetz Schleswig-Holsteins, das fast 100 000 km zählte, die Hälfte verschwunden. Heute dürfen Wallhecken ohne behördliche Genehmigung nicht mehr entfernt werden. Die Anpflanzung von Hecken, ob in der freien Landschaft, in öffentlichen Grünanlagen oder in Gärten, stellt eine wichtige ökologische Maßnahme dar, die teilweise auch finanziell gefördert wird.

6.3   Arten

Ob sommergrüne, immergrüne, durch Schnitt streng geformte oder frei wachsende Laub-, Blüten- oder Nadelholzhecken, die Auswahl an Heckenpflanzen ist recht groß, sodass sich für jede Situation eine passende Lösung finden lässt. Besonders naturnah sind Hecken aus ortstypischen einheimischen Pflanzen wie Weiß- und Rotbuche, Feldahorn, Liguster und Berberitze sowie gemischte Hecken aus z. B. Schlehe, Wildrosen, Holunder, Weißdorn, Schneeball, Haselnuss, Felsenbirne, Wildrosen, Flieder, Brombeeren und Himbeeren. Während im Garten auch fremdländische Arten gut geeignet sind, sollten in der freien Landschaft nur einheimische Arten verwendet werden. Bei der Wahl zwischen einer geformten und einer frei wachsenden Hecke ist neben dem Verwendungszweck vor allem der vorhandene Platz, z. B. die Größe des Gartens, entscheidend.

6.3.1 Formhecken

Abb. 1   Formhecke

Ist der Garten relativ klein und soll die Hecke vor allem Sichtschutz und Grenze sein, eignet sich sehr gut die **Formhecke** (s. Abb. 1). Damit sie in Form und schön dicht bleibt, wird ein- oder mehrmals im Jahr geschnitten. Wird bei laubabwerfenden Gehölzen ein zweimaliger Schnitt durchgeführt, erfolgt der erste Schnitt gewöhnlich nach dem Frühjahrsaustrieb Ende Juni, bei nistenden Vögeln Ende Juli, und der zweite Schnitt im September. Bei einem einmaligen Schnitt sommergrüner Gehölze ist der Spätsommerschnitt (August / September) bis in den Herbst hinein gut geeignet. Immergrüne Gehölze werden nach dem Triebabschluss Anfang September nur leicht zurückgeschnitten. Aufgrund ihres langsameren Wachstums reicht bei ihnen im Allgemeinen ein Schnitt im Jahr aus. Kunstformen, wie z. B. Pyramiden und Kugeln, werden zweimal im Jahr, im Juni und September, in Form gebracht.

Alte, von unten verkahlte laubabwerfende Hecken lassen sich neu aufbauen, indem zunächst die eine Seite bis zum Stamm und im nächsten Jahr die andere Seite bis zum Stamm zurückgeschnitten wird (s. Abb. 2).

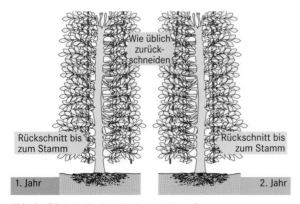

Abb. 2   Rückschnitt einer Hecke zum Neuaufbau

Damit die Hecke im Laufe der Zeit aufgrund von Lichtmangel nicht von unten her verkahlt, ist darauf zu achten, dass die Seitenwände nach oben nicht senkrecht, sondern

trapezförmig zulaufen. Pro Meter Heckenhöhe werden beidseitig 5 bis 10 cm weggeschnitten. In Gegenden mit starkem Schneefall sollten die Hecken oben spitz zulaufen, damit der Schnee nicht darauf liegen bleibt und es zu Schneebrüchen kommt. Beim Schneiden ist auf eine gleichmäßige Schnittführung zu achten. Eine gespannte Schnur kann zur Orientierung dienen (s. Abb. 1, S. 248).

Für eine Formhecke sind grundsätzlich alle Sträucher geeignet, die einen Schnitt gut vertragen und schön dicht werden. Über die Auswahl der Pflanzenart und den Schnitt lässt sich die Höhe der Hecke steuern (s. Tab. 1 und 2, S. 249).

6.3.2 Frei wachsende Hecken

Abb. 3   Frei wachsende Hecke

In größeren Gärten, Parks oder der freien Landschaft können auch **frei wachsende Hecken** angelegt werden (s. Abb. 3). Diese zeichnen sich dadurch aus, dass sie nicht durch regelmäßigen Schnitt geformt werden. Alle drei bis vier Jahre sollte ein **Auslichtungsschnitt** erfolgen. Damit sie biologisch am Leben bleiben, sollten sie zur Verjüngung alle 8 bis 15 Jahre bis kurz über den Boden zurückgeschnitten **(auf den Stock gesetzt)** werden. Bei längeren Hecken sollte dies in Abschnitten erfolgen, um das biologische Gleichgewicht nicht zu sehr zu stören (in der Zeit vom 1. März bis 30. September verboten). Dabei verbleiben einzelne Bäume als sogenannte **Überhälter** in Abständen von 20 bis 50 m ungeschnitten (s. Abb. 4).

Abb. 4   Verjüngung frei wachsender Hecken

Würde diese Verjüngung nicht erfolgen, würden sich im Laufe der Zeit lichte Baumreihen entwickeln. In Gärten dienen natürlich wachsende Hecken vor allem als Blüten- und Fruchthecken. Sie können auch allmählich über den alle drei bis vier Jahre stattfindenden Auslichtungsschnitt verjüngt werden. Der Vorteil ist, dass diese Maßnahme mit dem Schneiden von Zweigen für die Vase verknüpft werden kann.

6.4   Grenzabstand

Vor der Pflanzung ist der genaue Grenzverlauf festzustellen, um spätere Rechtsstreitigkeiten mit dem Nachbarn zu vermeiden. Die **Nachbarrechtsgesetze** der jeweiligen Bundesländer (Ländersache) enthalten Vorschriften über die Grenzabstände bei Anpflanzungen. Grundsätzlich gilt, dass in einem Grenzstreifen von 0,5 m keine Gehölze angepflanzt werden dürfen. Ansonsten muss der einzuhaltende Grenzabstand in der Regel $\frac{1}{3}$ bis $\frac{1}{2}$ der künftigen Höhe des Baumes, Strauches oder der Hecke betragen. Da die Vorschriften jedoch je nach Bundesland sehr unterschiedlich sein können und Streitigkeiten über Grenzabstände von Pflanzen an erster Stelle nachbarschaftlicher Auseinandersetzungen stehen, empfiehlt sich unbedingt das Nachbarrechtsgesetz des eigenen Bundeslandes zu besorgen. Gemessen wird der Abstand von der Mittelachse des Baumes, Strauches oder der Hecke waagerecht und rechtwinklig zur Grundstücksgrenze. Am besten wäre eine Absprache mit den Nachbarn, sodass auf der Grundstücksgrenze auch eine gemeinsame Hecke gepflanzt werden kann.

6.5   Pflanzung

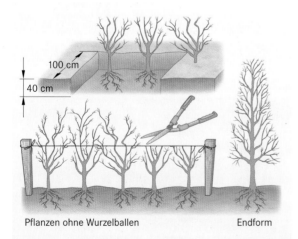

Abb. 1   Heckenpflanzung

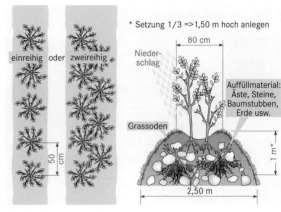

Abb. 2   Aufbau einer Wallhecke

Günstige Pflanzzeiten sind:

■ **Laubabwerfende Gehölze** vor dem Laubaustrieb im Februar bis März und nach dem Laubfall im Oktober bis November.

■ **Immergrüne Gehölze** im April bis Mai und August bis September.

Die Pflanzung kann ebenerdig oder auf einem aufgeschütteten Erdwall (s. Abb. 1 und 2) durchgeführt werden. Der Pflanzenbedarf pro laufendem Meter (lfm) ist von der jeweiligen Pflanzenart und -größe abhängig (s. Tab. 1 und 2, S. 249). Gepflanzt wird ein- oder zweireihig.

Die Pflanzung erfolgt in folgenden Arbeitsschritten:

1. Schnur spannen
2. Ausheben eines Pflanzgrabens und Lockerung des Unterbodens
3. Verbesserung des Aushubs mit Kompost (auf 2 Teile Aushub 1 Teil Kompost)
4. Wurzelschnitt und Auslegen der Pflanzen
5. Pflanzen verteilen und aufstellen
6. Graben zuschaufeln
7. Erde festtreten, dabei Pflanzen ausrichten
8. Gießmulde herstellen
9. Kräftig angießen (einschlämmen)
10. Rückschnitt ($\frac{1}{3}$ bis $\frac{1}{2}$) durchführen. Nadelgehölze und Ballenpflanzen nur leicht einkürzen, sodass sie eine einheitliche Höhe haben.

Die Pflanzung frei wachsender Hecken erfolgt im Unterschied zur Formhecke weniger schematisch. Ziel dabei ist der Aufbau einer möglichst vielfältigen Pflanzengemeinschaft. Ein preiswertes Verfahren ist die Erstellung einer sogenannten **Benjeshecke** (Totholzhecke). Dazu wird dort, wo die Hecke geplant ist, Schnittgut von Gehölzen aufgehäuft. Die dadurch angelockten Vögel hinterlassen mit ihren Ausscheidungen Samen, aus denen sich Pflanzen entwickeln können.

6.6 Heckenpflanzen

Botanischer Name (Deutscher Name) * = einheimisch	Angemessene Höhe (cm)	Mindest-breite (cm), i = immer-grün	Pflanzen pro lfm.
Acer campestre* (Feldahorn)	100 – 300	100	2 – 3
Berberis thunbergii 'Atropurpurea' (Blutberberitze)	80 – 100	70	3 – 4
Buxus sempervirens var. arborescens (Hoher Buchsbaum)	80 – 300	100, i	2 – 3
Buxus sempervirens 'Suffruticosa' (Einfassungs-Buchsbaum)	20 – 100	10, i	4 – 8
Carpinus betulus* (Hainbuche)	100 – 400	100	2 – 3
Chamaecyparis lawsoniana (Scheinzypresse)	150 – 400	100, i	1 – 2
Cornus mas* (Kornelkirsche)	60 – 250	100	2 – 3
Crataegus monogyna* (Weißdorn)	120 – 300	100	2 – 3
Fagus sylvatica* (Rotbuche)	120 – 400	100	2 – 3
Ilex aquifolium* (Stechpalme)	100 – 300	100, i	1 – 2
Larix decidua* (Europäische Lärche)	150 – 300	100	3 – 4
Larix kaempferi (Japanische Lärche)	150 – 300	100	3 – 4
Ligustrum ovalifolium (Wintergrüner Liguster)	100 – 150	70	2 – 3
Ligustrum vulgare* (Gewöhnlicher Liguster)	100 – 300	100, i	2 – 3
Prunus laurocerasus (Lorbeerkirsche)	200 – 300	100, i	2 – 3
Prunus laurocerasus 'Otto Luyken' (Lorbeerkirsche)	100	70, i	2 – 3
Pyracantha coccinea (Feuerdorn)	150 – 300	100	2 – 3
Ribes alpinum* (Alpenbeere)	100 – 200	100	2 – 3
Taxus baccata* (Eibe)	100 – 500	100, i	1 – 2
Thuja occidentalis (Lebensbaum)	150 – 400	100, i	2 – 3

Tab. 1 Pflanzen für geschnittene Hecken (Auswahl)

Botanischer Name (Deutscher Name) * = einheimisch	Höhe (m)	Blütezeit, Blütefarbe, Fruchtschmuck
Amelanchier lamarckii (Kupferfelsenbirne)	3 – 8	IV – V, weiß, ⚘
Buddleja davidii (Schmetterlingsstrauch)	2 – 3	VII – X, diverse
Chaenomeles japonica (Japanische Zierquitte)	1 – 2	III – IV, rot, ⚘
Cornus alba 'Sibirica' (Tatarischer Hartriegel)	2	V, gelblich weiß
Cornus kousa (Japanischer Blütenhartriegel)	5 – 7	V – VI, weiß, ⚘
Cornus mas* (Kornelkirsche)	5 – 6	III/IV, gelb, ⚘
Cornus sanguinea* (Roter Hartriegel)	3	V – VI, weiß, ⚘
Corylus avellana* (Haselnuss)	5	III – IV, gelb
Corylus maxima 'Purpurea' (Bluthasel)	3 – 4	III – IV, rot, ⚘
Crataegus monogyna* (Weißdorn)	5	V – VI, weiß, ⚘
Euonymus europaea* (Pfaffenhütchen)	3 – 5	V – VI, gelblich grün, ⚘
Forsythia x intermedia (Forsythie)	2 – 3	IV – V, gelb
Kerria japonica (Ranunkelstrauch)	1,50	IV – V, gelb
Kolkwitzia amabilis (Kolkwitzie)	2,50 – 3	V – VI, rosa
Lonicera xylosteum* (Gemeine Heckenkirsche)	3 – 4	V – VI, weiß, ⚘
Philadelphus coronarius (Pfeifenstrauch)	3 – 5	V – VI, weiß
Prunus padus* (Traubenkirsche)	10 – 15	IV – V, weiß, ⚘
Rosa canina* (Hundsrose)	2 – 3	V – VII, weiß/rosa, ⚘
Rosa glauca* (Hechtrose)	2 – 3	VI – VII, purpurrot, ⚘
Rosa rubiginosa* (Weinrose)	2 – 3	VI – VII, hellrosa, ⚘
Rosa rugosa (Kartoffelrose)	1,50 – 2	VI – X, rosa, weiß, ⚘
Rubus sect. Rubus* (Brombeere)	1 – 2	VI – VII, weiß/rosa, ⚘
Sambucus nigra* (Schwarzer Holunder)	7	VI – VII, weiß, ⚘
Spiraea x arguta (Spitzblättriger Spierstrauch)	2	IV – V, weiß
Syringa vulgaris (Flieder)	5 – 7	V – VI, diverse
Viburnum lantana* (Wolliger Schneeball)	3 – 5	V, weiß, ⚘
Viburnum opulus* (Gewöhnlicher Schneeball)	2 – 4	V – VI, weiß, ⚘

Tab. 2 Pflanzen für frei wachsende Hecken (Auswahl)

7 Streuobstwiese

Abb. 1 Streuobstwiesen – nicht nur ökologisch wertvoll, sondern auch kulturelles Erbe, das es zu erhalten gilt

7.1 Geschichte und Bedeutung

Abb. 2 Die Blüte von **Apfel**, **Birne** oder **Kirsche** kann mit jedem anderen Ziergehölz konkurrieren

„Und wenn ich wüßte, dass morgen die Welt unterginge, ich würde noch heute ein Apfelbäumchen pflanzen."

(Martin Luther)

Der Obstanbau hat eine lange Tradition. Bereits in der Antike pflanzten Perser und Ägypter Obstgehölze. Bei uns begann sich der Obstbau etwa im 15. Jahrhundert vermehrt auszubreiten. Nach einem starken Rückgang infolge des Dreißigjährigen Krieges (1618 – 1648), erlebte er im 18. und 19. Jahrhundert einen großen Aufschwung.

Gesetze, nach denen jeder ortsansässige, zuziehende oder heiratende Bürger einen Obstbaum zu pflanzen und zu pflegen hatte, zeigen die große Bedeutung, die den Obstgehölzen zur damaligen Zeit beigemessen wurde. Deutlich wird dies auch in einer Formulierung von Johann Caspar Schiller, dem Vater von Friedrich Schiller, der von 1775 bis 1796 im Schloss Solitude bei Stuttgart eine Obstbaumzucht leitete:

„Die Baumzucht verschafft denjenigen, die sich damit bemühen, einen angenehmen Teil ihrer Nahrung. Sie gereicht zur Zierde eines Landes, zur Reinigung der Luft, zum Schutz und Schatten und hat überhaupt in vielen Dingen ihren trefflichen Nutzen, zur Notdurft, Lust und Bequemlichkeit des Lebens für Menschen und Tiere."

Die locker in der Landschaft in kleineren und größeren Gruppen „verstreuten" Obstgehölze, bestehend aus Apfel, Birne, Pflaume und Kirsche, umzogen die Ortschaften wie ein „grünes Band" (s. Abb. 1).

In den fünfziger und sechziger Jahren führte die wachsende Konkurrenz und der Importdruck im Tafelobstanbau sowie veränderte Konsumgewohnheiten dazu, dass immer mehr Obsthochstämme (großer Platzbedarf, hoher Ernte- und Pflegeaufwand aufgrund ihrer Höhe) der Rodung zum Opfer fielen. So wurden allein in Baden-Württemberg von 1957 bis 1974 14 000 ha Streuobstwiesen vernichtet.

Zählte man Mitte der zwanziger Jahre noch 22 Millionen Obstbäume in Bayern, so sind es heute noch 1,5 Millionen, konzentriert in Obstplantagen, wo auf Niederstämmen (Niederstammobstbau) marktgerechte Sorten gezogen werden. Die Folgen sind ein verändertes Landschaftsbild und ein Rückgang der Sortenvielfalt.

Streuobstwiesen haben sich über Jahrhunderte zu einem Lebensraum für viele verschiedene Lebewesen entwickelt, sodass sie zu unseren artenreichsten Kulturlandschaften zählen, deren ökologischer Wert sich kaum in Zahlen fassen lässt. Das Ökosystem Streuobstwiese ist aber nicht nur aus Gründen des Natur- und Umweltschutzes schützens- und erhaltenswert, sondern bildet auch ein kulturelles Erbe, das es zu bewahren gilt. Heute erleben Obsthochstämme als Hausbaum, Heckenpflanze, Straßenbegleitgrün oder in Form von Streuobstwiesen eine Renaissance.

7.2 Anlage und Pflege

7.2.1 Anlage

Im Unterschied zum intensiven Erwerbsobstanbau, der auf wenige marktgängige Sorten spezialisiert ist, versucht man im Streuobstanbau möglichst viele alte, robuste Obstbaumsorten zu erhalten (s. Tab. 1 bis 3). Dies gilt vor allem für solche Sorten, die nur noch in wenigen Exemplaren existieren. Damit stellen Streuobstwiesen wertvolle „Genbanken" dar, mit deren Hilfe vielfältige Erbanlagen für die Zukunft gesichert werden.

Wird als Unterpflanzung eine Wiese (s. Kap. Blumenwiese) gewählt und werden die Bäume später mit ausreichend Nistkästen und Wohnhöhlen für Vögel, Fledermäuse, Insekten und Kleinsäuger versehen, sind die Belange von Natur- und Umweltschutz gut berücksichtigt. Baupläne oder fertige Kästen sind im Handel, z.B. beim Naturschutzbund Deutschland (NABU), erhältlich.

7.2.2 Pflege

Streuobstbestände sind heute in erster Linie durch Überalterung und Verwilderung gefährdet. Was häufig vergessen wird: Auch Obstbaumwiesen brauchen Pflege. Diese besteht vor allem aus dem regelmäßigen Schnitt der Bäume (s. Kap. 8) und dem Mähen der Wiese (s. Kap. Blumenwiese).

Als Tafelobst geeignete Früchte werden gepflückt, der Rest wird vom Baum geschüttelt und zu Most verarbeitet. Aus einem Zentner Mostobst erhält man etwa 35 Liter Süßmost. Überschüssiges Obst kann in der Natur bleiben, wo

Abb. 1 Wenn es sich hier auch nicht um einen Obstbaum handelt, Totholz schafft Leben. In diesem Fall ist der Verkehrssicherungspflicht auch Genüge getan

Sorte	Pflückreife/Genussreife
Brettacher	Mitte Okt./Feb. – Mai
Danziger Kantapfel	Sept./Nov. – Dez.
Dülmener Herbstrosenapfel	Mitte Sept./Sept. – Dez.
Gewürzluiken	Mitte Okt./Okt. – März
Jakob Fischer	Anfang Sept./Sept. – Nov.
Jakob Lebel	Anfang Okt./Okt. – Jan.
Kaiser Wilhelm	Sept. – Okt./Nov. – März

Tab. 1 Altbewährte Apfelsorten (Beispiele)

Sorte	Pflückreife/Genussreife
Clapps Liebling	Mitte – Ende Aug./Aug. – Okt.
Gellerts Butterbirne	Anfang Okt./Mitte – Ende Okt.
Köstliche von Charneu	Mitte Sept./Okt. – Feb.
Pastorenbirne	Ende Okt./Okt. – Jan.

Tab. 2 Altbewährte Birnensorten (Beispiele)

Sorte	Reifezeit
Frühe Rote Meckenheimer	2. – 3. Kirschwoche
Große Schwarze Knorpelkirsche	5. Kirschwoche
Van	4. – 5. Kirschwoche
Werdersche Braune	3. Kirschwoche

Tab. 3 Altbewährte Süßkirschensorten (Beispiele)

es zersetzt wird bzw. den Tieren als willkommene Nahrung dient. Auch alte Bäume, die nur wenig Ertrag bringen, wie auch Totholz, bieten Lebensraum für zahlreiche Tier- und Pflanzenarten (s. Abb. 1). Das Stehenlassen alter oder abgestorbener Obstbäume ist aus ökologischer Sicht durchaus sinnvoll, sollte aber im Verhältnis zum gesamten Baumbestand gesehen werden. Um die Altersstruktur der Streuobstbestände zu erhalten, sind von Zeit zu Zeit entstandene Lücken durch neue Hochstämme zu schließen.

8   Obstbaumschnitt

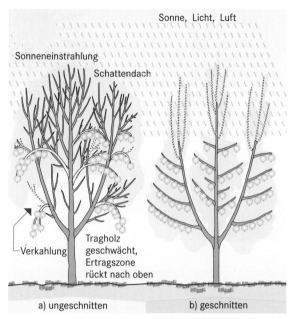

Abb. 1   Kronenentwicklung eines ungeschnittenen und eines regelmäßig geschnittenen Obstbaumes

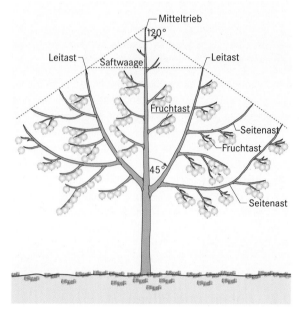

Abb. 2   Die Pyramidenkrone gewährleistet eine naturnahe Obstbaumerziehung

Der **Obstbaumschnitt** dient zum Aufbau einer stabilen, licht- und luftdurchfluteten Krone mit einem ausgewogenen Verhältnis zwischen Trieb- und Fruchtwachstum als Voraussetzung für frühzeitig einsetzende und gleichbleibend hohe Erträge, bestehend aus gesunden, qualitativ hochwertigen Früchten (s. Abb. 1).

8.1   Kronenaufbau

Eine naturgemäße Obstbaumerziehung gewährleistet die sogenannte **Pyramidenkrone**, auch als **Vollkrone** bezeichnet. Sie besteht aus einem Mitteltrieb, der Stammverlängerung, und drei bis vier Leitästen mit Seiten- und Fruchtästen, die wiederum das Fruchtholz tragen. Jede einzelne Astart hat ihre ganz bestimmte Aufgabe innerhalb der Krone zu erfüllen (s. Abb. 2):

■ Der **Mitteltrieb** bildet zusammen mit den **Leitästen** das tragende Gerüst der Krone. Letztere sollten zur Gewährleistung einer ausreichenden Stabilität sowie Förderung des Wachstums im Winkel von 45° vom Stamm abgehen, gleichmäßig um den Mitteltrieb herum verteilt sein und möglichst nicht aus einem Punkt entspringen, sondern in unterschiedlicher Höhe am Stamm (etwa 15 bis 20 cm höhenversetzt) sitzen. Steilere Äste können durch Abspreizen, flachere durch Aufbinden in die gewünschte Lage gebracht werden.

■ **Seitenäste** tragen das Fruchtholz. Pro Leitast werden nicht mehr als drei Seitenäste belassen. Damit ausreichend Licht und Sonne in die Krone gelangen kann, sollte ihr Abstand zum Stamm mindestens 80 cm, zueinander etwa 1 m betragen. Da sich die Zweige durch den späteren Fruchtansatz senken, muss ihr Wachstum leicht schräg nach oben verlaufen (im Winkel von 60 bis 70° zum Mitteltrieb). Seitentriebe an der Spitze sind zu entfernen.

■ Seitentriebe der Leitäste, die nicht als Seitenäste gezogen werden können, werden als **Fruchtäste** genutzt. Fruchtäste tragen ebenfalls Fruchtholz und damit Früchte. Um zu verhindern, dass sie mit den Seitenästen in Wachstumskonkurrenz treten, werden sie so gelenkt, dass ihre Triebspitzen waagerecht oder leicht abwärts zeigen. Fruchtäste, für die kein Platz ist, werden weggeschnitten.

■ Bei Obstbäumen bilden das **Fruchtholz** die blüten- und fruchttragenden **Kurztriebe**. Da sie frühzeitig Blüten ansetzen, bleiben sie im Wuchs stark gestaucht (≤ 10 bis 30 cm).

Neben der Pyramidenkrone findet man, je nach Zielrichtung und Tradition, auch noch andere Kronenformen in den Gärten (s. Abb. 1, S. 253).

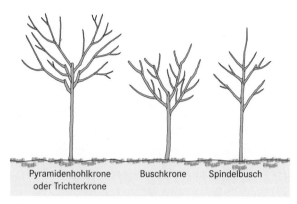

Pyramidenhohlkrone oder Trichterkrone   Buschkrone   Spindelbusch

Abb. 1   Verschiedene Kronenformen

8.2 Wachstumsgesetze

Das Wachstum der Gehölze erfolgt nach ganz bestimmten Wachstumsgesetzen. Die ganze Kunst des Obstbaumschnitts besteht nun darin, diese richtig anzuwenden, d. h. die Reaktion des Baumes auf die jeweilige Schnittmaßnahme vorherzusehen (s. Tab. 1).

8.3 Schnittarten

8.3.1 Pflanzschnitt

Nach dem Alter des Baumes kann zwischen Pflanzschnitt, Erziehungs- oder Aufbauschnitt, Erhaltungsschnitt und Verjüngungsschnitt unterschieden werden.

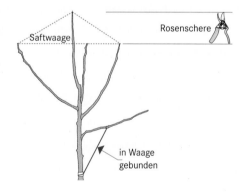

Abb. 2   Pflanzschnitt

Der **Pflanzschnitt** (s. Abb. 2) wird vor oder nach der Pflanzung durchgeführt. Mit ihm wird die bereits in der Baumschule vorgeformte Krone dem durch das Umpflanzen verkleinerten Wurzelsystem angepasst. Dazu werden drei oder vier als Leitäste geeignete Seitentriebe ausgewählt und um $1/3$ bis $1/2$ ihrer Länge auf ein nach außen zeigendes Auge zurückgeschnitten. Dabei ist darauf zu achten, dass sich ihre Schnittstellen in gleicher Höhe befinden, sodass eine sogenannte **Saftwaage** entsteht. Dies gewährleistet

Spitzenförderung
Der höchste Trieb wächst am stärksten.

Basisförderung
Der am dichtesten am Mitteltrieb stehende Trieb wächst am stärksten.

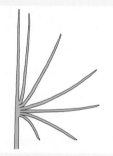 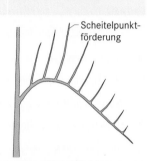

Winkelförderung
Der steilere Trieb wächst am stärksten.

Oberseitenförderung
Der am höchsten Punkt befindliche Trieb wächst am stärksten.

 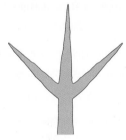

Dickenförderung
a) Der dickere Trieb wächst am stärksten.
b) Gleiche Triebe wachsen gleich stark.

Austriebsreaktionen auf verschieden starken Rückschnitt
a) schwacher Rückschnitt   b) starker Rückschnitt

Tab. 1   Wachstumsgesetze

eine gleichmäßige Ernährung der Triebe und damit einen gleichmäßigen Austrieb. Entsprechend ist es ratsam mit dem schwächsten Trieb zu beginnen. Der Mitteltrieb wird auf eine Scherenlänge über der Saftwaage eingekürzt. Höher stehende Seitentriebe werden auf Astring geschnitten, tiefer stehende waagerecht gebunden.

8.3.2 Erziehungs- oder Aufbauschnitt

Dem Pflanzschnitt folgt im zweiten Jahr der Erziehungsschnitt (s. Abb. 1). Aufgrund der Wachstumsgesetze wird der Kronenaufbau fortgesetzt:

Leitäste
- Unter Berücksichtigung der Saftwaage schräg nach außen ziehen.
- Auf gleiche Winkel zum Stamm achten.
- Auf einheitliche Schnittebene (Saftwaage) bringen. Starker Rückschnitt fördert ihr Triebwachstum, schwacher ihre Seitenverzweigung.
- Über die Saftwaage hinwegragende, nach innen wachsende oder überzählige Triebe entfernen.
- Zu steile Triebe herabbinden oder nach unten ableiten.
- Stellen mit zu dicht stehenden Trieben auslichten.

Mitteltrieb
Bearbeitung nach dem Schneiden der Leittriebe:
- Mitteltrieb zurückschneiden. Seine Höhe ergibt sich durch einen gedachten dachartigen Winkel von 120° zu den Leitastspitzen.
- Bei sehr schwachem Wachstum des Mitteltriebes Schnittwinkel steiler ansetzen (Mitteltrieb lang über Saftwaage) sowie möglichst viele Seitentriebe belassen und waagerecht binden (Fruchtäste).
- Bei sehr starkem Wachstum des Mitteltriebes Schnittwinkel flacher ansetzen (Mitteltrieb kurz über Saftwaage) sowie alle stark wachsenden, steil stehenden Triebe am Mitteltrieb entfernen und alle übrigen Triebe durch Ableiten auf waagerecht stehende Äste zu Fruchtästen verwandeln.
- Konkurrenztriebe und überzählige Triebe entfernen.
- Seitentriebe als Fruchtholz ziehen, dabei kegelförmigen Aufbau anstreben.

Diese Maßnahmen werden etwa drei bis fünf Jahre fortgesetzt, bis die Krone voll entwickelt ist. Mit zunehmendem Alter gewinnt der Auslichtungsschnitt als Schnittmaßnahme immer mehr an Bedeutung.

Hinweis

Die hessische Obstbaummanufaktur der Kommune 34260 Niederkaufungen bietet die Weiterbildung zum Obstbaumpfleger an. Sie verläuft in 8 Wochenend-Modulen, die über 2 Jahre verteilt sind.

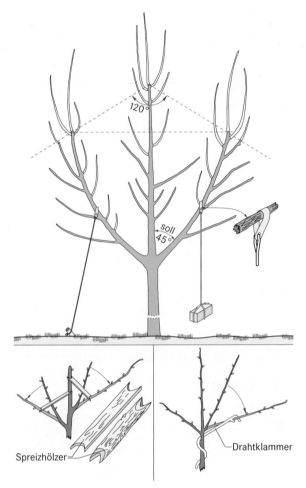

Abb. 1 Erziehungs- oder Aufbauschnitt

8.3.3 Erhaltungsschnitt

Der Erhaltungsschnitt dient dazu, die einmal aufgebaute Krone möglichst lange zu erhalten. Im Vordergrund steht der **Auslichtungsschnitt**, bei dem nach innen wachsende, sich kreuzende, zu dicht und zu steil stehende Triebe entfernt werden. Überalterte Triebe werden auf Neutriebe abgesetzt. Ziel ist es, ein ausgewogenes Verhältnis zwischen Wachstum und Fruchtbildung zu erhalten.

8.3.4 Verjüngungsschnitt

Kennzeichen zunehmenden Alters eines Obstbaumes ist das Nachlassen des Triebwachstums und die starke Zunahme des Fruchtholzes sowie des Anteils an minderwertigen Früchten aufgrund von Überhang, Lichtmangel und Erschöpfung wegen des viel zu großen Blütenansatzes. Zur Verjüngung wird der sogenannte **Verjüngungsschnitt** durchgeführt, der in erster Linie aus Auslichtung und Rückschnitt besteht. Ziel ist die Verjüngung des Fruchtholzes.

8.4 Baumhöhen und Platzbedarf

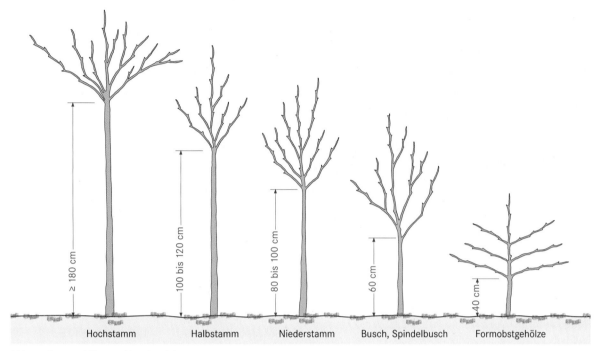

Abb. 1 Stammmhöhen und ihre Bezeichnungen

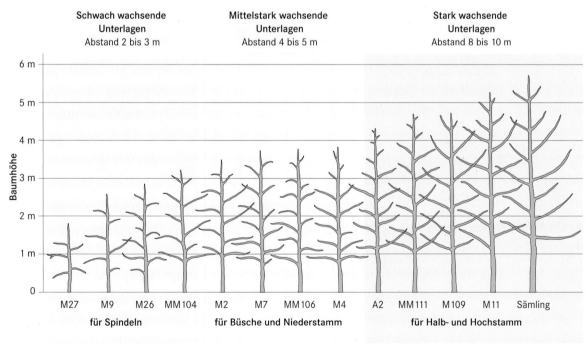

Abb. 2 Wuchsstärke der wichtigsten Apfelunterlagen, maßgebend für Baumhöhe und Pflanzabstände

In den Baumschulen werden Obstbäume in unterschiedlichen **Stammhöhen** (Höhe vom Erdboden bis zum untersten Kronentrieb) angeboten (s. Abb. 1).

Da die meisten Obstbäume veredelt sind, hängt die spätere Baumhöhe und damit der erforderliche Pflanzabstand nicht unbedingt von der Stammhöhe, sondern von der Wüchsigkeit der Unterlage ab (s. Abb. 2).

9   Rhododendron

Abb. 1   Rhododendron eignen sich sehr gut zur Unterpflanzung alter, lichtdurchlässiger Bäume; Hauptblütezeit M. V bis A. VI

9.1   Sortengruppen

Rhododendron (Alpenrosen) zählen mit zu den schönsten und beliebtesten Blütengehölzen (s. Abb. 1). Die Gattung aus der Familie der Heidekrautgewächse (Ericaceae) umfasst etwa 1000 Arten mit über 10 000 Sorten. Dabei kann man zwischen immergrünen und laubabwerfenden Sträuchern sowie Bäumen unterscheiden. Von den weltweit vorkommenden Arten sind bei uns nur zwei in den Alpen beheimatet, nämlich *Rhododendron ferrugineum* (Rostblättrige Alpenrose) und *Rhododendron hirsutum* (Bewimperte Alpenrose). Hauptverbreitungsgebiete der Rhododendron sind Asien, Nordamerika, Australien und der Kaukasus.

Rhododendron werden nach Merkmalen (Habitus, Blüten, Belaubung usw.) in Sortengruppen zusammengefasst. Die Zuordnung zu den unterschiedlichen Gruppen ist nicht einfach und auch für den Spezialisten nur schwer durchschaubar. Für die Verwendung bietet sich daher ein vereinfachtes Verfahren nach Wuchshöhe und Lebensdauer der Blätter an (s. Tab. 1). Von den Wildarten finden nur wenige Arten Verwendung, wie z. B. *Rhododendron impeditum* (wächst kissenförmig, Höhe 30 bis 40 cm, Blütezeit Ende April/Anfang Mai).

9.2   Standortbedingungen

Nach den Wachstumsbedingungen am Wildstandort (Waldsaum/Gebirge) lassen sich folgende Standortbedingungen für Rhododendron ableiten:

Boden: Sauer (**pH 4,5 bis 5,5**), locker, humos, wasserdurchlässig und trotzdem ausreichend feucht sowie nähr-

Gruppe	Kennzeichen
Immergrüne Rhododendron	
Rhododendron-Catawbiense-Hybriden (Rhododendron catawbiense), z. B. 'Catawbiense Grandiflorum', 'Madame Carvalho', 'Small Wonder'	**Höhe 2 bis 5 m** Große, schmal-elliptische Blätter; dichter, breitbuschiger bis kugeliger Wuchs; besonders großblumige, prachtvolle Blüten
Rhododendron-Williamsianum-Hybriden (Rhododendron williamsianum) z. B. 'Gartendirektor Rieger', 'Glockenspiel'	**Höhe bis etwa 1,5 m** Rundovale Blätter; dichter, kugelförmiger Wuchs; bronzefarbener Austrieb; große glockenförmige Blüten
Rhododendron-Yakushimanum-Hybriden (Rhododendron yakushimanum) z. B. 'Babette', 'Blankenese', 'Blurettia', 'Flava', 'Koichiro Wada', 'Schneewolke', 'Silver Lady'	**Höhe bis etwa 1,0 m** Kompakter bis aufrecht lockerer Wuchs; Blätter dick, länglich, am Rand gewölbt, häufig auf der Blattunterseite behaart und im Austrieb silbergrau-filzig; großblütig
Rhododendron-Repens-Hybriden (Rhododendron repens) z. B. 'Bad Eilsen', 'Buketta', 'Frühlingszauber', 'Scarlet Wonder'	**Höhe bis etwa 50 cm** Kompakt wachsende Zwergsträucher mit leuchtend roten Blüten und dunkelgrünem Laub
Sommergrüne Rhododendron („Azaleen")	
Die verschiedenen Gruppen (z. B. Genter-, Mollis-, Knapp-Hill-Hybriden), R. Luteum und ihre Sorten werden unter der Sammelbezeichnung **„Azaleen"** zusammengefasst; z. B. 'Fireball', 'Gibraltar', 'Homebusch', 'Kondyke', 'Persil'	**Höhe 1 bis 5 m** Wuchs: je nach Sorte schwach bis stark Blüten: erscheinen vor dem Laubaustrieb, reichblütig, leuchtende Farben Herbstfärbung: orange bis scharlachrot; werfen ihre Blätter im Herbst ab
Wintergrüne Rhododendron („Japanische Azaleen")	
Entsprechend ihrer Abstammung können sie in verschiedene Gruppen unterteilt werden (z. B. Diamant-, Arendsii- und Aronense-Azaleen) Da japanische Wildarten die Grundlage für ihre Züchtung bildeten, werden sie unter der Sammelbezeichnung **„Japanische Azaleen"** zusammengefasst; z. B. 'Ramapo', 'Alice', 'Diamant Lachs', 'Hatsugiri'	**Höhe 0,5 bis 1 m** Aussehen: kleinblättrig, große Ähnlichkeit mit Topfazaleen *(Rhododendron simsii)*; behalten in geschützten Lagen Blätter bis zum Frühjahr; dichtbuschig, bilden je nach Sorte eine Vielzahl kleiner oder großer Blüten aus

Tab. 1   Rhododendron – Gruppen und Kennzeichen

stoffreich. Gut geeignet sind humusreiche Sandböden oder humose sandige Lehmböden. Wenig geeignet sind schwere Lehm- und Tonböden aufgrund ihrer schlechteren Bodenstruktur (Gefahr von Staunässe) und von Natur aus höheren pH-Werten. Eine Ausnahme bilden sogenannte INKARHO®-Rhododendron[1]. Es handelt sich dabei um Sorten, die auf kalktolerante Unterlagen veredelt sind. Derartige Pflanzen können auch auf Böden mit pH-Werten von 5,5 bis 6,5 wachsen. Ziel ist es, in absehbarer Zukunft derartige Pflanzen in allen Sorten anbieten zu können.

Licht/Sonne: Ideal sind Standorte im lichten Schatten tiefwurzelnder Bäume (keine Wurzelkonkurrenz), wie z. B. Eiche, Lärche, Kiefer oder Obstbäume, die genügend Licht zur Photosynthese hindurchlassen, die Pflanzen aber vor der heißen Mittagssonne schützen (s. Abb. 1, S. 256). Bei ausreichender Bodenfeuchtigkeit und relativ hoher Luftfeuchtigkeit kann auch ein vollsonniger Standort gewählt werden.

Wind: Zum Schutz vor austrocknenden Winden, Verdunstungskälte und Frosttrocknis im Winter (immergrüne Arten!) sollte der Standort windgeschützt sein.

9.3 Pflanzung

Günstige **Pflanzzeiten** für Rhododendron sind der Herbst (Anfang September bis Mitte November) und das Frühjahr (Anfang März bis Mitte Mai).

Zur Überprüfung der Wasserdurchlässigkeit kann eine 50 cm tiefe Grube ausgehoben und mit Wasser gefüllt werden. Bleibt das Wasser länger als vier bis acht Stunden stehen, muss eine Dränage erfolgen. Zum Beispiel kann das Pflanzloch um zusätzliche 10 bis 20 cm vertieft und grober Kies als Dränschicht eingebracht werden. Bei schweren Böden sollte der Aushub zur Verbesserung der Wasserführung und Durchlüftung mit viel Sand durchmischt bzw. noch besser ein Bodenaustausch auf einer Tiefe von 40 bis 50 cm durchgeführt werden.

Vor dem Pflanzen ist zunächst der pH-Wert zu ermitteln. Dazu wird eine Mischprobe bis zu einer Tiefe von 30 cm entnommen und die Bodenreaktion mithilfe z. B. des Calcitests gemessen. Bei einem pH-Wert > 5,5 ist unaufgekalkter, gut durchfeuchteter Torf mit dem Aushub im Verhältnis 1 : 1 zu vermischen.

Das Pflanzloch sollte drei- bis viermal breiter und doppelt so tief sein wie der Wurzelballen. Zur Erhöhung der organischen Substanz wird der Aushub mit z. B. Lauberde, ver-

rottetem Laub oder altem Rinderdung gut durchmischt. Die Pflanze wird so tief gepflanzt, dass der Ballen nur ganz leicht mit Erde bedeckt ist. Da sich der Ballen noch setzt, ist er etwa 5 cm höher zu pflanzen. Zuvor ist er so lange in Wasser zu tauchen, bis keine Luftblasen mehr aufsteigen. Nach dem Pflanzen wird ein Gießring geformt, angegossen und eine 10 bis 15 cm hohe Mulchschicht aus Laub, Torf, Rindenmulch o. Ä. erstellt.

Rhododendron wachsen am besten, wenn sie dicht beisammen stehen und sich dadurch Schutz geben (s. Tab. 1).

Pflanzgröße	Pflanzabstand
40/60 cm	So dicht pflanzen, dass nach 5 Jahren jede zweite Pflanze umgepflanzt werden muss (≥ 1 m)
60/80 cm	Gleich auf Endabstand (2 bis 3 m) pflanzen
Niedrig bleibende Rhododendron und Japanische Azaleen	50 bis 60 cm
Hochwachsende Azaleen	≥ 1,50 m

Tab. 1 Pflanzabstände

9.4 Pflegemaßnahmen

Die Pflegemaßnahmen können sich in der Regel auf das Wässern bei Trockenheit, das Zuführen von Nährstoffen und die Ergänzung der Mulchschicht beschränken. Wichtig ist eine langsam fließende, gleichmäßige Nährstoffzufuhr während der Wachstumszeit (April bis Oktober). Geeignete Dünger sind z. B. Nitrophoska blau spezial (12 : 12 : 17) oder Nitrophoska perfekt (15 : 5 : 20), die ihre Nährstoffe über zwei bis drei Monate abgeben. Entsprechend sind zwei Düngetermine erforderlich:

- 1. Düngung Anfang April (70 bis 90 g/m^2)
- 2. Düngung Anfang Juni (40 bis 60 g/m^2)

Bei Düngern mit einer Wirkungsdauer von vier bis fünf Monaten kann der gesamte Nährstoffbedarf mit einer Düngung verabreicht werden, z. B. ENTEC perfekt (14 : 7 : 17), (s. Tab. 2).

Pflanzengröße in Höhe und Breite	Düngermenge (in g)	Hände voll
40 cm	35 – 40	1
100 cm	100 – 120	3
150 cm	170 – 200	4 – 5
200 cm	200 – 250	5 – 6

Tab. 2 Dünger mit einer Wirkungsdauer von 4 bis 5 Monaten

Dünger dünn unter dem Blattbereich verteilen (10 cm Abstand von der Sprossachse halten!) und leicht in den Boden einarbeiten.

---

[1] **IN**teressengemeinschaft **KA**lktoleranter **RHO**dodendronunterlagen

Aufgaben

Kapitel 1

1. Wodurch verbessern Bäume unsere Umwelt- und Lebensbedingungen? Nennen Sie fünf Punkte.
2. Nennen Sie jeweils mit botanischem Namen fünf a) Großbäume, b) Mittelgroße Bäume und c) Kleinbäume.
3. Nennen Sie zwei Großbäume, die für das Stadtklima sehr gut geeignet sind.
4. Bäume können auf unterschiedliche Art und Weise angeordnet werden. Nennen Sie vier Möglichkeiten.
5. Was ist das Kennzeichen folgender Baumgruppen: a) Baumpaare, b) Baumpakete, c) Rasterpflanzungen und d) Streupflanzungen?
6. Nennen Sie jeweils drei Laubbäume mit a) kugelförmiger und b) säulenförmiger Krone.
7. Nennen Sie jeweils drei Laubgehölze mit a) weißbunter, b) gelblicher und c) rötlicher Belaubung.
8. Nennen Sie jeweils drei Laubgehölze mit auffallender a) Rinde, b) Herbstfärbung und c) Wuchsform.
9. Nennen Sie jeweils drei a) kleinkronige Laubgehölze für enge Pflanzräume, b) Gehölze zur Uferbefestigung, c) Gehölze zur Grabbepflanzung, d) Bienen- und Vogelnährgehölze, e) Gehölze, die mit Knöllchenbakterien eine Symbiose eingehen, f) als Alleebäume geeignete Gehölze, g) Pioniergehölze.
10. Nennen Sie fünf immergrüne Laubgehölze und fünf sommergrüne Nadelgehölze.
11. Nennen Sie jeweils zwei Nadelgehölze mit a) kegelförmigem, b) nestförmigem, c) kugelförmigem, d) kriechendem, e) hängendem und f) säulenförmigem Wuchs.
12. Nennen Sie jeweils drei Nadelgehölze mit einer Wuchsgröße kleiner 50 cm.
13. Nennen Sie drei Gehölze, die aufgrund ihrer Giftigkeit nicht auf Kinderspielplätzen und anderen Grünflächen, wo Kinder gefährdet sein können, gepflanzt werden sollten. Welche Pflanzenteile sind giftig?
14. Nennen Sie 10 Laubgehölze mit Fruchtschmuck.
15. Folgende Gehölze werden häufig als Bodendecker verwendet: Gaultheria procumbens, Hedera helix, Mahonia aquifolium, Pachysandra terminalis, Potentilla fruticosa, Rosa nitida, Vinca minor. Wie viele Pflanzen pro m² würden Sie empfehlen?
16. Nennen Sie jeweils drei Ziergehölze mit a) weißer, b) roter, c) gelber und d) blauer Blütenfarbe.
17. Ein Kunde wünscht sich über das ganze Jahr etwas Blühendes in seinem Garten. Stellen Sie ein entsprechendes Gehölzsortiment zusammen.

Kapitel 2

18. Gehölze werden am besten während der Wachstumsruhe verpflanzt. Wann beginnt und wann endet diese?
19. Nennen und begründen Sie günstige Pflanzzeiten (Monatsangaben) für a) Laubgehölze und b) immergrüne Nadelgehölze.
20. Wann können Containerpflanzen gepflanzt werden?
21. Warum ist das Pflanzen bei Frost oder Schnee unzulässig?
22. Pflanzenlieferungen müssen sofort kontrolliert werden. Geben Sie stichwortartig die wesentlichen Kontrollpunkte an.
23. Warum darf bei festgestellten Mängeln der Lieferschein nur „unter Vorbehalt" unterschrieben werden?
24. Begründen Sie, warum Gehölztransporte auf offenem Wagen nicht zulässig sind.
25. Ab welchen Temperaturen darf der Pflanzentransport nur mit Zustimmung des Empfängers erfolgen?
26. Wann muss eine Zwischenlagerung und wann ein Einschlag erfolgen?
27. Welche Anforderungen sollte ein Einschlagplatz erfüllen?
28. Warum wird bei einem Wintereinschlag der Wurzelschnitt vor dem Einschlag vorgenommen und nicht im Frühjahr bei der Pflanzung?
29. Was wird nach Ihren Erfahrungen beim Beladen eines Lkws häufig falsch gemacht?
30. Was bedeuten folgende Kennzeichen auf einem Lieferschein?
    - Hydrangea anomala ssp. petiolaris Sol., 3xv, C
    - Acer palmatum 'Dissectum' Str., 3xv, mB.
    - Acer platanoides H., 3xv, StH. 300, StU. 14 – 16
    - Ligustrum vulgare He., 5 – 7 Tr., 80 – 100 h.
    - Taxus baccata 4xv, ew., 80 – 100 br., 100 – 125 h.
31. Unterscheiden Sie Strauch, Hochstamm, Heister und Stammbusch voneinander.

Kapitel 3

32. Wie tief und breit sollte das Pflanzloch für einen Baum mindestens ausgehoben werden?
33. Wie sollten Bodensubstrate für Stadtbäume beschaffen sein?
34. Was versteht man unter einem „Blumentopfeffekt" und wie kann er verhindert werden?
35. Bei Stadtbäumen werden häufig kokosummantelte Dränrohre aus PVC ringförmig in 40 bis 50 cm Tiefe um den Wurzelbereich gelegt. Wozu dienen diese?
36. Welche Aufgaben haben Baumpfähle?

37. Was soll der Pflanzschnitt bewirken?
38. Bei Laubgehölzen ist der Pflanzschnitt in der Regel ein Auslichtungsschnitt. Was besagt dies?
39. Warum ist der günstigste Zeitpunkt für den Pflanzschnitt das Frühjahr kurz vor dem Austrieb?
40. Wie hoch muss das Lichtraumprofil an a) Geh- und Radwegen und b) Fahrbahnen sein?
41. Das Aufasten sollte möglichst bald, aber nicht zusammen mit dem Pflanzschnitt erfolgen. Wann sind „Bluter", wie Birke und Walnuss, zu schneiden?
42. Was ist beim Wurzelschnitt zu beachten?
43. Warum muss bei Obstbäumen die Veredlungsstelle über dem Boden liegen?
44. Was ist bei der Pflanzung von Ballenpflanzen zu beachten?
45. Welche Verankerungen kommen infrage für a) Hochstämme ohne Ballen, b) Hochstämme mit Ballen, c) Heister und Stammbüsche, d) Nadelbäume und e) Großbäume?
46. Welche Folgen kann das Einschnüren der Bindung in den Baumstamm haben? Welche Maßnahmen zur Vorbeugung leiten Sie daraus ab?
47. Wie groß sollte der Gießring sein und wie lange sollte er mindestens erhalten bleiben?
48. Wann und wie lange ist ein neu gepflanzter Baum zu wässern?
49. Wozu dient das Mulchen des Bodens und was ist dabei zu beachten?
50. Bei empfindlichen Gehölzen und solchen mit einem StU. > 30 cm ist die Verdunstung einzuschränken. Nennen Sie mögliche Verfahren.
51. Durch Wild, Weide- oder Nagetiere gefährdete Gehölze sind vor Verbiss zu schützen. Nennen Sie mögliche Maßnahmen.
52. Welche Fehler werden am häufigsten bei der Pflanzung eines Baumes gemacht?
53. Wozu dient die Fertigstellungspflege und welche Arbeiten gehören dazu?
54. Tab. 1, S. 241 gibt Hinweise auf die Höhe der jährlichen Düngermenge von Gehölzen. Wählen Sie einen geeigneten Dünger aus und geben Sie die erforderlichen Düngermengen in g/m^2 an.
55. Ab wann gilt ein Baum nach der ZTV Großbaumverpflanzung als Großbaum?
56. Beschreiben Sie die Erstellung eines Wurzelvorhangs.
57. Was ist beim Verpflanzen eines Großbaumes zu beachten?
58. Wie tief darf organische Substanz maximal (z.B. bei schwachbindigen Böden) in das Pflanzloch eingebracht werden?
59. Über welche Zeit erstreckt sich die Fertigstellungspflege einer Großbaumverpflanzung?

Kapitel 4 + 5
60. Diskutieren Sie die Frage: „Einheimische oder nicht einheimische Gehölze in die Stadt?"
61. Unterscheiden Sie a) Pflanz-, b) Aufbau-, c) Erhaltungs- und d) Verjüngungsschnitt.
62. Zur Förderung der Blüte soll bei Forsythien im Rahmen des Erhaltungsschnittes jährlich ein Teil der Triebe, die bereits geblüht haben, entfernt werden. Buddleja davidii hingegen soll jährlich im Frühjahr stark zurückgeschnitten werden. Begründen Sie diese Maßnahmen.
63. Der Schnitt von Gehölzen erfolgt häufig im Winter. Warum ist dieser Zeitpunkt ungünstig?

Kapitel 6 – 9
64. Welche Funktionen können Hecken übernehmen?
65. Nennen Sie jeweils drei geeignete Gehölze für geschnittene a) sehr niedrige, einfassende b) niedrige (bis 1 m), c) mittelhohe, noch überschaubare (bis 1,50 m) und d) hohe, nicht überschaubare Hecken (über 1,80 m).
66. Eine als Sichtschutz dienende Formhecke (Endhöhe 2,50 m) soll gepflanzt werden. Wie groß muss in der Regel der Grenzabstand sein und wie wird er gemessen?
67. Ein preiswertes Verfahren ist die Erstellung einer Benjeshecke. Beschreiben Sie das Verfahren.
68. Beschreiben Sie den Aufbau einer Wallhecke.
69. Was ist beim Schnitt von a) Formhecken und b) frei wachsenden Hecken zu beachten?
70. Eine alte Buchenhecke ist von unten verkahlt. Wie kann sie neu aufgebaut werden?
71. Welche Bedeutung haben Streuobstwiesen und wie kann ihre Anlage gefördert werden?
72. Warum werden Obstbäume geschnitten, obwohl sie auch ohne Schnitt Früchte tragen?
73. Beschreiben Sie den Aufbau einer Pyramidenkrone.
74. Das Wachstum der Gehölze erfolgt nach Wachstumsgesetzen. Erklären Sie diese.
75. Beschreiben Sie den Pflanzschnitt zum Aufbau einer Pyramidenkrone.
76. Wovon hängt die spätere Baumhöhe und damit der Pflanzabstand eines Obstbaumes ab?
77. Nennen Sie günstige Standortbedingungen für Rhododendron.
78. Was zeichnet INKARHO-Rhododendron aus?

Rosen

Abb. 1 Mit Rosen gestalten

Ob auf Rabatten, den Weg entlang, an Wänden, Pergolen, als undurchlässige Hecke oder für flächige Pflanzungen in Gärten, Parks und öffentlichen Grünanlagen, Rosen gehören seit jeher zu den beliebtesten Ziergehölzen (s. Abb. 1).

Als Partner für Rosen kommen vor allem Stauden aus den Lebensbereichen Beet, Freifläche und sonniger Gehölzrand infrage. Wuchshöhe, Blütezeit und -farbe sind aufeinander abzustimmen (s. Kap. Stauden).

1   Botanik

1.1   Morphologie

Einfache Blüten (4 bis 7 Petalen), Rosa canina (Wildrose)

Halbgefüllte Blüten (ab 10 Petalen), 'Westerland' (Strauchrose)

Gefüllte Blüten (ab 20 Petalen), 'Schneewittchen' (Strauchrose)

Stark gefüllte Blüten (ab 40 Petalen), 'Mme Isaak Pereire' (Bourbonrose)

Abb. 1   Die Anzahl der Petalen bestimmt die Blütenfüllung

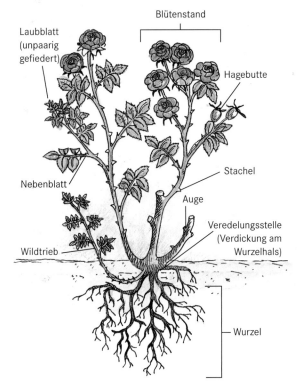

Abb. 2   Merkmale einer Rose

Die Gattung **Rosa** aus der Familie der Rosaceae (Rosengewächse) umfasst mehr als 100 Arten mit unzähligen, in den verschiedensten Farben blühenden und zum Teil sehr schön duftenden Sorten. Es handelt sich dabei um sommergrüne, mehr oder weniger winterharte Sträucher mit stacheligen Trieben und unpaarig gefiederten Blättern, bei denen die Nebenblätter mit den Blattstielen verwachsen sind.

Die Anzahl der Blättchen, aus denen sich ein gefiedertes Blatt zusammensetzt, kann je nach Art und Sorte variieren. Die Blätter der Edel- und Beetrosen weisen im Allgemeinen drei oder fünf Blättchen auf. Je näher aber die Pflanze den Wildrosen steht, d.h. je geringer ihre züchterische Bearbeitung, desto mehr (7, 9, 11, 13, 15) und kleinere Blättchen weisen ihre Blätter in der Regel auf. **Wildrosentriebe**, die bei veredelten Rosen unterhalb der Veredlungsstelle entspringen können, lassen sich folglich leicht an ihren siebenzähligen Blättern erkennen.

Die Blüten stehen entweder einzeln (Edelrosen) oder in doldigen beziehungsweise rispigen Blütenständen (s. Abb. 2). Nach der Anzahl der **Petalen** (Blüten- oder Kronblätter) unterscheidet man Rosen mit einfachen, halb gefüllten, gefüllten und stark gefüllten Blüten (s. Abb. 1).

Abb. 1 Rosa chinensis 'Viridiflora' – eine grün blühende Rose

Abb. 2 Die Hagebutte – eine Sammelnussfrucht

Ein Kuriosum ist Rosa chinensis 'Viridiflora', eine grün blühende Rose. Bei ihr haben sich die Blüten- und Staubblätter zu Laubblättern zurückentwickelt (s. Abb. 1).

Sofern Früchte angesetzt werden, sind sie rot oder schwarz gefärbt und werden als **Hagebutten** bezeichnet. Botanisch gesehen handelt es sich dabei um Sammelnussfrüchte, in deren Fruchtfleisch zahlreiche Einzelfrüchte (Nüsschen) eingebettet sind (s. Abb. 2). Hagebutten enthalten sehr viel Vitamin C und werden zu Hagebuttenmarmelade oder -tee verarbeitet. Für viele Vogelarten sind sie wichtiges Winterfutter.

Wildrosen sind wesentlich robuster und wüchsiger als die gezüchteten Gartenformen. Dies nutzt man aus, indem Rosensorten zur Vermehrung in der Regel auf Wildrosen veredelt (okuliert) werden. Als Unterlagen dienen üblicherweise die Zuchtform der Hundsrose (Rosa canina), die sogenannte „Edel-Canina", Rosa laxa, Rosa multiflora und, bei der **Winterhandveredlung**[1], Rosa canina 'Inermis'.

1.2 Blühverhalten

Die Rosenblüte erstreckt sich vom Mai bis zu den ersten Frösten im Herbst. Die Kenntnis über das Blühverhalten der jeweiligen Art bzw. Sorte ist nicht nur wichtig für den Planer, sondern auch für die Art der durchzuführenden Schnittmaßnahmen (s. S. 276 f.). Generell kann zwischen einmal und öfter blühenden Rosen unterschieden werden, wobei die Übergänge fließend sind:

- **Einmal blühende Rosen** zeigen im Jahr nur einen Blütenflor, der bis zu fünf Wochen andauern kann (z. B. Wildrosen).
- **Öfter blühende Rosen** zeigen nach der ersten Hauptblüte im Juni / Juli einen zweiten Blütenflor im August / September. Dies ist bei den meisten Gartenrosen der Fall. Wie nun die Übergänge zwischen den beiden Blütenhöhepunkten verlaufen, ob z. B. nach dem ersten Blütenflor weiterhin laufend neue Blüten gebildet werden oder eine deutliche Ruhepause bis zum zweiten Blütenflor eingelegt wird, hängt von der jeweiligen Sorte ab (s. Abb. 3).

Einmal blühende Rosen

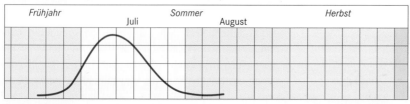

Nachblühende Rosen

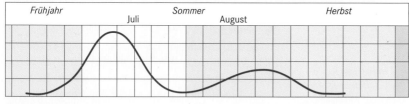

Öfter blühende Rosen

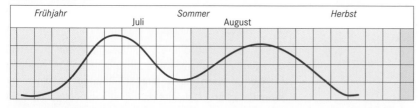

Abb. 3 Blühverhalten

[1] Kopulation (schräg angeschnittenes Edelreis wird auf fingerdicke Unterlage aufgesetzt) in der Zeit von XII bis IV im beheizten Gewächshaus

1.3 Wuchsformen

Niederliegend und schwachwüchsig
Bodendeckerrosen:
'Nozomi', 'Snow Carpet'

Niederliegend und starkwüchsig
Bodendeckerrosen:
'Heidekönigin',
'Immensee', 'Magic
Meidiland', 'Max Graf',
'Repens Alba'

Zwergartiger Wuchs
Zwergrosen: 'Mandarin',
'Orange Meillandina',
'Sonnenkind', 'Starina',
'White Gem', 'Top Marks',
'Zwergkönig 78'

Steif aufrechter Wuchs
Edelrosen: 'Chrysler
Imperial', 'Crimson
Glory', 'Duftgold',
'Duftrausch', 'Gloria Dei',
'Ingrid Bergmann',
'Sutter's Gold'

**Buschiger
Strauchwuchs**
Beetrosen: 'Mariandel'
Strauchrosen: 'Wester-
land'
Bodendeckerrose:
'Apfelblüte', 'The Fairy'

**Überhängender
Strauchwuchs**
Strauchrosen: 'Abraham
Darby', 'Blossomtime',
'Ferdy', 'Frühlingsgold',
'Heritage', 'Raubritter'

Kletternder Wuchs
Kletterrosen: 'Compas-
sion', 'Coral Dawn',
'Goldfassade', 'Lawinia',
'New Dawn', 'Rosarium
Uetersen'

Tab. 1   Wuchsformen

Die **Wuchsform** der Rosen ist in den meisten Fällen aufrecht. Sie kann jedoch auch kriechend oder kletternd sein
(s. Tab. 1).

1.4 Wuchshöhe

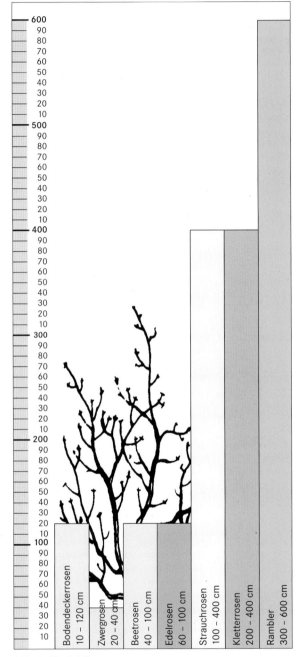

Abb. 1   Wuchshöhen

Ein wichtiges Auswahlkriterium bei der Verwendung von
Rosen ist ihre **Wuchshöhe**. Sie reicht von den selten höher
als 40 cm werdenden Zwergrosen über riesige, 4 m hohe
und breite Strauchrosen bis hin zu den mit besonders langen Trieben ausgestatteten Kletterrosen, sogenannten
Ramblern (Schlingrosen), die mit ihren auffallend dünnen
und weichen Trieben bis zu 7 m in lichte Bäume hineinklet-
tern können (s. Abb. 1).

2 Rosengruppen und ihre Verwendung

2.1 Übersicht

Rosengruppen	Kennzeichen	Verwendung	Pflanzenweiten
Edelrosen (Teehybriden)	edel geformte, große, zumeist gefüllte und einzeln stehende Blüten auf einem langen Stiel	Einzelstellung (z. B. in Staudenrabatten) oder Gruppenpflanzung, Schnittblume	30 bis 40 cm 6 bis 11 Pflanzen/m²
Beetrosen (Polyantharosen, Floribundarosen, Floribunda-Grandiflora-Rosen)	**Polyantharosen:** zahlreiche doldenähnliche Blütenstände, einfach oder halb gefüllt. **Floribundarosen** (= Polyantha-Hybriden): Einkreuzung von Remontantrosen[1] und Teehybriden → mehr Edelrosencharakter. **Floribunda-Grandiflora-Rosen:** Kreuzung zwischen Floribundarosen und Teehybriden → sehen wie vielblütige Teehybriden aus (s. Abb. 1).	Beet- und Flächenbepflanzung; besonders wirkungsvoll Pflanzung einer Sorte in großer Stückzahl; wenn breitere Farbskala erwünscht, dann beste Wirkung, wenn jeweils 3 oder 4 Pflanzen einer Sorte in Gruppen angeordnet werden; bei Reihenpflanzung 2 bis 3 pro m; Schnittblume	s. Edelrosen
Strauchrosen	starkwüchsiger als Edel- und Beetrosen: zwischen 1 und 4 m in Höhe und Breite, einfache bis edelrosenähnliche Blüten, einmal blühende (Parkrosen) oder öfter blühende	Einzelstellung (Solitär) z. B. im Rasen oder zwischen Gehölzen, Gruppenpflanzung (3 Rosen), frei wachsende Hecke (gut geeignet einmal blühende Rosen), Schnittblume	1 bis 2 m, als Hecke 60 bis 100 cm
Zwergrosen	Höhe 20 bis 40 cm, bilden eine Fülle kleiner Blüten aus. In Erdnähe anfällig gegenüber Sternrußtau. → Für das Freiland wenig geeignet	Pflanzgefäße, größere Balkonkästen, Kübel, Einfassung, Steingärten, Terrassen- und Grabbepflanzung	20 bis 30 cm
Kletterrosen	Triebe neigen zum Klettern; benötigen jedoch einen Halt (Spreizklimmer, s. Kap. Fassadenbegrünung). Kletterrosen mit besonders langen, weichen, biegsameren Trieben werden auch als **Rambler** bezeichnet. Im Gegensatz zu Ersteren (Climber) bringen sie kleinere Blüten in Büscheln hervor und blühen nur einmal	Begrünung von Spalieren, Mauerkronen (hängen herunter), Zäunen, Pergolen, Rosenbögen, Gerüsten, Hauswänden, lichten Bäumen (möglichst Tiefwurzler) wie auch zum Bewachsen von Böschungen oder Hügeln	2 bis 6 m
Bodendecker-rosen (Flächenrosen, Kleinstrauch-rosen)	Triebe breiten sich über dem Boden aus und bilden im Laufe der Jahre eine geschlossene Decke; Höhe 10 bis 120 cm, Triebe 3 bis 6 m lang. In öffentlichen Grünanlagen zunehmend wurzelechte Sorten (können keine Wildtriebe bilden)	Flächenbepflanzung (interessante Mischpflanzungen aus verschiedenen Sorten gleicher Farbrichtung, z. B. rosa, mit Gruppen von je 5 bis 7 Pflanzen) in Gärten, Parks und öffentlichen Grünanlagen, als Straßenbegleitgrün, auf Böschungen; Gruppenpflanzung, Solitär oder Kübelpflanze	1 bis 6 Pflanzen/m², im Durchschnitt 3 Pflanzen/m²
Wildrosen	Wildformen bzw. züchterisch wenig bearbeitete Arten, anspruchslos und robust, einmalige Blüte im Jahr, einfache Blüte, i. d. R. reicher Hagebuttenbehang, gute Pollenspender	s. Strauchrosen, Böschungsbefestigung (Ausläuferbildung), gutes Vogel- und Bienennährgehölz, Unterlagen für Rosenzüchtungen	s. Strauchrosen

[1] Remontantrosen: Anfang des 19. Jahrhunderts entstanden, wichtiges Bindeglied zwischen den alten und modernen Rosen, da sie die Fähigkeit zum Remontieren haben. Nach dem Hauptblütenflor folgt bei ihnen nach einer deutlichen Ruhepause ein zweiter Blütenflor.

Tab. 1   Die Vielzahl der Rosen wird in Rosengruppen zusammengefasst

Um in die unüberschaubare Vielzahl von Rosen eine Ordnung zu bringen, werden sie in Gruppen mit ähnlichen Wuchseigenschaften und ähnlichem Verwendungszweck eingeteilt. Die Übergänge zwischen den Gruppen sind fließend, was die Zuordnung nicht immer ganz einfach gestaltet (s. Tab. 1). **Rosarien** bieten eine sehr gute Möglichkeit sich über Rosen zu informieren. Ein Rosarium ist die Anlage einer Sammlung zahlreicher Rosenarten und -sorten. Die größte Rosensammlung der Welt befindet sich im Europa-Rosarium Sangerhausen.

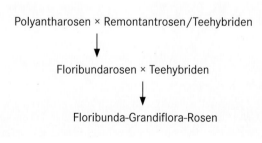

Abb. 1   Beetrosenkreuzung

2.2 Sortenbeschreibung

2.2.1 Edelrosen

'Banzai 83'

'Burgund 81'

'Piroschka'

'Polarstern'

'The McCartney Rose'

'Mildred Scheel'

Sorte	Blütenfarbe	Blütenfüllung	Duft	Wuchshöhe (cm)	ADR[1]-Rose	Züchter/ Herkunft
Banzai 83	gelb mit orange-rotem Rand	stark gefüllt	X	80 bis 100	X	Meilland
Barkarole	rot	gefüllt	X	80 bis 100	–	Tantau
Burgund 81	blutrot	gefüllt/stark gefüllt	X	60 bis 80	–	Kordes
Chrysler Imperial	karminrot	stark gefüllt	X	60 bis 80	–	Lammerts
Crimson Glory	karminrot	gefüllt	X	50 bis 70	–	Kordes
Duftgold	gelb	gefüllt	X	60 bis 80	–	Tantau
Duftrausch	violett	gefüllt	X	80 bis 100	–	Tantau
Duftzauber	blutrot	gefüllt	X	60 bis 80	–	Kordes
Elina	gelb	gefüllt /stark gefüllt	X	80 bis 100	X	Dickson/Pekmez
Erotika	dunkelrot	gefüllt	X	80 bis 100	X	Tantau
Gloria Dei	gelb mit rosa Rand	stark gefüllt	X	80 bis 100	–	Meilland
Hidalgo	rot	stark gefüllt	X	80 bis 100	–	Meilland
Mildred Scheel	rot	stark gefüllt	X	80 bis 100	X	Tantau
Pariser Charme	rosa	gefüllt	X	60 bis 80	X	Tantau
Piroschka	lachsrosa	gefüllt	X	60 bis 70	–	Tantau
Polarstern	weiß	gefüllt	X	80 bis 100	–	Tantau
Senator Burda	rot	stark gefüllt	X	60 bis 80	–	Meilland
Sutter's Gold	goldgelb	gefüllt	X	60 bis 100	–	Swim
The McCartney Rose	rosa	gefüllt	X	60 bis 80	–	Meilland

[1] ADR = Anerkannte Deutsche Rosenneuheitsprüfung bestanden

Tab. 1 Edelrosen (Auswahl)

2.2.2 Beetrosen

'Amber Queen'

'Bernstein Rose'

'La Sevillana'

'Lilli Marleen'

'Royal Bonica'

'Sarabande'

Sorte	Blütenfarbe	Blütenfüllung	Duft	Wuchshöhe (cm)	ADR[1]-Rose	Züchter/ Herkunft
Amber Queen	orange	gefüllt/stark gefüllt	–	40 bis 60	–	Harkness
Andalusien	blutrot	halb gefüllt	–	60 bis 80	X	Kordes
Ballade	rosa	gefüllt	–	60 bis 80	–	Tantau
Bernstein Rose	bernsteingelb	gefüllt/stark gefüllt	–	60 bis 80	–	Tantau
Bonica 82	rosa	gefüllt	–	60 bis 80	X	Meilland
Diadem	rosa	gefüllt	–	80 bis 100	–	Tantau
Dufwolke	rot	gefüllt	X	60 bis 80	X	Tantau
Edelweiß	cremeweiß	gefüllt	–	40 bis 60	X	Poulsen
Escapade	lilaweiß	halb gefüllt	–	80 bis 100	–	Harkness
Frau Astrid Späth	rosa	gefüllt	–	40 bis 60	–	Späth
Friesia	gelb	gefüllt	X	60 bis 80	X	Kordes
Goldmarie 82	gelb	gefüllt	–	40 bis 60	–	Kordes
Gruß an Aachen	cremeweiß	gefüllt	–	40 bis 60	–	Geduldig
La Paloma 85	weiß	gefüllt	–	60 bis 80	–	Tantau
La Sevillana	rot	halb gefüllt	–	60 bis 80	X	Meilland
Leonardo da Vinci	rosa	gefüllt	(X)	60 bis 80	–	Meilland
Lilli Marleen	rot	gefüllt	–	60 bis 80	X	Kordes
Marion	rosa	gefüllt	X	40 bis 60	–	de Ruiter
Mariandel	rot	gefüllt	–	40 bis 60	–	Kordes
Royal Bonica	rosa	gefüllt	–	60 bis 80	–	Meilland/Martens
Sarabande	rosa	halb gefüllt	–	40 bis 60	–	Tantau
Schneeflocke	weiß	halb gefüllt	–	40 bis 60	X	Noack

[1] ADR = Anerkannte Deutsche Rosenneuheitsprüfung bestanden

Tab. 1 Beetrosen (Auswahl)

2.2.3 Strauchrosen

'Frühlingsgold'

'Eden Rose 85'

'Maiden's Blush'

'Rosenresli'

'Schneewittchen'

'Westerland'

Sorte	Blüten-farbe	Blüten-füllung	Duft	Blühverhalten	Hage-butten	Wuchshöhe (cm)	Wuchsform	ADR[1]-Rose	Züchter/Herkunft
Bourgogne	rosa	einfach	–	einmal blühend	X	150 bis 200	überhängend	–	Interplant
Centenaire de Lourdes	rosa	halb gefüllt	X	öfter blühend	–	150 bis 200	überhängend	–	Delbard-Chabert
Dornröschen-schloss Sababurg	rosa	gefüllt/ stark gefüllt	X	öfter blühend	–	100 bis 150	überhängend	–	Kordes
Eden Rose 85	rosa	gefüllt	X	öfter blühend	–	150 bis 200	aufrecht	–	Meilland
Freisinger Morgenröte	orange	gefüllt	X	öfter blühend	–	100 bis 150	buschig	–	Kordes
Frühlingsgold	gelb	einfach	X	einmal blühend	–	150 bis 200	überhängend	–	Kordes
IGA 83 München	rosa	gefüllt	–	nachblühend	X	80 bis 100	buschig	X	Meilland
Louise Odier	rosa	gefüllt	X	öfter blühend	–	150 bis 200	überhängend	–	Margottin
Maiden's Blush	rosa	gefüllt	X	einmal blühend	–	100 bis 150	überhängend	–	unbekannt
Maigold	gelb	gefüllt	X	nachblühend	–	150 bis 200	aufrecht	–	Kordes
Polka 91	bern-stein	gefüllt	X	öfter blühend	–	100 bis 150	aufrecht	–	Meilland
Rosenresli	orange-rosa	gefüllt	X	öfter blühend	–	150 bis 200	überhängend	–	Kordes
Schneewittchen	weiß	gefüllt	(X)	öfter blühend	X	100 bis 150	buschig	X	Kordes
Souvenir de la Malmaison	rosa	gefüllt	X	nachblühend	–	80 bis 100	buschig	–	Beluze
Westerland	apricot	halb gefüllt	X	öfter blühend	–	150 bis 200	buschig	X	Kordes

[1] ADR = Anerkannte Deutsche Rosenneuheitsprüfung bestanden

Tab. 1   Strauchrosen (Auswahl)

2.2.4 Zwergrosen

'Pink Symphonie'

'Sonnenkind'

'Zwergkönig 78'

Sorte	Blütenfarbe	Blütenfüllung	Duft	Wuchshöhe (cm)	ADR[1]-Rose	Züchter/ Herkunft
Guletta	gelb	gefüllt	–	30 bis 40	–	de Ruiter
Orange Meillandina	orangerot	gefüllt	–	30 bis 40	–	Meilland
Peach Meillandina	apricot	gefüllt	–	30 bis 40	–	Meilland
Pink Symphonie	rosa	gefüllt	–	30 bis 40	–	Meilland
Sonnenkind	gelb	gefüllt	–	30 bis 40	–	Kordes
Zwergkönig '78	rot	gefüllt	–	30 bis 40	–	Kordes

Tab. 1   Zwergrosen (Auswahl)

2.2.5 Kletterrosen

'Compassion'

'Dortmund'

'New Dawn'

Sorte	Blüten-farbe	Blüten-füllung	Duft	Blühverhalten	Hage-butten	Wuchshöhe (cm)	ADR[1]-Rose	Züchter/ Herkunft
Bobby James	weiß	einfach	X	einmal blühend	–	300 bis 500 (Rambler)	–	Sunningdale Nurseries
Compassion	lachsrosa	stark gefüllt	X	öfter blühend	–	200 bis 300	X	Harkness
Dortmund	rot mit Auge	einfach	–	öfter blühend	X	200 bis 300	X	Kordes
Flammentanz	rot	gefüllt	–	einmal blühend	–	300 bis 500 (Rambler)	X	Kordes
Golden Showers	gelb	gefüllt	(X)	öfter blühend	–	200 bis 300	–	Lammers
Ilse Krohn Superior	weiß	stark gefüllt	X	öfter blühend	–	200 bis 300	–	Kordes
Lawinia	rosa	gefüllt	X	öfter blühend	–	200 bis 300	–	Tantau
Morning Jewel	rosa	halb gefüllt	X	öfter blühend	–	200 bis 300	X	Cocker
New Dawn	hellrosa	gefüllt	X	öfter blühend	X	200 bis 300	–	Somerset
Paul Noel	rosa	gefüllt	X	einmal blühend	–	300 bis 500 (Rambler)	–	Tanne

[1] ADR = Anerkannte Deutsche Rosenneuheitsprüfung bestanden

Tab. 2   Kletterrosen (Auswahl)

2.2.6 Bodendeckerrosen (Flächenrosen, Kleinstrauchrosen)

'Apfelblüte'   'Dagmar Hastrup'   'Heidetraum'

'Lovely Fairy'   'Mirato'   'Red Yesterday'

'Satina'   'The Fairy'   'White Hedge'

Sorte	Blüten-farbe	Blüten-füllung	Duft	Blühverhalten	Wuchshöhe (cm)	Wuchsform	ADR[1]-Rose	Züchter/Herkunft
Apfelblüte	weiß	einfach	–	öfter blühend	80 bis 100	niedrig, buschig	X	Noack
Dagmar Hastrup	rosa	einfach	X	nachblühend	60 bis 80	aufrecht	–	Hastrup
Heidetraum	rosa	halb gefüllt	–	öfter blühend	60 bis 80	buschig	X	Noack
Lovely Fairy	rosa	gefüllt	–	öfter blühend	60 bis 80	buschig	–	Vurens/Spek
Mirato	rosa	gefüllt	–	öfter blühend	40 bis 60	buschig	X	Tantau
Red Yesterday	rot mit weißem Auge	einfach	–	öfter blühend	60 bis 80	überhängend	X	Harkness
Satina	rosa	gefüllt	–	öfter blühend	40 bis 60	buschig	–	Tantau
The Fairy	rosa	gefüllt	–	öfter blühend	60 bis 80	buschig	–	Bentall
White Hedge	weiß	einfach	–	öfter blühend	80 bis 100	buschig	–	unbekannt

[1] ADR = Anerkannte Deutsche Rosenneuheitsprüfung bestanden

Tab. 1   Bodendeckerrosen (Auswahl)

2.2.7 Wildrosen

Rosa gallica (Essigrose)

Rosa canina (Hundsrose)

Rosa rugosa (Kartoffelrose)

Name	Blüten-farbe	Blüten-füllung	Duft	Blühverhalten	Hagebutten	Wuchshöhe (cm)	Wuchsform A = Ausläufer bildend
Rosa canina (Hundsrose)	zartrosa	einfach	(X)	einmal blühend	X (rot)	200 bis 300	überhängend
Rosa gallica (Essigrose)	rosa	einfach	X	einmal blühend	X (braun-rot)	50 bis 100	niederliegend bis aufrecht, A
Rosa nitida (Glanzrose)	rosa	einfach	X	einmal blühend	X (rot)	60 bis 80	buschig
Rosa rubiginosa (Weinrose/Schottische Zaunrose)	rosa	einfach	(X)	einmal blühend	X (orangerot)	200 bis 300	überhängend
Rosa rugosa (Kartoffelrose)	rosa, purpurn oder weiß	einfach	(X)	einmal blühend	X (rot)	150 bis 200	buschig
Rosa spinosissima[1] (Dünen-/Bibernellrose)	cremeweiß	einfach	X	einmal blühend	X (schwarz)	80 bis 100	buschig A
Rosa villosa (Apfelrose)	rosa	einfach	(X)	einmal blühend	X (rot)	150 bis 200	buschig A

[1] früher R. pimpinellifolia

Tab. 1 Wildrosen (Auswahl)

2.3 Alte oder historische Rosen

Viele der im 18. und 19. Jahrhundert verbreiteten Rosen erfreuen sich nach wie vor aufgrund ihres besonderen Flairs großer Beliebtheit. Typisch sind ihre üppig gefüllten, pastellartig gefärbten und meist mit wunderbarem Duft ausgestatteten Blüten. **Alte Rosen** bilden keine eigenständige Rosengruppe, sondern werden entsprechend ihrem äußeren Erscheinungsbild den sieben Rosengruppen zugeordnet. Bedeutende alte Rosen sind:

Bourbonrosen

Ihre Heimat ist die Insel Bourbon (heute La Réunion) im Indischen Ozean. Kennzeichen: kräftiger Wuchs; wenige aber starke Stacheln; meistens helle zarte Blütenfarben; schöne und reiche Blüte.
Beispiele: 'Louise Odier' (s. Abb. 1, S. 271), 'Souvenir de la Malmaison', 'Mme Isaak Pereire' (s. Abb. 1, S. 261).

Damaszenerrosen

Man unterscheidet die zweimal blühenden Herbstdamaszenerrosen (Blüte im Sommer, Nachblüte im Herbst) und die einmal blühenden Damaszenerrosen. Kennzeichen sind das graugrüne Laub, kräftig gebogene Stacheln, die weichen Triebe sowie der herrliche Duft dieser Rosen.
Beispiel: 'Rose de Resht' (s. Abb. 1, S. 271)

Portlandrosen

Ihre Abstammung ist ungeklärt. Eine enge Verwandtschaft mit den Damaszenerrosen wird ihnen nachgesagt.
Beispiele: 'Jacques Cartier', 'Comte de Chambord'

Centifolien

Kennzeichen sind ihre stark gefüllten und wunderbar duftenden Blüten. Da sie zum Auseinanderfallen neigen, benötigen die bis 2 m lang werdenden Triebe mancher Sorten während der Blütezeit Stützen.
Beispiel: Rosa centifolia. Hierzu eine Reihe von Sorten, darunter verschiedene „Moosrosen". Bei den meisten Moosrosen handelt es sich um Sports[1].

---

[1] Sport: Durch Mutation im Spross (Sprossmutation) und anschließende vegetative Vermehrung entstandene neue Pflanze.

'Louise Odier' (Strauchrose, öfter blühend, Duft, 150 bis 200 cm)

'Rose de Resht' (Beetrose, öfter blühend, Duft, 80 bis 100 cm)

Rosa centifolia 'Muscosa' (Strauchrose, einmal blühend, Duft, 80 bis 100 cm)

Abb. 1   Historische Rosen (Auswahl)

Das auffälligste Kennzeichen, das sie von allen anderen Rosen unterscheidet, ist der moosartige, drüsigpelzige, grüne, rötliche oder braune Bezug an Kelchblättern und Blütenstielen.
Beispiel: Rosa centifolia 'Muscosa' (s. Abb. 1).

Teerosen

Kennzeichen sind ihr andauernder Flor und ihr breites Farbspektrum. Der Name stammt von der Pekinger Baumschule „Tee" ab. Sie sind frostempfindlich und benötigen entsprechenden Winterschutz. **Beispiel:** 'Gloire de Dijon'

Albarosen

Die Albarosen sind seit dem Altertum in Kultur. Vermutlich handelt es sich bei Rosa x alba um eine Kreuzung Rosa arvensis (Kriechende Rose), Rosa gallica (Essigrose) und einer weiteren nicht bekannten Art. Kennzeichen: kräftiger, meist straff aufrechter Wuchs und schöner Duft der weißen bis rosa gefärbten Blüten. **Beispiel:** 'Maiden's Blush'

2.4   Englische Rosen

Auch bei den sogenannten „Englischen Rosen" – für jeden Rosenliebhaber ein Begriff – handelt es sich nicht um eine eigenständige Rosengruppe, sondern um Züchtungen (Beet-, Edel-, Strauch- und Kletterrosen) des britischen Rosenzüchters David Austin[1]. Austin ist es in hervorragender Weise gelungen, Aussehen (Form und Farbe), Duft und Robustheit alter (historischer) Sorten mit der Öfterblütigkeit und Farbenvielfalt moderner Rosen zu vereinen, indem er beide Gruppen miteinander kreuzte. Mit seinen fantastischen Rosenzüchtungen gehört David Austin zu den zurzeit erfolgreichsten Züchtern der Welt.

---

[1]   Inzwischen wurden Rosen dieses Typs auch von deutschen, französischen u. a. Rosenzüchtern geschaffen, z. B. die französischen Romantica-Sorten 'Leonardo da Vinci' und 'Colette' (Meilland).

'Crown Princess Margareta' (80 bis 100 cm)

'Teasing Georgia' (100 bis 120 cm)

'Wife of Bath' (80 bis 100 cm)

Abb. 2   Englische Beetrosen (Auswahl)

'Abraham Darby' (200 bis 300 cm)   'Heritage' (100 bis 150 cm)   'Graham Thomas' (100 bis 150 cm)

'Eglantyne' (100 bis 150 cm)   'Constance Sprey' (100 bis 150 cm)   'William Shakespeare 2000' (120 bis 150 cm)

Abb. 1   Englische Strauchrosen (Auswahl)

2.5   Stammrosen

Abb. 2   Hochstammrose

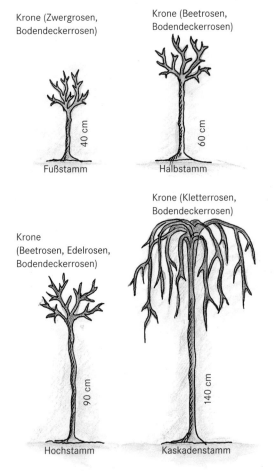

Abb. 3   Stammrosen

Stammrosen sind auf eigens dafür gezogene Stämmchen veredelte Rosen. Auf Stämmchen veredelte Kletterrosen bezeichnet man aufgrund ihrer bogig herabhängenden Triebe als **Trauerrosen**. Durch das Einsetzen von zwei oder drei Augen bekommt man einen gleichmäßigeren Kronenaufbau. Die Höhe der Okulation bestimmt den Kronenansatz. Entsprechend unterscheidet man zwischen Fuß-, Halb-, Hoch- und Kaskadenstämmen (s. Abb. 3).

3 Pflanzung

Abb. 1 Rosenblüte in einer Rosenbaumschule; im Herbst werden die Pflanzen für den Verkauf gerodet

3.1 Pflanzzeit

Geeignete **Pflanzzeiten** sind das **Frühjahr** vor dem Austrieb (Mitte März bis Ende Mai), sobald der Boden abgetrocknet ist und sich gut bearbeiten lässt, und der **Herbst** (Mitte Oktober bis Mitte Dezember), solange der Boden frostfrei ist. Die Herbstpflanzung ist zu bevorzugen, da die Frühjahrsrosen den Winter im Einschlag oder in Klimaräumen überdauern, sodass sie geschwächt werden. Zudem müssen sie im Frühjahr anwachsen und austreiben, wohingegen sie bei der Herbstpflanzung über die Herbst- und Wintermonate genügend Zeit für das Anwachsen haben, sodass im Frühjahr beim beginnenden Blattaustrieb genügend Wurzeln zur Deckung des Wasserbedarfs zur Verfügung stehen. Lediglich in besonders kalten Lagen oder auf extrem schweren Böden ist die Frühjahrspflanzung zu bevorzugen. Kann nicht sofort gepflanzt werden, sind die Rosen einzuschlagen. Dabei ist die Erde mindestens 10 cm über die Veredlungsstelle anzuhäufeln. **Container-** und **Topfrosen** können ganzjährig gepflanzt werden. Nachteilig sind der höhere Preis und das geringere Sortenangebot.

3.2 Standort

Rosen lieben einen sonnigen (mindestens 4 bis 5 Stunden Sonne am Tag) und luftigen Standort. Er gewährleistet ihnen reichlich Licht für die Fotosynthese und ein schnelles Abtrocknen der Blätter nach einem Regen, die wichtigste vorbeugende Maßnahme gegen Pilzbefall. Heiße (Südwände) und windstille Lagen sind wenig geeignet.

Der Boden (bevorzugt sandiger Lehm) sollte tiefgründig gelockert (Tiefwurzler, Mindesttiefe 60 bis 80 cm), beschattet sowie humus- und nährstoffreich sein. Dort, wo Rosen schon jahrelang gestanden haben, ist vor einer Neupflanzung zum Schutz vor Bodenmüdigkeit der Boden auf 50 cm Tiefe auszutauschen.

3.3 Gütebestimmungen[1]

Die Sortierung der Rosen erfolgt nach Güteklassen. Dabei unterscheidet man:
- Güteklasse A

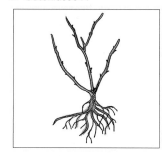

Rosen der **Güteklasse A** müssen mindestens drei normal entwickelte Triebe aufweisen, von denen mindestens zwei aus der Veredlungsstelle kommen müssen, während der dritte Trieb bis 5 cm darüber entspringen darf.

- Güteklasse B

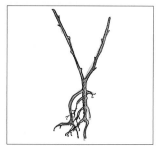

Rosen der **Güteklasse B** müssen zwei normal entwickelte, aus der Veredlungsstelle entspringende Triebe aufweisen.

Wurzelechte Rosen (aus Stecklingen oder Steckholz vermehrte Rosen) müssen – je nach Wuchsstärke – mindestens zwei (z. B. 'Dagmar Hastrup') oder drei (z. B. 'White Hedge') Triebe aufweisen.

Bei **Containerrosen** gelten folgende Mindestbehälterinhalte:

Rosengruppen	Mindestbehälterinhalt
Beet- und Edelrosen	3,0 Liter
Strauch- und Kletterrosen	7,5 Liter
Stammrosen	
◼ Fuß- und Halbstamm	5,0 Liter
◼ Hoch- und Kaskadenstamm	7,5 Liter
Topfrosen	1,0 Liter

Tab. 1 Mindestbehälterinhalte für Container- und Topfrosen

Stammrosen (s. Abb. 3, S. 272) müssen einen geraden und kräftigen Stamm aufweisen. Der Stammdurchmesser, unmittelbar unterhalb der Veredlungsstelle gemessen, beträgt mindestens 9 mm.

Die Krone muss mindestens drei stark entwickelte, aus zwei Veredlungsstellen entspringende Triebe haben (Güteklasse A). Bei Stammrosen der Güteklasse B darf die Krone aus nur einer Veredlung gewachsen sein. Sie weisen mindestens zwei normal entwickelte Triebe auf.

[1] laut „Gütebestimmungen für Baumschulpflanzen"

Die **Bündelung** der Rosen wird nach folgenden Vorschriften durchgeführt:

Zwerg-, Beet-, Edel- und Bodendeckerrosen	5 Stück je Bund, 2-fach gebunden
Kletter- und Strauchrosen	5 Stück je Bund, 2-fach gebunden
Stammrosen	5 Stück je Bund, 3-fach gebunden

Tab. 1 Vorschriften zur Bündelung von Rosen

ADR-Rose = Rose, die die **A**llgemeine **D**eutsche **R**osenneuheitsprüfung bestanden hat. Nach einem Punkteschema wird über drei bis vier Jahre in neutralen Prüfungsgärten mit unterschiedlichen Boden- und Klimaverhältnissen die Widerstandsfähigkeit gegen Blattkrankheiten, Blütenmerkmale, Wüchsigkeit, Winterhärte usw. bewertet. Da die Pflanzen nicht mit chemischen Pflanzenschutzmitteln behandelt werden, hat die Widerstandsfähigkeit gegen Krankheiten eine große Bedeutung.

3.4 Angebotsformen

Rosen können wurzelnackt sowie im Container (Inhalt ≥ 2 l) oder Topf (Inhalt < 2 l) angeboten werden:

- **Wurzelnackte Rosen** werden ohne Erdballen geliefert. Entsprechend wichtig ist der Schutz der Wurzeln vor Austrocknung durch Wind oder direkte Sonneneinstrahlung. Dies gilt auch für kurze Transportstrecken, z.B. auf der Baustelle.
- In Baumärkten oder Gartencentern werden in der Regel **wurzelverpackte Rosen** angeboten. Bei ihnen befinden sich die Wurzeln zum Schutz vor Austrocknung in einem mit feuchtigkeitshaltendem Material (z.B. Moos) gefüllten Folienbeutel oder einer Kunststoffbox. Derartige Rosen sollten beim Kauf noch nicht ausgetrieben haben. Bei der Entfernung der Wurzelverpackung ist vorsichtig vorzugehen, um Verletzungen bereits neu gebildeter Feinwurzeln zu vermeiden.
- **Wurzelballierte Rosen** verfügen über einen kleinen Erdballen, der von einem Netz und einer zusätzlichen Folie oder einem Karton umgeben ist. Derartige Rosen können gepflanzt werden wie sie gekauft wurden. Lediglich bei der Netzballierung ist zuvor die Folie zu entfernen. Netz und Pflanzbox lösen sich hingegen im Boden auf. Vor der Pflanzung sind sie fünf Minuten ins Wasser zu stellen. Derartige Rosen dürfen beim Kauf bereits ausgetrieben haben.
- **Container- und Topfrosen** sind in Töpfen bzw. Containern herangezogene Rosen. Sie können ganzjährig – außer bei Frost und Schnee – gepflanzt werden. Da es auf Baustellen nicht immer möglich ist, die Wurzeln der Pflanzen optimal vor Austrocknung zu schützen, werden wurzelechte Rosen, deren Wurzeln besonders empfind-

lich sind, für den Garten- und Landschaftsbau häufig generell in 1,5-Liter-Töpfen geliefert.

3.5 Pflanzvorgang

⬇ Vorgehensweise

1. Vor dem Pflanzen sollten Rosen zwei bis vier Stunden **in Wasser gelegt** werden (im Frühjahr möglichst zwölf Stunden, z.B. über Nacht), damit sich das ausgetrocknete Pflanzengewebe vollsaugen kann.

2. Die Wurzeln werden zur **Förderung der Wurzelbildung** (Wundreiz) leicht zurückgeschnitten. Maximal 20 bis 30 cm unter der Veredlungsstelle (Verdickung am Wurzelhals) einkürzen.

3. Bei der **Herbstpflanzung** erfolgt kein Rückschnitt, da die Triebe über Winter zurückfrieren. Lediglich zu lange, störende Triebe können eingekürzt werden. Der eigentliche **Pflanzschnitt** wird im Frühjahr, wenn kein nennenswerter Frost mehr zu erwarten ist, nachgeholt.

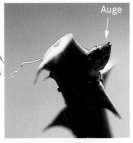

Bei der **Frühjahrspflanzung** erfolgt er beim Pflanzen, und zwar auf drei (schwache Triebe) bis fünf Augen (kräftige Triebe). Eine Ausnahme bilden Strauch- und Wildrosen, die auf die Hälfte eingekürzt, sowie Kletterrosen, die auf zehn Augen zurückgeschnitten werden. Geschnitten wird $\frac{1}{2}$ cm über einem nach außen stehenden Auge mit einer Rosenschere, wobei darauf zu achten ist, dass der Schnitt schräge nach oben und glatt verläuft. ▶

4. Ausreichend großes **Pflanzloch** ausheben und Sohle mit Grabegabel lockern. Die Wurzeln dürfen nicht eingezwängt werden oder nach oben umknicken. Wichtig ist, dass die Veredlungsstelle, aus der die Edeltriebe entspringen, 5 cm (ca. drei Finger breit), bei sehr schweren Böden 3 cm unter der Erdoberfläche liegt (Frostschutz, Unterlage treibt nicht so leicht durch). Ein quer über das Pflanzloch gelegter Stab/Spaten kann beim richtigen Abschätzen der Tiefe helfen. Bei Stammrosen muss sich die sogenannte Zapfenschnittstelle oberhalb der Erdoberfläche befinden.

5. Die Pflanze wird mit der einen Hand in das Pflanzloch gehalten, während mit dem Spaten die Erde (Aushub mit einem halben Spaten guter Komposterde gemischt) gleichmäßig einge-

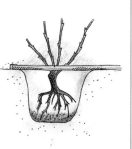

füllt wird. Dabei ist der Rosenstock leicht hoch und runter zu rütteln, sodass sich die Erde gut zwischen den Wurzeln verteilt. Pflanzen mit Wurzelballen sind vor dem Einsetzen so lange in einen Eimer mit Wasser zu tauchen, bis keine Luftblasen mehr aufsteigen. Vor dem Setzen der Stammrosen wird ein Stützpfahl zum Halt der Pflanzen in das Pflanzloch geschlagen. Das Bindematerial, mit dem die Rose einmal unter der Krone und einmal auf halber Stammhöhe befestigt wird, darf nicht in die Rinde der Pflanze einschneiden.

6. Zur Beseitigung der Hohlräume und um der Pflanze einen festen Stand zu geben, wird die Erde um die Rose herum von der Seite her leicht angetreten.

7. Nach Ausformung einer kleinen **Gießmulde** wird zur Erreichung des Bodenschlusses (Wiederherstellung der Kapillarität) kräftig angegossen (eingeschlämmt). In den nachfolgenden Wochen ist bei Trockenheit unbedingt zu wässern.

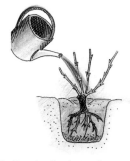

8. Das **Anhäufeln** (Erde 20 bis 25 cm kegelförmig hochziehen) erfolgt mit Erde, strohigem Mist, Kompost oder Laub zum Schutz vor Frost (ab Dezember) und/oder Austrocknung durch Wind/Sonneneinstrahlung im Frühjahr. Abgehäufelt wird, wenn die Pflanzen austreiben und kein Frost mehr zu erwarten ist (Ende April/Anfang Mai).

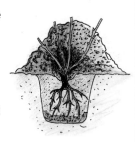

4 Pflegemaßnahmen

4.1 Düngen und Wässern

N	P_2O_5	K_2O	MgO
8 – 16 g/m^2	6 – 10 g/m^2	8 – 16 g/m^2	1 – 2 g/m^2

Tab. 1 Jährlicher Düngerbedarf von Rosen. Aufteilung in 2 Gaben: 1. zu Wachstumsbeginn; 2. etwa Juni/Juli

Bei Bedarf wird je nach Bodenart und Witterung im März/April und Juni/Juli gedüngt (z. B. 50 bis 100 g Nitrophoska spezial/m^2 bzw. nach Bodenuntersuchung). Ab Mitte Juli sollte kein Stickstoff mehr gegeben werden, da dies den **Triebabschluss** (Verholzung der Triebe) verzögert und die **Frostresistenz** verringert, was bei plötzlich eintretendem Frost zum Tode nicht nur einzelner Triebe, sondern der gesamten Pflanze führen kann. Hingegen fördert eine Kaliumdüngung ab Ende August bzw. Anfang September die Holzreife und senkt die Frostanfälligkeit.

Bei Trockenheit ist zu wässern, wobei darauf zu achten ist, dass möglichst nicht über die Blätter beregnet wird (Pilzkrankheiten!). Gut geeignet sind perforierte (mit Löchern versehene) Schläuche, die zwischen den Pflanzen auf dem Boden verlegt werden. Die Löcher müssen so angeordnet sein, dass die austretenden Wasserstrahlen nicht das Laub der Pflanzen benetzen. Ab September sind die zusätzlichen Wassergaben zur Förderung der Holzausreife einzustellen.

4.2 Schnittmaßnahmen

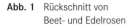

Abb. 1 Rückschnitt von Beet- und Edelrosen

Abb. 2 Auslichtungsschnitt bei Strauchrosen

Wild wachsende Rosen produzieren zur Verjüngung aus der Basis heraus laufend neue Triebe. Da mit zunehmendem Alter Wuchs und Blütenbildung abnehmen, wird mit gezielten Schnittmaßnahmen dieser natürliche Vorgang der Erneuerung gefördert. Gleichzeitig werden Lichtverhältnisse und Durchlüftung im Rosenstock verbessert.

4.2.1 Der jährliche Frühjahrsschnitt

Der richtige Zeitpunkt für Schnittmaßnahmen ist das Frühjahr, wenn keine stärkeren Fröste mehr zu erwarten sind (April/Mai, Zeitpunkt Forsythienblüte). Grundsätzlich kann bei Bedarf an allen Rosen ein sogenannter **Auslichtungsschnitt** durchgeführt werden. Das heißt, kranke, abgestorbene oder zu dicht stehende sowie schwache Triebe werden entfernt. Dabei sind je nach Rosengruppe unterschiedliche Schnittmaßnahmen erforderlich.

Beet- und Edelrosen

Der stärkste Rückschnitt erfolgt bei den Beet- und Edelrosen und entspricht dem Pflanzschnitt (s. Abb. 1). Rosen dieser Gruppen werden auf drei (schwach entwickelte Triebe) bis fünf Augen (stark entwickelte Triebe) zurückgeschnitten (etwa 15 bis 25 cm). Je stärker der Rückschnitt, desto kräftiger der Durchtrieb. Entsprechend werden sehr kräftig wachsende Sorten, wie z. B. Gloria Dei, nicht ganz so tief, sondern nur auf sechs bis neun Augen eingekürzt. Zwergrosen werden handbreit (etwa 10 bis 15 cm) über dem Boden zurückgeschnitten.

Abb. 3 Öfter blühende Kletterrosen: Abgeblühte Seitentriebe der möglichst waagerecht gezogenen Langtriebe werden auf 3 bis 5 Augen eingekürzt. Zur Förderung junger Langtriebe werden alte Triebe entfernt bzw. auf starkwüchsige neue Triebe zurückgeschnitten

Strauchrosen

Bei den Strauchrosen muss zwischen einmal und öfter blühenden Sorten unterschieden werden:

■ **Einmal blühende Strauchrosen**

Einmal blühende Strauchrosen bilden nicht am diesjährigen, sondern am alten Holz, also an ein- und mehrjährigen Trieben, Blüten tragende Seitentriebe. Entsprechend findet nur, sofern notwendig, ein Auslichtungsschnitt statt, bei dem auch von Zeit zu Zeit ältere, wenig Blüten ansetzende Triebe an der Basis herausgeschnitten werden können, um einem Neuaustrieb Platz zu machen (s. Abb. 2).

■ **Öfter blühende Strauchrosen**

Die öfter blühenden Strauchrosen bilden nach dem ersten Blütenflor noch einen zweiten. Im Gegensatz zu den einmal blühenden Strauchrosen blühen sie nicht nur am alten Holz, sondern auch an diesjährigen Trieben. Da sie auch ohne Schnitt sehr blüh- und wuchsfreudig sind, werden sie nur bei Bedarf leicht ausgelichtet. Zur Erhaltung der Blühfreudigkeit wird empfohlen, alle vier bis fünf Jahre ältere Triebe direkt am Ansatz über dem Boden herauszuschneiden (s. Abb. 2).

Kletterrosen

Auch bei den Kletterrosen muss zwischen einmal und öfter blühenden Sorten unterschieden werden.

■ **Einmal blühende Kletterrosen**

Auch sie bilden ihre Blüten nicht am diesjährigen, sondern am ein- und mehrjährigen Holz. Entsprechend gelten für sie die gleichen Schnittmaßnahmen wie für die einjährigen Strauchrosen. Lediglich bei Platzmangel ist ein Einkürzen der Triebe erforderlich.

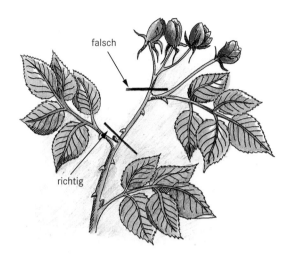

Abb. 1 Das richtige Entfernen verblühter Blüten

Abb. 2 Wildtriebe sind an ihren kleineren, hellgrünen Blättern mit sieben oder mehr Blättchen erkennbar

■ Öfter blühende Kletterrosen

Öfter blühende Kletterrosen blühen am diesjährigen wie auch am ein- und mehrjährigen Holz. Bei ihnen werden nach der Blüte im Frühjahr die Seitentriebe auf drei bis fünf Augen (etwa 15 cm) eingekürzt. Zur Förderung der Blühfreudigkeit und der Entwicklung neuer, bodennaher Triebe sollten alte, nur noch schwach blühende Langtriebe von Zeit zu Zeit ganz entfernt werden (s. Abb. 3, S. 276).

Bodendeckerrosen

Bodendeckerrosen werden alle drei bis vier Jahre radikal zurückgeschnitten. In kleinen Gruppen gepflanzte öfter blühende Sorten werden wie Beet- und Edelrosen behandelt, wobei die Pflanzen allerdings nur auf 30 cm Höhe eingekürzt werden. Bei wurzelechten Pflanzen kann dies zeitsparend mit der Heckenschere oder einem Mähbalken erfolgen.

Wildrosen

Wildrosen werden wie einmal blühende Strauchrosen behandelt.

Abb. 3 Ein Wildtrieb droht die Edelsorte zu unterdrücken

Alte oder historische Rosen

Da alte Rosen im Allgemeinen nur am alten (ein- und mehrjährigen) Holz blühen, werden auch sie wie einmal blühende Strauchrosen geschnitten.

Englische Rosen

Einmal blühende Sorten werden wie einmal blühende, öfter blühende Sorten wie öfter blühende Strauchrosen geschnitten.

Stammrosen

Die Kronen der Fuß-, Halb- und Hochstämme werden wie Beet- und Edelrosen auf drei bis fünf Augen (15 bis 20 cm), die Kaskaden- oder Trauerrosen entsprechend den Regeln für Kletterrosen (einmal/öfter blühend) zurückgeschnitten.

4.2.2 Der jährliche Sommerschnitt

Neben dem jährlich durchzuführenden **Frühjahrsschnitt**, beschränkt sich das Schneiden der Rosen auf die Entfernung verwelkter Blüten, wobei auf das erste nach außen weisende Auge unterhalb der Blüte bzw. des Blütenstandes zurückgeschnitten wird (s. Abb. 1). Unnötige Blattverluste sind zu vermeiden. Durch diesen sogenannten **Sommerschnitt** werden Wachstum und Blütenbildung gefördert. Da einmal blühende Rosen nach der ersten Blüte keine weiteren Blüten mehr bilden, darf bei erwünschtem Hagebuttenansatz kein Sommerschnitt durchgeführt werden.

Aus der Unterlage herauswachsende **Wildtriebe** (s. Abb. 2) sind direkt am Ansatz unterhalb der Veredlungsstelle zu entfernen. Geschieht dieses nicht, unterdrückt der Wildling die Edelsorte (s. Abb. 3).

4.3 Pflanzenschutz

Krankheit	Bekämpfungs-maßnahmen
a) Echter Mehltau [1] *(Sphaerotheca pannosa)* 	Beim Wässern Blätter nicht befeuchten, nicht zu eng pflanzen, luftige Standorte vorziehen, weniger anfällige Sorten bevorzugen (z. B. ADR-Rosen), Vernichtung befallener Pflanzenteile (auch abgefallener Blätter), Rückschnitt (Echter Mehltau)
b) Sternrußtau *(Diplocarpon rosae)* 	Chemische Bekämpfung: a) wiederholt im Abstand von 7 Tagen spritzen (z. B. Euparen, Saprol Neu, Baymat fl., Curol) b) + c) bei Befallsbeginn wiederholt spritzen mit Saprol Neu oder Baymat fl. d) Spritzen mit Euparen --- [1] An Rosen tritt auch der Falsche Mehltau (Peronospora sparsa) auf.

c) Rosenrost *(Phragmidium mucronatum)*

d) Grauschimmel *(Botrytis cinerea)*

Schädling	Bekämpfungs-maßnahmen
Schabefraß (Fensterfraß) durch Larven der Rosenblattwespe 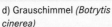 	Larven/befallene Blätter entfernen; bei starkem Befall ggf. mit Insektiziden gegen beißende Insekten spritzen

Blattläuse

Förderung natürlicher Feinde, Misch- statt Monokultur, Gelbtafeln oder -fallen, mit scharfem Wasserstrahl abspritzen. Chemische Bekämpfung mit z.B. Pirimor G, Pirimor Granulat oder Metasystox R Spezial.

Rosenzikadenschaden

Trockene, heiße Standorte meiden. Bei starkem Befall spritzen mit z.B. Pirimor G, Pirimor Granulat oder Metasystox R Spezial

Spinnmilben

Natürliche Feinde (z.B. Raubmilben, Marienkäfer, Raubwanzen) fördern (kein Pestizideinsatz). Einsatz von Raubmilben. Lufttrockene, heiße Standorte meiden. Stark befallene Pflanzenteile entfernen. Bei starkem Befall ggf. spritzen mit z. B. Metasystox R Spezial, Roxion oder mineralölhaltigen Mitteln

Rosenblattrollwespenschaden

Abgelegte Eier (glasklar) am Blattrand (ab Mai) zerdrücken, eingerollte Blättchen frühzeitig entfernen. 1 Gen./Jahr, Flugzeit IV-VI, Fraß V-VI, Überwinterung als Larve im Boden, natürl. Feinde Schlupfwespen, Raubwanzen, Raupenfliegen, Vögel

Tab. 1 Wichtige Schaderreger an Rosen

4.4 Winterschutz

Beet- und Edelrosen
Ab Dezember 20 bis
25 cm hoch mit lockerer
Erde, strohigem Mist,
Kompost oder Laub an-
häufeln. Die noch heraus-
schauenden Triebe werden
mit Tannen- oder Fichten-
reisig geschützt.

Stammrosen
Die Kronen werden in
Tannen- oder Fichten-
reisig, Stroh, Holzwolle
oder Sackleinen (Jute-
säcke) eingepackt. Weder
Hitze- noch Feuchtigkeits-
stau dürfen auftreten! Vor
allem muss die Vered-
lungsstelle vor dem Er-
frieren geschützt sein.
Hoch- und Kaskadenstäm-
me können auch niederge-
legt werden. Dazu wird der
Stamm in Richtung seiner
natürlichen Krümmung
(über die Zapfenstelle hinweg) so weit gebogen, bis
er auf dem Erdboden auf-
liegt (Stamm festhaken).
Bereits beim Pflanzen ist
darauf zu achten, dass in
Biegerichtung ausreichend
Platz vorhanden ist. Krone
und Stamm werden mit
lockerer Erde oder gut
zersetztem Kompost be-
deckt.
Um ältere Stämme kann
bis über die Krone ein
Käfig aus Maschendraht
gebaut und mit Laub oder
Stroh ausgefüllt werden.
Bodendeckerrosen benötigen aufgrund ihrer sehr
guten Frosthärte i. d. R.
keinen Winterschutz, ggf.
nach harten Wintern Rück-
schnitt bis zum Boden.

**Strauch- und
Kletterrosen**
Ab Dezember anhäufeln
(s. o.). Öfter blühende
Strauch- und Kletterrosen
sind für einen Frost- und
Sonnenschutz aus Tannen-
reisig o. Ä. dankbar.
Wildrosen benötigen
aufgrund ihrer Frosthärte
keinen Winterschutz.

Zapfen-
schnitt-
stelle

Aufgaben

1. Warum werden Rosen veredelt?
2. Wie nennt man die Früchte der Rosen?
3. Nennen Sie jeweils drei Rosensorten mit
   a) einfachen, b) halb gefüllten, c) gefüllten und
   d) stark gefüllten Blüten?
4. Beschreiben Sie das Blühverhalten von a) einmal
   blühenden, b) nachblühenden und c) öfter blühenden Rosen. Nennen Sie jeweils ein Beispiel.
5. Nennen Sie die sieben Rosengruppen und ihre
   Verwendungsmöglichkeiten.
6. Worin unterscheiden sich Edel-, Polyantha- und
   Floribundarosen im äußeren Erscheinungsbild?
7. Sie sollen a) Beetrosen und b) Bodendeckerrosen
   pflanzen. Wie viele Pflanzen rechnet man pro m²?
8. Nennen Sie zu den einzelnen Rosengruppen
   jeweils drei Sorten mit Blütenfarbe.
9. Welche Vorteile hat die Verwendung von wurzelechten Bodendeckerrosen zur großflächigen
   Bepflanzung?
10. Alte oder historische Rosen: a) Was versteht
    man darunter? b) Welches sind die typischen
    Kennzeichen?
11. Englische Rosen: a) Wofür steht die
    Bezeichnung? b) Was ist dem Züchter gelungen?
12. Was versteht man unter
    a) Stamm- und b) Trauerrosen?
13. Nennen Sie die Stammhöhen bei Fuß-, Halb-,
    Hoch- und Kaskadenstämmen.
14. Warum ist die Herbstpflanzung der Frühjahrs-
    pflanzung vorzuziehen?
15. Welche Rosen können ganzjährig gepflanzt
    werden?
16. Nennen Sie optimale Standortbedingungen für
    Rosen.
17. Worin unterscheiden sich a) Beet- und Edelrosen
    sowie b) Stammrosen der Güteklassen A und B?
18. Was versteht man unter ADR-Rosen?
19. Was ist bei den verschiedenen Angebotsformen
    von Rosen zu beachten?
20. Beschreiben Sie die Pflanzung von Rosen.
21. Warum wird der eigentliche Pflanzschnitt im
    Frühjahr und nicht im Herbst vorgenommen?
22. Wie tief sind Rosen zu pflanzen?
23. Was ist beim Düngen und Wässern von Rosen
    zu beachten?
24. Beschreiben Sie den jährlichen Frühjahrsschnitt
    bei den einzelnen Rosengruppen.
25. Wie werden Stammrosen geschnitten?
26. Worauf ist bei der Schnittführung zu achten?
27. Welchen Winterschutz empfehlen Sie?

Stauden

1   Lebensbereiche

Abb. 1   Stauden des Lebensbereichs „**Gehölz**" benötigen oder ertragen lichten Schatten, z. B. unter Bäumen oder im Schatten von Mauern, und lieben humose Böden (herbstlicher Laubfall).

Abb. 2   Stauden des Lebensbereichs „**Gehölzrand**" sind für halbschattige Standorte, z. B. vor und zwischen Gehölzen, im Schatten von Mauern, und – bei ausreichender Bodenfeuchtigkeit – auch für sonnige Plätze geeignet.

Abb. 3   Stauden des Lebensbereichs „**freie Fläche**" lieben offene, warme, sonnige Standorte, wie Böschungen, Trockenmauern (s. auch Mauerbau, Kap. 2.5), Tröge, Terrassen, sommertrockene Plätze und Dachgärten.

Abb. 4   Stauden des Lebensbereichs „**Steingarten**" wirken vor allem zusammen mit Steinen. Sie sind in der Regel recht genügsam und lieben wasserdurchlässige (steinige), frische bis trockene Böden in meist sonniger Lage. Verwendung finden sie für Geröll- und Kiesflächen (Steingärten), Böschungen, Mauerkronen und -fugen (s. Kap. Mauerbau), Terrassen, Tröge, Dachgärten und in Verbindung mit Stufen und Plattenbelägen.

Abb. 5   Stauden des Lebensbereichs „**Beet**" lieben humus- und nährstoffreiche, frische Böden, deren Oberflächen durch flaches Hacken oder Mulchen offen gehalten werden. Derartige Pflanzen, wegen ihrer prachtvollen Blüten auch als **Prachtstauden** bezeichnet, erfordern einen relativ hohen Pflegeaufwand.

Merke

Stauden (⅔) sind mehrjährige krautige Pflanzen. Ihre oberirdischen Teile sterben im Allgemeinen nach der Blüte oder während des Winters ab und erneuern sich im darauf folgenden Jahr. Die Überwinterung erfolgt in Form von Knollen, Zwiebeln oder Wurzelstöcken. Aufgrund ihrer riesigen Arten- und Sortenvielfalt sind die Gestaltungsmöglichkeiten mit Stauden nahezu unbegrenzt. Zur standortgerechten Verwendung sind ihre natürlichen **Lebensbereiche** zu berücksichtigen. Stauden der Lebensbereiche „**Wasserrand und Sumpf**" und „**Wasser**" s. Kap. Teich- und Bachbau, „**Wiese**" s. Kap. Blumenwiese.

2 Pflanzenbeispiele

2.1 Lebensbereich Gehölz

Anemone hupehensis (Herbstanemone)
Ranunculaceae, VIII – IX, 100 cm[1], 2[2], ✂

Aruncus dioicus (Geißbart) Rosaceae,
VI – VII, 150 cm, 1, ✂, ✂, ▽

Astilbe-Arendsii-Hybriden (Prachtspiere)
Saxifragaceae, VI – VII, 50 – 100 cm, 3 – 4, ✂

Astrantia major (Sterndolde) Apiaceae,
VI – VII, 60 cm, 3, ✂

Athyrium filix-femina (Frauenfarn) –
Athyriaceae, 70 cm, 1 – 2

Dicentra eximia (Doppelsporn)
Fumariaceae, V – VI, 20 cm, 3

Dicentra spectabilis (Tränendes Herz)
Fumariaceae, IV – V, 60 cm, 2, ✂

Hepatica nobilis (Leberblümchen)
Ranunculaceae, III – IV, 10 cm, 2 – 3

Hosta ventricosa (Funkie) Liliaceae,
VII – VIII, 60 – 90 cm, 1 – 2

Lamium galeobdolon (Goldnessel)
Lamiaceae, IV – VI, 30 cm, 3 – 5

Luzula sylvatica (Waldmarbel)
Juncaceae, IV – V, 50 cm, 2 – 3

Rodgersia podophylla (Schaublatt)
Saxifragaceae, VI – VII, 110 cm, 1 – 2

---

[1] Mittlere Wuchshöhe   [2] Geselligkeitsstufe, s. S. 289

2.2 Lebensbereich Gehölzrand

Alchemilla mollis (Frauenmantel) Rosaceae, VI – VII, 40 cm, 2, ✂

Astilbe chinensis var. pumila (Prachtspiere) Saxifragaceae, VIII – IX, 40 cm, 5

Betonia officinalis (Ziest) Lamiaceae, V – VII, 50 cm, 2

Buphthalmum salicifolium (Ochsenauge) Asteraceae, VI – IX, 50 cm, 2

Geranium x magnificum (Kaukasusstorchschnabel) Geraniaceae, VI – VII, 60 cm, 2 – 4

Geranium sanguineum (Blutstorchschnabel) Geraniaceae, V – VIII, 30 cm, 4

Geum coccineum (Nelkenwurz) Rosaceae, V – VII und IX, 25 cm 4, i

Lavatera thuringiaca (Thüringer Malve) Malvaceae, VII – IX, 150 cm, 2

Ligularia przewalskii (Kreuzkraut) 'The Rocket' Asteraceae, VIII – IX, 120 cm, 1 und 3

Physalis alkekengi (Lampionblume) Solanaceae, VII (Früchte IX), 100 cm, 4, ✂, ⚘

Potentilla atrosanguinea 'Gibson's Scarlet' (Fingerkraut) Rosaceae, VII – IX, 50 cm, 2

Pulmonaria saccharata (Lungenkraut) Boraginaceae, IV – V, 20 cm, 2, ▽

2.3 Lebensbereich freie Fläche

Achillea millefolium (Schafgarbe) Asteraceae,
VI – IX, 60 cm, 2, ⅄

Anaphalis margaritacea (Silberimmortelle)
Asteraceae, VII – IX, 60 cm, 2 – 3

Armeria maritima (Grasnelke)
Plumbaginaceae, V – VI, 15 cm, 2, ▽, i

Centaurea macrocephala
(Riesenflockenblume) Asteraceae,
VII – VIII, 120 cm, 1

Euphorbia myrsinites (Walzenwolfsmilch)
Euphorbiaceae, V – VI, 25 cm, 1 – 2

Liatris spicata (Prachtscharte)
Asteraceae, VII – IX, 80 cm, 2

Oenothera tetragona (Nachtkerze)
Onagraceae, VI – VIII, 60 cm, 2

Salvia nemorosa 'Blauhügel' (Salbei)
Lamiaceae, VI – VII, 80 cm, 2 – 3

Santolina chamaecyparissus (Heiligenblume)
Asteraceae, VII – VIII, 40 cm, 2, i, ђ, D, Λ

Sedum spectabile (Fetthenne) Crassulaceae,
VIII – IX, 40 cm, 1

Stachys byzantina (Wolliger Ziest, Eselsohr)
Lamiaceae, VI – IX, 30 cm, 5

Yucca filamentosa (Virginische Palmlilie)
Agavaceae, VII – VIII, 120 cm, 1, i

2.4 Lebensbereich Steingarten

Arabis caucasica (Gänsekresse)
Brassicaceae, III - IV, 20 cm, 2

Aurinia saxatilis (Felsensteinkraut)
Brassicaceae, IV - V, 25 cm, 2, ▽, ♄ - ♃

Cerastium biebersteinii (Hornkraut)
Caryophyllaceae, V - VI, 20 cm, 3, ʌʌʌ>

Chamaemelum nobile
(Römische Kamille) Asteraceae,
VI - VIII, 15 cm, 3, Olf.

Eryngium bourgatii (Edeldistel) Apiaceae,
VII - VIII, 35 cm, 2

Horminum pyrenaicum (Drachenmaul)
Lamiaceae, VI - VIII, 25 cm, 3, ▽

Papaver nudicaule (Islandmohn)
Papaveraceae, VI - IX, 30 cm, 2 - 3

Polygonum affine (Knöterich) Polygonaceae,
VIII - IX, 20 cm, 5, ʌʌʌ>

Primula vialii (Orchideenprimel) Primulaceae,
VI - VIII, 40 cm, 2, ʌ

Pulsatilla vulgaris (Küchenschelle)
Ranunculaceae,
III - IV (Früchte VI - VIII), 20 cm, 1, ▽, ☠

Saponaria ocymoides (Seifenkraut)
Caryophyllaceae, V - VII, 15 cm, 2, ʌʌʌ>

Thymus x citriodorus (Zitronenthymian)
'Doone Valley' Lamiaceae,
VI - VII, 20 cm, 3, D, ʌ

2.5 Lebensbereich Beet

Achillea filipendulina (Goldgarbe) Asteraceae, VI – VIII, 120 cm, 2 - 3, ✂

Aster amellus (Bergaster) Asteraceae, VII – IX, 60 cm, 2 - 3, ▽

Aster dumosus (Kissenaster) Asteraceae, VIII – X, 40 cm, 3

Delphinium-Hybriden (Rittersporn) Ranunculaceae, VI – IX, 120 cm, 2, ✂

Echinacea purpurea (Roter Sonnenhut) Asteraceae, VII – IX, 100 cm, 2, Olf.

Helenium-Hybriden (Sonnenbraut) Asteraceae, VII – IX, 120 cm, 2, ✂

Hemerocallis-Hybriden (Taglilie) Hemerocallidaceae, V – VIII, 80 cm, 2

Kniphofia-Hybriden (Fackellilie) Liliaceae, VII – IX, 100 cm, 2, ✂, ∧

Monarda-Hybriden (Indianernessel) Lamiaceae, VII – IX, 100 cm, 2

Paeonia lactiflora (Pfingstrose) Paeoniaceae, V – VI, 80 cm, 1

Phlox-Paniculata-Hybriden (Phlox) Polemoniaceae, VI – VIII, 120 cm, 2, ✂

Rudbeckia fulgida (Sonnenhut) Asteraceae, VIII – X, 70 cm, 2 - 3, ✂

3   Gütebestimmungen

In der „**Gütebestimmung für Stauden**", herausgegeben von der Forschungsgesellschaft Landschaftsentwicklung Landschaftsbau e. V. (FLL), sind die Anforderungen an die Beschaffenheit von Stauden festgelegt. Im **Arbeitskreis „Gütebestimmungen für Stauden"** sind vertreten: Bund Deutscher Landschaftsarchitekten e. V. (bdla), Bund Deutscher Staudengärtner e. V. (BdS), Bundesverband Garten-, Landschafts- und Sportplatzbau e. V. (BGL), Ständige Konferenz der Gartenamtsleiter beim Deutschen Städtetag (GALK).

Stauden müssen vor allem gesund, gut entwickelt (ausgewogenes Verhältnis zwischen Wurzel und Spross) und für das Freiland abgehärtet sein, sodass ihre weitere Entwicklung nicht gefährdet ist. Beim Verkauf aus dem Gewächshaus muss dies dem Kunden mitgeteilt werden. Zudem müssen Stauden laut Gütebestimmung sortenecht sein. Entsprechend sind sie in der Regel vegetativ vermehrt. Pflanzen von samenechten Sorten müssen als solche deutlich mit „S" wie Sämling markiert werden. Stauden aus Meristemvermehrung müssen die Aufschrift „TC" (Tissue Culture) tragen. **Wildware** (Stauden, die nicht aus gärtnerischen Anbau stammen) muss als solche deutlich gekennzeichnet sein.

Gewährleistet werden die geforderten Qualitätskriterien vor allem beim Kauf in **anerkannten Staudengärtnereien**, die am **Qualitätszeichen Stauden** erkennbar sind. Derartige Betriebe unterziehen sich einer regelmäßigen und unabhängigen Überwachung.

Im Durchschnitt kultiviert ein Betrieb um die 1000 Arten und Sorten. Bei Stauden, die unter Artenschutz stehen, ist nach der **Bundesartenschutzverordnung** (BartSchV) entsprechend dem **Washingtoner Artenschutzübereinkommen** (WA) eine genaue Buchführung über Erwerb (Bezugsquelle und Dokumente, die zum Erwerb berechtigen), Kultur und Verkauf (Zeitpunkt, Name und Anschrift des Empfängers) bzw. Verbleib gefährdeter Pflanzenarten vorgeschrieben.

Die entsprechenden Aufzeichnungs- und Begleitpapiere werden entsprechend dem Washingtoner Abkommen als **CITES-Papiere** bezeichnet: „Übereinkommen über den internationalen Handel mit gefährdeten Arten frei lebender Tiere und Pflanzen" (engl. „Convention on International Trade in Endangered Species of Wild Fauna and Flora", abgekürzt CITES).

4   Kleine Farbenlehre

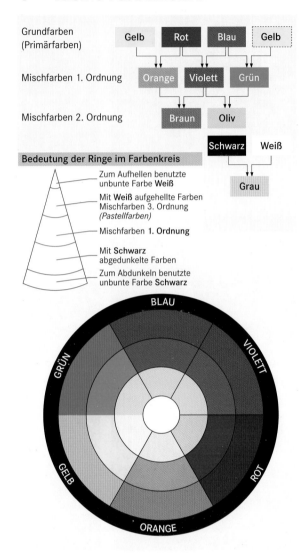

Abb. 1   Einteilung der Farben

Stauden werden vor allem wegen der Farbwirkung ihrer Blüten gepflanzt. Bei der Auswahl für gemischte Pflanzungen ist darauf zu achten, dass sich die Blütenfarben der Nachbarpflanzen nicht „beißen", sondern sich gegenseitig ergänzen. Ziel ist eine aufeinander abgestimmte, miteinander in Einklang stehende Farbwirkung. Eine derart **harmonische Farbwirkung** ist vor allem durch die Verwendung von Stauden mit gegensätzlichen (konträren) Blütenfarben zu erreichen. Je größer die **Farbkontraste** (Farbunterschiede), desto größer ist die entstehende Spannung und damit Wirkung der Farben.

Der Umgang mit Farben ist nicht immer ganz einfach, Grundkenntnisse in der Farbenlehre können jedoch das Gestalten mit Farben erleichtern.

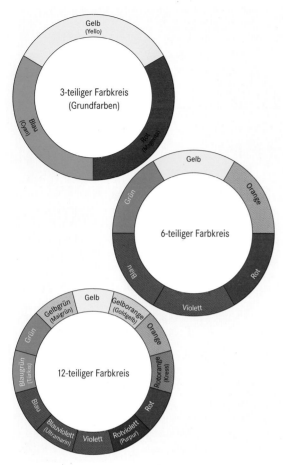

Abb. 1 Farbkreise

4.1 Einteilung der Farben

Aus der Mischung der drei **Grundfarben** Gelb, **Rot** und **Blau** ergeben sich alle anderen Farben. So entstehen durch Mischung gleicher Anteile zweier Grundfarben, z.B. Gelb und Rot, **Mischfarben 1. Ordnung**, z.B. Orange. Durch Mischung von zwei Mischfarben 1. Ordnung oder durch Mischung der drei Grundfarben ergeben sich **Mischfarben 2. Ordnung**. Schwarz und Weiß sind keine Farben. Sie dienen zum Abdunkeln bzw. Aufhellen der Farben. Gemischt ergeben Schwarz und Weiß Grau. Die sogenannten **Pastellfarben (Mischfarben 3. Ordnung)** entstehen durch Mischen einer Grundfarbe, Mischfarbe 1. oder 2. Ordnung mit einem mehr oder weniger starken Weißanteil (s. Abb. 1, S. 286).

4.2 Farbkreise

Ordnet man die drei Grundfarben Gelb, Rot und Blau in einem Kreis an und setzt die Mischfarben aus jeweils glei-

chen Anteilen der benachbarten Grundfarben dazwischen, erhält man einen **6-teiligen Farbkreis** mit den Farben Gelb, Orange, Rot, Violett, Blau und Grün. Mischt man die benachbarten Farben erneut mit gleichen Anteilen, erhält man einen **12-teiligen Farbkreis** (s. Abb. 1).

Farbkreise sind gute Hilfsmittel beim Umgang mit Farben. Mit ihrer Hilfe lassen sich Farbzusammenstellungen überprüfen bzw. die jeweiligen Nachbar- und Komplementärfarben ablesen und entsprechende Farbkombinationen aufstellen. Als **Nachbarfarben** werden die nebeneinander auf dem Farbkreis liegenden Farben bezeichnet. **Komplementärfarben** stehen sich im Farbkreis gegenüber (= Gegenfarben).

4.3 Harmonische Farbzusammenstellung

Mithilfe des Farbkreises lassen sich Farben zusammenstellen, die grundsätzlich miteinander harmonieren.

4.3.1 Harmonie mit kleinen Kontrasten

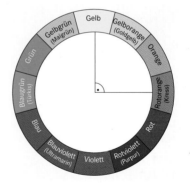

Abb. 2 Farbharmonie der Nachbarfarben

Hier werden Farben miteinander kombiniert, die im Farbkreis dicht nebeneinander liegen (Nachbarfarben). Im Farbkreis lassen sich diese Farben mit einem rechten Winkel erfassen. Dabei ist zu beachten, dass eine Harmoniebildung nur gewährleistet ist, wenn keine der Farben bei der Zusammenstellung übersprungen wird.

4.3.2 Harmonie mit großen Kontrasten

Hier werden Farben miteinander kombiniert, die im Farbkreis weit entfernt voneinander liegen. Dabei kann man zwischen Zwei-, Drei- und Vierfarbenklängen unterscheiden:

Zweiklänge

Da sich Komplementärfarben aufgrund ihres großen Kontrastes in ihrer Farbwirkung am meisten steigern, wird die größtmögliche Wirkung im **Zweiklang** durch die Kombina-

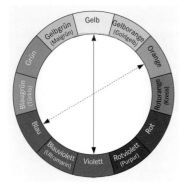

Abb. 1 Zweiklänge aus Komplementärfarben

tion einer Farbe mit ihrer jeweiligen Gegenfarbe im Farbkreis (z.B. Orange und Blau oder Gelb und Violett) erzielt. Zudem wirken derartige Farbzusammenstellungen sehr harmonisch, weil in den beiden Komplementärfarben die drei Grundfarben Gelb, Rot und Blau enthalten sind (s. Abb. 1).

„Eine Primärfarbe kommt am besten neben einer Mischung der anderen beiden Primärfarben zur Wirkung."

Vincent van Gogh

Dreiklänge

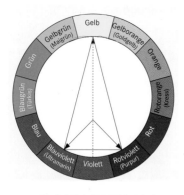

Abb. 2 Dreiklänge, Hilfsmittel gleichschenkliges Dreieck

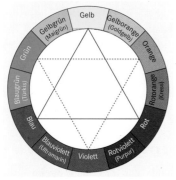

Abb. 3 Dreiklänge, Hilfsmittel gleichseitiges Dreieck

Alle Zweiklänge lassen sich in harmonisierende **Dreiklänge** verwandeln. Man braucht dazu nur eine der beiden Komplementärfarben durch deren zwei Nachbarfarben zu ersetzen. Mithilfe des entstehenden **gleichschenkligen Dreiecks** lassen sich verschiedene Dreiklänge aus dem 12-teiligen Farbkreis entwickeln, wobei jeweils zwei der drei

Farben relativ dicht beieinander stehen, die dritte hingegen einen größeren Abstand und damit Kontrast aufweist.

Verwendet man statt eines gleichschenkligen Dreiecks ein **gleichseitiges Dreieck**, erhält man Dreiklänge, deren Farben gleich weit voneinander entfernt liegen und damit größere Kontraste aufweisen, wie z.B. Gelb, Rot und Blau (s. Abb. 3).

Vierklänge

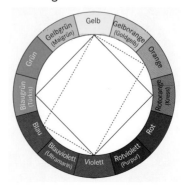

Abb. 4 Vierklänge, Hilfsmittel Vierecke

Mithilfe von Vierecken lassen sich harmonisierende **Vierklänge** zusammenstellen. Sie bestehen aus komplementären Farbenpaaren. Bei einem Quadrat weisen die Farben im Farbkreis gleiche, bei einem Rechteck ungleiche Abstände auf. Fehlt eine der vier Farben, entsteht ein Dreiklang, sodass trotzdem noch eine Harmonie in der Farbzusammenstellung besteht.

4.3.3 Harmonie mit gemischten Kontrasten

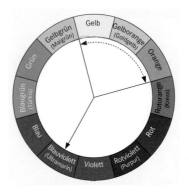

Abb. 5 Harmonie der gemischten Kontraste

Die Harmonie der gemischten Kontraste entsteht durch Verwendung von mindestens drei oder vier Nachbarfarben plus einer entsprechenden Komplementärfarbe (s. Abb. 5).

Alle Farbkombinationen können durch **weiße Blüten** ergänzt werden, ohne dass die Harmonie gestört wird. Weiß verstärkt nicht nur die Wirkung aller Farben, sondern kann auch zur optischen Trennung verschiedener oder nicht harmonierender Farbzusammenstellungen eingesetzt werden.

Neben dem **Farbton** (Farbabstufung, z. B. verschiedene Rottöne) bestimmen auch die **Helligkeit** und **Leuchtkraft** sowie der **mengenmäßige Anteil** die Wirkung einer Farbe. Überdies löst jede Farbe beim Betrachter Empfindungen aus.

So können z. B. Gelb, Orange und Rot als **warme, belebende** und Blau und Grün als **kalte Farben** bezeichnet werden.

5 Pflanzung und Pflege

5.1 Pflanzung

Geeignete **Pflanzzeiten** sind der Herbst und das Frühjahr nach der Blüte. Entsprechend erfolgt die Pflanzung bei frühjahrsblühenden Stauden im Frühjahr bzw. Frühsommer, bei sommer- und herbstblühenden im Herbst bzw. Frühjahr (Container- und Topfpflanzen ganzjährig).

Die **Anordnung der Stauden** kann grundsätzlich nach zwei Gestaltungsprinzipien erfolgen:

1. Klassische Staudenpflanzung („English Border")
Hierbei werden die Stauden nach Farbenpracht, Duft, Strukturen und Wuchsformen, also nach ihrem Zierwert, ausgewählt, kombiniert und auf Beeten längs von Wegen, Rasenflächen, Mauern, Zäunen oder Schnitthecken gepflanzt.

Gewöhnlich setzt man bei einem nach vorne ausgerichteten Beet die hohen Pflanzen in den Hintergrund und stuft bis zu den niedrigsten im Vordergrund ab, sodass mehrere Ebenen entstehen und keine Pflanzen verdeckt werden. Die Rabatten sollten mindestens 1,5 m breit sein.

Stauden eines Typs werden zu mehreren in Gruppen – je kleiner die Pflanze, desto größer die Gruppe – gepflanzt und in schmalen, langgezogenen, in der Breite variierenden und sich an den Enden verjüngenden Bändern, den sogenannten **drifts**, quer zur Blickrichtung des Betrachters angeordnet (s. Abb. 1). Diese Anordnung ermöglicht sehr differenzierte Höhenstaffelungen, gute Farb- und Formkontraste durch die unmittelbare Benachbarung und das Ineinanderübergehen verschiedener Staudengruppen. Bei richtiger Anordnung werden nach der Blüte einziehende oder unansehnliche Pflanzen durch die davor angeordne-

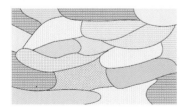

Abb. 1 Anordnung der Stauden in sogenannten „drifts". Die Driftpflanzung ist eine auf Gertrude Jekyll (1843 - 1932) zurückgehende Verwendungsform von Beetstauden.

ten verdeckt. Da bei der Auswahl der Pflanzen auf die unterschiedlichen Lebensbedingungen wenig Rücksicht genommen wird, sind derartig angelegte Staudenrabatten entsprechend aufwendig in der Pflege und Unterhaltung.

Werden neben Stauden auch andere Pflanzen wie Gehölze, Rosen oder Sommerblumen verwendet, spricht man von **gemischten Rabatten** (Mixed Borders).

2. Naturnah gestaltete Staudenpflanzung
Vorbild bei naturnah gestalteten Staudenpflanzungen sind natürliche Pflanzengesellschaften. Ziel ist eine standortgerechte und damit langlebige, stabile, pflegeleichte Staudenpflanzung. Ob eine Art eher einzeln, in kleinen oder größeren Gruppen, flächig bzw. großflächig gepflanzt werden sollte, hängt vor allem von der Entwicklung und dem Konkurrenzverhalten (Ausbreitungsverhalten) der einzelnen Arten/Sorten ab und wird in **Geselligkeitsstufen** (s. Tab. 1) ausgedrückt.

Geselligkeitsstufe	Pflanzung	
1		einzeln oder in kleinen Gruppen
2		in kleinen Gruppen von 3 bis 10 Stück
3		in Gruppen von 10 bis 20 Stück
4		flächig in Kolonien zu mehr als 20 Stück
5		vorwiegend großflächig

Tab. 1 Geselligkeitsstufen für Stauden

Naturnahe Pflanzungen entstehen demgemäß durch die Auswahl der Stauden nach ähnlichen **Lebensbereichen** (s. Kap. Lebensbereiche) und ihre **Anordnung nach Geselligkeitsstufen**[1]. Gepflanzt wird nach folgendem Schema:

1. Pflanzung der **Leitstauden,** Stauden die aufgrund ihres Aussehens (z. B. Wuchshöhe) besonders auffallen und das Bild der

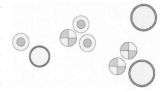

Pflanzung bestimmen. Sie bilden in rhythmischen Wiederholungen aber ungleichen Abständen das Grundgerüst der Rabatte, an denen sich alle nachfolgenden Stauden in Blütezeit, Farbe und Wuchshöhe orientieren (Geselligkeitsstufe 1 bis 2).

2. Im zweiten Schritt werden **Begleitstauden** in rhythmischer Wiederholung und räumlicher Nähe zu den Leitstauden in 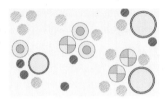 kleineren oder größeren Gruppen (Geselligkeitsstufe 2 bis 3) angeordnet. Begleitstauden sollen die Wirkung der Leitstauden steigern.

3. Auf die verbleibende Fläche zwischen Leit- und Begleitstauden werden **Füllstauden** in größeren Gruppen oder auch flächende- 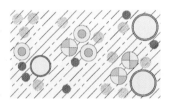 ckend (**flächendeckende Stauden**) angeordnet (Geselligkeitsstufe 4). Zumeist handelt es sich um niedrigere Stauden, die farblich mit den Leit- und Begleitstauden harmonieren.

Schrittweise Vorgehensweise bei der Planung:
1. Standort für das Staudenbeet festlegen.
2. Lebensbereich bestimmen bzw. Standortbedingungen einschätzen.
3. Pflanzen entsprechend auswählen (Hilfe: Suchkriterien in Staudendatenbank eingeben) und nach Größe, Blütenfarbe und -zeit sortieren.
4. Leit-, Begleit- und Füllstauden für die Jahreszeiten Frühjahr (IV – V), Frühsommer (VI – VII) Hochsommer (VII – VIII) und Frühherbst/ Herbst (IX – XI) festlegen (= Folgestaudenpflanzung).
5. Pflanzplan (Maßstab 1 : 20 bis 1 : 50) erstellen und mit Hilfsraster (Abstand der Hilfslinien 1 m → Rastergröße 1 m²) überziehen.
6. Standort der Leit-, Begleit- und Füllstauden (harmonische Farbzusammenstellung, abwechslungsreiche Höhenstaffelung) bestimmen.
7. Genaue Stückzahlen der Pflanzen ermitteln.
8. Planung überprüfen.

---

[1] Pflanzungen nach Geselligkeitsstufen folgen den von Richard Hansen und Herrmann Müssel an der FH Weihenstephan erarbeiteten Gruppierungsempfehlungen für Staudenarten und -sorten.

5.2 Pflege

Die **Pflege von Stauden** umfasst:
- Wässern bei anhaltender Trockenheit
- Nährstoff- und Humuszuführung entsprechend der Pflanzenauswahl

Stauden	N	P_2O_5	K_2O	MgO
schwachzehrend[1]	≤ 5	2 bis 4	4 bis 6	0,6 bis 0,8
starkzehrend	≤ 10	4 bis 6	6 bis 8	0,8 bis 1,2

[1] Aufteilung in zwei Gaben: 1. Wachstumsbeginn (März/April)
2. Juni/Juli

Tab. 1   Nährstoffbedarf von Pflanzflächen in g/m²

- Entfernung der verblühten Blüten zur Verlängerung der Blütezeit (Samenansatz!)
- Eingrenzung stark wuchernder Arten
- Jäten von Wildkräutern. Durch eine Bodenabdeckung mit Rindenmulch (5 cm = 50 l/m²) können Samenunkräuter weitgehend unterdrückt werden. Zur Vermeidung von N-Mangel sollte eine N-Ausgleichsdüngung vor dem Mulchen durchgeführt werden (etwa 12 g N/m², bei Wald-/ Waldrandstauden 3 g N/m², je zur Hälfte in Form von z. B. Hornspänen und einem schnell wirkenden N-Dünger). Nährstoffversorgung des Bodens berücksichtigen.
- Stützung der Stauden, die auseinanderfallen.
- Abdecken nicht ganz winterharter Stauden (z. B. Fackellilie) vor Frostbeginn mit Tannenreisig.
- Teilung und Verpflanzung älterer Stauden bei nachlassender Wüchsigkeit und Blühwilligkeit. Daneben gibt es auch Stauden, die jahrzehntelang am selben Standort stehen können, ohne negativ zu reagieren. So sollten z. B. Tränendes Herz, Pfingstrosen, Schleierkraut und Mohn nach Möglichkeit am selben Standort belassen werden, da sie ein Verpflanzen nur schlecht vertragen.
- Vermehrung: Die einfachste, schnellste, sicherste und damit die gebräuchlichste Art ist das Teilen der Pflanzen.
- Bei manchen Stauden (z. B. Bergflockenblume, Rittersporn, Lupinen, Salbei) lässt sich durch einen starken Rückschnitt (5 bis 10 cm über dem Boden) nach der Blüte ein zweiter Blütenflor erzielen.
- Nachmulchen (z. B. mit Rindenkompost, Grünkompost, Holzhäcksel, Lava, Ziegelsplitt).

Aufgaben

1. Was sind Stauden?
2. Zur standortgerechten Verwendung von Stauden sind ihre natürlichen Lebensbereiche zu berücksichtigen. Welche Ansprüche an den Standort stellen Stauden der Lebensbereiche a) Gehölz, b) Gehölzrand, c) freie Fläche, d) Steingarten und e) Beet?
3. Was besagen die Geselligkeitsstufen 1 bis 5 bei der Pflanzung von Stauden?

Aufgaben

4. Erstellen Sie zu den Lebensbereichen jeweils eine Tabelle mit 6 Spalten: Botanischer Name (in Klammern deutscher Name), Familie, Blütezeit und -farbe, Wuchshöhe in cm, Geselligkeitsstufe, Bemerkungen (sollte das enthalten, was Sie noch für wichtig halten). Ordnen Sie die unter Kap. 2 aufgeführten und die folgenden Pflanzen ein. Hilfsmittel: Staudenbücher/-kataloge.

Lebensbereich Gehölz

Aconitum x arendsii, Anemone japonica, Anemone nemorosa, Asperula odorata, Bergenia cordifolia, Blechum spicant, Brunnera macrophylla, Campanula latifolia, Cimicifuga cordifolia, Dryopteris filixmas, Helleborus niger, Hepatica nobilis, Lamium maculatum, Lathyrus vernus, Omphalodes verna, Osmunda regalis, Oxalis acetosella, Phyllitis scolopendrium, Primula vulgaris, Rodgersia tabularis, Saxifraga fortunei, Saxifraga umbrosa, Smilacina racemosa, Symphytum grandiflorum, Thalictrum dipterocarpum, Tiarella cordifolia, Waldsteinia geoides, Waldsteinia ternata.

Lebensbereich Gehölzrand

Anemone sylvestris, Aquilegia vulgaris, Chrysogonum virginianum, Dianthus deltoides, Dictamnus fraxinella, Digitalis grandiflora, Dodecatheon meadia, Eupatorium purpureum, Geranium macrorrhizum, Helenium hoopesii, Heuchera-Hybriden, Inula magnifica, Lathyrus latifolius, Lavatera thuringiaca, Lychnis viscaria, Lysimachia nummularia, Lysimachia punctata, Polemonium caeruleum, Polygonatum odoratum, Potentilla nepalensis, Primula veris, Prunella grandiflora, Thalictrum aquilegifolium, Veronica virginica, Viola odorata.

Lebensbereich freie Fläche

Achillea tomentosa, Anaphalis triplinervis, Anthemis biebersteiniana, Asphodeline lutea, Aster linosyris, Aster togolensis, Centranthus ruber, Ceratostigma plumbaginoides, Eremurus robustus, Eriophyllum lanatum, Eryngium alpinum, Eryngium planum, Gypsophila paniculata, Lewisia cotyledon, Opuntia polyacantha, Origanum vulgare, Phlomis samia, Platycodon grandiflorus, Salvia pratensis, Sorghastrum nutans.

Lebensbereich Steingarten

Achillea argeratifolia, Adonis vernalis, Antennaria dioica, Aster alpinus, Campanula carpatica, Carlina acaulis, Corydalis lutea, Dianthus gratianopolitanus, Dianthus plumarius, Dryas x suendermannii, Gentiana acaulis, Gentiana lagodechiana, Geranium dalmaticum, Geranium subcaulescens, Iberis saxatilis, Iberis sempervirens, Inula ensifolia, Matricaria caucasica, Morina longifolia, Nepeta x faassenii, Phlox x subulata, Potentilla aurea, Primula pubescens, Sagina subulata, Saxifraga-Arendsii-Hybriden, Saxifraga trifurcata, Sedum album, Sempervium arachnoideum, Silene maritima, Veronica incana, Veronica prostata, Viola cornuta, Wulfenia carinthiaca.

Lebensbereich Beet

Anchusa azurea, Aster novae-angeliae, Aster novi-belgii, Centaurea dealbata, Chelone obliqua, Chrysanthemum leucanthemum, Chrysanthemum maximum, Coreopsis lanceolata, Coreopsis verticillata, Echinops bannaticus, Erigeron-Hybriden, Filipendula rubra, Gaillarda aristata, Heliopsis scabra, Hemerocallis lilioasphodelus, Lychnis chalcedonica, Papaver orientale, Penstemon barbatus, Scabiose caucasica, Solidago-Hybriden, Tradescantia-Andersoniana-Hybriden, Veronica longifolia.

5. Erstellen Sie zu den Lebensbereichen Blütezeitkalender, aus denen die Blütezeiten, -farben und die Wuchshöhe der Stauden hervorgehen:

Lebensbereich Gehölz					
Staude	Höhe (cm)	Jan.	Feb.	März	April usw.
Anemone nemorosa	15				weiß

6. Nennen Sie Stauden, die zu schweren Vergiftungen führen können.

7. Was ist beim Erwerb von Stauden, die unter Artenschutz stehen, zu beachten? Was versteht man unter CITES-Papiere bzw. -Bescheinigung?

8. Erstellen Sie mithilfe eines Tuschkastens mit den drei Grundfarben einen a) 3-teiligen, b) 6-teiligen und c) 12-teiligen Farbkreis.

9. Unterscheiden Sie Leit- und Begleitstauden sowie flächendeckende Stauden.

10. Was versteht man unter Solitärstauden? Nennen Sie drei Beispiele.

11. Nennen Sie fünf geeignete Schnittstauden.

12. Nennen Sie jeweils drei Stauden für eine a) sonnige und b) schattige Rabatte.

13. Ein schattiger Standort soll mit bodendeckenden Stauden bepflanzt werden. Welche Stauden (drei Beispiele) würden Sie empfehlen?

14. Ein Steingarten in vollsonniger Lage soll bepflanzt werden. Nennen Sie drei geeignete Stauden.

15. Erstellen Sie Pflanzpläne für eine möglichst ganzjährig blühende Staudenrabatte nach der a) Harmonie mit kleinen, b) Harmonie mit großen und c) Harmonie mit gemischten Kontrasten.

Zwiebel- und Knollengewächse

1   Botanische Kennzeichen

1.1   Lilien-, Narzissen- und Irisgewächse

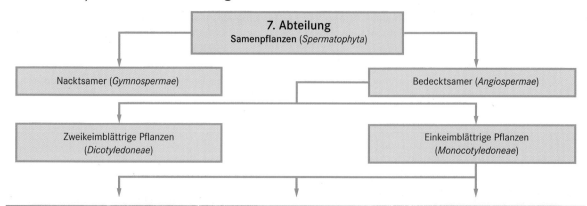

7. Abteilung
Samenpflanzen (*Spermatophyta*)

Nacktsamer (*Gymnospermae*)

Bedecktsamer (*Angiospermae*)

Zweikeimblättrige Pflanzen
(*Dicotyledoneae*)

Einkeimblättrige Pflanzen
(*Monocotyledoneae*)

Liliengewächse (Liliaceae)	Narzissengewächse (Amaryllidaceae)	Irisgewächse (Iridaceae)

Camassia, Chionodoxa, Colchicum, Eremurus, Erythronium, Eucomis, Fritillaria, Galtonia, Hyacinthoides, Ipheion, Lilium, Ornithogalum, Puschkinia, Tulipa

Galanthus, Leucojum, Narcissus

Acidanthera, Crocus, Crocosmia, Gladiolus, Iris, Ixia, Sparaxis

- radiär
- Perigon aus 2 dreizähligen Kreisen (Kelch- und Blütenblätter)
- 2 Staubblattkreise mit jeweils drei Staubblättern
- oberständiger Fruchtknoten aus drei miteinander verwachsenen Fruchtblättern

- radiär
- Perigon aus 2 dreizähligen Kreisen (Kelch- und Blütenblätter)
- 2 Staubblattkreise mit jeweils drei Staubblättern
- unterständiger Fruchtknoten aus drei miteinander verwachsenen Fruchtblättern

- radiär bis leicht zygomorph (z. B. Gladiole)
- Perigon aus 2 dreizähligen Kreisen (Kelch- und Blütenblätter)
- 1 Staubblattkreis mit drei Staubblättern
- unterständiger Fruchtknoten aus drei miteinander verwachsenen Fruchtblättern

Abb. 1 Systematik

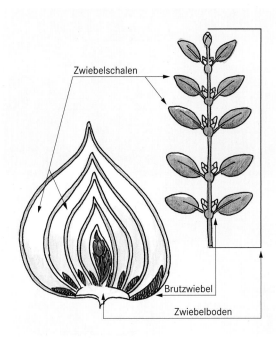

Abb. 1 Die Zwiebel – eine Sprossmetamorphose

Bei den meisten der verwendeten Zwiebel- und Knollengewächse handelt es sich um einkeimblättrige Pflanzen (s. Abb. 1, S. 292), nur wenige stammen aus der Klasse der Zweikeimblättrigen (s. Tab. 1).

1.2 Zwiebeln, Knollen und Rhizome

Zwiebel- und Knollengewächse sind mehrjährige, krautige Pflanzen (Stauden), die ungünstige Jahreszeiten, wie Trocken- oder Winterzeiten, mithilfe unterirdischer Speicherorgane überdauern (**Erdpflanzen** oder **Geophyten** genannt). Nach der Art des Speicherorgans unterscheidet man zwischen Zwiebeln, Knollen und Rhizomen.

1.2.1 Zwiebeln

Bei den Zwiebeln ist die Sprossachse so stark gestaucht, dass sie nur noch einen dünnen **Zwiebelboden** (Zwiebelscheibe/-kuchen) bildet. Die Assimilate werden in den fleischig verdickten Blättern, den **Zwiebelschalen**, eingelagert. In der Mitte der Zwiebelscheibe zwischen den fleischig verdickten Blättern befindet sich die Hauptknospe, aus der sich die neue Pflanze entwickelt. In den Blattachseln wie auch am Zwiebelboden entwickeln sich kleine Tochterzwiebeln, sogenannte **Brutzwiebeln**. Sie benötigen bis zur vollen Entwicklung je nach Größe 2 bis 3 Jahre (s. Abb. 1).

Familien	Gattungen
Asteraceae/Compositae (Astergewächse/Korbblütler)	Dahlia
Begoniaceae (Begoniengewächse)	Knollenbegonien-Gruppe
Cannaceae (Blumenrohrgewächse)	Canna-Indica-Gruppe
Oxalidaceae (Sauerkleegewächse)	Oxalis
Papaveraceae (Mohngewächse)	Corydalis
Primulaceae (Primelgewächse)	Cyclamen
Ranunculaceae (Hahnenfußgewächs)	Anemone, Eranthis

Tab. 1 Zweikeimblättrige „Blumenzwiebeln"

Nach der **Lebensdauer** kann man zwischen einjährigen, zweijährigen und mehrjährigen Zwiebeln unterscheiden:

- **Einjährige Zwiebeln** sind z. B. Tulpenzwiebeln. Bei ihnen werden die in den Zwiebelschalen gespeicherten Assimilate während der Vegetationsperiode verbraucht, sodass die Mutterzwiebel nach der Blüte abstirbt. Als Ersatz entwickelt sich die größte Brutzwiebel direkt neben dem Blütenschaft im Laufe des Sommers (Mai bis August) zur **Ersatzzwiebel,** die im nächsten Jahr die Blüte hervorbringt (s. Abb. 1, S. 294). Die Entwicklung der Ersatzzwiebel bestimmt also die Tulpenblüte im nächsten Jahr. Entsprechend sollten beim Blumenschnitt nie alle Laubblätter entfernt werden, da sich ansonsten die Ersatzzwiebel nicht optimal entwickeln kann.

- **Zweijährige Zwiebeln** weisen im Gegensatz zu den einjährigen Zwiebeln zwei Jahrgänge von Zwiebelschalen auf. Während der Vegetationsperiode werden nur die in den älteren Zwiebelschalen eingelagerten Assimilate verbraucht, die im jüngeren Jahrgang eingelagerten Nährstoffe dienen der Überwinterung der Zwiebel (z. B. bei Schneeglöckchen).

- **Mehrjährige Zwiebeln** setzen sich aus drei bis sechs Jahrgängen zusammen, wobei die fleischigen Blätter nebeneinander stehen. Im Lauf der Vegetationsperiode werden die Nährstoffe aus dem ältesten Jahrgang verbraucht, wobei parallel dazu ein neuer Jahrgang gebildet wird und die anderen Jahrgänge weiterwachsen (z. B. bei Narzissen und Hyazinthen). Nach dem Abfallen der leer gesaugten äußeren Schalen gelangen die im Innern gebildeten Tochterzwiebeln nach außen (s. Abb. 2, S. 294). Derartige Zwiebeln können sich im Laufe der Jahre zu einem ganzen Bündel von Zwiebeln entwickeln. Zur Vermehrung werden die mehrteiligen Zwiebeln getrennt (s. Abb. 3, S. 294).

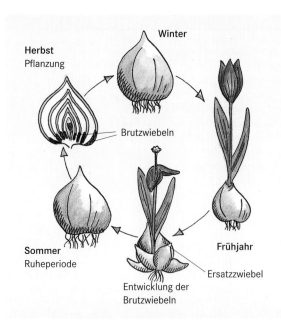

Abb. 1   Entwicklungsverlauf bei Tulpenzwiebeln

Abb. 2   Tochterzwiebeln sind nach außen gelangt, sodass die Narzissenzwiebel eine Doppelnase bildet

Abb. 3   Büschel von Narzissenzwiebeln, links zur Vermehrung abgetrennte Tochterzwiebeln

Abb. 4   Unterscheidung: links Zwiebel (Tulpe), rechts Knolle (Krokus)

Abb. 5   Gladiolenknollen mit Brutknollen

1.2.2 Knollen

Bei den Knollen lassen sich Spross- und Wurzelknollen unterscheiden. Bei den **Sprossknollen** handelt es sich um unter- oder oberirdische Speicherorgane. Sie entstehen durch Stauchung und Verdickung von Abschnitten der Sprossachse. Entsprechend weisen Sprossknollen keinen schalenförmigen Aufbau wie die Zwiebeln auf (s. Abb. 4). Pflanzen mit Knollen sind z. B. Cyclamen, Knollenbegonie, Gladiole, Krokus, Herbstzeitlose und Winterling. An der Basis der Mutterknollen bilden sich **Brutknollen**. Bei Gladiolen schwankt die Zahl zwischen 5 und 30. Je nach Größe kommen sie nach 2 bis 3 Jahren zur Blüte (s. Abb. 5).

Von **Wurzelknollen** spricht man, wenn Seiten- oder Adventivwurzeln zu Speicherorganen entwickelt wurden (z. B. Dahlien, s. Abb. 6).

Abb. 6   Die Wurzelknollen der Dahlien müssen ein Stück Stängel mit Augen enthalten, um austreiben zu können

Abb. 1 'Elvira'. Vor dem Frost werden die Gladiolenknollen aus dem Boden genommen, von den Resten der Mutterknolle befreit, an der Luft getrocknet und kühl überwintert. Die Färbung des „Knollenfleisches" gibt Hinweise auf die spätere Blütenfarbe: dunkel = dunkle Blüte, hell = helle Blüte

Abb. 2 'Bertini'. Knollen von Knollenbegonien weisen auf der Oberseite Augen auf. Beim Teilen ist darauf zu achten, dass jedes Stück mindestens ein Auge besitzt

Sprossknolle   Wurzelknolle

Abb. 3 Spross- und Wurzelknollen

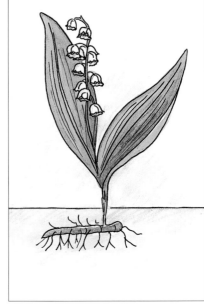

Abb. 4 Rhizom (Wurzelstock) des Maiglöckchens

Auch bei den Knollen kann man zwischen ein- und mehrjährigen unterscheiden:

■ **Einjährige Knollen** sterben nach einer Vegetationsperiode ab. Die gespeicherten Assimilate werden verbraucht und es entwickeln sich eine oder mehrere neue Knollen (z. B. bei Krokus und Gladiole).

■ Bei den **mehrjährigen Knollen** wird während des Austriebs nur ein Teil der gespeicherten Reservestoffe verbraucht und während der Vegetationsperiode wieder aufgefüllt. Dabei kommt es zum Wachstum der Knollen (z. B. bei Cyclamen und Knollenbegonien), sodass diese mit zunehmendem Alter größer werden.

1.2.3 Rhizome

In der Praxis umfasst der Begriff „Zwiebel- und Knollengewächse" auch Pflanzen mit Rhizomen, wie Maiglöckchen, Buschwindröschen, Montbretie, Steppenkerze und Sauerklee.

Rhizome oder **Wurzelstöcke** sind unterirdische, verdickte und gestauchte Sprossachsen, die horizontal wachsen und sprossbürtige Wurzeln besitzen. Die Blätter sind zu kleinen Schuppenblättchen (Niederblätter) reduziert. In den Achseln dieser Blättchen befinden sich Knospen, aus denen sich während der Vegetationsperiode „normale" Luftsprosse entwickeln (s. Abb. 4).

2   Pflanzenbeschreibung

2.1   Tulpen

Im 16. Jahrhundert kamen die ersten Tulpenzwiebeln aus Vorder- und Zentralasien über die Türkei nach Westeuropa. Vor allem der niederländische Botaniker Carolus Clusius (1526 – 1609), einer der Begründer der beschreibenden Pflanzenkunde im 16. Jahrhundert, hat maßgeblich dazu beigetragen, dass die Tulpe in den Niederlanden bekannt wurde, wo sie seitdem in großem Umfang gezüchtet und angebaut wird und zu einem milliardenschweren Wirtschaftszweig geworden ist.

Die Gattung **Tulipa** aus der Familie der Liliengewächse umfasst etwa 100 Arten mit zahllosen Sorten. Als **Gartentulpen** werden zahlreiche in den Gärten kultivierte Tulpensorten bezeichnet, deren Herkunft nicht zu klären ist. Neben Gartentulpen gewinnen auch immer mehr die ursprünglichen Arten (**Wildtulpen**) oder **botanische Tulpen**, wie T. kaufmanniana, T. fosteriana und T. greigii, im privaten und öffentlichen Grün an Bedeutung. Ihre zahlreichen Sorten sind als **Kaufmanniana-**, **Fosteriana-** und **Greigii-Tulpen** im Handel.

Um in die Vielfalt des Tulpensortiments einen Überblick zu bekommen, wurde es von der englischen *Royal Horticultural Society* und der holländischen *Koninklije Algemeene Vereening voor Bloembollenculture* in 15 Klassen eingeteilt, die ihrerseits nach der Blütezeit zu vier Gruppen zusammengefasst wurden: frühe, mittelfrühe und späte Tulpen sowie Wildarten und ihre Sorten.

Früh blühende Tulpen
(Blütezeit Mitte bis Ende April)

1. Einfache früh blühende Tulpen

'Couleur Cardinal'   'Brilliant Star'

Kennzeichen: niedrig wachsende (30 bis 40 cm), kräftige Pflanzen mit breiter Farbpalette. Gut geeignet für Beete, Rabatten und Pflanzgefäße.

'Apricot Beauty'   'Arma'

2. Gefüllte früh blühende Tulpen

'Orange Nassau'   'Peach Blossom'

Kennzeichen: im Wuchs große Ähnlichkeit mit 1. Klasse: Niedriger Wuchs (25 bis 30 cm), kräftige Pflanzen, jedoch mit größeren und gefüllten Blüten. Gut geeignet für Beete, Rabatten und Pflanzgefäße.

Mittelfrüh blühende Tulpen
(Blütezeit Ende April bis Anfang Mai)

3. Triumph-Tulpen

'Golden Melody'   'Leen van der Mark'

Kennzeichen: Sie sind aus Kreuzungen zwischen einfachen frühen Tulpen und verschiedenen spät blühenden Tulpen (u. a. Darwin-Tulpen, eine früher wichtige langstielige Klasse) entstanden. Kräftige 40 bis 60 cm hohe Pflanzen mit vielen zweifarbigen Sorten in schönen Farbkombinationen. Gut geeignet für Beete und Rabatten.

4. Darwin-Hybrid-Tulpen

'Apeldoorns Elite'

'Apeldoorn'

'Golden Apeldoorn'

Kennzeichen: langstielige (55 bis 75 cm), sehr schöne Gartentulpen, die aus Kreuzungen zwischen Darwin-Tulpen und Fosteriana-Rassen entstanden sind. Bedeutende Schnittblumen.

Spät blühende Tulpen *(Blütezeit Mai)*

5. Einfache spät blühende Tulpen

'Gander'

'Pink Diamond'

Kennzeichen: spät blühende Tulpen (in der Regel nach Mitte Mai), die sich den anderen Klassen nicht zuordnen lassen. U.a. sind ihnen die heute weniger bedeutenden Darwin- und Cottage-Tulpen (stammen aus englischen Bauern- und Landhausgärten) zugeordnet. Entsprechend heterogen ist diese Klasse im Aussehen. Höhe zwischen 25 und 65 cm. Aufgrund der späten Blüte sind sie in einem warmen Frühjahr relativ schnell verblüht. Als Gartentulpe für lockere Pflanzungen und zum Schnitt geeignet.

6. Lilienblütige Tulpen

'Aladdin'

'West Point'

'White Triumphator'

Kennzeichen: lange, schmale Blüten mit spitz zulaufenden Blütenblättern, die sich beim Aufblühen nach hinten biegen. Form ähnelt Lilienblüten. Blüte nach Mitte Mai. Aufgrund ihrer langen (50 bis 60 cm) und nicht so kräftigen Stiele, besteht eine gewisse Windempfindlichkeit. Sehr apart in Gruppen; gut zum Schnitt und für Rabatten geeignet.

7. Gefranste Tulpen

'Burgundi Lace'

'Fancy Frills'

Kennzeichen: Blütenblätter am Rande ausgefranst. Heute geringe Bedeutung.

Hinweis

Ab 1610 entwickelt sich, vor allem in Holland, ein lebhafter Tulpenzwiebelhandel, der zu wilden Spekulationsgeschäften und zur **Tulpomanie** führt. Die Preise für Tulpenzwiebeln steigen ins Unermessliche. **1637** bricht über Nacht der Markt für Tulpen zusammen. Viele Menschen stehen vor dem finanziellen Ruin.

8. Viridiflora-Tulpen

'Spring Green'

'Groenland'

Kennzeichen: Tulpen mit teilweise grünlich gefärbten Blüten (viridiflorus = grünblütig). Im Allgemeinen wenig empfehlenswert.

9. Rembrandt-Tulpen

'Rembrandt mixed'

Kennzeichen: Blüten weisen mindestens zwei Farben auf, von denen die eine den Grundton bildet und die zweite auf dieser in Form von Flecken, Streifen oder Flammen (geflammt) auftritt. Viele dieser bizarren Blüten sind durch Viruskrankheiten verursacht, die die Pflanze schwächen, sodass sie schließlich sterben. Ein Grund, warum der Anbau dieser meist sehr alten und früher sehr beliebten Tulpen immer mehr zurückgeht.

10. Papagei-Tulpen

'Estella Rynveld'

'Blue Parrot'

Kennzeichen: Mutationen von Sorten, die es bereits vor 300 Jahren gab. Ihre Blüten zeigen ein auffälliges Farbenspiel (Papagei) in Form von Adern oder geflammten Muste-

rungen in von der Grundfarbe abweichenden Farben. Die sehr großen, auf einem relativ schwachen Stiel sitzenden Blüten sind an ihren Rändern auffallend gewellt, gekräuselt, zerschlitzt oder federartig gefranst. Verwendung finden sie als Schnittblumen. Ansonsten haben sie nur Liebhaberwert.

11. Gefüllte späte Tulpen

'Mount Tacoma'

'Angelique'

Kennzeichen: große gefüllte Blüten, die an Päonien erinnern („Päonienblütige Tulpen"). Höhe 40 bis 65 cm. Die in der zweiten Maihälfte blühenden Pflanzen sind vor allem zum Schnitt geeignet.

Wildtulpen und ihre Sorten
(Blütezeit früh, mittelfrüh und spät)

12. Kaufmanniana-Tulpen

'Giuseppe Verdi'

'Heart's Delight'

'Johann Strauss'

'Showwinner'

Kennzeichen: früh blühend (III – IV), Blätter manchmal braun gestrichelt, Höhe 20 bis 30 cm. Die meist zweifarbigen, schmalen und spitz zulaufenden Blütenblätter spreizen sich bei sonnigem Wetter weit auseinander, sodass sie waagerecht abstehen und an Seerosen erinnern, was ihnen die Bezeichnung Seerosen-Tulpen einbrachte. Eine der schönsten Wildtulpen, die sich sehr gut für den Garten eignet und in Steingärten oder verwildert zwischen Gräsern und niedrig wachsenden Gehölzen besonders gut zur Wirkung kommt.

13. Fosteriana-Tulpen

'Madame Lefeber'

'Purissima'

'Candela'

'Orange Emperor'

Kennzeichen: früh blühend (III – IV), kräftig gebaut, mit großen, sehr schönen, leuchtenden Blüten. Die äußeren drei Blütenblätter weisen leicht zurückgebogene Spitzen auf, die inneren sind abgerundet. Blätter häufig mit schmalem roten Rand, bei manchen Sorten braungestrichelt. Höhe 20 bis 40 cm. Gut geeignet für Beete, Rabatten, Steingärten, Schnitt und Pflanzgefäße.

14. Greigii-Tulpen

'Oriental Beauty'

'Red Riding Hood'

'Cape Cod'

'Toronto'

Kennzeichen: mittelfrühe Blüte (IV – V), Blätter auffällig braunrot getupft oder gestrichelt. Große glockenförmige Blüte mit spitz zulaufenden Blütenblättern. Höhe 10 bis 30 cm. Sehr gut für Beete, Rabatten, Steingärten und Pflanzgefäße geeignet.

15. Wildtulpen (Tulipa species)

In dieser Gruppe sind alle anderen Arten enthalten. Sie werden auch als botanische Tulpen bezeichnet. Geeignet sind sie vor allem für Steingärten und naturnahe Gärten.

Beispiele:

Tulipa clusiana

Tulipa humilis
(T. pulchella)

Tulipa tarda

2.2 Narzissen

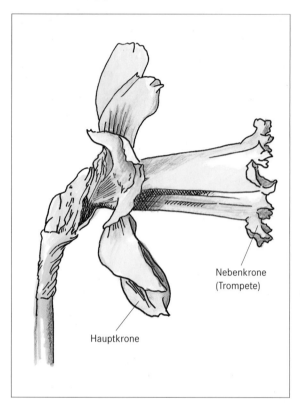

Abb. 1 Morphologie der Narzissenblüte

Die Gattung Narcissus gehört mit ihren etwa 50 Arten zu den beliebtesten Frühlingsblühern. Aufgrund des riesigen Sortiments – es existieren mehr als zehntausend Sorten – wurde von der englischen *Royal Horticultural Society* eine Einteilung nach Blütenmerkmalen (s. Abb. 1) in 12 Klassen vorgenommen:

1. Trompetennarzissen (Osterglocken)

'Golden Harvest'   'Mount Hood'

Kennzeichen: Trompete (Nebenkrone) gleich lang oder länger als die Blätter der Hauptkrone. Überwiegend frühe Sorten (Blüte ab März). Höhe 35 bis 50 cm.
Verwendung: Beete, Rabatten, Rasen, Wiese, Gehölzränder, Pflanzgefäße.

2. Großkronige Narzissen

'Carlton'   'Flower Record'

Kennzeichen: Nebenkrone länger als ein Drittel, aber kürzer als die Gesamtlänge eines Blattes der Hauptkrone. Blüte ab Anfang April, Höhe 35 bis 40 cm.
Verwendung: Beete, Rabatten, Rasen, Wiese, Gehölzränder, Pflanzgefäße.

3. Kurzkronige Narzissen

'Barrett Browning'

Kennzeichen: Nebenkrone kürzer als ein Drittel eines Blattes der Hauptkrone. Blüte Mitte April, Höhe 40 bis 50 cm.
Verwendung: Beete, Rabatten, Rasen, Wiese, Gehölzränder, Pflanzgefäße.

4. Gefüllt blühende Narzissen

'Cheerfulness'   'Rip van Winkle'

Kennzeichen: Kronen gefüllt, eine oder mehr Blüten pro Stiel. Blüte April bis Mai, Höhe 35 bis 50 cm.
Verwendung: Beete und Rabatten.

5. Triandrus-Narzissen (Engelstränen-Narzissen)

'Hawera' (2 bis 6 Blüten)   'Thalia' (2 bis 3 Blüten)

Kennzeichen: meistens mehrblütig (1 bis 6 Blüten pro Stiel). Blüten hängend oder nickend. Hauptkrone häufig zurückgeschlagen, Nebenkrone trompetenförmig oder großkronig. Blüte Ende April bis Anfang Mai, Höhe 15 bis 50 cm.
Verwendung: Rabatten, Steingärten, Verwilderung.

6. Cyclamineus-Narzissen (Alpenveilchen-Narzissen)

'Jack Snipe'   'Tete-a-Tete'

Kennzeichen: nickende Blüten, Blätter der Hauptkrone zurückgeschlagen. Blüte Mitte März bis Ende April, Höhe 20 bis 30 cm.
Verwendung: Steingärten, Verwilderung an feuchten Standorten.

7. Jonquillen-Narzissen

'Baby Moon'

Kennzeichen: intensiv duftend, überwiegend mehrblütig und spät blühend (April bis Mai), Höhe 30 bis 40 cm.
Verwendung: Steingärten, Verwilderung an trockenen Standorten.

8. Tazetten-Narzissen (Straußnarzissen)

'Geranium'   'Minnow'

Kennzeichen: mehrere, straußförmig angeordnete Einzelblüten pro Stängel. Stark duftend, wenig winterhart. Blüte Anfang Mai, Höhe 35 bis 40 cm.
Verwendung: Steingarten, Rabatten (Winterschutz!).

9. Poeticus-Narzissen (Dichternarzissen)

'Actaea'   'Recurvus'

Kennzeichen: Hauptkrone weiß, kleine Nebenkrone meist gelb mit rotem Saum. Schöner, zarter Duft. Wenige meist späte bis sehr späte Sorten (Mai). Höhe 45 cm.
Verwendung: Beete, Rabatten, Verwilderung.

10. Wildnarzissen

Diese Klasse enthält Arten und Wildformen.
Beispiele: *Narcissus cyclamineus* (Alpenveilchen-Narzisse): Blüte Februar bis März, feuchte bis nasse Böden. *Narcissus pseudonarcissus* (Trompetennarzisse): Blüte März bis April.
Verwendung: zum Verwildern.

11. Schlitzkronen-Narzissen

Kennzeichen: Die Nebenkronen sind flach. Keine weitere Bedeutung.

12. Sonstige Narzissen

Narzissen, die den Klassen 1 bis 11 nicht zugeordnet werden können (neue Formen).

2.3 Dahlien

1. Einfach blühende Dahlien
Ein Kreis Zungenblüten, in der Mitte Röhrenblüten, zu ihnen zählen auch Mignon- und Topmix-Dahlien

2. Anemonenblütige Dahlien
Ein oder mehrere Kreise Zungenblüten, in der Mitte dichte Gruppe von Röhrenblüten

3. Halskrausen-Dahlien
Röhrenblüten werden von einer „Halskrause" aus kleineren und größeren Zungenblüten umgeben

4. Seerosen-Dahlien
Nach innen gerollte Zungenblüten umschließen kleine Gruppen von Röhrenblüten

5. Dekorative Dahlien (Schmuck-Dahlien)
Dicht stehende Zungenblüten, an den Rändern leicht nach innen oder außen gewellt. Blütenkopf gewölbt

6. Ball-Dahlien
Blüte rundlich, Zungenblüten spiralig angeordnet und über mehr als die Hälfte nach innen gerollt

7. Pompon-Dahlien
Wie Balldahlien, Blüten jedoch runder und kleiner

8. Kaktus-Dahlien
Zungenblüten spitz, schmal und röhrenförmig eingerollt

9. Semi-Kaktus-Dahlien
Zungenblüten in der Form zwischen Schmuck- und Kaktusdahlien

Abb. 1 Dahlienklassen (Der Klasse 10 **Diverse Dahlien** werden alle die Dahlien zugeordnet, die in keine der bisherigen Gruppen passen)

Die Gattung **Dahlia**[1] aus der Familie der Compositae umfasst ca. 30 Arten mit etwa 20 000 registrierten Sorten. Die in Mittelamerika, überwiegend in Mexiko, beheimateten Pflanzen wurden zu Beginn des 19. Jahrhunderts bei uns eingeführt. Sie blühen vom Sommer (Juli/August) bis zu den ersten Frösten. Mit ihrer Formen- und Farbenvielfalt eignen sich Dahlien vor allem für Beete, Rabatten und Pflanzgefäße sowie zur Gewinnung von Schnittblumen. Nach der Form ihrer Blüten werden sie in Klassen eingeteilt.

---

[1] Nach Andreas Dahl, einem Schüler von Linné, benannt

2.4 Zwiebel- und Knollenpflanzensortiment

Abb. 1 Allium aflatunense
(Zierlauch)

Abb. 2 Allium cernuum
(Nickender Lauch)

Abb. 3 Allium moly
(Goldlauch)

Abb. 4 Canna-Indica-Gruppe
(Indisches Blumenrohr)

Abb. 5 Chinodoxa luciliae
(Schneestolz)

Abb. 6 Convallaria majalis
(Maiglöckchen)

Abb. 7 Cyclamen coum
(Alpenveilchen)

Abb. 8 Eranthis hyemalis
(Winterling)

Abb. 9 Eremurus robustus
(Steppenkerze)

Abb. 10 Eremurus stenophyllus
(Steppenkerze)

Abb. 11 Fritillaria imperialis
(Kaiserkrone)

Abb. 12 Fritillaria meleagris
(Schachbrettblume)

Abb. 1 Galanthus nivalis
(Schneeglöckchen)

Abb. 2 Galtonia candicans
(Sommerhyazinthe)

Abb. 3 Hyacinthoides hispanica
(Blaustern)

Abb. 4 Hyacinthoides non-scripta
(Hasenglöckchen)

Abb. 5 Leucojum vernum
(Märzbecher)

Abb. 6 Lilium candidum
(Madonnenlilie)

Abb. 7 Lilium regale
(Königslilie)

Abb. 8 Muscari armeniacum
(Traubenhyazinthe)

Abb. 9 Narcissus pseudonarcissus (Gelbe
Trompetennarzissen, Osterglocken)

Abb. 10 Narcissus pseudonarcissus
(Weiße Trompetennarzissen)

Abb. 11 Ornithogalum umbellatum
(Milchstern)

Abb. 12 Scilla siberica
(weiße Form)

Botanischer Name (Deutscher Name)	Blütezeit, Standort	Höhe in cm	Pflanz- abstand[1] in cm	Pflanztiefe in cm	Pflanzzeit (H = Herbst, F = Frühjahr, S = Sommer)	Verwendung
Acidanthera bicolor (Sterngladiole)	VI – VIII, ○	60 – 100	12	10	F (E IV)	Rabatte, Schnitt, nicht winterhart
Allium aflatunense (Zierlauch)	V – VI, ○	60 – 100	20 – 25	20	H (IX/XI)	Rabatte, Solitär, Schnitt, bei strengem Frost Winterschutz
Allium cernuum (Nickender Lauch)	VI – VII, ○	30 – 45	10	10	H (IX/XI)	Rabatte, Steingarten
Allium christophii (Sternkugellauch)	VI – VII, ○	60 – 80	25	15	H (IX/XI)	Rabatte, Solitär, Schnitt
Allium giganteum (Riesenlauch)	VI – VII, ○	bis 150	30	20	H (IX/XI)	Rabatte, Solitär, Schnitt, bei strengem Frost Winterschutz
Allium karataviense (Blauzungenlauch)	IV – V, ○	20 – 25	15 – 20	15	H (IX/XI)	Rabatte, Steingarten
Allium moly (Goldlauch)	V – VI, ○	25 – 30	5 – 10	10	H (IX/XI)	Rabatte, Steingarten
Allium oreophilum (Rosenlauch)	V – VI, ○	15 – 20	5 – 10	10	H (IX/XI)	Rabatte, Steingarten
Allium schoenoprasum (Schnittlauch)	VI – VII, ○ – ◐	bis 50	15 – 25	5	H (IX/XI)	Rabatte, Schnitt, Nutzpflanze
Allium ursinum (Bärlauch)	V – VI, ◐ – ●	bis 30	5 – 10	5	H (IX/XI)	Verwilderung unter Sträuchern und Bäumen, Rabatte, starke Ausbreitung
Anemone blanda (Balkanwindröschen)	III – IV, ○ – ◐	10 – 15	5	5	H (IX/XI)	Rabatte, Steingarten, Wiese, ausdauernd und verwildernd
Anemone coronaria (Kronenanemone)	VI – VII, ○	20 – 40	8 – 10	5	H/F	Schnitt, Rabatte, Steingarten, Winterschutz
Anemone nemorosa (Buschwindröschen)	III – IV, ◐	10 – 12	5 – 10	5	H (IX/XI)	Verwilderung unter Bäumen oder Sträuchern
Begonia-Knollenbegonien (Knollenbegonie)	VI – X, ◐	20 – 40	25	leicht bedeckt	F (V)	Beete, Blumenkästen, nicht winterhart
Camassia quamash (Prärielilie)	VI – VII, ○ – ◐	30 – 50	10 – 15	12	H (IX)	Rabatte, Verwilderung unter Stauden und Gehölzen, Wasserrand, Wiese
Canna-Indica-Gruppe (Indisches Blumenrohr)	VIII – X, ○	bis 150	40 – 60	leicht bedeckt	F (E.V)	Beete, Pflanzgefäße, nicht winterhart; bei ca. 15 °C Knollen überwintern. Ab II eintopfen und bei 18 °C halten
Chionodoxa luciliae (Schneestolz)	III – IV, ○ – ◐	15	6 – 8	8	H (IX/X)	Rabatte, Steingarten, zw. Stauden, unter Sträuchern , Samenausbreitung
Colchicum autumnale (Herbstzeitlose)	VIII – IX, ○ – ◐	10	15 – 20	20	S (VII)	Verwilderung unter Bäumen und Sträuchern, Rasen (feuchte Stellen)
Convallaria majalis (Maiglöckchen)	V – VI, ◐	15 – 30	10	5	H/F	Verwilderung unter Bäumen und Sträuchern, Wiese, Schnitt
Crocus chrysanthus (Frühlingsblühender Krokus)	II – IV, ○	10	8	10	H (IX)	Verwilderung im Rasen, unter Bäumen und Sträuchern
Crocus flavus (Goldkrokus)	III, ○	8 – 15	8	10	H (XI)	Verwilderung im Rasen, unter Bäumen und Sträuchern
Crocus vernus (Frühlingskrokus)	III – IV, ○	10 – 20	8	10	H (IX/XI)	Verwilderung im Rasen, unter Bäumen und Sträuchern, verschiedene Farben
Crocus speciosus (Herbstblühend. Krokus)	IX – XI, ○ – ◐	10 – 20	8	10	S (VIII)	Verwilderung unter Bäumen und Sträuchern, Steingarten
Cyclamen coum (Alpenveilchen)	III – IV, ◐ – ●	10 – 15	5 – 10	leicht bedeckt	H (IX/XI)	Verwilderung unter Bäumen und Sträuchern, Steingarten, Wiese
Cyclamen purpurascens (Alpenveilchen)	VII – IX, ◐ – ●	10 – 15	5 – 10	leicht bedeckt	F/S	Unter Bäumen und Sträuchern, Steingarten, giftig, Winterschutz
Dahlia-Hybriden (Dahlien)	VII – X, ○	50 – 100	30 – 50	Stängel herausragend	F (V)	Beete, Rabatten, Schnitt (voll aufgeblüht schneiden), nicht winterhart
Eranthis hyemalis (Winterling)	I – III, ○ – ●	5 – 15	5 – 7	8	H (IX/XI)	Verwilderung unter Bäumen und Sträuchern, Rabatten, Steingarten

[1] Abhängig von Sorte, Standort und Verwendung

Tab. 1   Überblick Zwiebel- und Knollengewächse (Fortsetzung s. S. 306)

Botanischer Name (Deutscher Name)	Blütezeit, Standort	Höhe in cm	Pflanz-abstand[1] in cm	Pflanztiefe in cm	Pflanzzeit (H = Herbst, F = Frühjahr, S = Sommer)	Verwendung
Eremurus robustus (Steppenkerze)	VI – VII, ○	bis 250	50 – 100	15	H (IX/X)	Verwilderung unter Bäumen und Sträuchern, Rabatten, Steingarten
Eremurus stenophyllus (Steppenkerze)	V – VI, ○	bis 150	50 – 60	15	H (IIX/X)	Solitär, Rabatten, Schnitt, Wurzeln im Pflanzloch ausbreiten, Winterschutz
Erythronium dens-canis (Hundszahn)	III – V, ◐ – ●	15	8	10	H (IX/XI)	zur Unterpflanzung von Bäumen und Sträuchern, Rabatten, Steingarten
Fritillaria imperialis[1] (Kaiserkrone)	IV – V, ○ – ◐	60 – 100	20 – 30	20	H (E.VIII – X)	Rabatten, Beete, Verwilderung unter Bäumen und Sträuchern
Fritillaria meleagris[1] (Schachbrettblume)	IV, ◐	20 – 25	5 – 10	10	H (E.VIII – X)	Verwilderung zwischen Stauden und Gehölzen, Rabatten, Wiese
Galanthus nivalis (Schneeglöckchen)	II – III, ◐	10 – 20	2 – 3	10	H (IX/XI)	Verwilderung in Rasen, unter Bäumen und Sträuchern, Steingarten, Rabatten
Galtonia candicans (Sommerhyazinthe)	VII – IX, ○	bis 120	20 – 30	15	F (IV)	Solitär, Rabatten, nicht winterhart, Zwiebeln bei 10 °C überwintern
Gladiolus-Hybriden (Gladiolen)	V – IX, ○	40 – 100	10	10	F (IV)	Schnitt, nicht winterhart, vor dem ersten Frost aufnehmen
Hyacinthoides hispanica (spanisches Hasenglöckchen)	IV – V, ◐	50	10	10	H (IX/XI)	Verwilderung unter Bäumen und Sträuchern, Schnitt
Hyacinthoides non-scripta (Hasenglöckchen)	IV – V, ◐ – ●	25	12	10	H (IX/XI)	Verwilderung unter Bäumen und Sträuchern, naturnahe Gärten, Wiese
Hyacinthus orientalis (Hyazinthe)	IV – V, ○	25	10	15	H (IX – XII)	Beete, Rabatten, Pflanzgefäße, mit vielen Sorten
Ipheion uniflorum (Frühlingsstern)	IV – V, ○ – ◐	20 – 25	5 – 10	7	H (IX/XI)	Verwilderung unter Bäumen und Sträuchern, Winterschutz
Iris danfordiae (Schwertlilie)	III – IV, ○	10	5 – 10	6 – 8	H (IX/XI)	Steingarten, Winterschutz
Iris reticulata (Schwertlilie)	II – III, ○	10 – 20	6 – 8	7	H (IX/XI)	Steingarten, Winterschutz bei strengem Frost
Ixia-Hybriden (Klebschwertel)	V – VII, ○	45	3 – 4	7	H (XI/XII)	Schnitt, Rabatten, Winterschutz
Leucojum aestivum (Knotenblume)	V – VI, ○	30 – 50	8	8 – 10	H (IX/XI)	Verwilderung unter Bäumen und Sträuchern, feuchte Wiesen
Leucojum vernum (Märzbecher)	III – IV, ○ – ●	10 – 20	8	6 – 8	H (IX/XI)	Verwilderung unter Bäumen und Sträuchern, Rabatten, Wasserrand
Lilium auratum (Goldbandlilie)	VII – IX, ○ – ◐	bis 150	30	15	H/F (IX – IV)	Rabatten, Kübel, Schnitt, bildet Stängel-wurzel
Lilium candidum (Madonnenlilie)	VI – VII, ○	100	30	3	H/F (IX – IV)	Rabatten, Kübel, Schnitt; so flach pflanzen, dass Zwiebel gerade bedeckt ist
Lilium martagon (Türkenbundlilie)	VI – VII, ◐ – ●	100	30	15	H/F (IX – IV)	Rabatten, Gehölzrand, bildet Stängelwurzeln
Lilium regale (Königslilie)	VII, ○ – ◐	bis 150	30	15	H/F (IX – IV)	Rabatten, Pflanzgefäße, bildet Stängelwurzeln
Muscari armeniacum (Traubenhyazinthe)	IV, ○	10 – 20	5	10	H (IX/XI)	Rabatten, Beete, Steingärten, Gehölzränder, Verwilderung, Pflanzgefäße. Alle Traubenhyazinthen behalten nach der Blüte ihre grasartigen Blätter.
Muscari botryoides (Straußhyazinthe)	IV – V, ○ – ◐	15	5	10	H (IX/XI)	
Muscari comosum (Federhyazinthe)	IV – V, ○	30	10	10	H (IX/XI)	
Narcissus pseudonarcissus (Trompetennarzisse, Osterglocke)	III – V, ◐	40	15	10 – 20	H (IX)	Rabatten, Beete, Pflanzgefäße, Rasen, Unterpflanzung von Gehölzen, Steingarten, Wiese, Verwilderung
Ornithogalum nutans (Nickender Milchstern)	IV – V, ◐	30 – 50	5 – 10	8 – 10	H (IX/XI)	Verwilderung unter Gehölzen, Rabatten
Ornithogalum umbellatum (Doldenmilchstern)	V – VI, ○ – ◐	20	5	5 – 8	H (IX/XI)	unter Bäumen und Sträuchern, Wiese, Verwilderung
Scilla siberica (Sibirischer Blaustern)	III – IV, ◐	20	8	6 – 8	H (IX/XI)	unter Bäumen und Sträuchern, Steingärten, Rabatten, Wiese, Pflanzgefäße
Tulipa Gartentulpen (Tulpen)	IV – VI, ○	10 – 40	10	15	H (IX/XI)	Rabatten, Beete, Wiese, Steingarten, Verwilderung, Pflanzgefäße, Schnitt

[1] Frühes Pflanzen garantiert das Austreiben im Frühjahr

Tab. 1   Überblick Zwiebel- und Knollengewächse (Fortsetzung v. S. 305)

3   Verwendung

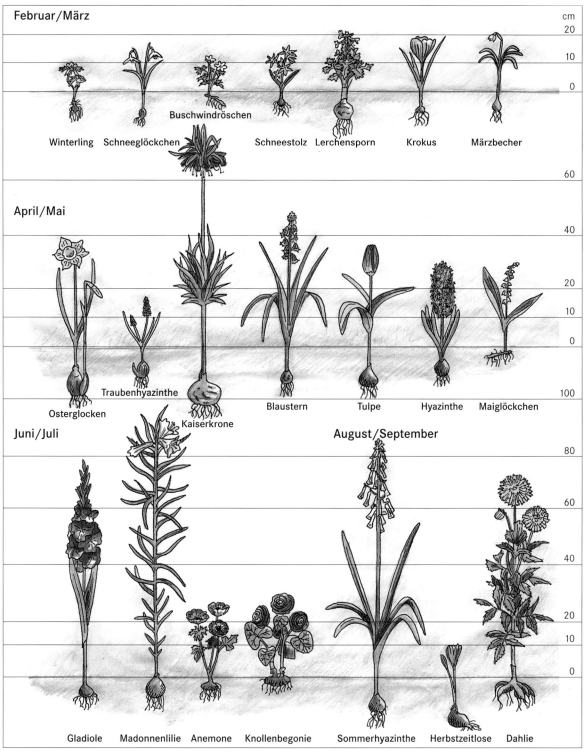

Abb. 1   Mithilfe von Zwiebel- und Knollengewächsen ist eine ganzjährige Blüte möglich

Zwiebel- und Knollenpflanzen gibt es in den verschiedensten Farben, Formen und Größen. Mit ihrem Blütenflor können sie privates und öffentliches Grün nicht nur im Frühjahr, sondern über das ganze Jahr verschönern (s. Abb. 1).

3.1 Lebensraum Gehölz und Gehölzrand

Abb. 1 Zwischen Bäumen Kolonien verwilderter Krokusse

Abb. 2 Der natürliche Lebensraum des Buschwindröschens sind der Gehölzrand und die Laubwälder

Zur Pflanzung unter sommergrünen Laubbäumen und für Gehölzränder eignen sich vor allem Zwiebel-/Knollenpflanzen, die sich frühzeitig im Jahr entwickeln und noch vor der vollen Laubausbildung der Bäume zur Blüte kommen. Dies trifft für die **Frühjahrsblüher** zu, wie *Schneeglöckchen, Märzbecher, Winterling, Schneestolz, Buschwindröschen, Alpenveilchen, Blaustern, Lerchensporn, Hasenglöckchen, Schachbrettblume, Krokusse und Narzissen*, die typische Vertreter des Waldrandes und der Auenwälder sind (s. Abb. 1 bis 3). Sie lieben einen frischen, lockeren, humosen Boden. Nach dem Laubfall können herbstblühende Zwiebel- und Knollengewächse wie *Alpenveilchen und Krokusse oder Herbstzeitlose* Farbtupfer setzen. Für alle Frühjahrsblüher gilt: Sie lieben etwas Sonne, verblühen aber schnell, wenn es zu warm wird.

Abb. 3 Trupps gelber Osterglocken eignen sich sehr gut zur Unterpflanzung von Bäumen und Sträuchern

3.2 Lebensraum Beet und Rabatte

Bei der Bepflanzung von **Beeten** geht es weniger um die Schönheit der einzelnen Pflanze, sondern vielmehr um den farblichen Gesamteindruck der Pflanzung (s. Abb. 4 und 1, S. 309). Die Pflanzen müssen miteinander harmonieren. Höchste Vollendung ist erreicht, wenn jeder beliebig ausgewählte Ausschnitt – auch das gesamte Beet – wie ein Blumenstrauß wirkt. Besonders beliebt im öffentlichen Grün sind Figuren, Wappen oder Sprüche aus Zwiebel- und Knollengewächsen (s. Abb. 1, S. 309). **Pflanzen:** *u. a. Tulpen, Narzissen, Hyazinthen, Traubenhyazinthen und Blaustern.*

Bei einer **Rabatte** handelt es sich um ein längliches, schmales Beet. Es begleitet Wege, Rasenflächen, Mauern, Hecken u. a. Bepflanzt sind Rabatten im Allgemeinen mit Stauden und ggf. kleineren Gehölzen. Bei der Auswahl der Zwiebel- und Knollengewächse ist darauf zu achten, dass sie zu der vorhandenen Bepflanzung passen (s. Abb. 2 und 4, S. 309).

Abb. 4 Beetbepflanzung mit Tulpen

Abb. 1 Beetbepflanzung mit Traubenhyazinthen und Bellis

Abb. 2 Rabatte mit Tulpen

Abb. 3 Rasenböschung bepflanzt mit weißen Narzissen

Abb. 4 Rabatte mit Tulpen, Kaiserkronen und Stiefmütterchen

3.3 Lebensraum Rasen

Für Rasenflächen in Hausgärten, öffentlichen Grünanlagen und an Straßenrändern sind Zwiebel- und Knollengewächse geeignet, die blühen, bevor das Graswachstum richtig einsetzt. Zudem sollten sie gut verwildern. Unter **Verwilderung** versteht man die Fähigkeit zur Vermehrung durch Samen und/oder Brutzwiebeln, sodass sich die Pflanzen unter günstigen Bedingungen im Laufe der Jahre immer mehr ausbreiten. Besonders schön machen sich Krokusse in Rasenflächen. Um einen natürlichen Eindruck zu erwecken, sollten sie locker ausgestreut und dort gepflanzt werden, wo sie gerade hingefallen sind.

Flächen, in denen Blumenzwiebeln wachsen, dürfen erst nach dem Einziehen der Pflanzen (Absterben der Blätter) gemäht werden. Nur so ist gewährleistet, dass ausreichend Assimilate in die Zwiebel bzw. Knolle eingelagert werden. Ansonsten können sich die Zwiebeln/Knollen auf Dauer nicht gegenüber den Gräsern behaupten. Spät einziehende Pflanzen, wie z. B. Narzissen (Mitte Juni), können in Gruppen gepflanzt werden, sodass um sie herum gemäht werden kann.

Pflanzen: *u. a. Krokusse, Schneeglöckchen, Narzissen, Schneestolz, Herbstzeitlose, Milchstern, Märzbecher, Camassie und Hasenglöckchen.*

3.4 Lebensraum Steingarten

Der Steingarten ist Lebensraum für alpine Pflanzen. Der Standort ist sonnig und der Boden gut wasserdurchlässig. Zwiebel- und Knollenpflanzen sind diesen Bedingungen in der Regel gut angepasst. Für den Steingarten sind vor allem kleinwüchsige, feinblättrige Pflanzen geeignet, die die Entwicklung der alpinen Pflanzen nicht unterdrücken.

Pflanzen: *u. a. Blauzungenlauch, Goldlauch, Rosenlauch, Schneestolz, Alpenveilchen, Winterling, Schachbrettblume, Schneeglöckchen, kleinwüchsige Narzissen, botanische Tulpen.*

4 Pflanzung

1. Flache Grube in erforder-licher Tiefe ausheben

2. Untergrund lockern und Zwiebeln leicht in den Boden drücken

3. Kreis- und Vierecksformen sollten vermieden werden

4. Zwiebeln mit Erde abdecken, andrücken und angießen

Abb. 1 Das Setzen von Blumenzwiebeln

1. a) Zwiebeln locker über Fläche verteilen

1. b) Mit Zwiebelpflanzer Pflanzloch ausheben

2. a) Grabegabel in Boden stechen und hin- und herbewegen

2. b) In jedes Loch kommt eine Zwiebel

Abb. 2 Pflanzung von Krokussen in Rasenflächen

Zwiebel	Siebmaß
Tulpen	10/12
Botanische Tulpen	6/7
Gladiolen	10/12, 12/14
Hyazinthen	15/+
Knollenbegonien	3/4, 4/+
Narzissen	Je größer und je mehr „Nasen", desto besser
Sommerhyazinthen	16/18, 18/+
Sterngladiolen	6/8, 8/+

Tab. 1 Gute Siebmaße (Umfang in cm)

4.1 Kauf und Lagerung

Blumenzwiebeln werden nach ihrem Siebmaß (Umfang in cm) verkauft: Frühjahrsblüher im Herbst, Sommerblüher im Frühjahr. Allgemein kann man sagen: Je größer die Zwiebel, desto besser ist die Qualität (s. Tab. 1).

Nach dem Eintreffen sollten die Zwiebeln sofort ausgepackt und auf Beschädigungen und Krankheitsbefall unter-sucht werden. Kann nicht sofort gepflanzt werden, sind die Zwiebeln trocken und dunkel zu lagern. Für eine ausreichende Belüftung ist zu sorgen.

Zwiebeln, die keine schützende Haut besitzen, wie Lilium, Fritillaria, Eranthis, Erythronium und Leucojum, sind zum Schutz vor Austrocknung in Sand, Torfmull oder Sägespänen aufzubewahren.

4.2 Standortansprüche

Neben Zwiebel- und Knollengewächsen, die einen sonnigen Standort lieben, gibt es auch solche, die einen schattigen Bereich bevorzugen (s. Tab. 1, S. 305 f.). Im Prinzip ist jeder Boden geeignet, sofern er locker ist und nicht zur Nässe neigt (Fäulnisgefahr!). Gegebenenfalls sind Kompost oder Sand einzuarbeiten. Wichtig ist vor allem, dass die Pflanzen in Ruhe einziehen können. Dafür sollten nach der Blüte etwa sechs Wochen veranschlagt werden.

4.3 Pflanzzeit

Im Frühling und Frühsommer blühende Zwiebel und Knollen werden im Herbst (IX/X), evtl. noch im November, Sommer- und Herbstblüher im Frühjahr (III bis V) bzw. Sommer (VII/VIII) gepflanzt (s. Tab. 1, S. 305 f.). Bei der Frühjahrspflanzung ist darauf zu achten, dass frostempfindliche Pflanzen, wie Dahlien und Knollenbegonien, zeitlich so gepflanzt werden, dass sie erst nach den Eisheiligen (Mitte Mai) aus dem Boden kommen. Weniger frostempfindliche Pflanzen, wie z. B. Lilien und Gladiolen, können bereits im März gepflanzt werden.

Beim Pflanzen sollten Wuchshöhe, Blütezeit und Blütenfarbe berücksichtigt werden. Dekorativ wirken Pflanzen in Gruppen von 10 bis 25 und mehr. Statt die Blumenzwiebeln einzeln zu pflanzen, kann auch eine flache Grube geschaufelt werden. Ein Angießen nach dem Pflanzen fördert die Wurzelbildung und damit die Entwicklung der Pflanzen. Zur Erzielung eines natürlichen Effekts sollten Kreis- und Vierecksformen vermieden werden (s. Abb. 1, S. 310). Zwischen Gehölzen oder bei Pflanzungen im Rasen können spezielle Zwiebelpflanzer verwendet werden (s. Abb. 2, S. 310).

Die **Pflanztiefe** richtet sich nach der Zwiebel-/Knollengröße. Eine **Faustregel** besagt: etwa zwei- bis dreimal so tief pflanzen, wie die Zwiebel bzw. Knolle hoch ist. Abweichend davon erfolgt die Pflanzung von Dahlien so, dass noch ein Stückchen des alten Stängels aus dem Boden herausschaut. Knollenbegonien und Indisches Blumenrohr werden nur 1 bis 2 cm mit Erde bedeckt. Lilien, die an ihren Sprossachsen Adventivwurzeln bilden, sollten relativ tief (20 cm) gepflanzt werden.

4.4 Pflege

Der Pflegeaufwand ist gering bis hoch. Verwelkte Blüten sollten entfernt werden. Nicht winterharte Knollen (z. B. Dahlien, Knollenbegonien und Gladiolen) müssen nach den ersten Frühfrösten aus dem Boden genommen und an einem luftigen, frostfreien Ort überwintert werden. Für die Düngung nach der Blüte sind langsam wirkende Mineraldünger oder organische Dünger (z. B. Horn-Knochenmehl) gut geeignet.

Trotz guter Pflege und Auswahl des richtigen Standortes ist die Lebensdauer vieler Zwiebel- und Knollengewächse, z. B. vieler Tulpensorten, begrenzt. Dies liegt daran, dass es sich bei den meisten Pflanzen um **Kulturformen** handelt, die ihre Fähigkeit zur natürlichen Vermehrung und Verbreitung eingebüßt haben. So sollte man sich im Zweifelsfall beim Kauf von Zwiebel- bzw. Knollengewächsen erkundigen, ob die jeweilige Sorte mehrjährig (ausdauernd) ist oder nicht.

Aufgaben

1. Was sind Geophyten?
2. Unterscheiden Sie Zwiebeln, Knollen, Rhizome.
3. Nennen Sie jeweils drei „Zwiebel-/Knollengewächse" aus der Familie der Lilien-, Narzissen- und Irisgewächse.
4. Zwiebeln können ein-, zwei- oder mehrjährig sein. Nennen Sie jeweils ein Beispiel.
5. Erklären Sie, warum man beim Schneiden von Tulpen nicht alle Blätter entfernen sollte.
6. Unterscheiden Sie Spross- und Wurzelknollen.
7. Nennen Sie jeweils ein Beispiel für einjährige und mehrjährige Knollen.
8. In welche 15 Klassen wird das Tulpensortiment eingeteilt?
9. Nach wem ist Tulipa clusiana benannt worden?
10. Was versteht man unter botanischen Tulpen?
11. In welche 12 Klassen wird das Narzissensortiment eingeteilt?
12. Suchen Sie mithilfe von Blumenzwiebelkatalogen zu denen im Buch aufgeführten a) Tulpen-, b) Narzissenklassen weitere Sorten.
13. In welche Gruppen werden Dahlien eingeteilt? Finden Sie zu jeder Gruppe eine Sorte.
14. Nennen Sie drei Zwiebel-/Knollengewächse, die im a) Februar/März, b) April/Mai, c) Juni/Juli und d) August/September blühen.
15. Nennen Sie drei Zwiebel-/Knollengewächse für den Lebensraum a) Gehölz und Gehölzrand, b) Beet und Rabatte, c) Rasen und d) Steingarten.
16. Welche Zwiebel-/Knollengewächse würden Sie einem Kunden für die Pflanzung a) im Rosenbeet, b) am Wasserrand, c) in der Wiese, d) im Naturgarten, e) in Kübeln oder sonstigen Pflanzgefäßen (mobiles Grün) empfehlen?
17. Warum sind vor allem Frühjahrsblüher zur Unterpflanzung von sommergrünen Gehölzen geeignet?
18. Was versteht man unter a) Verwilderung und b) dem Einziehen von „Blumenzwiebeln"?
19. Nennen Sie fünf Zwiebel-/Knollenpflanzen, die zur Verwilderung gut geeignet sind.
20. Warum dürfen Rasenflächen mit Zwiebel- oder Knollengewächsen erst nach dem Einziehen der Zwiebelblätter gemäht werden?
21. Skizzieren Sie gut gelungene Zwiebel- und Knollenpflanzungen.
22. Wann und wie tief werden Zwiebel- und Knollengewächse gepflanzt?
23. Als Pflanzabstände für Krokusse, Tulpen und Narzissen werden 8, 10 und 20 cm empfohlen. Wie viele Zwiebel sind das jeweils pro m²?

Sommerblumen

Alcea rosea (Stockmalve), ☉ – ☉, VII – IX, ✂

Amaranthus caudatus (Gartenfuchsschwanz), ☉, VII – X, ✂

Antirrhinum majus (Gartenlöwenmaul), ♃ (☉ kultiviert), VI – IX, ✂

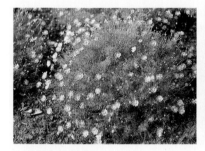

Brachycome multifida (Blaues Gänseblümchen), ☉, VI – IX

Calendula officinalis (Gartenringelblume), ☉, VI – X, ✂

Chrysanthemum segetum (Saatwucherblume), ☉, VII – X, ✂

Clarkia amoena ssp. lindley (Atlasblume, Godetia), ☉, VI – IX, ✂

Cleome spinosa 'Violettkönigin' (Spinnenpflanze), ☉, VII – X

Coreopsis tinctoria (Färbermädchenauge), ☉, VII – IX, ✂

Abb. 1   Einjährige Sommerblumen

Unter dem Begriff „Sommerblumen" werden in erster Linie einjährige Pflanzen (☉), aber auch zweijährige (☉☉), die im Sommer blühen, sowie nicht winterharte Stauden und Gehölze, die bei uns wie einjährige Pflanzen behandelt werden, zusammengefasst.

Die Bedeutung der **Sommerblumen** ist in ihrer üppigen Blüten- und Farbenpracht sowie langen Blühdauer, die bei vielen Pflanzen vom Frühsommer bis zu den ersten Frösten reichen kann, zu sehen. Viele von ihnen sind dankbare Schnittblumen. Im Hausgarten wie im öffentlichen Grün werden sie vor allem dort verwendet, wo eine besondere Farbwirkung erreicht werden soll:

Sei es zur großflächigen Bepflanzung in öffentlichen Anlagen, zur Schließung von Lücken zwischen Stauden und Gehölzen, als Einfassungspflanzen, auf Beeten entlang von Wegen, Hecken, Mauern und Gehölzrändern oder zur Bepflanzung von Kübeln, Pflanztrögen und Balkonkästen (s. S. 314 f.).

Sommerblumen werden im April direkt an Ort und Stelle ausgesät oder als vorkultivierte Jungpflanzen ab Mitte Mai (nach den Eisheiligen) gepflanzt. Bei der Zusammenstellung der Farben ist auf eine harmonische Wirkung zu achten (s. Stauden, Kap. 4). Von wenigen Ausnahmen abgesehen, lieben Sommerblumen einen vollsonnigen und warmen Standort.

Dianthus barbatus (Bartnelke),
⊙ – ♃, VI – VIII, ✂

Digitalis purpurea (Roter Fingerhut),
⊙, VI – VII, ✗

Dipsacus laciniatus (Schlitzblättrige Karde),
⊙, VII-VIII

Eschscholzia californica (Schlafmützchen,
Kalifornischer Kappenmohn), ⊙ – ♃, VI – IX

Helianthus annuus (Sonnenblume),
⊙, X, ✂

Nemesia strumosa (Nemesie),
⊙, VI – IX

Salvia sclarea (Muskatellersalbei),
⊙, VI – VII, D

Sanvitalia procumbens 'Mandarin Orange'
(Goldrandblümchen, Husarenknopf),
⊙, VIII – X, ✂

Verbascum nigrum (Königskerze),
⊙, VI – IX

Verbascum phlomoides
(Windblumenkönigskerze), ⊙, VII – IX

Abb. 1 Zweijährige Sommerblumen

Aufgaben

1. Nennen Sie Verwendungsbereiche für Sommerblumen.

2. Erstellen Sie einen Pflanzplan für ein Beet mit Sommerblumen.

3. Sprechen Sie mit Mitarbeitern städtischer Gartenämter über ihre
   Erfahrungen mit Sommerblumen im öffentlichen Bereich (Akzeptanz,
   Pflegeaufwand usw.).

Beet- und Balkonpflanzen

Abb. 1 „Beet- und Balkonpflanzen" bieten vielfältige Gestaltungsmöglichkeiten

Die Bezeichnung **„Beet- und Balkonpflanzen"** umfasst in erster Linie Sommerblumen (s. S. 312 f.), die für die Bepflanzung von Beeten und Balkonkästen gut geeignet sind. Sie prägen ab Ende April/Anfang Mai die sommerliche Hauptsaison auf Balkon und Beet und lösen damit die im Frühjahr dominierenden Blumenzwiebeln und Stiefmütterchen ab. Neben den klassischen Balkonpflanzen wie Pelargonien (im Volksmund Geranien genannt), Fuchsien und Petunien stehen eine Fülle weiterer Gattungen mit zahlreichen Arten und Sorten zur Auswahl (s. S. 315). Mit ihrer Hilfe lassen sich vor allem im städtischen Wohnumfeld eintönige Häuserfassaden abwechslungsreich gestalten und ein natürliches Gegengewicht zu Asphalt und Stein setzen. Im Herbst können immergrüne Pflanzen, wie z. B. Zwergkoniferen (s. S. 228) und Winterheide (s. S. 318 f.), ihren Platz einnehmen und als Fassadenschmuck über Winter bzw. als Dauerbegrünung dienen.

Als **Pflanzsubstrate** für Gefäße eignen sich Einheitserden, Torfkultursubstrate (TKS) und Rindenkultursubstrate. Eine eigene Mischung könnte wie folgt aussehen: 1 Teil lehmhaltige Gartenerde : 1 Teil gut zersetzter Kompost : 2 Teile Torf/Rindenhumus, das Ganze vermischt mit etwas Sand.

Düngung: 4 bis 6 Wochen nach der Pflanzung (so lange reicht im Allgemeinen der Nährstoffvorrat in den Substraten) wird das erste Mal gedüngt. Geeignet sind Flüssigdünger, 0,2 %ig im Abstand von 1 bis 2 Wochen (Festdünger alle 2 bis 3 Wochen). Um nicht zu oft nachdüngen zu müssen, können auch Depotdünger verwendet werden. Je nach Wirkungsdauer reichen dann ein bis zwei Düngergaben aus (s. Tab. 1, S. 315). Als Faustzahl für eine Saison gelten 5 bis 10 g Dünger pro Liter Substrat.

Diascia-Hybriden 'Coral Belle' ○

Erigeron karvinskianus 'Blütenmeer' ○

Cuphea ignea 'Harlekin' ○ – ◑

Fuchsia-Hybriden 'Reviera' ◑ – ●

Bidens ferulifolia 'Peter's Goldteppich' ○

Diascia-Hybriden 'Strawberry Sundae' ○

Brachyscome iberidifolia
'Strawberry Mousse' ○

Begonia-Knollenbegonien-Hybriden
'Illumination Lachsrosa' ◑ – ●

Handelsprodukt (Auswahl)	Nährstoffverhältnis	Wirkungsdauer
Nutricote	16 – 10 – 10	100 / 180 / 270 Tage
Nitrophoska permanent	15 – 9 – 15	2 bis 3 Monate
Plantosan 4 D	20 – 10 – 15	2 bis 3 Monate
Osmocote	15 – 12 – 15	3 bis 4 Monate
Plantocote 4 M	16 – 11 – 14 – 2	3 bis 4 Monate
Triabon	16 – 8 – 12	3 bis 4 Monate
Osmocote	16 – 10 – 13	8 bis 9 Monate

Tab. 1 Depotdünger zur Vorratsdüngung

Aufgaben

1. Nennen Sie zu den hier aufgeführten Arten weitere zehn Pflanzen, die sehr gut für die sommerliche Balkonbepflanzung geeignet sind.

2. Nennen Sie für das Frühjahr und den Herbst/Winter jeweils drei Pflanzen, die zur Balkonbepflanzung geeignet sind.

3. Nennen Sie vier „Beet-/Balkonpflanzen", die schattigere Plätze bevorzugen.

4. Erstellen Sie für die Sommerbepflanzung drei verschiedene Bepflanzungsvorschläge für den Nord- und den Südbalkon.

Abb. 1 Hängende Balkonpflanzen

Bauerngarten

Abb. 1   Der Bauerngarten – eine geglückte Verbindung von Nützlichkeit und Schönheit

Der **Bauerngarten** erfreut sich seit einigen Jahren wieder wachsender Beliebtheit. Handelt es sich doch um einen naturnahen Garten mit jahrtausendealter Geschichte, der bis heute seinen ursprünglichen Charakter weitgehend bewahrt hat. Der Grund ist darin zu sehen, dass er in hervorragender Weise Nutzen und Schönheit miteinander verbindet. Möglich wird dies durch eine streng formale Aufteilung des Gartens in geometrische, von geschnittenen Buchsbaum eingefasste Formen auf der einen und dem kunterbunten Nebeneinander von Gemüse, Kräutern und Blumen auf der anderen Seite. Der Bauerngarten verbindet somit Merkmale des barocken Herrschaftsgartens mit einem wildromantischen Pflanzendurcheinander.

Obwohl jede Zeit und Region ihre eigenen Bauerngärten entwickelte, weisen doch alle ähnliche Grundelemente auf.

Typische **Gestaltungsmerkmale eines Bauerngartens** (s. Abb. 1, S. 317) sind:

- Grundriss meistens rechteckig oder quadratisch.
- Klare Gliederung durch rechtwinklig angeordnete, schnurgerade verlaufende Wege und Beete sowie einen in der Mitte des Gartens verlaufenden Hauptweg (Mittelweg).
- Wegekreuz (Übernahme aus den mittelalterlichen Klostergärten) zur Gliederung des Gartens in vier gleiche Teile und Betonung der Mitte. Häufig Abwandlung zum Blumenrondell (Barockgarten) oder als Platz für einen Brunnen genutzt.
- Buchsgesäumte Wege, an den Ecken vielfach kunstvoll geformt (eine Erfindung der Römer), geben dem Garten einen festen Rahmen und bringen Ruhe in das pflanzliche „Durcheinander".

Gemüse

Artischocken, Bohnen, Endivien, Erbsen, Feldsalat, Feuerbohne, Gurken, Kartoffeln, Kohl, Kohlrabi, Kopfsalat, Kresse, Kürbis, Mangold, Melonen, Möhre, Pastinak, Porree, Portulak, Puffbohnen, Rettich, Rote Bete, Schalotten, Schwarzwurzeln, Sellerie, Spinat, Spargel, Tomate, Zwiebel

Heil- und Gewürzkräuter

Anis, Baldrian, Basilikum, Beifuß, Beinwell, Bohnenkraut, Borretsch, Dill, Eberraute, Estragon, Fenchel, Kamille, Kerbel, Knoblauch, Koriander, Kümmel, Liebstöckel, Majoran, Meerrettich, Oregano, Petersilie, Pfefferminze, Pimpinelle, Raute, Rosmarin, Salbei, Schnittlauch, Senf, Thymian, Wermut, Ysop, Zitronenmelisse

Blumen

Akelei, Alant, Aster, Aurikel, Balsamine, Bartnelke, Bauernrose, Brennende Liebe, Christrose, Dahlie, Eisenhut, Federnelke, Fetthenne, Feuerlilie, Fingerhut, Frauenmantel, Fuchsschwanz, Gänsekresse, Gartennelke, Gedenkemein, Gemswurz, Geranien, Gladiole, Glockenblume, Goldlack, Goldrute, Herbstaster, Hyazinthe, Iris, Jakobsleiter, Judassilberling, Jungfer im Grünen, Kapuzinerkresse, Kaiserkrone, Karthäusernelke, Klatschmohn, Königskerze, Lavendel, Mädesüß, Malve, Margerite, Mariendistel, Märzenbecher, Mauerpfeffer, Milchstern, Monarde, Montbretie, Muskatellersalbei, Mutterkraut, Nachtkerze, Nachtviole, Narzisse, Orientalischer Mohn, Pfingstnelke, Pfingstrose, Phlox, Purpurglöckchen, Primel, Rittersporn, Schachbrettblume, Schafgarbe, Schleierkraut, Schneeglöckchen, Sommeraster, Sonnenauge, Sonnenblume, Sonnenbraut, Sonnenhut, Stiefmütterchen, Stockrose, Strohblume, Tagetes, Tränendes Herz, Traubenhyazinthe, Tulpe, Türkenbundlilie, Veilchen, Vergißmeinnicht, Wegwarte, Wicke, Winterling, Wurmfarn, Zinnie

Gehölz

Alte Rosen, Apfelbaum, Apfelrose, Bibernellrose, Birnbaum, Buchsbaum, Damaszener Rose, Efeu, Eibe, Essigrose, Falscher Jasmin, Flieder, Glyzinie, Goldregen, Haselnuss, Hochstammrosen, Holunder, Jelängerjelieber, Johannisbeere, Kartoffelrose, Kirschbaum, Kornelkirsche, Mispel, Pflaumenbaum, Quitte, Sadebaum, Schlingknöterich, Schmetterlingsstrauch, Schneeball, Stachelbeere, Trompetenblume, Waldrebe, Wein, Weiße Rose, Wilder Wein, Zentifolie, Zimtrose

Tab. 1   Pflanzen für den Bauerngarten (Auswahl)

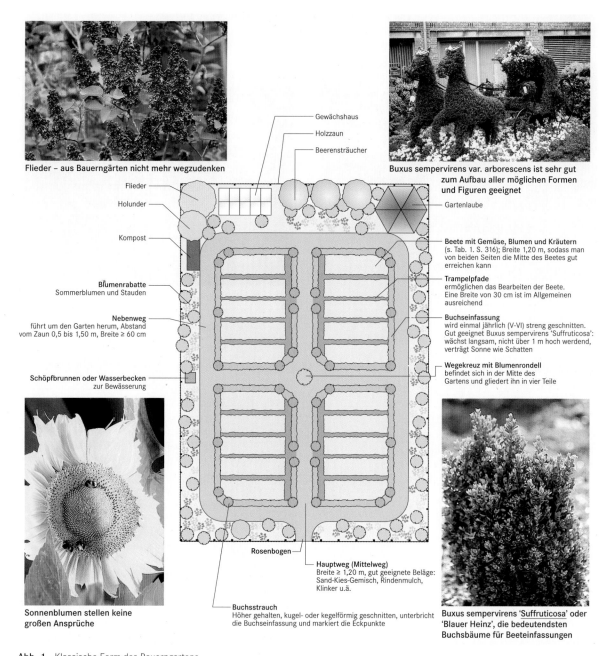

Flieder – aus Bauerngärten nicht mehr wegzudenken

Buxus sempervirens var. arborescens ist sehr gut zum Aufbau aller möglichen Formen und Figuren geeignet

Gewächshaus

Holzzaun

Beerensträucher

Flieder

Holunder

Kompost

Blumenrabatte
Sommerblumen und Stauden

Nebenweg
führt um den Garten herum, Abstand
vom Zaun 0,5 bis 1,50 m, Breite ≥ 60 cm

Schöpfbrunnen oder Wasserbecken
zur Bewässerung

Gartenlaube

Beete mit Gemüse, Blumen und Kräutern
(s. Tab. 1. S. 316); Breite 1,20 m, sodass man
von beiden Seiten die Mitte des Beetes gut
erreichen kann

Trampelpfade
ermöglichen das Bearbeiten der Beete.
Eine Breite von 30 cm ist im Allgemeinen
ausreichend

Buchseinfassung
wird einmal jährlich (V-VI) streng geschnitten.
Gut geeignet Buxus sempervirens 'Suffruticosa':
wächst langsam, nicht über 1 m hoch werdend,
verträgt Sonne wie Schatten

Wegekreuz mit Blumenrondell
befindet sich in der Mitte des
Gartens und gliedert ihn in vier Teile

Rosenbogen

Hauptweg (Mittelweg)
Breite ≥ 1,20 m, gut geeignete Beläge:
Sand-Kies-Gemisch, Rindenmulch,
Klinker u.ä.

Buchsstrauch
Höher gehalten, kugel- oder kegelförmig geschnitten, unterbricht
die Buchseinfassung und markiert die Eckpunkte

Sonnenblumen stellen keine
großen Ansprüche

Buxus sempervirens 'Suffruticosa' oder
'Blauer Heinz', die bedeutendsten
Buchsbäume für Beeteinfassungen

Abb. 1 Klassische Form des Bauerngartens

Die Grundform des Bauerngartens kann, je nach Gartengröße und eigenen Bedürfnissen, vielfältig abgewandelt werden. So können Vierecke durch runde oder ovale Formen ersetzt oder langgestreckte Quartiere durch parallel verlaufende Wege in kleinere Beete unterteilt, wie auch Frühbeete, Gewächshäuser und Gartenlauben aufgenommen oder die Gemüsebeete durch Rasenflächen ersetzt werden. Wichtig ist nur, dass ein klares, einfaches Ordnungsschema und die Natürlichkeit des Gartens erhalten bleiben. Der Bauerngarten als Vorgarten wird meist als Ziergarten gestaltet und dient Repräsentationszwecken.

Aufgaben

1. Nennen Sie die typischen Gestaltungselemente des Bauerngartens.
2. Woraus lässt sich die zeitlose Schönheit des Bauergartens erklären?
3. Besichtigen Sie Gärten, die nach dem Vorbild des Bauerngartens gestaltet sind. Welche Elemente des Bauerngartens wurden übernommen? Skizzieren Sie Grundriss und Pflanzenbestand. Beurteilen Sie die Gartenanlagen.

Heidegarten

Abb. 1   Heidegarten – dem Naturvorbild zum Verwechseln ähnlich

1   Geschichte

Vorbild unserer Heidegärten sind die weiten Heide-landschaften Nordwesteuropas. Am bekanntesten – nicht zuletzt durch die Heimatfilme der 50er-Jahre – ist die in Niedersachsen im Norddeutschen Tiefland zwischen Elbe und Aller gelegene **Lüneburger Heide** mit einer Fläche von etwa 7400 km². Jedes Jahr kommen vor allem zur Hei-deblüte[1] rund 5 Millionen Besucher. Die Lüneburger Heide steht auf der roten Liste der bedrohten Lebensräume. Die größte Bedrohung geht vom Tourismus (Trittverwüstungen), der militärischen Nutzung und der Grundwasserabsenkung durch die Wasserwerke aus. Mit der Zerstörung der letzten Heideflächen würden auch viele seltene Tier- und Pflanzen-arten vom Aussterben bedroht sein.

Die Voraussetzungen für das Entstehen der Heide schuf der Mensch, indem er gegen Ende des Mittelalters den Wald großflächig rodete, um den Holzbedarf der Lünebur-ger Salinen[2] und für den Schiffsbau in Lübeck, Bremen und Hamburg zu decken.

---

[1]   Wichtige Bienenweide. Viele Imker fahren zur Blütezeit mit ihren Bienenvölkern in die Lüneburger Heide.

[2]   Lüneburg war während des Mittelalters eine der führenden Salzgewinnungs- und Salzhandelsstädte Norddeutschlands. In dieser Zeit zählte es zu den bedeutenden Hansestädten. In der Saline in Lüneburg wurde von 956 bis 1980 Salz gewonnen.

Abb. 2   Calluna vulgaris (links), Erica carnea (rechts)

	Calluna vulgaris	**Erica carnea**
Wuchs	Zwergstrauch, 0,2 bis 1 m hoch	Zwergstrauch, 0,15 bis 0,6 m hoch
Blätter	Immergrün, gegenständig, schuppenförmig	Immergrün, wechsel-ständig, nadelförmig, in Quirlen angeordnet
Blüte	Juli bis August, rosalila Glöckchen in bis 20 cm langen Trauben	Februar bis April; rosafarbene, glockige Einzelblüten in 3 bis 10 cm langen Trauben
Standort	Sonnig	Sonnig bis lichter Schatten
Boden	Nährstoffarm, sauer (pH 3,8 bis 4,8), mäßig trocken bis feucht. Verträgt sommerliche Hitze- und Trocken-zeiten sehr gut	Sehr bodentolerant, von sauer bis alkalisch, mäßig trocken bis frisch. Verträgt Trockenheiten nur sehr kurzfristig
Rückschnitt	1 × jährlich scharfer Rückschnitt nach der Blüte	In Abständen von 3 bis 5 Jahren nach der Blüte zurückschneiden

Tab. 1   Gegenüberstellung von Calluna vulgaris und Erica carnea

Bis ins 18. Jahrhundert wurden die Flächen von der bäuer-lichen Bevölkerung als Heidschnuckenweiden genutzt, was dazu führte, dass sich auf den entwaldeten, nährstoffar-men, zunehmend versauernden Sandböden (Podsol) keine neuen Bäume, mit Ausnahme des gegen Verbiss unemp-findlichen Wacholders (Juniperus communis), ansiedeln konnten. Das war die Voraussetzung für die Entwicklung einer weiten Heidelandschaft.

Pflanze	I	II	III	IV	V	VI	VII	VIII	IX	X	XI	XII
Sommerheide (C. vulgaris)							▓	▓	▓			
Winterheide (E. carnea)	▓	▓	▓									▓
Englische Heide (E. darleyensis)	▓	▓	▓	▓						▓		
Grau- oder Aschenheide (E. cinerea)					▓	▓						
Cornwallheide (E. vagans)							▓	▓				
Glocken-/ Moorheide (E. tetralix)					▓	▓						
Irische Glockenheide (Daboecia cantabrica)						▓	▓					
Schottische Glockenheide (Daboecia x scotica)						▓	▓					

Tab. 1 Ganzjährige Blüte im Heidegarten

2 Heidekraut

Dominierende Pflanze des Lebensbereichs **Zwergstrauchheide** und damit Charakterpflanze des Heidegartens ist

- **Calluna vulgaris**, die Besenheide[1] oder das Heidekraut. Sie ist das Blümchen „Erika" der Volkslieder und blüht in der Lüneburger Heide von Juli bis August, was ihr auch den Namen Sommerheide einbrachte.
- Obwohl **Erica carnea**, die Glocken-, Winter- oder Schneeheide, die bereits im Winter blüht (Februar bis April), gar nicht zur „echten" Heide gehört, wird sie aufgrund ihres Aussehens im Heidegarten verwendet (s. Tab. 1, S. 318).

Der Handel bietet eine große Anzahl von Sorten mit unterschiedlichen Blüten- und Blattfarben sowie Blütezeiten[2]. Bei geschickter Sortenzusammenstellung und der Verwendung weiterer Heidearten lässt sich im Heidegarten eine ganzjährige Blüte erzielen (s. Tab. 1).

---

[1] **Besenheide**, weil die Pflanze zur Anfertigung von Kehrbesen diente.

[2] **Knospenblüher**, Callunen-Sorten, deren Blütenknospen nicht aufblühen, sondern im Knospenstadium verharren. Sie blühen gut doppelt so lange (8 bis 10 Wochen) wie herkömmliche Sorten, weil sie nicht bestäubt und damit befruchtet werden können.

Abb. 1 Damit Callunen nicht von unten verkahlen und in der Blühwilligkeit nachlassen, müssen sie einmal im Jahr nach der Blüte scharf zurückgeschnitten werden

Abb. 2 In der Natur halten Heidschnucken die Heide jung

3 Pflanzung und Pflege

Gepflanzt wird in größeren Gruppen (10 bis 20 Pflanzen/ m²), wobei darauf zu achten ist, dass gleiche Sorten und Farben zusammen angeordnet werden. Nur so lässt sich die Weite einer Heidelandschaft vermitteln. Die Teppichbildung dauert etwa 2 bis 3 Jahre.

Geeignete **Beipflanzen** sind z. B. Wacholder *(Juniperus communis 'Hibernica', 'Hornibrookii', 'Pendula', 'Repanda', 'Suecica', J. virginiana 'Skyrocket')*, Birken *(Betula pendula, B. utilis 'Doorenbos')*, Kiefern *(Pinus sylvestris 'Watereri', P. strobus 'Radiata', P. mugo 'Gnom', P. parviflora 'Glauca')*, Besenginster *(Cytisus scoparius, C. x praecox)*, Hemlockstanne *(Tsuga canadensis)*, Prachtglocke *(Enkianthus campanulatus)*, Rhododendron, Scheinbeere *(Gaultheria procumbens)*, Preiselbeere *(Vaccinium vitis-idaea)*, Horstgras *(Festuca ovina)*, Bibernellrose *(Rosa pimpinellifolia)*.

Aufgaben

1. Schildern Sie, was bei Anlage und Pflege eines Heidegartens zu beachten ist.
2. Machen Sie einen Pflanzvorschlag für einen Heidegarten im Vorgartenbereich.

Rasenbau

1   Bedeutung von Rasenflächen

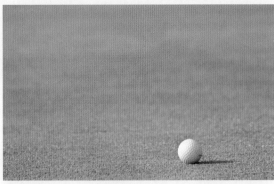

Abb. 1   Ein **Rasen** besteht in erster Linie aus unzähligen, dicht an dicht stehenden, durch Schnitt relativ kurz gehaltenen Gräsern aus der Familie der Süßgräser. Je nach Verwendungszweck kann ein Rasen aber auch mit Kräutern durchsetzt sein und wiesenähnliche Eigenschaften aufweisen.

Durch Rasenansaaten lassen sich offene Flächen relativ schnell und einfach in grüne Pflanzenteppiche verwandeln. Sie bieten zahlreichen Tieren, wie z. B. Vögeln, Insekten und Bodenlebewesen, Nahrung und Lebensraum. Vor allem in unseren Städten bewirken Rasenflächen eine Verbesserung des Klimas: Sie produzieren Sauerstoff, binden CO_2 und Staub, erhöhen die Luftfeuchtigkeit und wirken einer Überhitzung (Temperaturminderung um bis zu 7 °C) entgegen. Außerdem mindern sie die Lärmentwicklung und fördern aufgrund ihrer Wasserdurchlässigkeit die Grundwasserneubildung. Als gestalterische Elemente prägen sie Form und Stil von Gärten, Wohnsiedlungen und öffentlichem Grün. Ihre Nutzung reicht vom dichten, teppichartigen Repräsentationsgrün englischen Stils über strapazierfähige Sport- und Spielflächen, Liegewiesen und Parkplätze bis hin zu extensiv genutzten, artenreichen wiesenähnlichen Flächen.

2   Auswahl des Rasens

Bevor ein Rasen angelegt wird, muss zunächst geklärt werden, welche Aufgaben er übernehmen soll und wie viel Zeit für seine spätere Pflege aufgewandt werden kann. Soll er z. B. vor allem zur Zierde dienen oder mehr zum Begehen, Liegen und Herumtollen genutzt werden? Im ersten Fall wäre ein **Zierrasen**, im zweiten ein sogenannter **Gebrauchsrasen** – eine Art „Wohnrasen" – das Richtige. Im Gegensatz zum Zierrasen, der einen hohen Pflegeaufwand erfordert, ist ein Gebrauchsrasen üblicherweise relativ pflegeleicht.

> **Merke**
>
> **Rasen ist nicht gleich Rasen!**

Es gibt nämlich nicht nur eine Grasart, sondern viele verschiedene Rasengräser mit unterschiedlichen Eigenschaften und Ansprüchen. Je stärker z. B. die Belastung einer Rasenfläche ist, desto strapazierfähiger müssen die ausgewählten Gräser sein. So findet man auf belastbaren Flächen vor allem das **Deutsche Weidelgras** (*Lolium perenne*) und die **Wiesenrispe** (*Poa pratensis*). Bei einem Zierrasen hingegen kommt es vor allem auf die Auswahl feinblättriger, intensiv grün gefärbter Gräser an. Geeignet sind vor allem **Agrostis-Arten**[1] (Straußgräser), wie z. B. das **Rote Straußgras** (*Agrostis capillaris*), und **Festuca-Arten** (*Schwingelgräser*), wie z. B. der **Rotschwingel** (*Festuca rubra*).

Weitere **Anforderungen an Rasengräser** sind:
- gute Schnittverträglichkeit,
- hohes Regenerationsvermögen,
- dichte Narbenbildung,
- Trockenheitsverträglichkeit,
- geringe Krankheitsanfälligkeit (hohe Resistenz) sowie
- Eignung für eine intensive oder extensive Pflege.

Zwar gibt es kein Rasengras, das alle diese Anforderungen gleich gut erfüllt, die unterschiedlichen Grasarten und -sorten ermöglichen jedoch die Zusammenstellung von geeigneten **Gräsermischungen** für die verschiedenartigsten Standortbedingungen und Verwendungsmöglichkeiten.

---

[1]   In der RSM (s. S. 327 f.) ist in der empfohlenen Saatgutmischung für Zierrasen (RSM 1.1) Agrostis durch Lolium perenne ersetzt worden. Dies war möglich, nachdem die Pflanzenzüchtung entsprechend geeignete Sorten entwickelt hat.

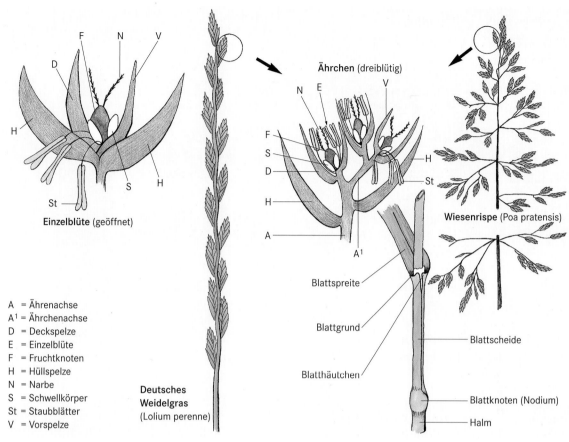

A = Ährenachse
A¹ = Ährchenachse
D = Deckspelze
E = Einzelblüte
F = Fruchtknoten
H = Hüllspelze
N = Narbe
S = Schwellkörper
St = Staubblätter
V = Vorspelze

Abb. 1 Gräseraufbau

2.1 Rasengräser

Gräser sind einkeimblättrige, einjährige oder ausdauernde, meist krautige Pflanzen, die weltweit vorkommen. Man unterscheidet zwei Familien, die der Süß- und der Sauergräser (Riedgräser).

Bei den **Sauergräsern** *(Cyperaceae)*, zu denen z. B. die Segge *(Carex)*, das Wollgras *(Eriophorum)*, die Simse *(Scirpus)* und das Sumpfried *(Eleocharis)* zählen, handelt es sich um krautige, grasähnliche Pflanzen, die vor allem in Sümpfen und Mooren beheimatet sind.

Wenn wir von Gräsern sprechen, meinen wir in erster Linie Pflanzen aus der etwa 8500 Arten umfassenden Familie der **Süßgräser** *(Gramineae/Poaceae)*. Im Unterschied zu den Sauergräsern, deren Stängel dreikantig sind, weisen die Süßgräser runde und deutlich durch Knoten (Nodien) gegliederte Halme auf.

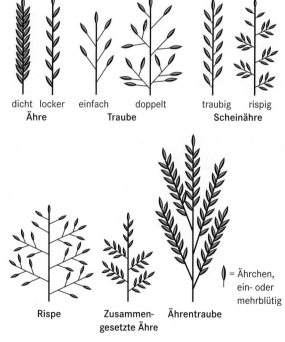

Abb. 2 Blütenstände der Gräser

2.1.1 Bestimmungsmerkmale

Das **Bestimmen der Gräserarten** erfolgt im Allgemeinen nach dem Aufbau ihrer Blütenstände und Blätter sowie ihrer Wuchsform. Vor allem für den Anfänger ist es nicht immer ganz einfach, die Gräserart zu bestimmen. Entsprechend bedarf das Erlernen der Gräsererkennung vor allem der Übung im Gelände unter der Anleitung eines(r) erfahrenen Fachmannes (Fachfrau).

Blütenaufbau

Die **zweigeschlechtlichen Einzelblüten** der Gräser sind zu **ein- oder mehrblütigen Ährchen** (Teilblütenstand) angeordnet. Die wiederum sind zu größeren ährigen, traubigen oder rispigen **Blütenständen** (Gesamtblütenstand) zusammengefasst (s. Abb. 2, S. 321).

Das **Ährchen** (s. Abb. 1, S. 321) wird von zwei Hochblättern, den sogenannten **Hüllspelzen**, umhüllt. Zusätzlich sind die einzelnen Blüten des Ährchens noch von zwei weiteren **Spelzen**[1], einer äußeren, der **Deckspelze**, und einer inneren, der **Vorspelze**, umgeben. Die **Einzelblüten** selbst bestehen im Allgemeinen aus drei Staubblättern und einem oberständigen Fruchtknoten, der zwei bis drei federartig ausgebildete Narben trägt. Zwei kleine Schwellkörper am Grunde der Blüte erleichtern die **Windbestäubung**, indem sie durch das Auseinanderdrücken der Spelzen die Blüte öffnen. So werden die Narben freigelegt und die Staubbeutel können heraustreten.

Die **Frucht der Gräser** ist eine Unterform der Nussfrucht. Bei ihr ist die hautartige Fruchtwand mit der Samenschale verwachsen. Man bezeichnet diese Fruchtform als **Grasfrucht** oder **Karyopse**.

Blattaufbau

Die paralleladerigen, zweizeilig angeordneten Blätter der Gräser weisen eine linealische bis lanzettliche Form auf (Abb. 1). Vor allem im nichtblühenden Zustand erfolgt anhand ihres äußeren Aufbaus die Bestimmung der Gräserarten.

---

[1] **Spelzen:** trockenhäutige Hochblätter im Blütenstand der Gräser

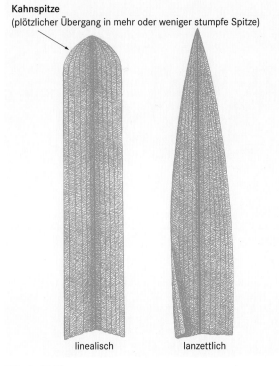

Kahnspitze (plötzlicher Übergang in mehr oder weniger stumpfe Spitze)

linealisch   lanzettlich

Abb. 1 Blattform

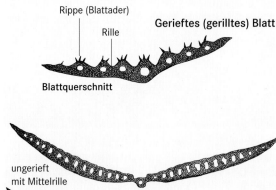

Rippe (Blattader)

Rille

Geriefies (gerilltes) Blatt

Blattquerschnitt

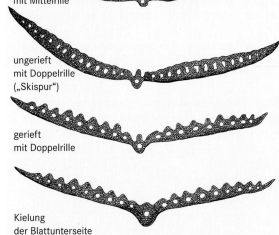

ungerieft mit Mittelrille

ungerieft mit Doppelrille („Skispur")

gerieft mit Doppelrille

Kielung der Blattunterseite

Abb. 2 Riefung und Kielung der Blattspreite

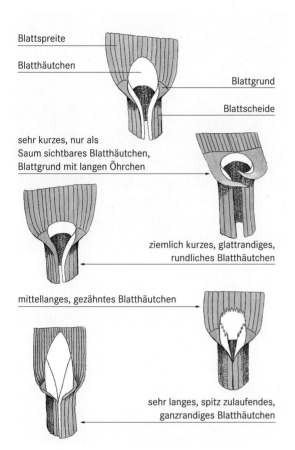

Blattspreite

Blatthäutchen

Blattgrund

Blattscheide

sehr kurzes, nur als
Saum sichtbares Blatthäutchen,
Blattgrund mit langen Öhrchen

ziemlich kurzes, glattrandiges,
rundliches Blatthäutchen

mittellanges, gezähntes Blatthäutchen

sehr langes, spitz zulaufendes,
ganzrandiges Blatthäutchen

Abb. 1 Blatthäutchen – wichtige Bestimmungsmerkmale

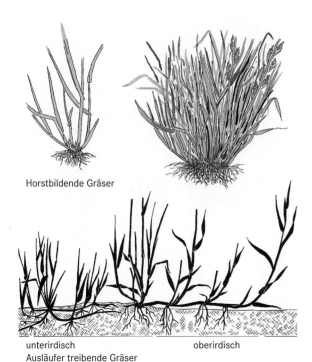

Horstbildende Gräser

unterirdisch   oberirdisch
Ausläufer treibende Gräser

Abb. 2 Wuchsformen der Gräser

Die wichtigsten **Bestimmungsmerkmale** sind die Ausbildung der Blattscheide, der Blattspreite, des Blattgrundes und des Blatthäutchens (s. Abb. 1).

■ Blattscheide

Bei den Gräsern ist der untere Teil des Blattes (Unterblatt) zu einer röhrenförmigen, stängelumfassenden Scheide entwickelt. Ihre Ansätze bilden die Blattknoten (Nodien). Die Blattscheiden tragen zur Stabilisierung der häufig recht dünnen Halme bei. Je nach Gräserart können sie mehr rund (röhrenförmig) oder platt gedrückt, mit der Sprossachse verwachsen (geschlossen) oder nicht verwachsen (offen), behaart oder nicht behaart, glatt oder rau sein.

■ Blattspreite

Die Blattspreite ist der obere, von der Sprossachse abstehende Teil des Blattes (Oberblatt), der der Photosynthese dient. Wichtige Bestimmungsmerkmale sind Form, Größe, Farbe, Behaarung und Oberflächengestaltung (s. Abb. 2, S. 322 und S. 324 f.).

■ Blattgrund

Der Übergang von der Blattscheide zur Blattspreite wird als **Blattgrund** bezeichnet. Auch er kann unterschiedlich geformt und gefärbt sein. Bildet er seitliche Verbreiterungen aus, spricht man von **Öhrchen**. Auch ihre Form und Färbung kann zur Bestimmung herangezogen werden (s. Abb. 1).

■ Blatthäutchen

Reißt man nach unten ziehend ein Blatt von einem Grashalm ab, so erkennt man in der Blattachsel ein zartes, mehr oder weniger stark ausgebildetes häutiges Gebilde: das Blatthäutchen (Ligula). Das Blatthäutchen schließt die Blattscheide nach oben ab, wodurch ein Eindringen von Feuchtigkeit und Schädlingen verhindert wird. Seine Länge und Form stellen wichtige Bestimmungsmerkmale dar (s. Abb. 1 und S. 324 f.).

Wuchsformen

Nach der **Wuchsform** (s. Abb. 2) kann man zwischen horstbildenden und Ausläufer treibenden (bzw. rhizombildenden) Gräsern unterscheiden:

■ Bei den **horstbildenden Gräsern** erfolgt die Bestockung der Pflanze sehr dicht an der Mutterpflanze, sodass scharf abgegrenzte Horste entstehen, die sich nur sehr langsam flächig ausbreiten.

■ **Ausläufer treibende Gräser** bringen hingegen **oberirdisch** oder **unterirdisch** waagerecht wachsende Seitentriebe („Kriechtriebe") hervor.

2.1.2 Gräserbeschreibung

■ **Elymus repens**[1] (Gewöhnliche Quecke)

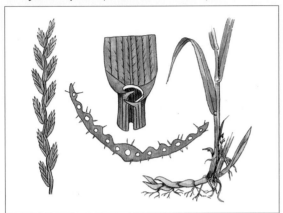

Merkmale:

Blüte: lockere Ähre

Blattspreite: grau bis blaugrün, unbehaart bis stark behaart, mittelbreit bis sehr breit (3 bis 9 mm), schwach gerieft, sehr lange, dünne, stängelumfassende und übereinander greifende Öhrchen (!)

Blatthäutchen: sehr kurz (nur als kurzer Saum sichtbar), weiß

Wuchsform: treibt unterirdische Ausläufer

■ **Agrostis capillaris** (Rotes Straußgras)

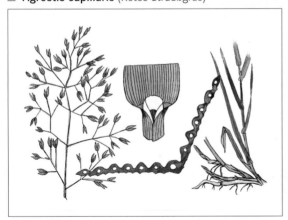

Merkmale:

Blüte: Rispe

Blattspreite: sattgrün, lanzettlich, schmal bis mittelbreit (2 bis 3 mm), deutliche Riefung, keine Öhrchen

Blatthäutchen: ziemlich kurz (bis 2 mm)

Wuchsform: bildet lockere Horste, treibt aber auch kurze unterirdische Ausläufer

---

[1] früher: Agropyron repens

■ **Festuca ovina** (Schafschwingel)

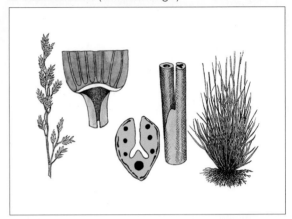

Merkmale:

Blüte: Doppeltraube

Blattspreite: grau- bis blaugrün, meist unbehaart, stark zusammengefaltet (haarförmig bis borstenförmig gerollt), fein bis sehr fein (bis 1 mm), keine Öhrchen, Blattgrund beidseitig zu einem rundlichen Lappen emporgezogen

Blatthäutchen: sehr kurz

Wuchsform: bildet dichte, kleine Horste

■ **Festuca rubra** (Rotschwingel)

Merkmale:

Blüte: Doppeltraube

Blattspreite: graugrün, meist unbehaart, stark zusammengefaltet (haarförmig bis borstenförmig gerollt), fein bis schmal (0,8 bis 2 mm), starke Riefung, keine Öhrchen

Blatthäutchen: sehr kurz

Wuchsform: treibt unterirdische Ausläufer.

■ Lolium perenne (Deutsches Weidelgras)

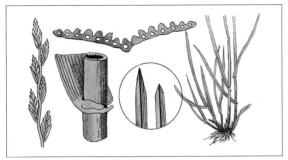

Merkmale

Blüte: lockere Ähre, Länge bis 20 cm

Stängel: an der Basis häufig hell- bis blutrot gefärbt

Blattspreite: dunkelgrün, linealisch, kahl, deutlich gerieft, schmal bis mittelbreit (2 bis 3 mm), Unterseite stark glänzend und gekielt, Öhrchen sehr klein

Blatthäutchen: ziemlich kurz (1 mm)

Wuchsform: horstbildend, evtl. Bildung kurzer unterirdischer Ausläufer

■ Phleum pratense (Wiesenlieschgras))

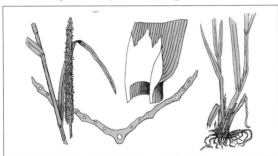

Merkmale

Blüte: Scheinähre

Blattspreite: hellgrün bis graugrün, mittelbreit bis sehr breit (3 bis 6 mm), ungerieft, keine Öhrchen

Blatthäutchen: lang, weiß und fein gezähnt, in der Mitte spitz, an den Seiten zu je einem „Eckzahn" hochgezogen

Wuchsform: bildet lockere Horste

■ Poa annua (Einjähriges Rispengras)

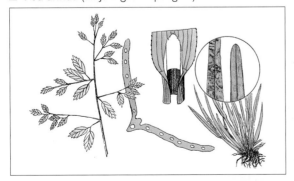

Merkmale

Blüte: Rispe

Blattspreite: hellgrün, schmal bis breit (2 bis 4 mm), deutliche Doppelrille und breite Kahnspitze, ungerieft, oft quer gewellt (!), keine Öhrchen

Blatthäutchen: lang, weiß, ganzrandig

Wuchsform: horstbildend

■ Poa pratensis (Wiesenrispe)

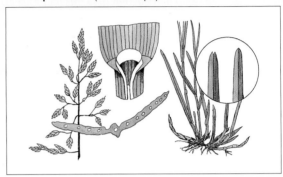

Merkmale

Blüte: Rispe

Blattspreite: dunkel- bis bläulich grün, schmal bis breit (2 bis 4 mm), teilweise fein behaart, linealisch mit breiter Kahnspitze, deutliche Doppelrille, ungerieft, häufig rinnig zusammengefaltet, gekielt

Blatthäutchen: sehr kurz (bis 1 mm)

Wuchsform: treibt unterirdische Ausläufer

■ Poa trivialis (Gemeines Rispengras)

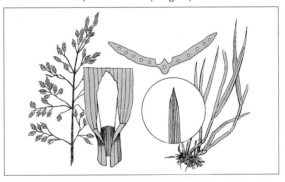

Merkmale

Blüte: Rispe

Blattspreite: grün bis gelblich grün, fein bis mittelbreit (1 bis 3 mm), spitz zulaufend, stark glänzend, deutliche Doppelrille, ungerieft, gekielt

Blatthäutchen: häufig sehr lang, spitz hochgezogen

Wuchsform: treibt oberirdische Ausläufer

Straußgräser (Agrostis-Arten)

■ **Agrostis capillaris** (Rotes Straußgras)
  - nur geringe Ansprüche an Boden und Klima
  - bildet kurze unterirdische Ausläufer
  - feine bis mittelbreite, sattgrüne Blätter
  - bildet dichte, feinblättrige Grasnarben
  - kann auf andere Grasarten verdrängend wirken
  - gute Feuchteverträglichkeit
  - trockenheitsempfindlich
  - gutes Regenerationsvermögen
  - gute Tiefschnittverträglichkeit
  - mäßig trittfest

■ **Agrostis stolonifera** (Flechtstraußgras, Weißes Straußengras)
  - bildet lange oberirdische Ausläufer
  - mittelbreite Blätter
  - ansonsten ähnlich Agrostis capillaris

Rispengräser (Poa-Arten)

■ **Poa pratensis** (Wiesenrispe)
  - häufiges Rasengras
  - langsame Anfangsentwicklung (Keimdauer 15 – 25 Tage)
  - bildet lange unterirdische Ausläufer
  - bildet dichte Grasnarben
  - breite Blätter
  - gute Regenerationsfähigkeit
  - gute Belastbarkeit
  - gute Trockenheitsverträglichkeit
  - hoher N-Bedarf

■ **Poa supina** (Lägerrispe)
  - gut schattenverträglich (Bestandteil sogenannter Schatten-rasen)
  - helle Blattfärbung
  - starkes Wachstum → kann andere Arten verdrängen
  - hoher N-Bedarf

Schwingelgräser (Festuca-Arten)

■ **Festuca rubra subsp. rubra** (Rotschwingel)
  - bildet unterirdische Ausläufer, mit denen er Lücken schnell schließen kann
  - bildet etwas lockere Grasnarben
  - relativ breite Blätter

■ **Festuca nigrescens**[1] (Horstrotschwingel)
  - gehört zu den wichtigen Rasengräsern
  - schnelle Anfangsentwicklung
  - bildet dichte feinblättrige Horste, teilweise auch unterirdische Ausläufer
  - gutes Regenerationsvermögen
  - tiefschnittverträglich
  - trockenheitsverträglich
  - mäßig trittfest

■ **Festuca trichophylla**[2] (Haarblättriger Schwingel)
  - bildet mehr oder weniger kurze Ausläufer
  - gute Trockenheitsresistenz
  - ansonsten ähnlich Horstrotschwingel

■ **Festuca ovina** (Schafschwingel)
  - bildet dichte Horste
  - feinblättrig
  - anspruchslos

■ **Festuca brevipila** (Raublättriger Schafschwingel)
  - bildet dichte, feinblättrige Grasnarben
  - bildet keine Ausläufer
  - gute Schnittverträglichkeit
  - trockenheitsverträglich
  - mäßig trittfest

■ **Festuca arundinacea** (Rohrschwingel)
  - hitze- und schattentolerant
  - hoch belastbar

Weidelgräser (Lolium-Arten)

■ **Lolium perenne** (Ausdauerndes Weidelgras/ Deutsches Weidelgras/Englisches Raygras)
  - wichtiges Rasengras
  - schnelle Anfangsentwicklung (Keimdauer 7–15 Tage)
    → kann andere Grasarten unterdrücken (vorteilhaft bei Unterdrückung von Poa annua)
  - bildet lockere Grasnarben
  - breite Blätter
  - gute Trockenheitsresistenz
  - trittfest und strapazierfähig
  - dient im Extensivrasen (Landschaftsrasen) als Ammengras (ohne Düngung und Belastung nach 2 bis 4 Jahren verschwunden)
  - nachdem durch Züchtung Sorten entstanden sind, die eine feine, dichte Grasnarbe bilden, auch für Zierrasen geeignet

---

[1] Synonym: Festuca rubra ssp. Commutata
[2] Synonym: Festuca rubra ssp. Trichophylla

Tab. 1   Die wichtigsten Rasengräser und ihre Eigenschaften

2.2 Pflegeansprüche

Die Pflegeansprüche eines Rasens hängen von der Rasenmischung, den Standortverhältnissen und der Art der Nutzung ab. Je intensiver ein Rasen genutzt wird, desto belastbarer muss seine Grasnarbe sein, desto häufiger muss er gemäht werden. Das Mähen führt dazu, dass sich die Gräser ständig von unten bestocken[1], sodass eine dichte, belastbare Grasnarbe entsteht. Da ein häufiges Schneiden ein starkes Graswachstum voraussetzt, muss entsprechend verstärkt gedüngt und gewässert werden. Je stärker also ein Rasen beansprucht wird, desto höher sind seine Pflegeansprüche. Auch ein **Zierrasen**, der in erster Linie als Repräsentationsgrün dient, muss zur Ausbildung einer dichten, teppichartigen Grasnarbe häufig gemäht, gedüngt und gewässert werden, sodass seine Pflegeansprüche in der Regel ebenfalls hoch bis sehr hoch sind. Wenig Pflege hingegen benötigen im Allgemeinen **wiesenähnliche Grünflächen**, die gar nicht oder nur ein- bis dreimal im Jahr geschnitten werden. Ihre Grasnarben sind dementsprechend nicht oder nur gering belastbar und zum Betreten wenig geeignet.

2.3 Rasentypen

Entsprechend der Nutzung des Rasens unterscheidet die **DIN 18917** (Rasen und Saatarbeiten) zwischen **4 Rasentypen**:

- Zierrasen,
- Gebrauchsrasen,
- Strapazierrasen und
- Landschaftsrasen (Extensivrasen)

---

[1] Unter Bestockung versteht man die Bildung von bewurzelten Seitentrieben (bis zu 12/Pflanze) aus den dicht unter der Bodenoberfläche liegenden Halmknoten (Nodien).

[2] Bundessortenamt, Osterfelddamm 80, 30627 Hannover

2.4 Regelsaatgutmischungen

Weil eine Gräserart nicht alle an einen Rasen gestellten Anforderungen erfüllen kann, werden für Rasenansaaten **Mischungen verschiedener Gräser** zusammengestellt. Der **Arbeitskreis Regel – Saatgut – Mischungen Rasen der Forschungsgesellschaft Landschaftsentwicklung Landschaftsbau e. V. (FLL)** stellt für die jeweiligen Rasentypen Mischungen geeigneter Gräserarten zusammen.

Sie werden in der jährlich aktualisierten Broschüre „**Regel – Saatgut – Mischungen Rasen (RSM)**" veröffentlicht. Zur Auswahl stehen verschiedene Mischungsvorschläge mit Variationen und einem Spielraum bei den prozentualen Mischungsanteilen sowie geeignete Sorten. So stehen Mischungen für die unterschiedlichsten Bodenarten, Witterungsbedingungen und Nutzungen zur Verfügung.

Trotzdem besteht die Gefahr, dass die RSM zu einer gewissen Standortnivellierung hinsichtlich des Artenbesatzes führt. Vor allem auf Extensivflächen ist eine differenziertere Betrachtung notwendig, um eine standorttypische Vegetation zu erhalten bzw. zu schaffen (s. Kapitel Blumenwiese).

Die Qualität eines Rasens wird nun nicht nur von den verwendeten **Grasarten**, sondern auch ganz entscheidend von den ausgewählten **Sorten** bestimmt. Von allen Rasengräsern sind eine Vielzahl von Sorten auf dem Markt. Die neu erscheinenden Sorten werden vom **Bundessortenamt** auf ihre Tauglichkeit für Rasenflächen getestet und bewertet. Die Ergebnisse sind in der alle zwei Jahre erscheinenden „**Beschreibenden Sortenliste – Rasengräser**" des Bundessortenamtes[2] nachzulesen. Die in der RSM aufgeführten Regelsaatgutmischungen und Sorten bilden die Grundlage für Ausschreibungen von Ansaaten und für die Beurteilung von Saatgutangeboten. Aus den verfügbaren Sorten sollten immer die besten, die mit den höchsten

Rasentyp	Anwendungszweck	Eigenschaften[3]	Pflegeansprüche
Zierrasen	Repräsentationsgrün	dichte teppichartige Narbe aus feinblättrigen Gräsern, Belastbarkeit gering	hoch bis sehr hoch
Gebrauchsrasen	Öffentliches Grün, Wohnsiedlungen, Hausgärten u. Ä.	Belastbarkeit mittel, widerstandsfähig gegen Trockenheit	mittel bis hoch
Strapazierrasen	Sport- und Spielflächen, Liegewiesen, Parkplätze	Belastbarkeit hoch (ganzjährig)	mittel bis sehr hoch
Landschaftsrasen (Extensivrasen)	extensiv genutzte und/oder gepflegte Flächen im öffentlichen und privaten Grün, in der Landschaft, an Verkehrswegen, für Rekultivierungsflächen, artenreiche, wiesenähnliche Flächen	Rasen mit großer Variationsbreite je nach Ziel und Standort, z. B. Erosionsschutz, Widerstandsfähigkeit auf extremen Standorten, Grundlage zur Entwicklung von standortgerechten Biotopen, in der Regel nicht oder nur wenig belastbar	gering bis sehr hoch

[3] Dichte und Belastbarkeit nehmen mit zunehmendem Schatten ab

Tab. 1 Rasentypen (nach DIN 18917)

1. Zierrasen
RSM 1.1 Zierrasen (Variante 1, Belastbarkeit gering bis mittel[1]; Variante 2, Belastbarkeit gering)

2. Gebrauchsrasen
RSM 2.1 Gebrauchsrasen – Standard (gestrichen)[3]

RSM 2.2 Gebrauchsrasen – Trockenlagen (Variante 1, Belastbarkeit gering bis mittel; Variante 2, Belastbarkeit mittel bis hoch, auch für Halbschatten)

RSM 2.3 Gebrauchsrasen – Spielrasen[2]
(Stand 2016, leicht verändert)

Art	Mischungsanteil in Gewichts-%		Mindest-eignung
	Regel-wert	Spiel-raum	
Festuca nigrescens	20	(10 – 30)	6
Festuca rubra subsp. rubra[4]	10	(5 – 15)	5
Festuca trichophylla	10	(5 – 15)	6
Lolium perenne ⎫ bedeutet je-	20	(15 – 25)	7
Lolium perenne ⎬ weils 2 ver-	10	(5 – 15)	6
Poa pratensis ⎪ schiedene	20	(10 – 30)	7
Poa pratensis ⎭ Sorten	10	(5 – 15)	6

RSM 2.4 Gebrauchsrasen – Kräuterrasen

3. Sportrasen
RSM 3.1 Sportrasen – Neuanlage[2]

RSM 3.2 Sportrasen – Regeneration[2]

4. Golfrasen
RSM 4.1 Golfrasen – Grün (Variante 1 bis 3)

RSM 4.2 Golfrasen – Vorgrün (Variante 1 und 2)

RSM 4.3 Golfrasen – Abschlag

RSM 4.4 Golfrasen – Spielbahn (Variante 1 bis 4)

RSM 4.5 Golfrasen – Semirough/Playable Rough (Variante 1 und 2)

RSM 4.6 Golfrasen – Verbindungsweg

5. Parkplatzrasen
RSM 5.1 Parkplatzrasen (Variante 1 und 2)

6. Dachbegrünung
RSM 6.1 Extensive Dachbegrünung

7. Landschaftsrasen
7.1 Landschaftsrasen – Standard

RSM 7.1.1 Landschaftsrasen – Standard ohne Kräuter

RSM 7.1.2 Landschaftsrasen – Standard mit Kräutern

7.2 Landschaftsrasen – Trockenlagen

RSM 7.2.1 Landschaftsrasen – Trockenlagen ohne Kräuter

RSM 7.2.2 Landschaftsrasen – Trockenlagen mit Kräutern

7.3 Landschaftsrasen – Feuchtlagen

RSM 7.3 Landschaftsrasen – Feuchtlagen

7.4 Landschaftsrasen – Halbschatten

RSM 7.4 Landschaftsrasen – Halbschatten

8. Biotopentwicklungsflächen
RSM 8.1 Biotopflächen
(artenreiches Extensivgrünland), (Variante 1 bis 4)

[1]　20 % Lolium perenne enthalten

[2]　Nach **DIN 18917** Strapazierrasen

[3]　Gestrichen, weil sich in der Praxis mittlerweile die RSM 2.3 als „Standard" etabliert hat

[4]　In schattigen, feuchten Lagen kann die Verwendung von Poa supina sinnvoll sein: Mischungsanteil 5 % zu Lasten von F. r. Mindesteignung 7

Tab. 1　Regel-Saatgut-Mischungen Rasen (Beispiele)

Eignungs-/Bewertungsnoten (von 3 für bedingt geeignet bis 9 für sehr gut geeignet) für den jeweiligen Rasentyp, ausgewählt werden (s. Tab. 1, S. 329). Durch die jährliche Veröffentlichung der RSM wird eine größtmögliche Aktualität in Bezug auf geeignete Sorten und deren Verfügbarkeit auf dem Markt gewährleistet.

Laut DIN 18917 sind Saatgutmischungen für Rasen unter **Berücksichtigung** der **RSM** auszuwählen. Die RSM sind nicht zwingend vorgeschrieben, Abweichungen, z.B. zur Anpassung an besondere Standort- oder Marktbedingungen, sind möglich.

2.5　Saatgutkategorien

Der Handel mit Rasensaatgut unterliegt dem **Saatgutverkehrsgesetz**. Nur amtlich **anerkanntes Saatgut** darf in den Handel kommen. Für eine begrenzte Zeitdauer können weitere Saatgutkategorien zugelassen werden (**zugelassenes Saatgut**). Voraussetzung für die **Zulassung einer neuen Sorte** durch das Bundessortenamt ist, dass sich die Neuzüchtung von den bereits vorhandenen unterscheidet sowie hinreichend homogen und beständig in ihren Eigenschaften ist.

2.5.1 Anerkanntes Saatgut

Basissaatgut

Die Entwicklung einer neuen Rasensorte dauert etwa 14 Jahre. Ist eine neue Züchtung gelungen, wird die neue Sorte in der **Sortenliste des Bundessortenamtes** eingetragen. Dann erfolgt die Saatgutvermehrung für die Vermarktung. Dazu sät der Züchter auf ausgewählten Flächen Saatgut der neuen Sorte aus. Dieses Saatgut, das nicht in den Handel gelangt, wird als **Basissaatgut** bezeichnet. Die Saatguterträge liegen unter günstigen Bedingungen in Abhängigkeit von Grasart und -sorte um die 300 bis 1500 kg/ha.

Das geerntete Saatgut muss hinsichtlich seiner Qualität, z.B. Reinheit, Keimfähigkeit und Fremdartenbesatz[5], den Anforderungen nach dem Saatgutverkehrsgesetz entsprechen. Führende EU-Länder in der Vermehrung von Gräsersamen sind Dänemark und die Niederlande.

Zertifiziertes Saatgut

Dieses Saatgut wird von Pflanzen gewonnen, die aus Basissaatgut hervorgegangen sind. Es ist **arten- und sortenecht** und wird als Rasensaatgut vermarktet. Zur farblichen Kennzeichnung dienen **blaue Etiketten**.

---

[5]　Darunter versteht man fremde Pflanzensamen, von z. B. unerwünschten Wildkräutern und Gräsern (**„Ungräser"**)

Art	Sorte	Eignung für			
		Zier-rasen	Gebrauchs-rasen	Strapazier-rasen	Landschafts-rasen
Agrostis capillaris (Rotes Straußgras)	Bardot	8	9	8	7
	Barking	7	8	7	7
	Polana	8	9	8	7
	Heriot	7	7	8	8
Agrostis stolonifera (Flechtstraußgras)	Cato	7			7
	Penncross	7		7	7
Festuca nigrescens (Horstrotschwingel)	Barchip	9	8	9	7
	Bargreen	8	8	9	7
	Barlineus	9	9	9	7
	Musica	9	9	9	7
Festuca rubra subsp. rubra (Ausläufer-rotschwingel)	Bosanova	6	7		7
	Spice	6	7		6
	Polka	6	6		6
	Salsa	5	6		6
	Rossinante	6	7		7
Festuca trichophylla (Rotschwingel mit kurzen Ausläufern)	Baroyal	8	9	7	7
	Cezanne	7	8	7	7
	Smirna	8	8	6	7
	Valdora	8	8	8	7
	Zamba	8	8	7	7
Lolium perenne (Deutsches Weidelgras)	Bareuro		8	9	6
	Bargold	8	9	9	6
	Carnac	7	8	9	5
	Cleopatra		8	9	5
	Greenway		8	8	5
	Margarita	7	8	9	6
	Promotor	7	8	9	6
Poa pratensis (Wiesenrispe)	Arende		8	8	6
	Cocktail		9	8	6
	Julius		9	8	6
	Liegnitz		9	7	5
	Limousine		9	8	6
	Lincolnshire		9	8	6
	Mozart 1		9	7	7
	Powerball	8	8	7	6
Poa supina (Lägerrispe)	Supranova		9	8	
	Supreme		9	9	

Sorteneignung: 9 = sehr gut geeignet
8 = gut bis sehr gut geeignet
7 = gut geeignet
6 = geeignet bis gut geignet
5 = geeignet
4 = bedingt geeignet bis geeignet
3 = bedingt geeignet (nur bei Landschaftsrasen)

Tab. 1 Geeignete Sorten laut RSM 2016 (Auswahl)

2.5.2 Zugelassenes Saatgut

Handelssaatgut

Als **Handelssaatgut** wird Saatgut bezeichnet, das **nicht sortenecht**, sondern nur artenecht ist. Zur farblichen Kennzeichnung dienen **braune Etiketten**.

Behelfssaatgut

Es ist zwar auch artenecht, die Anforderungen an seine Werteigenschaften hinsichtlich Reinheit, Keimfähigkeit und Fremdartenbesatz sind jedoch gering. Dementsprechend ist **Behelfssaatgut nur für Notzeiten** gedacht, wenn kein anderes Saatgut in ausreichenden Mengen auf dem Markt zur Verfügung steht.

2.5.3 Saatgutmischungen

Im Garten- und Landschaftsbau ist die Verwendung von **Saatgutmischungen, bestehend aus verschiedenen Arten und Sorten**, üblich. Dabei handelt es sich in der Regel um zertifiziertes Saatgut (Sortenechtheit!). Saatgutmischungen werden mit **grünen Etiketten** gekennzeichnet (s. Abb. 1, S. 330).

3 Herstellung eines Rasens

3.1 Bodenvorbereitung

Beim Rasen – ausgenommen Extensivrasen – handelt es sich um eine stark zehrende Dauerkultur dicht an dicht stehender Gräser. Anders als bei anderen Kulturpflanzen wird auf jenen gelaufen, gespielt und sogar gefahren. An Gräser und Boden eines Rasens werden also besonders hohe Anforderungen gestellt. Berücksichtigt man noch, dass die Bodenstruktur einer fertigen Rasenfläche nachträglich nur noch mit großem Aufwand verbessert werden kann, wird verständlich, dass die Bodenvorbereitung vor einer Rasenaussaat besonders gründlich erfolgen sollte.

3.1.1 Säuberung der Fläche

Die zur Einsaat vorgesehene Fläche wird von Unrat (Plastik, Glas usw.) und Steinen (Durchmesser > 5 cm) gesäubert. Auf größeren Flächen können mithilfe von **Steinsammelmaschinen** Steine mit einem Durchmesser von 2,5 bis 25 cm und sonstige Verunreinigungen abgesammelt werden.

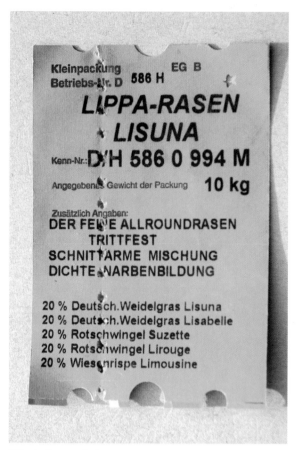

Abb. 1 Saatgutmischung

3.1.2 Bodenlockerung

Zur Beseitigung von Verdichtungen wird der Boden auf eine Tiefe von 20 bis 30 cm (mindestens 15 cm) gelockert (gefräst). Dabei sollten Wurzelunkräuter, wie z. B. Quecke, Giersch oder Huflattich, sorgfältig entfernt werden. Bei einem Gefälle von > 1 : 2,5 ist die Fläche laut DIN 18915 nur aufzurauen (Erosionsgefahr!).

3.1.3 Bodenverbesserung/Düngung

Erfolgt die **Grunddüngung** über mineralische oder organisch-mineralische Dünger, gelten als Richtwerte 50 g eines mineralischen bzw. 100 g eines organisch-mineralischen Volldüngers/m². Der Dünger wird in die oberen 5 cm des Bodens eingearbeitet.

Die Grundlage für einen gesunden und strapazierfähigen Rasen ist eine optimale **Bodenstruktur**. Besonders gut geeignet zur Verbesserung der Bodenstruktur und Aktivierung des Bodenlebens sind organische Substanzen:

- **Stallmist** (300 bis 600 kg/100 m²) oder **Kompost** (10 bis 30 l/m²)
- Als Ersatz für **Torfmull** bietet sich u. a. **Hygropor** an, von dem 2 m³/100 m² in den Boden eingearbeitet werden.
- Ähnliche Eigenschaften wie Torf weisen z. B. **Rindenhumus** und **Holzfasern** (aufbereitete Holzabfälle der Holz verarbeitenden Industrie) auf.
- Bei der Verwendung von **Müllkomposten** oder **Klärschlämmen** müssen die behördlichen Vorschriften beachtet werden. Für Hausgärten, Spielplätze, Liegewiesen und dergleichen gelten dieselben Bestimmungen wie für die Nahrungsmittelproduktion. Empfohlene Mengen liegen bei 5 m³/100 m².
- Steht genügend Zeit zur Verfügung, kann eine **Gründüngung** durchgeführt werden. Besonders empfehlenswert sind **Leguminosen**, die den Boden zusätzlich mit Stickstoff aus der Luft versorgen. Die Aussaatmenge bei Lupinen sollte z. B. 20 bis 25 g/m² betragen. Ca. 10 Wochen nach Aussaat können die Pflanzen in den Boden eingearbeitet werden. Auf dem Markt werden auch verschiedene Samenmischungen zur Bodenverbesserung angeboten.
- Bei stark bindigen Böden (schweren Ton- und Lehmböden) kann zur Verbesserung der Wasserdurchlässigkeit die Einarbeitung von **Sand** (etwa 4 bis 5 m³ der Körnung 0/2 pro 100 m²), **Lava, Blähton** etc. notwendig werden. Dies ist erforderlich, wenn Rasenflächen auf bindigen Böden auch bei Nässe intensiven Belastungen ausgesetzt sind, da anderenfalls ihre Bodenstruktur zerstört wird.

Der **pH-Wert von Rasenflächen** sollte zwischen 5,8 und 7,2 liegen, wobei für belastbare Flächen ein Bereich von pH 6,5 bis 7,2 als optimal gilt.

Voraussetzung für eine **Bodenuntersuchung** ist die **Entnahme einer repräsentativen Bodenprobe**, von der 200 bis 500 g zur Analyse eingeschickt werden.

> **Merke**
>
> Genaue Hinweise bezüglich der erforderlichen Bodenverbesserung, Düngung und der passenden Rasenmischung liefert eine Bodenuntersuchung in einem entsprechenden Prüflabor der landwirtschaftlichen Untersuchungsanstalten (LUFA) oder anderen Bodenuntersuchungsinstituten. Auch Samenzuchtbetriebe und der Samengroßhandel führen Beratungen durch.

3.1.4 Grobplanum

Die Fläche wird zunächst grob planiert. Gewünschte Modellierungen sind weitläufig und gleichmäßig anzulegen. Waren größere Unebenheiten vorhanden, muss die Fläche nach dem Grobplanum noch einmal gefräst werden, um eine gleichmäßige Lockerung zu erreichen und ungleichmäßige Setzungen zu vermeiden. Man kann die so vorbereitete Fläche 3 bis 4 Wochen liegen lassen, damit im Boden vorhandenen Wildkrautsamen keimen und bekämpft werden können.

3.1.5 Anwalzen

Damit keine späteren Setzungen eintreten, muss die Rasenfläche vor der Einsaat gut abgesetzt oder angewalzt sein. Kleinere Flächen können auch mit Trittbrettern festgetreten werden.

3.1.6 Feinplanum

Mittels Holzharken oder Eggen wird die Fläche möglichst eben planiert (s. Abb. rechts). Das Feinplanum soll bei Gebrauchs-, Zier- und Strapazierrasen nicht mehr als 3 cm auf 4-m-Messstrecke von der Sollhöhe abweichen. Bei Landschaftsrasen sind 5 cm erlaubt (DIN 18917). Anschlüsse an Kanten, Plattenbelägen usw. müssen bündig sein, dürfen aber, da sich der Rasen im Laufe der Zeit nach oben erhöht, nach unten bis 2 cm abweichen.

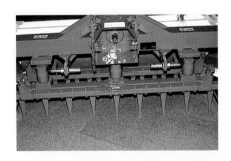

Abb. 1 Rüttel- und Kreiseleggen leisten gute Dienste beim Lockern, Krümeln und Planieren des Bodens

1. Eine Randeinfassung wird erstellt

2. Zur Lockerung wird der Boden gefräst

3. Rüttelegge und Rechen leisten gute Dienste beim Planieren

4. Mithilfe der Rasenbaumaschine wird der Grassamen ausgesät, eingeigelt und angewalzt

5. Die fertige eingesäte Fläche

6. Etwa 8 Wochen nach der Aussaat

Abb. 2 Anlegen einer Rasenfläche

Hinweis

Umkehrfräsen sind geeignet, Grünflächen oder steinige Böden in einem Arbeitsgang in ein keimfähiges Saatbeet zu verwandeln. Im Gegensatz zur herkömmlichen Fräse arbeitet der mit Fräsemessern bestückte Rotor gegen die Fahrtrichtung. Dabei wird der Boden gegen eine Art Trennrechen aus Stahlzinken oder einem Stahlgitter geworfen, sodass grobe Bestandteile wie Steine, Wurzelunkräuter oder Grasstücke nach unten auf die Sohle fallen und mit der durch den Trennrechen fliegenden feinkrümeligen Erde 5 bis 10 cm hoch bedeckt werden. Eine nachlaufende Gitterwalze drückt den gelockerten Boden fest und planiert die Oberfläche. Mit einer angebauten Aussaatvorrichtung lässt sich die Saatfläche in einem Arbeitsgang erstellen.

3.2 Einsaat

3.2.1 Zeitpunkt

Zur **Keimung** benötigen **Samen** ausreichende Feuchtigkeit, einen gut gelockerten Boden und Wärme. Günstig sind Bodentemperaturen ab 8 °C.

Bei Aussaaten nach Mitte Oktober besteht die Gefahr, dass ein Teil der keimenden Gräser durch Nachtfröste geschädigt wird. Entsprechend sollten Aussaaten im Zeitraum (Mitte April) **Mai bis September** (Mitte Oktober) durchgeführt werden. Bei früheren oder späteren Aussaaten können sich unerwünschte **Verschiebungen in der Gräserzusammensetzung** ergeben. Die Gräsermischung entspricht dann nicht mehr dem gewünschten Rasentyp.

3.2.2 Saatgutmenge

Bei Saatgutmischungen sind die in den Regelsaatgutmischungen angegebenen Mengen zu beachten. Je nach Bodenverhältnissen, Standortbedingungen und Begrünungsziel liegt die erforderliche Saatgutmenge im Allgemeinen zwischen **25 und 30 g/m²**.

3.2.3 Ausbringung

Zum Zeitpunkt der Aussaat sollte Windstille herrschen, um eine gleichmäßige Verteilung zu ermöglichen. Der Boden sollte trocken sein, damit das Saatgut beim Einharken und Anwalzen nicht an Schuhen und Geräten kleben bleibt.

Handeinsaat

Bei der **Handeinsaat** kommt es vor allem auf eine gleichmäßige Verteilung der Grassaat an. Für den ungeübten Säer bedarf dies einer gewissen Übung. Um einen Blick für die richtige Saatgutdichte pro Quadratmeter zu erhalten, kann man z. B. mit Stöcken ein Quadrat von 1 m Kantenlänge abstecken und mit der vorgesehenen Saatgutmenge pro m² einsäen. Das Saatbild sollte man sich für die folgende Aussaat einprägen:

1. **Schritt**
   Die erforderliche Saatgutmenge abwiegen und halbieren.
2. **Schritt**
   Die eine Hälfte breitwürfig ausstreuen, indem man in gleichmäßigen Abständen über die Fläche hin und her geht. Die andere Hälfte genauso ausbringen, nur geht man nun quer zum ersten Mal über die Fläche. Größere Flächen unterteilen. Lediglich an den Kanten sollte etwas dichter gesät werden. Zur Erzielung scharfer Rasenränder können z. B. Folienbahnen oder Bretter als Begrenzungen ausgelegt werden.
   Um eine Entmischung zu vermeiden, hin und wieder das Saatgut durchmischen. Leguminosen und sonstige Kräuter mit stark abweichenden Korngrößen gesondert ausbringen.
3. **Schritt**
   Zum Schutz vor einer schnellen Austrocknung durch Sonne und Wind während des Keimvorganges die Grassaat mit der Harke oder Igelwalze flach – **0,5 bis 1,0 cm tief** – in den Boden einarbeiten. Daneben hilft diese Maßnahme, den Saatgutverlust durch Vogelfraß einzuschränken.
4. **Schritt**
   Damit der Samen **Bodenschluss** (Wiederherstellung der unterbrochenen Kapillarität) und damit Feuchtigkeit zum Keimen bekommt, die Rasenfläche nun noch einmal walzen. Dabei wird die Bodenoberfläche auch geglättet, eine Voraussetzung für das spätere Mähen.

Maschineneinsaat

Im Garten- und Landschaftsbau werden zur Rasenansaat im Allgemeinen **Rasenbaumaschinen** eingesetzt. Sie ermöglichen nicht nur eine sehr genaue und gleichmäßige Verteilung der Saat, sondern verringern auch den Arbeitsaufwand, da Vorwalzen, Saatgutverteilen, Einarbeiten/Einigeln mittels Igel-/Stachelwalze und Anwalzen (Glatt- oder Gitterwalze) in einem Durchlauf erledigt werden (s. Abb. 1). Maschinen mit einer Arbeitsbreite von 50 bis 100 cm erzielen eine Flächenleistung von 1200 bis 7500 m²/h. Auf größeren Flächen werden **Saatmaschinen** (s. Abb. 2 und 3) verwendet.

Auch einfache **Streuwagen** (Kastenstreuer) gewährleisten eine genaue Verteilung der Saat. Hier muss jedoch anschließend eingearbeitet und gewalzt werden. Vor Beginn der Arbeit sollten die Maschinen auf die geforderte Aussaatmenge (g/m²) hin überprüft, d. h. **geeicht** werden. Dazu wird mit der Maschine eine Folienfläche bekannter Größe überfahren. Das ausgestreute Saatgut wird zusammengekehrt, gewogen und die Saatgutmenge in Gramm pro Quadratmeter ausgerechnet. Weicht die ermittelte Menge von der geforderten ab, ist die Maschine neu einzustellen und der Vorgang zu wiederholen.

Rasenbaumaschinen lassen sich auf eine gewisse Aussaatmenge je m² einstellen. Die Rasenbaumaschine wird dabei im Stand mit einer Handkurbel betrieben, sodass das Saatgut aus dem Saatgutstreuer in eine Auffangeinrichtung fällt. Das bei einer bestimmten Anzahl von Umdrehungen (oft 10–12) herausgefallene Saatgut kann dann gewogen werden. Es ergibt sich die Saatgutmenge je m².

Abb. 1 Rasenbaumaschine

Abb. 2 Saatmaschine (Traktor mit Anbausämaschine)

3.3 Beregnung

Solange der Samen nicht keimt, kann er durch Trockenheit nicht geschädigt werden. Trockenheit während der Keimung führt jedoch unweigerlich zum Tode der Gräser. Wenn nach der Aussaat beregnet wird, die **Keimung** also einsetzt, muss die Saat bis zum Auflaufen feucht gehalten werden. Entsprechend sollte nach der Aussaat nur eine Beregnung vorgenommen werden, wenn eine Bewässerung während nachfolgender Trockenperioden gewährleistet werden kann. Zum Beregnen eignen sich der Gartenschlauch mit einer aufsetzbaren Düse (kein Platzregen!) und **Regner**. Beim Bewässern ist die Regel: nicht zu oft, dafür aber durchdringend bis zu einer Tiefe von 10 bis 15 cm. Der Boden darf nicht verschlämmen, auch dürfen sich keine Pfützen bilden, die das Saatgut zusammenschwemmen.

Die **Keimdauer** beträgt bei mindestens 8 °C Bodentemperatur durchschnittlich **2 bis 3 Wochen**.

Abb. 3 Selbstfahrsägerät mit klappbaren Trittflächen

3.4 Schnitt und Düngung

Der **erste Schnitt** erfolgt bei einer Höhe von 6 bis 10 cm auf eine Schnitthöhe von 4 cm. Die ersten Schnitte (mit anschließendem Abwalzen) sollten besonders behutsam durchgeführt werden. Gut geeignet sind **Sichelmäher**. Gleichgültig, welcher Mäher verwendet wird, scharfe Messer sind eine unabdingbare Voraussetzung, da die jungen Gräser leicht entwurzeln.

Falls nichts anderes vereinbart wurde, werden nach dem ersten Schnitt zur gezielten Nährstoffversorgung der noch sehr flach wurzelnden Rasengräser **5 g N/m² in Form eines schnell wirkenden Stickstoffdüngers** verabreicht:

Beispiel:

$$\text{Düngermenge in g/m}^2 = \frac{\text{Nährstoffbedarf in g/m}^2 \cdot 100\,\%}{\%\text{-Gehalt des verwendeten Düngers}}$$

Bedarf: 5 g N/m²
Dünger: Kalksalpeter (16 % N)

$$\frac{5\text{ g N} \cdot 100\,\%}{16\,\% \text{ N}} = 31{,}25 \text{ g Kalksalpeter müssen pro m}^2$$

ausgebracht werden

Mit der Grassaat auflaufende Wildkräuter sind im Allgemeinen als unproblematisch zu beurteilen, da sie einen häufigen Schnitt nicht vertragen. Sie können sogar eine Art **Ammenwirkung** ausüben: Die rasch auflaufenden Wildkräuter schützen den Boden vor Erosion und Austrocknung und die jungen Graskeimlinge vor sengender Sonne und Platzregen. So schaffen sie in ihrer Umgebung ein Mikroklima, das die Entwicklung der heranwachsenden Gräser günstig beeinflusst.

4 Fertigrasen

4.1 Kennzeichen

Unter **Fertigrasen** versteht man flach abgestochene Rasenstücke aus Anzuchtbeständen[1]. Beim Abstechen mit dem Spaten werden 30 · 30 cm · 2,5 bis 4 cm große Stücke gewonnen.

Mit speziellen **Schälmaschinen** abgetragene Soden sind üblicherweise

250 cm · 40 cm (= 1 m²), 15 bis 25 mm dick. Für die Verwendung in Stadien hat sich die **Dicksode 30 bis 38 mm** durchgesetzt. Die Maschinen (s. Abb. 1, S. 335) sind mit verschiedenartigen Messern ausgestattet.

---

[1] Rasensoden = Rasenstücke aus Nichtanzuchtbeständen

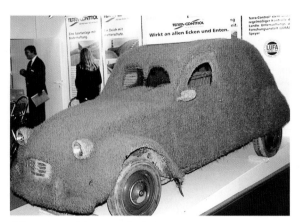

Abb. 1 Originelle Werbung für Spritzbegrünung (Saat mit Haftklebern); geeignet für steile Böschungen

Ein Abhackmesser, das alle 2,50 m nach unten fällt, bestimmt die Länge der Soden. Zwei Vertikalmesser schneiden die Soden auf 40 cm Breite vor. Schließlich schneidet ein höhenverstellbares Schälmesser das Rasenstück aus dem Boden heraus. Die Nennschäldicke beträgt häufig nur 10 mm. Bei dickeren Soden ist nicht nur der Bodenverlust größer, es nehmen auch die Transportkosten zu und es können Probleme beim Anwachsen auftreten. Das Schneiden durch die Wurzelzone fördert über den erzeugten Wundreiz die Wurzelverzweigung und damit das für das Anwachsen so wichtige Wurzelwachstum. Es bedingt jedoch auch, dass die Soden so schnell wie möglich verlegt werden müssen (Gefahr der Wurzelaustrocknung!). Zudem steigt die Bruchgefahr. Die geschnittenen Rasensoden wandern in ein Rollaggregat, wo sie automatisch gerollt werden. Die Soden werden auf Paletten zu je 50 Sodenrollen gestapelt (s. Abb. 2, S. 335). Je nach Witterung (Durchfeuchtung) wiegt eine Rolle bzw. 1 m² Fertigrasen zwischen 15 bis 20 kg. Weil maschinell geschälter Fertigrasen in Rollen geerntet wird, spricht man auch von **Rollrasen**.

Je nach Abnahmemenge liegt der Preis in etwa bei 3,00 (ab 500 m²) bis 7,00 €/m² (unter 30 m²). Im Vergleich dazu liegen die Saatgutkosten für 1 m² Gebrauchs-/Zierrasen im Durchschnitt bei ca. 10 Cent. Neben den **Kleinrollen** (geeignet für Flächen bis zu 1000 m²) werden auch **Großrollen** mit Breiten bis zu 2,20 m und Längen bis zu 30 m angeboten. Die Fläche einer Rolle kann bis zu 50 m² betragen. Die Stärke beträgt 15 bis 45 mm. Soll eine sofortige Bespielbarkeit nach dem Verlegen gewährleistet sein, sollten die Bahnen mindestens 35 mm dick sein. Beim sogenannten **Blockrasen** (engl. Slaps) handelt es sich um nicht aufgerollte Rasenstücke mit den Maßen 0,5 × 0,45 m und 40 mm Dicke, die zum Austausch auf kleineren, hoch belasteten Stellen gedacht sind. Die Schälzeit endet in der Regel im Oktober.

Abb. 1 Fertigrasen wird geschält

Abb. 5 Verlegen des Rollrasens (1)

Abb. 2 Palette mit Kleinrollen (40 × 250 cm)

Abb. 6 Verlegen des Rollrasens (2)

Abb. 3 Laden des Rollrasens

Abb. 7 Verlegen des Rollrasens (3)

Abb. 4 Vorbereitung der Rasenfläche zum Verlegen

Abb. 8 Walzen des Fertigrasens

4.2 Qualität und Vorteile

Die **Qualität des Fertigrasens** hängt ab von:
- den Anzuchtbedingungen,
- den verwendeten Gräserarten und -sorten,
- der Schälstärke,
- der verwendeten Bodenart,
- den Standortbedingungen (Boden und Klima) sowie
- dem Pflegeprogramm (Mähen, Düngen, Wässern).

Fertigrasen wird vor allem dort eingesetzt, wo eine sofortige Begrünung erwünscht ist, z. B. bei Hallen- und Freilandschauen, bei erosionsgefährdeten Böden, auf Sportplätzen oder in Schwimmbädern.

Vorteile des Fertigrasens:
- Die Gräserzusammensetzung kann sofort überprüft werden und wird vom Hersteller entsprechend dem Verwendungszweck garantiert.
- Die Gefahr eines ungleichmäßigen Auflaufens der Saat bzw. einer Verschiebung in der Gräserzusammensetzung entfällt.
- Die Fertigstellungspflege ist weniger aufwendig, da die Entwicklungsphase der Gräser entfällt.
- Es wird eine sofortige Begrünung erzielt.
- Fertigrasen kann während des ganzen Jahres, außer bei Frost und Schnee, verlegt werden.
- Die dichte Grasnarbe verhindert die Entwicklung von Wildkräutern.
- Schon nach 3 bis 5 Wochen kann der Rasen genutzt werden (Aussaat nach 3 bis 4 Monaten).
- Sofortiger Erosionsschutz.

Aufgrund dieser Vorteile gewinnt die Verwendung von Fertigrasen auch in Privatgärten und im öffentlichen Grün zunehmend an Bedeutung. Nachteilig sind die höheren Kosten (im Durchschnitt doppelt bis dreimal so teuer wie eine Ansaat).

Hinweis

Rollrasen soll nach 1 Woche gemäht werden. Nach ca. 2 Wochen haben sich die Soden im Allgemeinen mit dem Boden verwurzelt und bereits 3 bis 5 Wochen nach dem Verlegen kann der Rasen strapaziert werden. Der Zeitvorsprung gegenüber einer Ansaat beträgt somit etwa 6 bis 8 Monate.

4.3 Herstellung

Der zur Anzucht von Fertigrasen verwendete Boden sollte der Bodengruppe 2 (nichtbindiger Boden) oder 4 (schwachbindiger Boden) angehören (DIN 18915).

Gut geeignet sind steinfreie, schwach humose Sandböden, auf denen sich dichte, hohlraumfreie Grasnarben gewinnen lassen. Die Gräserzusammensetzung muss mit dem gewünschten Rasentyp übereinstimmen (RSM, s. S. 327 ff.). Erntereif, d. h. schälfertig ist Fertigrasen im Allgemeinen nach 12 bis 15 Monaten.

4.4 Transport und Lagerung

Zur Vermeidung von Austrocknungsschäden darf Fertigrasen im aufgerollten Zustand nicht länger als 3 Tage gelagert oder transportiert werden. Beim Abladen ist darauf zu achten, dass Rollrasen nicht geworfen wird (Bodenverluste, Wurzelschäden, Bruchgefahr!). Am sichersten ist eine Palettenbe- und -entladung. Auf der Baustelle müssen die Rollen vor Überhitzung und Austrocknung geschützt werden. Gut geeignet sind Strohmatten (keine Folien!). Die Stapelhöhe der Rollen soll 80 cm nicht übersteigen (Gewichtsbelastung!). Kann nicht umgehend verlegt werden, müssen die Soden ausgerollt und feucht gehalten werden. Die Stapel sollten nicht höher als 60 cm sein, wobei Wurzel auf Wurzel und Gras auf Gras liegen. **Um eine Schädigung zu vermeiden, sollte die Lieferung von Rollrasen so eingeplant werden, dass er sofort nach dem Eintreffen verlegt werden kann** (möglichst binnen 24 Stunden nach der Ernte). Auch bei noch so sorgfältiger Vorgehensweise lässt sich ein Verlust durch Bruch oder Eintrocknung nie ganz vermeiden. Üblich ist ein Verlust bis zu 5 %.

4.5 Verlegen

Fertigrasen kann das ganze Jahr über, außer bei Frost und Schnee, verlegt werden, da bereits bei + 2 bis + 5 °C das Wurzelwachstum einsetzt. Die Bahnen sind eng aneinander zu legen, sodass keine Fugen entstehen. Durchlaufende Querfugen sind durch Versetzen zu vermeiden. Mit 5 % Verlust durch Verschnitt ist zu rechnen. Beim Verlegen sollte das Feinplanum möglichst nicht mehr betreten werden, d. h., der Verlegende befindet sich auf den bereits verlegten Soden (s. S. 335). Der Transport des Rollrasens über die bereits verlegten Rasenstücke erfolgt auf ausgelegten Bohlen. Eine Arbeitskraft kann pro Tag etwa 150 bis 200 m² verlegen. Die Verlegeleistung bei Verwendung von Großrollen liegt bei bis zu 2000 m² pro Tag und Maschine. Die Bodenvorbereitung erfolgt wie bei Ansaatflächen (s. Kap. 3.1). Zur Beschleunigung des Einwurzelns hat sich bewährt, 50 g eines anorganischen Volldüngers pro m² (bis zu 8 g N/m²) in die oberen 3 cm des Bodens einzuarbeiten. Durch das Anfeuchten der Bodenoberfläche vor dem Verlegen der Rasenstücke wird das Einwurzeln in die Vegetationstragschicht gefördert.

Rasentyp	Bestand	Projektive Boden-bedeckung[1] im geschnittenen Zustand	Anzahl der notwendigen Schnitte (im Regelfall)	Letzter Schnitt vor der Abnahme
Zier-, Gebrauchs-, Strapazierrasen	gleichmäßig in Wuchs und Verteilung	etwa 75 %	6[2] (bei Fertigrasen 4)	darf nicht länger als 1 Woche her sein
Landschaftsrasen (Extensivrasen)	s. o.[4]	etwa 50 % (mind. 40 % bei höchstens 30 % der Fläche)[3, 4]	im vorgesehenen Umfang mindestens 1	darf nicht länger als 2 Wochen her sein

[1] Fläche wird senkrecht von oben betrachtet
[2] Die Schnitte erfolgen bei einer Grashöhe von 6 bis 10 cm auf eine Schnitthöhe von 4 cm
[3] Andere nicht störende Gräser und Kräuter können berücksichtigt werden
[4] Bei besonderen Begrünungszielen oder auf extremen Standorten können andere Festlegungen erfolgen

Tab. 1 Abnahmefähiger Zustand von Rasenflächen (nach DIN 18917)

Unmittelbar vor dem Verlegen wird die Fläche mit einer Harke leicht aufgeraut, sodass ein besserer Kontakt zwischen Rasensoden und Boden entsteht. Auf Böschungen wird mit dem Verlegen am Böschungsfuß begonnen. Bei einer Neigung von > 1 : 1,5 sind die Rasenstücke mit Holznägeln zu befestigen. Entstandene Fugen müssen durch das Einfegen eines Boden-Sand-Gemischs (1 : 1) geschlossen werden.

Anschließend wird der Rasen zur Förderung des Bodenschlusses mit einer 100 bis 400 kg/m schweren Glattwalze diagonal überfahren (nach dem ersten Mähen wiederholen). Danach wird gründlich gewässert (15 l/m^2). Solange die Rasensoden nicht mit dem Boden fest verwurzelt sind, muss bei Trockenheit unbedingt gewässert werden. Je nach Witterungsverlauf sind pro Woche bis zu 3 Beregnungsvorgänge mit 10 bis 15 l/m^2 einzuplanen. Der Boden sollte dabei bis 5 cm tief durchfeuchtet werden. Besonders die Randbereiche sind aufgrund der schnellen Austrocknung intensiv zu wässern.

4.6 Abnahme

Fertigrasen ist abnahmefähig, wenn er gleichmäßig und fest mit dem Boden verwachsen ist. Die projektive Bodenbedeckung (senkrecht von oben gesehen) muss der des jeweiligen Rasentyps entsprechen. Der letzte Schnitt vor der Abnahme darf, je nach Rasentyp, nicht länger als ein bis zwei Wochen zurückliegen (s. Tab. 1).

Hinweis

Tipps und Wissenswertes zum Thema Fertigrasen bietet der 2004 gegründete **Deutsche Rollrasenverband e. V.** http://www.rollrasen-verband.de

sowie die

Deutsche Rasengesellschaft e. V. (DRG) http://www.rasengesellschaft.de

---

5 Fertigstellungspflege

Der Rasen ist fertiggestellt, wenn die Gräser einen gleichmäßigen Bestand in Wuchs und Verteilung bilden und eine weitgehend geschlossene Rasenfläche im geschnittenen Zustand vorliegt (s. Tab. 1). Alle Leistungen, wie Beregnen, Düngen, Mähen und gegebenenfalls Pflanzenschutzmaßnahmen, die zur Erreichung dieses **abnahmefähigen Zustandes** erforderlich sind, fallen unter den Begriff der **Fertigstellungspflege** und müssen vertraglich vereinbart werden.

Der Umfang der einzelnen Leistungen wird in erster Linie vom Rasentyp, den Standortbedingungen und dem Witterungsverlauf bestimmt. Nach DIN 18917 ist bei Rasenansaaten, bei denen eine Fertigstellungspflege nicht üblich oder nicht vorgesehen ist, ein abnahmefähiger Zustand erreicht, wenn die Saat gleichmäßig aufgelaufen ist.

6 Unterhaltungspflege

Die Rasenpflege nach der Abnahme, die sogenannte **Unterhaltungspflege**, dient der Erhaltung eines funktionsfähigen Rasens. Art, Umfang und Zeitpunkt der dazu notwendigen Leistungen haben sich an dem Begrünungsziel (Nutzung), den Standortbedingungen, dem Entwicklungsstand sowie an ökologischen Gesichtspunkten zu orientieren.

6.1 Regelmäßig erforderliche Leistungen

6.1.1 Mähen

Soll der Rasen dicht und begehbar bleiben, muss ein regelmäßiger Schnitt erfolgen. Der Schnittzeitpunkt, die Schnitthöhe und die Häufigkeit der Schnitte richten sich nach dem Rasentyp/der -funktion und dem Wachstum der Gräser (s. Tab. 1, S. 339). Bei zu spätem Schnitt werden die

Untergräser, d. h. die langsamer wachsenden Gräser, durch Beschattung durch die schnellwachsenden Gräser in ihrer Entwicklung gehemmt. Sie bekommen weniger Licht, sterben ab und es entstehen Lücken.

Es sollte nie mehr als $1/3$ bis maximal die Hälfte der Blattmasse entfernt werden.

Je tiefer geschnitten wird, desto größer ist die Belastung für die Gräser und desto stärker ist die Austrocknung des Rasens bei Trockenheit. In Trockenperioden sollte deshalb nicht unter 4 cm Höhe geschnitten werden. **Der erste Schnitt findet gewöhnlich im April, der letzte im November statt** (der Rasen soll kurz in den Winter gehen). Befinden sich Blumenzwiebeln im Rasen, sollte erst nach dem Einziehen (Vertrocknen) der Blätter gemäht werden. In der Regel werden zunächst Wendestreifen und dann die Fläche in leicht überlappenden Streifen gemäht (s. Abb. 1, S. 339). Wird so häufig gemäht, dass sich keine Grasschwaden bilden, kann das Mähgut als organischer Dünger liegen bleiben. Eine zusätzliche Düngung kann dadurch stark reduziert werden oder entfallen.

Maschinenauswahl

Neben **selbst fahrenden Mähern** werden vor allem Mäher zum Anbau an **Mehrzweckmaschinen** (Multifunktionsfahrzeuge) eingesetzt. Der Trend in der Grünflächenpflege geht zu möglichst vielseitig einsetzbaren, umweltschonenden und mit einem hohen Fahr- und Bedienungskomfort ausgestatteten Maschinen. Neben der **Standardausführung** des Kompaktschleppers – große Hinter- und kleine Vorderräder sowie Hinterachsenantrieb mit zuschaltbarem Allradantrieb – gewinnt die sogenannte **Truck-Bauweise** immer mehr an Bedeutung. Kennzeichen sind etwa gleich große Vorder- und Hinterräder sowie ein weiter Radabstand, der es ermöglicht, den Schwerpunkt der Maschine nach unten zu verlagern und damit die Standsicherheit, vor allem im hängigen Gelände, zu erhöhen.

Hohe Flächenleistung	Hoher Fahr- und Bedienungskomfort	Umweltschonende Technik
■ leichte und einfache Bedienung ■ hoher Fahrkomfort ■ ausreichend starke Motoren (15 bis 80 kW und mehr): → größere Arbeitsbreiten und höhere Fahrgeschwindigkeit → höhere Tragfähigkeit → Anbau von Gerätekombinationen → bei einer Überfahrt lassen sich mehrere Arbeitsgänge gleichzeitig durchführen ■ gute Wendigkeit bzw. enger Wendekreis → gute Ausmäheigenschaften ■ ausreichend große Sammelbehälter mit Füllstandanzeige ■ rasche Entleerung der Sammelbehälter (Hochraumentleerung) ■ breites Anbauprogramm → vielseitiger und ganzjähriger Einsatz (z. B. Winterdienst, Kehrarbeiten) ■ Kombination verschiedener Mähwerke, z. B. Front- und Seitenmähwerke → Vergrößerung der Gesamtschnittbreite ■ Möglichkeit zum einzelnen oder gemeinsamen Einsatz der Mähwerke ■ Mähwerke wahlweise mit Heckauswurf, Seitenauswurf oder als Mulchmähwerk ■ ausreichend große Tanks → nicht so häufiges Nachtanken erforderlich	■ einfache Bedienung (Schnellverschlüsse zum Gerätewechsel) ■ stufenlos verstellbarer hydraulischer Fahrantrieb zur leichteren Anpassung der Arbeitsgeschwindigkeit ■ erschütterungsgedämpfte und schallisolierte Vollkabine ■ ergonomisch gestaltete Fahrerkabine: bequeme, gefederte und stoßgedämpfte ergonomisch geformte Sicherheitssitze, verstellbare Lenksäule ■ voll verglaste Kabine mit Sichtfenster im Fußraum (Rundumblick auf alle Anbauräume!) ■ sichere Bauweise, z. B. vom Fahrersitz zu betätigende Schnellkuppler-Dreipunkt-Aufnahme für Arbeitsgeräte (Vermeidung von Quetschungen!) ■ automatische Abschaltung des Mähwerks beim Absteigen von der Maschine ■ Straßenverkehrsausstattung (Verkehrstauglichkeit) ■ Allradantrieb, Servolenkung	■ bodenschonende Niederdruckbreitreifen ■ recyclingfähige Materialien ■ niedrige Abgasemissionen ■ Betrieb mit nachwachsenden Rohstoffen, wie Rapsöl und Rapsmethylester ■ geringer Kraftstoffverbrauch ■ Abgaskatalysatoren, Rußfilter bei Dieselfahrzeugen ■ chromat- und bleifreie Lackierung ■ asbestfreie Brems- und Kupplungsbeläge ■ Hydraulikanlagen mit biologisch abbaubarem Hydrauliköl (Bio-Hydrauliköl) ■ niedriger Geräuschpegel

Tab. 1 Kriterien für die Maschinenauswahl

Rasentyp nach DIN 18917	Schnittzeitpunkt			Schnitthäufigkeit[1]
	minimale Wuchshöhe cm	maximale Wuchshöhe cm	Schnitthöhe cm	
Zierrasen	3	6	2	30 bis 60
Gebrauchsrasen	6	10	3 bis 4	8 bis 20
Strapazierrasen	6	8	3,5 bis 4	12 bis 30
Landschaftsrasen (Extensivrasen)[2]	–	–	6 bis 10	0 bis 3

[1] Abhängig vom/n Leistungsziel, Standortverhältnissen, Witterungsverlauf, Nutzung und Pflegemaßnahmen sind erhebliche Abweichungen möglich.

[2] Gilt auch für wiesenähnliche Flächen.

Tab. 1 Schnittzeitpunkt, -höhe und -häufigkeit laut DIN 18919

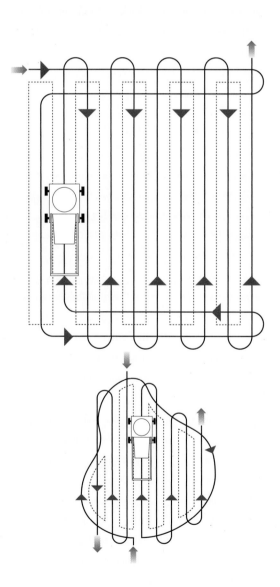

Abb. 1 Zweckmäßiges Vorgehen beim Mähen von Rasenflächen

> ### Merke
>
> **Mähwerke** gibt es für den Front-, Seiten-, Heck- und Zwischenachsenanbau. Man unterscheidet:
> - Spindelmähwerke,
> - Sichelmähwerke,
> - Schlegelmähwerke,
> - Balkenmähwerke und
> - Kreiselmähwerke,
>
> die an Mehrzweckmaschinen oder selbst fahrenden Mähern angebracht sind.

Spindelmäher

Beim **Spindelmäher**, auch als Walzenmäher bezeichnet, befinden sich an einer horizontalen Welle, der Spindel, schräg zur Achse angebrachte Messer, die von einer Walze bewegt werden (s. Abb. 1, S. 342). Beim Rotieren der Trommel drehen sich diese gegen ein fest stehendes Untermesser (Scherenschnittprinzip). Entsprechend zeigen Spindelmäher den saubersten Schnitt. Probleme ergeben sich bei längerem Gras (höher als Mittelpunkt der Spindelwelle → Spindel kann Gras nicht einziehen und abschneiden), sodass Spindelmäher nur für intensiv gepflegte Flächen (z. B. Repräsentationsgrün, Strapazierrasen) geeignet sind. Besonderes Augenmerk ist auf die richtige Messereinstellung zu legen. In der Regel ist ein Rückwärtslaufen der Spindel zur Beseitigung von Verstopfungen möglich. Durch die Kombination mehrerer Messerwalzen (bis zu 5 m Arbeitsbreite) lassen sich hohe Flächenleistungen erzielen (s. Abb. 2, S. 342). Ist der Mäher mit einer Walze ausgestattet, können die klassischen Streifen im Rasen (s. Fußballübertragung im Fernsehen) erzeugt werden. Je schwerer diese Walze, desto deutlicher das Streifenmuster. Bei enger Schnittfolge, in der Hauptwachstumszeit zweimal wöchentlich, kann das Schnittgut liegenbleiben. Nachteilig ist die hohe Empfindlichkeit gegenüber Fremdkörpern und damit einhergehend die deutlich höheren Wartungskosten gegenüber Sichelmähern.

Sichelmäher

Sichelmäher sind die verbreitetsten Rasenmäher. Kennzeichen ist der an einer senkrechten Achse horizontal angebrachte Messerbalken, der mit hoher Geschwindigkeit (50 bis 60 m/s) um seine eigene Achse rotiert (s. Abb. 3, S. 342). Durch die Rotation wird ein Sog verursacht, der das Gras vor seinem Schnitt (schlagender Schnitt) aufrichtet. Sichelmäher sind robuster als Spindelmäher und eignen sich auch zum Mähen von höherem Gras. Ihre Schnittqualität ist im Vergleich zum Spindelmäher jedoch nur befriedigend. Im Hinblick auf die Schnittqualität sind **Frontsichelmäher** (Mähwerk vor den Vorderrädern) den **Zwischenachsensichelmähern** (Mähwerk zwischen Vorder- und Hinterachse) vorzuziehen, da sie das Gras schneiden, bevor es von den Vorderrädern überrollt und platt gedrückt wird. Zur Erhöhung der Schnittleistung werden **Kombinationsmäher (Großflächenmäher)** mit mehreren Sichelmesser-Einheiten eingesetzt (s. Abb. 4, S. 342). Mit ihnen können Arbeitsbreiten bis zu 5 m erreicht werden. Sichelmäher sind gut für den Gebrauchsrasen, aber auch für Spiel- und Liegewiesen geeignet. Wird weniger als 2-mal pro Woche geschnitten, ist es sinnvoller, den Rasenschnitt abzukehren und zu kompostieren bzw. zum Mulchen zu verwenden.

Mulchmäher oder **Recycler-Mäher** besitzen speziell konstruierte und angeordnete Sichelmesser, die das Schnittgut möglichst lange in Schwebe halten und dadurch extrem fein häckseln. Mit dem Luftstrom des Messerwerks wird das zerkleinerte Grün zwischen die Grashalme geblasen, wo es als Gründünger (Reduzierung der Düngung um $\frac{1}{3}$) liegen bleibt (s. Abb. 1 und 2, S. 343). Das Aufsammeln, Entleeren sowie Entsorgungskosten entfallen. Umso kürzer der Schnitt, desto weniger Grasschnitt kann ein Rasen aufnehmen. Entsprechend sollte er nicht tiefer als 4 bis 5 cm geschnitten werden. Eine schnelle Zersetzung (ansonsten Verfilzungsgefahr!) erfordert keine zu große Schnittgutmenge, sodass alle 4 bis 5 Tage, mindestens aber einmal wöchentlich gemäht werden sollte. Die Arbeitsgeschwindigkeit eines Mulchmähers ist etwas langsamer als die des Sichelmähers, die Schnittqualität ist aber besser. Probleme können bei zu hohem (ab 15 cm) und nassem Gras auftreten. Auch höherer Aufwuchs lässt sich beseitigen, jedoch sind dann zwei Übergänge mit abgestuften Schnitthöhen notwendig. Häufig sind Recycler-Mäher so ausgerüstet, dass sie bei Bedarf vom Mulchmähwerk auf das normale Mähwerk mit Heck- oder Seitenauswurf umgestellt werden können. Bei einer Kombination von Mulch- und Auswurfmäher sind zwei von der Luftströmung recht gegensätzliche Aufgaben miteinander zu vereinen. Mulchmäher sind auch für die Laubbeseitigung gut verwendbar, da sie auch die Blätter derart zerkleinern, dass sie auf der Fläche verbleiben können.

Mähroboter sind Mulchmäher, die selbstständig Rasenflächen mähen können (s. Abb. 1). Zahlreiche Sportplätze werden heute bereits mithilfe von Großflächenrobotern (Schnittbreite 105 cm, für Rasenflächen bis 20.000 m²) automatisch gemäht, z.T. mit GPS-Unterstützung. Auch immer mehr Privatleute verwenden Mähroboter zur Pflege ihrer Rasenflächen. Als Außenbegrenzung der zu mähenden Flächen dient in der Regel ein Draht, der an einen Signalgeber angeschlossen wird (Induktionsschleife) und direkt auf oder flach in den Boden verlegt wird, sodass der Mähroboter seine Mähflächen erkennen kann (s. Abb. 1, S. 341). Hindernissen wie Bäumen oder Gartenmobiliar weicht er aus. Nach mehrstündiger Arbeitszeit kann er zum Aufladen seine Garage aufsuchen und bei Bedarf die Mäharbeit anschließend fortsetzen. Geräte, die die Rasenbegrenzung über Sensoren erkennen, benötigen kein Begrenzungskabel.

Punkte, auf die beim **Kauf eines Mähroboters** geachtet werden sollte: Flächenleistung, Schnittbreite und -höhe, Akkuleistung und -kosten, Ladezeit, Lautstärke (möglichst leise, da Dauerbetrieb), Softwareausstattung, Ausstattung mit Sensoren (z.B. Regensensor), Diebstahlsicherung (Alarm, Sperre, PIN-Code), Verhalten bei Steigungen/Gefälle sowie unebenen Flächen und Hindernissen.

Da Mähroboter nahezu alles zerkleinern, was auf dem Rasen liegt, stellen sie auch eine Gefahrenquelle dar. Vor allem Kleinkinder und Tiere können bei ungenügendem Abstand mit ihren Gliedmaßen in das laufende Messer geraten, was schwerste Schnittverletzungen zur Folge haben kann (s. Abb. 2, S. 341). Zudem können erfasste Gegenstände weggeschleudert werden und defekte Messerteile wegfliegen.

Entsprechend sollten **Sicherheitsmaßnahmen** eingehalten:

- während des Betriebs sichere Distanz einhalten
- während des Mähens Gerät nicht unbeaufsichtigt lassen
- nicht mähen, wenn sich Kinder, Haustiere oder andere Personen in der Nähe befinden
- regelmäßige Wartung und Pflege des Mähroboters.

Abb. 1   Mähroboter

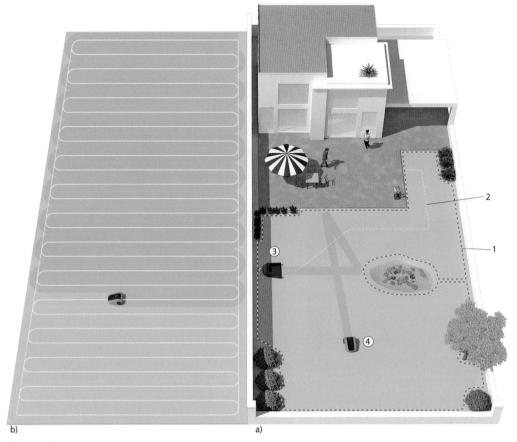

Abb. 1 Mähroboter im Einsatz

a) Mähroboter (4) fährt nach dem Zufallsprinzip die Fläche ab.

b) Mähroboter mit Navigationssystem vermisst die Fläche und berechnet eine effiziente Route. Der Rasen wird in parallel verlaufenden Bahnen gemäht.

(1) Begrenzungskabel zur Begrenzung der Mähfläche. Damit der Mäher das Kabel nicht durchschneidet, wird es glatt auf dem Boden verlegt und mit Haken befestigt. Nach wenigen Monaten ist es überwachsen. Gegebenenfalls können auch mit dem Spaten Schlitze gestochen werden und das Kabel 5 bis 10 cm tief in den Boden gelegt werden.

(2) Das Leitkabel, das mit dem Begrenzungskabel verbunden wird, weist dem Mäher den Weg zurück zur Ladestation (3), wenn der Timer den Befehl gibt oder der Mähroboter wieder aufgeladen werden muss.

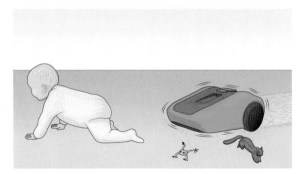

Abb. 2 Mähroboter stellen vor allem für Kleinkinder und Tiere eine nicht zu unterschätzende Gefahr dar

Schlegelmäher

Bei den **Schlegelmähern** sind an einer horizontalen Welle frei schwingende winkel- oder Y-förmige Messer montiert (s. Abb. 5 und 6, S. 342). Schlegelmäher sind besonders robust, weil die Schlegelmesser aufgrund ihrer Anbringung Steinen oder sonstigen Fremdkörpern ausweichen können und auch Bodenunebenheiten und groben, hohen Bewuchs nicht nachtragen. Beim Mähen rotiert die Welle gegen die Fahrtrichtung. Das Mähgut wird so fein zerschlagen (8 bis 15 cm), dass es auf der Fläche liegen bleiben kann. Ihre Schnittqualität ist jedoch nur für extensiv gepflegte Flächen ausreichend (z. B. Straßenböschungen, Gräben). Die Messer lassen sich einfach auswechseln. Auch können sie in aller Regel gegen Vertikutiermesser ausgetauscht werden. Es kann auch gleichzeitig gemäht und vertikutiert werden.

Abb. 1   Messerspindel

Abb. 2   Hohe Flächenleistung durch Kombination mehrerer Spindeln

Abb. 3   Messerbalken eines Sichelmähers

Abb. 4   Kombinationsmäher mit mehreren Sichelmesser-Einheiten

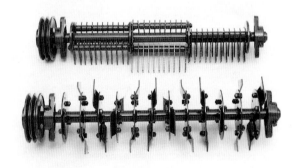

Abb. 5   Messerwelle für Schlegelmäher (oben), für Vertikutierer (unten)

Abb. 6   Schlegelmäher am Ausleger

Abb. 7   Balkenmäher

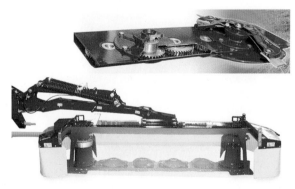

Abb. 8   Kreisel-/Scheibenmäher

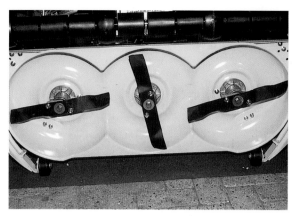

Abb. 1 Recycler-Mäher mit drei Messerkreisen

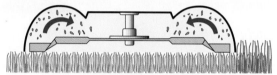

Das geschnittene Gras gelangt in die nach außen geschlossenen Mulchgehäuseglocken, wo es verwirbelt wird.

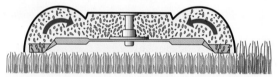

Durch besonders angeordnete Spezialmesser wird das Gras in zwei Ebenen geschnitten.

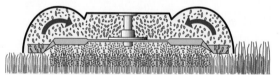

Das Gras wird derart fein gehäckselt, dass es zwischen die Grashalme fällt.

Abb. 2 Funktionsweise eines Recycler-Mähers

Feinschnittschlegelmäher (s. Abb. 4, S. 344) stellen eine Weiterentwicklung der robusten Extensivschlegelmähertechnik dar. Sie zerkleinern das Mähgut auf 3 bis 5 cm, sodass ihre Schnittqualität mit der eines durchschnittlichen Sichelmähers vergleichbar ist. Entsprechend sind derartige Mäher für den Schnitt von Gebrauchsrasen- wie auch Extensivrasenflächen geeignet. Vorteilhaft ist ihre geringe Empfindlichkeit gegenüber Fremdkörpern auf der Mähfläche → geringere Wartungs- und Reparaturkosten. Im Vergleich zu Spindelmähern sind höhere Schnitthöhen möglich → verlängerte Mähintervalle → geringere Betriebskosten (Kraftstoff, Personal). Vorteilhaft gegenüber Sichelmähern sind die besseren Mulchergebnisse, vor allem bei feuchter Witterung, und die geringere Steinschlaggefahr.

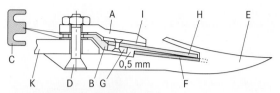

A Messerhalter, B Messerführungsplatte, C Ausgleichslamellen, D Fingerschraube, E Finger, F Fingerplatte, G Messerrücken, H Messerklinge, I Räumplatte, K Fingerbalken

Abb. 3 Fingermähwerk

Balkenmäher (s. Abb. 7, S. 342) werden zum Mähen von hohem Gras (z.B. an Böschungen, im Hangbereich, Straßenrändern und Gräben), Schilfflächen und Blumenwiesen eingesetzt. Die Mähbalken werden als Fingermähwerke (Fingerbalken) und Doppelmessermähwerke/-balken (s. Abb. 3 und 4) angeboten. Obwohl Balkenmäher das Gras scherenartig abschneiden, ist ihre Schnittqualität nur für extensiv gepflegte Flächen geeignet.

Abb. 4 Doppelmessermähwerk als Frontbalkenmäher, Arbeitsbreiten von 210 bis 375 cm

Abb. 5 Anfahrsicherung: Beim Kontakt des Schneidewerks mit einem Hindernis weicht das Mähwerk nach hinten/oben aus; das Schneidwerk bleibt stehen, wenn ein Fremdkörper ins Messer gelangt

Abb. 1 Freischneider

Abb. 2 Mäher mit Grasauffangvorrichtung

Abb. 3 Rasenkehrmaschine

Abb. 4 Mähwerk eines Feinschnittschlegelmähers

Kreisel- oder Scheibenmäher

Kreisel- oder Scheibenmäher (s. Abb. 8, S. 342) verfügen über horizontal rotierende Kreisel/Scheiben (Kreisel-/Scheibenmähwerk), an denen zwei oder vier bewegliche (pendelnde), austauschbare Messer angebracht sind. Zwei Kreisel arbeiten gegenläufig zusammen. Wegen der hohen Messergeschwindigkeit (60 bis 80 m/s) benötigen sie keine Gegenschneide. Das Schnittgut wird in Schwaden abgelegt (Schwadenmäher). Zum Schutz vor wegschleudernden Steinen sind Schutztücher am Mähwerk angebracht.

Kreiselmäher dienen zum Mähen von hohem Gras und werden hauptsächlich in der Landwirtschaft oder beim Mähen in schwierigem Gelände eingesetzt. Auch für den Schnitt von Wiesen/Blumenwiesen sind sie gut geeignet. Kreiselmäher weisen eine hohe Flächenleistung auf. Durch Kombination zweier Mähwerke lässt sich diese noch weiter erhöhen. Auf sehr weichem Untergrund (z. B. auf Feuchtwiesen oder Mooren), wo herkömmliche Maschinen aufgrund ihres Gewichtes einsinken würden, werden mit Kreiselmähwerken ausgerüstete Raupenfahrzeuge eingesetzt.

Abb. 5 Großflächenmäher mit Mähcontainer

Abb. 6 Hochkippentleerung

Mehr Sicherheit bietet ein Freischneider, der nach dem Hecken-
scherenprinzip arbeitet. Durch die gegenläufig schneidenden Messer
werden Schnittgut oder Fremdkörper nicht fortgeschleudert.

Sinnvolles Freischneiderzubehör, z. B. Freischneider mit zurückklapp-
barem Kanten- und Rindenschutz, vermeidet Verletzungen an der
empfindlichen Rinde der zu pflegenden Kulturen und schützt das
Schneideblatt vor Beschädigungen.

Vor dem Anbau des Grasschneideblatts muss der Schutz für
Metallschneidwerkzeuge angebaut sein. Auf korrekte Montage,
festen Sitz und einwandfreien Zustand des Schneidewerkzeugs
ist zu achten.

Rückentragbare Freischneider verteilen das Maschinengewicht auf
beide Schultern, wobei die Last auf dem Rücken günstiger zu
handhaben ist als bei seitlich getragenen Geräten.

Abb. 1   Sicherer Umgang mit Freischneidern

Freischneider

Freischneider (s. Abb. 1, S. 344), auch als **Rasentrimmer**
bezeichnet, dienen zum Grasschnitt an für Mäher schwer
zugänglichen Stellen, z. B. zwischen Gehölzen oder entlang
von Zäunen. Freischneider, die nach dem Heckenscheren-
prinzip arbeiten, bieten dem Anwender mehr Sicherheit
und schützen die empfindliche Rinde der Gehölze vor Verletzungen (s. Abb. 1).

Schnittgutaufnahme

Grasauffangvorrichtungen (s. Abb. 2, S. 344) sollten
nicht zu klein bemessen sein, da der Aufwand für das Entleeren sonst größer ist, als der Einsatz einer Kehrmaschine.

Rasenkehrmaschinen sind in der Regel auch zur Aufnahme von Laub, Vertikutier- und geschlegeltem Mulchma-

terial geeignet (s. Abb. 3, S. 344). **Großflächenmäher**
sind in aller Regel mit Materialaufsammelsystemen ausgestattet, deren Mähcontainer üblicherweise ein Fassungsvermögen von 300 bis 900 Liter aufweisen (s. Abb. 5,
S. 344). **Großraumaufnahmegeräte** bringen es bis auf
6500 Liter. Üblich sind Sichelmäher, bei denen das geschnittene Gras mithilfe eines Sauggebläses am Auswurf
abgesaugt und über einen seitlich oder zentral angebrach-
ten Absaugkanal/-schlauch in den Container geblasen
wird (s. Abb. 5, S. 344). Mit einer hydraulischen **Hoch-
kippentleerung** können die Container (Sammelbehälter,
Hochkippbunker) auch in höhere Behälter oder auf Trans-
portfahrzeuge mit Bordwand rasch entleert werden
(s. Abb. 6, S. 344). Bei der Verwendung von Spindelmähern wird das Schnittgut, wenn erforderlich, von Rasenkehrmaschinen aufgesammelt.

Unfallverhütung

Achtung

Da es beim Einsatz von Mähgeräten immer wieder zu Unfällen mit vor allem schweren Hand- und Fußverletzungen kommt, ist bei der Arbeit mit diesen Geräten besonders auf ein sicherheitsgerechtes Verhalten zu achten!

Abb. 1 Persönliche Schutzausrüstung bei der Durchführung von Grünpflegearbeiten

6.1.2 Düngen

Düngermenge

Ein Rasen kann sich nur optimal entwickeln und die gewünschten Eigenschaften zeigen, wenn er entsprechend seinem Bedarf mit Nährstoffen versorgt wird. Von besonderer Bedeutung für das Wachstum der Gräser ist der Stickstoff, der sozusagen der „Motor" des vegetativen Wachstums ist. Der **N-Bedarf** der Rasenflächen hängt in erster Linie von deren Nutzung und damit vom Rasentyp ab. Je häufiger der Rasen geschnitten wird, desto höher sind seine Nährstoffansprüche, da zusammen mit dem Schnittgut Nährstoffe abgeführt werden. Bleibt das Schnittgut hingegen liegen, kann die **Düngung** (s. Tab. 2, S. 347) reduziert werden: Auf schwach wachsenden Flächen um 5 g N/m², auf stark wachsenden Flächen um 10 g N/m².

Zur Vermeidung von Verbrennungen (Verätzungen) und N-Auswaschungen sollte beim Einsatz von schnell wirkenden (wasserlöslichen) Düngern die **N-Menge pro Düngergabe** 5 g N/m² nicht überschreiten. Bei Verwendung von **Depotdüngern** kann entsprechend den Herstellerangaben erhöht werden, bei Depotdüngern mit mittlerer Langzeitwirkung (etwa 3 bis 4 Monate, z. B. Isodur) auf 12 g N/m² und bei längerer Wirkungsdauer auf 25 g N/m².

Bei **N-Mangel** kommt es zu Wachstumshemmungen (schwache Blatt- und Wurzelentwicklung) und einer hellgrünen bis gelben Verfärbung (Vergilbung) der Gräser. Eine **N-Überdüngung** führt nicht nur zu einer dunkelgrünen Färbung der Gräser, sondern auch zu einem höheren Mähaufwand, einer verstärkten N-Auswaschung und krankheitsanfälligeren Pflanzen.

Eine **umweltschonende Düngung** setzt eine genaue Nährstoffbedarfsermittlung anhand einer Bodenuntersuchung voraus. Zur **Bestimmung des N-Bedarfs** ist zu Beginn der Vegetationsperiode der im Boden pflanzenverfügbare N-Vorrat mithilfe der N_{min}-Methode zu ermitteln. Dazu wird eine **repräsentative Bodenprobe** bei Extensivrasenflächen aus einer Bodentiefe von 0 bis 30 cm, 30 bis 60 cm und 60 bis 90 cm, ansonsten aus 0 bis 30 cm genommen.

Die Höhe der N-Düngung ergibt sich aus dem N-Bedarf des Rasens (s. Tab. 2, S. 347) **minus dem N-Gehalt des Bodens**. In Wasserschutzgebieten sollte zur Vermeidung von N-Auswaschungen die N-Düngung um 20% verringert werden (Risikoabschlag). Anhand der Analyseergebnisse wird ein **Düngeplan** zur Nährstoffversorgung für das laufende Vegetationsjahr aufgestellt (s. Tab. 1, S. 347).

Rasentyp	Jan.	Feb.	März	April	Mai	Juni	Juli	Aug.	Sept.	Okt.	Nov.	Dez.
Zierrasen				30 g/m²		30 g/m²		30 g/m²				
Gebrauchsrasen				15 g/m²		15 g/m²		15 g/m²				
Strapazierrasen				30 g/m²		30 g/m²		30 g/m²				
Verwendeter Dünger	Rasendünger mit Langzeitwirkung 20 : 5 : 8 : 2											

Tab. 1 Jahresdüngepläne (Praxisbeispiele)

Rasentyp nach DIN 18917	Stickstoff (Rein-N) g/m² je Jahr	P_2O_5[1] g/m² je Jahr	K_2O[2] g/m² je Jahr
Zierrasen	15 bis 20		
Gebrauchsrasen	6[3] bis 10	0 bis 8	0 bis 16
Strapazierrasen	15 bis 20		
Landschaftsrasen[4]	0 bis 3		

[1] Je nach Bodenvorrat und Jahresstickstoffdüngung.
[2] In Abhängigkeit von Tongehalt und Kalivorrat des Bodens etwa 40 bis 60 % der jährlichen Stickstoffgabe.
[3] Wird nicht regelmäßig gedüngt, sind gegebenenfalls Erhaltungsdüngungen erforderlich.
[4] Gilt auch für wiesenähnliche Flächen.

Tab. 2 Nährstoffbedarf von Rasenflächen nach DIN 18919

Bei der **Untersuchung auf Phosphor, Kalium und Magnesium** ist eine Probeentnahme aus einer Bodentiefe von 0 bis 10 cm ausreichend. Im Gegensatz zur N-Untersuchung, die jährlich erfolgen sollte, genügt es im Allgemeinen, wenn die P-, K- und Mg-Gehalte des Bodens in Abständen von 2 bis 3 Jahren überprüft werden.

Düngerauswahl

Merke

Bei der Auswahl der N-Dünger kommt es vor allem auf eine möglichst gleichmäßige und bedarfsgerechte Nährstoffversorgung der Gräser über die gesamte Wachstumsperiode an.

Weitere **Auswahlkriterien** sind:
- Wirkungsgeschwindigkeit
- Dauer der Düngewirkung
- physiologische Wirkung, sauer oder alkalisch
- Anzahl notwendiger Düngegänge
- Kosten
- Nährstoffgehalt
- sonstige Bestandteile (z. B. Kalk, Spurennährelemente)
- Nährstoffverhältnis
- Ausbringungsmöglichkeit

- Streufähigkeit
- Verbrennungs-/Überdüngungsgefahr
- Auswaschungsverluste
- Geruchsentwicklung
- erforderliches Lagervolumen

Der Toleranzbereich der Rasengräser im Hinblick auf den **pH-Wert** des Bodens ist zwar recht groß, je nach Gräserart liegt er zwischen pH 5,0 und 7,5, das Optimum für die belastbaren Rasengräser *(Lolium perenne und Poa pratensis)* liegt jedoch bei pH 6,5. Deswegen sollten bei einem **pH-Wert < 5,0 physiologisch alkalisch wirkende Dünger**, die den pH-Wert erhöhen, und bei einem **pH-Wert > 6,5 physiologisch sauer wirkende Dünger**, die den pH-Wert absenken, eingesetzt werden.

Bei der **Verwendung von Mehrnährstoffdüngern** ist auf das richtige **Nährstoffverhältnis** zu achten. Als günstig gilt im Allgemeinen ein Verhältnis von
$N : P_2O_5 : K_2O : MgO = 1 : 0,3 : 0,6 : 0,1$.

Düngezeitpunkt

Für eine optimale Düngung ist auch die **Wahl des richtigen Düngezeitpunktes** von Bedeutung. Obwohl der richtige Düngetermin je nach Bodenart, Nutzungsintensität, Witterungsverlauf und Art des Düngers variiert, kann die Aufteilung der Düngergaben wie folgt aussehen:

1. Düngung:
- bei **leichten Böden** im **März/April**, vor Beginn des natürlichen Wachstumsschubs, zur Anregung des Wachstums
- bei **schweren Böden Ende Mai/Anfang Juni**, wenn das natürliche Wachstum nachlässt

Restliche Düngergaben
Je nach Bedarf **zwischen Juni und Oktober**

Bei Gefahr von Pilzinfektionen sollte ab etwa Mitte August keine N-Düngung mehr durchgeführt werden. **In Wasserschutzgebieten darf zwischen dem 15. Oktober und**

1. Februar nicht gedüngt werden! Bei der Verwendung von schnell wirkenden Mineraldüngern liegen die **Düngeintervalle** bei etwa 3 bis 4 Wochen. Der Einsatz von Depotdüngern führt zu einer Verringerung der Düngegänge.

Ausbringung

Um eine gleichmäßige Nährstoffversorgung zu gewährleisten und Verbrennungsschäden durch Düngeranhäufungen zu vermeiden, ist bei der Düngerausbringung unbedingt auf eine gleichmäßige Verteilung zu achten. Gewährleistet wird dies durch den Einsatz von **Kastenstreuern**, die in unterschiedlichen Größen und Arbeitsbreiten (90 bis 300 cm) angeboten werden (s. Abb. 1). Beim Überfahren der Rasenfläche sollen sich die Fahrstreifen nicht überlappen. Werden **Schleuderstreuer** (s. Abb. 2) eingesetzt, wird die erforderliche Düngermenge halbiert, um dann die eine Hälfte in Längs- und die andere Hälfte in Querrichtung auszustreuen. Die Düngerverteilung erfolgt etwa auf einer Breite von 2 bis 10 m. Geräte mit anbringbaren Randbegrenzern ermöglichen ein randgenaues Arbeiten. Beim Einsatz von **Schleuderstreuern** ist mit Überlappungen zu arbeiten (s. Abb. 3).

6.1.3 Wässern

Reichen die natürlichen Niederschlagsmengen nicht aus, muss gewässert werden (s. Abb. 1, S. 349). Die **Wassergabe pro Gießvorgang** sollte den Boden mindestens 10 bis 15 cm tief durchfeuchten, damit genügend Wasser in die Wurzelzone gelangt. Dies fördert nicht nur die Entwicklung der Gräser, sondern aufgrund des damit angeregten tieferen Wurzelwachstums auch eine geringere Empfindlichkeit der Pflanzen während Trockenzeiten. Die verabreichten Wassermengen (10 – 12 l/m², 2 mal/Woche) können mithilfe von Regenmessern oder Wasseruhren (Wassermenge je Zeiteinheit ablesen und auf die bewässerte Fläche umrechnen) kontrolliert werden. In diesem Zusammenhang darf nicht unerwähnt bleiben, dass das Bewässern größerer Rasenflächen auch eine Kostenfrage ist. Eine Möglichkeit zur Wassereinsparung und Reduzierung der Blattnässedauer ist das Bewässern in den frühen Morgenstunden, wenn die Verdunstung am geringsten ist. Bei längeren Trockenzeiten im Sommer und Wasserverknappungen muss vorübergehend ein vergilbter und auch verdorrter Rasen in Kauf genommen werden. Nach dem ersten Regen erholt er sich recht schnell wieder. Zur Beregnung von Rasenflächen stehen verschiedene **Regner** zur Verfügung. Auf größeren, intensiv genutzten Grünflächen, wie z. B. Sport- und Golfplätzen, werden **Beregnungsanlagen** eingebaut. Mithilfe von modernen Bewässerungssystemen lässt sich die Bewässerung der

Abb. 1   Kastenstreuer

Abb. 2   Schleuderstreuer

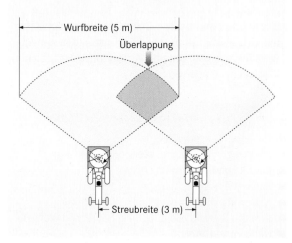
Abb. 3   Düngerausbringung mit Schleuderstreuer

Abb. 1 Beregnung

unterschiedlichsten Flächen bequem, genau, flächendeckend und vollautomatisch durchführen. Die Hersteller liefern genaue Planungs- und Verlegehilfen (s. Kap. Automatische Bewässerungsanlagen).

6.1.4 Laubbeseitigung

Anfallendes Laub ist von Zier-, Gebrauchs- und Strapazierrasen zu entfernen. Auf Extensivrasenflächen verbleibt es, wenn nichts anderes vereinbart wurde (DIN 18915). Eine Beseitigung kann z. B. aus Gründen der Verkehrssicherheit oder unerwünschten Vegetationsbeeinflussung erforderlich werden. Unrat muss ebenfalls im vereinbarten Umfang beseitigt werden.

6.2 Unregelmäßig erforderliche Leistungen

Die Erfahrungen haben gezeigt, dass – vor allem auf stark belasteten wie auch auf älteren, unzureichend gepflegten Rasenflächen – Düngung, Beregnung und Schnitt alleine nicht immer ausreichend sind, um über Jahre hinweg einen funktionsfähigen Rasen zu erhalten. Ist der Boden verdichtet, sind die Rasenflächen verfilzt, vermoost und verunkrautet, müssen tief greifende Pflegemaßnahmen, wie das **Vertikutieren** und **Aerifizieren**, durchgeführt werden. Zur langfristigen Verbesserung der Bodenstruktur sollten diese Maßnahmen zusammen mit einer **Besandung der Flächen** (s. Kap. 6.2.3) erfolgen. Gegebenenfalls sind auch **Nachsaaten** (s. Kap. 6.2.4) erforderlich.

6.2.1 Vertikutieren (Senkrechtschneiden)

Abgestorbene, nicht zersetzte Pflanzenreste können sich im Laufe der Zeit derartig miteinander verflechten, dass eine dichte Filzschicht im Bereich der Wurzelhalszone der Gräser entsteht, die das Eindringen von Wasser und Luft stark behindert. Auf kleineren Flächen kann dieser Rasenfilz mithilfe von Eisenrechen zerrissen und herausgeharkt werden – eine anstrengende Arbeit, die sich durch Verwendung spezieller **Vertikutierrechen**, mit denen der Ra-

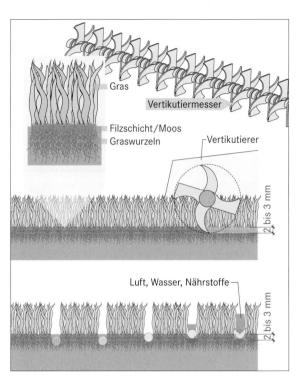

Abb. 2 Vertikutieren

sen bei Bedarf kreuzweise durchkämmt wird, erleichtern lässt (s. Abb. 1, S. 350).

Noch einfacher, vor allem aber schneller, geht es mit **Vertikutiermaschinen** (s. Abb. 3, S. 350), bei denen an einer mit hoher Geschwindigkeit rotierenden Welle senkrechte Messer dicht an dicht (Messerabstand ca. 2,5 bis 3,5 cm) angebracht sind. Durch die senkrecht schneidenden Messer wird die Filzschicht in der Wurzelhalszone zerschnitten und teilweise herausgerissen (s. Abb. 2). Lose aufgehängte Messer können, im Gegensatz zu festen, Steinen ausweichen.

Die Arbeitstiefe darf 2 bis 3 mm nicht überschreiten. Eine Tiefe von 4 bis 5 mm kann bereits die Grasnarbe stark schädigen. Da die Verletzungen der Blätter und Wurzeln den Wasserhaushalt der Gräser negativ beeinflussen, sollte nur während **guter Wachstumsbedingungen** und möglichst **feuchtwarmer Witterung** vertikutiert werden. Der herausgearbeitete Rasenfilz ist wegen seiner auflockernden Wirkung gut zum Mischen mit zum Kompostieren vorgesehenem Rasenschnitt oder auch zum Mulchen geeignet. Zur Aufnahme des Filzmaterials sind **Rasenkehrmaschinen** gut geeignet. Sind diese mit einer Vertikutiermesserwelle ausgestattet, lassen sich Vertikutieren und Aufnahme des Filzmaterials in einem Arbeitsgang durchführen. Die **Sammelcontainer** weisen allgemein eine Größe von 5 bis 7 m³ und mehr auf. Die Entladung erfolgt über **Hochkippeinrichtungen**, sodass das Material gleich auf ein bereitstehendes Transportfahrzeug abgekippt werden kann.

Within Abb. 2 labels: Gras, Vertikutiermesser, Filzschicht/Moos, Graswurzeln, Vertikutierer, 2 bis 3 mm, Luft, Wasser, Nährstoffe, 2 bis 3 mm

Abb. 1 Vertikutierrechen

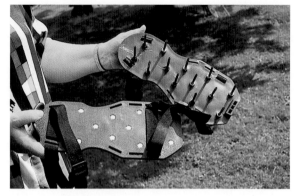

Abb. 2 Schuhe mit Nägeln

Abb. 3 Vertikutierer (s. auch Abb. 5, S. 342)

Abb. 4 Schlitzmesser eines Aerifiziergerätes

Abb. 5 Aerifiziergerät mit Hohlspoons

Abb. 6 Besandungsgerät, Selbstlader

Abb. 7 Schleppnetz

Abb. 8 Bürstenmaschine

Durch das **Vertikutieren**

■ werden Verfilzungen im Bereich des Wurzelhalses und Moosteppiche zerschnitten,

■ werden verkrustete Bodenoberflächen aufgerissen,

■ werden Rosetten bildende Wildkräuter geschwächt und dezimiert, Ausläufer bildende Wildkräuter (s. Kap. 7.2) können hingegen flächendeckend verbreitet werden,

■ wird über eine verbesserte Belüftung der Grasnarbe das Wurzelwachstum der Gräser begünstigt,

■ werden Bodenbakterien über eine bessere Sauerstoffversorgung gefördert, sodass Mähreste schneller abgebaut werden und einer Verfilzung entgegengewirkt wird,

■ werden bei Ausläufer treibenden Gräsern die Tochterpflanzen von den Mutterpflanzen getrennt, sodass sie eigenständige Pflanzen bilden (dichte Grasnarbe),

■ werden durch das Anschneiden der Grasnarbe die Gräser in ihrem Austrieb (Bestockung) gefördert.

Nach dem Vertikutieren und Entfernen des herausgeschnittenen Materials wird die Rasenfläche besandet (s. Kap. 6.2.3), gedüngt und gewässert. Die durch das Herausarbeiten von Rasenfilz und Moos entstandenen Lücken sollten durch Nachsaat (s. Kap. 6.2.4) schnell geschlossen werden, damit Wildkräuter sich nicht ansiedeln können. Der Rasen darf erst wieder betreten werden, wenn die Grasnarbe dicht geschlossen ist.

⬇ Arbeitsschritte beim Vertikutieren

1. Rasen auf etwa 2 cm Tiefe mähen und Mähgut entfernen
2. Fläche mit dem Vertikutiergerät überfahren
3. Herausgearbeitetes Material (Rasenfilz, Moos) entfernen (in der Regel sehr viel!)
   → als Mulchmaterial verwenden oder kompostieren
4. Besanden (2 bis 3 l/m², Körnung 0/2)
5. Fläche mit Schleppnetzen/Bürsten überfahren
6. Rasen düngen[1] und wässern
7. Rasen erst wieder betreten, wenn die Grasnarbe dicht geschlossen ist

---

Das Vertikutieren von nicht professionell genutzten Rasenflächen ist umstritten. Argumente dagegen sind:

■ Auf **professionell genutzten Sportflächen** ist das oberste Ziel einen bei jedem Wetter bespielbaren Platz zu gewährleisten (Ziel hohe Belastung und Wasserdurchlässigkeit). Entsprechend besteht die Rasentragschicht fast nur noch aus Sand. In derartigen Böden **fehlt das Bodenleben**, das den entstehenden Rasenfilz

abbauen könnte. Normale Gartenböden hingegen sind reich an Bodenorganismen.

■ Moosbesatz ist nicht gleich Rasenfilz. **Hauptsache für Moos im Rasen ist vor allem N-Mangel.** Wird Stickstoff ausreichend gedüngt, verschwindet es von selbst.

■ Die Entfernung von Moos durch senkrecht schneidende Messer verursacht zahlreiche Verletzungen (→ hohe Verdunstung), die die ohnehin schon gestressten Rasengräser zusätzlich schwächen. Zudem führt das Herausarbeiten von Moos zu großflächigen Kahlstellen im Rasen und schafft damit **Landebahnen für Wildkräuter**.

Merke

Das Vertikutieren ist eine **Regenerationsmaßnahme**, die **nur bei Bedarf** (Filzschicht > 10 mm) und im Abstand von mehreren Jahren durchgeführt werden sollte.

Hauptfehler: Es wird **zu früh**, **zu tief** und **zu oft** vertikutiert.

6.2.2 Aerifizieren (Belüften)

Das Aerifizieren dient zur Beseitigung oberflächennaher Verdichtungen auf belasteten Rasenflächen, d. h. im Bereich des Wurzelhorizontes. Dazu werden mit **Schlitzmessern** oder **Hohlwerkzeugen** Löcher in den Rasen geschnitten bzw. gestochen. Über diese Öffnungen gelangen Sauerstoff, Wasser und auch Nährstoffe leichter in den Wurzelbereich. Außerdem fördert die Lockerung des Bodens die Ausbreitung der Wurzel. Für das **Belüften** stehen neben **Nagelwalze** und **Grabegabel** oder **Schuhen mit Nägeln** (s. Abb. 2, S. 350) zwei Arten von Geräten zur Verfügung, die in Form von selbst fahrenden Maschinen und Anhängegeräten angeboten werden.

Geräte mit Schlitzmessern

An einer rotierenden Welle befinden sich im Abstand von etwa 15 cm **Schlitzmesser** (s. Abb. 4, S. 350), die die verdichtete Rasentragschicht aufschlitzen bzw. aufreißen. Eine Arbeitstiefe von 10 cm ist in der Regel ausreichend. Nach dem Aerifizieren wird die Fläche besandet. Bei Bedarf kann die Rasenfläche monatlich bearbeitet werden.

Da beim Einsatz von Schlitzwerkzeugen der Boden durch die Arbeitsweise der Messer dreiseitig verdichtet wird, muss vor dem Einsatz geprüft werden, ob der Rasen diese Verdichtungen noch aufnehmen kann. Ist dies nicht der Fall, sollten die effektiveren Hohllöffelwerkzeuge (Spoons) verwendet werden.

---

[1] Am besten 10 Tage vorher

Ziel	Maßnahme	Bearbeitungstiefe	Häufigkeit (bei Bedarf)	Besandung (l/m²)
Beseitigung oberflächennaher Verdichtungen	Aerifizieren ■ Hohlwerkzeuge ■ Schlitzwerkzeuge	10 cm	■ 2 – bis 3-mal/Jahr ■ monatlich	■ 5 ■ 3
Beseitigung von Rasenfilz und Vermoosung	Vertikutieren	2 bis 3 mm (!)	im Abstand von mehreren Jahren	2 bis 3

Tab. 1 Gegenüberstellung Aerifizieren und Vertikutieren

Geräte mit Hohlwerkzeugen

An einer rotierenden Welle befinden sich sogenannte **Hohl- oder Löffelwerkzeuge** (Spoons), die Erdkegel aus dem Boden herausstechen und durch einen Federmechanismus herauswerfen (s. Abb. 5, S. 350). Auf dem Markt werden Geräte mit Hohlwerkzeugen von 1 bis 3 cm Durchmesser und Arbeitstiefen von 0,5 bis 40 cm (teilweise sogar bis 60 cm) angeboten. Der Boden sollte beim Aerifizieren nicht zu trocken sein, weil sonst durch das Nachrieseln des Bodens die Arbeitstiefe zu gering wird. Die **Tiefenlockerung**, bei der **Vollspoons** (keine Hohlspoons) eingesetzt werden, wird z. B. auf Sport- und Golfplätzen durchgeführt, wenn tiefere Bodenverdichtungen zu beheben sind und die Bespielbarkeit nicht wesentlich gestört werden soll. Durch eine hebelnde Bewegung der bei langsamer Fahrt eingestochenen Zinken wird der Boden gelockert und angehoben. Tiefer liegende Verdichtungen werden beseitigt, ohne die Grasnarbe zu zerstören. Durch eine nachlaufende Gitterwalze wird die Rasenoberfläche wieder leicht angedrückt.

Die Arbeitsbreiten der Maschinen liegen bei 60 bis 300 cm, die Anzahl der erzielbaren Löcher zwischen 50 und 700 pro m². Letztere hängt von der eingestellten Getriebedrehzahl (Zapfwellendrehzahl), der Arbeitsgeschwindigkeit und der Anzahl der Spoons ab. Laut VOB, DIN 18919 soll die **Zahl der Löcher pro m² mindestens 200** betragen.

Noch wichtiger als die Anzahl der Löcher ist ihre Tiefe. **Eine Arbeitstiefe von 10 cm gilt allgemein als ausreichend** (laut DIN 18919 Mindesttiefe 5 cm und Mindestdurchmesser 1 cm). Nach der Bearbeitung müssen die kleinen Erdkegel bei Böden ab Bodengruppe 4 entfernt werden. Bei leichten (sandigen) Böden können die durch das Abschleppen bzw. Kehren der Fläche zerkleinerten und aufgelockerten Bodenkegel direkt oder vermischt mit aufgefahrenem Sand in die Fläche eingeschleppt/-gekehrt werden. Wegen ihrer gleichmäßigen Entnahme sind sie auch gut zum Ausgleichen von geringfügigen Unebenheiten in der Rasenfläche geeignet.

Eine Bearbeitung der Rasenfläche mit Löffelwerkzeugen sollte höchstens 2 bis 3-mal pro Jahr (s. Tab. 1) erfolgen.

Neben Aerifiziergeräten mit Schlitz- oder Löffelwerkzeugen gibt es auch solche, an denen wahlweise Schlitz- oder Löffelwerkzeuge montiert werden können.

Arbeitsschritte beim Aerifizieren

1. Rasen mähen und abkehren
2. Fläche mit Aerifiziergerät überfahren
3. Besanden (3 bis 5 l/m², Körnung 0/2)
4. Fläche mit Schleppnetzen/Bürsten überfahren
5. Bei Bedarf düngen und wässern
6. Rasenfläche 3 bis 4 Wochen nicht betreten

6.2.3 Besanden

Vor allem bei bindigen Böden sollte zusammen mit dem Vertikutieren und Aerifizieren eine **Besandung** erfolgen. Durch das Verfüllen der Luftlöcher mit Sand kann über die Erhöhung des Grobporenanteils eine **dauerhaftere Verbesserung der Bodenstruktur** erreicht werden.

So lässt sich durch wiederholtes Aerifizieren mit anschließendem Besanden die Kornzusammensetzung des gesamten Oberbodens im Laufe der Zeit zugunsten des Sandanteils verändern. Diese Veränderung in der Kornzusammensetzung schwerer Böden fördert neben einer verbesserten Wasseraufnahme und Durchlüftung auch deren **Scherfestigkeit** (Widerstandskraft gegen Verformung/Verschiebung aufgrund von Kräften, die parallel zur Oberfläche wirken), was besonders für Strapazierrasen von Bedeutung ist.

Zum Besanden werden **Sande der Körnung 0/2** verwendet. Gut geeignet sind gewaschene (geringerer Schluff- und Tonanteil), mittel- und grobsandreiche Sande (s. Tab. 1, S. 353), die eine enge Kornabstufung und eine raue Oberflächenstruktur (z. B. Lavasand) aufweisen.

Sande mit einem hohen Feinsandanteil und einer breiten Kornabstufung sind aufgrund ihrer höheren Wasserspeicherung und besseren Kapillarität zur Förderung der Wasserdurchlässigkeit und Durchlüftung des Bodens weniger geeignet. Aus dem gleichen Grund sollte der Schluff- und Tonanteil der verwendeten Sande möglichst gering sein.

Andererseits fördern feinsandreiche Sande über eine Vergrößerung der Oberfläche die Angriffsflächen für Mikroorganismen, sodass organische Substanz, wie Mährückstände, schneller abgebaut wird. Damit wird einer Verfilzung des Rasens entgegengewirkt und auch der Düngeraufwand aufgrund der verstärkten Mineralisierung (Nährstoffrückführung) verringert.

Laut DIN 18919 soll der Schluffanteil höchstens 6 Gew.-%, der Feinsandanteil 20 bis 30 Gew.-% betragen. Als günstig gilt ein hoher Mittelkornanteil (35 bis 50 %, s. Tab. 1). Der pH-Wert der verwendeten Sande sollte mäßig sauer bis neutral sein.

Die Sande werden mithilfe von speziellen **Besandungsgeräten** in Mengen von 3 bis 5 Liter bzw. 2 bis 3 Liter/m^2 (ohne vorheriges Lüften) gleichmäßig auf die Fläche verteilt (s. Abb. 6, S. 350). Um ein unnötiges Befahren mit schwerem Gerät und damit eine erneute Verdichtung des Rasens zu vermeiden, sollte die Kapazität der Geräte nicht zu klein bemessen sein. **Großstreuer** haben ein Ladevolumen von 2 bis 5 m^3. Ferner sollten Besander eine gleichmäßige Materialverteilung und eine möglichst stufenlos regelbare Ausbringmenge gewährleisten.

Bezeichnung	Korngröße
Grobsand	2 – 0,63 mm
Mittelsand	0,63 – 0,2 mm
Feinsand	0,2 – 0,063 mm

Tab. 1 Kornfraktion Sand

Aufgrund des hohen Gewichts von Sand müssen Besandungsgeräte mit Breitreifen ausgestattet sein. Viele Anbaubesander ermöglichen eine Selbstbeladung des Sandbehälters im Einmannverfahren (s. Abb. 6, S. 350). Nach dem Verteilen wird der Sand mithilfe von **Schleppnetzen** (s. Abb. 7, S. 350), **Bürstenmaschinen** (s. Abb. 8, S. 350), **Stahlmatten** oder speziellen **Egalisiermatten** (egalisieren = ausgleichen), auf kleinen Flächen auch mit einem **Besen**, in die Aerifizierlöcher eingebracht. Als optimal gilt, wenn 30 bis 40 % des aufgebrachten Sandes in die Aerifizierlöcher gelangt.

6.2.4 Nachsaat

Zum Nach- oder Übersäen größerer Rasenflächen stehen spezielle **Nach-/Übersägeräte** (Overseeder) zur Verfügung. Schlitzmesser öffnen die Grasnarbe und legen den Samen einzeln ab.

Ein andere Möglichkeit ist der Austausch der Vorsätze bei der Rasenbaumaschine durch eine Perforierwalze, die Löcher in die Grasnarbe sticht, in die die Grassaat eingebracht wird.

HInweis

Ein **Nachsäen** (Übersäen) ist immer dann zu empfehlen, wenn

1. größere Lücken im Rasen, z.B. infolge von ungleichmäßiger Aussaat, unzureichender Bewässerung, Krankheits- oder Schädlingsbefall, auftreten,
2. die Grasnarbe überwiegend aus minderwertigen Gräsern besteht oder stark mit unerwünschten Wildkräutern durchsetzt ist,
3. die Gräserzusammensetzung nicht mehr den Anforderungen genügt oder
4. der bestehende Gräserbestand mit neuen Grasarten oder -sorten aufgefrischt bzw. ergänzt werden soll.

6.2.5 Regeneration – Rasenerneuerung ohne Umbruch

Nicht immer ist die Neuanlage eines Rasens notwendig. Bei bestehenden Rasenflächen ist häufig eine **Regeneration** ausreichend. Wiederholtes Regenerieren einer Fläche kann jedoch teurer werden, als den Rasen gleich umzubrechen und mit einer neuen Mischung einzusäen.

Arbeitsschritte bei der Rasenregeneration

1. Rasen extrem tief (≤ 2 cm) mähen und abkehren
2. Bei Bedarf Fläche mit dem Vertikutiergerät überfahren
3. Herausgearbeitetes Material entfernen
4. Fläche mit dem Aerifiziergerät (Hohlwerkzeuge) überfahren
5. Erdkegel entfernen
6. Besanden (3 bis 5 l/m^2, Körnung 0/2)
7. Fläche mit Schleppnetzen/Bürsten überfahren
8. Nachsäen (20 bis 30 g/m^2)
9. Saatgut einarbeiten/mit Erde abdecken
10. Fläche leicht abwalzen
11. Düngen[1] und Kalken laut Bodenuntersuchung (bzw. 40 bis 50 g eines Depotdüngers pro m^2; bei pH < 5,5 120 bis 150 g Kohlensaurer Kalk/m^2)
12. Wässern, danach ggf. mit licht- und luftdurchlässiger Folie abdecken → kein Zuflug von Wildkrautsamen, günstiges Mikroklima
13. Rasen erst wieder betreten, wenn die Grasnarbe dicht geschlossen ist (6 bis 8 Wochen)

---

[1] Am besten 10 Tage vorher

6.2.6 Ausbesserungsarbeiten

1. Schadhafte Stelle markieren und mit dem Spaten herausstechen

2. Gelöste Sode so weit vorrücken, bis der beschädigte Teil über die Rasenkante hinausragt

3. Entlang eines auf der Rasenkante gelegten Brettes schadhafte Stelle mit dem Spaten abstechen

4. Passend zugeschnittene Rasensode in die Lücke einsetzen

5. Eingesetzte Sode andrücken

6. Abschließend leicht sanden und gründlich wässern

Abb. 1   Reparatur beschädigter Rasenkanten

Hinweis

Beschädigte Stellen im Rasen können ausgebessert werden, indem sie nachgesät oder mit Fertigrasen neu ausgelegt werden (s. Abb. 2).

1. Schadhafte Stelle mit dem Spaten herausstechen

2. Boden der freigelegten Stelle lockern und mit Komposterde vermischen

3. Boden gleichmäßig andrücken und leicht aufharken

4. Neue Rasensode auf die Lücke legen und passend zuschneiden. Andrücken, absanden und gründlich wässern

Abb. 2   Reparatur schadhafter Stellen im Rasen

1. Unebene Stelle kreuzförmig einschneiden

2. Rasendecke vorsichtig zurückschlagen

3. Vertiefungen mit Mutterboden auffüllen; bei Erhebungen Boden abtragen

4. Rasendecke auflegen, andrücken, absanden und gründlich wässern

Abb. 3   Behebung von Vertiefungen oder Erhebungen im Rasen

6.3   Pflege naturnaher Grünflächen

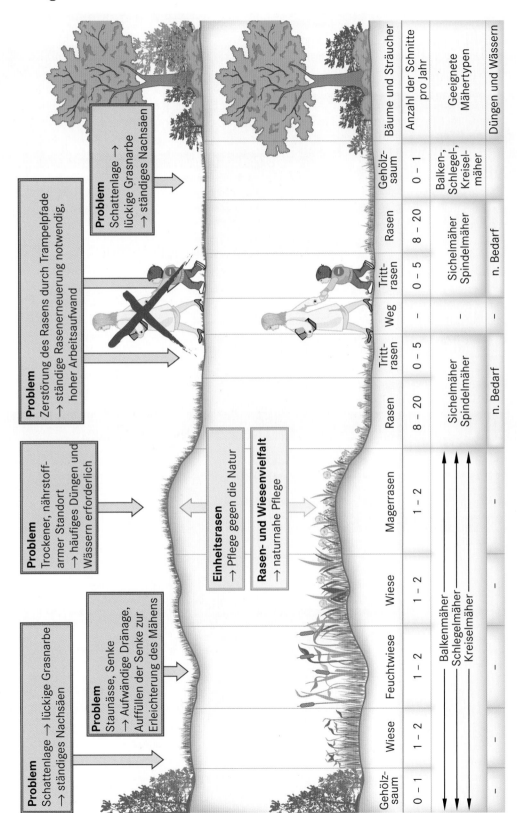

Abb. 1   Eine naturnahe Grünflächenpflege bedarf differenzierter Pflegekonzepte
(nach: Niedersächsisches Landesverwaltungsamt, Fachbereich Naturschutz, Hannover)

Letztendlich kann nur eine Fülle an unterschiedlichen Lebensräumen die Artenvielfalt in der Natur sichern. Der Erhalt bzw. die Schaffung naturnaher Grünflächen trägt dazu bei. Dies kann z. B. die Tolerierung von Trampelpfaden im Rasen, auf denen sich sogenannte Trittgesellschaften[1] etablieren, beinhalten (s. Abb. 1, S. 355).

Merke

Eine naturnahe Grünflächenpflege, die das Ziel hat, möglichst vielfältige Lebensgemeinschaften zu erhalten bzw. zu schaffen, bedarf differenzierter Pflegekonzepte.

Obwohl sich eine naturnahe Grünflächenpflege in erster Linie an ökologischen Grundsätzen zu orientieren hat, darf bei der Erstellung von Pflegekonzepten auch nicht der berechtigte Anspruch der Bevölkerung auf Nutzung öffentlicher Grünflächen als Freizeit- und Erholungsraum außer Acht gelassen werden. Hinzu kommt, dass extensiv gepflegte Flächen häufig als ungepflegt empfunden und als wilde Müllkippen genutzt werden. Zudem hat sich herausgestellt, dass die extensive Pflege von Grünflächen im öffentlichen Bereich keineswegs unbedingt weniger Kosten verursacht als eine Vielschnittfläche. Häufig sind sie sogar höher, wozu neben den notwendigen unterschiedlichen Pflegekonzepten vor allem die Schnittgutentsorgung (zusätzliche Arbeitsgänge, hohe Kompostierungskosten) beiträgt (s. Tab. 1).

Merke

Die Pflege öffentlicher Grünflächen hat sich an den Besonderheiten des jeweiligen Standortes und der Art der Flächennutzung unter Berücksichtigung ökologischer und ökonomischer Aspekte zu orientieren.

Anzahl der Schnitte	auf:
1 Schnitt alle 2 Jahre	1 % der Fläche
1 bis 2 Schnitte/Jahr	40 % der Fläche
3 bis 4 Schnitte/Jahr	7 % der Fläche
5 bis 7 Schnitte/Jahr	5 % der Fläche
8 bis 12 Schnitte/Jahr	14 % der Fläche
13 bis 20 Schnitte/Jahr	28 % der Fläche
über 20 Schnitte/Jahr	5 % der Fläche

Tab. 1   Pflegeintensität am Beispiel städtischer Grünflächen (Ergebnis einer Erhebung unter 15 Städten)

---

[1] Trittgesellschaften setzen sich aus Pflanzen zusammen, die trittfest sind und auf stark verdichteten Böden gedeihen können wie z. B. Breitwegerich, Weißklee, Vogelknöterich, Einjährige Wiesenrispe oder das Deutsche Weidelgras.

Vielschnitt (10 Mähgänge pro Jahr)	Zweimaliger Schnitt (Juni/Juli und Sept./Okt.)	Einmaliger Schnitt (Juli/August)
Positiv ■ sauberer, gepflegter Eindruck ■ Mähgut kann in der Regel auf der Fläche belassen werden ■ hohe Akzeptanz in der Bevölkerung ■ Pflegekosten häufig niedriger als bei 1- bis 2-maliger Mahd	**Positiv** ■ erhöhte Artenvielfalt ■ abwechslungsreiche, blühende Grünflächen ■ vielfältiges Angebot an Nahrung und Lebensräumen für Tiere ■ erhöhter Naturerlebnis- und Erholungswert ■ weniger Lärmbelästigung durch Mähgeräte	**Positiv** ■ s. zweimaliger Schnitt, aber geringere Artenvielfalt gegenüber einem zweimaligen Schnitt
Negativ ■ artenarm ■ geringes Angebot an Nahrung und Lebensräumen für Tiere ■ eintöniges Einheitsgrün ■ geringer Naturerlebniswert ■ höhere Lärmbelästigung durch Mähgeräte	**Negativ** ■ unsauberes Schnittbild ■ Unratansammlung ■ hoch wachsendes Grün wird häufig von Menschen und Hunden zertreten ■ Mähgutentsorgung durch Kompostierung ■ Entsorgungsprobleme bei Mähgut von den Rändern stark befahrener Straßen ■ hoher Aufwand für Öffentlichkeitsarbeit (zusätzliche Kosten!) ■ häufig höherer Pflegeaufwand als bei Intensivflächen	**Negativ** ■ s. zweimaliger Schnitt ■ ungepflegtes Erscheinungsbild durch umgedrücktes Gras, vor allem während der Wintermonate ■ Verkehrsbeeinträchtigung durch hohen Aufwuchs ■ aus Verkehrssicherheitsgründen zusätzliche kostenaufwendige Mahd (u. a. an Straßenkreuzungen und -einmündungen) ■ kaum Akzeptanz in der Bevölkerung ■ zusätzlicher Aufwand für die Bearbeitung von Bürgerprotesten

Tab. 2   Mögliche positive und negative Auswirkungen bei naturnaher Pflege von Grünflächen am Beispiel von Straßenbegleitgrün

7 Pflanzenschutzmaßnahmen

7.1 Tierische Schaderreger

■ **Blatthornkäfer**

Engerling des Maikäfers

Schaden:
Wurzelfraß durch im Boden lebende Engerlinge → Welken und Absterben der Gräser → Vergilbungen und Verbräunungen im Rasen. Gefahr von Folgeschäden durch z. B. Krähen oder Wildschweine auf der Suche nach den Larven.

Maßnahmen:
Der bekannteste Käfer aus der Familie der Blatthornkäfer ist der Gemeine Maikäfer: Feld- *(Melolontha melolontha)* und Waldmaikäfer (*Melolontha hippocastani*). Indirekte Bekämpfung von Engerlingen durch Förderung natürlicher Feinde, wie Vögel, Kröten, Igel und Zauneidechsen, direkt durch Einsatz von parasitierenden Nematoden (Steinernema-Arten) und Pilzen.

Gemeiner Maikäfer *(Melolontha melolontha)*

■ **Drahtwürmer** *(Agriotes-Arten)*

Drahtwürmer *(Schnellkäferlarven)*

Schaden:
Die gelbbraunen, harten, drehrunden Larven der Schnellkäfer leben drei bis fünf Jahre im Boden und schädigen die Graspflanzen durch Fraß an den Wurzeln und am Stängelgrund.

Maßnahmen:
Förderung der natürlichen Feinde, wie Laufkäfer, Vögel, Spitzmäuse und Igel. Zur Feststellung der Befallsstärke können halbierte Kartoffeln mit der Schnittstelle nach unten in den Boden gedrückt werden. Nach einer Woche werden die Knollen kontrolliert. Die kritische Schadensschwelle liegt bei etwa 50 Larven/m^2. Auf kleineren Flächen kann dieses Verfahren auch zur Bekämpfung eingesetzt werden, indem die befallenen Kartoffelstücke eingesammelt und vernichtet werden.

■ **Erdraupen** *(Agrostis-Arten)*

Gammaeule *(Autographa gamma)*

Schaden:
Fraß an Wurzeln und Stängelgrund der Graspflanzen. Verursacher sind nackte, fleischige Raupen aus der Schmetterlingsfamilie der Eulen (Nachtfalter). Typisch ist ihr Zusammenrollen bei Störungen. Tagsüber sind sie meistens im Boden verborgen. Nachts oder bei trübem Wetter fressen sie auch an den oberirdischen Pflanzenteilen.

Erdraupe, zusammengerollt

Maßnahmen:
Förderung der natürlichen Feinde, wie Vögel, Kröten, Igel und Spitzmaus.

■ **Engerlinge** → **Blatthornkäfer**

■ **Eulen** → **Erdraupen**

■ **Feldmäuse** *(Microtus arvalis)*

Schaden:
Zahlreiche Laufgänge und Mäuselöcher im Rasen, Fraßschäden an Wurzeln und oberirdischen Pflanzenteilen.

Maßnahmen:

Förderung der natürlichen Feinde, wie Greifvögel, Eulen, Schlangen, Igel, Wiesel und Fuchs; Rasen kurz halten (Schutz fehlt!); Einsatz von mit Ködern (Apfelstückchen, Nusskernen, Rosinen) bestückten Schlagfallen im Herbst, Winter oder zeitigen Frühjahr; Auslegung vergifteter Köder (z. B. Giftweizen) in sogenannten Köderstationen (verdeckt und für andere Tiere nicht zugänglich!).

Achtung

Bei der Verwendung von Giftködern ist die Gebrauchsanweisung strengstens zu beachten! Ein Einsatz chemischer Gifte (Rodentizide) hat nur nach Beratung durch das zuständige Pflanzenschutzamt zu erfolgen (Schutz von Greifvögeln und Eulen!).

- Käfer → Blatthornkäfer

- Maikäfer → Blatthornkäfer

- Maulwurf → Wühlmaus

- Schnake → Wiesenschnake

- Schnellkäfer → Drahtwürmer

- Tipula → Wiesenschnake

- **Wiesenschnake** *(Tipula palodosa)*

Wiesenschnake *(Tipula)*, Eiablage VIII/IX im Boden

Tipulalarven

Schaden:

Fraßschäden (IX/X und IV/V) an Wurzeln und oberirdischen Pflanzenteilen (zerfaserte Blattränder) durch die im Boden lebenden Tipulalarven → Vergilbungen und Kahlstellen im Rasen.

Maßnahmen:

Förderung natürlicher Feinde, wie Amseln, Stare, Spitzmäuse und Igel. Besonders Stare *(Sturnus vulgaris)*, die sich durch das Aufhängen von Nistkästen (Höhlenbrüter) leicht ansiedeln lassen, sind emsige Vertilger von im Boden lebenden Schadinsekten.

Star *(Sturnus vulgaris)*

Auf einer regelmäßig von Flugverbänden dieser Singvögel angeflogenen Rasenfläche wird sich zudem das Belüften der Grasnarbe weitgehend erübrigen.

Mithilfe der **Salzwasserprobe** lässt sich der Larvenbesatz feststellen. Dazu werden ausgestochene Grassoden (25 x 25 cm, 3 bis 5 cm dick) für 20 bis 30 Minuten in eine mit Viehsalz gesättigte Lösung (2 kg Viehsalz/10 l Wasser) gelegt. In den Soden vorhandene Larven kommen hervorgekrochen.

Bei mehr als 30 Larven/m^2 (Anzahl Larven in der Sode x 16) wird eine gezielte Bekämpfung empfohlen, z. B. auf kleinen Flächen 35 g Kalkstickstoff pro m^2. Auf eine gleichmäßige Verteilung ist unbedingt zu achten, da sonst der Rasen geschädigt wird! Zur direkten Bekämpfung können auch parasitäre Nematoden (Steinernema-Arten) oder Indische Laufenten eingesetzt werden.

- **Wühl-/Schermaus**
  (Arvicola terrestris)

Schaden:

Unterhöhlung des Rasens durch flach unter der Erdoberfläche verlaufende Gänge. Graswurzeln werden angefressen und durch die wühlende Tätigkeit vom gewachsenen Boden gelöst → Pflanzen welken, vergilben und vertrocknen; unregelmäßig große und flache Erdhaufen auf der Rasenfläche.

Maßnahmen:

Förderung natürlicher Feinde, wie Greifvögel, Eulen, Schlangen, Igel, Wiesel und Fuchs; Räucher- bzw. Begasungspatronen in Gänge legen **(Nicht in der Nähe bewohnter Gebäude und in Wasserschutzgebieten erlaubt! Unter Einwirkung von Feuchtigkeit entwickelt sich ein Gas, das die Atemluft vergiftet!)**; Einleitung von Auspuffgasen (giftiges Kohlenmonoxid!) in das Gangsystem (Zeitdauer 5 Minuten; auf leichten Böden häufig geringe Wirkung, da Gas leicht aus dem Boden entweichen kann); Einleitung von CO_2-Gas in das Gangsystem (schwerer als Luft → dringt bis in die tiefsten Stellen des Baues vor und bewirkt einen schmerzlosen Erstickungstod); Einsatz von Wühlmausfallen.

Achtung

Vor einer Bekämpfung hat man sich davon zu überzeugen, dass es sich nicht um einen Maulwurfsbau handelt (s. Abb. 1). Obwohl der Maulwurf durch seine Grabtätigkeit den Rasen schwer schädigen kann, überwiegt sein Nutzen. Er lockert und durchmischt den Boden und vertilgt zahlreiche Bodenschädlinge, wie Drahtwürmer, Erdraupen, Engerlinge und andere Insektenlarven. Gegebenenfalls ist er mit Lebendfallen zu fangen oder mit Vergrämungsmitteln zu vertreiben. **Der Maulwurf *(Talpa europaea)* steht unter Artenschutz und darf nicht getötet werden!**

Wühlmaus

- Erdauswürfe unregelmäßig groß, flach und seitlich vom Auswurfloch
- Erdauswürfe mit klein genagten Pflanzenresten durchsetzt
- Geöffnete Gänge[1] werden relativ schnell wieder geschlossen (abgedichtet)

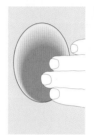

- Auswurflöcher hochoval (Höhe > Breite), Platz für etwa 4 Finger

Maulwurf

- Erdauswürfe regelmäßige Kegel liegen genau über dem Auswurfloch
- Wirft weit mehr Haufen als die Wühlmaus
- Geöffnete Gänge[1] werden nicht so schnell wieder geschlossen. Zum Schließen wird der geöffnete Gang mit einem neuen Gang unterwühlt

- Auswurflöcher rund bis breitoval (Höhe ≥ Breite), Platz für höchstens 2 bis 3 Finger

Abb. 1 Unterscheidung Wühlmaus- und Maulwurfsbau

---

[1] Bei der sogenannten **Verwühlprobe** wird der Gang an mehreren Stellen auf einer Länge von etwa 30 cm geöffnet; an der Art, wie der Gang wieder geschlossen wird, kann man erkennen, ob es sich um einen Wühlmaus- oder Maulwurfsgang handelt

7.2 Wildkräuter

Abb. 1   Wildkräuter können einen Rasen beleben

In jedem Boden befindet sich eine Vielzahl von Wildkrautsamen, die unter günstigen Bedingungen keimen und im Konkurrenzkampf um Licht, Wasser und Nährstoffe die Rasengräser verdrängen können. Auf den Einsatz von Herbiziden sollte aus Gründen des Umweltschutzes möglichst verzichtet werden. Es kommt vielmehr darauf an, die Ursache(n) für einen übermäßigen Wildkrautbesatz zu erkennen und zu beheben.

Bei richtiger Ernährung, ausreichendem Wässern und regelmäßigem Mähen können sich Wildkräuter kaum gegenüber Rasengräsern behaupten, da die meisten von ihnen Rasenschnitt nicht vertragen. Das damit einhergehende

---

Merke

Ursachen für einen übermäßigen Wildkrautbesatz:

- Nährstoffmangel (vor allem N)
- Trockenheit
- Lichtmangel
- Bodenverdichtungen (z. B. Trittpfade)
- Staunässe
- seltenes Mähen → lückige Grasnarbe
- extremer Tiefschnitt (< 3 cm)
- Schädlings-/Krankheitsbefall
- hoher Wildkrautbesatz im Boden
- falsche Bodenvorbereitung
- Verwendung ungeeigneter Gräserarten und/oder -sorten
- falsche Rasenpflege

---

dichte Wachstum der Gräser bewirkt zudem, dass die besonders schwer zu bekämpfenden **Rosetten bildenden Wildkräuter**, wie z. B. Breitwegerich, Gänseblümchen und Löwenzahn, gezwungen werden, ihre Blätter so zum Licht zu strecken, dass sie von den Messern des Rasenmähers erfasst werden können. Aus diesem Grunde sollte auch auf Flächen mit extremem Tiefschnitt bei Problemen mit Wildkräutern der Rasen für eine gewisse Zeit nicht zu früh und auch nicht zu tief (nicht unter 4 cm) geschnitten werden. Durch den ständigen Verlust an Blattmasse werden auch „Wurzelunkräuter", wie z. B. der Löwenzahn, derart geschwächt, dass sie sich gegenüber den Rasengräsern nicht mehr behaupten können. Wird hingegen nicht ausreichend gedüngt und gewässert, verringert sich zwar die Anzahl der Mähgänge, der Rasen verliert jedoch auch seine dichte Grasnarbe, d. h., er wird lückenhaft. Die Folge ist, dass sich vor allem Rosetten bildende Wildkräuter ansiedeln können, die, da sie ja genügend Licht bekommen, ihre Blätter dicht über dem Boden ausbreiten und so den Mähmessern entgehen. Im Laufe der Zeit werden diese Wildkräuter immer mehr die Rasengräser verdrängen. Bekämpft werden können Wildkräuter auch durch tiefes Herausstechen (Wurzelunkräuter) sowie den Einsatz **selektiv wirkender Herbizide.** Sie bekämpfen nur die zweikeimblättrigen Kräuter, nicht die einkeimblättrigen Gräser. Die Bekämpfung **Ausläufer bildender Kräuter** (ᴧᴧᴧ⇾) bleibt jedoch auch mit diesen Mitteln schwierig. Schnittgut, welches evtl. Ausläuferstücke oder Samen enthält, sollte deswegen von der Fläche entfernt, Mäh- und Pflegegeräte (Verbreitung!) gewissenhaft gesäubert werden. Bekommt man das Wildkrautproblem nicht in den Griff, bleibt als Maßnahme häufig nur noch der Umbruch des Rasens mit anschließender Neuansaat.

Bedenkt man:

- den ökologischen Nutzen der Wildkräuter,
- die belebende Wirkung eines mit Gänseblümchen oder Löwenzahn durchsetzten Rasens gegenüber dem sonst so eintönigen Einheitsgrün (s. Abb. 1),
- dass aus Gründen des Umweltschutzes die Stickstoffdüngung zur Vermeidung von Nitratauswaschungen reduziert werden sollte und
- dass in Zeiten der Wasserverknappung nicht gewässert werden darf bzw. generell der Einsatz von Trinkwasser ökologisch bedenklich ist,

wird man in vielen Rasenflächen die Anwesenheit von Wildkräutern dulden müssen.

Eine Konsequenz ist z. B. die Regelsaatgutmischung 2.4 Gebrauchsrasen – Kräuterrasen (s. Tab. 1, S. 328). Infolgedessen kann das Ziel einer Wildkrautbekämpfung auch nicht in jedem Fall der absolut wildkrautfreie Rasen sein.

Gänseblümchen
(Bellis perennis) ♃, III – XI

Löwenzahn *(Taraxacum sect.*
Ruderale) ♃, IV – VII

Weißklee
(Trifolium repens) ♃, ⋙⋗, V – X

Hirtentäschel
(Capsella bursa-pastoris) ☉ – ☉, I – X

Fadenehrenpreis
(Veronica filiformis) ♃, ⋙⋗, III – VI

Schafgarbe
(Achillea millefolium) ♃, VI – IX

Kriechender Günsel
(Ajuga reptans) ♃, ⋙⋗, V – VI

Kriechendes Fingerkraut
(Potentilla reptans) ♃, ⋙⋗, VI – VIII

Kriechender Hahnenfuß
(Ranunculus repens) ♃, ⋙⋗, V – VIII

Mittlerer Wegerich *(Plantago media)* ♃, V – IX,
Breitwegerich *(Plantago major)* ♃, VI – X

Braunelle
(Prunella vulgaris) ♃, VI – IX

Vogelmiere
(Stellaria media) ☉, I – XI

Abb. 1 Die häufigsten Wildkräuter im Rasen

7.3 Moose

Abb. 1 Moose bilden einen trittfesten Moosteppich, der in schattigen und feuchten Bereichen optimale Entwicklungsbedingungen findet

> **Merke**
>
> Die **Hauptgründe für Moos im Rasen** sind:
> - Nährstoffmangel (Stickstoff!),
> - Lichtmangel und
> - Staunässe/Bodenverdichtungen (Sauerstoffmangel!).

Das Kalken oder Streuen von Eisensulfat (FeSO$_4$) beseitigt Moos nur kurzfristig. Die Wirkung beruht auf der schnellen pH-Veränderung des Bodens, auf die die Moospflänzchen sehr empfindlich reagieren. Es ist jedoch nur eine Frage der Zeit, bis sie wieder erscheinen, wenn nicht die Ursache(n) für ihr Auftreten beseitigt werden. Zudem kann ein Rasen auch nicht beliebig aufgekalkt oder der Boden mit Eisen (Spurennährelement und Schwermetall!) angereichert werden. Kann die Ursache, z. B. Lichtmangel durch höhere Bäume, nicht beseitigt werden, sollte man sich überlegen, ob man das Moos, das ja einen trittfesten Moosteppich ausbildet, wachsen lässt (s. Abb. 1).

7.4 Hunde

Abb. 2 Auch Hunde können einen Rasen durch Verrichtung ihrer Notdurft schädigen

Abb. 3 Typische Schadsymptome sind: braune, abgestorbene Flecken (Verbrennungsschäden) mit schmalen, kräftig grünen Rändern (N-Überdüngung)

Abb. 4 Vorbeugende Maßnahmen: Hunde fern halten oder nach Verrichtung der Notdurft kräftig wässern

7.5 Pilzkrankheiten

■ **Blattfleckenkrankheit**
(Helminthosporium-Arten)

Bodenverdichtungen, Verfilzungen des Rasens und eine intensive Rasenpflege mit überhöhter N-Düngung begünstigen die Ausbreitung der Krankheit.

Symptome:
Vor allem bei feuchter und kühler Witterung während der Sommermonate bilden sich an den Blättern der Gräser ovale, dunkelbraun umrandete Flecken, die später von innen her eine weißliche Färbung annehmen. Starker Befall führt zum Absterben der Blätter.

Maßnahmen:
- Mähgut (Infektionsquelle!) besonders gründlich entfernen,
- Bodenverdichtungen und Rasenverfilzungen beseitigen,
- N-Düngung reduzieren,
- Rasen nicht zu tief (< 2 cm) schneiden.

■ **Dollarfleckenkrankheit**
(Sclerotinia homoecarpa)

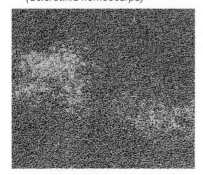

Schadbild am Grashalm

Der Pilz tritt bevorzugt auf sehr feuchten, schlecht durchlüfteten Böden mit einem sehr dichten und hohen Pflanzenbestand auf.

Symptome:
Im Rasen treten gelbe, rundliche Flecken in der Größe von Dollarstücken (Durchmesser 1 bis 5 cm) auf.

Maßnahmen:
- Beseitigung von Bodenverdichtungen und Rasenfilz,
- Rasen tiefer und häufiger mähen.

■ **Echter Mehltau**
(Erysiphe graminis)

Die wichtigsten Ursachen für den Befall durch Echten Mehltau sind Lichtmangel durch Schatten oder ein zu seltenes Mähen, hohe N-Düngung und feuchtwarme Witterung.

Symptome:
Chlorotische und nekrotische Blattverfärbungen; vertrocknende und absterbende Blätter; weißlich grauer, mehlartiger Belag auf Blattober- und Blattunterseiten.

Maßnahmen:
- Verbesserung der Lichtverhältnisse,
- regelmäßiger Schnitt auf 2,5 bis 3,0 cm,
- Reduzierung der N-Düngung.

■ **Hexenringe**
(Marasmius oreades)

Verursacht werden die Symptome durch Humus abbauende Bodenpilze. Findet eine Spore dieser Pilze günstige Bedingungen, wie tief gehende Bodenverdichtungen (mangelnde Durchlüftung!) und nährstoffarme Böden, keimt sie aus und bildet ein Myzel, das sich kreisförmig nach außen ausbreitet. Im Laufe der Zeit sterben die älteren Teile des Pilzgeflechtes aufgrund von Nahrungsmangel ab. Da das Myzel von innen her abstirbt, vom Kreisrand sich aber immer weiter nach außen ausbreitet und bei günstiger Witterung auch Fruchtkörper bildet, erscheinen die Fruchtkörper – wie von „Hexenhand" – ringförmig angeordnet.

Symptome:
Mitte Mai bis Oktober bilden sich ringförmige, abgestorbene Zonen im Rasen, die beidseitig von dunkelgrünen

Gräsern begrenzt werden. Gräser im Innern der Kreise können vergilben und absterben. Auftretende Fruchtkörper sind in Kreisen (Ø bis 30 m) angeordnet.

Maßnahmen:
- Befallene Stellen mit Grabegabel bis zu 25 cm Tiefe durchlöchern und gründlich wässern (dichte Myzelmasse verhindert die Wasseraufnahme durch die Wurzeln der Gräser);
- auf größeren Flächen aerifizieren; vorhandene Fruchtkörper (Sporenflug!) absammeln und vernichten;
- für eine ausgewogene Nährstoffversorgung (N und K) sorgen.
- Die abgestorbenen Bereiche schließen sich in der Regel von selbst wieder.

■ **Rostpilze** *(Puccinia-Arten)*

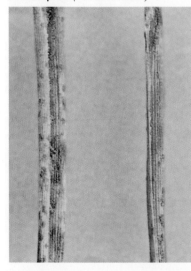

Rostpilze treten häufig nach längeren Trockenperioden im Sommer auf. Unzureichende Ernährung, zu niedriger Schnitt während der Sommermonate und zu hohes Gras fördern den Befall.

Symptome:
Während der Sommermonate treten an den Blättern Chlorosen und gelbbraune bis rostrote, sichtbar stäubende Flecken (Pusteln) auf. Blätter welken und vertrocknen, Wachstum der Pflanzen ist gehemmt.

Maßnahmen:
- Ausreichend wässern und düngen (vor allem N und K),
- regelmäßiges Mähen (Gras nicht zu hoch werden lassen),
- während der Sommermonate auf 3,5 bis 4 cm schneiden (nicht zu tief).

■ **Rotspitzigkeit** *(Laetisaria fuciformis)*

Das rote, die Blattspitzen verklebende Pilzmyzel wird durch feuchtwarme Witterung, hohe Luftfeuchtigkeit und wechselnden Temperaturen in seiner Entwicklung begünstigt. Die Entwicklung des Pilzes, der weniger die Grasnarbe schädigt, sondern vielmehr das Rasenbild stört, wird durch Nährstoffmangel und hohe Feuchtigkeit gefördert. Als besonders anfällig gelten Schwingelgräser.

Symptome:
An den Blättern der Gräser bilden sich gelbe, später rötliche, gallertartige Wucherungen, welche die Blattspitzen miteinander verkleben.

Maßnahmen:
- Ausreichende Nährstoffversorgung (vor allem mit N, K und Mg),
- Rasen nicht zu feucht halten,
- nicht zu tief mähen,
- krankheitsresistente/widerstandsfähige Sorten verwenden.

■ **Schneeschimmel** *(Gerlachia nivalis)*

Hohe Luftfeuchtigkeit, häufige Niederschläge und gehemmter Luftaustausch (O_2-Mangel und CO_2-Anreicherung) in der oberen Wurzelzone sowie N-Überschuss fördern den Befall.

Symptome:
Vor allem zwischen September und April, besonders nach der Schneeschmelze, entwickeln sich bis 30 cm große, gelblich braune bis silbergraue, kreisförmige Flecken im Rasen.

Maßnahmen:
- Flächen vertikutieren und aerifizieren,
- ausgewogene Düngung,
- keine zu späten N-Gaben,
- Rasen regelmäßig mähen (nicht zu hoch werden lassen),
- nicht zu kurz (erhöhte Anfälligkeit) in den Winter gehen lassen.

■ **Wurzel- und Stängelgrundfäule** *(Pythium-Arten)*

Pythium ist ein typischer Schwächeparasit, der die Pflanzen über die Wurzel befällt. Entsprechend wird er durch ungünstige Bedingungen, wie Staunässe, Bodenverdichtungen, falsche Düngung, Lichtmangel usw., in seiner Entwicklung gefördert. Häufig treten zusammen mit Pythium auch noch andere Schwächeparasiten auf, wie z. B. Pilze der Gattungen Fusarium, Rhizoctonia, Phytophthora und andere.

Symptome:

Braune Verfärbungen und Fäule an Wurzel, Wurzelhals und Stängelgrund. Befallene Pflanzen welken und sterben ab.

Maßnahmen:

- Verbesserung der Wasser- und Luftdurchlässigkeit des Bodens,
- ausgewogene Düngung,
- Pflegemaßnahmen überprüfen.

Aufgaben

1. Wozu können Rasenflächen dienen?
2. Erklären Sie, warum ein Rasen aus einer Mischung verschiedener Gräser besteht.
3. Beschreiben Sie den Blütenaufbau der Gräser.
4. Welches sind die wichtigsten Merkmale für die Bestimmung der Gräserart im nicht blühenden Zustand?
5. Führen Sie praktische Bestimmungsübungen unter Anleitung eines Experten durch.
6. Was versteht man unter Bestockung?
7. Erklären Sie, warum die Pflegeansprüche eines Rasens mit zunehmender Belastung seiner Grasnarbe steigen.
8. Warum weist ein Zierrasen, dessen Grasnarbe ja nur wenig belastet wird, ebenfalls hohe bis sehr hohe Pflegeansprüche auf?
9. Warum sind wiesenähnliche Grünflächen nicht oder nur gering belastbar?
10. Welche vier Rasentypen werden laut DIN 18917 entsprechend ihrer Nutzung unterschieden?
11. Welche Rasentypen würden Sie für folgende Nutzung empfehlen: a) Als Repräsentationsgrün vor öffentlichen Gebäuden, b) als Liegewiese im Schwimmbad, c) zur Böschungsbegrünung in der freien Landschaft, d) als Spielwiese im Kindergarten, e) als Straßenbegleitgrün, f) als Spiel- und Liegefläche im privaten Hausgarten, g) als Parkplatzrasen und h) als Sportplatzrasen?
12. Wovon hängt die Qualität einer Rasenmischung ab?
13. Wo findet man Hinweise für geeignete Mischungszusammensetzungen?
14. Überprüfen Sie Ihre Gräserkenntnisse: a) Welche Gräser sind vor allem für hochbelastbare Rasenflächen geeignet? b) Warum sind Straußgräser für Strapazierrasen wenig geeignet? c) Warum findet man Horstrotschwingel und Haarblättrigen Schwingel häufig in Zierrasenmischungen? d) Warum ist Poa pratensis nicht und Lolium perenne neuerdings für Zierrasenmischungen geeignet? e) Warum ist Poa annua auf Rasenflächen nicht erwünscht?
15. Wer ist für die Eignungsprüfung von Rasengräsern zuständig und wo können die Ergebnisse nachgelesen werden?
16. Warum können DIN-Normen und RSM bei der Neuanlage von Extensivflächen eher hinderlich als nützlich sein?
17. Im Garten- und Landschaftsbau wird im Allgemeinen mit grünen Etiketten gekennzeichnetes Rasensaatgut verwendet. Was besagt dies?
18. Welches sind die Voraussetzungen für die Zulassung einer neuen Sorte durch das Bundessortenamt?
19. Warum sind mit der Grassaat auflaufende Wildkräuter im Allgemeinen als unproblematisch bzw. sogar als förderlich für die auflaufende Grassaat zu bewerten?
20. Wie stark darf laut DIN 18917 das Feinplanum von der Ebenheit abweichen?
21. Rasenanschlüsse an Kanten, Platten usw. sollen bündig sein. Wie stark darf laut DIN 18917 die Abweichung nach unten sein?
22. Warum muss die Rasenfläche vor der Aussaat gut abgesetzt oder angewalzt sein?
23. In welchem Zeitraum sollten Rasenaussaaten durchgeführt werden (Monatsangaben)? Begründen Sie Ihre Angaben.
24. Wie viel Gramm Grassaat müssen im Allgemeinen pro m^2 ausgesät werden?
25. Bei der Aussaat besteht die Gefahr, dass sich das Saatgut entmischt. a) Wie erklärt sich dies? und b) Wie kann dem vorgebeugt werden?
26. Obwohl Gräser Lichtkeimer sind, sollte ihre Saat 0,5 bis 1,0 cm tief in den Boden eingearbeitet werden. Erklären Sie dies.
27. Wozu dient das Anwalzen der Fläche nach der Aussaat?
28. Welche Arbeiten führt eine Rasenbaumaschine in einem Arbeitsgang durch?
29. Erklären Sie, warum nach der Aussaat im Sommer nur beregnet werden sollte, wenn eine Bewässerung während nachfolgender Trockenperioden gewährleistet werden kann.
30. Warum kann während der Keimung bereits ein kurzzeitiges Austrocknen des Bodens die Entwicklung des Gräserbestandes stark gefährden?
31. Mit welcher Keimdauer sollte bei Rasengräsern gerechnet werden?

32. Bei welcher Höhe und auf welche Höhe sollte der erste Rasenschnitt nach dem Auflaufen der Gräser erfolgen?

33. Falls nichts anderes vereinbart wurde, erfolgt nach dem ersten Schnitt zur gezielten Nährstoffversorgung der noch sehr flachwurzelnden Gräser eine Stickstoffdüngung. Wie hoch sollte diese sein und in welcher Düngeform sollte sie verabreicht werden?

34. Die Rasenfläche beträgt 250 m². Wieviel kg Kalkammonsalpeter (27,5 % N) müssten Sie ausbringen, um 5 g N/m² zu düngen?

35. Fertigrasen wird immer aktueller. Beantworten Sie folgende Kundenfragen: a) Was versteht man unter Fertigrasen? b) Warum wird Fertigrasen auch als Rollrasen bezeichnet? c) Welche Maße weisen die üblichen Kleinrollen auf? d) Wovon hängt die Qualität eines Fertigrasens ab? e) Bei der Ernte der Rasenstücke wird durch die Wurzelzone geschnitten. Welchen wesentlichen Vor- und Nachteil bringt dies mit sich? f) Wie lange darf Fertigrasen im aufgerollten Zustand maximal gelagert oder transportiert werden? g) Wann kann Fertigrasen verlegt werden? h) Worauf ist beim Verlegen zu achten? i) Wann ist Fertigrasen abnahmefähig? j) Wie viel Wochen nach dem Verlegen kann ein Fertigrasen in der Regel genutzt werden?

36. Wie sollte der zur Anzucht von Fertigrasen verwendete Boden beschaffen sein?

37. Nach welcher Zeit ist Fertigrasen im Allgemeinen erntereif (schälfertig)?

38. Welche Maßnahmen sind nach dem Verlegen von Fertigrasen durchzuführen?

39. Auch bei noch so sorgfältiger Vorgehensweise beim Verlegen von Rollrasen lässt sich ein Verlust durch Bruch oder Eintrocknung nie ganz vermeiden.
Mit welchem Verlust ist üblicherweise zu rechnen?

40. Welches Ziel hat die Fertigstellungspflege?

41. Welche Leistungen zählen zur Fertigstellungspflege und wovon wird der Umfang der einzelnen Leistungen in erster Linie bestimmt?

42. Wer haftet für Schäden, die während der Fertigstellungspflege entstehen?

43. Wann ist laut DIN 18917 bei Rasenansaaten, bei denen eine Fertigstellungspflege nicht üblich oder nicht vorgesehen ist, ein abnahmefähiger Zustand erreicht?

44. Was versteht man unter der Unterhaltungspflege und wozu dient sie?

45. Sie übernehmen die Unterhaltungspflege für eine Rasenfläche. Mit welchen a) regelmäßigen und b) unregelmäßigen Leistungen müssen Sie rechnen?

46. Warum muss ein Rasen regelmäßig gemäht werden?

47. Wonach haben sich Schnittzeitpunkt, -höhe und -häufigkeit in erster Linie zu richten?

48. Kriterien für eine Maschinenauswahl zur Rasenpflege können z. B. sein a) hohe Flächenleistung, b) hoher Fahr- und Bedienungskomfort sowie c) umweltschonende Technik. Nennen Sie jeweils fünf Beispiele, wodurch diese Kriterien erfüllt werden können.

49. Was könnte für den Einsatz von Elektrofahrzeugen in öffentlichen Grünanlagen (z. B. Park- und Friedhofsflächen) sprechen?

50. Erstellen Sie zu den unterschiedlichen Mähwerken bei den Rasenmähern eine Tabelle mit den Spalten: Art des Mähwerks, Aufbau, Arbeitsweise, Vor- und Nachteile.

51. Warum ist die Schnittqualität von Sichelmähern mit dem Mähwerk vor den Vorderrädern besser als von solchen mit dem Mähwerk zwischen Vorder- und Hinterachse?

52. Bei enger Schnittfolge – in der Hauptwachstumszeit zweimal wöchentlich – kann das Schnittgut liegen bleiben. Beurteilen Sie die Auswirkungen auf den Rasen.

53. Was versteht man unter einem Mulchschnitt?

54. Warum gewinnt in der öffentlichen Grünflächenpflege die Mulchtechnik immer mehr an Bedeutung?

55. Beschreiben Sie die Funktionsweise eines sogenannten Mulch- oder Recycler-Mähers.

56. Warum sind Mulch- oder Recycler-Mäher in erster Linie für intensiv gepflegte Flächen geeignet?

57. Worauf sollte aus arbeitswirtschaftlicher Sicht bei Rasenmähern mit Grasauffangvorrichtungen geachtet werden?

58. Was gehört zur persönlichen Schutzausrüstung bei der Durchführung von Mäharbeiten?

59. Nachfolgend sind mögliche Gefährdungen beim Umgang mit handgeführten Sichelmähern aufgeführt. Nennen Sie mögliche Folgen und Schutzmaßnahmen: a) Sofortiger Messeranlauf nach dem Starten, b) Unterschreitung des Fußabstandes zum Messer, c) Hände geraten an laufendes Messer, d) Wegschleudern erfasster Gegenstände durch hohe Messerdrehzahlen, e) Wegfliegen von

Messerteilen, f) Unwucht des Messers, g) Brand, Explosion, h) heiße Teile, i) Abgase, j) Lärm.

60. Nachfolgend sind mögliche Gefährdungen beim Umgang mit Freischneidern aufgeführt. Nennen Sie mögliche Folgen und Schutzmaßnahmen:
a) Ungleichmäßige Belastung der Schultern,
b) Belastung der Handgelenke und Arme,
c) Unterschreitung des Abstandes zu den Schnei-demessern, d) Lärm, e) Wegschleudern erfasster Gegenstände durch das Arbeitswerkzeug.

61. Warum ist der Einsatz von Saugmähern unter ökologischen Gesichtspunkten kritisch zu sehen?

62. Das Grüngut des Straßenbegleitgrüns von stark befahrenen Straßen kann erhöhte Schadstoff-konzentrationen aufweisen. Was bedeutet dies für die Entsorgung?

63. Wonach hat sich die Höhe der Düngung in erster Linie zu richten?

64. Machen Sie Vorschläge zur Höhe der N-Düngung pro m² und Vegetationsperiode für folgende Fälle:
a) Gebrauchsrasen, Schnittgut wird abgefahren,
b) Gebrauchsrasen mit mittlerer Belastung, Schnittgut wird zum Teil abgefahren,
c) Gebrauchsrasen mit mittlerer Belastung, Schnittgut wird nicht abgefahren,
d) Repräsentationsgrün, Schnittgut wird abge-fahren,
e) Repräsentationsgrün, Schnittgut wird nicht ab-gefahren,
f) Sportplatz, Schnittgut wird nicht abgefahren,
g) Gebrauchsrasen in einem Wassereinzugsge-biet, Schnittgut wird abgefahren.

65. Tabelle 1, S. 347, zeigt Praxisbeispiele für Jahres-düngepläne. Beurteilen Sie diese im Hinblick auf den Nährstoffbedarf von Rasenflächen (s. Tab. 2, S. 347).

66. Überprüfen und beurteilen Sie die Jahresdünge-pläne für Rasenflächen, die von Ihrem Betrieb ge-pflegt werden.

67. Für die Düngung eines Gebrauchsrasens mit mittlerer Belastung sind drei Düngergaben vor-gesehen. Welche Düngetermine wären günstig?

68. In welchen Intervallen sollte bei Grünflächen der Boden auf seinen Gehalt an Phosphor, Kalium und Magnesium untersucht werden?

69. Nennen Sie Kriterien, nach denen die Dünger-auswahl erfolgen sollte.

70. Wie hoch sollten die Wassergaben pro Beregnungsvorgang bemessen sein?

71. Warum sollte an heißen Sommertagen die Bewäs-serung über Nacht, am späten Abend oder früh-morgens erfolgen?

72. Vertikutieren – wozu dient es, wie wird es durch-geführt und worauf ist dabei zu achten?

73. Begründen Sie, warum gute Wachstums-bedingungen und feuchtwarme Witterung gute Voraussetzungen für das Vertikutieren sind.

74. Welche Nachteile bringt das Vertikutieren mit sich?

75. Warum tritt Moos bevorzugt im Bereich von Bäumen, Sträuchern und Hecken auf?

76. Was sind die Hauptfehler beim Vertikutieren?

77. Was spricht für ein Vertikutieren auf professionell genutzten Flächen, z. B. Sportplätzen?

78. In welchen Zeitabständen sollte das Vertikutieren durchgeführt werden?

79. Aerifizieren – wozu dient es, wie wird es durch-geführt und worauf ist dabei zu achten?

80. Wie häufig kann das Aerifizieren mit a) Schlitz-messern und b) Hohlwerkzeugen erfolgen?

81. Wie viel Sand sollte pro m² beim a) Aerifizieren und b) Vertikutieren ausgebracht werden?

82. Welche Eigenschaften sollten Sande zum Be-sanden von Rasenflächen aufweisen?

83. Warum sind Sande mit einem hohen Feinsand-anteil und einer breiten Kornabstufung weniger zum Besanden im Rahmen des Aerifizierens geeignet?

84. Welche Vorteile hat die Verwendung von fein-sandreichen Sanden beim Vertikutieren?

85. Warum sollte die Kapazität der Besandungsgeräte nicht zu klein bemessen sein?

86. Welche Vorteile bieten Maschinen, bei denen das Aerifizieren und Besanden in einem Arbeits-gang durchgeführt werden kann?

87. Warum sollten Rasenbesandungsgeräte mit Niederdruckbreitreifen ausgestattet sein?

88. Wann ist ein Nachsäen zu empfehlen?

89. Beschreiben Sie die Arbeitsschritte bei der Rasenregeneration.

90. Worin liegt das wesentliche Ziel einer naturnahen Grünflächenpflege?

91. Diskutieren Sie mögliche positive und negative Effekte einer zwei-/einmaligen Mahd von Grün-flächen.

92. Warum genießt der traditionelle Vielschnitt von öffentlichen Grünflächen unter der Bevölkerung eine große Akzeptanz?

Aufgaben

93. Warum ist eine zweimalige Mahd von öffentlichen Grünflächen nicht unbedingt preiswerter, häufig sogar teurer als eine Vielmahd?

94. Woran sollte sich die Pflege öffentlicher Grünflächen orientieren?

95. Warum bedarf die naturnahe Grünflächenpflege einer differenzierten Pflege und eines gesamtheitlichen Denkens?

96. Starten Sie eine Umfrage mittels Fragebogen unter den Passanten einer Fußgängerzone zum Thema Pflege öffentlicher Grünflächen (s. Tab. 2, S. 356). Werten Sie die Fragebögen aus und präsentieren und diskutieren Sie die Ergebnisse in der Klasse. Zu welchen Schlussfolgerungen sind Sie gekommen?

97. Welche im Boden lebenden Insekten können Gräser durch Fraß an Wurzeln oder oberirdischen Pflanzenteilen schädigen?

98. Beschreiben Sie, wie mit Hilfe der Salzwasserprobe der Besatz mit Tipulalarven festgestellt werden kann.

99. Ab wann und wie sollte eine Bekämpfung der Tipulalarven erfolgen?

100. Nennen Sie wichtige natürliche Feinde der Feldmäuse.

101. Was ist bei der Verwendung von Giftködern zur Feldmausbekämpfung zu beachten?

102. Wodurch kann die Wühl- oder Schermaus den Rasen schädigen?

103. Woran können Sie erkennen, ob es sich um einen Wühlmaus- oder Maulwurfsbau handelt?

104. Warum darf der Maulwurf nicht getötet werden?

105. Nennen Sie Maßnahmen zur Wühlmausbekämpfung.

106. Warum ist der Bekämpfungserfolg mit Räucher-/ Begasungspatronen oder Auspuffgasen auf leichten Böden oft unzureichend?

107. Nennen Sie natürliche Feinde der Wühlmäuse.

108. Nennen Sie mögliche Ursachen für einen übermäßigen Wildkrautbesatz im Rasen.

109. Worauf ist bei der Bekämpfung rosettenbildender Wildkräuter (z. B. Breitwegerich, Löwenzahn, Gänseblümchen) zu achten?

110. Worauf deutet ein zunehmender Kleebesatz hin?

111. Warum können sich Wildkräuter in einem gut gepflegten Rasen im Allgemeinen gegenüber den Gräsern nicht behaupten?

112. Warum kann das Ziel einer Wildkrautbekämpfung nicht in jedem Fall der absolut wildkrautfreie Rasen sein?

113. Nennen Sie die Hauptgründe für Moos im Rasen.

114. Ein Rasen weist braune, abgestorbene Flecken mit schmalen, kräftig grünem Rand auf. a) Was könnte die Ursache sein? b) Was kann zur Vorbeugung getan werden?

115. Kontrollieren Sie Rasenflächen auf Pilzkrankheiten. Versuchen Sie mithilfe der Seiten 363 bis 365 die Krankheitserreger zu bestimmen. Schlagen Sie Bekämpfungsmaßnahmen vor (keine Pestizide!).

116. Informieren Sie sich über den Zustand der Rasenflächen an Ihrer Schule. Bilden Sie Teams, die die Flächen hinsichtlich ihrer Nutzung, den Standortbedingungen und dem Entwicklungszustand untersuchen. Diskutieren Sie die Ergebnisse unter Berücksichtigung ökologischer Gesichtspunkte und führen Sie notwendige Pflege-/Regenerationsmaßnahmen durch. Erstellen Sie abschließend einen Jahresplan für eine naturnahe Grünflächenpflege, der über Art, Umfang und Zeitpunkt der Unterhaltungspflege informiert, und übergeben Sie diesen dem Hausmeister.

117. Führen Sie an Ihrer Schule einen Beratungstag zum Thema Rasen durch. Bilden Sie Teams zur Arbeitsteilung. Werten Sie die Ergebnisse des Tages aus. Was würden Sie beim nächsten Mal anders machen?

Automatische Bewässerungsanlagen

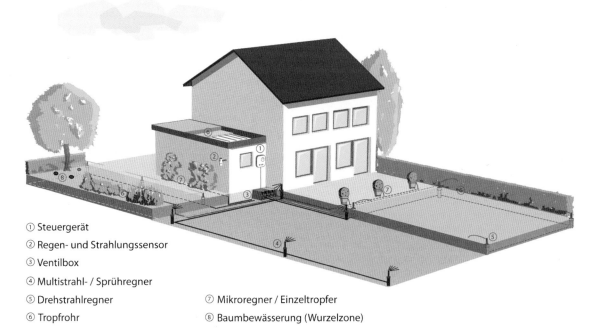

① Steuergerät
② Regen- und Strahlungssensor
③ Ventilbox
④ Multistrahl- / Sprühregner
⑤ Drehstrahlregner
⑥ Tropfrohr
⑦ Mikroregner / Einzeltropfer
⑧ Baumbewässerung (Wurzelzone)

Abb. 1 Schema einer Bewässerungsanlage

Reichen die natürlichen Niederschlagsmengen nicht aus, muss gewässert werden. Auf größeren, intensiv genutzten Grünflächen wie Sport- und Golfplätzen sind Beregnungsanlagen schon lange unerlässlich. Aber auch immer mehr Gartenbesitzer wünschen sich eine automatische Bewässerungsanlage, ermöglicht sie doch eine zuverlässige, gleichmäßige, bequeme und vollautomatische Bewässerung der unterschiedlichsten Flächen.

1 Physikalische Grundlagen

1.1 Druckarten

Wasser wird mithilfe von Rohren oder Schläuchen zum Ort des Bedarfs transportiert. Dabei steht es unter **Druck**. Je nach Fließzustand unterscheidet man zwischen verschiedenen Druckarten.

■ Der **statische Druck** ist der Druck, den eine Flüssigkeit auf die Rohrwandung ausübt. Fließt kein Wasser (Ruhezustand), ist dieser Druck am größten und entspricht dem **Gesamtdruck**. Dieser sogenannte **Ruhedruck** ist in jeder Richtung gleich groß.

Im Ruhezustand ist:
■ Gesamtdruck = statischer Druck
■ Ruhedruck   = statischer Druck von ruhenden Flüssigkeiten

■ Um eine Flüssigkeit zu bewegen, muss ein Teil des statischen Drucks dafür verwendet werden. Dieser Teil des statischen Drucks wird als **dynamischer Druck** bezeichnet. Er wirkt in Strömungsrichtung und verleiht dem Wasser die Fließgeschwindigkeit.
Je größer die Strömungsgeschwindigkeit, desto größer der dynamische Druck.

Im Fließzustand ist:
■ Gesamtdruck = statischer Druck
                  + dynamischer Druck

■ Der statische Druck wird um den Wert kleiner, um den der dynamische Druck größer wird. Der restliche statische Druck wird als **Fließdruck** bezeichnet. Somit ist der Fließdruck der statische Druck von strömenden Flüssigkeiten.

Im Fließzustand ist:
■ Gesamtdruck = dynamischer Druck + Fließdruck
■ Fließdruck = Gesamtdruck – dynamischer Druck
■ Dynamischer Druck = Gesamtdruck – Fließdruck

1.2   Druckverluste

Beim Strömen durch gerade Rohrstrecken kommt es aufgrund von **Reibung** an der Rohrwandung wie auch innerhalb des strömenden Mediums zwischen Flüssigkeitsschichten verschiedener Strömungsgeschwindigkeit (= innere Reibung) zu Druckverlusten. Diese sind vor allem abhängig von

- der Strömungsgeschwindigkeit des Mediums,
- dem Rohrinnendurchmesser und
- der Länge der Rohre.

Neben den Druckverlusten durch Reibung entstehen auch Druckverluste durch **Umlenkungen** in Armaturen (z. B. Ventilen) und Formstücken (z. B. Winkel, Bögen, Abzweige, Reduzierungen).

Die zur Druckmessung in Flüssigkeiten und Gasen verwendeten Geräte werden als **Manometer** bezeichnet. Zur Messung von sehr kleinen Drücken benutzt man die **Einheit Pascal (Pa)**, bei größeren Drücken die **Einheit Bar (bar)**, um nicht mit so großen Zahlen hantieren zu müssen.

1 bar = 100 000 Pa = 100 000 N/m^2 = 10 N/cm^2
1 mbar = 100 Pa   = 1 hPa

2   Planung

2.1   Planungsschritte

1. Schritt: Erstellung eines Gartenplans

Ein maßstabsgerechter Plan des Grundstücks wird erstellt. Er sollte alle wichtigen Teile wie Wege, Terrassen, Teiche, Wasserentnahmestellen (Wasserhähne, Brunnen, Zisterne), Rasenflächen, Beete, größere Bäume, Hecken usw. enthalten. Vorhandene Pläne können als Grundlage dienen.

2. Schritt: Auswahl der zu bewässernden Flächen und Bewässerungsart

Nachdem die zu bewässernden Flächen festgelegt und markiert wurden, wird die geeignete Art der Bewässerung ausgewählt.

- **Rasenflächen**

  Zur Beregnung von Rasenflächen sind **Versenkregner** oder **Versenksprühregner** gut geeignet. Da es sich um **Kreisregner** handelt, müssen sich ihre Bewässerungsradien zur Gewährleistung einer lückenlosen Beregnung vollständig überdecken. Dies wird dadurch sichergestellt, dass der Abstand der Regner untereinander gleich ihrer Wurfweite gewählt wird: Dies nennt man eine „Kopf-zu-Kopf-Aufstellung" (s. Abb. 1).

Bei der **Belegung der zu bewässernden Flächen** ist wie folgt vorzugehen:

1. Eckbereiche mit 90°-Regnern (Viertelkreisregner) belegen.
2. Randbereiche mit 180°-Regnern (Halbkreisregner) auffüllen.
3. 270°-Regner (Dreiviertelkreisregner) für Eckbereiche an Haus und Terrasse verwenden.
4. Restflächen in der Mitte mit 360°-Regnern (Vollkreisregner) abdecken.

Bereiche > 5 m erhalten **rotierende Regner**, < 5 m **Sprühregner mit einstellbaren Kreissegmenten.**
Rotierende Regner und Sprühregner dürfen nicht auf denselben Regnerkreisen angeordnet werden.

◔ = 90°,   ◑ = 180°,   ◕ = 270°,   ● = 360°

- **Staudenflächen und Hecken**

  Zur Bewässerung von Staudenflächen und Hecken werden ober- oder unterirdisch verlegte **Tropfrohre mit integrierten Tropfkörpern** oder **Regner auf Standrohren,** die zwischen die Pflanzen gesetzt werden, verwendet.

- **Pflanzgefäße auf Terrasse und Balkon**

  Zur Bewässerung von Pflanzen in Gefäßen eignen sich vor allem **Mikrosprüher** oder **Einzeltropfer.**

3. Schritt: Ermittlung der zur Verfügung stehenden Wassermenge bei einem bestimmten Druck

Zur Vermeidung von Druckschwankungen und der damit verbundenen unregelmäßigen Wasserabgabe muss die vorhandene Wassermenge druckabhängig gemessen werden. Vom **Fließdruck** hängt es ab, wie viele Regner gleichzeitig betrieben werden können.

Abb. 1   3. Schritt: Ermittlung der zur Verfügung stehenden Wassermenge bei einem bestimmten Druck

Art der Bewässerung	Benötigter Druck in bar[1]
Tropfbewässerung und/oder Sprühregner	2,1 bar (≈ 21 m)
Regner im Hausgartenbereich	2,5 bis 3 bar (≈ 25 – 30 m)
Sportanlagen	bis über 10 bar (≈ 100 m)

[1] **1 bar** entspricht dem Druck einer Wassersäule von 10 332 mm ≈ 10 m Höhe

Tab. 1   Notwendiger Druck in Abhängigkeit von der Art der Bewässerung

Aus ökonomischer Sicht sollte der **Fließdruck mindestens 2,5 bar bei einer Wassermenge von ca. 2 m³/h** betragen (s. Tab. 1, S. 370). Liegt der Fließdruck über 4 bis 5 bar, muss ein **Druckminderer** zwischengeschaltet werden. Bei Sprühdüsen und Mikrobewässerung ist dies bereits bei 2,5 bar der Fall.

Die **druckabhängige Durchflussmenge** kann relativ einfach gemessen werden: An den Wasserhahn wird ein mit einem Absperrhahn versehenes Manometer angeschlossen. Der Wasserhahn und der Hahn des Messgerätes werden voll aufgedreht, sodass man als Messwert die Wassermenge bei freiem Auslauf erhält. Anschließend wird der Hahn am Messgerät so weit zugedreht, bis das Manometer den gewünschten Druck, z. B. 2,5 bar, anzeigt. Die Wassermenge kann bei Verwendung eines **Durchflussmessgeräts** (s. Abb. 1, S. 372) direkt am Gerät abgelesen werden.

Die in der Tab. 1 aufgeführten Werte müssen an den Anschlüssen der Regner und Tropfbewässerungsleitungen erreicht werden. Da es auf dem Weg von der Pumpe zu den Anschlüssen aufgrund von Reibung zu Druckverlusten kommt, müssen diese bei Messung der Wassermenge mit berücksichtigt werden. Je größer die Fließgeschwindigkeit, desto höher die Reibung und damit die Druckverluste.

Beispiel:

Benötigter Druck am Regner	2,5 bar (≈ 25 m)
Druckverlust in der Leitung (bei z. B. 100 m Länge)	1,0 bar
	3,5 bar (≈ 35 m)

Ergebnis:
Der notwendige Fließdruck an der Wasserentnahmestelle sollte bei 3,5 bar liegen.

Dies bedeutet, dass bei der Messung der Wassermenge das Durchflussmessgerät auf einen Druck von 3,5 bar einzustellen ist. Beim Einsatz einer Pumpe ist die Wassermenge der **Pumpenkennlinie** bei 35 m abzulesen (s. Abb. 3, S. 372). Aber auch hier ist es sinnvoll, zusätzlich eine Messung mit einem Durchflussmessgerät durchzuführen. Bei Verwendung von Trinkwasser zur Bewässerung ist eine **separate Wasseruhr** einzubauen, da für Bewässerungswasser keine **Abwasserkosten** anfallen.

4. Schritt: Einteilung des Grundstücks in Bewässerungsabschnitte (= Anzahl der Ventile) in Abhängigkeit von der zur Verfügung stehenden fließdruckabhängigen Wassermenge
Anhand der Angaben in den **Düsentabellen** oder den **technischen Angaben zu den verschiedenen Bewässerungsprodukten** wird berechnet, wie viel Wasser pro Stunde die gesamte Anlage im Betrieb benötigt. Liefert der Wasseranschluss oder die Pumpe bei dem benötigten

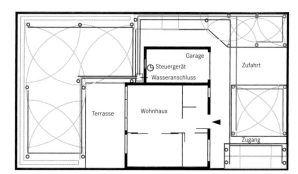

Abb. 1 4. Schritt: Einteilung des Grundstücks in Bewässerungsabschnitte (= Anzahl der Ventile) in Abhängigkeit der zur Verfügung stehenden druckabhängigen Wassermenge

Fließdruck eine geringere Durchflussmenge als benötigt, muss die Anlage in kleinere Bewässerungseinheiten, die nacheinander über Elektromagnetventile angesteuert werden, aufgeteilt werden. Die Größe der einzelnen Abschnitte ist so zu bemessen, dass bei der Bewässerung nicht mehr als die maximal verfügbare fließdruckabhängige Durchflussmenge benötigt wird.

Neben der verfügbaren Wassermenge spielt auch die Art der Pflanzen, die Lage sowie die Art der Bewässerung für die Einteilung der Bewässerungsabschnitte eine Rolle. Auch dürfen nie unterschiedliche Regnertypen oder Tropfbewässerungen einen Bewässerungsstrang bilden, da die abgegebenen Wassermengen sehr unterschiedlich sein können, sodass einzelne Bereiche zu stark und andere zu schwach bewässert würden. Generell gilt:

$$\frac{\text{Gesamtwasserverbrauch pro}}{\text{Regnertyp bzw. Tropfertyp}} = \text{Anzahl der}$$
$$\text{verfügbare Wassermenge} \qquad \text{Bewässerungs-}$$
$$\text{abschnitte*}$$

* Minimum, ohne Berücksichtigung der Lage im Grundstück

2.2 Einbau

Vor dem Einbau ist die Lage der Leitungen (Strom, Gas, Telefon, Wasser etc.) auf dem Grundstück zu ermitteln. Der **Rohrgraben** für die Hauptleitung sollte mindestens 30 cm tief sein, für die Nebenleitungen reichen 15 cm aus.

■ Im Innern des Hauses werden meist **Metallrohre** oder **Verbundwerkstoffrohre** verwendet, im Erdreich **Kunststoffrohre aus Polyethylen (PE)**. Sie werden in verschiedenen **Druckstufen** angeboten. Für Bewässerungsanlagen reichen Druckstufen von PN8 (8 bar) bis PN12,5 (12,5 bar) aus. Bei manchen Anlagen sind auch PN4 oder PN6 ausreichend. Im professionellen Bereich werden als Standard PN10 und PN12,5 verwendet. PE-Rohre sollten mit einer Schere gekürzt werden, beim Sägen können Späne zurückbleiben, die die Regner verstopfen.

■ Zum **Winter** sind die Leitungen mit Druckluft auszublasen bzw. an tiefgelegenen Entwässerungsventilen zu entleeren.

2.3 Steuerung

Mithilfe von **Steuergeräten** lässt sich programmieren, an welchen Tagen, zu welcher Uhrzeit und wie lange jeder Abschnitt bewässert werden soll. Wichtig ist eine einfache Handhabung und Übersichtlichkeit. So sollte deutlich erkennbar sein, welcher Bewässerungsabschnitt bzw. welches Magnetventil gerade programmiert wird. Bodenunabhängige **Regensensoren** melden einen Wasserbedarf, wenn die im Gerät aufgefangenen Niederschläge wieder verdunstet sind. Batteriebetriebene Steuergeräte bieten Unabhängigkeit vom Stromanschluss.

Bei kühlem, nicht zu trockenen Klima reichen allgemein 25 mm Niederschlag pro Woche, an heißen, sehr trockenen Tagen 50 mm. Wegen der geringeren Verdunstungsverluste erfolgt die Bewässerung am besten frühmorgens.

Fachhändler und Hersteller bieten Unterstützung bei der Planung einer Bewässerungsanlage an. Eine Teilnahme an einer Schulung ist empfehlenswert.

Abb. 1 Durchflussmessgerät

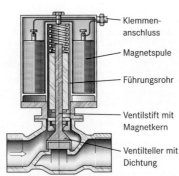

Klemmen-anschluss

Magnetspule

Führungsrohr

Ventilstift mit Magnetkern

Ventilteller mit Dichtung

Abb. 2 Magnetventil

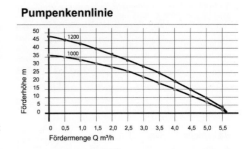

Abb. 3 Pumpenkennlinie

Aufgaben

1. Was spricht für eine automatische Bewässerungsanlage?
2. Unterscheiden Sie:
   a) statischer Druck, b) Fließdruck.
3. Woraus setzt sich der Gesamtdruck a) im Ruhezustand und b) im Fließzustand zusammen?
4. Wovon hängt der dynamische Druck ab?
5. Wie wirkt sich eine Verringerung des Rohrinnenquerschnittes auf den statischen und dynamischen Druck aus?
6. Wodurch kommt es zu Druckverlusten?
7. Wie nennt man die zur Druckmessung a) in Flüssigkeiten und Gasen und b) des atmosphärischen Luftdrucks verwendeten Geräte?
8. In welchen Einheiten wird der Druck angegeben?
9. Wie viel m Wassersäule entspricht 1 bar?
10. Nennen Sie die Planungsschritte beim Bau einer automatischen Bewässerungsanlage.
11. Welche Bewässerungsarten sind geeignet für die Bewässerung von a) Rasenflächen, b) Stauden und Hecken, c) Pflanzgefäßen auf Terrasse und Balkon?
12. Wie kann gewährleistet werden, dass es bei Verwendung von Kreisregnern zu einer lückenlosen Bewässerung der Fläche kommt?
13. Beschreiben Sie die Vorgehensweise bei der Belegung der zu bewässernden Fläche mit Kreisregnern.
14. Wie viele Kreisregner werden zur gleichmäßigen Bewässerung einer kreisförmigen Rasenfläche benötigt?
15. Wie groß sollte der zur Verfügung stehende Fließdruck und die Wassermenge mindestens sein?
16. Wie kann die druckabhängige Durchflussmenge festgestellt werden; welche Möglichkeiten bestehen, wenn die Wassermenge nicht ausreicht?
17. Worüber geben Pumpenkennlinien Auskunft?
18. Woraus ergibt sich die Anzahl der notwendigen Bewässerungsabschnitte?

Regenwassernutzung

Die Schonung der Trinkwasserreserven gewinnt eine zunehmende Bedeutung. Möglichkeiten dazu sind, neben einem sparsamen Umgang mit Wasser, das **Versickern des Regenwassers** von Dächern oder befestigten Flächen auf dem eigenen Grundstück (s. Abb. 2 und 3) sowie die **Nutzung von Regenwasser** in den Bereichen des täglichen Lebens, wo eine mindere Wasserqualität genügt, z.B. zur Gartenbewässerung, Toilettenspülung, zum Putzen und für die Waschmaschine. In Haushalten können so 30 bis 40% des Trinkwassers eingespart werden. Für einen 3 bis 4 Personenhaushalt werden etwa 100 m² Dachgrundfläche zum Auffangen des Regenwassers gerechnet.

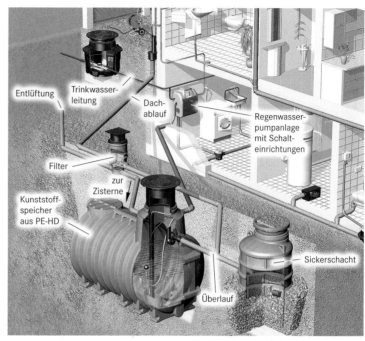

Entlüftung
Trinkwasser-leitung
Dach-ablauf
Regenwasser-pumpanlage mit Schalt-einrichtungen
Filter
zur Zisterne
Kunststoff-speicher aus PE-HD
Sickerschacht
Überlauf

Abb. 1 Regenwassernutzungsanlage

1 Bauteile

Die Bauteile einer **Regenwassernutzungsanlage** (s. Abb. 1) sind:

- Filter,
- Zuleitungen zur Zisterne,
- Zisterne,
- Pumpe mit Leitungen und Schalteinrichtungen.

1.1 Filter

Filter (Maschenweite 0,2 mm) säubern das Dachablaufwasser von Grob- und Feinschmutz. Gut geeignet sind **selbstreinigende Filter,** die in das Fallrohr (s. Abb. 1, S. 374) oder bei mehreren Fallrohren als Sammelfilter in die Grundleitung zur oder direkt in die Zisterne eingebaut werden (s. Abb. 2, S. 374). Zwecks Reinigung sollten sie leicht zugänglich sein. Selbstreinigende Filter sind zweimal jährlich zu warten, Korbfilter öfter.

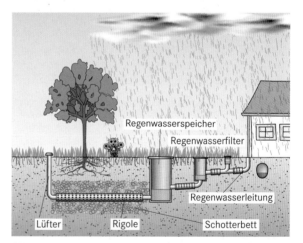

Regenwasserspeicher
Regenwasserfilter
Regenwasserleitung
Lüfter
Rigole
Schotterbett

Abb. 2 Regenwasserversickerung in Rigolen

1.2 Zuleitungen zur Zisterne

Beim Zufluss von Regenwasser in die Zisterne ist darauf zu achten, dass der abgesetzte Feinschlamm nicht aufgewirbelt wird. Ein beruhigter Zulauf lässt sich dadurch erreichen, dass der Auslauf in einem „Auslauftopf" endet (s. Abb. 2, S. 374).

bis zu 5 Lagen Geotextil

Abb. 3 Sickerkasten aus Kunststoff

Der Großteil des Regenwassers fließt an der Rohrwand abwärts, durchströmt das Filtergewebe, wird unten gesammelt. Die Schmutzfracht wird in den Kanal abgeführt. Zweimal im Jahr soll der Filtereinsatz herausgenommen und von außen abgespritzt werden.

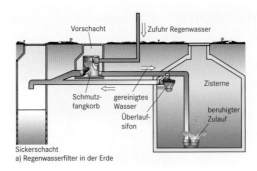

a) Regenwasserfilter in der Erde

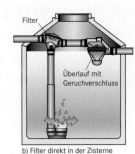

b) Filter direkt in der Zisterne

Abb. 1 Selbstreinigender Filter für Fallrohre

Abb. 2 Zisterne mit Filter, beruhigtem Zulauf, Überlauf und Sickerschacht

1.3 Zisterne

Eine **Zisterne** ist ein unterirdischer Behälter (Überdeckung > 80 cm) zum Sammeln und Speichern des von Dächern oder besonderen Auffangflächen zufließenden Niederschlagswassers. Damit das Wasser auch bei längerer Speicherung seine Qualität behält, muss es kühl und lichtgeschützt aufbewahrt werden. Entsprechend sollen Zisternen mit mindestens 80 cm Überdeckung (frostsicher) ins Erdreich eingebaut werden. Überschüssiges Wasser muss durch einen **Überlauf** abfließen können. Da das Regenwasser über das Fallrohr Luft in die Zisterne mitreißt (bei Starkregen ca. 25 l Luft/l Wasser), die in die Regenwasserzuleitung zurückdrückt und dadurch erhebliche Turbulenzen im Filter verursachen kann, was wiederum den Filterwirkungsgrad erheblich mindern kann, sollte eine Zisterne eine **Entlüftung** aufweisen.

> **Merke**
>
> Beim Erdeinbau von Zisternen sind unbedingt die Herstellerangaben und Unfallverhütungsvorschriften zu beachten. Die Grubenwände sind nach UVV „Bauarbeiten" abzustützen!

1.3.1 Bauarten

Als Regenwasserspeicher können Speicher aus Beton oder Kunststoff sowie stillgelegte Klärgruben oder Heizöltanks dienen.

- **Beton-Speicher** können aus einem Stück (Monolithtanks), aus vor Ort zusammengefügten Betonfertigteilen oder aus einzelnen Betonringen bestehen.
- **Kunststoff-Speicher** bestehen aus PE-HD (**P**olyethylene, **H**igh **D**ensity = Polyethylen hart), s. Abb. 1, S. 373.
- **Stillgelegte Klärgruben** sind nach der Reinigung gegebenenfalls neu zu verputzen und abzudichten. **Heizöltanks** müssen von einer zugelassenen Fachfirma gereinigt werden. **Stahltanks** sind neu zu beschichten oder mit einer Kunststoffhülle auszukleiden.

1.3.2 Größe

Die **Zisternengröße** ist abhängig

- von der **Niederschlagsmenge** (s. Abb. 1, S. 375). In der Bundesrepublik Deutschland beträgt die durchschnittliche jährliche Niederschlagsmenge etwa 750 mm. Dies entspricht 750 l Wasser/m^2 (1 mm = 1 l/m^2).
- von der **Auffangfläche** (m^2), z. B. Dachgrundfläche (Gebäudegrundfläche + Dachvorsprungsfläche).
- vom **Abflussbeiwert**. Er gibt an, wie viel der anfallenden Wassermenge abgeführt werden muss. Ein Abflussbeiwert von 0,8 besagt, dass 80 % des anfallenden Wassers zur Verfügung stehen (s. Tab. 1, S. 375).
- vom **Filterwirkungsgrad** (s. Abb. 1).
- vom Wasserbedarf (s. Tab. 1, S. 375) plus gewünschter **Sicherheitsreserve** (in der Regel 21 Tage).

Abb. 3 Geruchsverschluss

Jährlicher Regenwasserertrag

Dachgrundfläche in m² (Grundfläche Haus + Dachüberstand)	×	jährliche Nieder- schlagsmenge (mm = l/m²) s. Abb. 1	×	Abflussbeiwert Hartdach (Neigung > 15°): ■ Tonziegel gebrannt, glasiert ■ Schiefer-, Beton-, Tonziegel	×	Filterwirkungs- grad (s. Abb. 1, S. 374)	=	Regenwasserertrag (l/Jahr)
				0,9				
				0,8				
Beispiel: 140	×	750	×	0,8	×	0,9	=	75 600 l
							=	75,6 m³

Jährlicher Regenwasserbedarf

WC-Spülung	pro Person und Jahr 8,8 m³ (24 l/Tag)	×	3 Personen	= 26,4 m³
Waschmaschine	pro Person und Jahr 3,7 m³ (10 l/Tag)	×	3 Personen	= 11,1 m³
Putzen	pro Person und Jahr 1,1 m³ (3 l/Tag)	×	3 Personen	= 3,3 m³
Gartenbewässerung	60 l/m² und Jahr	×	200 m²	= 12,0 m³
			Zwischensumme	= 52,8 m³
+ Sicherheitszuschlag für 21 Tage = 52 800 l : 365 Tage x 21 Tage : 1000				= 3,04 m³
			Regenwasserbedarf	= 55,84 m³/Jahr
				= 4,65 m³/Monat

Ergebnis: Eine Zisterne mit einem **Speichervolumen von 5000 l** wäre optimal.

Tab. 1 Rechenbeispiel für die Berechnung der optimalen Zisternengröße

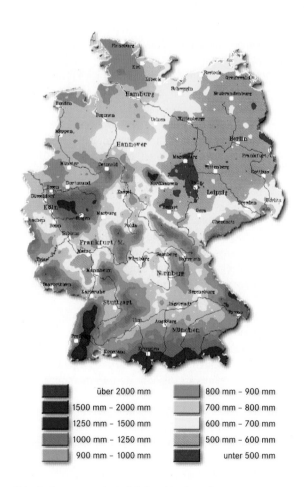

■ über 2000 mm	■ 800 mm – 900 mm
■ 1500 mm – 2000 mm	■ 700 mm – 800 mm
■ 1250 mm – 1500 mm	■ 600 mm – 700 mm
■ 1000 mm – 1250 mm	■ 500 mm – 600 mm
■ 900 mm – 1000 mm	■ unter 500 mm

Abb. 1 Regenwasserkarte (Niederschlag in mm)

Im **Rechenbeispiel** (s. Tab. 1) würde eine Zisterne mit einem Volumen von 5000 l den Monatsbedarf der Familie decken. Aus wirtschaftlicher Sicht wäre eine größere Zisterne nicht sinnvoll. Zudem ist es durchaus erwünscht, die Zisterne von Zeit zu Zeit überlaufen zu lassen, da dadurch die schmutzige Schwimmschicht, die ansonsten in gewissen Intervallen abgefischt werden müsste, weggespült und der Geruchsverschluss (s. Abb. 3, S. 374) aufgefüllt wird.

1.4 Pumpe mit Leitungen und Schalteinrichtungen

■ **Leitungen und Förderpumpen (Kreiselpumpe** im Gebäude bei Saughöhen < 7 m und Ansauglängen < 20 m, ansonsten **Unterwasserpumpe** in Zisterne) müssen wegen des sauren Regenwassers (pH 4,0 bis 5,6 → aggressiv) aus **korrosionsbeständigem Material** (Edelstahl oder Kunststoff, z.B. PE-HD, PE-X, PP, PVC, PB) bestehen.

■ Ein **Trockenlaufschutz** schaltet die Pumpe ab, bevor Luft in die Saugleitung gelangt und die Pumpe ohne Wasserschmierung und -kühlung trocken läuft.

■ Während der regenarmen Zeit ist eine **automatische Nachfüllung** (Höhe etwa ein Tagesbedarf) mit Trinkwasser vorzusehen. **Vollautomatische Regenwasserstationen** (Pumpe außerhalb der Zisterne) pumpen das Wasser nicht erst in die Zisterne, sondern speisen es direkt in den Saugstutzen der Pumpe ein.

- Die Regenwassernutzungsanlage wird über ein **zentrales Steuergerät** gesteuert (s. Abb. 1, S. 373).
- Über **Leerrohre** (≥ DN 100) können Saug-/Druckleitungen oder Steuerleitungen gelegt werden.
- Moderne Steuerungen (**KIM**-**K**abelloses **I**ntelligentes **M**anagement) arbeiten ohne Kabel und Schaltorgane in der Zisterne.

2   Sicherheitsvorschriften

Die Absicherung des Trinkwassernetzes vor Beeinträchtigungen, zum Beispiel vor der Gefahr des Rücksaugens aus Regenwasserleitungen ist unbedingt zu beachten! Hierzu sind die **Vorschriften der Trinkwasserverordnung** und der **Allgemeinen Versorgungsbedingungen für Wasser** einzuhalten, unter anderem:

- Es darf keine Verbindung zwischen dem Regenwassersystem und dem Trinkwassersystem vorhanden sein (farblich unterschiedliche Leitungen).
- Die Nachfülleinrichtung aus der öffentlichen Trinkwasserversorgung darf nur im **freien Auslauf mit mindestens 20 mm Abstand** in das Regenwassersystem erfolgen.

  Magnetventil
  Zulauftrichter
  ≥ 20 mm

- Entnahmestellen für Nichttrinkwasser (auch für Regenwasseranlagen) müssen mit den Worten „**kein Trinkwasser**" oder bildlich mit entsprechenden Verbotszeichen beschildert und gegen unbefugtes Benutzen gesichert (möglichst hoch anordnen, abnehmbarer Griff) werden.
- Bei Wartungsarbeiten in Schächten oder Speichern muss eine **zweite Person außerhalb sichern** können (UVV beachten!).

Die **Wartungsarbeiten** beschränken sich darauf:
- das mit Sediment vermischte Regenwasser alle 10 bis 15 Jahre mit einer Tauchpumpe abzupumpen,
- das Reinigen der Filter in gewissen Intervallen und
- ggf. das Abfischen der sich bildenden Schwimmschicht in der Zisterne.

Merke

Bau und Betrieb von Regenwassernutzungsanlagen müssen **vor** Baubeginn dem zuständigen Wasserversorgungsunternehmen und der Gemeinde angezeigt werden. Für den GaLaBau empfiehlt sich, beim Bau von Regenwassernutzungsanlagen mit einem Sanitärinstallateur zusammenzuarbeiten.

Aufgaben

1. Was spricht für die Nutzung von Regenwasser?
2. Nennen Sie Maßnahmen zum sparsamen Umgang mit Wasser.
3. Zu welchen Nachteilen/Problemen kann eine verringerte Trinkwasserabnahme evtl. führen?
4. Wofür kann Regenwasser genutzt werden?
5. Welche Vorteile hat die Regenwasserversickerung?
6. Beschreiben Sie Möglichkeiten zur Regenwasserversickerung.
7. Welche Vorteile hat die Verwendung von Sickerkästen aus Kunststoff zur Regenwasserversickerung?
8. Unter welchen Bedingungen könnte die Nutzung von Dachablaufwasser als problematisch angesehen werden?
9. Beschreiben Sie die Funktionsweise eines selbstreinigenden Filters zum Einbau in ein Fallrohr.
10. Wie groß sollte die Maschenweite eines Filters sein und wie oft im Jahr sollten sie gereinigt werden?
11. Nennen Sie die einzelnen Bauteile einer Regenwassernutzungsanlage und ihre Aufgaben.
12. Wovon ist die Größe einer Zisterne abhängig?
13. Was besagt der Abflussbeiwert?
14. Familie Regenreich, zwei Erwachsene und zwei schulpflichtige Kinder, aus Hamburg möchte zur Toilettenspülung und Gartenbewässerung Regenwasser verwenden. Ihr ziegelbedecktes Einfamilienhaus weist eine Dachneigung von 30° und eine Dachgrundfläche von 150 m² auf. Der Garten hat eine Größe von 250 m². Es wird davon ausgegangen, dass über die Filter etwa 90 % des Dachablaufwassers der Zisterne zugeleitet werden. Bestimmen Sie die Größe der Zisterne.
15. Warum sollen Zisternen mit > 80 cm Überdeckung in den Boden eingebaut werden?
16. Warum sind beim Erdeinbau von Zisternen die Grubenwände unbedingt abzustützen?
17. Warum sollten Zisternen entlüftet sein?
18. Warum ist auf einen beruhigten Zulauf in der Zisterne zu achten?
19. Warum sollten Förderpumpen und Regenwasserleitungen aus korrosionbeständigem Material sein?
20. Was versteht man bei modernen Steuerungen unter der Bezeichnung KIM?
21. Welche Maßnahmen sind zu ergreifen, um eine Gefährdung des Trinkwassers durch Regenwasser auszuschließen?

Blumenwiese

Abb. 1 Ökosystem Wiese – ein Miniatururwald aus Blüten, Stängeln und Blättern

1   Lebensraum Wiese

Merke

Die Wiese, auch als Blumenwiese bezeichnet, gilt zu Recht als ein Symbol für ökologische Vielfalt. Ihr stockwerkartiger Aufbau aus verschiedenartigen Pflanzen bietet unterschiedliche Kleinklima und ein reichhaltiges Angebot an Nahrung und Lebensraum für eine artenreiche Tierwelt (s. Abb. 1, S. 377).

1.1   Entstehung

Unter natürlichen Bedingungen wäre Mitteleuropa von Laubwäldern bedeckt. Erst durch die Rodung von Waldgebieten, d. h. durch die Umgestaltung der Naturlandschaft durch den Menschen, konnten sich bei uns über Jahrtausende hinweg artenreiche Lebensgemeinschaften, bestehend aus einer Vielzahl verschiedenartiger krautiger Pflanzen, sogenannte **Wiesen**, entwickeln. Eine Ausnahme bilden die Bergwiesen jenseits der Baumgrenze, die Salzwiesen innerhalb der Verlandungszone des Wattenmeeres, die Trockengebiete Osteuropas (Steppen) oder die häufig von Buschbränden heimgesuchten Prärien (von frz. prairie > Wiese <) Nordamerikas, auf denen sich unter natürlichen Bedingungen Gehölze auf Dauer nicht etablieren können. Bei den unter diesen Bedingungen entstandenen Wiesen handelt es sich nicht um Kultur- sondern um Naturlandschaften.

1.2   Wiesentypen

Obwohl immer von „der Wiese" gesprochen wird, gibt es „die Wiese" nicht, da sich in Abhängigkeit von den Bodeneigenschaften und den klimatischen Standortbedingungen sowie der Nutzung und Pflege durch den Menschen unterschiedliche **Wiesenpflanzengesellschaften** bilden (s. Abb. 1, S. 379). Folglich kann man zwischen mehr als 300 verschiedenen **Wiesentypen** unterscheiden. Zur Vereinfachung erfolgt ihre Einteilung nach den jeweiligen Standortfaktoren in **Wiesenbiotoptypen** (s. Tab. 1).

Merke

Besonders schöne, artenreiche und damit ökologisch wertvolle Wiesen sind auf trockenen, nährstoffarmen, leicht sauren bis neutralen Böden in sonniger Lage zu finden.

Nährstoffe

Magerwiesen:
unfruchtbare, d. h. nährstoffarme, trockene Böden; geringer Futter- und Heuertrag

Fettwiesen:
fruchtbare, d. h. nährstoffreiche Böden mit hohem Grundwasserstand; hoher Futter- und Heuertrag

Wasser

Trockenwiesen:
trockene, wasserdurchlässige Böden, verbunden mit hoher Sonneneinstrahlung

Halbtrockenwiesen:
aufgrund geringerer Sonneneinstrahlung, z. B. im Bereich des Hausgartens an Ost- und Nordseiten, weniger Wassermangel

Feuchtwiesen:
nasse Böden mit hohem Grundwasserstand

Bodenreaktion, Nährstoffe, Wasser

Kalkmagerwiesen:
nährstoffarme, trockene Böden mit einem hohen pH-Wert

Saure Magerwiesen/Sandmagerwiesen:
nährstoffarme, trockene Böden mit einem niedrigen pH-Wert

Nutzung

Mähwiesen:
Grünfutter- und Heugewinnung

Standort

Salzwiesen:
innerhalb der Verlandungszone des Wattenmeeres; sehr salz- und nährstoffreich

Bergwiesen:
oberhalb der Baumgrenze gelegen, sog. Matten

Pflanzen

Glatthaferwiesen:
charakteristische Pflanzenart Glatthafer *(Arrhenaterum elatius)*, typische Pflanze der Fettwiesen unterhalb einer Meereshöhe von ca. 600 m → Talfettwiesen

Goldhaferwiesen:
charakteristische Pflanzenart Goldhafer *(Trisetum flavescens)*, typische Pflanze der Fettwiesen oberhalb etwa 600 m Meereshöhe → Bergfettwiesen

Pfeifengraswiesen:
charakteristische Pflanzenart Pfeifengräser *(Molinia caerulea)*, typische Pflanze der Magerwiesen

Tab. 1   Die Bezeichnung der Wiesentypen erfolgt im Allgemeinen nach den prägenden Standortfaktoren

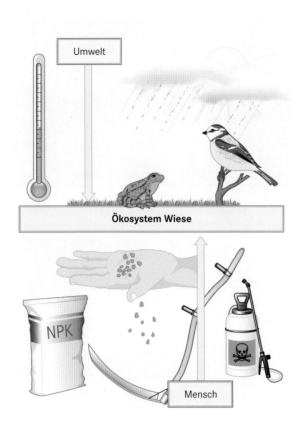

Abb. 1 Wiese ist nicht gleich Wiese:
Je nach Standortbedingungen und in Abhängigkeit von
Nutzung und Pflege setzt sich eine Wiese aus ganz
verschiedenen Pflanzen zusammen

1.3 Gefährdung des Ökosystems Wiese

So vielfältig und kompliziert das **Ökosystem Wiese** aufgebaut ist, so empfindlich ist es auch gegenüber menschlichen Eingriffen. Prägten noch in den 30er-Jahren Wildblumenwiesen das Bild unserer Landschaft, stehen Wiesen heute auf der **Roten Liste der gefährdeten Biotope**. Versiegelungen der Landschaft durch Tief- und Hochbau, Trockenlegung ganzer Landstriche, Flussbegradigungen und Flurbereinigungen sowie die intensive landwirtschaftliche Nutzung von Grünlandflächen (großflächiger Pestizideinsatz, hohe Düngermengen, Verwendung starkwüchsiger Grassorten, häufiger Schnitt) haben zu einem rasanten Verlust an Wiesenblumen mit der entsprechenden Begleitfauna geführt. Doch es hat ein Umdenken eingesetzt, sodass heute ein verstärktes Bemühen erkennbar ist, Blumenwiesen zu neuem Leben zu erwecken.

2 Anlegen einer Wiese

2.1 Bedeutung

Gerade beim Lebensraum Wiese kann jeder, der einen Garten besitzt oder für die Anlage und Pflege von Grünflächen in öffentlichen oder privaten Anlagen zuständig ist, zur Artenvielfalt, zum Artenerhalt und damit zum Naturschutz beitragen. Durch Schaffung naturnaher Gärten und Grünflächen können statt monotoner Rasenflächen artenreiche Blumenwiesen das Bild einer Landschaft prägen (s. S. 380).

2.2 Größe

Eigentlich sollte eine Wiese mindestens 16 m² groß sein, damit sich ein stabiles Ökosystem aufbauen kann. Doch bereits Klein- und Kleinstflächen können wertvolle ökologische Nischen bilden. Sie müssen nur eng genug beieinander liegen, sodass eine Vernetzung solcher Kleinbiotope entsteht, die eine Kontaktaufnahme zwischen den jeweiligen Populationen ermöglicht bzw. eine Verbindung zwischen größeren Wiesenflächen schafft.

2.3 Geeignete Orte

Da eine Wiese im Gegensatz zu einem Rasen **keine belastbare Grasnarbe (!)** ausbildet, also nicht zum Betreten, Liegen oder gar Herumtollen genutzt werden kann, sollte die Frage auch nicht lauten: Blumenwiese oder Rasen?

Vielmehr ist eine Kombination aus beiden anzustreben:
- Teile des Gartens/der Grünfläche, die nicht betreten werden, werden zur Blumenwiese umgestaltet.
- Kleinere Flächen werden von der regelmäßigen Mahd ausgenommen.
- Rasen-/Grünflächen können mit einer Blumenwiesenumrandung umgeben werden.
- Wiesen als Übergänge zwischen verschiedenen Teilen des Gartens, z. B. zwischen Teich und Rasen oder Rasen und Gehölzgruppen, einplanen.
- Blumenwieseninseln in Rasen- und Grünflächen anlegen.
- Auch zur Begrünung von Dächern (s. Kap. Dachbegrünung) oder zur Begrünung von Flächen zur Regenwasserversickerung haben sich Wiesenpflanzen gut bewährt.

Abb. 1 Bergwiesen sind außerordentlich artenreich und der Traum eines jeden Wiesenliebhabers

Abb. 2 Löwenzahnwiesen – Kennzeichen stark gedüngter Böden (Fettwiesen/-weiden); kurze Blütezeit im Frühjahr, artenarm

Abb. 3 Heckenpflanzungen – in Kombination mit Wildblumensäumen wertvolle Lebensadern unserer Kulturlandschaft

Abb. 4 Straßen-, Weg- und Feldränder stellen riesige Flächen für Wiesenpflanzen dar

Abb. 5 Wiesenpflanzen können aus Gräben wertvolle Grabenbiotope machen

Abb. 6 Bereits kleinste Wiesenflächen bilden im Rahmen einer Biotopvernetzung wertvolle ökologische Nischen

Abb. 7 Kulturformen – für Hausgärten tauglich, für die freie Landschaft nicht geeignet

Abb. 8 Blumen-/Kräuterrasen – ein Kompromiss zwischen Rasen und Wiese

Abb. 1 Rasenwege machen eine Wiese begehbar

So kann ein begehbarer grüner Teppich erhalten werden, ohne dass auf ein Stück Wiese mit all ihren Vorteilen verzichtet werden muss. Zum Begehen größerer Wiesenflächen können 1 bis 2 m breite Wege gemäht werden, die wie ein Rasen kurz gehalten werden. Ist der Verlauf der Wege bereits vor der Ansaat bekannt, sollten diese Flächen von vornherein mit Rasengräsern bzw. Blumenrasen (s. Kap. 3.2) eingesät werden (s. Abb. 1).

Im **öffentlichen Bereich** eignen sich Wiesen vor allem für extensiv genutzte Flächen:

- in Parks und auf Friedhöfen
- zur Begrünung von Böschungen, Dämmen, Gräben, Mülldeponien, Abraumhalden, Kiesgruben und Rekultivierungsflächen[1]
- als Straßenbegleitgrün (Mittel- und Randstreifen)
- zur Einsaat am Rande von Gewässern (Teichen, Flüssen, Seen) und Feldwegen,
- als Säume entlang von Gehölzpflanzungen (z. B. Hecken)

Hinweis

Gerade Heckenpflanzungen in der freien Landschaft werden erst durch Wildblumensäume zu wertvollen Lebensadern in unserer Kulturlandschaft.

Eine Blumenwiese kann prinzipiell auf zwei Wegen erreicht werden. Eine preiswerte, aber langwierigere und häufig nicht so erfolgreiche Methode ist die **Umwandlung einer bestehenden Rasenfläche** durch eine selbstständige Ansiedlung von Wiesenpflanzen. Schneller und erfolgreicher, dafür aber auch aufwendiger und teurer, ist die **Erstellung einer Wiese durch Ansaat**.

2.4 Umwandlung einer bestehenden Rasenfläche

Die Umwandlung einer bestehenden Rasenfläche ist im Allgemeinen nur von Erfolg gekrönt, wenn folgende Bedingungen erfüllt sind:

- Eine **natürliche Artenvielfalt** (großes Artenpotenzial) in der näheren Umgebung, die eine Zuwanderung der erwünschten Wildstauden ermöglicht. Oder im Boden befindet sich noch eine große Vielfalt an keimfähigen Wiesenblumensamen.
- Ein **nährstoffarmer Boden** (magerer Standort) begünstigt die Ausbreitung der Wildstauden und benachteiligt die Gräser.

    Anderenfalls könnten die starkwüchsigen Rasengräser über Jahrzehnte hinweg die Ansiedlung und Ausbreitung von Wildblumen verhindern.

Sind diese Bedingungen erfüllt, wird als Erstes die Grünflächenpflege von einer intensiven auf eine extensive umgestellt:

1. **Einstellung von Düngung und Bewässerung**
   Je nährstoffärmer der Boden, desto besser können sich Wildkräuter durchsetzen. Ist der Boden sehr nährstoffreich, muss eine Vermagerung stattfinden.

2. **Verringerung der Mähgänge**
   Ein häufiges Mähen fördert die Entwicklung der schnittverträglichen Gräser und unterdrückt die sich langsamer entwickelnden, weniger schnittverträglichen Wildstauden. Folglich sind bei der Umstellung einer Rasenfläche die Mähintervalle zu verlängern, sodass letztlich nur noch 1- bis 3-mal pro Jahr gemäht wird.
   Auf Rasenflächen, die über hohe Nährstoffgehalte im Boden verfügen, kann in der ersten Zeit der Umstellung auch ein häufigeres Mähen zur Verarmung des Bodens an Nährstoffen erforderlich sein. Beginnt das Wachstum der Gräser nachzulassen, wird die Anzahl der Mähgänge entsprechend verringert. Auf nährstoffreichen, schweren Böden muss eventuell die Grasnarbe abgeschält werden.

3. **Richtige Wahl des Schnittzeitpunktes**
   Der Schnittzeitpunkt liegt nach der Blüte bzw. Samenreife der erwünschten Wildkräuter (s. S. 391). ▶

---

[1] Rekultivieren: (franz.) unfruchtbar gewordenen Boden wieder nutzbar machen

4. **Entfernung des Schnittguts**

Um die Bodenfruchtbarkeit nicht zu erhöhen, ist das Schnittgut von der Fläche zu entfernen (Unterbrechung des Nährstoffkreislaufes). Eine Ausnahme bilden lediglich sehr nährstoffarme Standorte.

Das Mähgut, das als Heu verfüttert, zur Kompostierung oder als Mulchmaterial verwendet werden kann, sollte an Ort und Stelle getrocknet und mehrmals gewendet werden, damit die Samen auf der Fläche verbleiben.

5. **Erhöhung der Artenzahl**

Wissenschaftliche Untersuchungen haben gezeigt, dass eine nennenswerte Selbstansiedelung von Wiesenblumen nur stattfinden kann, wenn die gewünschten Arten innerhalb von 100 bis 200 m im Umkreis vorkommen. Deswegen ist zur Erhöhung der Artenzahl die **Einsaat einer Wiesenblumenmischung** in den bestehenden Rasen zu empfehlen. Zuvor sollte dieser jedoch kurz gemäht und scharf vertikutiert (s. Kap. Rasenbau) werden. In die lückige Grasnarbe werden dann die gewünschten Wildblumen gezielt eingesät.

Eine andere, preiswertere Methode ist die Anlage von **Wildblumeninseln** im Rasen, von denen sich die Wildstauden im Laufe der Zeit über die angrenzende Fläche ausbreiten. Dazu werden mehrere, mindestens 1 bis 2 m² große Stücke des Rasens von Grassoden befreit und gezielt mit Wiesenblumen eingesät oder bepflanzt (s. Abb. 1).

Hinweis

Eine gezielte Ansaat oder/und Pflanzung von Wiesenpflanzen ist immer dann zu empfehlen, wenn mit einem Anflug der gewünschten Wildkräuter nicht zu rechnen ist.

2.5   Ansaat einer Blumenwiese

Die Ausbreitungsdistanz der meisten Wiesenpflanzen ist sehr begrenzt, sodass in den wenigsten Fällen mit einer Selbstansiedlung ökologisch wertvoller Wiesenpflanzen zu rechnen ist. Deswegen ist zur Schaffung artenreicher Wiesenbiotope in aller Regel eine gezielte Wildblumenansaat notwendig.

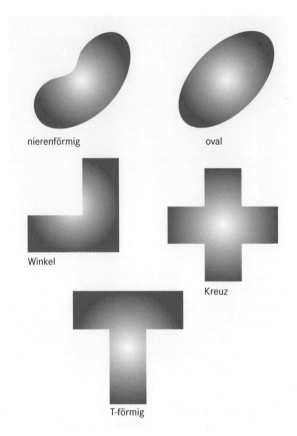

nierenförmig   oval

Winkel

Kreuz

T-förmig

Abb. 1 Wiesenblumeninseln – ein preiswertes Verfahren zur Erhöhung der Artenvielfalt im Rasen

2.5.1 Bodenvorbereitung

Anforderungen an den Boden

Im Gegensatz zur Rasenansaat wird bei der Anlage einer Wiese zur Förderung der Artenvielfalt keine Bodenverbesserung und Düngung durchgeführt. **Grundlage ist die Erkenntnis, dass sich die artenreichsten und ökologisch wertvollsten Wiesen auf nährstoffarmen Böden entwickeln.**

Auf nährstoffreichen (gut mit Stickstoff versorgten) Böden unterdrücken und verdrängen vor allem die stark wachsenden Gräser und andere raschwüchsige Arten, wie Wiesenmargerite *(Chrysanthemum leucanthemum)* und Schafgarbe *(Achillea millefolium)*, die sich langsamer entwickelnden Wildstauden.

Auf mageren Böden ist hingegen das Wachstum der N-zehrenden und damit stark wachsenden Pflanzen gebremst.

Auf sehr sauren Böden (pH-Wert < 5,0) sollte lediglich eine Aufkalkung (z. B. Algenkalk oder kohlensauren Kalk in die oberen 5 bis 10 cm des Bodens einarbeiten) erfolgen.

Als günstig gilt ein pH-Wert zwischen 6 und 7. Dabei ist jedoch zu bedenken, dass durch eine Aufkalkung über die Förderung der Mikroorganismen der im Boden in organischer Form gebundene Stickstoff verstärkt freigesetzt wird, sodass wiederum die Gräser in ihrem Wachstum gefördert und die Wildstauden gehemmt werden können.

Maßnahmen zur Verringerung der Bodenfruchtbarkeit

Falls notwendig, bieten sich folgende Methoden zur Verringerung der Bodenfruchtbarkeit an:

- **Einarbeitung von Sand**

  Vor allem bei schweren Böden wird zur Verringerung ihrer Wasser- und Nährstoffhaltekraft Sand (5 bis 10 cm dicke Schicht) in die oberen 20 cm des Bodens eingearbeitet. Gut geeignet ist Flusssand der Körnung 0/2 mit einem hohen Mittelsandanteil (s. Tab. 1, S. 353).

- **Aussaat stark zehrender Pflanzen als Vorkultur**

  Eine andere Möglichkeit, den Nährstoffgehalt (N-Gehalt) des Bodens zu senken, ist die Aussaat stark zehrender Pflanzen, z. B. Raps, Sonnenblumen oder Ackersenf. Vor dem Aussamen werden diese abgemäht und von der Fläche entfernt.

- **Einarbeitung organischer Substanz mit einem weiten C:N-Verhältnis**

  Durch das Einarbeiten von organischer Substanz mit einem weiten C:N-Verhältnis, wie z. B. klein gehäckseltes Holz, Sägemehl, Rindenmulch, Stroh, Kiefern- oder Lärchennadeln, lässt sich der N-Gehalt des Bodens und damit seine Fruchtbarkeit für 2 bis 3 Jahre reduzieren.

- **Abtrag des nährstoffreichen Mutterbodens**

  Soll auf schweren, sehr nährstoffreichen Böden eine Magerwiese etabliert werden, bleibt im Allgemeinen nichts anderes übrig, als den nährstoffreichen Oberboden abzutragen. Die Wiesensaat wird dann in den freigelegten, nährstoffarmen Unterboden eingesät.

Ist eine Auffüllung notwendig, eignet sich Kalkschotter sehr gut. Für die Erstellung von Feucht- oder Fettwiesen ist ein Abschieben des nährstoffreichen Oberbodens nicht erforderlich.

Entfernung unerwünschter Wildkräuter

Da eine Bekämpfung von unerwünschten Wildkräutern in einer Wiese nur noch mit sehr hohem Aufwand möglich ist, sollte eine Wiesenansaat mit einer „sauberen" Fläche beginnen. So werden Wurzelstöcke unliebsamer Pflanzen, wie Quecke *(Elymus repens)* oder Brennnessel *(Urtica dioica)*, entfernt. Auch stark wuchernde Pflanzen, wie Großer Sauerampfer *(Rumex acetosa)*, Weißer Gänsefuß *(Chenopodium album)* oder die Gemeine Kratzdistel *(Cirsium vulgare),* sind zu beseitigen.

„Verunkrautete" Flächen, d. h. Böden, in denen sich viele Samen von sogenannten **Allerweltsarten** (Vogelmiere, Franzosenkraut, Hirtentäschelkraut, Knöterich usw.) befinden, sollten nach Möglichkeit einige Wochen brachliegen und feucht gehalten werden, damit die im Boden enthaltenen Samen keimen und die auflaufenden Pflanzen bekämpft werden können.

> **Merke**
>
> Erfolgt keine vorbeugende Wildkrautbekämpfung auf stark „verunkrauteten" Flächen, besteht die Gefahr, dass sich Allerweltsarten einstellen, die die Ansiedelung wertvoller Wildblumen verhindern bzw. diese später unterdrücken (s. Abb. 1, S. 384).

Oberflächenbeschaffenheit

Um eine optimale Keimung und Entwicklung der ausgesäten Wildblumen zu gewährleisten, sollte das **Saatbett** wie bei einer Rasenansaat feinkrümelig und gelockert sein. Dabei ist es häufig schon ausreichend, wenn nur die oberen 5 bis 10 cm gefräst werden.

So gelangen nur wenige der im Boden ruhenden Samen an die Bodenoberfläche. Ein genaues Planieren der Fläche ist nicht erwünscht. Gerade unterschiedliche Formen der Erdoberfläche, wie Hügel, Bodensenken, Furchen oder Rinnen, schaffen unterschiedliche Kleinstbiotope/Mikroklimate und damit die Voraussetzungen für die Ansiedlung

Abb. 1   Gelungene Wiesenansaat in einem Hausgarten

Abb. 1 Nicht alle Wildkräuter sind auf einer Wiese willkommen

und Entwicklung unterschiedlicher Pflanzen- und Tierarten. Auf der anderen Seite sollte die Bodenoberfläche so gestaltet sein, dass notwendige Schnittmaßnahmen problemlos durchgeführt werden können.

> **Hinweis**
>
> Eine Vereinheitlichung des Standortes durch Bodenverbesserungsmaßnahmen und einer Einebnung der Fläche, wie dies bei der Anlage von Rasenflächen üblich ist, ist nicht erwünscht, da sie die Artenvielfalt der späteren Wiese verringern würde.

2.5.2 Saatgutauswahl

Alle Pflanzen haben sich im Laufe der Evolution an bestimmte Standort-/Lebensbedingungen angepasst, unter denen sie sich gut entwickeln und im Kampf um Licht, Wasser und Lebensraum überleben können. Entsprechend hat sich die Pflanzenauswahl für eine Wiese an den natür-

lichen Pflanzengemeinschaften der jeweiligen Standorte zu orientieren.

Es kann durchaus lohnend sein, in Feld und Flur nach Samen geeigneter Wildkräuter Ausschau zu halten. In der Natur dürfen jedoch nur kleine Mengen gesammelt werden. Für kommerzielle Zwecke ist das Sammeln in der Natur nicht gestattet. Die 1954 gegründete **Internationale Florahilfe e. V.** verschickt Samen bedrohter Wildblumen zur Aussaat an Mitglieder im In- und Ausland.

Der Handel bietet eine große Auswahl von **Kräutersaatgut** und fertigen **Wiesenblumenmischungen** für verschiedene Standortbedingungen an. Sie bestehen aus mehrjährigen oder ein- und mehrjährigen Pflanzenarten.

Gut geeignet sind sogenannte **Universalmischungen** (s. Tab. 1 und 2, S. 385). Sie bestehen aus Pflanzen mit unterschiedlichen Ansprüchen, sodass eine hohe Anpassungsfähigkeit an unterschiedliche Standort- und Klimabedingungen sichergestellt ist. Somit bieten Universal-

Achillea millefolium (Schafgarbe)
Agrimonia eupatoria (Odermennig)
Anthemis tinctoria (Färberkamille)
Anthyllis vulneraria (Wundklee)
Armeria maritima (Gemeine Grasnelke)
Bupthalmum salicifolium (Ochsenauge)
Campanula patula (Wiesenglockenblume)
Carduus crispus (Krause Diestel)
Carum carvi (Kümmel)
Centaurea jacea (Wiesenflockenblume)
Cerastium arvense (Ackerhornkraut)
Cichorium intybus (Wegwarte)
Crepis biennis (Wiesenpippau)
Daucus carota (Wilde Möhre)
Echium vulgare (Natternkopf)
Galium mollugo (Wiesenlabkraut)
Galium verum (Echtes Labkraut)
Geranium pratense (Wiesenstorchschnabel)
Geranium sanguineum (Blutroter Storchschnabel)
Knautia arvensis (Witwenblume)
Leucanthemum vulgare (Wiesenmargerite)
Lotus corniculatus (Hornklee)
Malva moschata (Moschusmalve)
Ononis spinosa (Dornige Hauhechel)
Pimpinella saxifraga (Kleine Bibernelle)
Plantago lanceolata (Spitzwegerich)
Potentilla erecta (Aufrechtes Fingerkraut)
Prunella vulgaris (Gemeine Braunelle)
Salvia pratensis (Wiesensalbei)
Sanguisorba officinalis (Großer Wiesenknopf)
Saponaria officinalis (Seifenkraut)
Scabiosa columbaria (Taubenskabiose)
Silene nutans (Nickendes Leimkraut)
Silene vulgaris (Taubenkropf-Leimkraut)
Stachys officinalis (Ziest)
Thalictrum flavum (Gelbe Wiesenraute)

Anthoxanthum odoratum (Gemeines Ruchgras)
Cynosurus cristatus (Gemeines Kammgras)
Trisetum flavescens (Goldhafer)

Tab. 1 Universalblumenwiesenmischung für den sonnigen Hausgartenbereich

Achillea millefolium (Schafgarbe)
Ajuga reptans (Aufrechter Günsel)
Alchemilla xanthochlora (Gemeiner Frauenmantel)
Astrantia major (Sterndolde)
Bellis perennis (Gänseblümchen)
Campanula glomerata (Knäulblütige Glockenblume)
Campanula persicifolia (Pfirsichblättrige Glockenblume)
Cardamine pratensis (Wiesenschaumkraut)
Centaurea jacea (Wiesenflockenblume)
Crepis biennis (Wiesenpippau)
Dactylorhiza incarnata (Fleischfarbenes Knabenkraut)
Daucus carota (Wilde Möhre)
Fritillaria meleagris (Schachbrettblume)
Galium mollugo (Wiesenlabkraut)
Geranium pratense (Wiesenstorchschnabel)
Geum urbanum (Echte Nelkenwurz)
Knautia arvensis (Witwenblume)
Leontodon hispidus (Rauher Löwenzahn)
Leucanthemum vulgare (Wiesenmargerite)
Lychnis flos-cuculi (Kuckuckslichtnelke)
Pastinaca sativa (Pastinak)
Pimpinella major (Große Bibernelle)
Plantago lanceolata (Spitzwegerich)
Primula elatior (Hohe Schlüsselblume)
Prunella vulgaris (Gemeine Braunelle)
Ranunculus acris (Scharfer Hahnenfuß)
Rumex acetosa (Großer Sauerampfer)
Silene dioica (Rote Lichtnelke)
Symphytum officinale (Gemeiner Beinwell)
Thalictrum aquilegifolium (Wiesenraute)
Tragopogon pratensis (Wiesenbocksbart)
Valeriana officinalis (Echter Baldrian)

Agrostis capillaris (Rotes Straußgras)
Anthoxanthum odoratum (Gemeines Ruchgras)
Cynosurus cristatus (Kammgras)
Festuca nicrescens (Horstrotschwingel)
Trisetum flavescens (Goldhafer)

Tab. 2 Universalblumenwiesenmischung für den halbschattigen/halbsonnigen Hausgartenbereich, z. B. Ost- oder Nordseite

mischungen gute Voraussetzungen für die erfolgreiche Ansaat einer Wiese, setzt sich doch selbst ein Standort aus einem Mosaik unterschiedlichster Standortbedingungen, von sonnig bis schattig, feucht bis trocken, stickstoffarm bis -reich oder sauer bis alkalisch, zusammen. Der Fachmann spricht in diesem Zusammenhang von einem **natürlichen Standortmosaik**. Die an die jeweiligen Standortbedingungen am besten angepassten Pflanzen der Mischung

setzen sich dann gegenüber den weniger oder nicht geeigneten Arten durch – ein Vorgang, der auch in der Natur ständig abläuft. Wichtig ist nur, dass es sich bei den Mischungen um qualitativ hochwertige Saat in der richtigen Artenzusammensetzung handelt, die alle möglichen Wachstumsbedingungen am Standort abdeckt. Dies ist leider bis heute weder im Fachhandel noch im spezialisierten Versandhandel selbstverständlich. Häufig füllt billige

Ramschware in farbenfrohen Tütchen mit werbewirksamen Slogans bedruckt die Regale der Gartencenter.

Die Gründe, warum mit manchen Blumenwiesenmischungen – allen Werbeversprechen zum Trotz – auf Dauer keine Wiesen geschaffen werden können, sind in erster Linie:

- artenarme Mischungen
- falsche Artenzusammensetzung im Hinblick auf die Standortbedingungen und das passende Mischungsverhältnis der Arten zueinander
- Saatgut stammt von exotischen oder ortsfremden Pflanzen
- zu hoher Anteil an Gräsern, Leguminosen, einjährigen Ackerwildkräutern und wiesenfremden Sommerblumen
- Verwendung von starkwüchsigen Kulturformen statt Wildformen

Statt Mischungen kann man natürlich auch von einzelnen Arten Saatgut bestellen und selber mischen. So können eigene Mischungen aus der für die jeweilige Gegend typischen Wildkräuter zusammengestellt werden. Von der Samenfirma sollte man sich in diesem Fall jedoch beraten lassen.

Verwendung von Ackerwildkräutern und anderen einjährigen Sommerblumen

Auf den Tüten von Wiesenblumenmischungen oder den Seiten von Hochglanzbroschüren findet man häufig farbenfrohe Blütenteppiche aus Kornblumen *(Centaurea cyanus)*, Klatschmohn *(Papaver rhoeas)*, Saatwucherblumen *(Chrysanthemum segetum)*, Kornraden *(Agrostemma githago)*, Ackerkamillen *(Anthemis arvensis)* oder Saat-/Ackerwicken *(Vicia sativa)*. **Bei diesen Pflanzen handelt es sich um einjährige Ackerwildkräuter – also keine typischen Wiesenpflanzen!** Da sich einjährige Pflanzen jährlich neu aussäen müssen, sind sie auf Böden angewiesen, die, z. B. durch regelmäßiges Pflügen, offen gehalten werden. In einer Wiese hingegen bilden Gräser und Wildstauden eine dichte, ausdauernde Vegetationsdecke, welche die einjährigen Arten unterdrückt. Dies gilt auch für andere **einjährige Sommerblumen**, wie Jungfer im Grünen *(Nigella damascena)*, Bienenfreund *(Phacelia tanacetifolia)* oder die Hainblume *(Lianthus grandiflorus)*. Demzufolge sind einjährige Pflanzen in einer Wiese nur sehr kurzlebig. Der größte Teil von ihnen ist bereits in der zweiten Vegetationsperiode wieder verschwunden. Sie bilden keinen Grundstock für eine stabile langjährige Pflanzengemeinschaft.

Trotzdem können auch Ackerwildkräuter und andere einjährige Sommerblumen ihren Platz in Wiesenmischungen haben, verwandeln sie doch die Fläche bereits im Jahr der Aussaat in einen farbenfrohen Blütenteppich. Zudem be-

decken sie infolge ihrer raschen Entwicklung binnen kurzem den Boden und schützen ihn so vor Austrocknung, Erosion, Verkrustung und Verschlämmung. Dadurch wird die Entwicklung der langsam wachsenden Wildstauden gefördert. Eine zu große Beimischung darf aber nicht erfolgen, da die Wildstauden von den einjährigen Sommerblumen unterdrückt werden könnten. Gegebenenfalls muss eine Auslichtung erfolgen. Im folgenden Jahr wird der Platz der einjährigen Arten durch die mehrjährigen Pflanzen der Mischung eingenommen.

Zur **Anlage einer einjährigen „Wiese"** werden einjährige Pflanzen verwendet. Ihre Einsaat erfolgt jährlich neu. Die kurze Blütezeit der Ackerwildkräuter (etwa 1 Monat) lässt sich durch zeitlich versetztes Aussäen im Frühjahr (bis zu dreimal) verlängern (s. unten).

Abb. 1 Einjährige „Wiesen" – kurzlebig, aber wunderschön anzuschauen

Das sind die Kriterien zur Beurteilung angebotener Wiesenblumenmischungen.

1. Das Saatgut sollte von **einheimischen** und nicht von exotischen **Wildpflanzen** aus z. B. Osteuropa, Kanada oder Neuseeland stammen. (Auf herstellerunabhängige Garantieerklärung achten!). Einheimische Pflanzen haben sich im Laufe der Evolution an die bei uns herrschenden Wachstumsbedingungen angepasst und sind für die heimische Tierwelt im Allgemeinen nützlicher. Wenn möglich, sollte sogar auf Saatgut von **standortheimischen (autochthonen)/gebietsheimischen Pflanzen** aus der Region zurückgegriffen werden, da bei ihnen von einer genetischen Anpassung an die ganz spezifischen Bedingungen des jeweiligen Standortes ausgegangen werden kann. Bei Begrünungen in der freien Landschaft ist dies bereits Pflicht (siehe Bundesnaturschutzgesetz, zu finden im Bundesanzeiger). Solche standortbedingten unterschiedlichen Genotypen einer Wildpflanzenart bezeichnet man als **Ökotypen**. Leider sind in vielen Regionen keine Wildsamenproduzenten ansässig und man muss sich mit Saatgut begnügen, dessen Heimatstandort möglichst nahe liegt bzw. ähnliche Umweltbedingungen aufweist wie die Region, in der die Wiese angelegt werden soll. In Deutschland haben sich Saatgutproduzenten im **VWW**, dem **Verband der Wildsamen- und Wildpflanzenproduzenten e. V.** zusammengeschlossen, der hohe Standards in der Produktion und Herkunft des Saatgutes festlegt.

2. Saatgut von **hochgezüchteten, genetisch einheitlichen Kulturformen** der heimischen Wildformen sollte im Interesse des ökologischen Nutzwertes nicht verwendet werden.

3. Mischungen mit einem hohen Anteil starkwüchsiger Arten, d. h. **Pflanzen mit einem hohen Verdrängungsgrad, sind wenig geeignet** zur Bildung artenreicher Wiesen.

4. Die Wiesenmischung sollte in erster Linie aus beständigen (ausdauernden) krautigen Pflanzenarten **(Wildstauden)** und weniger aus **Ackerwildkräutern** oder anderen wiesenfremden **einjährigen Sommerblumen** bestehen.

5. Wiesenmischungen sollten möglichst keine **Leguminosen** enthalten, weil diese Pflanzen aufgrund ihrer Fähigkeit, Stickstoff aus der Luft zu gewinnen, auf nährstoffarmen Böden gegenüber anderen Pflanzen einen großen Vorteil haben und zunehmend andere Pflanzenarten verdrängen. Obendrein reichern sie den Boden mit Stickstoff an, was wiederum vor allem das Wachstum der Gräser fördert.

6. Die Pflanzenauswahl hat sich in ihrer Zusammensetzung an **natürlichen Pflanzengemeinschaften** des jeweiligen Standortes (z. B. Mager-/Fettwiese) und einem möglichst hohen **ökologischen Nutzwert** (z. B. Nahrungspflanzen für Insekten) zu orientieren.

7. Der **Gräseranteil** in den Mischungen sollte unter 50 Prozent liegen (in der freien Landschaft auch darüber). Die üblichen Hochleistungssorten aus Rasenmischungen sowie breitwüchsige Gräser sind für eine Wiese nicht geeignet.

8. Es sollte sich um **artenreiche Mischungen** handeln. Auf eine **detaillierte und garantierte Artenliste** sollte Wert gelegt werden.

Weitere Informationen zum Thema Standortheimische Blumenwiesenmischungen finden Sie hier:

- www.natur-im-vww.de
- www.rieger-hofmann.de/wissenswertes/ gesetzlicher-rahmen.html
- www.naturgarten.org

2.5.3 Geeignete Gräser

Gräser bilden mit ihren unterschiedlichen Formen, Blüten- und Fruchtständen das Gerüst einer Wiese und prägen damit ganz wesentlich ihr Erscheinungsbild. Bei ihrer Auswahl ist darauf zu achten, dass solche Arten ausgewählt werden, die horstartig wachsen bzw. auf andere Pflanzen nicht verdrängend wirken (s. Abb. 1).

Im Allgemeinen sollte der Grasanteil in Wiesenmischungen unter 50 % liegen, in der freien Landschaft auch höher (60 bis 80 %). Generell lässt sich sagen, je kleiner die Fläche, desto geringer der Grasanteil. Häufig wird bei der Aussaat auch ganz auf Gräser verzichtet, da sich diese in der Regel im Laufe der Zeit von selbst einstellen.

Merke

Die häufigsten Fehler bei der Verwendung von Gräsern sind:
- Der Grasanteil in der Wiesenmischung ist viel zu hoch.
- Es wurden ungeeignete Grasarten oder Hochleistungssorten ausgewählt.

2.5.4 Staudenpflanzung

Auch Staudengärtnereien bieten ein breites Sortiment an Wildstauden und Gräserarten für Wiesenflächen an, das den verschiedenen Standortbedingungen gerecht wird. Die in der Regel als Topf- und Containerware angebotenen Stauden können ganzjährig gepflanzt werden. **Bei der Auswahl der Pflanzen sollte man sich jedoch vergewissern, ob es sich um züchterisch veränderte Arten – also um Sorten – oder um die ursprüngliche Wildform handelt.** Bei den sogenannten **Gartensorten** kann es sich auch um **Selektionen** (auf bestimmte Eigenschaften ausgelesene Typen) der Wildarten handeln. Zur Vermeidung einer genetischen Uniformität sollten züchterisch bearbeitete sowie auf bestimmte Eigenschaften hin selektierte Arten in der freien Landschaft keine Verwendung finden.

Merke

Das Pflanzen von Wildstauden zeigt zwar schnellere Erfolge, ist jedoch wesentlich teurer und zeitaufwendiger, sodass die Erstellung einer Wiese durch die Pflanzung von Stauden im Allgemeinen auf kleinere Flächen bzw. zur Ergänzung einer Ansaat beschränkt bleibt.

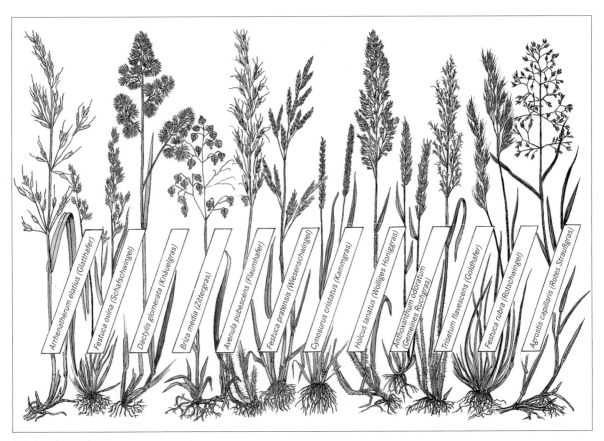

Abb. 1 Wiesengräser

2.5.5 Aussaat

Zeitpunkt

Üblicherweise wird **zwischen April und Oktober** ausgesät. Ideal wäre April/Mai, da hier mit ausreichender Bodenfeuchte zu rechnen ist. Bei Sommeraussaaten muss eine kontinuierliche Bodenfeuchte notfalls durch eine Beregnung sichergestellt werden. Gute Erfolge verspricht auch eine Spätaussaat von Mitte August bis Ende September/Mitte Oktober. Einjährige Arten der Mischung müssten dann aber im Folgejahr nachgesät werden.

Saatgutmischungen aus dem Handel weisen im Allgemeinen eine Keimfähigkeit von um die 20 % auf, was für Wildblumensaat recht hoch ist. Unter günstigen Bedingungen beträgt die Keimzeit je nach Pflanzenart zwischen 2 und 6 Wochen.

Saatgutmenge

Gewöhnlich ist eine **Saatgutmenge von 1 bis 2 g/m²** als ausreichend anzusehen. Eine solch dünne Aussaat führt zu weniger Konkurrenz unter den sich entwickelnden Arten, fördert somit ihre gesunde Entfaltung und lässt auch genügend Freiraum für die Entwicklung im Boden ruhender, anfliegender oder durch Tiere (z. B. Vögel) antransportierter Wildkrautsamen, die den ausgesäten Artenbestand sinnvoll ergänzen können.

Bei der **Zusammenstellung von Mischungen nach Gewichtsprozent** ist zu berücksichtigen, dass die Kornzahl pro Gramm je nach Pflanzenart sehr unterschiedlich sein kann. So enthält z. B. 1 g Saat vom Wiesenkerbel *(Anthriscus sylvestris)* 100, von der Gemeinen Schafgarbe *(Achillea millefolium)* bereits 7000 und der Wiesenglockenblume *(Campanula patula)* gar 12000 Samen (s. Abb. 1).

Die **Saatgutkosten** für die Ansaat einer Wiese schwanken je nach Mischung und Flächengröße. Für qualitativ hochwertiges Saatgut aus deutschem Anbau muss mit etwa 0,50 € pro m² gerechnet werden. Eine preiswertere Alternative bietet das sogenannte **Heudrusch-Verfahren**, bei dem der Drusch hochwertiger Wiesenflächen auf die Begrünungsflächen aufgebracht wird. Die Beerntung von Wiesenflächen aus dem nahen Umfeld bzw. demselben Naturraum, in dem die zu begrünende Fläche liegt, leistet einen wichtigen Beitrag zur Sicherung der regionalen genetischen Vielfalt. Für die autochthone Ansaat (s. auch S. 387) größerer Flächen stehen teilweise staatliche Fördermittel zur Verfügung. Informationen sind bei den entsprechenden Institutionen (Landwirtschafts-/Umweltministerium, Landwirtschaftskammern oder Kommunen) zu erhalten.

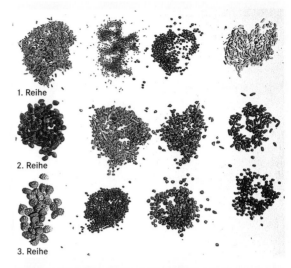

1. Reihe

2. Reihe

3. Reihe

1. Reihe: Färberkamille, Rundblättrige Glockenblume, Hornklee, Wiesenflockenblume

2. Reihe: Wundklee, Wilde Möhre, Natternkopf, Bunte Kronwicke

3. Reihe: Esparsette, Taubenkropfleimkraut, Moschusmalve, Wiesensalbei

Abb. 1   Wildblumensamen (von links nach rechts)

Durchführung

Ausgesät wird üblicherweise breitwürfig. Zur Vermeidung einer zu dichten, ungleichmäßigen Aussaat sollte die Saat mit angefeuchtetem Sand (1 – 3 fache Menge) vermischt und zusammen mit diesem ausgebracht werden.

Handelt es sich um Einzelsaatgut, werden sehr unterschiedliche Korngrößen (Entmischungsgefahr!) getrennt ausgesät. Bei der Aussaat selber geht man wie bei der Rasenansaat (s. S. 332 f.) vor. Die ausgebrachten Samen werden leicht eingeharkt (0,5 bis 1 cm) und die Fläche wird zur Wiederherstellung des Bodenschlusses (Herstellung der Kapillarität → Wasser gelangt an den Samen → Quellung → Keimung) angewalzt.

Wässern

Zur Förderung einer gleichmäßigen Pflanzenentwicklung ist die Fläche bis zum Auflaufen der Saat (mindestens 6 Wochen lang) gleichmäßig feucht zu halten. Beim Wässern ist darauf zu achten, dass die Saat nicht zusammengeschwemmt wird.

Dies gilt auch für aufgelaufene Sämlinge! Verwenden Sie deshalb Schwach-/Langsamregner (< 7 mm/h). Nach dem Auflaufen ist, solange sich die Pflanzen noch nicht akklimatisiert haben, bei Trockenheit zu wässern. Später sollte das Wässern keine Rolle mehr spielen, da ja die Pflanzen entsprechend den Standortbedingungen ausgewählt wurden.

2.5.6 Schnittmaßnahmen im Jahr der Ansaat

Der erste Schnitt einer neu angelegten Wiese sollte möglichst früh erfolgen. Enthält die Wiese keine einjährigen Pflanzen, wird bereits **6 bis 8 Wochen nach dem Auflaufen der Saat**, also bei einer Höhe von etwa 10 cm, auf 4 cm geschnitten. Haben die Pflanzen wieder die Höhe von 10 cm erreicht, kann bei Bedarf ein zweites Mal gemäht werden. Sinn und Zweck eines solchen frühzeitigen Schnitts ist es, die besonders wuchsfreudigen Pflanzen in ihrer Entwicklung zu hemmen und somit die sich langsamer entwickelnden Arten vor einer zu langen Beschattung und damit Verdrängung zu schützen.

Ein zweiter Schnitt erfolgt gewöhnlich im Hochsommer, wenn die meisten Pflanzen verblüht sind, und gegebenenfalls ein **dritter Schnitt im Spätherbst** zur Reinigung der Fläche (Säuberungsschnitt). Durch den Schnitt im Hochsommer können Pflanzen, die nach einem Rückschnitt erneut blühen, zu einer zweiten Blüte gebracht werden. Dazu ist es aber notwendig, dass bereits **vor der Samenbildung** gemäht wird. Enthält die Wiese hingegen einjährige Pflanzen, wird erst nach deren Blüte gemäht, spätestens aber Ende Juli. Ab dem 2. Jahr sind dann gewöhnlich 2 Schnitte/Jahr ausreichend.

2.5.7 Weiterentwicklung des Pflanzenbestandes

Da sich Pflanzen in Abhängigkeit von den Lebensbedingungen verbreiten und entwickeln, wird sich im Laufe der Jahre die Artenzusammensetzung und damit das Erscheinungsbild der Wiese ändern. Im Allgemeinen kann man davon ausgehen, dass sich nach etwa 3 bis 5 Jahren eine für den jeweiligen Standort typische Lebensgemeinschaft, d. h. ein relativ stabiles Gleichgewicht zwischen den Arten, eingestellt hat. Dies schließt jedoch nicht aus, dass im Laufe der Jahre immer mal wieder neue Arten von außen in die Wiese einwandern.

> **Hinweis**
>
> Nur in Zusammenarbeit mit der Natur kann auf Dauer eine artenreiche Wiese etabliert werden. Folglich kommt es in erster Linie darauf an, von vornherein eine den Standortbedingungen angepasste Artenzusammensetzung zu schaffen.

2.5.8 Nachsaat

Wird auf einer bestehenden Wiesenfläche eine Nachsaat erforderlich, ist wie folgt vorzugehen:

1. Fläche auf 10 cm Tiefe mähen
2. bei zu dichter Grasnarbe scharf vertikutieren
3. Bodenoberfläche leicht aufrauen
4. gleichmäßige oder punktuelle Aussaat der gewünschten Wildkräuter (1 g/m²)
5. Aussaat leicht einharken bzw. mit Sand bedecken
6. anwalzen oder antreten
7. Boden bis zum Auflaufen der Kräuter gleichmäßig feucht halten

3 Pflegearbeiten

3.1 Das Mähen

3.1.1 Auswirkungen auf das Ökosystem Wiese

Wird eine Wiese gemäht, bedeutet dies für die dort lebenden Tiere und Pflanzen eine Art Katastrophe. Das Klima, die Licht- und Feuchtigkeitsverhältnisse im Pflanzenbestand sowie der Aufbau der Wiese ändern sich schlagartig. Fein aufeinander abgestimmte Lebensformen werden urplötzlich vernichtet. Übrig bleiben verstümmelte Pflanzenleiber und zerfetzte Überreste kunstvoll gewebter Spinnennetze. Kleintiere und Insekten wandern scharenweise ab, weil ihre Lebensgrundlagen zerstört wurden. Das Ökosystem Wiese steht am Rande seines Zusammenbruchs. Und trotzdem bedingt gerade dieser extreme Eingriff das Überleben einer Wiese, werden doch durch das Mähen angesiedelte Gehölze vernichtet, die ansonsten innerhalb weniger Jahre die Wiesenpflanzen verdrängen würden. **Ohne einen regelmäßigen Schnitt würde sich eine Wiese wieder in einen Wald zurückverwandeln.** So wird auch die Wiese nach einer Mahd in relativ kurzer Zeit wie Phönix aus der Asche wieder zu neuem Leben erwachen.

> **Hinweis**
>
> Zum Schutze der Tiere sollten größere Wiesenflächen nicht in einem Stück, sondern abschnittsweise gemäht bzw. an den Rändern ungemähte Säume belassen werden, in die die ihrer Lebensgrundlage beraubten Tiere abwandern können. Von dort können sie, nachdem sich die Pflanzen erholt haben, wieder in die Wiese einwandern (s. Abb. 1, S. 391).

3.1.2 Häufigkeit

Bei der „typischen" Wiese handelt es sich um sogenannte **Ein- und Zweischnittwiesen**, die nur noch ein- oder zweimal im Jahr gemäht werden. Untersuchungen haben gezeigt, dass die Artenvielfalt einer Wiese in Abhängigkeit von der Häufigkeit und Art der Mahd in folgender Reihenfolge (von links nach rechts) zunimmt:

ungemähte Brachflächen → Wiesen mit einmaliger Mahd → Wiesen mit zweimaliger Mahd (Mulchschnitt) → Wiesen mit zweimaliger Mahd (Schnittgut abgeräumt).

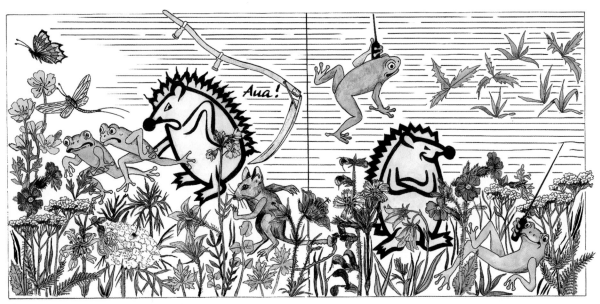

Abb. 1 Ungemähte Wiesenabschnitte oder Säume bieten den Tieren einer Wiese die Möglichkeit zur Abwanderung und späteren Wiedereinwanderung

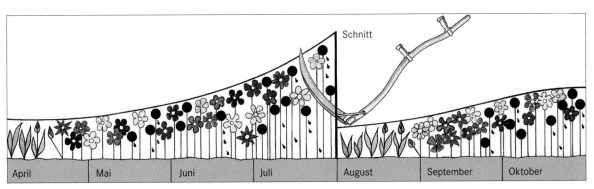

Abb. 2 Einschnittwiese

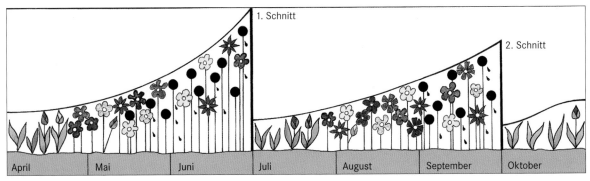

Abb. 3 Zweischnittwiese

Zur Erzielung einer zweiten oder gar dritten Blüte im Jahr ist die Wiese **vor der Samenbildung** zu mähen. Zur Schonung der Wiesenstauden sollte nicht tiefer als auf 8 bis 15 cm geschnitten werden. Auf nährstoffreichen Böden muss am Anfang häufig öfter gemäht werden, um den Nährstoffgehalt des Bodens (N-Gehalt) zu senken und damit einer Verdrängung der langsamer wachsenden Pflanzenarten durch rasch wachsende Gräser und andere stickstoffzehrende Kräuter entgegenzuwirken. Auf sehr nährstoffarmen Standorten kann es hingegen angebracht sein, nur alle zwei oder drei Jahre einen Schnitt durchzuführen.

Von großer Bedeutung sind auch **ungemähte Inseln** (Säume und Ränder), die wichtige Rückzugs- und Überwinterungsmöglichkeiten für Kleinstlebewesen und Insekten darstellen. Sie werden nur alle paar Jahre einmal zur Beseitigung angesiedelter Gehölze gemäht (s. Abb. 1, S. 391).

3.1.3 Zeitpunkt

Der Zeitpunkt der Mahd orientiert sich an dem natürlichen Entwicklungsablauf (Wachsen, Blühen, Fruchten) der Wiese.

Gewöhnlich erfolgt die Mahd:
- bei einem **einmaligen Schnitt** pro Jahr im **Juli/August** und
- bei einem **zweimaligen Schnitt** im **Juni/Juli** und **September/Oktober** (s. Abb. 2 und 3, S. 391).

Auf nährstoffreichen Böden ist häufig ein dreimaliger Schnitt vonnöten. Diese erfolgen dann im Allgemeinen im **Juni, August** und **Oktober**.

Über den Schnitt einer Wiese lässt sich ihre Artenzusammensetzung sowie ihre Wuchshöhe und -dichte beeinflussen:
- Durch einen frühen Schnitt werden vor allem die stark wüchsigen Gräser in ihrem Wachstum gebremst, sodass auch schwachwüchsige Arten ihre Chance bekommen.
- Klein bleibende, früh blühende Pflanzen lassen sich durch einen frühen Schnitt, hoch wachsende, im Sommer blühende Arten hingegen durch einen späten Schnitt fördern.
- Unerwünschte Arten können dezimiert werden, indem der Schnittzeitpunkt vor die Samenreife dieser Pflanzen gelegt wird.
- Erwünschte Arten können in ihrer Entwicklung unterstützt werden, indem erst gemäht wird, nachdem sie sich ausgesamt haben.

Der letzte Schnitt im Herbst dient vor allem der Säuberung der Wiesenflächen.

> **Merke**
>
> Durch Häufigkeit und Zeitpunkt der Mahd kann der Mensch in den Überlebenskampf der Arten untereinander eingreifen und gezielt das bestehende Gleichgewicht verändern.

3.1.4 Maschinen und Geräte

Auf Extensivflächen können Spindelmäher nicht mehr eingesetzt werden (s. S. 340 f.). Der Einsatz von Sichel- oder Kreiselmähern ist nur möglich, wenn sie so hoch eingestellt werden können, dass sie nicht tiefer als 8 bis 15 cm schneiden. Gut geeignet sind im Allgemeinen Balkenmäher, Sense, Sichel oder Freischneider (s. S. 343 ff.)

> **Merke**
>
> **Zur Schonung der Tierwelt** sollte nach Möglichkeit keine **Saug- und Mulchmahd** durchgeführt werden. Vor allem das Absaugen des Mähgutes führt zu einem starken Verlust an Kleintieren, Insekten und auch Wildblumensamen.

3.1.5 Schnittgutentsorgung

Das Mähgut kann bei geringem Aufwuchs und sehr nährstoffarmen Böden liegen bleiben, sogenannte **Mulchmahd**. Dabei sollte eine Dicke von 5 bis 8 cm nicht überschritten werden. Nach vier bis acht Wochen kommt das frische Grün durch.

In der Regel wird das Mähgut aus folgenden Gründen abgefahren:
- Dem Boden sollen keine Nährstoffe durch Zersetzung der organischen Substanz zugeführt werden (keine Erhöhung der Bodenfruchtbarkeit!).
- Ein Ersticken bzw. eine negative Beeinträchtigung der Wildstauden soll tunlichst vermieden werden.
- Zur Schonung der Tierwelt wird auf eine Mulchmahd verzichtet.
- Abgeräumte Grünflächen machen einen gepflegteren Eindruck.

Das Mähgut sollte auf der Fläche zu Heu getrocknet (bei feuchter Witterung Gefahr von Fäulnisschäden) und dabei mehrmals gewendet werden, damit die Samen auf der Fläche verbleiben. Das von Wiesen gewonnene Heu kann auch zur Ansaat neuer Wiesenflächen genutzt werden, indem das Mähgut als Mulch **(Heumulch-Ansaat)** oder Drusch **(Heudrusch-Ansaat)** verteilt wird.

Gegenüber der relativ teuren Aussaat von Saatgutmischungen stellt dieses Verfahren eine preiswerte Alternative dar, vor allem für die großflächige Ansaat in der freien Landschaft. Nachteilig ist, dass die Artenzusammensetzung zufällig und der Erfolg nicht sicher ist.

In der Regel erfolgt die Grüngutentsorgung durch Kompostierung. Da zur Schonung der Tierwelt möglichst keine Saugmahd durchgeführt werden sollte, fällt zusätzliche Handarbeit bei der Entsorgung des Schnittguts an, was wiederum im kommunalen Bereich zu zusätzlichen Kosten führt. Vor allem aber sind für den öffentlichen Bereich häufig die Kosten für die Kompostierung so hoch, dass eine Vielmahd, bei der üblicherweise das Mähgut liegen bleiben kann, letztendlich geringere Pflegekosten verursacht als die extensive Pflege derselben Fläche. Bei der Rückführung des Schnittgutes in den Naturkreislauf (Kompost, Mulch) ist ferner zu berücksichtigen, dass Mähgut von den Rändern stark befahrener Straßen hohe Schadstoffbelastungen aufweisen kann.

3.2   Sonstige Maßnahmen

Neben regelmäßigen Schnittmaßnahmen zum Erhalt der Wiese und zur Bestandssteuerung, ergeben sich vor allem folgende **Pflegearbeiten**:

- Unerwünschte Arten sind vor der Aussamung durch Ausstechen/-graben oder Mähen zu entfernen.
- Sich stark ausbreitende (wuchernde) Arten sind einzugrenzen.
- Maulwurfshügel sollten eingeebnet werden, um das Mähen nicht unnötig zu erschweren.
- Bei Ausfällen, lückigem Bestand oder zur Ergänzung bzw. Auffrischung mit neuen Pflanzenarten ist nachzusäen/-pflanzen.

Wer auf das Betreten seines Rasens nicht verzichten will oder kann und trotzdem eine größere Artenvielfalt wünscht, für den wäre ein **Blumenrasen** – auch als **Kräuterrasen** bezeichnet – das Richtige. Er besteht aus üblichen Rasengräsern sowie einer Anzahl von Wildblumen, wie z. B. Gänseblümchen, Löwenzahn, Rauher Löwenzahn, Hornklee, Schafgarbe, Kriechender Günsel, Kleine Braunelle, Gamander-Ehrenpreis, Weißklee, Hahnenfuß, Breitwegerich, Kleines Habichtskraut und Wiesenschaumkraut. Er stellt gewissermaßen ein **Zwischending zwischen einem Vielschnittrasen und einer Wiese** dar. Im Gegensatz zu Ersterem wird er **extensiv gepflegt**.

So wird er nur noch 5 bis 8-mal pro Vegetationsperiode gemäht, in der Hauptwachstumszeit alle drei bis vier Wochen. Die Düngung wird entsprechend reduziert oder auch ganz eingestellt. Erstellen lässt sich ein Blumen-/Kräuterrasen durch Aussaat entsprechender Mischungen aus dem Handel (5 g/m²) oder, einfacher und preiswerter, durch

Achillea millefolium (Schafgarbe)

Ajuga reptans (Kriechender Günsel)

Bellis perennis (Gänseblümchen)

Campanula rotundifolia (Rundblättrige Glockenblume)

Cardamine pratensis (Wiesenschaumkraut)

Dianthus deltoides (Heidenelke)

Hieracium aurantiacum (Orangerotes Habichtskraut)

Hypochoeris radicata (Ferkelkraut)

Leontodon autumnalis (Herbstlöwenzahn)

Leontodon hispidus (Rauher Löwenzahn)

Lotus corniculatus (Hornschotenklee)

Lysimachia nummularia (Pfennigkraut)

Plantago lanceolata (Spitzwegerich)

Plantago major (Breitwegerich)

Plantago media (Mittlerer Wegerich)

Potentilla anserina (Gänsefingerkraut)

Prunella vulgaris (Gemeine Braunelle)

Thymus pulegioides (Feldthymian)

Trifolium repens (Weißklee)

Veronica chamaedrys (Gamander-Ehrenpreis)

Veronica filiformis (Faden-Ehrenpreis)

Tab. 1   Pflanzen für den Blumen-/Kräuterrasen

eine extensive Pflege des bestehenden Rasens. Zur Ergänzung des Artenspektrums können mithilfe der Inselmethode (s. S. 382) zusätzliche Wildblumenarten etabliert werden (s. Tab. 1).

Abb. 1   Das Orangerote Habichtskraut wird in Gärten auch als Zierpflanze angepflanzt

4   Wiesenpflanzenlexikon

Abb. 1   Achillea millefolium
(Schafgarbe),
♃, 20 – 60 cm, VI – X, weiß/rot, ✂

Abb. 2   Agrimonia eupatoria
(Odermennig),
♃, 50 – 100 cm, VI – IX, goldgelb

Abb. 3   Alchemilla xanthochlora
(Gemeiner Frauenmantel),
♃, 5 – 30 cm, VI – VIII, grünlich gelb

Abb. 4   Anthemis tinctoria
(Färberkamille),
♃, 20 – 50 cm, VII – IX, goldgelb, ✂

Abb. 5   Anthyllis vulneraria
(Wundklee),
♃, 10 – 30 cm, V – IX, goldgelb

Abb. 6   Armeria maritima
(Gemeine Grasnelke),
♃, 10 – 30 cm, V – IX, hellrot, i, △

Abb. 7   Astrantia major
(Sterndolde), ♃, 20 – 90 cm,
VI – VIII, weißlich/rosa, ✂

Abb. 8   Buphtalmum salicifolium
(Ochsenauge),
♃, 20 – 60 cm, VI – VIII, gelb

Abb. 9   Campanula glomerata
(Knäulige Glockenblume),
♃, 30 – 60 cm, V – IX, blauviolett

Abb. 10 Campanula patula
(Wiesenglockenblume), ♃, 30 –
60 cm, VI – VIII, lila bis blauviolett

Abb. 11 Campanula persicifolia
(Pfirsichblättrige Glockenblume),
♃, 30 – 80 cm, VI – VII, blassblau, ✂

Abb. 12 Carduus crispus
(Krause Distel),
♃, 50 – 150 cm, VI – IX, hellrot

Abb. 1 Centaurea jacea
(Wiesenflockenblume),
♃, 20 – 80 cm, VI – X, rotviolett

Abb. 2 Cerastium arvense
(Ackerhornkraut),
♃, 15 – 30 cm, IV – IX, weiß

Abb. 3 Cichorium intybus
(Wegwarte),
♃, 30 – 120 cm, VII – IX, blau

Abb. 4 Crepis biennis
(Wiesenpippau),
☉, 50 – 120 cm, V – VIII, goldgelb

Abb. 5 Dactylorhiza incarnata (Fleisch-
farb. Knabenkraut), ♃, 20 – 60 cm,
V – VI, zartrosa/purpur ▽, ✱

Abb. 6 Daucus carota
(Wilde Möhre), ☉, 50 - 100 cm
VI – IX, weiß bis rosa

Abb. 7 Echium vulgare
(Natternkopf),
☉, 30 – 80 cm, VI – VIII, blau, ✗

Abb. 8 Fritillaria meleagris
(Schachbrettblume), ♃, 20 – 30 cm,
IV – V, dunkelpurpur, △, ✗

Abb. 9 Gallium verum
(Echtes Labkraut), ♃, 20 – 70 cm,
VI – IX, zitronengelb

Abb. 10 Geranium pratense (Wiesenstorchschnabel), ♃, 30 – 60 cm, VI – VIII,
dunkelblau bis hellviolett

Abb. 11 Geranium sanguineum
(Blutroter Storchschnabel),
♃, 15 – 50 cm, V – VIII, blutrot

Abb. 12 Knautia arvensis
(Witwenblume), ♃, 30 – 120 cm,
V – IX, violett bis rötlich blau

Abb. 1 Leontodon hispidus
(Rauher Löwenzahn),
♃, 5 – 30 cm, VI – X, gelb

Abb. 2 Leucanthemum vulgare (Wiesen-margerite), ♃, 20 – 80 cm, weiße Zungen- u. gelbe Röhrenblüten

Abb. 3 Lotus corniculatus (Hornklee),
♃, ⋀⋀➤, 10 – 40 cm, V – IX, goldgelb mit oft rötlichen Spitzen

Abb. 4 Malva moschata
(Moschusmalve),
♃, 20 – 80 cm, VII – IX, hellrosa

Abb. 5 Ononis spinosa (Dornige Hauhechel), ♃, 30 – 60 cm, VI – IX, rosarot, ⋀⋀➤, Off.

Abb. 6 Pimpinella major
(Große Bibernelle),
♃, 40 – 100 cm, VI – X, weiß/rosa

Abb. 7 Pimpinella saxifraga
(Kleine Bibernelle),
♃, 15 – 50 cm, VI – X, weiß/rosa

Abb. 8 Plantago lanceolata
(Spitzwegerich),
♃, 10 – 40 cm, IV – IX

Abb. 9 Potentilla recta
(Hohes Fingerkraut),
♃, 25 – 70 cm, VI – X, weiß/rosa

Abb. 10 Prunella vulgaris
(Gewöhnliche Braunelle),
♃, 10 – 25 cm, VI – IX, blauviolett

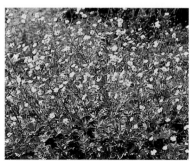

Abb. 11 Ranunculus acris
(Scharfer Hahnenfuß),
♃, 30 – 100 cm, V – IX, goldgelb, ✗

Abb. 12 Rumex acetosa
(Großer Sauerampfer),
♃, 30 – 70 cm, V – VI, rötlich

Abb. 1 Salvia pratensis (Wiesensalbei),
♃, 30 – 60 cm, VI – VIII, blau
violett/hellblau/rötlich violett

Abb. 2 Sanguisorba officinalis
(Großer Wiesenknopf),
♃, 50 – 120 cm, V – IX, purpurrot Ⓝ

Abb. 3 Saponaria officinalis
(Seifenkraut),
♃, 30 – 70 cm, VIII – IX, blassrosa, Ⓝ

Abb. 4 Scabiosa columbaria
(Taubenskabiose),
♃, 30 – 60 cm, VI – X, blaulila

Abb. 5 Silene dioica (Rote Lichtnelke),
♃, ⋀⋁⋗, 30 – 90 cm, IV – VIII,
hell-bis purpurrot

Abb. 6 Silene vulgaris (Taubenkropf-
Leimkraut), ♃, 20 – 50 cm, V – IX,
weiß, aufgeblasener Kelch rötlich

Abb. 7 Stachys erecta
(Aufrechter Ziest),
♃, 20 – 60 cm, VI – X, weiß

Abb. 8 Stachys officinalis
(Ziest), ♃, 20 – 60 cm, VI – VIII,
purpurrosa, Off.

Abb. 9 Symphytum officinale (Gemeiner
Beinwell), ♃, 30 – 100 cm, IV – VII und
IX – X, violettrosa/gelblich-weiß, Ⓝ

Abb. 10 Thalictrum aquilegifolium
(Wiesenraute), ♃, 30 – 130 cm,
V – VII, hell lila, ⋀⋁⋗

Abb. 11 Thalictrum flavum
(Gelbe Wiesenraute),
♃ , 50 – 120 cm, VI – VIII, gelb

Abb. 12 Valeriana officinalis
(Echter Baldrian),
♃, 30 – 170 cm, V – IX, hellrot, Off.

Aufgaben

1. Wiese ist nicht gleich Wiese. Begründen Sie diese Aussage.

2. Wiesen stehen auf der Roten Liste der gefährdeten Biotope. Was hat dazu geführt?

3. Nennen Sie optimale Standortbedingungen für die Entwicklung einer artenreichen Wiese.

4. Ein Kunde erwartet eine Wiese wie im Bilderbuch. Was sagen Sie ihm?

5. Eine Familie mit zwei kleinen Kindern wünscht sich auf ihrem Grundstück eine Grünfläche, die sie für ihre Freizeitaktivitäten nutzen kann. Gleichzeitig möchte sie aber auch einen Beitrag zum Naturschutz leisten. Was empfehlen Sie?

6. „Wiesen im öffentlichen Bereich"
   a) Überlegen Sie, wo im öffentlichen Bereich Wiesen angelegt werden können. b) Erkunden Sie, wie die Bevölkerung darüber denkt. Führen Sie dazu eine Umfrage unter Passanten durch. c) Werten Sie die Ergebnisse aus.

7. Warum ist bei der Anlage naturnaher Grünflächen eine Vereinheitlichung des Standortes wie bei Rasenflächen durch Bodenverbesserungsmaßnahmen und Planierung der Bodenoberfläche nicht erwünscht?

8. Bilden Sie mehrere Teams, die jeweils verschiedene Wiesenblumenmischungen aus dem Handel untersuchen:
   - Notieren Sie sich die in den Mischungen enthaltenen Pflanzen.
   - Informieren Sie sich in einem Pflanzenführer über Aussehen, Blütezeit, Standortansprüche und Lebensdauer der jeweiligen Pflanzen.
   - Beurteilen Sie die einzelnen Mischungen im Hinblick auf ihre Zusammensetzung (s. S. 387). Erstellen Sie dazu eine Tabelle mit den Spalten gut geeignet, weniger gut geeignet, nicht geeignet.
   - Zu welchen Ergebnissen sind Sie gekommen?

9. Was spricht für die Verwendung von Saatgut standort-/gebietsheimischer Wildpflanzen?

10. Welche Vorteile bietet die Verwendung von Universalmischungen?

11. Der Verein für naturnahe Garten- und Landschaftsgestaltung Naturgarten e. V. verleiht für Wildblumenmischungen ein Gütesiegel. Was soll dieses gewährleisten?

12. Erkundigen Sie sich bei den Besitzern von besonders gut gelungenen Blumenwiesen nach deren Anlage, Artenbesatz und Pflege.

13. Eine Wiese bietet sich zu Naturbeobachtungen an. Verfolgen und protokollieren Sie die Entwicklung einer Wiese über das Jahr.

14. Erklären Sie, warum eine Wiese nur überleben kann, wenn sie regelmäßig gemäht wird.

15. Erklären Sie, wie über den Schnitt einer Wiese ihre Artenzusammensetzung beeinflusst wird.

16. Warum sollte nach Möglichkeit auf eine Mulch- oder Saugmahd verzichtet werden?

17. Sie als Experte/Expertin sind gefragt: A) Im ersten Jahr hat die Wiese wunderbar geblüht, jetzt wächst nur noch Gras und Klee. B) Die Blüte im Jahr der Ansaat war nicht so überwältigend. C) Ich bleibe bei meinem Rasen, da eine Wiese viel zu viel Arbeit macht. D) Die aufgelaufene Wiesenmischung ist stark mit Melde, Disteln, Vogelmiere und Franzosenkraut verunreinigt. Habe ich gegenüber der Samenfirma einen Regressanspruch? E) Obwohl hochwertiges Wiesensaatgut verwendet wurde, ist kaum etwas aufgelaufen. F) Wie kann ich eine größere Artenvielfalt in meiner Wiese erreichen? G) Seit zehn Jahren habe ich auf meinem Grundstück eine Wiese und obwohl diese nicht mehr gedüngt und jedes Jahr nur zweimal geschnitten wird, ist die Fläche relativ artenarm und die Gräser überwiegen noch immer. H) Muss immer der Standort falsch gewählt sein, wenn die Saat nicht optimal aufläuft? I) Im Urlaub war ich in den Bergen und habe dort wunderschöne Wiesen gesehen. Ich wünsche mir eine solche Wiese. J) Muss ich meine Wiese überhaupt mähen? K) Ich kann nicht mit einer Sense umgehen. Womit kann ich meine Wiese mähen? L) Wohin mit dem Mähgut? M) Wie kann ich meine Wiese zur Blütezeit betreten, ohne sie zu zertreten? N) Ich möchte eine Wiese ansäen, weiß aber nicht, welche Wildblumen für meinen Garten geeignet sind. O) Im Supermarkt ist das Saatgut viel billiger. P) Mein Garten ist zu klein für eine Wiese. Q) Für Kinder ist eine Wiese nicht geeignet. R) Ich möchte eine Wiese ansäen, aber mein Nachbar hat Angst vor dem Samenflug der Wildkräuter. S) Wann sollte ich meine Wiese mähen? T) Wie kann ich meine artenarme Graswiese in eine bunte Blumenwiese verwandeln? U) Von meinen selbst gesammelten Wildblumensamen ist nichts aufgelaufen. Was habe ich falsch gemacht?

18. Was sollte nach Ihrer Meinung bei der Anlage und Pflege von Grünflächen geändert werden?

19. Legen Sie eine Wiese an Ihrer Schule an. Überprüfen und bewerten Sie Ihr Projekt in gewissen Zeitabständen. Führen Sie darüber ein Protokoll.

Teich- und Bachbau

1   Teichbau

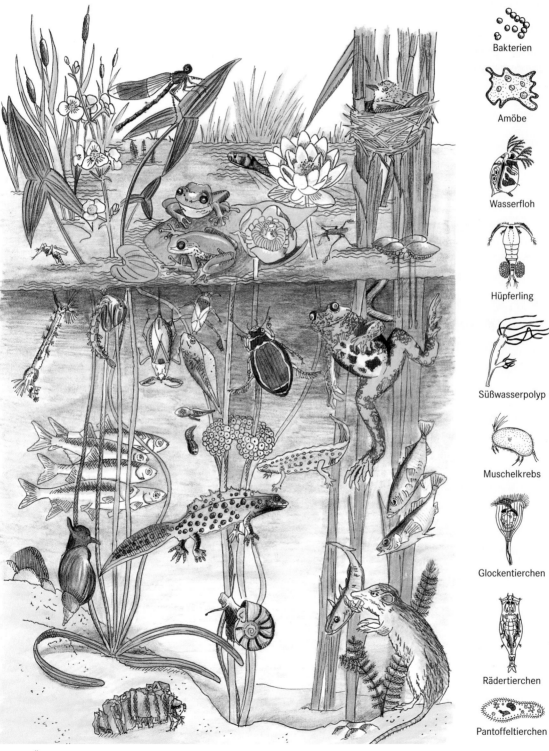

Bakterien

Amöbe

Wasserfloh

Hüpferling

Süßwasserpolyp

Muschelkrebs

Glockentierchen

Rädertierchen

Pantoffeltierchen

Abb. 1   Ökosystem Teich

1.1 Ökologische Bedeutung

Wasser ist das Urelement schlechthin. Ohne Gewässer wäre ein Leben auf der Erde nicht möglich. Sie machen unsere Landschaft abwechslungsreicher, tragen, vor allem in Ballungszentren, zur Verbesserung des Klimas bei und schaffen Möglichkeiten für Erholung, Entspannung und Naturbeobachtungen. Ihr Bestand ist eine Voraussetzung für den Artenreichtum unserer Tier- und Pflanzenwelt. So haben Biologen festgestellt, dass an Kleingewässern (10 bis 1000 m^2) mehr als 200 verschiedene Pflanzenarten und weit über 1000 Tierarten leben. In den letzten zweihundert Jahren sind durch Zuschüttung und Trockenlegung 97% der deutschen Feuchtgebiete verschwunden. Aktiver Naturschutz bedeutet daher, Gewässer und Feuchtbiotope in ihrem Bestand zu sichern und neu zu schaffen. Durch die Anlage naturnaher Teiche (s. Abb. 1, S. 399) werden wertvolle ökologische Nischen erstellt.

Merke	
Tümpel:	kleine, flache Gewässer, die zeitweise austrocknen
Weiher:	ein natürlich entstandenes Gewässer
Teich:	künstliches Kleingewässer
See:	besitzt im Gegensatz zum Weiher und Teich eine lichtlose und damit vegetationslose Tiefzone

Tab. 1 Kleingewässerbezeichnungen

1.2 Grundsätzliche Überlegungen

Zunächst ist zu klären, welche Art von Teich der Kunde wünscht. Soll es eher ein reiner Zierteich mit Zierfischen und exotischen Zierpflanzen oder mehr ein Naturteich mit heimischen Pflanzen und Tieren sein?

Unabhängig davon, ob als naturnah gestaltetes Feuchtbiotop oder architektonisch streng geformter Zierteich geplant, bevor mit dem Bau eines Teiches begonnen werden kann, sind eine Reihe von Fragen zu beantworten (s. auch Abb. 1).

1.2.1 Die rechtliche Seite

Genehmigungs-/Anzeigepflicht

Die rechtlichen Auflagen hinsichtlich der Anlage eines Gartenteiches können von Bundesland zu Bundesland recht unterschiedlich sein.

Am besten erkundigt man sich rechtzeitig vor Aufnahme der Bautätigkeit bei der zuständigen Behörde (z. B. Gemeinde, Kreisverwaltung, Bauamt, Untere Naturschutz-

Abb. 1 Des einen Freud, des anderen Leid

behörde). Grundsätzlich genehmigungspflichtig sind Teiche mit einem Zu- oder Abfluss aus/in öffentliche Gewässer (Vorfluter[1], Bach, See usw.). Gleiches gilt für Teiche mit direktem Zugang zum Grundwasser, also Teiche ohne Abdichtung.

---

[1] Abzug-/Entwässerungsgraben

Nächtliche Ruhestörung durch quakende Frösche

Bei der Beantwortung der Frage, ob das nächtliche Frosch-gequake während der Laichzeit von den Nachbarn gedul-det werden muss, hat der **Bundesgerichtshof (BGH)** mit seinem Urteil vom 20.11.1992 festgestellt, dass Frösche unter Schutz stehen, weil sie nach dem **Bundesnatur-schutzgesetz (BNatSchG)** und der **Bundesartenschutz-verordnung (BArtSchV)** zu den besonders geschützten Arten gehören. Nach dem Bundesnaturschutzgesetz ist es verboten, wild lebenden Tieren der besonders geschützten Arten nachzustellen, sie zu fangen, zu verletzen, zu töten oder ihre Entwicklungsformen, Nist-, Brut-, Wohn- oder Zufluchtstätten zu beschädigen oder zu zerstören. Bei sei-ner Urteilsbegründung unterstrich der BGH den hohen Rang des Naturschutzes und betonte die **Ausgleichsfunk-tion der Gärten zur Sicherung des Naturhaushaltes**, auf die nicht verzichtet werden könne. Auf der anderen Seite stellte der BGH aber auch fest, dass massive Störungen der Nachtruhe nicht zumutbar sind. Somit gilt, wer einen Teich anlege und unterhalte, in dem sich Frösche ansie-deln, als Störer hinsichtlich des Froschlärms. Weil aber das Gequake der unter Schutz stehenden Frösche nicht rechts-widrig sei, könne, so der BGH, jener jedoch nicht zum Schadenersatz herangezogen werden. Einen Ausweg aus diesem Dilemma zeigte der BGH auf, indem er darauf ver-wies, dass das BNatSchG Ausnahmen zulässt, sodass bei der **Unteren Naturschutzbehörde**[1] ein Antrag gestellt werden kann, dass **ausnahmsweise** die Frösche zu entfer-nen seien oder der Teich zugeschüttet werden müsse.

Unfallgefahren für Kinder

Wasser übt auf Kinder magische Anziehungskraft aus, gibt es doch viel zu entdecken und zu beobachten. Doch wer haftet, wenn es zu Unfällen kommt? Bereits in 5 bis 30 cm tiefem Wasser (z. B. Pfützen) können Kleinkinder ertrinken. Deshalb stellt ein Teich besonders für Kleinkinder eine erhebliche Gefahrenquelle dar. Laut Gesetz besteht für denjenigen, der eine Gefahrenquelle geschaffen hat, ins-besondere für den Eigentümer der Sache (Grundstücks-eigentümer), eine **Verkehrssicherungspflicht**.

Es handelt sich dabei um die Pflicht, Orte, die der Allgemein-heit oder einem bestimmten Personenkreis zugänglich sind, zu deren Schutz ausreichend abzusichern. Welche Sicherheitsmaßnahmen ergriffen werden müssen, hängt von der Größe des Teiches, der Schwere der drohenden Gefahr sowie den besonderen Umständen des Einzelfalles

---

[1] Ansprechpartner für den Bürger, z. B. in Fragen des Biotop-
schutzes oder wegen unerlaubter Eingriffe in der Natur, ist stets
die Untere Naturschutzbehörde

Tageblatt

Dreijährige ertrank im Gartenteich der Großeltern!

Wer trägt die Verantwortung?

Am gestrigen Nachmittag wurde die Leiche eines drei-jährigen Mädchens aus dem Gartenteich der …

Abb. 1 Teiche – eine nicht zu unterschätzende Gefahrenquelle für Kleinkinder

ab. Die Sicherung des Grundstückes gegen das Betreten durch kleine Kinder, eine Umzäunung des Teiches oder das Anbringen von TÜV-geprüften Sicherheitsnetzen / Edel-stahlgittern unmittelbar unter der Wasseroberfläche sind mögliche Maßnahmen.

Bei den Netzen / Gittern muss die Tragfähigkeit durch Un-terbauungen sowie eine sichere Randbefestigung gewähr-leistet sein (s. Abb. 2). Ihre Maschenweite muss so eng sein, dass kein Kinderfuß dazwischenpasst (nicht größer als 5 × 5 cm). Ansonsten können Netze und Gitter zur töd-lichen Falle werden. Pflanzen können durch diese Maschen hindurchwachsen. Flache Teiche mit vor allem flach aus-laufendem Ufer und dichter Bepflanzung (z. B. einer Sumpf-zone) mindern die Gefahr. Auf der Wasseroberfläche schwimmende Teichsirenen reagieren bei Wasserverdrän-gung, sodass sofort ein kräftiges Sirengeheul ertönt, wenn ein Kind ins Wasser fällt.

Das Unterlassen der erforderlichen Sicherheitsmaß-nahmen stellt eine schuldhafte Verletzung der Verkehrs-sicherungspflicht dar. Personenschäden (Verletzungen, Tod) können zu einer strafrechtlichen Verfolgung führen. Entsprechend wichtig ist eine **Absicherung gegen Haf-tungsrisiken** durch eine **Privathaftpflicht- und Rechtsschutzversicherung**.

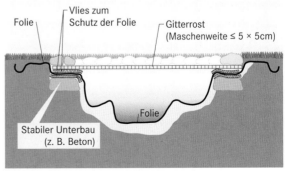

Abb. 2 Sicherungsmaßnahme

1.2.2 Größe, Form und Tiefe

Je größer ein Teich, desto eher kann sich aufgrund der steigenden Artenvielfalt ein selbstregulierendes und damit stabiles biologisches Gleichgewicht einstellen. Als Mindestgröße diesbezüglich gelten 10 m². Aber auch ein kleinerer Teich ist immer noch besser als gar keiner. In der freien Landschaft sind bei einer Neuanlage Gewässer von 100 m² und mehr anzustreben. Das Verhältnis zwischen Wasserinhalt und -oberfläche sollte in einem ausgeglichenen Verhältnis stehen, damit einer zu starken Erwärmung des Wassers bei hoher Sonneneinstrahlung mit der Gefahr von Sauerstoffmangel (s. Abb. 2) vorgebeugt wird. 500 l Wasser/m² Oberfläche[1] gelten als günstig (= ∅ Wassertiefe 50 cm).

Teiche können in den unterschiedlichsten **Formen** hergestellt werden. Naturnahe Feuchtbiotope mit unregelmäßigen Formen (z. B. oval-, nieren- oder birnenförmig) wirken nicht nur natürlicher als streng geometrische (z. B. kreisrunde oder eckige Formen), sondern führen mit ihren Ausbuchtungen auch zu einer Verlängerung der Uferzone, wobei abwechslungsreiche Nischen (Lebensräume) entstehen können (s. Abb. 1).

Zu einem naturnahen Teich gehören Zonen mit verschiedenen Wassertiefen, sprich Lebensräumen, die den unterschiedlichen Ansprüchen der Wasserpflanzen (s. S. 405 ff.) und der Tiere eines Teiches (s. S. 415 ff.) gerecht werden.

Die Neigung der Teichwände sollte möglichst flach verlaufen – nicht größer als maximal 45° (Neigungsverhältnis 1 : 2) – damit ins Wasser gefallene Kleintiere, wie Igel, Spitzmäuse u. a., wieder herausklettern können. Die Böschung rutscht nicht ab und eine Bepflanzung ist möglich. Dies ergibt bei einer Tiefzone von 1 m Wassertiefe und einem Mindestdurchmesser von 1 m bereits eine Teichgröße von etwa 10 m². Wird nun z. B. eine 20 cm hohe Bodenschicht als Teichgrund eingebaut, muss der Teich natürlich um diese 20 cm tiefer ausgehoben werden. Entsprechend größer wird natürlich auch die Teichoberfläche. Zu beachten ist ferner, dass die Wasserstandshöhe in der Regel nicht identisch mit der späteren Uferhöhe ist. Im Allgemeinen liegt sie mindestens 10 cm tiefer.

Man unterscheidet:

■ **Tiefwasserzone**

Obwohl sich die meisten Wasserpflanzen am besten im flachen, erwärmten Wasser entwickeln, ist auch eine Tiefzone erforderlich, sofern Fische oder Amphibien[2] den Teich

---

Unregelmäßige Formen

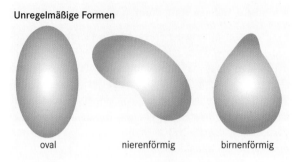

oval   nierenförmig   birnenförmig

Streng geometrische Formen

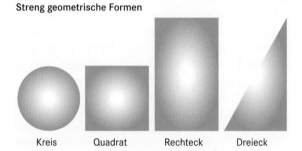

Kreis   Quadrat   Rechteck   Dreieck

Abb. 1   Teichformen (Auswahl)

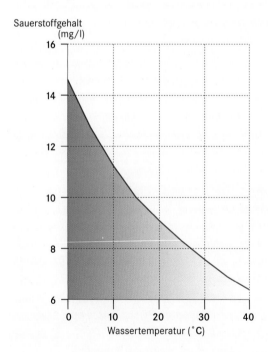

Abb. 2   Die Wasserlöslichkeit des Sauerstoffs nimmt mit steigender Temperatur ab, sodass warmes Wasser sauerstoffärmer ist als kaltes

---

[1]   entspricht einer durchschnittlichen Wassertiefe von 50 cm:
100 cm × 100 cm × 50 cm = 500 000 cm³ = 500 dm³ = 500 l

[2]   Amphibie, die; sowohl im Wasser als auch auf Land lebendes Wirbeltier (= Lurche: Frosch, Molch, Kröte, Unke, Salamander)

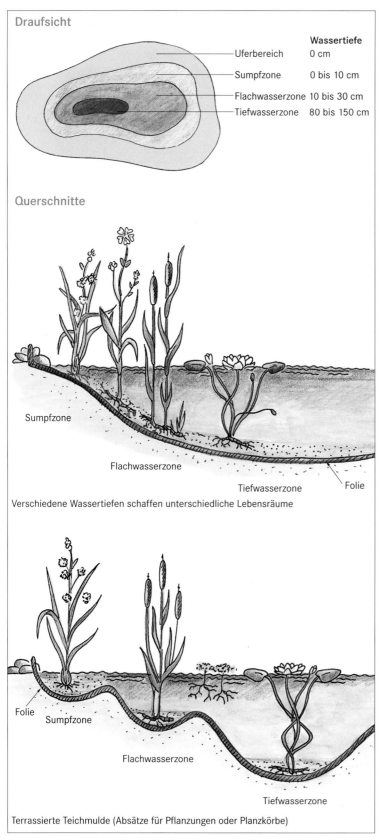

Draufsicht

	Wassertiefe
Uferbereich	0 cm
Sumpfzone	0 bis 10 cm
Flachwasserzone	10 bis 30 cm
Tiefwasserzone	80 bis 150 cm

Querschnitte

Sumpfzone

Flachwasserzone

Tiefwasserzone

Folie

Verschiedene Wassertiefen schaffen unterschiedliche Lebensräume

Folie
Sumpfzone

Flachwasserzone

Tiefwasserzone

Terrassierte Teichmulde (Absätze für Pflanzungen oder Planzkörbe)

Abb. 1 Teich mit Sumpf-, Flachwasser- und Tiefwasserzone

beleben sollen. Eine Wassertiefe von 80 bis 150 cm auf einen Meter Durchmesser ist bereits ausreichend. In der Tiefzone friert der Teich im Winter auch bei strengem Frost nicht bis zum Boden durch, sodass Fische und Amphibien noch genügend Platz zur Überwinterung vorfinden. An heißen Tagen hingegen stellt die Tiefzone kühles Wasser mit genügend Sauerstoff bereit (s. Abb. 2, S. 402). Bei vorwiegendem Fischbesatz sollte der größte Teil des Teiches mindestens diese Wassertiefe – besser 180 bis 200 cm – aufweisen. Die Tiefzone in einem Gartenteich bildet vor allem den Lebensraum der Schwimmblatt- (z. B. Seerose, Seekanne) und Unterwasserpflanzen (z. B. Wasserpest).

■ **Flachwasserzone**

Die Flachwasserzone mit einer Wassertiefe von 10 bis 30 cm bildet den größten Teil des Teiches. Wichtig ist nicht so sehr die genaue Einhaltung der Wasserstandshöhe, sondern vielmehr, dass die Pflanzen dieser Zone (s. S. 409) immer – auch während eines trockenen Sommers (!) – im Wasser stehen. Zum Uferbereich hin verflacht das Wasser immer mehr und geht schließlich in einen sumpfigen Bereich, die Sumpfzone, über.

■ **Sumpfzone**

Die Sumpfzone schließt sich der Flachwasserzone an und bildet den Übergang vom flachen Wasserstand bis zum feuchten Boden im Uferbereich. Ihre Wassertiefe beträgt 0 bis 10 cm.

In diesem Übergang zwischen Wasser und Land, der biologisch aktivsten Zone, entwickelt sich die größte Artenvielfalt eines Teiches. Damit sich in der Sumpfzone ein selbstregulierendes biologisches Gleichgewicht mit einer artenreichen Tierwelt einstellen kann, sollte sie mindestens 1 bis 2 m breit sein und $\frac{1}{4}$ bis $\frac{1}{3}$ der gesamten Teichfläche einnehmen. Bei genügend Platz wird sie rund um den Teich gelegt. Ein Teil der Zone sollte nicht betretbar sein, damit dort „Natur stattfinden" kann.

Abb. 1 Die Lage des Teiches wird unter Berücksichtigung der vorherrschenden Licht- und Schattenverhältnisse festgelegt

Abb. 2 Ein naturnaher Teich

> **Merke**
>
> Für den Bau eines naturnahen Teiches mit Tief-wasser-, Flachwasser- und Sumpfzonen einschließlich Ufergestaltung sollten etwa 40 m² eingeplant werden.

Bei Platzmangel kann auf einer Seite des Teiches ein Steilufer angelegt werden. Eine andere Möglichkeit zur Schaffung unterschiedlicher Wassertiefen auf kleineren Flächen besteht darin, die Teichmulde zu terrassieren. Dabei geht die waagerecht verlaufende Tiefwasserzone in eine Böschung über, in der Flachwasser- und Sumpfzone durch eine stufenartige Modellierung der Böschung in entsprechender Höhe entstehen (s. Abb. 1, S. 403).

1.2.3 Standortwahl

Die Wahl des Standortes wird maßgeblich von der Größe des geplanten Teiches sowie den Wünschen des Teichbesitzers bestimmt. Darüber hinaus sind vor allem folgende Gesichtspunkte zu berücksichtigen:

- Da Wärme und Licht das Pflanzenwachstum und das Leben in einem Teich fördern, ist ein sonniger Standort ideal. Entsprechend schnell erfolgt die Belebung nach der Winterruhe im Frühjahr. Deshalb sollte ein Teich so angelegt sein, dass eine tägliche Sonneneinstrahlung von mindestens 6 Stunden gewährleistet ist. Nur so kommen z. B. Seerosen überhaupt zum Blühen. Eine Längsausdehnung des Teiches Süd-Nordwest/Nordost fördert eine rasche Erwärmung bei niedrigem Sonnenstand im Frühjahr.
- Um eine zu hohe Aufheizung des Wassers bei starker Sonneneinstrahlung zu vermeiden (Gefahr von Sauerstoffmangel!), ist es günstig, wenn ein Teil des Teiches im Schatten liegt (ideal: Schatten zur Mittagszeit, Sonneneinstrahlung während des restlichen Tages).
- Sollen vor allem Fische den Teich bewohnen, sind größere Schattenbereiche einzuplanen. Dies ist umso wichtiger, je kleiner und flacher ein Teich ist.
- Die unmittelbare Nähe größerer Bäume sollte nach Möglichkeit gemieden werden, um eine zu starke Beschattung, den Eintrag organischer Substanz durch den herbstlichen Laubfall (Nährstoffeintrag!) und unnötige Wurzelverletzungen (!) beim Aushub der Teichmulde zu vermeiden.
- Bei Festlegung der Lage sind auch mögliche Spiegelungen (Sträucher, Bäume Gebäude usw.), die zu reizvollen optischen Effekten führen können, zu berücksichtigen und im Hinblick auf ihre Wirkung zu beurteilen.
- Um Naturbeobachtungen zu erleichtern und den Erlebniswert zu erhöhen, ist es vorteilhaft, wenn der Teich von einer Seite gut zugänglich und einsehbar ist, indem er z. B. in der Nähe des Hauses, z. B. der Terrasse, im Blickbereich des Wohnzimmers oder eines Sitzplatzes angelegt wird.
- Der Teich sollte sich harmonisch in die Umgebung einfügen und zum Stil des Hauses passen.
- Tiefer gelegene, feuchte Bereiche (Feuchtsenken) eines Grundstückes lassen die Lage eines Teiches als besonders natürlich erscheinen. Ggf. lässt sich mithilfe des Aushubes der Eindruck einer Vertiefung erzeugen.

Am besten legt man die Lage eines Teiches zur Sommerzeit, wenn Bäume und Sträucher voll belaubt sind, fest. Licht- und Schattenverhältnisse sind dann gut erkennbar (s. Abb. 1). Auf einem maßstabgerechten Gartenplan können verschiedene Teichformen so lange verschoben werden, bis Form und Lage des späteren Teiches sich harmonisch in die Umgebung einfügen. Hilfreich ist es auch, die geplante Form mit einem Schlauch oder einer Schnur auf dem Gelände zu markieren und aus unterschiedlichen Blickwinkeln (z. B. von der Terrasse, dem Balkon, aus dem ersten Stock) auf seine Wirkung hin zu betrachten.

1.3   Flora

1.3.1 Wasserpflanzen

Wasserpflanzen (Hydrophyten) haben sich an ein ständiges Leben im Wasser angepasst. So besitzen die Blätter untergetaucht lebender Pflanzen (= **Unterwasserpflanzen**) keine Spaltöffnungen. Wasser, Kohlendioxid, Sauerstoff und Nährsalze nehmen sie direkt aus dem Wasser durch Diffusion über ihre Blätter auf. Folglich bilden ihre Epidermiszellen nur dünne Zellwände mit einer schwachen Kutikula aus. Wegen der nur geringen Nährstoffgehalte und der langsamen Diffusion haben viele Wasserpflanzen durch Zerteilung ihrer Blattspreiten die aufnehmende Oberfläche stark vergrößert (z. B. Wasserhahnenfuß, s. Abb. 1).

Ihr Blattgewebe (Mesophyll) ist im Allgemeinen nicht in ein oberes Palisaden- und ein unteres Schwammgewebe unterteilt, sondern besteht aus gleichartigen Zellen, zwischen denen sich ein besonders stark entwickeltes, mit Luft erfülltes Interzellularsystem befindet. Dieses Gewebe, das auch als **Aerenchym** (Durchlüftungsgewebe) bezeichnet wird, dient dem Auftrieb und dem schnelleren Gasaustausch. Da das Wasser den Pflanzen Halt verleiht, fehlt auch weitgehend ein Festigungsgewebe.

Zur ungeschlechtlichen Vermehrung bilden viele Wasserpflanzen im Herbst in ihren Blattachseln sogenannte **Überwinterungsknospen** (Hibernakeln). Nach Ablösung von der Mutterpflanze sinken sie zur Überwinterung auf den Boden der Gewässer, von wo sie im Frühjahr, wenn das Wasser wieder wärmer wird, an die Oberfläche aufsteigen und neue Pflanzen bilden (z. B. Wasserschlauch, Krauses Laichkraut).

Dabei kommt es häufiger vor, dass sie an andere Stellen des Teiches treiben. Andere Pflanzen überwintern mithilfe von Bruchstücken alter Triebe auf dem Bodengrund, die dann im Frühjahr neu austreiben (z. B. Hornblatt).

Wasserpflanzen kann man unterteilen in frei im Wasser schwimmende (Schwimmpflanzen) und im Wasser wurzelnde Arten (s. Abb. 2):

- **Schwimmpflanzen** sind nicht auf einen Wurzeluntergrund angewiesen. Je nach Art leben sie vollständig untergetaucht (submers), z. B. Wasserschlauch, Hornblatt (verankert sich häufig mit der Basis seiner Triebe im Boden) und Tausendblatt, oder schwimmend an der Wasseroberfläche, z. B. Wasserlinse und Froschbiss.
- Auch bei den **im Wasser wurzelnden Pflanzen** gibt es untergetaucht lebende Arten, wie z. B. das Seegras. Die ebenfalls mit Wurzeln im Boden verankerten **Schwimmblattpflanzen** sind mit speziell ausgebildeten Schwimmblättern ausgestattet (z. B. Seerosen), die auf der Wasseroberfläche aufliegen.

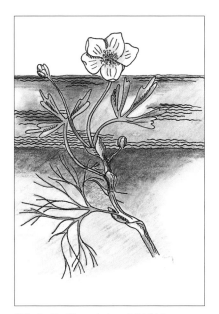

Abb. 1   Der Wasserhahnenfuß bildet Schwimm- und Unterwasserblätter

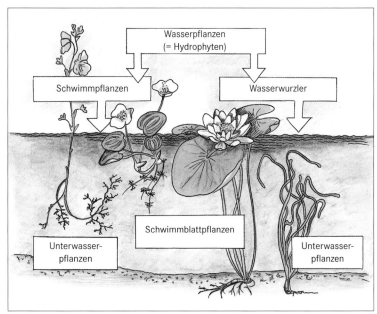

Abb. 2   Wasserpflanzen

1.3.2 Amphibische Wasserpflanzen

Amphibische Wasserpflanzen können sich dem Feuchtigkeitsangebot anpassen, indem sie im Wasser „Wasserformen" und oberhalb/außerhalb des Wassers „Landformen" bilden (z. B. Persicaria amphibia, der Wasserknöterich). Sie stellen den Übergang zu den Sumpfpflanzen dar.

1.3.3 Bedeutung der Wasserpflanzen für das Leben im Teich

Besonders wertvoll für das Leben in einem Teich sind die **Unterwasserpflanzen und -formen**, weil sie das Wasser über die Photosynthese mit Sauerstoff anreichern. Dies gilt besonders für immergrüne Arten (z. B. Wasserstern), die auch während des Winters, wenn der Luftaustausch aufgrund einer geschlossenen Eisdecke behindert ist, das Wasser mit Sauerstoff anreichern. Entsprechend wichtig ist es, dass die mit den Unterwasserpflanzen um Licht konkurrierenden Schwimmpflanzen (z. B. Seerose, Seekanne und Wassernuss) und an der Wasseroberfläche frei schwimmenden Wasserpflanzen – z. B. Wasserlinsen (sogenannte „Entengrütze") – nicht die gesamte Wasserfläche bedecken. Ein Drittel der Wasserfläche sollte deshalb offen bleiben. Im trüben Wasser können untergetaucht lebende Pflanzen auf Dauer auch nicht überleben. Da sich erfahrungsgemäß nicht alle Unterwasserpflanzen durchsetzen können, sollten immer mehrere Arten eingesetzt werden.

Die **Bedeutung der Wasserpflanzen** für das Leben in Gewässern ist vor allem darin zu sehen, dass sie

- dem Wasser Nährstoffe entziehen und damit einer Eutrophierung entgegenwirken,
- als Licht- und Nahrungskonkurrenten einer explosionsartigen Algenvermehrung entgegenwirken (sorgen für klares Wasser),
- die Sauerstoffkonzentration im Wasser erhöhen (Unterwasserpflanzen und -formen),
- Nahrung, Schutz- und Lebensräume für im Teich lebende Tiere bieten,
- eine zu starke Wassererwärmung verhindern (vor allem Schwimmblattpflanzen und frei an der Wasseroberfläche schwimmende Pflanzen).

1.3.4 Sumpfpflanzen

Sumpfpflanzen (Helophyten) kommen an sumpfigen Standorten vor, wo sie zumindest zeitweise mit ihren Wurzeln und untersten Sprossteilen im Wasser stehen. Entsprechend können sie als Übergangsformen zwischen Wasser- und Landpflanzen angesehen werden (s. S. 413). Aufgrund ihres Nährstoffentzuges wirken sie einer Eutrophierung der Gewässer entgegen. So werden z. B. Rohr-

kolben, Teichsimse, Binse und Schilfrohr in biologischen Kläranlagen zur Abwasserreinigung eingesetzt (s. Kap. Pflanzenkläranlagen). Schilfrohr (Phragmites australis) ist leider für Folienteiche nicht geeignet, da es mit seinen sehr spitzen und harten Ausläufern die Teichfolie durchbohren kann.

1.3.5 Uferpflanzen

Für das Ufer eines Teiches oder Baches sind nicht immer feuchtigkeitsliebende Pflanzen geeignet. Vielmehr kommt es auf die Abdichtung des Gewässers an. Bei einem Folienteich ist das Ufer trocken. Geeignete Pflanzen müssen also Trockenheit vertragen. Bei ihrer Auswahl sollte jedoch darauf geachtet werden, dass sie optisch der üblichen Vegetation am Wasserrand entsprechen.

Beispiele
Acorus calamus (Kalmus),
Carex grayii (Morgensternsegge),
Filipendula ulmaria (Mädesüß),
Glyceria maxima 'Variegata' (Bunter Wasserschwaden),
Iris sibirica (Schwertlilie),
Ligularia x hessei (Kreuzkraut),
Lysimachia vulgaris (Gelbweiderich),
Lythrum salicaria (Blutweiderich),
Miscanthus sinensis (Chinaschilf),
Molinia caerulea (Pfeifengras),
Myosotis palustris (Sumpfvergissmeinnicht),
Polygonum bistorta (Wiesenknöterich),
Rheum rhabarbarum (Krauser Rhabarber),
Rheum palmatum (Chinesischer Rhabarber),
Telekia speciosa (Telekie),
Tradescantia x andersoniana (Dreimasterblume),
Trollius europaeus (Trollblume),
Valeriana officinalis (Baldrian),
Veronica longifolia (Ehrenpreis).

1.4 Wasser- und Sumpfpflanzen nach Lebensbereichen geordnet

1.4.1 Pflanzen für die Tiefwasserzone

Abb. 1 Froschbiss
(Hydrocharis morsus-ranae)

Abb. 2 Gelbe Teichrose
(Nuphar lutea)

Abb. 3 Hornkraut
(Ceratophyllum demersum)

Abb. 4 Krebsschere
(Stratiotes aloides)

Abb. 5 Seekanne
(Nymphoides peltata)

Abb. 6 Seerose
(Nymphaea alba)

Abb. 7 Wasserhahnenfuß
(Ranunculus aquatilis)

Abb. 8 Wasserknöterich
(Persicaria amphibia)

Abb. 9 Wasserlinse
(Lemna minor)

Abb. 10 Wassernuss
(Trapa natans)

Abb. 11 Wasserpest
(Elodea canadensis)

Abb. 12 Wasserschlauch
(Utricularia vulgaris)

Deutscher Name	Botanischer Name	Wasser-tiefe (cm)	Schwimm-blatt-pflanze	Unter-wasser-pflanze	Blüte-zeit	Blüten-farbe	Stand-ort	ein-heimisch	Bemerkungen
Ähriges Tausendblatt	Myriophyllum spicatum	30 bis 120		X	VI – IX	rosa	○	X	Schwimmpflanze, Blüten ragen aus dem Wasser, wertvoller Sauerstoffspender, wuchert stark
Froschbiss	Hydrocharis morsus-ranae	ab 20	X		VI – VIII	weiß	○ – ◑		schwimmt frei auf der Wasseroberfläche, starke Ausbreitung (regelmäßig abfischen!), Winterknospen, zweihäusige Pflanze, Repo
Gelbe Teichrose, Mummel	Nuphar lutea*	50 bis 150	X		VI – VIII	gelb	○	X	☐, Repo, ▽, in der Regel erst im zweiten Jahr nach dem Einsetzen Bildung von Schwimmblättern und Blüten, auch für langsam fließendes Gewässer geeignet
Hornkraut	Ceratophyllum demersum	ab 20		X	VI – VIII	weiß (unschein-bar)	○ – ◑		frei schwimmend, Winterknospen, gute Wasserreinigung, wertvoller Sauerstoffspender, auch für langsam fließende Gewässer geeignet
Krauses Laichkraut	Potamogeton crispus	40 bis 100		X	VI – VIII	grünlich	○	X	Schwimmpflanze, Laichplatz für Molche und Fische, wertvoller Sauerstoffspender, Winterknospen
Krebsschere, Wasseraloe	Stratiotes aloides*	ab 50			V – VIII	weiß	○ – ◑	X	frei schwimmend, im flachen Bereich auch wurzelnd, zur Blüte aufgetaucht, überwintert auf dem Gewässergrund, ▽, zweihäusig, Brutknospen, auch für langsam fließende Gewässer geeignet
Schwimmendes Laichkraut	Potamogeton natans	50 bis 200	X		VI – VIII	rötlich-grün	○	X	stark wuchernd, auch Unterwasserblätter, Repo, für kleine Teiche weniger geeignet, ansonsten s. P crispus
Seekanne	Nymphoides peltata*	30 bis 150	X		VII – IX	weiß	○	X	☐, ▽, seerosenartige Blätter, auch für langsam fließende Gewässer geeignet
Seerose	Nymphaea alba*	50 bis 150	X		VI – VIII	weiß	○	X	☐, Repo, ▽, s. auch S. 411 f.
Wasserhahnenfuß	Ranunculus aquatilis	20 bis 100	X	X	VI – VIII	weiß	○	X	Schwimm- und Unterwasserblätter, wintergrün, wertvoller Sauerstoffspender, kräftiges Wachstum, auch für langsam fließende Gewässer geeignet
Wasserknöterich	Persicaria amphibia	20 bis 80	X		VI – VIII	rosarot	○	X	☐, bildet auch Landform aus, Repo
Wasserlinse, Entengrütze	Lemna minor		X		V – VI	weiß (unschein-bar)	○ – ◑	X	bis 4 mm groß, schwimmt frei auf der Wasseroberfläche; gute Wasser reinigende Wirkung; siedelt sich in der Regel von selbst an, breitet sich sehr stark aus, durch regelmäßiges Abfischen in Schach halten, gehören zu den kleinsten Blütenpflanzen
Wassernuss	Trapa natans*	ab 20	X		VI – VIII	weiß (unschein-bar)	○	X	einjährige Pflanze, Selbstaussaat; essbare Früchte, ▽, intensiv rote Herbstfärbung der in Rosetten angeordneten Schwimmblätter (Blattstiele aufgeblasen), im Boden verwurzelt, auch für langsam fließende Gewässer geeignet

Tab. 1 Pflanzen für die Tiefwasserzone (80 – 100 cm)

1.4.2 Pflanzen für die Flachwasserzone

Abb. 1 Goldkeule
(Orontium aquaticum)

Abb. 2 Hechtkraut
(Pontederia cordata)

Abb. 3 Igelkolben
(Sparganium erectum)

Abb. 4 Kanadischer Reis
(Zizania caduciflora)

Abb. 5 Nadelsimse
(Eleocharis acicularis)

Abb. 6 Pfeilkraut
(Sagittaria sagittifolia)

Abb. 7 Breitblättriger Rohrkolben
(Typha latifolia)

Abb. 8 Schmalblättriger Rohrkolben
(Typha angustifolia)

Abb. 9 Tannenwedel
(Hippuris vulgaris)

Abb. 10 Afrikanische Wasserähre
(Aponogeton distachyos)

Abb. 11 Wasserfeder
(Hottonia palustris)

Abb. 12 Wasserhyazinthe
(Eichhornia crassipes)

Deutscher Name	Botanischer Name	Wasser-tiefe (cm)	Wuchs-höhe (cm)	Blüte-zeit	Blüten-farbe	Stand-ort	ein-heimisch	Bemerkungen
Goldkeule	Orontium aquaticum	0 bis 60	30 bis 50	V – VI	goldgelb	○		bildet im Wasser Schwimmblätter aus
Hechtkraut	Pontederia cordata	10 bis 30	50 bis 80	VI – X	blau	○ – ◑		aparte Blütenähren, kriechendes Rhizom
Igelkolben, aufrechter oder ästiger	Sparganium erectum	0 bis 30	30 bis 120	VII – VIII	gelblich	○ – ◑	X	⏚, die stacheligen Früchte erinnern an einen zusammengerollten Igel, Repo
Kanadischer Reis	Zizania caduciflora	0 bis 50	bis 200			○ – ◑		reisähnliches Gras (Wilder Reis), guter Schilfersatz, besitzt gelbweiß gestreifte Blätter, Repo
Langes Zypergras	Cyperus longus	20 bis 30	50 bis 120	V – X	braun	○ – ◑		dekoratives Sauergras, winterhart
Nadelsimse	Eleocharis acicularis	10 bis 60	10 bis 20	VI – VII	bräunlich	○ – ◑		Unterwasserpflanze, breitet sich rasenartig auf dem Grunde des Gewässers aus, wertvoller Sauerstoffspender, fadenförmige Blätter, Repo, auch für langsam fließende Gewässer geeignet
Pfeilkraut	Sagittaria sagittifolia	10 bis 150	20 bis 100	VI – VIII	weiß	○ – ◑	X	Überwasserblätter pfeilförmig, Unterwasserblätter bandförmig, Überwinterung im Bodenschlamm in Form von Winterkolben, Ⓝ, Gemüsepflanze in China
Rohrkolben, breitblättriger	Typha latifolia	10 bis 50	100 bis 250	VI – VIII	braun	○ – ◑	x	typische Röhrichtpflanze, Repo, Ⓝ, Mutterpflanzen sterben jedes Jahr ab, Ausläuferbildung (Rhizom überwintert) und Selbstaussaat, samtige Kolben sehr wirkungsvoll (weibliche und männliche kolbige Blütenstände unmittelbar übereinander), weibliche Blütenstände platzen bei Reife auf und entlassen die wolligen Samen, in Bodenvase lange haltbar, Blätter: blaugrün, 2,5 bis 4 cm breit, unterseits gewölbt
Rohrkolben schmal-blättriger	Typha angustifolia	10 bis 50	100 bis 200	VI – VIII	braun	○ – ◑	X	ähnlich T. latifolia, Unterschied: Weibliche und männliche Blütenstände weisen einen größeren Abstand auf; Blätter: grasgrün, 1,5 bis 2 cm breit oberseits gewölbt
Tannenwedel	Hippuris vulgaris	10 bis 40	40	V – VII	grün (un-scheinbar)	○ – ◑	X	sehr dekorative nadelförmige Blätter, kann sich im Uferbereich stark ausbreiten, auch für langsam fließende Gewässer geeignet
Tausendblatt brasilianisches; Papageienfeder	Myriophyllum aquaticum	5 bis 40	10 bis 15	VII – VIII	weißlich-rosa	○ – ◑		Schwimmpflanze, wertvoller Sauerstoffspender, nicht winterhart
Wasserähre, afrikanische	Aponogeton distachyos	10 bis 40		VI – IX	weiß	○		Schwimmblattpflanze, D (nach Vanille), lange Blütezeit, frostempfindlich (im Winter in frostfreie Zone bringen)
Wasserfeder	Hottonia palustris	10 bis 40	20 bis 30	V – VII	zartrosa	○ – ◑	X	Unterwasserpflanze, Blütenstände ragen aus dem Wasser heraus, sehr schöne Wasserpflanze, Repo, ▽, auch für langsam fließende Gewässer geeignet
Wasser-hyazinthe	Eichhornia crassipes	5 bis 50	20 bis 40	VII – IX	blauviolett	○		Schwimmpflanze, Repo, nicht winterhart
Wasserstern	Callitriche palustris	10 bis 60	20 bis 40	VI – VII	unschein-bar	○ – ◑		wintergrüne Unterwasserpflanze, wertvoller Sauerstoffspender, bildet Landformen aus, im Flachwasserbereich Ausbildung von Schwimmblättern

Tab. 1 Pflanzen für die Flachwasserzone (10 - 30 cm)

1.4.3 Seerosen

Nymphaea 'Hermine'   N. 'James Brydon'   N. 'Rosennymphe'   N. 'Réne Gerard'

N. 'Sioux'   N. 'William Falconer'   N. 'Panama Pacific'   N. 'Dr. Moore'

Abb. 1   Seerosen weisen eine große Vielfalt an Blütenfarben und -formen auf

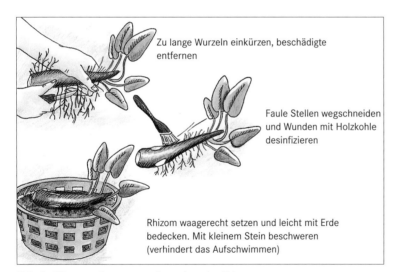

Zu lange Wurzeln einkürzen, beschädigte entfernen

Faule Stellen wegschneiden und Wunden mit Holzkohle desinfizieren

Rhizom waagerecht setzen und leicht mit Erde bedecken. Mit kleinem Stein beschweren (verhindert das Aufschwimmen)

Abb. 2   Pflanzung eines waagerecht wachsenden Rhizoms

Abb. 3   Zur Förderung der Entwicklung können Seerosen nach und nach tiefer gesetzt werden

■ Arten und Sorten

Seerosen gehören mit ihren üppigen Schwimmblättern, vielfältigen Blütenfarben und -formen wohl zu den schönsten und bekanntesten Wasserpflanzen. Neben Nymphaea alba, der einheimischen Weißen Seerose, besteht die Familie der Seerosengewächse (Nymphaeaceae) aus zahlreichen weiteren Arten, wie z. B. N. candida, N. odorata und N. tuberosa. Besonders wertvoll sind die aus zahlreichen Kreuzungen hervorgegangenen Nymphaea-Hybriden (s. Abb. 1). In Europa werden über 100 Sorten angeboten, wovon der größte Anteil, die sogenannten Marliac-Seerosen, von dem französischen Züchter Latour Marliac stammen (s. Tab. 1, S. 412).

■ Standort

Seerosen lieben einen vollsonnigen Standort. Bei schattigen Standorten und kaltem Wasser ist ihre Entwicklung und Blütenbildung gehemmt.

Der Platzbedarf für eine Pflanze hängt von der Wüchsigkeit der Art bzw. Sorte ab. Starkwüchsige Pflanzen bedecken mit ihren Schwimmblättern im Laufe der Zeit etwa 2 bis 3 m^2 Wasserfläche.

■ **Pflanzung**

Bei der Pflanzung werden die Rhizome entsprechend ihrer Wuchsform (waagerecht oder senkrecht) in den Bodengrund (bei größeren Teichen) oder in Gitterkörbe (bei kleineren Teichen) gesetzt (s. Abb. 2, S. 411). Senkrecht wachsende Rhizome werden schräg in den Boden gesteckt, wobei die Spitze herausschauen muss. Weil die Blätter der Seerosen auf dem Wasser schwimmen, die Pflanzen aber je nach Art und Sorte unterschiedlich groß werden, ist beim Pflanzen der Rhizome unbedingt auf die richtige Wassertiefe zu achten (s. Tab. 1).

■ **Überwinterung**

Im Herbst ziehen Seerosen ein und überwintern mit kurzem Unterwasserlaub. Pflanzen, die niedrige Wasserstände benötigen und nicht winterhart sind, müssen über Winter in einer Wassertiefe von mehr als 40 cm stehen, damit sie nicht einfrieren. Ist dies nicht möglich, sollten sie herausgenommen und unter einer dicken Laubschicht oder in einer Wanne mit Wasser in einem hellen, frostfreien Raum überwintert werden. Frostempfindliche Seerosen, die seichtes Wasser (< 40 cm) benötigen, setzt man am besten in Gitterpflanzkörbe, sodass sie bei Bedarf relativ leicht an einen anderen Standort transportiert werden können.

■ **Vermehrung**

Beginnen sich die Blätter der Seerosen aus dem Wasser zu schieben oder ist das Pflanzgefäß für den Wurzelstock zu klein geworden, sind die Pflanzen zu teilen, da sonst Wachstum und Blühwilligkeit abnehmen.

Zeichenerklärung (Tabellen S. 408, 410 und 414 f.)

✱ = gefährdete Pflanze
I – XII = Blütezeiten
⚥ = Giftpflanze
▽ = geschützte Art
Ⓝ = Nutzpflanze
D = Duftpflanze
⬒ = stark wuchernd → nur für größere Teiche bzw. in Pflanzkörbe setzen
Repo = Repositionspflanzen; hier Pflanzen, die für die Reinigung des Wassers besonders gut geeignet sind

Lichtbedarf
○ = sonnig
◐ = halbschattig
● = schattig

Sorten	Blütenfarbe	Blüten-größe (cm)	Optimale Wasssertiefe (cm)
Alba	rahmweiß	6	10 bis 20
Anna Epple	pfirsichrosa	12	40 bis 80
Atropurpurata	karminrot	bis 20	30 bis 50
Attraction	goldgelb	12 bis 15	40 bis 80
Aurora	rosaorange	10	20 bis 40
Ballerina	weiß	6	15 bis 20
Cardinal	dunkelrot	20	40 bis 80
Charles de Merville	weinrot	20	60 bis 90
Dr. Moore	karminrot	10	20 bis 40
Fritz Junge	pfirsichrosa	18, D	30 bis 80
Gladstoniana	reinweiß	über 20	60 bis 90 (200)
Gloriosa	karminrot	18	40 bis 100
Hermine	weiß	17	50 bis 80
James Brydon	kirschrot	15, D	30 bis 70
Jasmine	weiß	12	30 bis 60
Karl Epple	pfirsichrosa	8, D	30 bis 60
Laydeckeri Fulgens	karminrot	8	30 bis 60
Marliacea Albida	reinweiß	15	40 bis 100
Marliacea Carnea	zartrosa	bis 20	45 bis 150
Marliacea Rosea	zartrosa	18	40 bis 100
Maurice Laydeker	orange bis kirschrot	10	20 bis 30
Moorei	dunkelgelb	14	40 bis 80
Panama Pacific	karminrot	14	40 bis 60
Pink Cameo	hellrosa	6 bis 8	15 bis 20
Pink Sensation	silbrigrosa	bis 20, D	40 bis 80
Pöstlingsberg	reinweiß	20 bis 25	40 bis 100
Réne Gerard	dunkelkarmin	15 bis 18	40 bis 80
Rosa Munda	rosa	15	30 bis 70
Rosennymphe	hellrosa	14	30 bis 70
Sioux	karminrot	10 bis 15	30 bis 45
William Falconer	rubinrot	14 bis 16	30 bis 50

Tab. 1   Seerosen-Zuchtformen

1.4.4 Pflanzen für den Sumpfbereich

Abb. 1 Blumenbinse
(Butomus umbellatus)

Abb. 2 Blutweiderich
(Lythrum salicaria)

Abb. 3 Fieberklee
(Menyanthes trifoliata)

Abb. 4 Gemeiner Froschlöffel
(Alisma plantago-aquatica)

Abb. 5 Kleiner Rohrkolben
(Typha minima)

Abb. 6 Gelbe Scheinkalla
(Lysichiton americanus)

Abb. 7 Schilfrohr
(Phragmites australis)

Abb. 8 Sumpfdotterblume
(Caltha palustris)

Abb. 9 Gelbe Sumpfschwertlilie
(Iris pseudacorus)

Abb. 10 Sumpfvergissmeinnicht
(Myosotis palustris)

Abb. 11 Teichbinse/-simse
(Scirpus lacustris)

Abb. 12 Sumpfbinse
(Eleocharis palustris)

Deutscher Name	Botanischer Name	Wasser-tiefe (cm)	Wuchs-höhe (cm)	Blüte-zeit	Blüten-farbe	Stand-ort	ein-heimisch	Bemerkungen
Bachbunge	Veronica beccabunga	0 bis 10	20 bis 60	V – VIII	blau	○	X	reich blühend, auch für langsam fließende Gewässer geeignet, Vermehrung: bewurzelte Seitentriebe ins flache Wasser setzen
Blumenbinse Schwanen-blume	Butomus umbellatus	5 bis 30	100	VI – VIII	rosarot	○	X	wertvoller Doldenblütler, wärmeliebend, Repo, blüht nur bis 30 cm Wassertiefe, Selbstaus-saat
Blutweiderich	Lythrum salicaria	0 bis 20	80 bis 150	VI – VIII	purpurrot	○ – ◑	X	horstartiger Wuchs, Ⓝ, Repo
Fieberklee, Bitterklee	Menyanthes trifoliata*	5 bis 20	20 bis 30	V – VI	weiß	○ – ◑		auffälliger traubiger Blütenstand, Off., ▽
Froschlöffel, gemeiner	Alisma plantago-aquatica	0 bis 30	30 bis 80	VI – IX	weiß bis zartrosa	○ – ◑	X	löffelförmige Blätter, Selbstaussaat, Blüten-rispen evtl. nach der Blüte entfernen (gut für Trockensträuße geeignet), Samen schwimmen auf Wasseroberfläche (Verbreitung durch Wasservögel), Repo
Gauklerblume	Mimulus luteus	0 bis 5	30 bis 40	VI – VIII	gelb	○		reich blühend, als einjährige Pflanze behan-deln, Selbstaussaat, neigt zum Verwildern
Kalmus	Acorus calamus	0 bis 30	60 bis 100	V – VI	grünlich-gelb	○ – ◑	X	Wurzelstock kann in der Küche Verwendung finden (Deuscher Ingwer), bildet dichte Horste, Ⓝ, Off., auch für langsam fließende Gewässer geeignet
Mehlprimel	Primula farinosa*	0	5 bis 10	IV – V	rosa	○ – ◑	X	Blätter unterseits mit mehligen Belag (Ausscheidung der Drüsenhaare), ▽
Rohrkolben, Kleiner	Typha minima*	5 bis 20	30 bis 70	V – VI	braun	○ – ◑		gut für kleine Teiche geeignet, weiblicher Kolben (eiförmig, 2 bis 4 cm lang) folgt un-mittelbar auf männlichen, nur an der Basis der Sprossachse nadelförmige Blätter, Ⓝ, ▽
Scheinkalla, gelbe	Lysichiton americanus	0 bis 5	40 bis 50	IV – V	gelb	○ – ◑		die Blüten erscheinen vor den Blättern, Boden kann zeitweise überfluten
Scheinkalla, weiße	Lysichiton camtschat-censis	0 bis 5	50 bis 80	IV – V	weiß	◑		die Blüten erscheinen vor den Blättern, Boden kann zeitweise überfluten
Schilfrohr	Phragmites australis	0 bis 40	150 bis 400	VIII – IX	rötlich	○ – ◑	X	✂, größtes einheimisches Gras, in den Tropen bis über 10 m hoch, bildet dichte Bestände, typische Röhrichtpflanze, sehr gut zur biolo-gischen Abwasserreinigung geeignet, Blätter sehr scharf, aufgrund seiner spitzen und harten Ausläufer nicht für den Folienteich tauglich, Ⓝ
Sumpfbinse	Eleocharis palustris	0 bis 20	15 bis 50	V – VIII	braun	○ – ◑	X	weit verbreitet, unterirdisch kriechende Rhizome, auch für langs. fließende Gewässer geeignet, Repo
Sumpfblutauge	Potentilla palustris	0	10 bis 40	V – VII	dunkelrot	○ – ◑	X	Kelchblätter purpurrot, dunkelrote Blüten-blätter nur wenige Millimeter groß
Sumpfdotter-blume	Caltha palustris	0 bis 20	20 bis 40	IV – V	goldgelb	○ – ◑	X	üppiger Frühjahrsblüher, bei den Blüten-blättern handelt es sich um gelb gefärbte Kelchblätter, auch für langsam fließende Gewässer geeignet, Repo
Sumpfkalla	Calla palustris	5 bis 30	15 bis 30	V – VI	weiß	○ – ◑	X	✗ (ganze Pflanze, besonders die roten Beeren)
Sumpfschwert-lilie, gelbe	Iris pseu-dacorus*	0 bis 30	50 bis 100	V – VI	gelb	○ – ◑	X	horstartiger Wuchs, sät sich leicht aus, ▽, Repo
Sumpfvergiss-meinnicht	Myosotis palstris	0 bis 15	20 bis 50	V – VIII	himmel-blau	○ – ◑	X	Spross wächst kriechend, blüht lange und reichhaltig, gute Selbsaussaat, Repo
Teichbinse/-simse, Seebinse/-simse	Scirpus lacustris	0 bis 100	100 bis 400	VI – VII	bräunlich	○ – ◑	X	typische Röhrichtpflanze, besonders aktiv in der Wasserklärung, fördert die Verlandung von Gewässer, trotz binsenartigen Stängels gehört die Pflanze zu den Sauergräsern, Ⓝ, auch für langsam fließende Gewässer geeignet
Wasserminze	Mentha aquatica	0 bis 15	20 bis 60	VII – X	rotviolett	○ – ◑	X	D, Ⓝ, aus der Kreuzung der Wasserminze (M. aquatica) und der Grünen Minze (M. spicata) ist die Pfefferminze (M. piperita) entstanden

Tab. 1 Pflanzen für die Sumpfzone (0 - 10 cm) → Fortsetzung nächste Seite

Deutscher Name	Botanischer Name	Wasser-tiefe (cm)	Wuchs-höhe (cm)	Blüte-zeit	Blüten-farbe	Stand-ort	ein-heimisch	Bemerkungen
Wasser-schwaden	Glyceria maxima	0 bis 30	80 bis 250	VII – VIII	bräunlich	○ – ◑	x	Süßgras, guter Schilfersatz, starke Ausläuferbildung, Ⓝ, Repo
Wiesen-knöterich	Polygonum bistorta	0 bis 10	30 bis 100	V – VIII	rosarot	○ – ◑	x	⬚, gute Bienenweide
Winter-schachtelhalm	Equisetum hyemale	0 bis 10	100 bis 150	VI – VII (Sporen-reife)		○ – ◑	x	wintergrün, Stängelglieder verschiedenfarbig, wuchert stark
Zungen-hahnenfuß	Ranunculus lingua*	0 bis 20	50 bis 150	VII – VIII	goldgelb	○	x	⚔, ▽, zungenförmige Blätter, Oberseite der Blütenblätter glänzt wie fett, im Volksmund werden die gelb blühenden Hahnenfuß-Arten auch als Butterblumen bezeichnet
Zwergbinse, Gemeine Sumpfbinse	Eleocharis palustris	0 bis 20	15 bis 50	V – VIII	braun	○ – ◑	x	bildet unterirdische Ausläufer, in kleinen Gruppen sehr dekorativ, breitet sich stark aus, Repo

Tab. 1 Pflanzen für die Sumpfzone (0 – 10 cm) (Fortsetzung)

1.5 Fauna

1.5.1 Tiere im und am Gartenteich

Neben Vögeln, Igeln und anderen Kleintieren, die den Teich vor allem als Bade- und Trinkquelle nutzen, stellt sich in einem naturnahen Teich eine artenreiche Tierwelt ganz von alleine ein (s. S. 399).

Amphibien

Da die meisten Amphibien sehr standorttreu sind, d. h. zur Eiablage (Laichen) in der Regel ihre Laichgewässer aufsuchen, sollte man keine Amphibien einfangen. Bei ihrer Rückwanderung – vor allem in Städten – würden sie zum Großteil dem Verkehr zum Opfer fallen. Zudem zählen unsere einheimischen Amphibien zu den geschützten Arten (gilt auch für Eier und Kaulquappen!), sodass man auf eine Selbstansiedelung warten muss. Im städtischen Bereich ist dies zwar schwierig, doch auch hier kann eine Einschleppung von Laich durch Vögel erfolgen. Die meisten Amphibien, mit Ausnahme der Wasserfrösche, halten sich nur während der Entwicklungszeit vom Jungtier zum erwachsenen Tier im Wasser auf, ansonsten leben sie außerhalb des Wassers. Entsprechend wichtig ist eine naturnahe Gestaltung der angrenzenden Umgebung durch Schaffung vielfältiger Lebensräume.

Fische

Beim Einsatz von Fischen ist zu bedenken, dass sie Laich und Kaulquappen der Amphibien fressen. Deswegen sollten Fische nur in größeren Teichen (> 600 m²) eingesetzt werden. Eine Ausnahme bilden einige Kleinfische, wie z. B. Moderlieschen und Bitterling, die Eier und Larven der Amphibien verschmähen. Eine Einschleppung von Fischlaich über Wasservögel ist möglich.

Karpfen und Schleie wühlen (gründeln) ständig im Bodengrund, sodass das Wasser permanent getrübt ist. Finden die Fische nicht genügend Nahrung, ist bei Wassertemperaturen über 12 °C (Mai bis September) zu füttern. Fütterung und Ausscheidungen der Tiere können jedoch im Laufe der Zeit zur Nährstoffanreicherung (Eutrophierung des Wassers) führen.

Abb. 1 Schwarzschwäne werden oft zur Zierde gehalten

Abb. 2 Stockenten brüten gern in Wassernähe

Abb. 3 Das Teichhuhn baut sein Nest in der dichten Ufervegetation

1.5.2 Lexikon der Wassertiere

■ Amöben

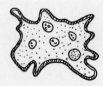

Einzellige, formveränderliche Lebewesen, die ihre Nahrung (andere einzellige Lebewesen, wie z. B. Bakterien und Algen) zur Verdauung umfließen.

■ Amphibien

Bezeichnung für Tiere, die im Wasser und auf dem Lande leben können. Die Tiere entwickeln sich im Allgemeinen von im Wasser lebenden Kiemenatmern zu Lungenatmern im Übergang zum Erwachsenenstadium. Alle erwachsenen Tiere müssen die Möglichkeit haben, an Land gehen zu können, da sie sonst ertrinken können.

Amphibien werden durch die Schaffung artgerechter Lebensräume gefördert.

Dazu gehören bewachsene Sumpfzonen, Heckenpflanzungen, Holz- und Steinhaufen, sonnige Laichplätze, Trockenrasen/Wiesen, umgelegte Baumstämme, Steingärten und Trockenmauern. Amphibien benötigen einen ausreichend großen Lebensraum (mindestens 10 m im Umkreis der Gewässer) mit genügend Nahrung.

Von unseren 18 einheimischen Amphibienarten ist über die Hälfte in ihrem Bestand gefährdet. → Bergmolch, → Erdkröte, → Frösche, → Grasfrosch, → Kammmolch, → Kröten → Laubfrosch, → Teichmolch, → Wasserfrosch

■ Bergmolch *(Triturus alpestris)*
Die 8 (Männchen) bis 11 cm (Weibchen) großen Bergmolche benötigen kühle Gewässer (nicht über 18 °C) mit sauberem Wasser. Daher sind sie vor allem in höheren Lagen (Mittelgebirge)

beheimatet (Name!). Im zeitigen Frühjahr verlassen sie ihre Winterverstecke unter Steinen, Laub, morschen Baumstümpfen, um sich im Wasser fortzupflanzen. Während der Paarungszeit – Molche können übrigens keine Laute von sich geben – weisen die Männchen eine leuchtend orange gefärbte Bauchseite auf, die nach oben von einem hellblauen Streifen begrenzt wird. Im Gegensatz zu Kröten und den meisten Fröschen leben Bergmolche mehrere Monate im Wasser. Nach der Paarungszeit verlassen die erwachsenen Tiere dieses, um an Land weiterzuleben (schattige Sommerquartiere erforderlich!). Während der Laichzeit (April bis Mai) legen die Weibchen ihre Eier einzeln an Wasserpflanzen ab. Nach 14 Tagen schlüpfen die Larven, die sich nach 3 Monaten zum erwachsenen Tier umwandeln.

■ Bitterling *(Rhodeus sericeus)*
Ein 6 bis 10 cm kleiner, friedliebender Schwarmfisch aus der Familie der Karpfenfische, der sich von pflanzlicher und tierischer Nahrung (Insektenlarven, Kleinkrebsen, Würmern) ernährt. Zu seiner Vermehrung benötigt er eine lebende Muschel (Teich- [*Anodonta cygnea*] oder Malermuschel [*Unio pictorum*]), in deren Kiemenhöhle das Weibchen mithilfe einer Legeröhre seine Eier ablegt. Als kleine Fische verlassen die Bitterlinge die Muschel wieder. Der Bitterling gehört in Mitteleuropa zu den stark gefährdeten Arten.

■ Eintagsfliegen
Die Lebensdauer der erwachsenen, 0,3 bis 0,6 cm langen Insekten (in Deutschland etwa 70 Arten) beträgt wenige Stunden bis einige Tage (Name!). Auffallend sind die breiten, netzartig geaderten, in Ruhestellung nach oben geklappten zwei Flügelpaare und die drei recht langen Schwanzfäden.

Die Mundwerkzeuge der Vollinsekten sind verkümmert. Die aus den im Wasser abgelegten Eiern schlüpfenden Larven ernähren sich von Algen und Resten abgestorbener pflanzlicher und tierischer Substanz sowie räuberisch von z. B. Kleinkrebsen und Mückenlarven, soweit sie diese überwältigen können. Ihre Entwicklung im Wasser dauert 1 bis 4 Jahre.

■ Elritze *(Phoxinus phoxinus)*
Die etwa 10 cm lange Elritze ist ein friedliebender Schwarmfisch aus der Familie der Karpfenfische. Zum Leben benötigen sie vor allem sauberes, sauerstoffreiches Wasser und ausreichenden Schwimmraum. Zur Laichzeit (April bis Juli) weist die Elritze einen auffallend rot gefärbten Bauch und an den Seiten zwei goldglänzende Längsstreifen auf. Ihre Nahrung besteht vorwiegend aus Fluginsekten (z. B. Mücken), Insektenlarven, Kleinkrebsen und Würmern. In Deutschland gilt die Elritze in ihrem Bestand als stark gefährdet.

■ Farbkarpfen → Koi

■ Fische
→ Bitterling, → Elritze, → Goldfisch, → Koi, → Moderlieschen, → Stichlinge

■ Frösche

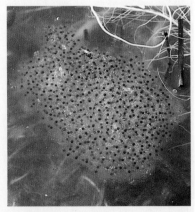

Froschlaich

Frösche sind ausgezeichnete Schwimmer. Zur Paarungszeit erzeugen sie mithilfe von Schallblasen Rufe, mit denen sie die Weibchen herbeirufen und ihr Revier gegen männliche Artgenossen abgrenzen. Die Paarung erfolgt im Allgemeinen im Wasser. Im Gegensatz zu den Kröten, die ihre Eier in Form von Laichschnüren ablegen, legen sie ihre Eier in großen Klumpen (Laichballen) ab. Als Kaulquappen (Kiemenatmung) ernähren sie sich vor allem von Algen, Kleintieren und Aas. Als erwachsene Tiere (Lungenatmung) leben sie nur noch räuberisch. Bekannte Arten sind: → Wasserfrosch, → Grasfrosch, → Laubfrosch.

■ Geißeltierchen (Flagellaten)

Einzeller, die ein oder mehrere Geißeln (fadenförmige Körperanhänge) besitzen, die der schwimmenden Fortbewegung und dem Heranstrudeln von Nahrung dienen. Sind zahlreiche Geißeln vorhanden, spricht man von Wimpern (z. B. Wimper- und Rädertierchen). Die Geißeltierchen gehören zum tierischen Plankton[1]

■ Gelbrandkäfer
(Dytiscus marginalis)

Der Gelbrandkäfer, ein Schwimmkäfer, der vor allem stehende Gewässer bewohnt

Der Gelbrandkäfer (2,7 bis 3,5 cm) gehört zu den Schwimmkäfern. Er und seine bis 6 cm langen Larven sind gefräßige Räuber, die sich von allem er-

nähren, was sie überwältigen können, z. B. Kaulquappen, Insekten, Würmer, Molchlarven und kleinere Fische, wobei unter den Larven ein ausgesprochener Kannibalismus[2] herrscht. Während sich die Larven nur von lebender Beute ernähren, nehmen die erwachsenen Käfer auch Aas zu sich. Nach der Paarung im Herbst legt das Weibchen bis zu 200 Eier an Pflanzenteilen unterhalb der Wasseroberfläche ab.

■ Goldfisch
(Carassius auratus auratus)

Ein in China seit über 1000 Jahren gezüchteter Karpfenfisch, der gegen Ende des 17. Jahrhunderts mit Seefahrern nach Europa gelangte. Der Fisch, der bis zu 60 cm Körperlänge erreichen kann, ist als Jungfisch graugrün, später gelblich bis orange gefärbt. Da es sich um einen Schwarmfisch handelt, sollte er in Gruppen von mindestens 6 Exemplaren gehalten werden. Goldfische sind Allesfresser (Lebend- und Trockenfutter). Sollen sie im Gartenteich überwintern, ist darauf zu achten, dass dieser nicht zufriert.

■ Grasfrosch *(Rana temporaria)*

Der Grasfrosch lebt außerhalb der Fortpflanzungszeit an Land

Der Grasfrosch ist etwa 10 cm groß, braun gefärbt mit dunklen Querbändern auf den Hinterbeinen, dunklen Flecken auf dem Rücken, großen dunklen Ohrflecken und gelblich rotbraun gefleckter Unterseite. Er hält sich vor-

wiegend außerhalb des Wassers, in Gärten und Parks, auf. Wasser sucht er nur zur Fortpflanzung (Februar/ März) und z. T. zur Überwinterung auf. Seine Nahrung besteht aus Insekten, Nacktschnecken und Würmern. Grasfrosch, Wasserfrosch und Erdkröte gehören unter den Amphibien zu den Erstbesiedlern neu angelegter Gewässer.

■ Hüpferlinge *(Ruderfüßer)*

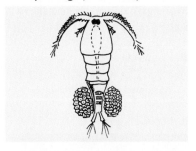

Die 1 bis 5 mm langen Tierchen (Planktonten) bewegen sich im Wasser durch hüpfende Schwimmbewegungen (Name!) fort. Hüpferlinge ernähren sich von Mikroorganismen und Algen, wobei sie das Wasser filtrieren. Selbst sind sie ein beliebtes und wertvolles Futter für Fische und andere Wassertiere.

■ Kammmolch *(Triturus cristatus)*

Der Kammmolch ist mit 15 (Männchen) bis 18 cm Länge (Weibchen) der größte heimische Molch. Zur Paarung sucht er das Wasser auf, wo er sich meistens auf dem Teichboden aufhält und nur zum Luftschnappen an die Oberfläche kommt.

Außerhalb der Paarungszeit leben Kammmolche als Einzelgänger auf dem Lande, wobei aber einzelne Tiere auch ihr ganzes Leben im Wasser verbringen können. Im Gegensatz zum Leben im Wasser sind Kammmolche auf dem Lande nachtaktiv. Während der Paarungszeit (März bis Juni) weisen die prächtig gefärbten Männchen einen auffallend breiten, gezackten Saum (Kamm) an Rücken und Schwanz auf.

---

[1] Plankton (Griech.), das: Gesamtheit der im Wasser schwebenden tierischen (Zooplankton) und pflanzlichen (Phytoplankton) Lebewesen (Planktonten, Plankter).

[2] In der Zoologie das Auffressen von Artgenossen.

Pantoffeltierchen
(Paramecium caudatum)

Rundherum bewimperte Einzeller (0,1 bis 0,3 mm), die in ihrer Form an einen Pantoffel erinnern (Name!). Pantoffeltierchen ernähren sich von Bakterien, einzelligen Algen und Geißeltierchen. Sie selbst (Planktonten) sind wichtige Nahrungsgrundlage zahlreicher Wassertiere.

Kleinkrebse
Wichtige Glieder der Nahrungskette: → Wasserflöhe, → Hüpferlinge

Köcherfliegen

Die erwachsene Köcherfliege hat Ähnlichkeit mit einem Nachtfalter

Die erwachsenen Tiere (0,5 bis 3 cm) dieser sehr artenreichen Insektenordnung werden häufig mit Nachtschmetterlingen verwechselt. Auffallend sind ihre zwei häutigen Flügelpaare (→ keine Fliegen!), die großen Komplexaugen und die langen Antennen. Die raupenähnlichen Larven leben – bis auf wenige Ausnahmen – im Wasser, wo sie sich aus Pflanzenteilen, Steinchen, kleinen Muscheln, Schneckenhäuschen u.ä. Materialien ein Gehäuse (Köcher) zusammenspinnen, welches sie ständig mit sich herumtragen. Die Nahrung der Larven besteht vor allem aus Algen und Kleinstlebewesen. Nach der Verpuppung verlassen sie das Wasser und leben in der Nähe von Gewässern, wo sie sich von Nektar ernähren.

Koi
In Japan entstandene Zuchtformen des Karpfens (Farbkarpfen). Heute existiert eine Vielzahl ein- und mehrfarbiger Formen, die nach ihrer Färbung in verschiedene Gruppen eingeteilt werden.

Kröten

Die Erdkröte (Bufo bufo) ist vorwiegend nachtaktiv

Kröten sind als Vertilger von Schadinsekten und Schnecken sehr nützlich und stehen unter Naturschutz. Im Gegensatz zu den Fröschen können sie nur kleine, hoppelnde Sprünge oder Schritte ausführen. Ihre Haut ist sehr warzig (Hautdrüsen). Bei Gefahr sondern sie ein giftiges Sekret ab, das zu allergischen Hautreaktion führen kann. Lebens- und Überwinterungsräume sind vor allem Hecken, Erdhöhlen, Laub- und Holzhaufen, Stein- und Geröllhaufen. Die Fortpflanzung (das Laichen) erfolgt im Wasser. Da Kröten sehr standorttreu sind, suchen sie die Laichgewässer auf, in denen sie zur Welt gekommen sind (nehmen aber auch neu angelegte Gewässer an).

Dabei kommt es im Frühjahr zu den bekannten Krötenwanderungen, wobei die kleineren Männchen bereits auf den Weibchen klammern.

Schutzzäune und Krötentunnel unter den Straßen hindurch können die nachtaktiven Tiere vor dem Überfahren bewahren. Im Garten kommt vor allem die Erdkröte (Bufo bufo) vor, die sich bis zu 2 km von ihrem Laichgewässer entfernt. Obwohl die Erdkröte die häufigste Kröte bei uns ist, ist auch sie in ihrem Bestand aufgrund zurückgehender Laichgewässer bedroht.

Laubfrosch, europäischer
(Hyla arborea)

Der Laubfrosch („Wetterfrosch") ist ein ausgezeichneter Kletterer

Der Laubfrosch sucht nur zum Laichen Gewässer auf, ansonsten bewohnt er grüne Pflanzen. Mit seinen zu Haftscheiben verbreiterten Finger- und Zehenspitzen kann der nur 5 cm große Frosch sehr gut klettern. Seine Körperoberseite weist eine giftgrüne Färbung auf, die zur weißlichen bis gelblichen Bauchseite durch ein schmales, dunkles Band scharf abgegrenzt wird. Während längerer Ruhezeiten verändert der Laubfrosch sein Tarnkleid, indem er sich in der Färbung seiner Körperoberseite dem Untergrund anpasst. Im Gegensatz zu anderen Fröschen besitzt der Laubfrosch nur eine große Schalblase. Bekannt geworden ist er vor allem als „Wetterfrosch", der früher in Gläsern gehalten wurde. Wegen Tierquälerei heute streng verboten! Zu verdanken hatte er den Ruf als Wetterprophet seiner Angewohnheit, bei schönem Wetter häufig zum Sonnen an Pflanzen hochzuklettern. Der Laubfrosch ist ein hervorragender Insektenjäger, der seine Beute (Fluginsekten) nicht selten im Sprung erbeutet. Daneben verzehrt er vor allem Spinnen, Würmer und Schnecken. Zur Paarungszeit (März bis Juni) versammeln sich die Männchen in kleinen Gruppen am Rande von Gewässern, wo sie vor allem gegen Abend lautstarke und bis tief in die Nacht anhaltende Froschkonzerte veranstalten. Der Laich wird in kleinen Klumpen im Wasser abgelegt. In einer Größe von 1,5 cm verlässt der Nachwuchs im Hochsommer den Teich, um an Land weiterzuleben. Die Überwinterung (Oktober bis April) erfolgt in Höhlen, eingegraben im Boden, unter Laub, Steinen, Moos u. ä. Der Laubfrosch steht unter strengem Artenschutz.

■ Libellen

Hufeisen-Azurjungfern (Coenagrion puella) bei der Paarung („Paarungsrad")

Große Pechlibelle ♀ (Ischura elegans), Thorax kann – wie bei ♂ – auch blau gefärbt sein

Braune Mosaikjungfer ♀ (Aeshna grandis), die Flügel sind deutlich braun getönt

Die Zweigestreifte Quelljungfer (Cordulegaster boltoni) ist im Bergland weit verbreitet

Kleine Moosjungfer (Lencorrhinia dubia), beim ♀ gelbe Zeichnungen auf Brust und Hinterleib

Blaugrüne Mosaikjungfer (Aeshna cyanea), eine unserer größten einheimischen Libellen

Die 1 bis 13 cm langen Libellen (Klein- und Großlibellen) sind hervorragende Flieger, die ihre Nahrung, Mücken und andere Fluginsekten, im Flug erbeuten. Ihre Eier legen sie in Gewässern ab, indem sie diese einfach ins Wasser fallen lassen oder an Wasserpflanzen ankleben. Die Entwicklungsdauer der räuberisch lebenden Larve beträgt – je nach Art und Klima – wenige Monate bis zu mehreren Jahren.

Die Larven besitzen eine vorschnellbare Fangmaske (umgewandelte Unterlippe), mit der sie ihre Beute (Insekten, Kaulquappen, Fischlarven und andere kleine Wassertiere) blitzschnell ergreifen können. Mit der Umwandlung zum Vollinsekt verlassen die Libellen das Wasser, um fortan in der Luft nach Insekten zu jagen, die sie mithilfe ihrer langen Beine ergreifen. Auf ihren Jagdausflügen können sie sich teilweise recht weit von ihren Heimatgewässern entfernen. Libellen gehören mit zu den wichtigsten Mückenbekämpfern. Alle 80 einheimischen Libellenarten stehen unter Artenschutz.

■ Lurche → Amphibien

■ Moderlieschen

(Leucaspius delineatus)

Die bis 9 cm großen Moderlieschen gehören zu den Karpfenfischen. Der in seinem Bestand gefährdete Schwarmfisch ist gut für den Gartenteich geeignet, da er zu den wenigen Fischen gehört, die Laich und Jungtiere der Amphibien weitgehend verschonen. Seine Nahrung bilden vorwiegend Plankton (Kleinkrebse, Rädertierchen usw.) sowie Mücken und ihre Larven. Als Schwarmfisch sollten mindestens 9 Exemplare zusammen gehalten werden, Einzeltiere kümmern.

■ Molche

Molche gehören wie die Salamander zur Familie der Schwanzlurche (Kennzeichen: wohlentwickelter Schwanz). Im Gegensatz zu den Salamandern, die ganzjährig an Land leben, halten sie sich zumindest während der Paarungszeit im Wasser auf. Im Unterschied zu den Kaulquappen der Frösche entwickeln sich bei den Larven der Molche die Vorderbeine vor den Hinterbeinen. → Bergmolch, → Kammmolch, → Teichmolch

■ Mücken

Die weiblichen, 4 bis 6 mm langen Stechmücken müssen Blut saugen, um sich fortpflanzen zu können (vor der Eibildung). Da sie dazu nicht nur Tiere, sondern auch den Menschen aufsuchen, sind sie äußerst lästig. Zudem können sie beim Saugen, vor allem in südlichen Ländern, auch Krankheiten übertragen.

Obwohl sich die bis 10 mm großen Larven der Stechmücken im Wasser entwickeln, ist eine Mückenplage in einem natürlichen Teich nicht zu befürchten, da sie einer Vielzahl von Wassertieren als Nahrung dienen. Im Teich bilden sie somit ein wichtiges Glied in der Nahrungskette.

■ Muschel → Teichmuschel

■ **Plankton**

Unter Plankton versteht man die Gesamtheit der im Wasser schwebenden ein- und mehrzelligen tierischen (Zooplankton) und pflanzlichen Organismen (Phytoplankton). Sie weisen keine oder nur eine geringe Eigenbewegung auf. Alle Planktonten[1] sind wichtige Glieder der Nahrungskette und spielen eine wichtige Rolle bei der Selbstreinigung von Gewässern, indem sie ihre Nahrung durch Filtrierung des Wassers aufnehmen. Überdies handelt es sich beim pflanzlichen Plankton, den einzelligen Grünalgen, um einen der bedeutsamsten Sauerstoffproduzenten). → Amöben, → Geißeltierchen, → Glockentierchen, → Hüpferlinge, → Kleinkrebse, → Pantoffeltierchen, → Rädertierchen, → Wimperntierchen.

■ **Rädertierchen**

Die 0,5 bis 3 mm kleinen Tierchen zählen zu den Schlauchwürmern. An ihrem Vorderende befinden sich Wimperkränze, die zur Ausführung von Schwimmbewegungen und dem Herbeistrudeln von Nahrung (Bakterien, kleinstes Plankton, Kleinstalgen, Zersetzungsreste) dienen. Die durchgeführten Wimpernschläge erwecken den Eindruck eines drehenden Rades (Name!). Rädertierchen kommen bereits in kleinsten Wasseransammlungen vor. Ihre sehr widerstandsfähigen Eier können mit dem Wind verbreitet werden. Als Planktonten sind sie wichtige Glieder der Nahrungskette.

---

[1] Planktont (griech.), der: im Wasser schwebendes Lebewesen

■ **Ringelnatter** *(Natrix natrix)*

Die Ringelnatter schwimmt und taucht hervorragend

Die Ringelnatter ist die häufigste noch vorkommende Schlange bei uns. Sie steht wie alle Reptilien unter Naturschutz. Das typische Kennzeichen dieser dunkelgrau bis schwarz gefärbten, 70 cm bis 90 cm, manchmal sogar 150 bis 200 cm langen Schlange ist je ein weißlich gelber oder orangefarbener Fleck zu beiden Seiten des Nackens. Sie lebt gerne am und im Wasser, wo sie als ausgezeichnete Schwimmerin vor allem Jagd auf Insekten, Frösche und Fische macht. Die im Gegensatz zu Blindschleiche und Kreuzotter tagaktiven Tiere legen ihre Eier zwischen Juni und September in Kompost-, Mist- und Laubhaufen.

Die Ringelnatter hat sehr viele Fressfeinde, wie z. B. Störche, Reiher, Weihen, Bussarde, Rabenvögel, Igel, und Marder. Ernsthaft gefährdet wird sie jedoch nur durch die Aktivitäten des Menschen (Trockenlegung von Gewässern, Zerstörung naturnaher Lebensräume). Für den Menschen selbst ist diese Schlange völlig ungefährlich.

■ **Ringelschnake** → **Mücken**

■ **Rückenschwimmer**
   (Notonecta glauca)

Rückenschwimmer gehören zur Familie der Wasserwanzen. Die etwa 15 mm kleinen, mit großen Komplexaugen ausgestatteten, räuberisch lebenden Insekten schwimmen mit dem Rücken nach unten, wobei sie unter dem Wasserspiegel hängen. Sie sind nicht nur gute Schwimmer, sondern können auch fliegen. Ihre Nahrung besteht

überwiegend aus Insekten, die auf die Wasseroberfläche gefallen sind, sowie aus kleineren Wassertieren der oberen Wasserschichten. Stoßen sie beim Absuchen der Wasseroberfläche auf lebende oder tote Tiere, stechen sie diese an und saugen sie aus. Wasserwanzen sollte man nicht in die Hand nehmen, da ihr Stich auch für den Menschen recht schmerzhaft ist. Rückenschwimmer zählen mit zu den wichtigsten Mückenbekämpfern.

■ **Schlangen** → **Ringelnatter**

■ **Stechmücken** → **Mücken**

■ **Stichlinge**

Die bis 7 cm großen Stichlinge sind zwar hinsichtlich ihres Balzverhaltens und ihrer Brutfürsorge sehr interessante Fische, für einen naturnahen Gartenteich sind sie jedoch nicht geeignet, da sie im Schwarm die Larven der Amphibien überfallen und töten.

■ **Taumelkäfer, Gemeiner**
   (Gyrinus substriatus)

Ihren Namen bekamen die 5 bis 7 mm kleinen, schwarz glänzenden, flugfähigen Käfer nach ihren taumelnden Schwimmbewegungen an der Wasseroberfläche. Sie besitzen 2 Augenpaare, die so angeordnet sind, dass sie gleichzeitig Beobachtungen über und unter der Wasseroberfläche durchführen können. Sie leben räuberisch von ins Wasser gefallenen Insekten.

■ **Teichmolch** *(Triturus vulgaris)*

Teichmolchmännchen im Hochzeitskleid

Der bis 11 cm lange Teichmolch ist aufgrund seiner hohen Anpassungsfähigkeit unser häufigster einheimischer Molch. Der Kopf des Männchens ist auffallend hell-dunkel längs gestreift (Streifenmolch). Zur Paarungszeit weist das Männchen einen hohen gezackten bis gewellten Rückenkamm auf, der hinter dem Kopf beginnt und ohne Unterbrechung in den ähnlich geformten Schwanzsaum übergeht. Bereits ab Februar verlässt der Teichmolch seine Winterverstecke an Land, um zur Paarung Gewässer aufzusuchen. Bei niedrigen Temperaturen (< 8 °C Wassertemperatur) hält er sich am Gewässergrund im Schlamm bzw. zwischen Pflanzen verborgen. Der Teichmolch ist ein sehr guter Schwimmer. Die Jungmolche verlassen im Alter von 3 Monaten den Teich, um bis zur Geschlechtsreife (im 3. Lebensjahr) an Land zu leben, wo sie sich als nachtaktive Räuber von Insekten, Spinnen, Würmern und anderem Kleingetier ernähren.

■ Teichmuschel *(Anodonta cygnea)*

Die bis zu 20 cm lang und 12 cm hoch werdende Teichmuschel lebt im Schlammgrund von Gewässern. Auf der Nahrungssuche (Plankton) arbeitet sie sich durch den Bodengrund, wobei sie den Boden aufwirbelt und das Wasser filtriert. Pro Stunde können so bis zu 40 Liter Wasser umgewälzt werden (biologische Wasserreinigung!). Im Frühjahr gibt die Muschel Tausende von Larven an das Wasser ab, die schmarotzend an Fischen leben (sog. Glochidien). Nach 2 bis 10 Wochen haben sich kleine Muscheln entwickelt, die ihren Wirt verlassen und zu Boden sinken (Verbreitung!). → Bitterlinge

■ Wasserflöhe

Der bekannteste Vertreter dieser Kleinkrebse ist der 1,2 bis 4,5 mm lange Gemeine Wasserfloh *(Daphnia pulex)*. Sein Körper ist – mit Ausnahme des Kopfes – von zwei durchscheinenden Schalen bedeckt. Typisches Kennzeichen sind die hüpfenden Schwimmbewegungen, die durch die ruckartigen Ruderbewegungen des zweiten Antennenpaares zustande kommen. Wasserflöhe findet man in allen Gewässern, von der Pfütze bis zum See. In ausgetrockneten Gewässern können sie in Form von Dauereiern überwintern. Ihre Nahrung besteht aus Bakterien, einzelligen Algen und anderen Planktonten. Wasserflöhe dienen sehr vielen Wassertieren als Nahrung (wichtiges Fischfutter!).

■ Wasserfrosch *(Rana esculenta)*

Der Wasserfrosch verbringt den größten Teil seines Lebens im und am Wasser

Der bis zu 12,5 cm große, hellgrün gefärbte, tag- und nachtaktive Wasser- oder Teichfrosch verbringt im Gegensatz zum Grasfrosch den größten Teil seines Lebens (März bis Oktober) im und am Wasser. Er ist ein ausgezeichneter Schwimmer, der seine Beute (Insekten und andere Kleintiere) im Sprung oder durch schnelles Zuschnappen erbeutet. Bei Störungen taucht er ab. Zur Paarungszeit (April bis Juni) veranstalten die Männchen mithilfe ihrer zwei großen, aus den Mundwinkeln heraustretenden Schallblasen laute und anhaltende Rufkonzerte. Schwimmblattpflanzen, wie z. B. Seerosen, werden sehr gerne als Ruhe- und Beobachtungsplätze angenommen.

■ Wasserkäfer

Sammelbezeichnung für Käfer, die im Wasser leben. → Gelbrandkäfer, → Taumelkäfer

■ Wasserläufer

Bei den 0,5 bis 2 mm langen Wasserläufern handelt es sich um räuberische Landwanzen, die auf der Oberfläche von Gewässern leben. Beim Absuchen der Wasseroberfläche nach ins Wasser gefallenen Kleininsekten laufen sie mit ihren langen Beinen blitzschnell über die Wasseroberfläche (wichtige Mückenbekämpfer!). Das Luftpolster zwischen den dichten Haaren der Körperunterseite schützt vor dem Versinken. Entsprechend viel Zeit verbringen sie mit dem Putzen ihres Haarkleides. Als gute Flieger gehören sie zu den Erstbesiedlern neuer Gewässer (auch Kleinstgewässer, wie z. B. Pfützen oder Vogeltränken). Ihre Eier legen sie unter der Wasseroberfläche ab. Häufig werden diese im Gefieder von Vögeln verbreitet.

■ Wasserspinne

(Argyroneta aquatica)

Die Wasserspinne ist die einzige Spinne, die ihr ganzes Leben im Wasser verbringt. Zum Leben unter Wasser spinnt sie zwischen den Wasserpflanzen ein kuppelartiges Gewölbe (Glocke), das sie mithilfe ihrer Körperbehaarung mit Luft von der Wasseroberfläche anfüllt (Luftglocke).

■ Wasserwanzen

Sammelbezeichnung für im Wasser lebende Wanzen. → Rückenschwimmer, → Wasserläufer

■ Wimperntierchen

Bewimperte Einzeller, die selbst in dünnsten Wasserfilmen leben können. Die Wimpern dienen der Fortbewegung und dem Herbeistrudeln von Nahrung (Bakterien, Algen, Rädertierchen). → Pantoffeltierchen

1.6 Abdichtung

Liegen Wasser stauende Schichten im Untergrund vor, braucht man nur ein Loch bis zu dieser Schicht auszuheben, das Ganze mit Wasser aufzufüllen und der Teich ist fertig zum Bepflanzen. Da diese Situation relativ selten anzutreffen ist, muss im Allgemeinen eine wasserdichte „Wanne" künstlich geschaffen werden, die dafür sorgt, dass das Wasser des späteren Teiches nicht ausläuft. Zur Abdichtung können verschiedene Materialien, wie Beton, Ton, Folie und andere Kunststoffe, verwendet werden. Daneben bietet der Handel auch Fertigteiche an, die nur noch in die vorgefertigte Teichmulde gesetzt werden müssen.

1.6.1 Beton

Teiche aus Beton sind in aller Regel recht arbeitsaufwendig und teuer in der Herstellung, vor allem dann, wenn aufwendige Schalungsarbeiten erforderlich werden. Zudem besteht die Gefahr, dass durch Frost oder Setzen des Bodens Risse entstehen.

1.6.2 Ton

Die Wasserdurchlässigkeit eines Bodens hängt vom Durchmesser seiner Poren (Grob-, Mittel- und Feinporen) ab. Je enger die Poren, d.h. je höher der Anteil an Feinporen (Durchmesser < 0,2 mm), desto geringer ist sie. Je mehr Ton ein Boden enthält, desto höher ist der Anteil an Feinporen. Demzufolge neigen tonreiche Böden zur Staunässe. Hinzu kommt, dass Tonteilchen leicht Wasser aufnehmen, wobei sie quellen, d.h. ihr Volumen vergrößern, sodass bei entsprechend hohem Tonanteil der Boden wasserundurchlässig wird. So haben Tone in der Natur als Grundwasserstauer eine große Bedeutung. Die Eigenschaft des Tones nutzt man beim Bau von Teichen aus. Dabei kann man im Prinzip zwischen zwei Verfahren unterscheiden:

Beimischung von Tonmineralen

Bei diesem Verfahren wird der Tongehalt eines bindigen Bodens durch die Zugabe von quellfähigen Tonmineralen, z.B. Bentonit erhöht. Zur Ermittlung der erforderlichen Bentonitmenge und Einarbeitungstiefe ist eine Bodenanalyse hinsichtlich der Kornzusammensetzung und Wasserdurchlässigkeit erforderlich. Im Allgemeinen gilt bei Tonböden eine Beimischung von 2 Gew.-% und eine Durchmischungszone von 15 bis 30 cm als ausreichend. Der Ton wird in den Untergrund eingefräst.

Nach der Einmischung wird die Fläche verdichtet und zum Schutz vor mechanischen Beschädigungen mit einer etwa 30 cm dicken Sandschicht abgedeckt.

Den Abschluss bildet eine Schicht lehmhaltigen Bodens. Durch die Auflastung wird Dichtungsbrüchen in Folge verstärkter Quellung vorgebeugt (s. Abb. 1).

Einbau einer eigenständigen Dichtungsschicht aus Ton

Nachdem die Teichmulde modelliert und der Untergrund verdichtet wurde, kann die zusätzliche Dichtungsschicht aus Ton auf verschiedene Weise erstellt werden:

- **Ton** (aus natürlichen Tonvorkommen) wird als loses Material in drei Schichten eingebaut. Jede Schicht sollte nach dem Verdichten mindestens 10 cm dick sein.
- **Fertigelemente aus Ton**
  Der aus natürlichen Vorkommen abgebaute Ton wird aufbereitet und zu Teichbauelementen ($32 \times 27 \times 10$ cm) gepresst. Seitliche Verzahnungen sowie Schrägschnitte in Längsrichtung erleichtern das Verlegen und Verbinden der einzelnen Tonplatten miteinander (s. Abb. 1).
- **Tonminerale** werden auf den verdichteten Teichboden ausgebracht. Verwendet wird pulverförmiges Bentonit, das in einer etwa 2 cm dicken Schicht (8 bis 12 kg/m^2) aufgetragen wird. Kommen die Tonminerale mit Wasser in Berührung, quellen sie auf und bilden eine wasserundurchlässige Schicht.

Beim Arbeiten mit Ton muss auf 100%ige Sauberkeit geachtet werden. Erfolgt eine Verunreinigung mit Sand oder organischer Substanz, ist eine ausreichende Verdichtung nicht mehr möglich! Zudem ist darauf zu achten, dass die Tonschichten stets feucht sind – also auch während der

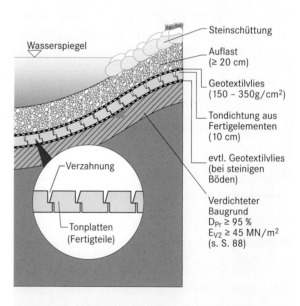

Wasserspiegel

Steinschüttung

Auflast (≥ 20 cm)

Geotextilvlies (150 – 350 g/cm^2)

Tondichtung aus Fertigelementen (10 cm)

evtl. Geotextilvlies (bei steinigen Böden)

Verdichteter Baugrund $D_{Pr} \geq 95\%$ $E_{V2} \geq 45$ MN/m^2 (s. S. 88)

Verzahnung

Tonplatten (Fertigteile)

Abb. 1 Bau eines Tonteichs

Arbeit. Ausgetrockneter Ton kann nicht mehr und zu nasser Ton (z. B. infolge Dauerregens) nur noch mit großem Aufwand und unter hohen Kosten (Einarbeitung von Löschkalk) verwendet werden.

Arbeitsschritte (s. Abb. 1, S. 422):

1. Bodenaushub (Böschungen flach ausbilden: Steigung maximal 1 : 3 [ca. 18 °], besser 1 : 4 oder 1 : 5)
2. Planum herstellen (Teichrand besonders sorgfältig!)
3. Untergrund standfest verdichten
4. Handelt es sich um Aufschüttungen oder ist der Untergrund sehr stein- oder sandreich, sollte ein Geovlies als Trenn- und Sauberkeitsschicht verlegt werden
5. Verlegung der erdfeuchten und knetbaren Fertigelemente aus Ton nach Anweisungen des Herstellers
6. Die Tonplatten werden mithilfe von Vibrationsstampfern, -platten oder -walzen (z. B. Schaffußwalze) verknetet
7. Zum Schutz vor einer Vermischung der Tonschicht mit Material aus der Auflastschicht wird ein Geotextilvlies verlegt (Überlappung 50 cm)
8. Als Auflast zum Schutz vor mechanischen Beschädigungen, Dichtungsbrüchen in Folge verstärkter Quellung oder Austrocknung bei niedrigem Wasserstand wird eine mindestens 20 cm dicke Schicht aus kalkfreiem Kies (8/16), Schotter, Mineralgemisch (8/32) oder humusfreiem Boden eingebracht und verdichtet
9. Wasser einlaufen lassen

Obwohl die Verwendung von Ton ein naturnahes Verfahren darstellt, ergeben sich doch folgende Nachteile:
- relativ arbeitsaufwendig (0,5 Stunden pro m²) → nicht gerade preiswert,
- Saugspannung an den Rändern führen zu zusätzlichen Verdunstungsverlusten,
- Gefahr von Undichtigkeit aufgrund von Trockenrissen, starkem Wurzelwachstum (Bäume, Rohrkolben, Schilf) oder der wühlenden Tätigkeit von Wühlmäusen und Maulwürfen,
- Böschungen dürfen nicht steiler als maximal 1 : 3 verlaufen, weil der Ton sich sonst nicht ausreichend verdichten lässt und die Auflast abrutschen würde. Dieses bedingt bei einer Wassertiefe von 1 m bereits eine Teichgröße von fast 40 m², bei 50 cm immerhin noch von 15 m².

1.6.3 Glasfaserverstärktes Polyesterharz

Teiche aus glasfaserverstärktem Polyesterharz (GfK) können an Ort und Stelle selbst erstellt werden. Dieses Verfahren, bei dem in Polyesterharz getränkte Glasfasermatten in die ausgehobene und modulierte Teichmulde verlegt und mit Polyesterharz verwalzt werden, ist vom Bootsbau her bekannt. Die Abdeckung mit Polyesterharz verhindert eine Durchnässung und damit Zerstörung der Glasfaser. Der Werkstoff ermöglicht die Modellierung nahezu aller Formen. Richtig hergestellt, sind derartige Teiche nahezu unverwüstlich. Sie sind formstabil, schlag- und frostfest, widerstandsfähig gegen Wurzeldruck und leicht zu transportieren (z. B. bei einem Umzug). Weder Sandbett noch Schutzvlies sind notwendig. Nachteilig sind die sehr hohen Kosten. Der Bau derartiger Teiche ist sehr arbeitsaufwendig und erfordert handwerkliches Geschick.

1.6.4 Folien

Am meisten verbreitet ist der Folienteich. Verglichen mit anderen Dichtungsmaterialien ist Folie für den Teichbau sehr gut geeignet. Sie passt sich allen Teichformen an, ist relativ preiswert und einfach zu verlegen. Zudem lassen sich Beschädigungen leicht reparieren, indem z. B. Flicken auch unter Wasser angebracht werden können. Wichtig ist nur die Auswahl der richtigen Folie.

Verwendet werden spezielle Teichfolien aus **PVC** (Polyvinylchlorid), **PE** (Polyethylen), **TPO** (Thermoplastische Polyolefine) oder **Synthesekautschuk** wie **EPDM** (Ethylen/Propylen-Dien-Mixture), die kalt oder heiß zu verschweißen sind. Farben sind möglich. Bei UV-Bestrahlung muss mit vorzeitiger Alterung und Versprödung (Randbereich!) gerechnet werden. Allgemein gilt:

- **PVC-Folien** enthalten zum Schutz vor Versprödung Weichmacher. Da diese im Lauf der Zeit auswandern, versprödet die Folie allmählich. Leicht zu verarbeiten, bei Kälte jedoch sehr steif (Bruchgefahr) → bei warmer und trockener Witterung verarbeiten. Entsorgung (Rücknahme) schon beim Kauf regeln.
- **PE-Folien** sind elastischer und häufig auch stabiler als PVC. Da sie keine Weichmacher enthalten, verspröden sie auch nicht. Verwendet werden chlorierte PE-Bahnen (= PE-C oder CPE); sehr fest, wenig dehnbar, bei Kälte sehr steif, heiß zu verschweißen, wenige Farben. Problem: gealtertes PE-C kann nicht mehr verschweißt werden (Undichtigkeiten!).
- **TPO-Folien** sind sehr flexibel und belastbar; heiß zu verschweißen, große Farbenvielfalt.

■ **EPDM-Folien** weisen i.d.R. die höchste Qualität auf. Keine Weichmacher, sehr elastisch und dehnbar, große Rollenbreiten möglich (werden meist im Werk verschweißt), auch bei Minusgraden zu verlegen, Farbe schwarz/anthrazit, problemlose Entsorgung.

Teichfolien werden in unterschiedlichen Stärken angeboten. Empfohlen werden **Mindestdicken von 1,2 mm.**

Erhältlich sind Teichfolien – je nach Material – als Rollenware in 2 bis 15 m Breite sowie fertig verschweißte Flächen, die in jeder gewünschten Größe geliefert werden können. Eine Fertigfolie ist im Prinzip einer vor Ort vorzunehmenden Verschweißung vorzuziehen, da die Haftung für undichte Nähte an den Hersteller übergeht. Bedenkt man jedoch, dass eine 1 mm dicke Folie etwa 1,4 kg pro m^2 wiegt, wird verständlich, dass Fertigfolien für größere Teiche aufgrund ihres hohen Gewichtes nicht mehr bzw. nur noch mühsam verlegt werden können. In diesen Fällen kann es notwendig werden, die einzelnen Folienbahnen an Ort und Stelle zu verkleben bzw. zu verschweißen. Gegebenenfalls sollte man die Arbeiten von einem Fachmann, z.B. Dachdecker, vor Ort durchführen lassen.

Eine **Teichfolie** sollte folgende Eigenschaften aufweisen:
■ Stärke ≥ 1 mm
■ schadstoff- und regeneratfrei[1]
■ muss Trinkwasserqualität entsprechen (frei von giftigen Schwermetallen)
■ pflanzen- und tierverträglich (keine Ausscheidung schädlicher Stoffe)
■ hohe Belastbarkeit (evtl. mehrschichtige Folie)
■ wurzelfest
■ hohe UV-Stabilität
■ hitze-, kälte- und frostbeständig
■ verrottungsfest
■ Haltbarkeit mindestens 10 bis 20 Jahre (Garantiezeiten!)
■ recyclebar (auf Rücknahme- und Entsorgungsgarantie des Herstellers bzw. Lieferanten achten!)

A) Kaltverschweißung (Quellenverschweißung)
■ Folienbahnen auf einer ebenen Unterlage überlappend (5 bis 10 cm) auflegen, Klebeflächen sorgfältig säubern
■ Klebefalz mit Sandsack beschweren, den die arbeitende Person hinter sich herzieht
■ Quellkleber auftragen und mit Andruckrolle zusammenpressen
■ Naht auf beiden Seiten mit Flüssigfolie versiegeln

B) Heißluft-/Thermoverschweißung
■ Mit einem Industrieföhn (600 bis 700 °C) werden die Folien im Überlappungsbereich zum Schmelzen gebracht, sonst wie oben.

Abb. 1 Terrassierter Fertigteich

1.6.5 Fertigteiche

Fertigteiche aus **Hart-Polyethylen** oder glasfaserverstärktem Polyester sind in verschiedenen Formen, Größen und Tiefen erhältlich. Sie sind schnell eingebaut, sehr stabil und weisen bei sachgemäßem Einbau – Beckenrand muss absolut waagerecht liegen – eine sehr lange Lebenszeit auf. Häufig sind sie terrassiert (mehrstufig), so können verschiedene Wassertiefen auf relativ kleiner Fläche erreicht werden (s. Abb. 1). Beim Einbau ist darauf zu achten, dass die Wannen gut auf dem Boden aufsitzen. Hohlräume können zu größeren Spannungen und infolgedessen zu einem Leck führen. Der Teichboden sollte schalenförmig sein, da Ausbuchtungen nach unten einen hohlraumfreien Einbau erschweren. Fertigteiche in Form von Baukastensystemen ermöglichen das Verbinden mehrerer Teichschalen, auch unterschiedlicher Höhen und Formen.

Glasfaserteiche sind teurer, dafür aber stabiler und noch langlebiger. Die Wandungen sollten konisch (kegelförmig) zulaufen, damit beim Gefrieren des Wassers durch die sich ausdehnende Eisdecke keine Schäden entstehen. Nicht selten wird den Teichen neben einer genauen Einbauanleitung ein Bepflanzungsplan beigefügt. Nachteilig bei Fertigteichen sind in erster Linie die vorgegebene Form, die begrenzte Tiefe und die sehr steilen Ränder.

---

[1] Durch chemische Aufbereitung von Abfallstoffen gewonnenes Material

1.7 Bau eines Folienteiches (Reihenfolge)

① Zum Auskoffern eines großen Teiches ist ein Minibagger ideal. Nach Einweisung und kurzer Übungszeit lässt sich das Gerät recht einfach handhaben. Nach dem Grobaushub wird das Teichbett mit dem Spaten ausgeformt.

⑤ Rollkies schützt die Folie vor Beschädigungen und gibt dem Teich ein natürliches Aussehen. Das relativ billige Material wird per LKW angeliefert. Pflanzen werden sparsam eingesetzt, weil sie stark wuchern.

② Gewöhnlicher Bausand oder Flusssand ist ein natürliches Polster für die Folie, denn er schützt sie vor spitzen Gegenständen und fängt den Wasserdruck ab.

⑥ Nur an der Folie ist noch zu erkennen, dass der Teich künstlich angelegt wurde. Ist er voll gelaufen, werden die Ränder bündig abgeschnitten und gegebenenfalls mit Grobkieseln abgedeckt. Das zunächst trübe Wasser klärt sich in wenigen Tagen von selbst.

③ Wenn die Folie richtig liegt, können bereits weit überstehende Ränder abgeschnitten werden. Der exakte Zuschnitt erfolgt aber erst nach dem Fluten und dem Einbau der Ränder.

⑦ Die Folienränder dienen als Saugsperre, wenn sie hochgestellt und mit Kies aufgerichtet werden. Dadurch kann das umliegende Erdreich kein Wasser anziehen. Falls möglich, wird eine Zuleitung von einer Dachrinne zum Teich geschaffen. So kann man sich das Nachfüllen mit teurem und oft sehr hartem Trinkwasser sparen.

④ Beim Fluten des Teiches presst der Wasserdruck die nachgiebige Folie fest in ihr Bett. Während der Teich langsam voll läuft, kann er bereits eingerichtet, also bepflanzt, werden.

⑧ So sieht der Teich rund sieben Monate später aus. Angelegt werden kann er vom Frühjahr bis in den Herbst, wobei die warme Jahreszeit für die Arbeiten natürlich am angenehmsten ist.

1.7.1 Arbeitsschritte

1. **Markierung der Teichumrisse**

   Um eine Vorstelung über Größe und Form des späteren Teiches zu gewinnen, kann man die Umrisse mit einem langen Gartenschlauch oder einer Schnur markieren. Dann werden die Teichumrisse wie auch die geplanten Wasserzonen mit Sand gekennzeichnet. Bedenken Sie, dass sich die offene Wasserfläche um die Sumpfzone verringert.

2. **Aushub der Teichmulde**

   Klären Sie, ob an der geplanten Stelle irgendwelche Kabel (z. B. Strom, Telefon) oder Rohrleitungen (z. B. Wasserleitung) verlaufen.

3. **Festlegung der Teichhöhe**

   Der spätere Teichrand muss exakt überall gleich hoch sein, damit der spätere Teich nicht an einer Stelle ausläuft. Zur Nivellierung werden in gewissen Abständen zur markierten Teichform Holzpflöcke eingeschlagen. Mit dem Nivelliergerät wird die erforderliche Höhe ausgemessen und auf die Pflöcke übertragen. Zur deutlichen Kennzeichnung der Teichhöhe während des Aushebens der Teichmulde können die einzelnen Höhenpflöcke mit einer Schnur untereinander verbunden werden.

   Auf durchlässigen Böden kann bei starken Niederschlägen aus dem Teich überlaufendes Wasser normalerweise problemlos versickern. Dort, wo die Aufnahmefähigkeit des Bodens zu gering ist, sollte ein Überlauf eingeplant werden. Dazu wird an einer geeigneten Stelle der Teichrand etwas abgesenkt, sodass überflüssiges Wasser dort austritt. Über eine mit einem Gefälle (2 bis 3 %) versehene Rinne kann das überfließende Wasser in eine mit grobem Kies gefüllte Sickergrube geleitet werden.

   Gut geeignet ist auch ein Überlauf zu einer nicht in Verbindung mit dem Wasser des Teiches stehenden Sumpfzone. Dazu wird der Teichrand zur Sumpfzone hin um wenige Zentimeter abgesenkt.

Beispiel zur Berechnung der erforderlichen Aushubtiefe	Sumpfzone	Flachwasserzone	Tiefwasserzone
Angestrebte Wassertiefe	10 cm	30 cm	100 cm
Sand als Folienunterlage	10 cm	10 cm	10 cm
Bodengrund	20 cm	20 cm	20 cm
Sicherheitszuschlag	10 cm	10 cm	10 cm
Aushubtiefe	50 cm	70 cm	140 cm

Wie berücksichtigt man später einzubringende Sand- und Substratschichten? Sind z. B. 30 cm zusätzlich zu berücksichtigen, ergibt sich die folgende Vorgehensweise, bei der die Erdschichten nach und nach abgetragen werden: Zunächst wird die gesamte Fläche 40 cm tief abgetragen (40 cm - 30 cm = 10 cm tiefe Sumpfzone). Der Bereich der späteren Flach- und Tiefwasserzone wird danach nochmals um 20 cm vertieft. Die Wassertiefe der späteren Flachwasserzone beträgt dann 30 cm. Innerhalb dieser nun 60 cm tiefen Zone wird dort, wo die Tiefwasserzone geplant ist, eine weitere Vertiefung vorgenommen, sodass schließlich eine Tiefe von 1,30 m erreicht wird (1,30 m - 30 cm Sand-/Substratschicht = 1 m Wassertiefe). Da der spätere Wasserstand mindestens 10 cm unterhalb der Uferlinie liegt, sollte man generell 10 cm tiefer ausheben, als zuvor ausgerechnet (s. Tab.). Kleinere Teiche können von Hand ausgehoben werden. Bei größeren Teichen empfiehlt sich der Einsatz eines Baggers ggf. eines Minibaggers. Pflanzterrassen bzw. -mulden können nach dem Grobaushub mit Spaten und Schaufel nachmoduliert werden. Sie sollten etwas eingesenkt werden, damit der eingefüllte Boden nicht abrutscht (s. Abb. 1, S. 403). Der Unterboden kann für die weitere Gestaltung des Gartens verwendet werden, z. B. Steingarten, Wall oder für den Teichgrund. Der fruchtbare Oberboden ist dazu nicht geeignet. Er kann auf Pflanzflächen verteilt werden.

4. **Einbringung einer Sandschicht oder eines Geovlieses**

   Nachdem der Teichboden von Steinen, scharfen Gegenständen und evtl. aus dem Boden herausragenden Wurzeln gesäubert ist, wird er geglättet und verdichtet. Zum Schutz der Teichfolie und zum Auffangen des Wasserdrucks wird eine mindestens 10 cm dicke Schicht aus Sand (0/2) oder Kiessand (0/4) eingebracht.

   Damit die Folie überall lückenlos aufliegt, ist das Sandbett zu glätten. Bei einem steinigen Untergrund oder der Gefahr eines Unterwurzelns der Folie kann es von Vorteil sein, statt des Sandes oder auch zusätzlich eine synthetische Vliesmatte (sog. Geovlies, ≥ 500 g/m²) als Folienunterlage zu verwenden. Sie bietet zudem eine größere Sicherheit vor Folienschäden durch Nagetierfraß (z. B. Wühlmäuse).

5. **Ermittlung der Foliengröße**

Zur Ermittlung der Foliengröße eignet sich am besten ein Bandmaß oder eine Schnur. Auf allen Seiten sollte sie mindestens 50 cm über den Teichrand hinausragen. Lieber etwas größer als zu klein bemessen!

Beispiel	Größte Länge des Teiches	5,00 m
	+ 2 · 50 cm Teichrand	1,00 m
	+ 2 · 100 cm Teichtiefe	2,00 m
	Benötigte Folienlänge	8,00 m
	Größte Breite des Teiches	4,00 m
	+ 2 · 50 cm Teichrand	1,00 m
	+ 2 · 100 cm Teichtiefe	2,00 m
	Benötigte Folienbreite	7,00 m

6. **Einlegen der Teichfolie**

Die Teichfolie wird über die Grube ausgebreitet (am besten mit mehreren Leuten), herabgelassen und locker ausgerichtet, damit sie sich beim späteren Wassereinlassen der Teichform ohne Spannungen anpassen kann. Auftretende Falten zieht man so gut es geht glatt. Vermeiden Sie Knickfalten und Hohlräume. Das Ausbreiten der Folie in der Sonne vor dem Einbringen in die Teichmulde macht sie weicher und geschmeidiger und erleichtert damit das Verlegen. Weit überstehende Ränder können abgeschnitten werden. Der genaue Zuschnitt erfolgt sicherheitshalber aber erst, wenn das Wasser im Teich und der Rand gestaltet ist. Zur provisorischen Befestigung der Folie wird der Folienüberstand an den Teichrändern mit Erde oder größeren Steinen beschwert.

7. **Einbringung von Bodengrund**

Als Bodengrund eignen sich vor allem nährstoffarme Kiese oder Lava. Da die meisten Wasser- und Sumpfpflanzen Flachwurzler sind, reicht eine Bodenschicht von 20 bis 30 cm aus. Häufig wird das Einbringen von Bodengrund auf die Sumpfzone beschränkt. Pflanzen der Tiefwasserzone werden dann in mit Substrat gefüllte Pflanzkörbe gesetzt.

8. **Einlassen von Wasser**

Der Teich wird langsam mit Wasser gefüllt. Dabei wird die Folie durch den sich aufbauenden Wasserdruck nach und nach in den Teich gezogen.

Ideal zur Auffüllung eines Teiches ist Regenwasser. Aber auch Leitungswasser ist, wenn auch eigentlich zu kostbar, geeignet (s. Tab. 1). Die beim Einleiten entstehende Trübung des Wassers verschwindet nach einigen Tagen, wenn sich die aufgewirbelten Schwebstoffe abgesetzt haben. Ein unnötiges Aufwirbeln des Bodengrundes beim Einfüllen kann vermieden werden, indem das Wasser zunächst in einen Eimer läuft, aus dem es dann in den Teich überläuft.

PH-Wert	7,0 – 8,5
Elektrische Leitfähigkeit	< 1200 µS/cm
Gesamthärte	5 – 14 °dH
Karbonathärte	5 – 14 °dH
Ammonium (abhängig vom pH-Wert)	< 0,5 mg/l
Nitrat	< 50 mg/l
Nitrit	< 0,1 mg/l
Phosphat	< 0,025 mg/l
Sulfat	< 240 mg/l

Tab. 1 Teichwasserqualität – empfohlene Bereiche

1.7.2 Teichrandgestaltung

Bei der Gestaltung des Teichrandes geht es darum:
- diesen so natürlich wie möglich erscheinen zu lassen,
- in den Teich gefallenen Kleintieren ein Herausklettern zu ermöglichen und
- Wasserverluste durch die Saugwirkung des angrenzenden Bodens (Kapillarkraft) zu verhindern.

Naturnahe Teichrandgestaltung

Achten Sie darauf, dass der Folienrand überall verdeckt ist. Ein sichtbarer Rand sieht nicht nur unschön aus, sondern verkürzt auch die Haltbarkeit der Folie, da sie permanent den Witterungseinflüssen, vor allem der UV-Strahlung, ausgesetzt ist. Zur Abdeckung kommen verschiedene Materialien, wie z. B. Rollkies, Findlinge, Platten oder Grassoden (20 × 40 cm) infrage.

Ein Kiesel- oder Steinufer sollte bis ins Wasser reichen, sodass auch bei fallendem Wasserstand die Folie nicht sichtbar wird. Zum Kaschieren der Teichränder eignen sich auch Stauden, die zur Wasserfläche überhängen.

Ferner werden auf dem Markt sogenannte Steinfolien angeboten. Es handelt sich dabei um mit kleinen Kieseln beschichtete Folien, die ohne Probleme verklebt oder verschweißt werden können.

Böschungsmatten aus Kunststoff oder Kokosfasern mit oder ohne spezielle Pflanzentaschen ermöglichen auch die Bepflanzung steil abfallender Ufer. Die Gestaltung ist gelungen, wenn nicht erkennbar ist, ob es sich um einen natürlichen oder künstlich angelegten Teich handelt. Dies bedingt z. B. auch eine abwechslungsreiche Gestaltung.

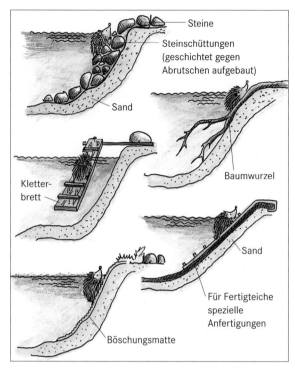

Steine

Steinschüttungen (geschichtet gegen Abrutschen aufgebaut)

Sand

Kletterbrett

Baumwurzel

Sand

Für Fertigteiche spezielle Anfertigungen

Böschungsmatte

Abb. 1   Bei Teichen mit Steilufern müssen Maßnahmen ergriffen werden, die es ins Wasser gefallenen Kleinsäugern ermöglichen, sich selbst zu retten

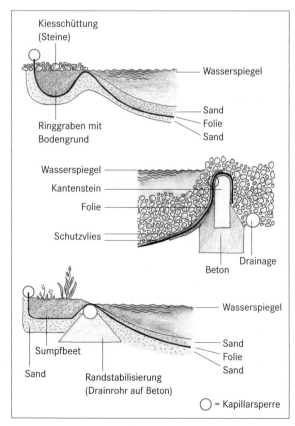

Kiesschüttung (Steine)

Wasserspiegel

Ringgraben mit Bodengrund

Sand
Folie
Sand

Wasserspiegel

Kantenstein

Folie

Schutzvlies

Drainage

Beton

Wasserspiegel

Sumpfbeet

Sand
Folie
Sand

Sand

Randstabilisierung (Drainrohr auf Beton)

○ = Kapillarsperre

Abb. 2   Erstellung einer Kapillarsperre

So wirkt ein rundum mit Steinen abgedeckter oder mit Stauden bepflanzter Teichrand eher unnatürlich und monoton.

Ausstiegsmöglichkeiten für Tiere

Bei der Gestaltung des Teichrandes ist ferner darauf zu achten, dass in den Teich gefallene Kleintiere (z. B. Igel, Spitzmäuse) wieder hinausgelangen können. So dürfen z. B. Platten- oder Holzabdeckungen nicht in den Teich hineinragen, da sie ein Hinausklettern so gut wie unmöglich machen. Die beste Sicherheit bietet ein flach auslaufendes Ufer. Wo dieses aus Platzgründen nicht machbar ist, können Kletterbretter am Rand des Teiches befestigt oder Steine mit flacher Steigung im Wasser aufgeschüttet werden (s. Abb. 1).

Erstellung einer Kapillarsperre

Besteht zwischen dem umgebenden Erdreich und dem Wasser des Teiches eine Verbindung, können vor allem an heißen Tagen aufgrund der Kapillarwirkung erhebliche Wasserverluste (bis über 30 l pro m^2 und Tag) eintreten. Um dieses zu verhindern, wird mithilfe der den Teichrand überragenden Folie eine **Kapillarsperre** (Saugsperre) errichtet (s. Abb. 2).

1.8   Pflanzung

1.8.1   Zeitpunkt

Gepflanzt werden kann während der gesamten Vegetationsperiode, da die Stauden in Töpfen und Containern angeboten werden. Als günstige Pflanzzeit für Sumpf- und Wasserpflanzen gilt das späte Frühjahr (Mitte April bis Mai), wenn sich das Wasser bereits erwärmt hat und das Pflanzenwachstum beginnt. Je wärmer das Wasser, desto besser und schneller werden sich die Pflanzen entwickeln. Im Herbst eingesetzte Pflanzen können wegen der kurzen Anwachsphase und der folgenden winterlichen Wachstumsruhe leicht wegfaulen.

1.8.2   Anzahl der verwendeten Pflanzen

Im Gegensatz zur Uferzone, die relativ üppig bepflanzt werden kann, sollte man sich bei der Auswahl der Sumpf- und Wasserpflanzen auf wenige Pflanzen beschränken, damit der Teich nicht innerhalb weniger Jahre völlig zuwuchert und verlandet. Zudem fördert eine sparsame Bepflanzung die Entwicklung von Spontanvegetation.

1.8.3 Durchführung

Während das Wasser langsam in den Teich einläuft, wird bereits mit dem Pflanzen begonnen. **Wasserpflanzen** (*Hydrophyten*), vor allem die **Unterwasserpflanzen**, müssen möglichst schnell ins Wasser kommen, da sie nur einen schwach entwickelten Verdunstungsschutz aufweisen und sehr schnell austrocknen. **Schwimmpflanzen** werden nur ins Wasser gelegt/geworfen. **Im Boden wurzelnde Unterwasserpflanzen** werden entsprechend ihrem Lebensbereich (s. S. 405 ff.) eingepflanzt. Da nicht immer abzusehen ist, ob die entsprechende Art sich auch unter den jeweiligen Bedingungen gut entwickeln wird, sollte man sicherheitshalber zwei oder drei verschiedene Arten an unterschiedlichen Stellen des Gartenteiches einsetzen. Als günstig gilt, $1/4$ des Teichbodens mit Unterwasserpflanzen zu besetzen. Beim Pflanzen arbeitet man sich von innen nach außen vor, also von der Tiefzone zur Sumpfzone.

Gepflanzt wird in den Bodengrund bzw. in Pflanzgefäße. Vor allem wuchernde Pflanzen können durch das Einsetzen in mit Vlies oder Kokosgewebe ausgelegte Pflanzkörbe aus Kunststoff oder Naturfasern an einer zu starken Ausbreitung gehindert werden.

1.8.4 Gestaltungsprinzipien

- Wichtige Auswahlkriterien für die Pflanzenzusammenstellung sind – neben Berücksichtigung der erforderlichen Wassertiefe – Blütenfarbe und -zeit, Wuchs- und Blattformen sowie Wuchsstärke und -höhe.
- Die Wasserfläche sollte von vorn betrachtet werden können. Also kommen höher wachsende Pflanzen in den Hintergrund, kleinwüchsige in den Vordergrund.
- Eine Seite des Teiches sollte zur Beobachtung und Durchführung von Pflegemaßnahmen leicht zugänglich sein. Dazu kann ein schmaler, befestigter Weg entlang eines Uferstückes angelegt werden. Ideale Bedingungen für Naturbeobachtungen bietet auch ein etwas in den Teich hineinragender Steg oder eine kleine Brücke.
- Eine abwechslungsreiche Bepflanzung mit z. B. höher und niedriger wachsenden Pflanzen, in Horsten angeordnet, wirkt natürlicher als eine Aufreihung nach der Pflanzengröße.

1.9 Pflegemaßnahmen

Im Idealfall hat sich in einem naturnahen Teich ein biologisches Gleichgewicht aufgebaut, sodass Pflegemaßnahmen nur in sehr geringem Umfang erforderlich sind (s. Tab. 1). Jeder überflüssige oder falsche Eingriff ist immer mit Gefahren für das Ökosystem verbunden.

Januar	Februar	März	April	Mai	Juni	Juli	August	Sept.	Okt.	Nov.	Dez.
Schnee nach Möglichkeit vom Eis entfernen (Lichtmangel!). Eis niemals aufhacken. Gegebenenfalls Strohbündel oder Styroporkörper ins Wasser legen.		Entfernung von Laub und abgestorbenen Pflanzenteilen. Bei Verlandungsgefahr des Sumpfbereiches Material herausnehmen. Auf 2 bis 3 Jahre verteilen, um das biologische Gleichgewicht nicht zu sehr zu stören. Bei Bedarf Sumpf-/Röhrichtzone auslichten und zurückschneiden (Stängel nicht unter Wasser abschneiden → Gefahr von Pilzinfektionen).			Zu groß gewordene Schwimmblattpflanzen zurückschneiden (Rhizome einkürzen). Bei starker Verdunstung Wasser nachfüllen. Massenweise auftretende Entengrütze einmal pro Woche abfischen. Gleiches gilt für Algen.		Stark wuchernde Pflanzen einkürzen.		Frostempfindliche Wasserpflanzen herausnehmen und bei ca. 10 °C hell überwintern. Falllaub entfernen (Unterwasserpflanzen!). Überwinterungsmöglichkeiten für Tiere schaffen. Fische aus zu flachen Teichen zum Überwintern herausnehmen.		Schnee nach Möglichkeit vom Eis entfernen.

Tab. 1   Jahrespflegeplan Teich

2 Bachbau

Abb. 1 Natürlich gestalteter Bachlauf

Ein gut gestalteter Bachlauf, der sich harmonisch in den Garten einfügt und natürlich wirkt, kann einen Gartenteich vervollkommnen (s. Abb. 1). Zudem wirkt er belebend auf Fauna und Flora des Gartenteiches. Voraussetzungen sind jedoch eine Quelle und ein Gefälle.

2.1 Quelle

Da in den meisten Fällen keine Quelle vorhanden ist, muss eine künstliche geschaffen werden. Dies geschieht mithilfe einer elektrischen Pumpe, die an der tiefsten Stelle des Teiches versenkt wird. Über einen Schlauch pumpt sie Wasser aus dem Teich hinauf zur „Quelle", von wo es über den Bach in den Teich zurückfließt. Die Ausmaße des Bachlaufs müssen sich an der Größe des Teiches orientieren, damit bei eingeschalteter Pumpe der Wasserstand im Teich nicht zu großen Schwankungen unterliegt. Das obere Schlauchende, also die „Quelle", wird geschickt mit Steinen unsichtbar gemacht. Gut geeignet sind auch sogenannte Quell-/Sprudelsteine, die mit einer Bohrung für den Schlauch versehen sind (s. Abb. 1, S. 433).

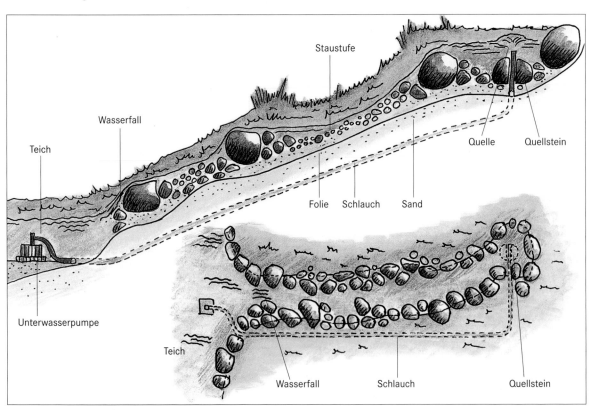

Abb. 2 Der Wasserkreislauf eines Bachlaufs

2.2 Gefälle und Form

Dort, wo kein natürliches Gefälle vorliegt, wird es künstlich hergestellt. Als Material bietet sich der Bodenaushub vom Gartenteich an. Gefälle und Breite des Bachbetts sollten so gewählt werden, dass das Wasser nicht zu schnell und nicht zu langsam fließt. **Je breiter und flacher das Bachbett, desto langsamer, je schmaler und tiefer, desto schneller fließt das Wasser.** Im Allgemeinen reicht eine Breite von 50 cm und eine Tiefe von 20 bis 30 cm aus, wobei die Wassertiefe selten mehr als 10 cm beträgt. Als optimal gilt ein **Gefälle von 1 bis 5 %** (1 bis 5 cm pro Meter). Größere Höhenunterschiede können durch den **Einbau von Stufen, Kaskaden[1] oder Wasserfällen** überbrückt werden. Sie machen einen Bach nicht nur abwechslungsreicher, sondern fördern auch die Anreicherung des Wassers mit Sauerstoff.

Besonders reizvoll wirkt Wasser, das über die in flachen Stufen angeordneten Steine eines Steingartens plätschert oder sich in Form eines kleinen Wasserfalls in den Teich ergießt. Fallen die Stufen leicht gegen die Fließrichtung des Wassers ab, sind sie auch bedeckt, wenn die Pumpe nicht läuft. Keinesfalls sollte versäumt werden, unterschiedlich tiefe **Staustufen oder Tümpel** mit möglichst breiten Überläufen im Bachbett auszuheben, in denen sich das Wasser ansammeln kann. Sie dienen nicht nur vielen Tieren als Trink- und Badestätten, sondern sorgen auch dafür, dass der Bach durch Ausschalten der Pumpe nicht völlig trockengelegt wird. Auf der anderen Seite ist darauf zu achten, **dass Bach- und Teichgröße aufeinander abgestimmt sind**, sodass der Teich bei Füllung des Bachbetts nicht leer gepumpt wird. Mithilfe der folgenden Formel kann der erforderliche **Wasserbedarf für den Bachlauf** überschlägig berechnet werden:

$$\text{Wassermenge } Q = L \times \frac{B}{2} \times T + r^2 \times \pi \times L$$

	Beispielsrechnung
L = Bachlänge in m	10,0 m
B = Bachbreite in m	0,50 m
T = Mittlere Bachtiefe in m	0,25 m
$r^2 \times \pi$ = Querschnitt des Schlauches/Rohres in m^2	Ø 1 1/4″ (1″ = 25,4 mm) → 0,0008 m^2
Q = erforderliche Wassermenge	0,633 m^3 = 633 l Wasser

Um natürlich zu wirken, sollte ein Bachlauf nach Möglichkeit schmale wie breite Stellen, gerade und gewundene Abschnitte aufweisen. Am natürlichsten kann man einen Bachlauf gestalten, wenn man sich die Natur als Vorbild nimmt und versucht, ihre Bachläufe und Wasserfälle im verkleinerten Maßstab nachzubauen.

2.3 Teich-/Bachpumpe

2.3.1 Eigenschaften

Üblich sind elektrische **Kreiselpumpen** (ein Flügelrad fördert das Wasser), die vorwiegend als Unterwasserpumpen (Tauchpumpen) eingesetzt werden. Geliefert werden sie in der Regel mit einem Filtervorsatz. Eine große Filterfläche verhindert ein vorzeitiges Verschmutzen der Pumpe. Wichtig ist, dass sich die Pumpen immer unterhalb der Wasseroberfläche befinden. Fallen sie trocken, fressen sie sich fest. Daneben gibt es Teichpumpen, die auch außerhalb des Wassers verwendet werden können, z. B. für Wasserfälle, Fontänen,

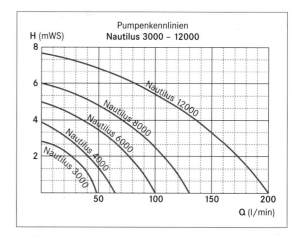

Pumpe	Maximale Förderhöhe	Liter/min. (maximal)	Leistungsaufnahme (Watt)
N. 3000	2,90 m	47	40
N. 4000	3,90 m	65	60
N. 6000	5,10 m	100	100
N. 8000	6,10 m	130	170
N. 12000	7,70 m	200	280

Abb. 1 Die Pumpenkennlinie gibt Auskunft über die Förderleistung einer Pumpe

Wasserglocken, Sprudler und Wasserspeier (s. S. 433). Da Teichpumpen nach dem **Umwälzprinzip** arbeiten (Umwälzpumpen), bedürfen sie keines zusätzlichen Wasseranschlusses. Das Einzige, was benötigt wird, ist ein Stromanschluss in der Nähe des Gartenteiches. Solarenergie macht auch diesen überflüssig.

---

[1] Kaskade, die: (franz.) [künstlicher] stufenförmiger Wasserfall

2.3.2 Leistungsfähigkeit

Bei der Auswahl der Teich- bzw. Bachpumpe ist darauf zu achten, dass ihre Leistungsfähigkeit groß genug ist, um die erforderliche Wassermenge in die gewünschte Höhe zu transportieren. Allgemein gilt: **Je breiter das Bachbett, je weiter die Entfernung und je höher die Förderhöhe, desto mehr Wasser muss transportiert werden, desto leistungsfähiger muss die Pumpe sein.** Welche Pumpenleistung erforderlich ist, lässt sich aus Grafiken der Hersteller, sogenannten **Pumpenkennlinien**, ablesen (s. Abb. 1, S. 431). Aus der Kurve lässt sich entnehmen, bei welcher Förderhöhe welche Menge Wasser (m^3/h oder l/min) zur Verfügung steht. Generell besteht zwischen Förderstrom und Förderhöhe einer Pumpe eine Abhängigkeit. So hat jede Änderung der Förderhöhe stets auch eine Änderung des Förderstroms zur Folge:
- großer Förderstrom → geringe Förderhöhe,
- kleiner Förderstrom → große Förderhöhe.

Für einen etwas größeren, munter plätschernden Bach benötigt man eine Pumpe mit einer **Austrittsleistung an der Quelle von 50 bis 60 l/min.**

Da in den seltensten Fällen der zu überbrückende Höhenunterschied mehr als 2 bis 3 Meter beträgt, genügt dafür eine Pumpe mit einer maximalen **Förderleistung von 60 bis 100 l/min.** Für kleinere Bäche reicht häufig schon eine Pumpe mit einer Wasserdurchflussmenge von 10 bis 20 l/min aus. Im Zweifelsfall sollte man die notwendige Pumpenkapazität von einem Fachmann berechnen lassen. So beeinflusst z. B. auch der Durchmesser des PVC-Schlauches, über den das Wasser aus dem Teich hinauf zur Quelle gepumpt wird, aufgrund des entstehenden Reibungswiderstandes die Förderleistung einer Pumpe. Je enger der Schlauchdurchmesser und je weiter die Entfernung, desto stärker ist diese Kraft. Folglich sollte die **Unterwasserpumpe möglichst nahe der Bachmündung** platziert werden. Dadurch wird auch verhindert, dass eine Strömung im Teich entsteht, die Pflanzen – vor allem Seerosen – und Tiere negativ beeinflussen kann.

Je höher die Pumpenleistung, desto höher ist natürlich auch der Stromverbrauch. Keinen Strom benötigen Solarpumpen, die jedoch aufgrund ihrer allgemein geringen Leistung nur für kleine Wasserläufe infrage kommen.

2.3.3 Sicherheitsaspekte

Besonderes Augenmerk muss auf die Sicherheit gerichtet sein, da Strom und Wasser normalerweise eine tödliche Verbindung sind! Damit die Strom führenden Teile nicht mit Wasser in Berührung kommen können, sind sie wasserdicht verkapselt oder mit Kunstharz völlig versiegelt. Gleiches gilt für Kabeleintritte. Die Elektromotoren laufen in einem versiegelten Ölbad.

Die Pumpen werden steckfertig geliefert, sind somit leicht installierbar und sofort betriebsbereit. Eine Abschaltautomatik, die die Pumpe beim Blockieren des Laufrades automatisch abschaltet, kann für zusätzliche Sicherheit sorgen. Zur eigenen Sicherheit sollten nur mit dem **VDE- und GS-Zeichen** versehene Markengeräte verwendet werden. Sinnvollerweise sollte die Pumpe auch mit dem Prüfzeichen des VDE für Funkschutz ausgestattet sein. Wichtig ist auch, dass ein **FI-Schutzschalter** (Fehlstromschutzschalter) zwischen Gerät und Steckdose vorhanden ist, der permanent den Stromkreislauf auf Unregelmäßigkeiten hin überwacht. Bei einem Defekt in der elektrischen Leitung unterbricht er die Stromzufuhr in Bruchteilen einer Sekunde, sodass kein Strom an das Wasser abgegeben wird.

Wenn möglich, sollten die ungefährlicheren **Niederspannungspumpen** verwendet werden (zusätzlicher Transformator zur Spannungsumwandlung notwendig).

Das Stromkabel wird zum Schutz vor versehentlicher Beschädigung durch ein Kunststoffisolierrohr, das mit Ziegelsteinen abgedeckt wird, geführt und in einem mindestens 50 cm tiefen Graben verlegt. Sein Verlauf wird in eine maßstabsgerechte Zeichnung der Anlage eingetragen.

> **Merke**
>
> Installations- und Reparaturarbeiten an elektrischen Geräten und Strom führenden Leitungen – vor allem im Zusammenhang mit Wasser (!) – dürfen nur von einer Elektrofachkraft vorgenommen werden! Vor dem Hantieren mit elektrischen Geräten immer erst den Netzstecker ziehen!

2.4 Dichtungsmaterialien

Zur **Abdichtung des Bachlaufs** können die Materialien benutzen werden, die auch für den Teichbau geeignet sind. Auf Ton sollte man jedoch besser verzichten, da die Gefahr groß ist, dass er von dem fließenden Wasser ausgewaschen wird.

Der Handel bietet eine Reihe von Fertigteilen (Felsimitationen) an, mit denen Kaskaden, Wasserfälle und ganze Bachläufe relativ einfach, wenn auch nicht ganz billig, angelegt werden können. Der Bau mit Teichfolie ist jedoch am gebräuchlichsten, nicht zuletzt wegen des größeren gestalterischen Spielraums.

Abb. 1 Quellstein (durchbohrter Findling)

Abb. 2 Schaumfontäne

Abb. 3 Wasserglocke

Abb. 4 Strahlenfontäne

Abb. 5 Mühlensteinbrunnen

Abb. 6 Schleierwindengruppe

Abb. 7 Schleierpyramide

Abb. 8 Dreiarmige Fontänensäule

Abb. 9 Bachlauf aus Felsimitation

Abb. 10 3-Schalen-Kaskade

Abb. 11 Schleierorchidee

Abb. 12 Schöpfbrunnen mit Brunnensäule

3   Bau eines Baches mit Folie

⬇ **Vorgehensweise**

1. **Festlegung und Markierung des Bachverlaufs**

    Nachdem der Verlauf des Baches festgelegt und mit einer Schnur oder einem Schlauch markiert wurde, werden die äußeren Konturen mit Pflöcken abgesteckt. Stellen, an denen Staustufen oder Tümpel geplant sind, werden besonders gekennzeichnet.

2. **Aushub des Bachbetts**

    Von unten (vom Teich) beginnend wird das Bachbett mit Gefälle in vorgesehener Breite (plus zusätzlichen 30 bis 50 cm zu jeder Seite, dient der späteren Randbefestigung) und Tiefe ausgehoben. Dabei ist darauf zu achten, dass die Wände leicht schräg nach außen verlaufen. Staustufen bzw. Tümpel werden entsprechend tiefer ausgehoben. Steine und störende Wurzeln sind zu entfernen.

3. **Einbringung einer Sandschicht oder eines Geovlieses**

    Bei steinigem Untergrund wird zum Schutz der Folie gegen mechanische Schäden das Bachbett mit einer etwa 3 cm dicken Sandschicht oder einem Vlies ausgepolstert.

4. **Ermittlung der Foliengröße**

    Die Foliengröße wird ermittelt, indem eine Schnur, ein Schlauch oder ein Bandmaß durch das Bachbett gelegt wird. Für die Ausbildung des Bachrandes sollten etwa 30 cm Überstand an jeder Seite berücksichtigt werden (s. auch S. 427 f.). Ein gewundener Bach lässt sich am besten mit mehreren Folienstücken auskleiden. Die einzelnen Stücke müssen sich jeweils um 15 cm überlappen. Es können auch Folienreste vom Teichbau verwendet werden.

5. **Einlegen**

    Zunächst wird die Folie (Stärke 0,5 bis 0,8 mm ausreichend) locker ausgelegt und ggf. großzügig zugeschnitten. Der Folienrand muss höher sein als der spätere Wasserspiegel. Verlegt wird von unten (vom Teich) nach oben (zur Quelle).

⬇ 6. **Einbau der Wasserpumpe und Verlegung des Schlauchs**

    Die Pumpe wird an der tiefsten Stelle des Teiches auf einer Betonplatte oder Ziegelsteinen platziert und mit einem Schlauch verbunden, der locker zur Quelle verlegt wird (noch nicht eingraben!). Die Unterwasserpumpe sollte nach Möglichkeit in der Nähe der Bachmündung eingesetzt werden, um Strömungen im Teich zu vermeiden. Bei einer Wassertiefe von über 80 cm verbleibt die Pumpe über Winter im Teich. Ansonsten wird sie herausgenommen und in einem Eimer mit Wasser überwintert.

7. **Fluten des Bachbetts**

    Nachdem die Folie provisorisch mit Steinen befestigt wurde, wird das Bachbeet zur Überprüfung der richtigen Lage und Dichte der Folie und des Wasserflusses geflutet. Dazu sollte die Pumpe ein bis zwei Stunden laufen. Der Wasserstand im Teich wird auf größere Veränderungen hin (Absinken von mehr als 5 cm) beobachtet.

8. **Eingraben des Schlauchs**

    Nach erfolgreichem Probelauf kann der Schlauch eingegraben werden. Dazu wird ein etwa 25 cm tiefer, parallel zum Bach verlaufender Graben ausgehoben. Der in den Graben gelegte Schlauch wird zum Schutz vor Beschädigungen (z. B. bei Pflanzarbeiten) mit Ziegelsteinen abgedeckt. Abschließend wird der Graben zugeschaufelt.

9. **Kaschieren der Folie**

    Als Füllmaterial für das Bachbett ist Rollkies gut geeignet. Mithilfe von Rollkies und größeren Steinen wird die Folie an den Rändern des Baches verdeckt. An der Außenseite wird der Folienrand mit Erde bedeckt, die ihren Halt durch die von innen angelegten Steine bekommt. Herausragende Folienränder werden erst nach Abschluss der Uferbepflanzung abgeschnitten.

10. **Ufergestaltung**

    Für die Uferbepflanzung sind auch die Pflanzen geeignet, die für die Bepflanzung eines Teichufers verwendet werden. Eine Ausnahme bilden sich stark ausbreitende Arten. Sie sind ungeeignet, da sie innerhalb kürzester Zeit den Bach überwuchern würden.

4　Zubehör

4.1　Wasserspiele

Das Angebot an Wasserspielen ist kaum überschaubar (s. S. 433). Betrieben werden sie alle mithilfe von Umwälzpumpen (s. S. 431 f.). Ob in Parks und Gärten, auf Plätzen oder in Fußgängerzonen, **Springbrunnen** wirken mit ihren vielgestaltigen Fontänen ungemein anziehend auf den Menschen. Mithilfe unterschiedlicher Düsenköpfe sind verschiedenartigste **Fontänenbilder**, wie Schaumsprudler, schirmartige Wasserglocken, zierliche Pirouetten oder mehrstrahlige und -stufige Fontänen, möglich (s. S. 433). Leistungsstarke Pumpen können auch mehrere Wasserspiele gleichzeitig betreiben. Bei der Auswahl von Art und Größe der Fontäne sollte man sich an den Dimensionen des Gartens bzw. der Grünanlage orientieren. Die größte Fontäne Europas (82 m hoch) befindet sich in den Herrenhäuser Gärten in Hannover. Die Austrittsleistung beträgt 138 l/s.

Große Fontänen verlieren häufig sehr viel Wasser, welches verspritzt oder mit dem Wind abgetrieben wird, sodass Teich oder Wasserbehälter leer gepumpt werden können. Je gewaltiger zudem die Fontänenhöhe, desto größer muss die Pumenleistung sein, desto höher sind die Anschaffungs- und Betriebskosten. Obwohl Springbrunnen durch die starke Wasserbewegung ganz wesentlich zur Sauerstoffanreicherung beitragen, sind sie für einen Naturteich wenig geeignet, da Pflanzen – besonders Seerosen – und die Tiere des Teiches sehr empfindlich auf die starken Wasserbewegungen reagieren können. Gegebenenfalls sollte man dem Springbrunnen einen eigenen kleinen Teich geben.

4.2　Teichfilter

Teichfilter werden zur **Reinigung des Wassers von organischen Stoffen** eingesetzt. Damit sie nicht verschlämmen, werden sie nicht direkt auf den Teichgrund, sondern etwas höher, z. B. auf eine Bodenplatte, gestellt. Sie bestehen im Allgemeinen aus einer Unterwasserpumpe und einem Filter. Die Reinigung erfolgt mechanisch und biologisch. Das von der Pumpe angesaugte Wasser durchströmt den Filter, wobei die im Wasser schwebenden Feststoffe von Filterpatronen festgehalten werden. Auf den Filterstoffen (z. B. Schaumstoffe) siedeln sich Bakterien an, die die im Filter festgehaltenen organischen Substanzen abbauen (mineralisieren). In bestimmten Intervallen muss die Filtermasse ersetzt bzw. gereinigt werden.

Bei Mehrfachfiltern handelt es sich häufig um Gewebefilter, die auswaschbar sind. Das gereinigte Wasser kann über eine Fontäne, einen Wasserfall, -lauf oder -speier in den Teich zurückgeführt werden. Die Reinigungsleistung der Filter ist begrenzt. Davon abgesehen ist ein Teichfilter nur selten wirklich notwendig. Eine Ausnahme können Teiche mit einem hohen Fischbesatz bilden. Aus ökologischer Sicht wesentlich sinnvoller wäre hier aber der Einsatz einer Pflanzenkläranlage, durch die man das Teichwasser mithilfe eines Baches leitet. Eine ausreichend große, dicht bewachsene Sumpfzone kann ebenfalls als Pflanzenkläranlage dienen (s. Abb. 1, S. 436).

4.3　Oxydator

Mithilfe eines sogenannten Oxydators kann man dem Teich Sauerstoff ohne Stromverbrauch zuführen. Es handelt sich dabei um einen feinporigen Behälter, in dem sich ein Plastikgefäß mit einem kleinen Katalysator befindet. In das Plastikgefäß wird Wasserstoffperoxid gefüllt, das mithilfe des Katalysators in Wasser und Sauerstoff zerlegt wird. Alle 2 bis 3 Monate muss Wasserstoffperoxid (in Apotheken erhältlich) nachgefüllt werden. Ist der Katalysator verbraucht, muss auch dieser erneuert werden. Genau das gleiche Verfahren wird bei der Desinfektion von Kontaktlinsen angewandt. Das Wasserstoffperoxid desinfiziert die Linsen und wird dann vom Katalysator in Wasser und Sauerstoff umgewandelt.

4.4　Beleuchtung

Mithilfe einer Beleuchtung können Pflanzen und Gegenstände eines Gartens effektvoll ins richtige Licht gesetzt werden. Das Angebot ist riesig groß. So gibt es Schwimmleuchten, die sich für den Einsatz im wie auch außerhalb des Wassers eignen, Unterwasserscheinwerfer zur Beleuchtung von Wasserspielen während der Nacht, kleine Gartenstrahler mit Erdspießen zur Anstrahlung von Gegenständen, Springbrunnen mit eingebauter Beleuchtung, ganze Lichterketten und vieles mehr. Durch Verwendung von Farbscheiben sind verschiedene Farbvariationen möglich.

Bevor die Beleuchtung endgültig angebracht wird, sollte so lange experimentiert werden, bis mit den verschiedenen Lichteffekten eine reizvolle Gesamtwirkung erzielt ist. Um dies zu erreichen, sind die entstehenden Effekte von möglichst vielen Standorten auf ihre Wirkung hin zu betrachten. Die Lampen werden so angeordnet, dass sie am Tage nicht sichtbar sind, es sei denn, es handelt sich um dekorative Beleuchtungen.

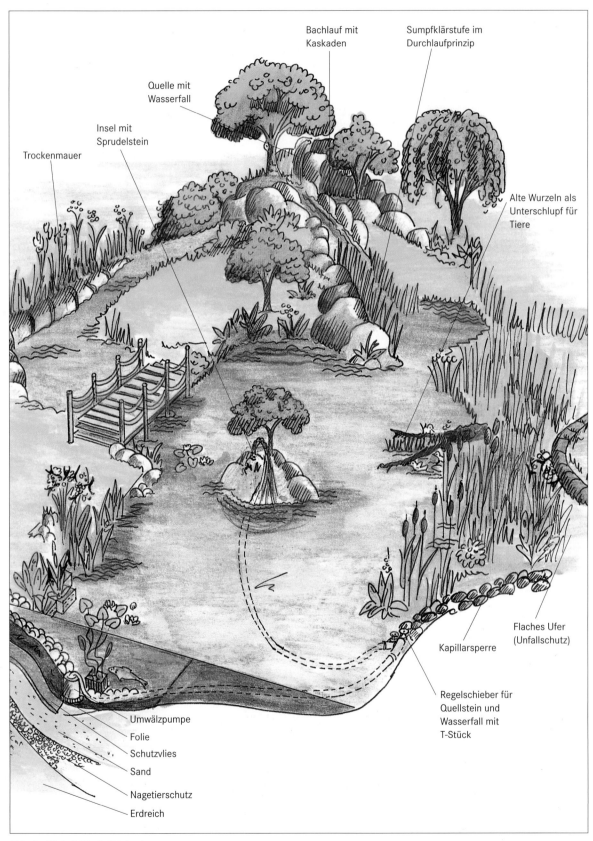

Bachlauf mit
Kaskaden

Sumpfklärstufe im
Durchlaufprinzip

Quelle mit
Wasserfall

Insel mit
Sprudelstein

Trockenmauer

Alte Wurzeln als
Unterschlupf für
Tiere

Flaches Ufer
(Unfallschutz)

Kapillarsperre

Regelschieber für
Quellstein und
Wasserfall mit
T-Stück

Umwälzpumpe

Folie

Schutzvlies

Sand

Nagetierschutz

Erdreich

Abb. 1 Die individuelle Teichanlage

Aufgaben

1. Nennen Sie mindestens drei Gründe, die für den Bau eines Teiches sprechen.

2. Führen Sie eine Umfrage zu Gartenteichen unter den Passanten einer Fußgängerzone durch. Erstellen Sie dazu einen Fragebogen, den Sie später auswerten. Zu welchen Ergebnissen sind Sie gekommen?

3. Am Anfang steht die Planung. Welche grundsätzlichen Überlegungen sind vor Baubeginn anzustellen?

4. Sind Teichanlagen genehmigungs- oder anzeigepflichtig?

5. Während der Laichzeit von Amphibien kann es durch quakende Frösche zu nächtlichen Ruhestörungen kommen. Wie sieht die Rechtslage aus?

6. Wasser übt auf Kinder magische Anziehungskräfte aus. Wer haftet, wenn es zu Unfällen kommt? Welche Maßnahmen müssen ergriffen werden, um der Verkehrssicherungspflicht Genüge zu tun?

7. Wie groß sollte ein Teich mindestens sein, damit sich ein ökologisches Gleichgewicht einstellen kann?

8. Für naturnahe Feuchtbiotope werden unregelmäßige Formen bevorzugt. Begründen Sie dies.

9. Zu einem naturnahen Teich gehören Zonen mit verschiedenen Wassertiefen (Lebensräumen). Nennen und beschreiben Sie diese.

10. Im Frühjahr schwimmen auf der Wasseroberfläche des Teiches Grasfrösche als aufgetriebene Leichen. Was ist passiert?

11. Wie breit und groß sollte die Sumpfzone mindestens sein, damit sich ein selbstregulierendes biologisches Gleichgewicht einstellen kann?

12. Warum sollte bei einem Teich der Übergang zum Ufer möglichst flach gehalten werden?

13. Wie können auch bei kleinen Teichen unterschiedliche Wassertiefen geschaffen werden?

14. Was ist bei der Wahl des Standortes zu beachten?

15. Warum sind schattige Bereiche vor allem dann wichtig, wenn Fische den Teich beleben sollen?

16. Warum sollte die Wahl des Standortes möglichst im Sommer erfolgen?

17. Beschreiben Sie, wie sich Wasserpflanzen (Hydrophyten) an ein Leben im Wasser angepasst haben.

18. Warum sollten Wasserpflanzen sofort ins Wasser gesetzt und auch nicht kurzfristig außerhalb des Wassers aufbewahrt werden?

19. Es kommt häufig vor, dass Wasserpflanzen jährlich ihren Standort wechseln. Wie ist dies zu erklären?

20. Unterscheiden Sie Schwimmpflanzen und Schwimmblattpflanzen.

21. Der Wasserknöterich, Polygonum amphibium, zählt zu den amphibischen Wasserpflanzen. Was versteht man darunter?

22. Erklären Sie, warum a) Unterwasserpflanzen und b) immergrüne Unterwasserpflanzen besonders wertvoll für das Leben in einem Teich sind.

23. Warum darf die Wasseroberfläche eines Teiches nicht völlig mit Schwimmblattpflanzen bedeckt sein? Wie viel der Wasseroberfläche sollte mindestens offen bleiben?

24. Was sind Helophyten und wie wirken sie einer Eutrophierung der Gewässer entgegen?

25. Erstellen Sie ein Wasserpflanzensortiment für die verschiedenen Lebensbereiche eines Teiches.

26. Wählen Sie jeweils fünf Pflanzen für die Tiefwasserzone, Flachwasserzone und Sumpfzone aus. Erstellen Sie zu diesen Pflanzen Steckbriefe (mit Abbildung!).

27. Nennen Sie drei a) Schwimmblattpflanzen, b) Unterwasserpflanzen und c) stark wuchernde Pflanzen.

28. Wie können wuchernde Pflanzen an einer zu starken Ausbreitung gehindert werden?

29. Besichtigen Sie eine Wasserpflanzengärtnerei. Nutzen Sie die Gelegenheit zur Beantwortung offener Fragen hinsichtlich der Pflanzenverwendung.

30. Holen Sie sich Anregungen für die Gestaltung von Teichen, indem Sie Teiche in Gärten und öffentlichen Anlagen besichtigen.

31. Laden Sie erfahrene Fachleute, die sich schwerpunktmäßig mit dem Bau von Teichanlagen bzw. Wassergärten beschäftigen, zu einer Expertenbefragung ein.

32. Beraten Sie einen Kunden in Bezug auf Standort, Pflanzung, Überwinterung und Vermehrung von Seerosen.

33. Was versteht man unter Röhricht?

34. Nennen Sie typische Pflanzen der Röhrichtzone.

35. Wodurch wirken Sumpfpflanzen einem Sauerstoffmangel im Teich entgegen?

36. Beobachten und notieren Sie die Entwicklung der Tier- und Pflanzenwelt eines Gartenteiches während der Jahreszeiten.

37. Was versteht man unter Amphibien? Nennen Sie die wichtigsten.

38. Warum sollte man keine Amphibien für den häuslichen Gartenteich einfangen?

Aufgaben

39. Warum sind Amphibien und Fische in Gartenteichen in der Regel nicht miteinander vereinbar?

40. Was ist Plankton und welche Bedeutung hat es?

41. Erstellen Sie eine Tabelle mit den Vor- und Nachteilen der verschiedenen Dichtungsmittel (Beton, Ton, GfK und Folie).

42. Warum ist die Verwendung von Ton auf relativ große Teiche begrenzt?

43. Welche Anforderungen werden an eine Teichfolie gestellt?

44. Welche Probleme könnten bei sehr langen Foliengarantiezeiten auf den Landschaftsgärtner zukommen?

45. Nennen Sie Vor- und Nachteile von Fertigteichen.

46. Nennen Sie die Arbeitsschritte beim Bau eines Folienteiches (in der richtigen Reihenfolge!).

47. Zeichnen Sie einen Querschnitt, aus dem der Aufbau eines Folienteiches hervorgeht.

48. Berechnen Sie die erforderliche Aushubtiefe, wenn die angestrebte Wassertiefe in der Sumpfzone 5 cm, der Flachwasserzone 25 cm und der Tiefwasserzone 80 cm betragen soll.

49. Die maximale Länge eines Teiches beträgt 4 m, die Tiefe 1 m und die Breite 3 m. Welche Länge und Breite muss die Folie aufweisen?

50. Wie kann die Foliengröße am besten ermittelt werden?

51. Wie können Folienbahnen miteinander verbunden werden?

52. Warum sollte der Landschaftsgärtner möglichst Folie in einem Stück verwenden bzw. im Werk verschweißen lassen?

53. Wie kann die Teichfolie vor Steinen oder scharfen Gegenständen im Boden geschützt werden?

54. Was ist bei der Wasserentnahme zur Teichfüllung aus öffentlichen Gewässern (z. B. Gräben, Seen usw.) zu beachten?

55. Was ist bei der Bepflanzung eines Teiches zu beachten?

56. Warum ist Gartenerde (Mutterboden) als Teichsubstrat nicht geeignet?

57. Warum gehört zu einem naturnahen Teich auch ein entsprechendes Umfeld?

58. Warum sollten Pflegemaßnahmen auf das unbedingt notwendige Maß begrenzt werden?

59. Warum ist ein naturnaher Teich relativ pflegeleicht?

60. Welche Pflegemaßnahmen fallen im Allgemeinen an?

61. Worauf deutet eine starke Algenentwicklung hin und wie kann sie beseitigt werden?

62. Erklären Sie, wodurch Unterwasserpflanzen einer Algenvermehrung entgegenwirken.

63. Warum kann durch das Einsetzen von Unterwasserpflanzen in einem bereits veralgten Teich die Veralgung nicht beseitigt werden?

64. Nennen Sie Maßnahmen zum Schutze von Kleingewässern in der freien Landschaft.

65. Erklären Sie, wodurch ein Bachlauf belebend auf Fauna und Flora eines Teiches wirkt.

66. Beobachten Sie Form, Größe und Wasserfluss von Bächen in der freien Natur. Wie muss demnach Ihre Planung aussehen, damit der Bachlauf im Garten so natürlich wie möglich aussieht?

67. Wodurch kann die Geschwindigkeit des Wassers verändert werden?

68. Beschreiben Sie den Wasserkreislauf eines Bachlaufs.

69. Warum hat sich die Dimension des Bachlaufs an der Größe des Teiches zu orientieren?

70. Nennen Sie günstige Maße (Breite, Tiefe, Gefälle) für einen Bachlauf.

71. Warum sollte auf Staustufen oder kleine Tümpel im Bachlauf nicht verzichtet werden?

72. Welche Anforderungen muss eine Wasserpumpe erfüllen?

73. Warum bedürfen Teichpumpen keines zusätzlichen Wasseranschlusses?

74. Wovon hängt die erforderliche Leistungsfähigkeit einer Pumpe ab?

75. Die Förderleistung der Teichpumpe soll 60 bis 100 l/min betragen. Wählen Sie aus Abb. 1, S. 431 die passende Pumpe aus.

76. Die zu überbrückende Höhe beträgt 2 m, die Austrittsleistung an der Quelle soll 50 bis 60 l/min betragen. Welche der in Abb. 1, S. 431 aufgeführten Pumpen ist erforderlich?

77. Welche Sicherheitsaspekte muss eine Teichpumpe erfüllen?

78. Nennen Sie Arbeitsschritte beim Bau eines Bachbetts aus Folie (in der richtigen Reihenfolge!).

79. Was ist bei der Platzierung der Teichpumpe zu beachten?

80. Wann sind Teichfilter notwendig?

81. Wie kann Teichwasser ökologisch sinnvoll gereinigt werden?

82. Was sollte bei der Installation einer Beleuchtung beachtet werden?

Pflanzenkläranlagen

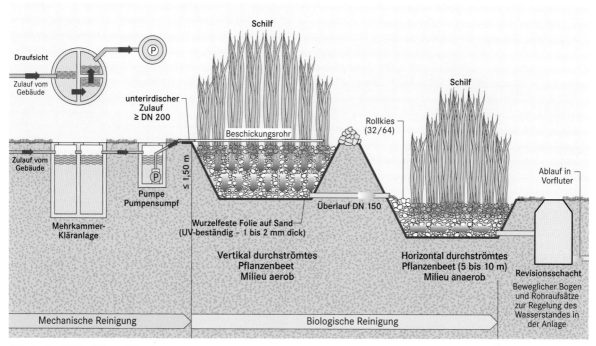

Abb. 1 Zweistufige Pflanzenkläranlage

1 Notwendigkeit der Wasserreinigung

Wasser ist für das Leben von Mensch, Tier und Pflanze unentbehrlich. Um Leben zu ermöglichen, muss es in ausreichender Menge und Güte zur Verfügung stehen. Die auf der Erde befindliche Wassermenge von etwa 1,38 Mrd. km^3 ist nicht vermehrbar. Sie befindet sich in einem ständigen Kreislauf. Von dieser Menge sind nur 2,5 % Süßwasser (35 Mio. km^3), wovon wiederum nur ein ganz geringer Teil von schätzungsweise 25 000 km^3 den Menschen weltweit zur Verfügung steht. Entsprechend besteht in vielen Ländern der Erde Wasserknappheit, gibt es Probleme bei der Versorgung mit Trink- und Brauchwasser sowie der Bewässerung zur Nahrungsmittelerzeugung.

Auch in Regionen, in denen genügend Wasser zur Verfügung steht, hat die zunehmende Verschmutzung der Gewässer vielfach dazu geführt, dass es an sauberem Wasser mangelt. Entsprechend wichtig ist zur Sicherung der Wasserversorgung die Wasseraufbereitung.

Als **Abwasser** wird das durch Gebrauch verunreinigte abfließende Wasser wie auch jedes in die Kanalisation gelangende Wasser bezeichnet. Heute sind die Mengen anfallenden Schmutzwassers so groß, dass die natürliche

Selbstreinigungskraft der Gewässer[1] nicht ausreicht, die Verunreinigungen zu beseitigen. Um zu vermeiden, dass die Gewässer „umkippen" und zu gewährleisten, dass genügend sauberes Trinkwasser zur Verfügung steht, müssen die Abwässer **Kläranlagen** durchlaufen, in denen sie gereinigt werden, bevor sie in die Gewässer abfließen.

Seit geraumer Zeit sind auch **Pflanzenkläranlagen** als naturnahe Verfahren zur Abwasserreinigung zugelassen. Als dezentrale Kleinkläranlagen für z. B. Haushalte, einzeln gelegene Anwesen, Campingplätze oder kleineren Kommunen können sie eine sinnvolle Alternative zu Kanalisation und zentralen Großkläranlagen darstellen.

> **Hinweis**
>
> Der Bau einer Pflanzenkläranlage muss von der zuständigen unteren Wasserbehörde genehmigt werden. Dabei bestehen regionale Unterschiede hinsichtlich Genehmigungsrichtlinien, planerischen Vorgaben und besonderen Auflagen.

---

[1] Die Fähigkeit der Gewässer, organische Wasserinhaltsstoffe unter Mitwirkung der im Wasser lebenden Kleinlebewesen, vor allem Bakterien und Algen, abzubauen.

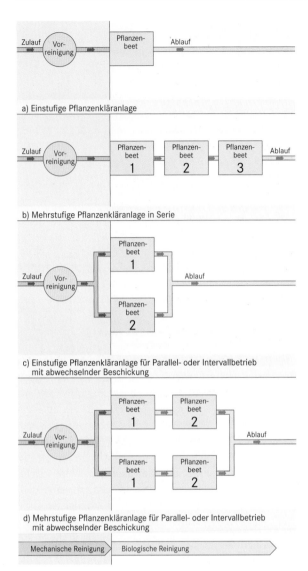

a) Einstufige Pflanzenkläranlage

b) Mehrstufige Pflanzenkläranlage in Serie

c) Einstufige Pflanzenkläranlage für Parallel- oder Intervallbetrieb mit abwechselnder Beschickung

d) Mehrstufige Pflanzenkläranlage für Parallel- oder Intervallbetrieb mit abwechselnder Beschickung

Mechanische Reinigung | Biologische Reinigung

Abb. 1 Die Pflanzenbeete können unterschiedlich angeordnet werden

2   Reinigungsleistung

Hauptbestandteil der Stoffe im häuslichen Abwasser sind menschliche Ausscheidungen. Zum Abbau der organischen Schmutzlast durch Bakterien ist Sauerstoff nötig. Eine Größe zur Beurteilung der Belastung mit biologisch abbaubaren Stoffen ist der **biologische Sauerstoffbedarf (BSB)**. Es wird davon ausgegangen, dass in Europa jeder Einwohner im Mittel pro Tag organische Schmutzstoffe mit dem häuslichen Abwasser abführt, die zu ihrem Abbau einen Sauerstoffbedarf von 60 g haben. Man bezeichnet dieses Maß für den durch das Abwasser eines Einwohners hervorgerufenen Sauerstoffbedarfs als **Einwohnergleichwert (EGW)** oder **Einwohnerwert (EW)**. Somit entspricht

1 EW mit 60 g BSB_5[1] der täglichen Schmutzfracht eines Einwohners. Entsprechend unterteilt der Gesetzgeber Kläranlagen in Größenklassen nach der Zahl der angeschlossenen Einwohnerwerte.

Die gesetzlichen Mindestanforderungen an die Reinigungsleistung betragen derzeit BSB_5 40 mg/l. Dieser Wert kann mit richtig geplanten Pflanzenkläranlagen ganzjährig eingehalten werden. Probleme können ggf. während strenger Frostperioden auftreten, wenn der Boden tiefgründig gefroren ist und die Anlage ihre Arbeit einstellt bzw. ihre Reinigungsleistung zurückgeht. Bei richtiger Bauweise ist mit Hilfe von Pflanzenkläranlagen eine weitgehende, bis an Trinkwasserqualität heranreichende Reinigungswirkung zu erreichen.

3   Aufbau

Pflanzenkläranlagen bestehen aus einer mechanischen und einer biologischen Reinigungsstufe. Sie können einstufig oder mehrstufig aufgebaut sein und hintereinandergeschaltet, parallel oder im Intervall (abwechselnd) betrieben werden (s. Abb. 1). Der Wurzelraum kann horizontal oder vertikal durchflossen werden. Sehr gut bewährt haben sich zweistufige Anlagen aus einer Kombination von vertikal und horizontal durchströmten Pflanzenbeeten (s. Abb. 1, S. 439). Hinsichtlich des richtigen Verhältnisses von Abwassermenge und Größe der Anlage haben sich 5 m^2 pro Person und eine Beetgröße von mindestens 20 m^2 bewährt.

4   Funktion

4.1   Mechanische Reinigungsstufe

Die Abwässer fließen zunächst in ein Vorklärbecken (z. B. Zwei-/Dreikammergrube) , wo eine mechanische Vorreinigung (Absetzbecken) erfolgt und Feststoffe (Unrat, Schlamm, Grob- und Schwimmstoffe) abgesondert werden. Der sich sammelnde Schlamm muss von Zeit zu Zeit entsorgt werden. Der Überlauf der Absetzgrube fließt in einen Betonschacht (Pumpensumpf), in dem sich eine Tauchpumpe mit Schwimmschaltung befindet, die das Abwasser auf die Beete pumpt, wenn der Wasserstand eine bestimmte Höhe erreicht hat. Wichtig ist, dass nur derart vorgereinigtes Wasser in die Pflanzenbeete gelangt, damit der Bodenkörper seine Durchlässigkeit für Wasser und Sauerstoff und damit seine Reinigungsleistung behält.

---

[1] Der Index zum BSB (in der Regel 5 → BSB_5) gibt die Zahl der Tage an, über die der BSB gemessen wird.

Abb. 1 Schilf (Phragmites australis) ist zur Abwasserklärung sehr gut geeignet

4.2 Biologische Reinigungsstufe

Nachdem das Abwasser mechanisch vorgereinigt wurde, wird es in die Pflanzenbeete geleitet. Hier durchsickert es den Bodenkörper, wobei es durch die von den Pflanzenwurzeln geschaffenen Fließwege intensiv mit den Bodenbakterien in Kontakt kommt. Die **biologische Reinigung erfolgt durch das Zusammenwirken von Pflanzen, Boden und Mikroorganismen.**

Das gereinigte Wasser wird in Vorfluter (Gräben, Bäche, Flüsse, Seen usw.) abgeleitet bzw. zur Bewässerung, Toilettenspülung u. ä. verwendet.

4.2.1 Pflanzen

Anders, als vielfach geglaubt, sind es weniger die Pflanzen, sondern vorwiegend die Bakterien im Boden, die die unerwünschten Inhaltsstoffe im Abwasser herausfiltern. Die Pflanzen, die nur etwa 5 % der im Wasser befindlichen Nährstoffe aufnehmen, haben vielmehr die Aufgabe, dafür zu sorgen, dass das Abwasser zu den Bakterien gelangen kann. Dies geschieht mithilfe ihrer Wurzeln, die die Durchlässigkeit des Bodens fördern und regelrechte Fließwege für das Wasser bilden. Die Pflanzen haben also vor allem die Aufgabe, **den Boden durchfließbar zu halten** und über die Wurzeln sowie die Vergrößerung des Porenvolumens durch Wurzelwachstum und Wasserentzug den **Sauerstoffgehalt im Boden zu erhöhen.**

Pflanzenkläranlagen werden meist mit **Schilf** *(Phragmites australis)* bepflanzt. Eine Sumpfpflanze **(Helophyt)**, die bis zu 4 m hoch werden kann, tief wurzelt (über 2 m) und sehr dichte Pflanzenbestände, sogenannte **Röhrichte**, bildet. Von besonderer Bedeutung ist, dass Blätter, Halm und Wurzeln durch große mit Luft gefüllte Interzelluaren mitein-

ander verbunden sind. Über dieses luftführende Gewebe (**Aerenchym** = luftführendes Gewebe) gelangt Sauerstoff aus der Luft über Blätter und Halm der Pflanze in die Wurzeln. Ein Teil des Sauerstoffs wird dabei von der Wurzel an die Umgebung abgegeben. Die Verdunstung der Pflanzen ist recht stark (bis zu 1500 l/m^2 und Jahr bzw. 50 l/m^2 und Tag), so kann im Sommer an warmen Tagen das gesamte zulaufende Wasser verdunsten. Ein fallender Wasserspiegel fördert den Sauerstoffeintrag.

Durch Wurzelwachstum und -ausscheidungen, Eintrag von Sauerstoff sowie Lockerung des Bodens schaffen Pflanzen **optimale Lebensbedingungen für Bakterien.** Gepflanzt werden 5 bis 8 Pflanzen pro m^2 als Ballenpflanze, Rhizomstücke oder Setzlinge. Bewährt hat sich eine sofortige Beschickung der frisch bepflanzten Beete mit Abwasser, ohne sie jedoch zu überstauen. Mit zunehmendem Längenwachstum kann dann periodisch überflutet werden.

4.2.2 Boden

Der Boden dient als **Filtermaterial und Oberfläche für Bakterien.** Nur bei ausreichender Wasserdurchlässigkeit kann ein oberfläches Abfließen ungereinigten Abwassers vermieden werden. Deshalb sind bindige Böden aufgrund ihrer schlechten Wasserleitfähigkeit und kiesige Böden wegen ihrer geringen Reinigungswirkung nicht geeignet. Bewährt haben sich hingegen Bodenkörper aus enggestuften sandigkiesigem Material mit einem **Durchlässigkeitsbeiwert** von $k_f = 10^{-4}$ bis 10^{-3} m/s. Bindige Beimengungen dürfen einen Anteil von 5 Gew.-% nicht übersteigen.

4.2.3 Bakterien

Organische Substanz

Häusliche Abwässer enthalten neben Nähr- und Schmutzstoffen Fette, Eiweiße, Darmbakterien und Krankheitskeime. Der eigentliche Abbau der organischen Substanz erfolgt während der Bodenpassage durch aerob und anaerob lebende Bakterien. Sie sind es auch, die die im Wasser enthaltenen Krankheitskeime vernichten. Die Entwicklung der Mikroorganismen wird durch Anzahl und Größe der Hohlräume im Boden und den sich daraus ergebenden Wasser-, Luft- und Wärmeverhältnissen bestimmt. Durch intervallweises Beschicken der Anlage lässt sich die Sauerstoffversorgung und damit die Reinigungsleistung der Mikroorganismen verbessern.

Stickstoff

Bakterien bauen die im Abwasser enthaltene organische Substanz zu Kohlendioxid, Wasser und Mineralstoffen ab. Der bei der **Mineralisation** frei werdende Stickstoff kann nur zum kleinen Teil von den Pflanzen aufgenommen werden (schätzungsweise 5 %). Der wichtigste Vorgang zur Beseitigung des Stickstoffs ist die **Denitrifikation**, ein unter anaeroben Verhältnissen ablaufender Vorgang. Bei Sauerstoffmangel nutzen die denitrifizierenden Bakterien den Sauerstoff des Nitrat-Stickstoffs (NO_3^-). Die frei werdenden N-Atome verbinden sich zu N_2, einer gasförmigen N-Verbindung, die aus dem Boden entweicht:

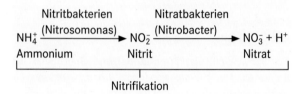

$$NO_3^- = \xrightarrow{\text{Denitrifikation}} N_2 \xrightarrow{\text{entweicht}}$$

(gasförmig)

Bakterien nehmen den Sauerstoff zur Atmung

Voraussetzung dazu ist jedoch zunächst die **Nitrifikation** des bei der Mineralisation der organischen Substanz entstandenen NH_4^+-Stickstoffs zu NO_3^--Stickstoff:

$$NH_4^+ \xrightarrow[\text{(Nitrosomonas)}]{\text{Nitritbakterien}} NO_2^- \xrightarrow[\text{(Nitrobacter)}]{\text{Nitratbakterien}} NO_3^- + H^+$$

Ammonium   Nitrit   Nitrat

Nitrifikation

Im Gegensatz zu den denitrifizierenden Bakterien (anaerobe Bakterien) benötigen die nitrifizierenden Bakterien (aerobe Bakterien) Sauerstoff. Da der Sauerstoffgehalt im Boden für eine weitgehende Nitrifikation des Ammonium-Stickstoffs nicht ausreicht, sollte der Sauerstoffeintrag erhöht werden. Dies kann z. B. durch wechselnde Wasserverhältnisse in der Anlage, intervallweisen Zu- und Ablauf und konstruktive Maßnahmen (kleine Schwellen oder Wasserfälle zur Sauerstoffanreicherung) erreicht werden. Auch durch den Bau vertikal durchströmter Anlagen und durch eine Vergrößerung der Beetfläche pro Einwohner lässt sich die Nitrifikationsrate deutlich erhöhen. Hingegen fördern horizontal durchströmte Anlagen die nachfolgende Denitrifikation. Entsprechend vorteilhaft ist es, wenn einem vertikal durchflossenem Bodenkörper (Nitrifikation) ein horizontal durchflossener (Denitrifikation) folgt.

Phosphor

Neben Stickstoff trägt vor allem Phosphor zur **Eutrophierung**[1] der Gewässer bei. Auch hier können die Pflanzen lediglich etwa 3 % des im Abwasser enthaltenen Phosphors aufnehmen und auch die mikrobielle P-Fixierung ist nur begrenzt. Vielmehr wird der größte Teil des löslichen Phosphors durch **Ausfällungen** im Boden festgelegt (kalk- und eisenreiche Sande günstig). Entscheidend für

[1] Überversorgung der Gewässer mit Nährstoffen

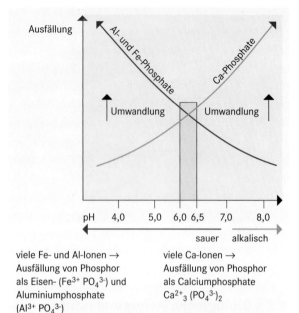

viele Fe- und Al-Ionen →
Ausfällung von Phosphor als Eisen- ($Fe^{3+}\ PO_4^{3-}$) und Aluminiumphosphate ($Al^{3+}\ PO_4^{3-}$)

viele Ca-Ionen →
Ausfällung von Phosphor als Calciumphosphate $Ca^{2+}_3\ (PO_4^{3-})_2$

Abb. 1   Phosphorausfällung in Abhängigkeit vom pH-Wert

die Art der entstehenden Phosphorverbindung ist der pH-Wert. Im sauren Bereich kommt es zur Bildung von Fe- und Al-Phosphaten, im alkalischen Bereich zur Bildung von Ca-Phosphaten, sogenannten Apatiten. Auch bei der P-Festlegung spielt die Sauerstoffversorgung eine wichtige Rolle.

Keimzahl

Für die **Hygiene von Wasser** ist besonders die Eliminierung von pathogenen Keimen wichtig. Ein Maßstab für die Verunreinigung stellt der Gehalt von Darmbakterien (Escherichia coli) dar. Die Reinigungsleistung diesbezüglich ist in Pflanzenkläranlagen mit bis zu 99 % recht hoch. Die Verminderung der Keimzahl beruht vor allem auf der Filterwirkung des Bodens und der Konkurrenz mit anderen Bakterien. So verdrängen die Mikroorganismen, denen die Lebensbedingungen am besten zusagen, die anderen Arten. Mit zunehmender Verweildauer steigt die Reinigungswirkung.

5   Pflege- und Wartungsarbeiten

Der jährliche Arbeitsaufwand zur Betreuung von Pflanzenkläranlagen ist verhältnismäßig gering. Trotzdem bedürfen sie einer fachgerechten Beobachtung, Pflege und Wartung. In einigen Bundesländern wird das Abschließen von Wartungsverträgen zur Auflage gemacht. Somit stellen Anlage und Pflege von Pflanzenkläranlagen ein interessantes Arbeitsfeld für den Garten- und Landschaftsbau dar. Anfallende Arbeiten sind:

- Beschickung der Anlage
- Kontrolle des Schlammstandes im Vorklärbecken
- Bei Bedarf Entsorgung des anfallenden Klärschlamms (Vererdung durch Kompostierung oder in Schilfbeeten, Volumenreduzierung bis zu 95 %; wenn toxische Stoffe enthalten, Sondermülldeponie zuführen)
- Regulierung des Wasserstandes
- Kontrolle des Röhrichtsbestandes auf z. B. Windbruch, Pfützenbildung, Austrocknung und Fremdbesatz; Betreten der Beete vermeiden (Verdichtungen!)
- Überprüfung des ablaufenden Wassers auf Geruch und Trübung. Klares, geruchsloses Abwasser deutet auf eine gute Reinigungsleistung der Anlage hin. Zu- und Ablauf müssen Abwasseruntersuchungen entsprechend der Länderregelungen ermöglichen
- Aufarbeitung oder Erneuerung verstopfter Bodenpartien
- Ein regelmäßiges Mähen der Anlage ist nicht erforderlich. Die Streuauflage aus absterbenden Pflanzenteilen auf den Beeten schützt im Winter vor Auskühlung des Bodens und wird im Frühjahr von den austreibenden Jungtrieben problemlos durchstoßen. Sollen die aufgenommen Nährstoffe mit der Biomasse entfernt werden, wird das Schilf vor dem Laubaustrieb gemäht

Aufgaben

1. Das auf der Erde vorhandene Wasser kann nicht vermehrt werden. Warum verringert es sich jedoch auch nicht?
2. Welches Wasser wird als Abwasser bezeichnet?
3. Warum muss Abwasser geklärt werden, bevor es in die Gewässer fließt?
4. Was bedeuten die Abkürzungen a) BSB und b) EGW bzw. EW?
5. Was besagt ein hoher bzw. niedriger BSB-Wert?
6. In Europa entspricht 1 EW 60 g BSB_5. Was besagt dies?
7. Wichtig ist das richtige Verhältnis von Abwassermenge und Größe der Anlage. Wie viel m^2 Beetfläche müssen pro Person veranschlagt werden?
8. Wozu dient die mechanische Reinigungsstufe?
9. Warum dürfen Pflanzenbeete nur mit entschlammtem Abwasser beschickt werden?
10. Beschreiben Sie den möglichen Aufbau von ein- und mehrstufigen Pflanzenkläranlagen.
11. Wann und durch wen erfolgt in erster Linie die biologische Abwasserreinigung?
12. Welche Aufgaben haben die Pflanzen auf den Beeten?
13. Warum ist Schilf besonders gut für Pflanzenkläranlagen geeignet?
14. Welche Anforderungen werden an den Bodenkörper gestellt?
15. Beschreiben Sie, wie der Stickstoff aus den Abwässern entfernt wird.
16. Wie lässt sich die N-Eliminierung steigern?
17. Erklären Sie, warum die periodische Beschickung bzw. ein periodisches Trockenfallen des Pflanzenbeetes die Reinigungsleistung der Anlage steigert.
18. Warum ist es vorteilhaft, einem vertikal durchflossenen Bodenkörper einen horizontal durchflossenen folgen zu lassen?
19. Wie groß sollte a) bei vorwiegend horizontalem Durchfluss die Fließstrecke durch den Boden und b) bei vorwiegend vertikalem Durchfluss die Schichtdicke des Bodens sein?
20. Wodurch wird Phosphor aus dem Abwasser entfernt?
21. Worauf beruht die Verminderung von pathogenen Keimen?
22. Schildern Sie, mit welchen Arbeiten bei der Pflege und Wartung einer Pflanzenkläranlage zu rechnen ist.
23. Erklären Sie, warum die Reinigungsleistung einer Pflanzenkläranlage im Winter abnimmt.
24. Warum darf Schilf, wenn es geerntet wird, nur oberhalb der Wasseroberfläche abgeschnitten werden?
25. Wovon hängt die Reinigungsleistung einer Pflanzenkläranlage ab?
26. Erkundigen Sie sich bei der für Sie zuständigen unteren Wasserbehörde über die Rahmenrichtlinien, planerischen Vorgaben und besonderen Anforderungen für den Bau von Pflanzenkläranlagen.
27. Besichtigen Sie Pflanzenkläranlagen in Ihrer Umgebung. Lassen Sie sich Aufbau und Funktion erklären. Weitere Fragen können z. B. sein: Was gab den Ausschlag für den Bau einer Pflanzenkläranlage? Wie wird der Boden durch eine Verstopfung durch Schwebstoffe im Abwasser geschützt? Welche Anlagengröße garantiert das beste Kosten-Nutzen-Verhältnis? Wie viel m^2 werden pro Einwohner gerechnet? Wie wird das Winterproblem gelöst? Aus welchen Pflanzen setzt sich der Pflanzenbestand zusammen und warum? Wie viele Stunden beträgt der jährliche Arbeitsaufwand?

Schwimmteiche

Abb. 1 Schwimmteiche sind Gartenteich und Swimmingpool zugleich. Ihr Erscheinungsbild ermöglicht eine optisch harmonische Eingliederung in Landschaft und Garten

Naturnahe Badegewässer, sogenannte **Schwimmteiche**, gewinnen zunehmend im privaten wie auch im kommunalen Bereich an Bedeutung. In vielen Gärten haben sie bereits den Pool ersetzt. Gründe dafür sind vor allem in einem gesteigerten Umwelt- und Kostenbewusstsein zu sehen. Ohne Chlor und andere Chemikalien wird das Wasser mithilfe biologischer und physikalischer Maßnahmen gereinigt. Sehr viele öffentliche Schwimmbäder sind veraltet und stark sanierungsbedürftig. Die Kosten für die Umgestaltung in ein biologisch gereinigtes Naturschwimmbad und die anfallenden Betriebskosten sind häufig sehr viel geringer als die notwendigen Sanierungskosten.

> **Hinweis**
>
> Auf der Homepage der Deutschen Gesellschaft für naturnahe Badegewässer e. V. (DGfnB e. V.) findet man ein Forum, in dem aktuelle Fragen rund um den Schwimmteich diskutiert werden: **www.kleinbadeteiche.de.** In Zusammenarbeit mit den DEULA-Schulen bietet sie einen Fortbildungslehrgang zum **Schwimmteichbauer** an.

1   Bauweise

1.1   Schwimmteichtypen

Auf dem Markt werden, je nach Platzangebot, persönlichen Wünschen und Kostenrahmen, unterschiedliche Bauweisen mit mehr oder weniger Technik angeboten. So ist vom naturnahen Schwimmteich ohne Technik bis zu hoch technisierten Anlagen alles erhältlich. Gemeinsam ist ihnen die um-

weltschonende Reinigung des Wassers, was zu einer **Aufteilung der Wasserfläche in einen Schwimm-/ Nutzungs- und einen Regenerationsbereich (Klär-/ Aufbereitungsbereich)** führt. In der Regel erfolgt eine Abtrennung zwischen beiden Bereichen durch einen Erdwall (Böschungsverhältnis nicht steiler als 1 : 3), Betonwände, Mauerwerk, Kanthölzer oder auch nur mithilfe gefüllter Säcke aus Geovlies. Neben Einkammersystemen, bei denen Schwimm- und Regenerationsbereich aneinandergrenzen, werden auch Zweikammer- (Schwimm- und Regenerationszone baulich voneinander getrennt) und Mehrkammersysteme gebaut. Als günstige Aufteilung zwischen Schwimm- und Regenerationszone gilt ein Verhältnis von 1 : 1, was jedoch von der gesamten Größe der Wasserfläche und der technischen Einrichtung abhängt. Grundsätzlich kann man sagen, je kleiner ein Teich, desto größer muss der Regenerationsbereich sein bzw. um so mehr Technik ist zur Wasserreinhaltung erforderlich.

1.2   Hygiene

Die **Wasserqualität** eines Badegewässers muss hygienisch unbedenklich sein. Krankheitserreger können in ein Gewässer über Tiere (z. B. Vogelkot), Badende oder Einschwemmungen aus der Umgebung infolge von Regenfällen gelangen, sodass unter Umständen hohe Keimbelastungen auftreten können. Ein großer Teil der Keime wird jedoch durch die natürliche UV-Strahlung abgetötet. Zur Feststellung einer fäkalen Verunreinigung wird das Wasser auf folgende Krankheitserreger untersucht: Escherichia coli, Coliforme Bakterien, Fäkalstreptokokken, Salmonellen, Chlostridium perfringes.

1.3   Reinigungsprinzip

Zur Reinigung des Wassers wird ein **Wasserkreislauf** erzeugt, d. h., das Wasser wird permanent umgewälzt. Das Wasser aus dem Schwimmbereich wird z. B. über ein Oberflächenansaugsystem mit Skimmer oder einen Abfluss an der tiefsten Stelle im Schwimmbereich angesaugt, grob filtriert und mithilfe einer Pumpe in eine speziell geschichtete **Filterzone** gepumpt. Hier durchläuft es vertikal oder/ und horizontal einen mit Wasserpflanzen bewachsenen Kies- oder Sandfilter, den sogenannten **Pflanzenklär- oder Regenerationsbereich**, wobei es durch dort siedelnde Mikroorganismen biologisch gereinigt wird (s. Kap. Pflanzenkläranlage). Das so gereinigte Wasser gelangt, z. B.

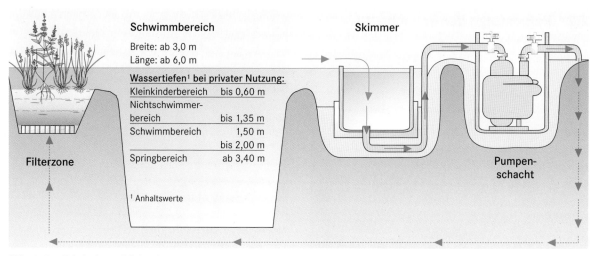

Abb. 1 Das Prinzip der natürlichen Wasserreinigung beruht auf einem Wasserkreislauf

über einen Bachlauf oder Quellstein (natürliche Anreicherung mit Sauerstoff) oder über eine elektronisch regulierbare Unterwassereinströmung, wieder in den Schwimmbereich (s. Abb. 1).

Pro Tag sollte das gesamte Wasservolumen in einem Schwimmteich **ein- bis zweimal umgewälzt werden**. Dabei kommt es darauf an, dass alle Wasserschichten und -bereiche von der Durchströmung erfasst werden. Nur so ist gewährleistet, dass das gesamte Wasservolumen kontinuierlich durch den Kiesfilter geleitet wird. Günstig: Pumpenleistung 6 bis 10 m^3/h, Laufzeit 4 bis 8 h/Tag, im Intervallbetrieb über den gesamten Tag verteilt. Die Reinigungsleistung der verschiedenen Schwimmteichsysteme beruht also letztendlich auf dem Durchströmungskonzept und dem Aufbau des Pflanzen-/Kiesfilters (s. Kap. Pflanzenkläranlage).

1.4 Systemanbieter

Nur wenige Betriebe des Garten- und Landschaftsbaus treten als freie Anbieter für Schwimmteiche auf. Die meisten arbeiten mit sogenannten Systemanbietern zusammen. Dabei fungieren die Betriebe als Franchise-Anbieter, d.h., sie vertreiben Schwimmteiche aufgrund von Lizenzverträgen (lizenzierte Ausführungspartner). Dabei werden sie hinsichtlich Planung, Verkauf, Bau und Wartung von Schwimmteichen von den Systeminhabern unterstützt, bei Bedarf auch vor Ort. Schulungen, Workshops und gemeinsame Marketingmaßnahmen werden vielfach durch Umlagen oder einen Jahresbeitrag abgerechnet. Häufig erhalten die Lizenznehmer ein vertraglich festgelegtes Gebiet ohne internen Wettbewerb.

2 Bau eines Schwimmteichs

2.1 Beratung und Planung

Am Anfang des Projektes steht die Beratung des Kunden. In dem Beratungsgespräch kommt es zunächst darauf an, dem Kunden den Unterschied zwischen einem Teich, Swimmingpool und Schwimmteich zu erklären. Für die Auswahl des richtigen Schwimmteichtyps, des Technik- und Reinigungsaufwandes ist u. a. abzuklären,

- ob der Teich nur zum Schwimmen oder auch für Erholung, Entspannung und Naturbeobachtungen dienen soll,
- ob Tiere am und im Teich erwünscht sind oder nicht,
- ob vorübergehende Trübungen und Algenbildung in Kauf genommen werden oder stets klares Wasser vorhanden sein soll,
- wie oft und stark der Teich genutzt werden soll und
- wie viel Zeit zur Pflege aufgebracht werden kann.

Je nach Ausführungstyp liegen die Kosten eines Schwimmteichs in etwa bei 150 bis 800 Euro/m^2.

Ein besonders wichtiger Punkt im Beratungsgespräch ist der Sicherheitsaspekt. So müssen vor allem Maßnahmen ergriffen werden, die Kleinkinder vor dem Ertrinken schützen (s. Kap. Teichbau). Flachwasserzonen für Kinder oder Nichtschwimmer sollten von der Schwimmzone räumlich, z. B. durch Felsen, getrennt sein. Auf keinen Fall sollte man kleinere Kinder ohne Aufsicht baden lassen! Nicht zuletzt ist auch bei einem Schwimmteich darauf zu achten, dass nicht nur Badende, sondern auch Tiere (Hunde, Katzen, Igel, Amphibien usw.) einen sicheren Ausstieg haben.

2.2   Reihenfolge der Bauschritte

Abb. 1 Die genaue Lage des Schwimmteichs wird markiert; der Erdaushub erfolgt mit dem Bagger

Abb. 4 Vlies- (300 bis 1000 g/m²) und Folieneinbau (1,5 mm, z. B. aus Kautschuk); die einzelnen Vliesbahnen sollten sich 10 bis 20 cm überlappen. Die Folie wird maßgeschneidert in Rollen geliefert (s. Abb. 1 und 2, S. 448); sie ist möglichst faltenlos zu verlegen

Abb. 2 Die Betonplatte für den Schwimmbereich ist gegossen

Abb. 5 Kantensteine begrenzen den Regenerationsbereich (Pflanzenzone)

Abb. 3 Mauerbau für den Schwimmbereich

Abb. 6 Einbau von Vlies und Folie im Regenerationsbereich

Abb. 7 Gestaltung des Randbereichs

Abb. 8 Rollkies schützt die Folie vor Beschädigungen und gibt dem Teich ein natürliches Aussehen

Abb. 9 Notwendige Rohrleitungen für Skimmer und Druckleitungen sind nach dem Rohrleitungsplan einzubauen; für die Pumpe(n) ist eine Extrakammer vorzusehen, die für Wartungsarbeiten leicht zugänglich sein sollte

Abb. 10 Stege oder Brücken sind so zu verankern, dass sie sicher stehen. Dort, wo größere Auflasten entstehen, ist unter der Folie ein Betonfundament zu erstellen; zwischen Folie und Auflast sind mehrere Lagen Vlies zum Schutz der Folie zu verlegen; ist ein Foliendurchbruch nicht zu vermeiden, muss entsprechend abgedichtet werden

Abb. 11 Die Regenerationszone wird fertiggestellt: Die Zusammensetzung und Schichtung des Substrats, die der Durchströmung der Regenerationszone (vertikal oder horizontal) angepasst sein muss, beeinflusst die Filter- und damit die Reinigungsleistung maßgeblich. Als Substrat dienen überwiegend Kies-Sand-Gemische, denen je nach Nutzung des Schwimmteichs Lava, Zeolith, Bims und andere Stoffe zugesetzt werden. Auf dem Markt werden Fertigmischungen wie auch Substrate zum Selbermischen angeboten. 48 Stunden nach dem Einlassen des Wassers (Chlorgase) wird gepflanzt (s. Kap. Teich- und Bachbau, 1.3 und 1.4)

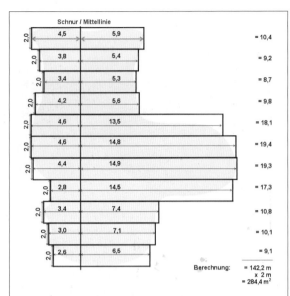

Das Ausmessen der benötigten Teichfolie kann nach rechteckigem Maß (s. S. 427, 5.) oder Rastermaß erfolgen. Beim Rastermaß (hier werden z. B. 2 m breite Teichfolien miteinander verschweißt) wird ein Bandmaß längs durch den Teich auf dem Boden gelegt. Vom Teichgrund wird alle 2 m die Entfernung von der Schnur rechtwinklig - alle Unebenheiten mitgemessen – (blaue Linien) zum Rand des Teiches gemessen (Zuschlag für Randüberlappung berücksichtigen!). Entsprechend diesen Angaben werden die 2 m breiten Bahnen miteinander verschweißt. Ggf. können die Bahnen auch vor Ort vom Lieferanten verschweißt werden.

Abb. 1 Skizze: Ausmaß

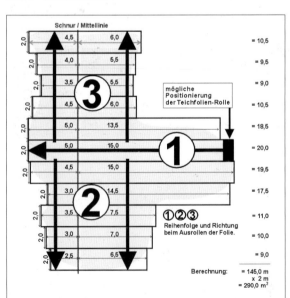

Der gelieferten Folie liegt eine Skizze zum Ausrollen bei. Laut Skizze wird die Rolle positioniert und in Richtung 1 ausgerollt. Anschließend wird sie in Richtung 2 und 3 auseinander gezogen. Je mehr Helfer, desto besser (1,5 mm: ca. 1,8 kg/m^2). Beim Verlegen muss darauf geachtet werden, dass sich die Vliesbahnen nicht verschieben (ggf. mit z. B. Silikon verkleben).

Abb. 2 Skizze: Auslegen der Folie nach Rastermaß

3   Pflege- und Wartungsarbeiten

Pflege- und Wartungsarbeiten:

- Regelmäßiges Reinigen des Schwimmbereichs durch Absaugen (Schlamm) und Abfischen (Algen, Laub)
- Reinigung/Austausch des Regenerationsbereichs im Abstand von mehreren Jahren
- Wartung von Pumpen und Filter entsprechend Herstellerangaben
- Regelmäßige Kontrolle der technischen Einrichtung, wie Umwälzpumpe, Skimmer und Filter
- Pflege der Sumpf- und Wasserpflanzen
- Regelmäßige Kontrolle der Wasserqualität

Aufgaben

1. Schwimmteiche gewinnen zunehmend an Bedeutung. Was sind die Gründe dafür?
2. Worin unterscheidet sich ein Schwimmteich von einem Swimmingpool?
3. Was versteht man unter Franchise-Anbieter und welche Vorteile hat dies für Betriebe des Garten- und Landschaftsbaus?
4. Wie sind Schwimmteiche im Prinzip aufgebaut, um hygienisch einwandfreies Badewasser zu gewährleisten?
5. Was wäre ein optimales Verhältnis zwischen Schwimm- und Reinigungszone? Was ist erforderlich, um das Verhältnis zugunsten des Schwimmbereiches zu verändern?
6. Statt auf Chemie wird in Schwimmteichen auf biologische Reinigungsmechanismen gesetzt. Beschreiben Sie das Prinzip der Wasserreinigung.
7. Wie oft sollte das gesamte Wasservolumen in einem Schwimmteich pro Tag umgewälzt werden?
8. Worauf kommt es bei der Wasserumwälzung an?
9. Worauf beruht letztendlich die Reinigungsleistung der verschiedenen Schwimmteichsysteme?
10. Wie können Krankheitserreger in das Badewasser gelangen?
11. Welche Wassertiefen werden in Schwimmteichen in der Regel angestrebt?
12. Was könnte dafür sprechen, dass Kommunen sich statt für herkömmliche Freibäder für naturnahe Schwimm- und Badeteiche entscheiden?
13. Warum wird im Schwimmbereich öffentlicher Bäder klares Wasser bis zum Boden gefordert?
14. Beschreiben Sie schrittweise den Bau eines Schwimmteiches.
15. Nennen Sie Maßnahmen, die der Eigentümer eines Schwimmteiches ergreifen kann, um seiner Verkehrssicherungspflicht (s. Kap. Teichbau) Genüge zu tun.

Licht im Freiraum

Licht zum Sehen
(= Funktionslicht)

Licht zum Hinsehen
(= Akzentlicht)

Licht zum Ansehen
(= Dekoratives Licht)

Die Kombination der drei Lichtarten bestimmt den Charakter der Lichtinszenierung

Abb. 1 Gestalten mit künstlichem Licht

Seit einiger Zeit ist ein neuer Trend zu verzeichnen, die **Gestaltung von Gärten mit künstlichem Licht.** Ermöglicht sie doch ein effektvolles in Szene setzen des Gartens bei Nacht und damit seine Nutzung zur Erholung und Entspannung auch nach Feierabend bzw. Einbruch der Dunkelheit. Energiesparende Leuchten und eine umfangreiche Auswahl an Leuchtkörpern erlauben es, jeden gewünschten Lichteffekt zu realisieren. Aber auch hier heißt es wie so oft, weniger ist mehr. Gerade das Wissen um die Pflanzen schafft für den Garten- und Landschaftsbau günstige Voraussetzung für die Planung von Licht im Garten. Den Garten ins „rechte Licht rücken" – ein riesiger Markt, den es zu nutzen gilt.

1 Lichtarten

Licht ist sichtbare Strahlung. Nach der beabsichtigten Wirkung bei der Gestaltung von Freiräumen lässt es sich grob in drei Gruppen einteilen:

1.1 Licht zum Sehen

Licht zum Sehen oder Orientieren dient zum Ausleuchten des direkten Umfeldes der Lichtquelle. Es soll Sicherheit z. B. vor ungebetenen Gästen oder beim Begehen von Treppen, Wegen und Plätzen bei Dunkelheit bieten. Es geht hierbei also weniger um die Wirkung des Lichts, als vielmehr um seine Funktionalität, weswegen man auch von **Funktionallicht** spricht. Gestalterische Ansprüche an die Lichtwirkung sind, wenn überhaupt, nur von geringer Bedeutung. Anders sieht es bei den Leuchten aus, die am Tage als wichtige Gestaltungselemente wahrgenommen werden (s. Abb. 1, S. 449).

1.2 Licht zum Hinsehen

Licht zum Hinsehen soll Akzente setzen **(= Akzentlicht)**, indem einzelne Elemente wie Gehölze, Mauern, Skulpturen oder auch ganze Rabatten, Pflanzungen oder Teiche durch Beleuchtung hervorgehoben werden. Dabei erfolgt die Bestrahlung einzelner Elemente in der Regel von unten, die flächige Bestrahlung hingegen von oben, von einem Baum, einer Mauer oder einem angrenzenden Gebäude herab. Die einzelne Leuchte sollte nicht wahrgenommen werden. Ziel ist es, den Eindruck zu erwecken, als leuchteten die einzelnen Elemente aus sich selbst heraus (s. Abb. 1, S. 449).

1.3 Licht zum Ansehen

Beim Licht zum Ansehen ist das Licht selbst dekorativ (zierend, schmückend, effektvoll). **Dekoratives Licht** will, vergleichbar einem Kunstobjekt, auf sich aufmerksam machen, selbst im Zentrum der Betrachtung stehen (s. Abb. 1, S. 449).

Merke

In einer ausgewogenen **Zusammenstellung der drei Lichtarten** liegt das Geheimnis einer guten Inszenierung mit Licht. Sie bestimmt das Erscheinungsbild eines Gartens, eines Parks oder sonstiger Außenanlagen bei Nacht.

---

2 Lampen und Leuchten

Bei einer **Lampe** handelt es sich um eine künstliche Lichtquelle, z. B. eine Halogenlampe (auch als **Leuchtmittel** bezeichnet). Sie dient der Umwandlung von elektrischer Energie in sichtbare Strahlung (= Licht). Die Vorrichtung, die zur Aufnahme und zum Betrieb einer künstlichen Lichtquelle dient, ist die **Leuchte**.

2.1 Leuchtmitteltypen

Die am häufigsten im Freiraum verwendeten Leuchtmittel sind (noch) Glühlampen, Halogenlampen, Energiesparlampen und Leuchtdioden (LED) (s. Tab. 1 S. 451). Im Freiland dürfen nur Lampen verwendet werden, die für diesen Bereich auch zugelassen sind.

2.2 Leuchten

Die Auswahl an Leuchten ist riesig. So findet man im Angebot z. B. Bodeneinbauleuchten, Hängeleuchten, Klemmleuchten, Kugelleuchten, Laternenleuchten, Mastleuchten, Pendelleuchten, Pilzleuchten, Pollerleuchten, Schwimmkugeln, Teich- und Beetstrahler, Unterwasserstrahler, Wandlampen, Wandstrahler, Zylinderleuchten.

3 Installation

Die Installation setzt eine möglichst genaue Planung der Beleuchtung voraus. Dazu ist ein Plan des Grundstücks zu zeichnen, in dem Art und Anzahl der Leuchten und Leuchtmittel eingetragen werden. Vor der endgültigen Installation ist eine Testphase bei Dunkelheit durchzuführen.

3.1 Kabelverlegung

Wird Netzstrom für die geplante Beleuchtung benötigt, müssen Kabel verlegt werden. Dabei ist zu beachten:

- Je höher die Stromabnahme und je länger das Kabel, desto größer muss der Querschnitt des Kabels (in Quadrat ausgedrückt) sein.

Leuchtmittel	Kennzeichen
Glühlampen	■ geringe Anschaffungskosten ■ schaltunempfindlich ■ geringer Wirkungsgrad (nur etwa 7 % im sichtbaren, größter Anteil im Infrarot-Bereich) ■ relativ hohe Energiekosten ■ Lebensdauer ca. 1000 Stunden ■ leicht zerbrechlich
Achtung! Seit September 2009 sind die 100-Watt-Glühlampen und sämtliche mattierten Lampen auf Beschluss der EU-Kommission verboten. 2010 folgte die 75-Watt-Lampe, und ab September 2012 soll ganz Europa glühlampenfreie Zone sein.	
Halogen-Glühlampen	■ als Hochvolthalogen (Betrieb mit Netzstrom) und Niedervolthalogen (Betrieb über Transformator) ■ hohe Lichtausbeute ■ hohe Lebensdauer
Energie-sparlampen (Kompakt-Leuchtstoff-lampe)	■ hohe Anschaffungskosten ■ geringer Stromverbrauch (etwa 20 % einer Glühbirne) ■ lange Lebensdauer (ca. 8000 Stunden) ■ geringe Lichtausbeute ■ volle Lichtabgabe wird erst nach ca. 10-minütiger Betriebszeit erreicht ■ Betrieb mit Netzstrom oder als Niedervolt-lampe mit einem Vorschaltgerät ■ nicht für die Kopplung mit einem Bewegungsmelder geeignet
LEDs (lichtaus-strahlende Dioden)	■ sehr kleine, lichtintensive Leuchten mit einfachen Steckverbindungen (auch mit Drehfassung) ■ niedrige Betriebsspannung (2 – 4 Volt) ■ hoher Wirkungsgrad → geringer Energieverbrauch ■ vor allem bei Niederspannungs- und Solarleuchten zu finden ■ bei Anschluss an 230 Volt Transformator erforderlich ■ Sicherheit durch Schutzkleinspannung ■ sehr hohe Lebensdauer (30- bis 40 000 h) ■ altern, was mit einer Leistungsminderung (abhängig von der Qualität) einhergeht ■ schaltunempfindlich, keine Anlaufzeit ■ geringe Leuchtstärke ■ Orientierung der Insekten wird nicht gestört ■ hohe Anschaffungskosten ■ zur Herstellung Verwendung seltener Erden

Tab. 1 Häufig verwendete Leuchtmittel

■ Für die unterirdische Energiezufuhr werden Erdkabel verlegt: kürzesten Weg wählen, 60 bis 80 cm tief in Kies-Sand-Bett, bedecken mit Kies-Sand-Schicht und zusätzlicher Abdeckung mit Ziegelsteinen bzw. Kabel-abdeckhauben, Verwendung von Leerrohren möglich.

■ Kunststoffbänder mit der Aufschrift „Vorsicht Strom-kabel" im Kabelgraben in halber Grabentiefe verlegen.

■ Stromleitung im Schaltkasten über einen **FI-Schutz-schalter**[1] absichern.

■ Exakte Lage der Erdkabel in einen Plan einzeichnen.

Bei **Niedervoltanlagen** wird Netzstrom mit 220 Volt über Transformatoren in ungefährliche 12 Volt Niederspannung umgewandelt. Derartige Kabel können auch oberirdisch verlegt werden. Der Transformator ist vor Feuchtigkeit zu schützen. Die Steckdose sollte über einen FI-Schutzschal-ter verfügen.

3.2 Steuerung der Anlage

Die Steuerung der Beleuchtung kann über Lichtschalter, Funk-Fernbedienung (kabellos, bestehen aus Sender und Empfänger), Infrarot-Fernbedienungen (Nachteil kurze Reichweite), Zeitschaltuhren (zwischen Steckdose und Stromabnehmer gesteckt, programmierbar), Bewegungs-melder (richtige Position und Ansprechsensibilität einstel-len!), Dämmerungsschalter (Ansprechsensibilität einstell-bar) erfolgen.

Merke

Elektroinstallationen und Arbeiten an elektrischen Anlagen dürfen nur von Fachleuten (Elektroinstalla-teuren) durchgeführt werden!

Aufgaben

1. Besonders auf Gartenpartys beliebte Lichtquellen sind gewöhnliche Gartenfackeln. Beschreiben Sie, wie Sie mit diesen alle drei Arten von Licht hervorrufen können.

2. Planen Sie für ein bestimmtes Grundstück eine Beleuchtung. Erstellen Sie dazu einen Garten-plan, in dem Sie Standorte, Art und Anzahl der Lichtquellen eintragen. Berücksichtigen Sie dabei alle drei Arten von Licht. Beantworten Sie zudem für jede Position folgende Fragen: Was soll beleuchtet und was soll damit erreicht werden? Welche und wie viele Lampen werden benötigt? Welche Leuchtmittel sollen eingesetzt werden? Wie soll das Licht geschaltet werden? Welche Energieversorgung und Verkabelung ist geplant? Mit welchen Kosten ist zu rechnen?

3. Was versteht man unter Lichtverschmutzung? Nennen Sie Ursachen, Folgen und Maßnahmen.

---

[1] FI überwacht den zu- und abfließenden Strom. Bei einem Fehlstrom ist der abfließende Strom kleiner als der zufließende. Der FI erkennt den Unterschied und schaltet den fehlerhaften Stromkreis in Bruchteilen von Sekunden ab.

Fassadenbegrünung

Abb. 1 Mut zu grünen Wänden

3 Klettertechniken und Kletterhilfen

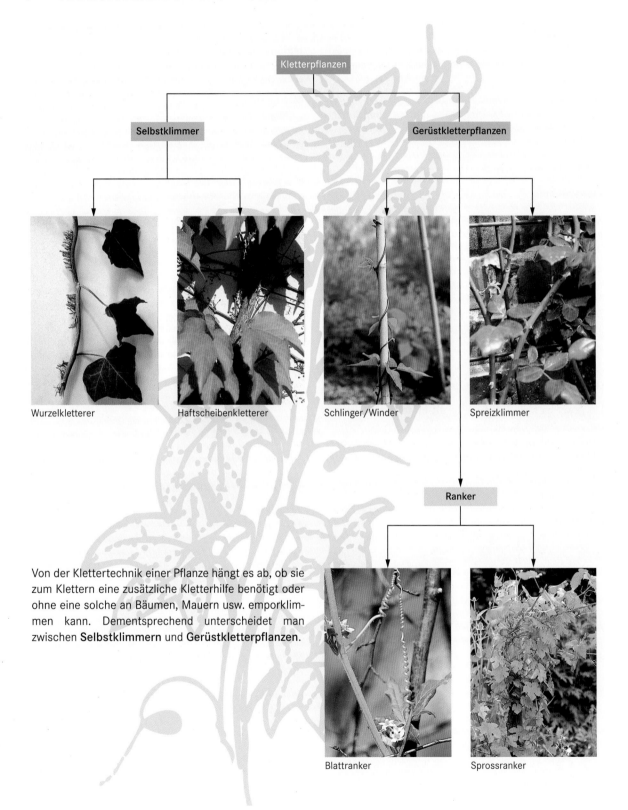

Von der Klettertechnik einer Pflanze hängt es ab, ob sie zum Klettern eine zusätzliche Kletterhilfe benötigt oder ohne eine solche an Bäumen, Mauern usw. emporklimmen kann. Dementsprechend unterscheidet man zwischen **Selbstklimmern** und **Gerüstkletterpflanzen**.

Abb. 1 Übersicht Klettertechniken

3.1 Selbstklimmer

Selbstklimmer[1] benötigen keine zusätzlichen Kletterhilfen. Mithilfe spezieller Kletterorgane erklimmen sie Gebäudeoberflächen, Pergolen, Zäune, Bäume und andere Gegenstände. Diese Fähigkeit ermöglicht eine kostengünstige Begrünung. Nachteilig ist, dass Selbstklimmer unter bestimmten Bedingungen Bauschäden verursachen können. Nach der Art der Kletterorgane wird zwischen Wurzel- und Haftscheibenkletterern unterschieden.

3.1.1 Wurzelkletterer

Klettertechnik

Wurzelkletterer, wie z. B. der einheimische Efeu *(Hedera helix)* oder die in den tropischen Regenwäldern Ostasiens beheimatete **Kletterhortensie** *(Hydrangea anomala ssp. petiolaris)*, entwickeln als Kletterhilfen auf der lichtabgewandten Seite ihrer Triebe etwa 1 cm lange Luftwurzeln mit zahlreichen Wurzelhaaren, sogenannte **Haftwurzeln**. Das Anhaften der Triebe erfolgt, indem Wurzelhärchen in feinste Poren des Untergrundes eindringen und sich dort verankern, wo sie sich haftscheibenartig verbreitern.

Oberflächenbeschaffenheit des Untergrundes

Ein gewisses Maß an **Feuchtigkeit in der Luft** oder auf dem Untergrund ist zur Ausbildung der zu Kletterorganen umgewandelten, lichtfliehenden Luftwurzeln (s. Abb. 1, S. 455) notwendig. Zum Klettern gut geeignet sind raue Oberflächen wie Beton oder Putz, da sie das Festhalten erleichtern. Auf weißen (starke Lichtreflexion!), sich stark aufheizenden ($\geq 42\,°C$!) oder Wasser abweisenden Oberflächen ist hingegen die Haftwurzelbildung häufig so stark gehemmt, dass die Triebe nicht fest genug auf dem Untergrund anhaften. Gegebenenfalls müssen in solchen Fällen horizontal verlaufende Spanndrähte als zusätzliche Kletterhilfe angebracht werden, um ein Herabfallen der Pflanzen mit zunehmendem Gewicht zu verhindern.

Wasser und Nährstoffe nehmen Haftwurzeln nicht auf – es sei denn, es kommt unter „günstigen Bedingungen" (größere Poren oder Risse im Untergrund, in denen sich Wasser und Nährstoffe sammeln können) zur Ausbildung von Erdwurzeln.

Dann kann es zu Bauschäden kommen, und zwar wegen der Durchwurzelungsgefahr beim Längenwachstum und der Sprengwirkung beim sekundären Dickenwachstum dieser Wurzeln. Wenn eine Begrünung mit selbstkletternden Arten erfolgen soll, muss erst das schadhafte Mauerwerk saniert werden. Im Zweifelsfall sollte man einen Baufachmann zurate ziehen!

Unter folgenden Bedingungen kann die Haftwurzelbildung eingeschränkt sein:

- weiße (helle) Oberflächen
- glatte Oberflächen (fehlende Rauigkeit bzw. Porigkeit)
- sonnige, trockene Lagen (z. B. Südseite oder die im Regenschatten liegende Ostseite eines Hauses)
- Wasser abweisende (hydrophobierte) Oberflächen
- stark aufheizende Oberflächen ($> 42\,°C$), z. B. dunkle Oberflächen (Holz) oder Bleche in voller Sonne
- Untergrundbehandlung durch Dispersionsfarben mit bioziden Zusätzen (Algi-, Fungi-, Bakterizide)

3.1.2 Haftscheibenkletterer

Klettertechnik

Die sogenannten Haftscheibenkletterer, auch als Haftscheibenranker bezeichnet, zu denen die Parthenocissus-Arten (Wilder Wein) gehören, bilden Sprossranken mit **Haftscheiben** aus (s. Abb. 1, S. 455). Mit ihrer Hilfe können sie ohne zusätzliche Kletterhilfen an Hauswänden emporklettern. Bei Berührung mit dem Untergrund kommt es zu einem Reiz, der dazu führt, dass an diesen Kontaktstellen zunächst ein schleimiges, an der Luft rasch erhärtendes Sekret (Kontaktsekret) ausgeschieden wird. Das führt zu einem Verkleben der Triebe mit der Unterlage.

Anschließend kommt es an diesen Stellen zu einer starken Teilung der Epidermis- und der darunterliegenden Rindenzellen. Dabei breitet sich das wuchernde Gewebe haftscheibenartig über die Oberfläche aus (Haftscheibenbildung) und dringt zur Verankerung zapfenförmig in feinste Unebenheiten des Untergrundes ein. Nach dem Anheften verholzen die Haftscheibenranken relativ schnell. Sie ziehen sich spiralig zusammen und verleihen der Pflanze einen dauerhaften, elastischen Halt.

Nicht alle Parthenocissus-Arten bilden zum Selbstklettern genügend Haftscheiben aus. Gute Haftscheibenkletterer sind *Parthenocissus tricuspidata* und *Parthenocissus quinquefolia*. Letztere Art hat ihren schlechten Ruf als Selbstkletterer einer Verwechslung zu verdanken.

In den Baumschulen werden oft *Parthenocissus inserta* oder ihre Formen als *Parthenocissus quinquefolia* verkauft.

Parthenocissus inserta bildet an ihren Rankästchen weniger Haftscheiben aus und wird auch recht schwer, sodass ihre Anhaftung häufig nicht ausreichend ist und sie zum Klettern eine zusätzliche Rankhilfe benötigt. Zudem gibt es zahlreiche Zwischenformen, da *P. inserta* und *P. quinque-*

---

[1] Klimmen = klettern

folia sehr leicht miteinander bastardisieren. Um sicherzugehen, den richtigen Fünfblättrigen Wein zu bekommen, sollte beim Kauf die Sorte 'Engelmannii' gewählt werden.

Oberflächenbeschaffenheit des Untergrundes

Im Gegensatz zur Haftwurzelbildung findet die Bildung von Haftscheiben an den Sprossranken nur auf einen **Berührungsreiz** hin statt. Feuchtigkeit ist hingegen nicht erforderlich. Reicht der Kontaktreiz nicht aus, weil z. B. die Oberfläche der Unterlage zu glatt ist, trocknen die Ranken ein und sterben ab. Obwohl auch die Ranken des Wilden Weins vom Licht wegwachsen (negativer Phototropismus) reagieren sie auf hellere Oberflächen doch nicht so empfindlich wie Haftwurzelbildner. Ansonsten gelten die bei den Haftwurzelbildern gemachten Einschränkungen auch für die Haftscheibenkletterer.

Bei größeren Poren oder Rissen im Untergrund, in denen sich Wasser und Nährstoffe sammeln können, kann es zur Ausbildung von sprossbürtigen Wurzeln und damit zu Schäden an der Bausubstanz kommen.

Nicht bzw. nur bedingt für Selbstklimmer geeignet sind:

■ Holzoberflächen, die in gewissen Intervallen mit Holzschutzmitteln behandelt werden müssen,

■ beschädigte Oberflächen (Risse, in Fugen ausgewittertes Mauerwerk),

■ Putze, die in gewissen Intervallen erneuert werden müssen,

■ Putze oder Wandverkleidungen mit nicht ausreichender Tragfähigkeit.

3.2 Gerüstkletterpflanzen

Gerüstkletterpflanzen benötigen zum Klettern eine Kletterhilfe. Sie haben dementsprechend vor allem dort eine große Bedeutung, wo Bauschäden durch Selbstklimmer nicht auszuschließen sind oder die Begrünung ohne großen Arbeitsaufwand auf bestimmte Flächen oder Bauteile begrenzt werden soll. Nach der Art des Kletterns unterscheidet man Schlinger, Ranker und Spreizklimmer. Diese unterschiedlichen Klettertechniken erfordern auch artenspezifische Kletterhilfen. Auf dem Markt werden umfangreiche Programme an Systembauteilen/Bausätzen zur Fassadenbegrünung angeboten. Die Bauteile werden komplett mit zum jeweiligen Untergrund (Beton, Mauerwerk, Holz oder Untergründe mit Wärmedämmsystemen) passendem Montagematerial und ausführlicher Montageanleitung geliefert. Dafür benötigt die Lieferfirma genaue Angaben über die Beschaffenheit der Wandkonstruktion, bei verkleideten Fassaden zusätzlich die zu überbrückende

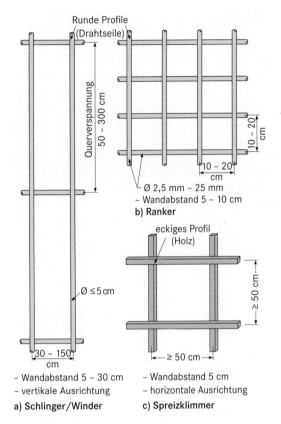

Abb. 1 Kletterhilfen

Dämmdicke. Auf Wunsch werden von den Lieferfirmen auch individuelle Ausschreibungstexte und Angebote nach vermaßten Skizzen erstellt.

3.2.1 Schlinger/Winder

Klettertechnik

Bei den Schlingern, auch als Winder bezeichnet, sind die Internodien stark verlängert, sodass sich die Sprossachsen gut um andere Pflanzen oder andere geeignete Kletterhilfen herumschlingen bzw. -winden können (Windesprosse).

Dabei kann man unterscheiden zwischen **Rechtswindern**, wie z. B. Hopfen *(Humulus lupulus)* und Geißblatt *(Lonicera-Arten)*, **Linkswindern** (entgegengesetzt dem Uhrzeigersinn), wie z. B. Pfeifenwinde *(Aristolochia macrophylla)*, Baumwürger *(Celastrus orbiculatus)*, Blauregen *(Wisteria sinensis)*, Feuerbohne *(Phaseolus coccineus)* und Stangenbohne *(Phaseolus vulgaris ssp. vulgaris var. vulgaris)* sowie **Alleswindern** (winden rechts und links herum), wie z. B. der Schlingknöterich *(Fallopia baldschuanica)*.

Die Winderichtung sollte beim Befestigen beachtet werden, da es sonst zu Wachstumshemmungen kommen kann. Die Schlinger/Winder weisen unter den Kletterpflanzen das größte Artenspektrum auf.

Kletterhilfen

- Stützen und stabile Spaliere mit deutlich vertikaler (senkrechter) Ausrichtung (s. Abb. 1, S. 457).
- Bei Spanndrähten und Seilen nicht mehrere Triebe um ein Seil bzw. einen Draht leiten (Einzelseilführung pro Pflanze), da sich die Triebe infolge ihres Dickenwachstums gegenseitig abschnüren können (Selbstdrosselung).
- Seil oder Draht darf nicht einwachsen → Nährstoffversorgung der Wurzel (Assimilatetransport) gehemmt → kann zum Tode der Pflanze führen.
- Ketten als Kletterhilfen können bei Pflanzen, die ein starkes Dickenwachstum zeigen, zu Verkrüppelungen führen.
- Bei der Wahl des Durchmessers der Kletterhilfen sind in erster Linie statische Gesichtspunkte entscheidend. Günstig für das Umschlingen ist im Allgemeinen ein Durchmesser ≤ 5 cm.
- Runde Profile sind besser geeignet als kantige (abgefaste Kanten).
- Abstand der senkrecht ausgerichteten Kletterhilfen (z. B. Drahtseile, Stäbe, Latten, Schnüre) sollte auf das Begrünungsziel und die Pflanzenart abgestimmt sein. Für einen dichten flächendeckenden Bewuchs haben sich 30 bis 50 cm bewährt. Bei starken Schlingern (z. B. Blauregen, Schlingknöterich) sollte er bei 50 bis 150 cm liegen.
- Gitterkonstruktionen sind bei Schlingern nicht unbedingt notwendig (bei zu engen Maschenweiten Wachstumshemmungen).
- Die Oberfläche der Kletterhilfe darf nicht zu glatt sein. Bei Drahtseilkonstruktionen besteht die Gefahr des Abrutschens. Schutz, vor allem in wetterexponierten Lagen, können Querverspannungen (waagerecht verlaufende Drähte/Seile) bieten, die in Abständen von 50 bis maximal 300 cm angebracht werden.
- Wandabstände 10 bis 15 cm, bei kräftigen Schlingern mit stärkerem Dickenwachstum (z. B. Baumwürger, Schlingknöterich, Blauregen) 20 bis 30 cm, bei Clematis-Arten genügen bereits 5 cm.
- Bei Seilführungen mit Winkeln unter 45° nimmt im Allgemeinen die Schlingbereitschaft ab, sodass Wachstumsdepressionen auftreten.
  Ausnahmen: *Actinidia arguta*, *A. chinensis* und *Fallopia baldschuanica*.

3.2.2 Ranker

Klettertechnik

Die Ranker bilden zum Klettern fadenförmige als Greiforgane funktionierende Ranken aus. Dabei unterscheidet man zwischen Blatt- und Sprossrankern:

- Bei den **Blattrankern** erfolgt die Bildung der Kletterorgane durch Umwandlung ganzer Blätter, wie z. B. bei der Zaunrübe *(Bryonia)*, oder von Teilen eines Blattes, wie z. B. bei *Gloriosa superba* (gekrümmte Blattspitzen), Clematis (Umwandlung der Blattstiele) und Wicken (Umwandlung einzelner Blättchen der Fiederblätter).
- Bei den **Sprossrankern** haben sich Teile des Sprosses (Seitentriebe) zu Ranken umgewandelt, mit deren Hilfe z. B. Wein *(Vitis)* und Wilder Wein *(Parthenocissus)* klettern.

Die Ranker führen beim Klettern kreisende Suchbewegungen aus. Für eine Drehung werden zwischen 2 und 9 Stunden benötigt. Berühren sie dabei einen Gegenstand, kommt es zur Aufnahme eines Berührungsreizes, der das Umranken von Gegenständen auslöst. Bei manchen Arten (z. B. Clematis und Vitis) ziehen sich die Ranken anschließend korkenzieherartig zusammen und verleihen dem Sprosssystem damit einen elastischen Halt.

Kletterhilfen

- Gut geeignet sind gitterartige Strukturen, wie z. B. Seilverspannungen, Netzkonstruktionen, Spaliere oder Baustahlmatten (s. Abb. 1, S. 457).
- Der Durchmesser der Kletterhilfen darf nicht zu dick sein, da sonst die Ranken diese nicht umwickeln können. Jede Ranke sollte sich mindestens zweimal um die Kletterhilfe ranken können. Als günstig gelten Dicken von 2,5 mm bis 2,5 cm. Im Zweifelsfall sind die Ranken- bzw. Blattstiellängen (Blattstielranker) der jeweiligen Pflanzen zu ermitteln.
- Ideale Gitterweiten liegen zwischen 10 und 20 (30) cm. Für Blattstielranker haben sich Weiten von 5 cm bewährt (nicht > 15 cm). Im Zweifelsfall sind die Ranken- bzw. Blattabstände der jeweiligen Pflanze zu ermitteln.
- Für den Wandabstand sind 5 bis 10 cm ausreichend (Führung der Triebe auf der Außenseite der Kletterhilfe).

3.2.3 Spreizklimmer

Klettertechnik

Die Spreizklimmer klettern mithilfe von Stacheln, Dornen, Kletterhaaren (Hakenhaare, z. B. beim Labkraut) oder nach rückwärts gerichteten Sprossteilen, die ein Zurückrutschen verhindern sollen. Zu ihnen zählen z. B. Kletterrosen,

Brombeeren und Winterjasmin *(Jasminum nudiflorum)*. Trotzdem müssen die Triebe der Spreizklimmer regelmäßig aufgebunden werden.

Kletterhilfen

- Die Kletterhilfen müssen vorzugsweise horizontal ausgerichtet sein, d.h., möglichst viele waagerecht angeordnete Sprossen (Holzlatten) oder Spanndrähte aufweisen (s. Abb. 1, S. 457).
- Bei gitterartigen Kletterhilfen sollten Gitterweiten von 50 cm nicht unterschritten werden, um die notwendige Pflege (z.B. Herausschneiden alten oder toten Holzes) nicht unnötig zu erschweren.
- Ein Wandabstand von 5 cm gilt als ausreichend (Führung der Triebe auf der Außenseite der Kletterhilfe).

4 Kletterpflanzensortiment

4.1 Mehrjährige Arten

Pflanzenname	Kletter-technik	Kletter-hilfe	Wuchs-höhe bis etwa	Wüchsig-keit	Standort	Blütezeit und -farbe	Verwendung (gut geeignet für ...)	Sonstiges
Actinidia - Strahlengriffel; Familie: Actinidiaceae (Strahlengriffelgewächse)								
A. arguta (Scharfzähniger Strahlengriffel)	S (links)	Ja	6 – 10 m	stark	○ ◑, warm u. geschützt	VI, weiß, im Laub versteckt	P, L, B, W	♄, D, ⚘, Früchte essbar (am einjährigen Holz), zweihäusig, ⵣ, 🐝, früher Austrieb (spätfrostgefährdet!), Ⓝ
A. deliciosa (Kiwi)	S (links)	Ja	5 – 8 m	stark	○ ◑, warm u. geschützt	V – VI, weiß gelb	P, L, F, W, B	♄, D, ⚘, Früchte (am einjährigen Holz) essbar (Kiwi), zweihäusig, 🐝, ∧, früher Austrieb (spätfrostgefährdet!), Ⓝ
A. kolomikta (Rosa Strahlengriffel)	S (links)	Ja	2 – 4 m	schwach	○ ◑, warm u. geschützt	V – VI, weiß	F, W, S, Z, P, Fensterzwischenräume	♄, D, rosa und weiße Färbung der oberen Blatthälften (männliche Pflanzen), ⚘, Früchte essbar, zweihäusig, ⵣ, 🐝, früher Austrieb (spätfrostgefährdet!), Ⓝ
Akebia - Akebie; Familie: Lardizabalaceae (Fingerfruchtgewächse)								
A. quinata (Akebie, Klettergurke)	S (links)	Ja	5 – 10 m	stark	○ ◑, warm u. geschützt	IV – V, purpur/rosa	P, L, S, Z, F, W, B, Bodendecker	♄, D, ⚘, gurkenförmige Früchte essbar, ⵣ, 🐝, einhäusig, ∧ (als Jungpflanze)
Ampelopsis - Scheinrebe, Zierwein; Familie: Vitaceae (Weingewächse)								
A. brevipedunculata (Ussuri-Scheinrebe)	R	Ja	4 – 8 m	stark	○ ◑	VII – VIII, grünlich (unscheinbar)	P, L, S, Z, F, W	♄, Herbstfärbung
A. megalophylla (Großblättrige Scheinrebe)	R	Ja	6 – 8 m	mittel	○ ◑	VIII, grünlich (unscheinbar)	P, L, S, Z, B	♄, ⚘

Legende

♃ Staude	Ⓝ Nutzpflanze
♄ Halbstrauch	▽ geschützte Art
♄ Strauch	🐝 Bienenweide
⋀⋀⋗ kriechend	ⵣ Vogelnährgehölz
△ Steingarten	
∧ Winterschutz	i = immergrün
✕ Giftpflanze	D = Duft
⚘ Fruchtschmuck	Off. = offizinell
✂ Schnitt für Vasenschmuck	I – XII = Blütezeit

Standort
○ vollsonnig (S-, SW-Lage)
◑ halbschattig (O-, SO-, W-Lage)
● schattig (N-, NW-, NO-Lage)

Klettertechnik
S = Schlinger/Winder
R = Ranker
Sp = Spreizklimmer
Wu = Wurzelkletterer

Verwendungszweck
F = Fassaden B = Bäume
P = Pergolen S = Spaliere
Z = Zäune L = Lauben
W = Wände Bk = Balkone

Fortsetzung nächste Seite →

Pflanzenname	Kletter-technik	Kletter-hilfe	Wuchs-höhe bis etwa	Wüchsig-keit	Standort	Blütezeit und -farbe	Verwendung (gut geeignet für ...)	Sonstiges
Aristolochia – Pfeifenwinde; Familie: Aristolochiaceae (Osterluzeigewächse)								
A. macrophylla (Pfeifenwinde)	S (links)	Ja	6 – 12 m	stark	○ ◑, windgeschützt	VI – VIII, grün/braun	S, Z, P, L, F, W, B, Fenster-zwischenräume	♄, die häufig unter dem Laub verborgenen Blüten ähneln Tabakspfeifen, bildet dichte grüne Wände
Bryonia - Zaunrübe; Familie: Cucurbitaceae (Kürbisgewächse)								
B. dioica (Zweihäusige Zaunrübe)	R	Ja	4 m	stark	○ ◑ ●	VI – IX	Z, S	⅄, ⚥, Name leitet sich von den unterirdischen rübenartigen Wurzeln ab, zweihäusig, Off., ✂
Campsis - Trompetenblume; Familie: Bignoniaceae (Klettertrompetengewächse)								
C. radicans (Trompetenblume)	Wu, Triebe leicht windend	Evtl. zu-sätzliche Kletter-hilfe	8 – 12 m	stark	○ warm u. geschützt	VII – IX, orangerot	F, W, P, Z, B, hängend	♄, Blattschmuck, Λ (junge Pfl.), auch gelb blühende Sorten (z. B. 'Flava'), kräftiger Rückschnitt der Seitentriebe im Frühjahr, verträgt sommerliche Trockenheit
C. x tagliabuana	Wu, Triebe windend	Evtl. zu-sätzl. Kletter-hilfe	3 – 5 m	mittel	○ warm u. geschützt	VII – VIII, orange	F, W, hängend	♄, Kreuzung zwischen C. radicans und C. grandiflora
Celastrus - Baumwürger; Familie: Celastraceae (Spindelstrauchgewächse)								
C. orbiculatus (Chinesischer Baumwürger)	S (links)	Ja	10 – 14 m	stark	○ ◑	VI, grünlich (unscheinbar)	S, Z, P, L, F, W, B	♄, ⚥, zweihäusig, ✧, Herbst-färbung, eventueller Rückschnitt im Frühjahr vor dem Austrieb, nicht in junge Bäume setzen
Clematis - Waldrebe; Familie: Ranunculaceae (Hahnenfußgewächse)								
C. alpina (Alpenwaldrebe)	R	Ja	1 – 3 m	schwach	○ ◑	V – VII, violettblau	S, Z, P, L, F, W, B	♄, △, Blüten am alten (vorjährigen) Holz, ▣, ⚥, ✧, diverse Sorten, eventueller Schnitt nach der Blüte, Wurzelfuß beschatten, ▽, diverse Sorten
C. fargesii (Farges Waldrebe)	R	Ja	4 – 6 m	mittel	○ ◑	VI – IX, weiß	P, L, F, W, B	♄, sehr attraktive Wildart, mit zahlreichen, lange halt-baren Blüten, eventueller Schnitt im Früh-jahr (II/III)
C. - Hybriden	R	Ja	2 – 6 m	schwach bis stark	○ ◑	VI – IX, rosa, rot, gelb, violett, blau, weiß	F, W, P, L, B	♄, zahlreiche Sorten, Blüten am alten oder jungen Holz, im Halbschatten verbleichen die Blüten nicht so schnell, ▣, Veredlungsstelle 5 cm unter Erdoberfläche, Wurzelfuß beschatten
C. x jackmannii	R	Ja	3 – 4 m	stark	○ ◑	VII – X, blau	P, L, F, W, B	♄, Blüten am diesjährigen Holz, sehr schöne, stark blühende Pflanze
C. macropetala (Großblütige Alpenwaldrebe)	R	Ja	2 – 3 m	schwach	○ ◑	V – VI, blau/ violettblau	S, Z, P, L, F, W, B	♄, Blüten am vorjährigen Holz, eventueller Schnitt nach der Blüte, △
C. maximowicziana (Herbstwaldrebe)	R	Ja	8 – 10m	stark	○ ◑	IX – X, weiß	F, W, B	♄, D, Blüten am diesjährigen Holz
C. montana (Bergwaldrebe)	R	Ja	3 – 8 m	stark	○ ◑	V – VI, weiß/rosa	F, W, S, Z, P, L, B	♄, D, Blüten am vorjährigen Holz, eventueller Schnitt nach der Blüte, Wurzelfuß beschatten

Fortsetzung nächste Seite →

Pflanzenname	Kletter-technik	Kletter-hilfe	Wuchs-höhe bis etwa	Wüchsig-keit	Standort	Blütezeit und -farbe	Verwendung (gut geeignet für ...)	Sonstiges
C. tangutica (Goldwaldrebe)	R	Ja	2 – 4 m	schwach	○ ◑	VI – VIII, goldgelb	S, Z, P, L, B	♄, Blüten am diesjährigen Holz, Dauerblüher, gut für sonnige Südseiten (trockenheitsverträglich), Selbstaussaat, Verjüngungsschnitt im Frühjahr (II/III)
C. vitalba (Gemeine Waldrebe)	R	Ja	8 – 12 m	sehr stark	○ ◑	VII – IX, weiß	B, F, W, hängend	♄, Blüten am diesjährigen Holz, ⚒, 🐝, ⚘, ✂, evtl. Schnitt im Frühjahr (II/III), Ⓝ
C. viticella (Italienische Waldrebe)	R	Ja	2 – 4 m	stark	○ ◑	VIII – IX, purpur	L, P, S, Z, B	♃, Blüten am diesjährigen Holz, eventueller Schnitt im Frühjahr (II/III)
Cymbalaria - Zimbelkraut; Familie: Scrophulariaceae (Rachenblütler)								
C. muralis (Zimbelkraut)	Wu	Nein		stark	○ ◑ ●	VI – VII, hellviolett	W, F	♃, ⋀⋀⊁, △, unermüdlicher Dauerblüher, samt sich leicht aus, gut für den Naturgarten geeignet
Euonymus - Spindelstrauch; Familie: Celastraceae (Spindelstrauchgewächse)								
E. fortunei – Sorten (Kletterspindelstrauch)	Wu	Nein	1 – 5 m	schwach	○ ◑ ●	V – VI, grüngelb	F, W, S, B	♄, i, zahlreiche Sorten (z. B. 'Variegatus', 'Emerald'n Gold', 'Sunspot', 'Vegetus', 'Emerald Gaiety')
Fallopia - Knöterich; Familie: Polygonaceae (Knöterichgewächse)								
F. baldschuanica (Schlingknöterich)	S (links u. rechts)	Ja	8 – 15 m	sehr stark	○ ◑	VII – X, weiß	S, Z, P, L, F, W, B, hängend	♄, blüht am einjährigen Holz, ⚒, ⚘, ⚘, Rückschnitt möglich (Jahrestriebe bis 8 m)
Hedera - Efeu; Familie: Araliaceae (Efeugewächse)								
H. colchica (Kolchischer Efeu)	Wu	Nein	5 – 8 m	mittel	◑ ●	IX – X, grün gelb, an älteren Pflanzen	F, W, P, L, B	♄, i, bis 25 cm große, wenig gelappte Blätter (beim Zerreiben Harzgeruch), ⋀, diverse Sorten
H. helix (Gemeiner Efeu)	Wu	Nein	15 – 30 m	schwach (anfangs) bis mittel	◑ ●	IX – X, gelblich, an älteren Pflanzen	S, Z, P, L, F, W, B, Bodendecker	♄, i, ⚒, 🐝, ⚘, ✂, zahlreiche Sorten (unterschiedliche Klettereigenschaften!), ⋀⋀⊁, Blätter 3- bis 5-lappig, Altersform zeigt ungelappte Blätter, Blütenbildung nach 8 bis 10 Jahren, Stecklinge von den blühenden (wurzellosen) Trieben bilden nicht kletternde Sträucher ('Arborescens' = Straucheefeu)
H. hibernica (Irischer Efeu)	Wu	Nein	5 – 20 m	mittel	◑ ●	IX – X, gelblich, an älteren Pflanzen	F, W, P, L, B	♄, i, in der Regel als 'Hibernica' auf dem Markt, große, fünflappige Blätter, nicht so frosthart wie H. helix
Humulus - Hopfen; Familie: Moraceae (Maulbeerbaumgewächse)								
H. lupulus (Gemeiner Hopfen)	S (rechts)	Ja	4 – 10 m	sehr stark	○ ◑ ●	VII – VIII	S, Z, P, L, F, W, B, hängend	♃, (Triebe sterben im Herbst ab) → Rückschnitt nach Herbstfrösten dicht über den Boden, ⚒, 🐝, zweihäusig, Ausläuferbildung, Ⓝ (Bierherstellung), Off.
Hydrangea - Hortensie; Familie: Hydrangeaceae (Hortensiengewächse)								
H. anomala ssp. petiolaris (Kletterhortensie)	Wu	Evtl. zusätzliche Spanndrähte	6 – 15 m	mittel	○ ◑	VI – VII, weiß	P, L, F, W, B, hängend	♄, Blüten in bis zu 25 cm breiten Schirmrispen am einjährigen Holz, ⚒, ⚘, Herbstfärbung, als Waldpflanze liebt sie kühle feuchte Standorte

Fortsetzung nächste Seite →

Pflanzenname	Kletter-technik	Kletter-hilfe	Wuchs-höhe bis etwa	Wüchsig-keit	Standort	Blütezeit und -farbe	Verwendung (gut geeignet für …)	Sonstiges
Jasminum – Jasmin; Familie: Oleaceae (Ölbaumgewächse)								
J. nudiflorum (Winterjasmin)	Sp	Ja	2 – 4 m	mittel	○	XII – IV, gelb	F, W, Z, S, hängend	♄, lässt sich gut spalieren, Blüten am vorjährigen Holz eventueller Schnitt nach der Blüte, 🏛, ∧ (in sehr kalten Wintern)
J. grandiflorum (Echter Jasmin)	Sp	Ja	12 m	mittel	○ ◑	VI – IX, rosa weiß	W, S, P	♄, D, ∧ (nur in milden Gebieten winterhart) → kann sich nach Frostschäden aus den Wurzeln erneuern, ℕ
Lonicera - Geißblatt, Heckenkirsche; Familie: Caprifoliaceae (Geißblattgewächse)								
L. x brownii (Trompetengeißblatt)	S (rechts)	Ja	2 – 4 m	schwach	○ ◑	V – VIII, orangerot	S, Z, P, L, F, W, B	♄, Blüten am mehrjährigen Holz, ✿, ♈
L. caprifolium (Jelängerjelieber)	S (rechts)	Ja	3 – 6 m	mittel	○ ◑ ●	V – VIII, gelb-rötlich-weiß	P, L, B, F, W, hängend	♄, D (vor allem in den Abendstunden → Nachtfalter), Blüten am mehrjährigen Holz, ✿, ♈, Wurzelfuß beschatten
L. x heckrottii (Feuergeißblatt)	S (rechts)	Ja	3 – 5 m	schwach	○ ◑	VI – IX, gelbrot	P, L, B, F, W hängend	♄, D (vor allem abends → Nachtfalter), sehr schöne Blüten am mehrjährigen Holz, ✿, ♈
L. henryi (Immergrünes Geißblatt)	S (rechts)	Ja	3 – 6 m	mittel	◑ ●	VI – VII, rot-gelb	P, L, S, Z, F, W, B, hängend	♄, i, Blüten am mehrjährigen Holz, 〰〰➤
L. japonica (Japanisches Geißblatt)	S (rechts)	Ja	4 – 6 m	schwach	◑	VI – VIII, weißlich	L, P, S, Z, B	♄, D (vor allem abends), Blüten am mehrjährigen Holz, ✿, ♈
L. periclymenum (Waldgeißblatt)	S (rechts)	Ja	3 – 5 m	mittel	○ ◑ ●	V – VII, gelb-rötlich	P, L, S, Z, B, hängend	♄, D (vor allem abends) Blüten am mehrjährigen Holz, ✿, ♈, ∧, ✕
L. x tellmanniana (Goldgeißblatt)	S (rechts)	Ja	3 – 6 m	stark	○ ◑	VI – VII, goldgelb	F, W, S, Z, B, hängend	♄, Blüten am einjährigen Holz, kein Duft, ✿, ♈, ∧
Menispermum - Mondsame; Familie: Menispermaceae (Mondsamengewächse)								
M. canadense (Amerikanischer Mondsame)	S (links)	Ja	3 – 4	stark	◑	VI – VII, gelb-grün (unscheinbar)	S, Z, P, L	♄, ✿, Name nach der halbmondartigen Form der Samen, zweihäusig, bildet unterirdische Ausläufer
Parthenocissus - Wilder Wein, Jungfernrebe; Familie: Vitaceae (Weinrebengewächse)								
P. inserta	R mit Haftscheiben	Evtl. zusätzliche Kletter hilfe	5 – 8 m	stark	○ ◑	VI – VII, gelb-grün (unscheinbar)	P, L, S, Z, hängend	♄, bildet weniger Haftscheiben aus als die beiden anderen Arten, im Handel häufig als P. quinquefolia angeboten
P. quinquefolia 'Engelmannii'	R mit Haftscheiben	Nein	10 – 15 m	sehr stark	○ ◑	VI – VIII, weiß (unscheinbar)	S, Z, P, L, F, W, B, hängend	♄, 🏛, karminrote Herbstfärbung (ab IX, etwa 1 Woche, je sonniger, desto intensiver), ✿, ♈, Blätter fünf- bis siebenzählig gefingert
P. tricuspidata 'Veitchii'	R mit Haftscheiben	Nein	12 – 18 m	sehr stark	○ ◑	VI – VII, gelblich-grün (unscheinbar)	S, Z, P, L, F, W, B, hängend	♄, 🏛; Herbstfärbung gelb, orange, rot (je sonniger, desto intensiver), ✿, ♈, Blätter dreizählig gelappt oder ungeteilt, in extremen Wintern kann es teilweise zu Frostschäden kommen
Periploca - Baumschlinge; Familie: Asclepiadaceae (Schwalbenwurzgewächse)								
P. graeca (Baumschlinge)	S (links)	Ja	8 – 15 m	stark	○	VII – VIII, purpur	P, L, F, W, S, B	♄, D, 🏛, ✕ (Triebe enthalten giftigen Milchsaft), ∧ (Wurzelraum mit Laub oder Reisig abdecken)

Fortsetzung nächste Seite →

Pflanzenname	Kletter-technik	Kletter-hilfe	Wuchs-höhe bis etwa	Wüchsig-keit	Standort	Blütezeit und -farbe	Verwendung (gut geeignet für ...)	Sonstiges
Rosa - Kletterrose; Familie: Rosaceae (Rosengewächse)								
R. multiflora (Vielblütige Rose)	Sp	Ja	2 – 4 m	stark	○ ◐	VI – VII, weiß	S, Z, P, L	ħ, D, 🏠, ⚘, ♈, zahlreiche kleine Blüten (1 bis 2 cm), diverse Sorten
R. - Hybriden (Kletterrosen Gruppe: kletternde Edel- und Floribundarosen)	Sp	Ja	2 – 5 m	stark	○	VI – VIII, diverse Farben	S, Z, P, L, F, W, B	ħ, z. T. D, 🏠, ⚘, ♈
Rubus - Brombeere/Himbeere; Familie: Rosaceae (Rosengewächse)								
R. fruticosus, neuer Name: **Rubus sect. Rubus** (Gemeine Brombeere)	Sp	Ja	2 – 4 m	stark	○ ◐	VI – VII, weiß/rosa	S, Z, P, L	ħ, Früchte (schwarze Brombeeren) essbar, Ⓝ, nach der Ernte werden die alten Ruten dicht über dem Boden abgeschnitten, starke Ausläuferbildung
R. henryi var. bambusarum (Kletterbrombeere)	Sp, Triebe leicht schlingend	Ja	2 – 4 m	stark	◐ ●	VI, weißlich hellrot	S, Z, P, L, W, B	ħ, i, Früchte essbar
Schizophragma - Spalthortensie; Familie: Saxifragaceae (Steinbrechgewächse)								
S. hydrangeoides	Wu	Nein	5 – 8 m	mittel	○ ◐ ●	VII, weiß	F, W, B, hängend	ħ, Herbstfärbung
Sinofranchetia - Chin. Franchetie; Familie: Lardizabalaceae (Fingerfruchtgewächse)								
S. chinensis	S	Ja	5 – 7 m	mittel	○ ◐	V – VI, weißlich	P, L, S, Z	ħ, ⚘
Smilax - Stechwinde; Familie: Liliaceae (Liliengewächse)								
S. rotundifolia	S	Ja	4 – 8 m	mittel	◐	VI, gelblich	B, S, Z	ħ, ⚠➚, ∧
Stauntonia – Stauntonie; Familie: Lardizabalceae (Fingerfruchtgewächse)								
S. hexaphylla (Honigbeere)	S	Ja	3 – 5 m	mittel	◐	IV, weißlich	P, L, F, W, B	ħ, D, i, Beeren essbar, einhäusig, ∧
Vitis – Weinrebe; Familie: Vitaceae (Weinrebengewächse)								
V. amurensis (Amurrebe)	R	Ja	8 – 12 m	sehr stark	○ ◐, warm u. geschützt	VI, grünlich (unscheinbar)	P, L, S, Z, B, hängend	ħ, Früchte (Weintrauben) essbar (säuerlich), Herbstfärbung, Ⓝ
V. coignetiae (Scharlachwein)	R	Ja	6 – 12 m	sehr stark	○ ◐, warm u. geschützt	VI – VII, grünlich (unscheinbar)	P, L F, W, B, hängend	ħ, Früchte nicht essbar! Herbstfärbung
V. riparia (Duftrebe)	R	Ja	4 – 8 m	stark bis sehr stark	○ ◐ ●, warm u. geschützt	VI, grünlich (unscheinbar)	P, L, B, hängend	ħ, D, Früchte (Weintrauben) essbar (herber Geschmack), Ⓝ
V. vinifera (Weinrebe)	R	Ja	6 – 12 m	stark	○ ◐, warm u. geschützt	VI – VII, grünlich (unscheinbar)	S, Z, P, L, F, W, hängend	ħ, ⚘, Weintrauben gut essbar, Ⓝ, Off., Herbstfärbung, zahlreiche Sorten, 🏠, Veredlungsstelle 5 cm über Erdboden
Wisteria - Blauregen oder Glyzinie; Familie: Leguminosae (Schmetterlingsblütler)								
W. floribunda (Japanischer Blauregen)	S (rechts)	Ja	6 – 8 m	stark	○ ◐	V – VI, violett	P, L, F, W, B	ħ, Blüten erscheinen mit dem Laubaustrieb, 🏠, verschiedene Sorten, ✗, nicht an Regenrohren oder Dachrinnen befestigen, auch weiß und rosa blühende Sorten, Blüten öffnen sich allmählich vom Ansatz der Traube zur Spitze hin
W. sinensis (Chinesischer Blauregen)	S (links)	Ja	8 – 15 m	sehr stark	○ ◐	IV – V, blau-violett	P, L, F, W, B	ħ, Blüten erscheinen vor und mit dem Laubaustrieb, 🏠, ✗, Blüten einer Traube öffnen sich fast gleichzeitig, spätfrostempfindlich (frühe Blüte), weiter s. W. floribunda

Abb. 1 Parthenocissus tricuspidata (Wilder Wein)

Abb. 2 Wisteria sinensis (Wisterie/Blauregen/Glyzinie)

Abb. 3 Hydrangea anomala ssp. petiolaris (Kletterhortensie)

Abb. 4 Fassadenbegrünung mit verschiedenen Kletterpflanzen

Abb. 5 Clematis montana (Bergwaldrebe)

Abb. 6 Clematis alpina (Alpenwaldrebe)

Abb. 7 Clematis – Hybride 'Königs Kind'

Abb. 1 Lonicera caprifolium
(Jelängerjelieber)

Abb. 2 Kletterrose

Abb. 3 Hedera helix (Efeu)

Abb. 4 Jasminum nudiflorum
(Winterjasmin)

Abb. 5 Menispermum canadense
(Mondsame)

Abb. 6 Aristolochia macrophylla
(Pfeifenwinde)

Abb. 7 Cymbalaria muralis
(Zimbelkraut)

Abb. 8 Campsis radicans
(Trompetenblume)

Abb. 9 Lonicera heckrottii
(Feuergeißblatt)

Abb. 10 Humulus lupulus
(Gemeiner Hopfen)

Abb. 11 Fallopia baldschuanica
(Schlingenknöterich)

Abb. 12 Clematis vitalba
(Gemeine Waldrebe)

4.2 Einjährige Arten

Pflanzenname	Kletter-technik	Wuchs-höhe bis etwa	Standort	Blütezeit und -farbe	Verwendung (gut geeignet für …)	Sonstiges
Cobaea scandens Polemoniaceae (Glockenrebe)	R	6 m	○ ◑	VII – X, weiß-violett	W, F, P, L, Z, Sp, Bk	bildet rasch eine dichte Begrünung, Anzucht durch Aussaat unter Glas ab März (18 – 20 °C, 3 Samen / 10er Topf), Ende Mai auspflanzen (Abstand 50 cm), Direktaussaat Mitte Mai möglich, ♄, frostfreie Überwinterung
Cucurbita pepo var. ovifera Cucurbitaceae (Zierkürbis)	R	6 – 8 m	○	VII – IX, gelb	W, F, L, P, Z	bildet rasch eine dichte Begrünung, Anzucht durch Aussaat unter Glas ab Mitte April (10 – 15 °C, 3 Samen / 11er-Topf), Ende Mai auspflanzen, Abstand 60 cm, ⚭ (jung essbar!) in verschiedenen Formen und Farben
Cyclanthera brachystachya Cucurbitaceae (Explodiergurke)	R	5 m	○ ◑	grünlich weiß (unscheinbar)	Z, Sp, L, P	Früchte mit derben Stacheln besetzt, ⚭, ⁄⁄⤳
Humulus japonicus Moraceae (Japanischer Hopfen)	S (rechts)	3 – 6 m	○ ◑	VII – VIII, gelbgrün	W, F, L, P, Sp, Z, Bk	bildet rasch eine dichte Begrünung, Anzucht durch Aussaat unter Glas ab März (18 – 20 °C, 3 Samen / 11er-Topf) bzw. ab April ins Freie, ab Mitte Mai auspflanzen, Abstand 50 – 60 cm, zweihäusig, Selbstaussaat
Ipomoea tricolor Convolvulaceae (Prunk-/Kaiserwinde)	S	3 – 5 m	○ warm und geschützt	VII – IX, weiß, blau, karminrot	W, F, Z, Bk	bildet rasch eine dichte Begrünung, Anzucht durch Aussaat unter Glas ab März (18 – 20 °C 4 Samen / 10er-Topf) bzw. ab Ende Mai ins Freie, Pflanzabstand 40 cm, Blüten nur in Morgenstunden geöffnet, verschiedene Sorten, ♃ (einjährig gezogen), frostfreie Überwinterung
Lathyrus odoratus Leguminosae (Duftwicke)	R	1 – 2 m	○ warm und geschützt	VI – IX, diverse Farben	Sp, Z, Bk, W	D, ⚭, Aussaat ins Freie ab Ende März, liebt keine Mittagssonne, Entfernung der verblühten Blüten fördert die Blühwilligkeit, diverse Sorten
Phaseolus coccineus Leguminosae (Feuerbohne)	S (links)	2 – 4 m	○	VI – IX, scharlachrot	L, Z, P, W	bildet rasch eine dichte Begrünung, junge Früchte im gekochten Zustand essbar (roh giftig!), Anzucht durch Aussaat unter Glas ab April bzw. ab Anfang Mai ins Freie
Thunbergia alata Acanthaceae (Schwarzäugige Susanne)	S (links)	1 – 2 m	○ warm und geschützt	V – X, gelb bis orange mit dunklem Schlund	Sp, Z, Bk Bodendecker	Anzucht ab März durch Aussaat unter Glas (5 Samen / 10er-Topf), auspflanzen Ende Mai, Abstand 30 bis 40 cm, verschiedene Sorten, Verwendung auch als Hängepflanze, Staude (meist einjährig gezogen)
Tropaeolum – Hybriden Tropaeolaceae (Kapuzinerkresse)	R	2 – 4 m	○ ◑ warm und geschützt	VII – X, gelb/orange/ rot	Z, L, P, W, Bk	Blüten, -knospen (unechte Kapern) und junges Laub (Salat) essbar, Anzucht unter Glas ab April (5 Samen / 10er-Topf), Aussaat Anfang Mai ins Freie, verschiedene Sorten
Tropaeolum – peregrinum (Kanarische Kapuzinerkresse)	R	2 – 4 m	○ warm und geschützt	VI – X, zitronengelb	S, Z, Bk	Gut passend zu Wildem Wein, Prachtwinde und Glockenrebe, Direktaussaat oder vorkultivieren und pflanzen, bei Trockenheit wässern

Tab. 1 Einjährige bzw. einjährig gezogene Kletterpflanzen (Legende s. S. 459 unten)

Wo eine dauerhafte Begrünung nicht erwünscht ist, bietet sich die Verwendung von **einjährigen Kletterpflanzen** an. In der Regel reichen einfache Klettervorrichtungen aus Zweigen, Ästen oder Maschendraht aus. Unter den einjährigen Arten finden sich Pflanzen, die zur direkten Aussaat an Ort und Stelle geeignet sind, wie auch solche, die aufgrund ihrer längeren Entwicklungszeit bzw. höheren Wärmeansprüche einer **Vorkultur unter Glas** bedürfen (s. Tab. 1). Letztere werden als Topfware angeboten, die Mitte/Ende Mai, wenn keine Frostgefahr mehr besteht, ins Freiland ausgepflanzt werden kann. Die zur Direktaussaat geeigneten Pflanzen werden durch eine Vorkultur unter Glas in ihrer Entwicklung gefördert.

Abb. 1 Cobaea scandens
(Glockenrebe)

Abb. 2 Cucurbita pepo var. ovifera
(Zierkürbis)

Abb. 3 Ipomoea tricolor
(Prunk-/Kaiserwinde)

Abb. 4 Lathyrus odoratus (Duftwicke)

Abb. 5 Phaseolus coccineus (Feuerbohne)

Abb. 6 Tropaeolum peregrinum
(Kanarische Kapuzinerkresse)

Abb. 7 Thunbergia alata
(Schwarzäugige Susanne)

Abb. 8 Tropaeolum-Hybriden
(Kapuzinerkresse)

4.3 Obstspaliere

4.3.1 Wärme- und Lichtverhältnisse

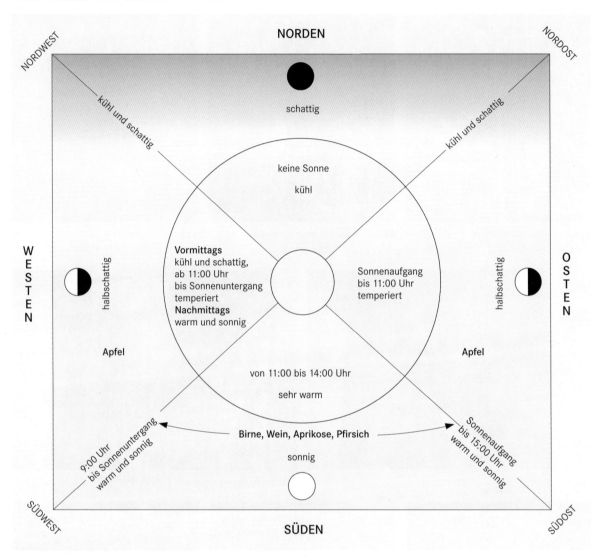

Abb. 1 Wärme- und Lichtverhältnisse am Haus

Abb. 2 Birnenspalier – das häufigste Spalierobst

Obstspaliere bieten mit ihrer Blütenpracht eine sehr dekorative und zugleich nützliche Form der Fassadengestaltung. Geeignet für diese Art des Obstanbaus ist in erster Linie die Südseite eines Hauses. Aufgrund der langen täglichen Besonnung bietet sie den Pflanzen am meisten Licht und Wärme (s. Abb. 1). Somit ermöglichen Obstspaliere nicht nur einen Obstanbau auf kleinstem Raum, sondern auch die Kultur wärmebedürftiger Obstarten (Birnen, Pfirsiche, Aprikosen, Kiwi und Wein) oder -sorten, für die es sonst in freier Lage zu kalt wäre. Neben frei wachsenden Pflanzen findet man an Spalieren vor allem streng geformte (s. Tab. 1, S. 469).

4.3.2 Spalierformen

Baumform	Kennzeichen
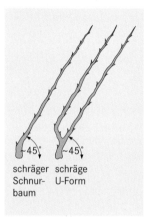 60 bis 80 cm 40 cm Schnurbaum/ Kordon U-Form	**Schnurbaum** Senkrechter Stamm mit kurzem Fruchtholz, Abstand zwischen den einzelnen Bäumen 50 bis 60 cm. **U-Form** Haupttrieb entfernt, Seitenäste mit kurzem Fruchtholz in einem Bogen nach oben geleitet.
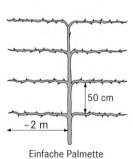 ~45° ~45° schräger Schnurbaum schräge U-Form	Schrägführung von Schnurbaum und U-Form (beim Pflanzen im 45°-Winkel setzen) → im Vergleich zur senkrechten Form erhöhter Fruchtertrag, bessere Platzausnutzung und gute Erreichbarkeit der Früchte, Drähte entsprechend den Spalierstufen in 60, 120 und 180 cm spannen. Wandabstand 10 bis 15 cm (Luftzirkulation!).
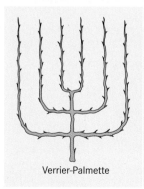 50 cm ~2 m Einfache Palmette	Haupttrieb eines unverzweigten Jungbaums auf etwa 40 cm über den Boden zurückgeschnitten, austreibende Seitentriebe waagerecht gezogen.
Verrier-Palmette	Einfache Palmette, deren waagerechte Seitenäste an den Enden nach oben geführt werden. Anordnung gewährleistet eine gute Nährstoffversorgung auch der untersten Äste.

Tab. 1　Spalierformen

4.3.3 Spaliererziehung

 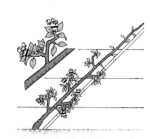

1 Beim Pflanzen zwischen Spätherbst und Frühjahresbeginn den Jungbaum im 45-Grad-Winkel setzen. Die Veredelungsstelle befindet sich über der Erde, die Edelsorte möglichst weit oben. Den Schnurbaum an zwei Punkten des Stabs befestigen und Seitentriebe auf vier Augen einkürzen.

2 Blüten im zweiten Standjahr entfernen, die basale Blattrosette jedoch intakt lassen.

 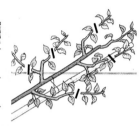

3 Mit dem Lorette-Schnitt zwischen Hoch- und Spätsommer im zweiten Standjahr beginnen. Oberhalb der basalen Blattrosette alle verholzten stammbürtigen Seitentriebe, die über 25 cm lang sind, auf drei gut entwickelte Blätter kürzen. Alle Seitentriebe zweiter Ordnung, die sich aus dem Kurztriebsystem entwickelt haben, auf ein Blatt oberhalb der basalen Blattrosette reduzieren.

4 Im Herbst den Neuwuchs, der sich nach dem Sommerschnitt entwickelt hat, direkt vor dem Laubfall entfernen. Auf ein Blatt oder Auge bis zum ausgereiften Holz zurücknehmen.

 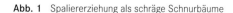

5 Wenn der Leittrieb die gewünschte Höhe erreicht und über den obersten Draht hinausgewachsen ist, wird er dann im Spätfrühling bis etwa 15 cm oberhalb des Drahts zurückgeschnitten.

6 Im Hochsommer der darauf folgenden Jahre die Verlängerung der Leittriebe auf 2,5 cm reduzieren. Den Sommerschnitt weiterführen, wobei verholzte, stammbürtige Seitentriebe, die länger als 25 cm sind, auf drei Blätter und Seitentriebe zweiter Ordnung auf ein Blatt oberhalb der basalen Blattrosette gekürzt werden.

Abb. 1　Spaliererziehung als schräge Schnurbäume

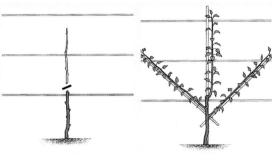

1 Zwischen Spätherbst und Ende Winter einen unverzweigten, frisch gepflanzten Jungbaum auf die oberste von drei gut entwickelten Knospen, etwa 40 cm über dem Boden, zurückschneiden.

2 Im Sommer die Triebe an Stäben anbinden: Den obersten vertikal und die Arme in einem Winkel von 45 Grad befestigen.

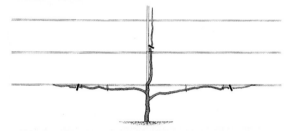

3 Im Spätherbst zwei Arme vorsichtig absenken und hinunterbinden. Bei schwachem Wachstum der Leittriebe diese um etwa ein Drittel kürzen. Den Mitteltrieb auf die oberste von drei gut entwickelten Knospen, ca. 50 cm über den untersten Zweigen, reduzieren. Andere Seitentriebe auf drei Augen zurückschneiden.

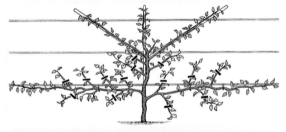

4 Im zweiten Sommer den Mitteltrieb vertikal und, wie bereits bei der ersten Etage, die beiden Arme in einem Winkel von 45 Grad erziehen. Seitenzweige, die aus den Horizontalarmen wachsen, auf drei Blätter oberhalb der basalen Blattrosette zurücknehmen.

5 Im Spätherbst des zweiten Jahrs die zwei obersten Arme vorsichtig nach unten binden. Schwache Triebe um ein Drittel kürzen. Den Mitteltrieb etwa 50 cm oberhalb der zweiten Etage auf die oberste von drei gut ausgebildeten Knospen kürzen.

Abb. 1   Spaliererziehung als einfache Palmette

5   Pflanzung und Pflege

5.1   Pflanzung

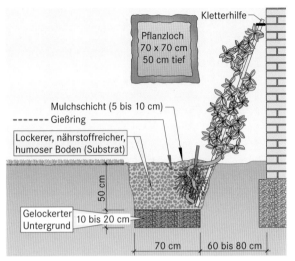

Abb. 2   Pflanzung von Kletterpflanzen

Die Qualität der verwendeten Kletterpflanzen muss der DIN 18916 entsprechen, wobei für Gehölze die „Gütebestimmung für Baumschulpflanzen" und für Stauden die **„Gütebestimmung für Stauden"** der Forschungsgesellschaft Landschaftsentwicklung Landschaftsbau e. V. (FLL) gilt. Gehölzartige Kletterpflanzen müssen danach mindestens zwei, besser drei bis fünf kräftige Triebe aufweisen. Eine Ausnahme bilden einjährige Clematis-Hybriden und *Parthenocissus tricuspidata 'Veitchii'*.

Da Kletterpflanzen in Töpfen oder Containern angeboten werden, ist eine **ganzjährige Pflanzung** möglich. Mit dem Spaten wird das Pflanzloch ausgehoben. Um eine gute Pflanzenentwicklung zu gewährleisten, sollte es mindestens 0,5 m² groß und 0,5 m tief sein, wobei zusätzlich der Untergrund des Pflanzloches mit der Grabegabel zu lockern ist. Der insgesamt durchwurzelbare Raum sollte mindestens 1 m³ betragen. Der Aushub ist bis zur Hälfte mit Kompost zu verbessern. Bauschutt ist zu entfernen, eine Schädigung der Fundamente bzw. vorhandener Ver- und Entsorgungsleitungen kann durch den Einbau durchwurzelungsfester Schutzbahnen vermieden werden. Damit die Pflanzen nicht zu sehr im Regenschatten der Fassade stehen, sollte ein Pflanzabstand von 60 bis 80 cm zum Mauerwerk eingehalten werden. Die Pflanzen werden so tief gesetzt, wie sie zuvor in der Baumschule gestanden haben. Gehölze, die an ihren Sprossachsen zusätzliche Wurzeln bilden, können auch tiefer gepflanzt werden.

Clematis werden möglichst tief gepflanzt (Veredlungsstelle im Boden). Der Vorteil ist der, dass sich die für die Clematis-Welke (Pilzkrankheit) anfälligen Hybriden und andere

Arten nach einem Absterben der oberirdischen Pflanzenteile („Clematissterben") aus ruhenden Augen der Sprossbasis/Veredlungsstelle heraus regenerieren können. Zudem werden kräftig wachsende Pflanzen (Edelreis bildet an der Veredlungsstelle zusätzliche Wurzeln) seltener von den Gefäßparasiten befallen.

Kletterpflanzen werden leicht schräg gepflanzt und mit einem Stab zur Kletterhilfe geleitet, an der die jungen Triebe befestigt werden. Auch Selbstklimmer sind bis zur Ausbildung eigener Haftorgane, z. B. mit einem Klebeband, an dem Baukörper zu fixieren. Nach dem Pflanzen und gründlichem Angießen wird die Pflanzfläche mit einer 5 bis 10 cm dicken Mulchschicht abgedeckt. Als ursprüngliche Wald- oder Waldrandpflanzen lieben die meisten Kletterpflanzen einen warmen „Kopf" und einen kühlen „Fuß". Im öffentlichen Bereich sind ggf. Schutzmaßnahmen gegen Vandalismus, Befahren und Betreten der Pflanzfläche zu ergreifen (s. Abb. 2, S. 470).

5.2 Pflege

Die Entwicklungs- und Unterhaltungspflege beschränkt sich im Allgemeinen auf folgende Tätigkeiten:

- Düngen (je stärker das Wachstum, desto höher der Nährstoffbedarf) und Wässern (bei Trockenheit, vor allem bei Regenschattenlagen: Ost- und Südseiten)
- Lockern und Säubern der Pflanzflächen
- Schnittmaßnahmen
- Je nach Wüchsigkeit von Zeit zu Zeit Fest- und Aufbinden der Triebe (Rinde darf nicht eingeschnitten werden!) sowie Erneuerung oder Reparatur der Kletterhilfen
- Dachrinnen, ziegelgedeckte Dächer, Fenster, Lüftungsöffnungen und technische Einrichtungen (z. B. Regenrinnen, -fallrohre, Antennenkabel, Blitzschutzeinrichtungen, Rollladenkästen) sind von Zeit zu Zeit freizuschneiden
- Anbringung eines Winterschutzes bei frostempfindlichen Pflanzen
- Pflanzenschutzmaßnahmen bei Bedarf

Aufgaben

1. Nennen Sie fünf Gründe, die für eine Fassadenbegrünung sprechen.
2. Beschreiben Sie die unterschiedlichen Klettertechniken der Kletterpflanzen.
3. Welche Voraussetzungen müssen zur Ausbildung von Haftscheiben gegeben sein?
4. Der gepflanzte Efeu haftet nicht an der Wand. Was können die Gründe dafür sein?
5. Unter welchen Bedingungen kann es durch Selbstkletterer zu Schäden an der Bausubstanz kommen?

Aufgaben

6. Nennen Sie jeweils drei a) Wurzelkletterer, b) Haftscheibenkletterer, c) Schlinger, d) Ranker und e) Spreizklimmer.
7. Ordnen Sie die Kletterpflanzen der Tab. auf S. 459 ff. den folgenden drei Wuchshöhengruppen zu: a) niedrig (bis 3 m), b) mittel (bis 10 m) und c) hoch (> 10 m).
8. Nennen Sie a) drei Schlinger, die für schmale Fensterzwischenräume und b) drei Kletterpflanzen, die für kleine Flächen an Eingängen, Sockeln usw. gut geeignet sind.
9. Nennen Sie jeweils drei Kletterpflanzen für die a) Nord- und b) Südseite eines Hauses.
10. Welche Pflanzen sind allgemein für die Ost- und Westseite geeignet?
11. Nennen Sie fünf einjährige Kletterpflanzen und ihre Klettertechnik.
12. Wie sollten Kletterhilfen für a) Schlinger, b) Ranker und c) Spreizklimmer beschaffen sein?
13. Welche Vorteile bieten Obstspaliere?
14. Beschreiben Sie die Wärme- und Lichtverhältnisse am Haus. Was ergibt sich daraus für die Verwendung von Spalierobst?
15. Nennen Sie die wichtigsten Spalierformen und ihre Kennzeichen.
16. Beschreiben Sie die Spaliererziehung als a) schräge Schnurbäume und b) einfache Palmette.
17. Wie groß sollten a) das Pflanzloch und b) der gesamte durchwurzelbare Raum mindestens sein, damit sich Kletterpflanzen optimal entwickeln können?
18. Welche Arbeiten fallen bei der Entwicklungs-/Unterhaltungspflege an?
19. Führen Sie unter den Passanten einer Fußgängerzone eine Befragung zur Fassadenbegrünung durch. Erstellen Sie dazu einen Fragebogen, mit dem Sie das „Pro und Kontra" ermitteln können. Nach der Auswertung der Fragebögen präsentieren und diskutieren Sie die Ergebnisse in der Klasse.
20. Erstellen Sie für die wichtigsten Kletterpflanzen Steckbriefe.
21. Erarbeiten Sie Vorschläge zur Fassadenbegrünung an Ihrer Schule (Bestandsaufnahme Schulgelände, Wanderkundung, Auswahl des Pflanzenstandortes, Pflanzenauswahl, Bau/Planung von Kletterhilfen, Pflanzung, Aufstellung eines Pflegeplanes).

Dachbegrünung

Abb. 1   Es war einmal eine Wiese

1   Bedeutung

Die Versiegelung des Bodens durch den Bau von Wohnsiedlungen, Industrie- und Gewerbebetrieben, Verwaltungsbauten, Parkflächen, Verkehrswegen usw. schreitet immer schneller voran. Täglich gehen so etwa 100 ha unbebauten Landes verloren. Negative Auswirkungen für die Umwelt ergeben sich vor allem aus der damit einhergehenden Vernichtung und Zerschneidung von Grünflächen sowie der großflächigen Zerstörung des Bodens.

Vor allem in den dicht besiedelten Innenstädten machen sich die negativen Folgen des Grünflächenverbrauchs bemerkbar. Natur ist aus diesen Gebieten weitgehend verschwunden bzw. auf ökologisch unbedeutende Reste zusammengeschrumpft. Bei intensiver Sonneneinstrahlung herrscht hier fast wüstenartiges, heißstaubiges Klima. Vor allem an windschwachen Tagen mit stabiler Luftschichtung (Inversionswetterlagen) können sich in Höhen von 30 bis 100 m Dunstglocken bilden, die den notwendigen Luftaustausch mit der Umgebung verhindern, sodass es in den bodennahen Luftschichten zu einer starken Erhöhung der Schadstoffkonzentration kommt (Smogalarm!).

Die großflächige Oberflächenversiegelung führt weiterhin dazu, dass der Niederschlag nicht mehr in den Boden eindringen und versickern kann. Die Folge ist ein beschleunigter Abfluss ins Kanalnetz, wodurch es zu einer Verminderung der Grundwasserneubildung und Reduzierung der Verdunstungsrate kommt. Das wiederum hat hohe Kosten für Bau und Unterhaltung ausreichend dimensionierter Kanäle, Kläranlagen (s. S. 439 ff.), Abwasser- und Rückhalteeinrichtungen zur Folge. Bei Starkregen sind diese jedoch nicht selten überfordert (Gefahr der Hochwasserbildung!).

Der zunehmende Verlust von Natur in unseren Ballungszentren hat dazu geführt, dass immer mehr Städter den Wunsch nach einem Leben im Grünen verspüren und die „Flucht aufs Land" antreten. Das heißt weitere Flächenversiegelungen und damit starke ökologische Belastungen der Stadtränder und stadtnahen Randgebiete (s. Abb. 1).

Vor diesem Hintergrund gewinnt die Begrünung von Dächern immer mehr an Bedeutung. Kann doch mit ihrer Hilfe – zusammen mit anderen Begrünungsmaßnahmen – zumindest ein gewisser Ausgleich für die durch Überbauung verlorengegangenen Flächen geschaffen und ein Stück Natur und damit Lebensqualität in unsere Städte zurückgeholt werden (s. Abb. 1, S. 473).

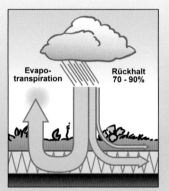

Niederschlagswasser

- verbesserte Wasser-rückhaltung
- größere Verdunstung
- Reduzierung der Abwassermenge
- zeitverzögerter Abfluss des restlichen Wassers
- geringere Belastung von Kanalisation und Rückhalteeinrichtungen

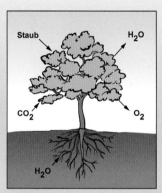

Klima

- höhere Luftfeuchtigkeit
- niedrigere Lufttemperatur

Luftqualität

- Schmutzpartikel werden gebunden, Gase aufgenommen
- CO_2-Aufnahme
- O_2-Abgabe

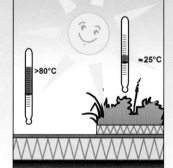

Lebensqualität

- schöneres Stadtbild
- verbesserte Luftqualität
- angenehmeres Klima
- wärmedämmende Wirkung
- Lärmschutz
- zusätzliche Freiflächen

Dachhaut

- Schutz vor Witterungseinflüssen
- extreme Temperatur-schwankungen werden abgefangen

Abb. 1 Die Begrünung von Dächern – eine wichtige Maßnahme zur Verbesserung der Lebensqualität in unseren Städten

2 Aufbau der Vegetationsfläche

2.1 Grundsätzlicher Schichtenaufbau

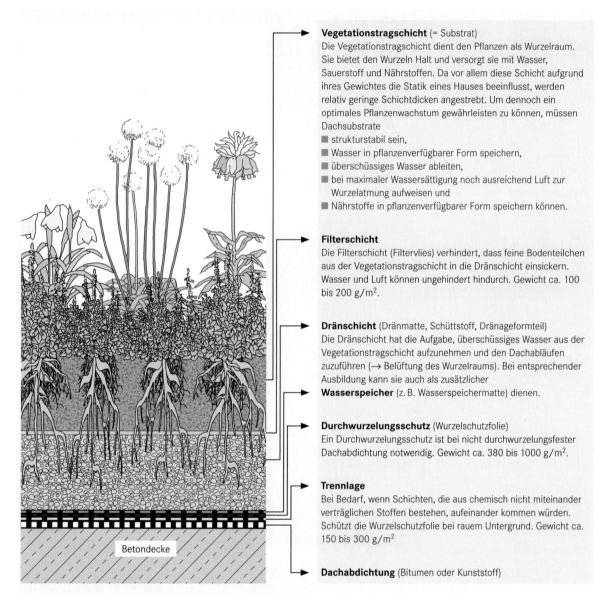

Vegetationstragschicht (= Substrat)
Die Vegetationstragschicht dient den Pflanzen als Wurzelraum. Sie bietet den Wurzeln Halt und versorgt sie mit Wasser, Sauerstoff und Nährstoffen. Da vor allem diese Schicht aufgrund ihres Gewichtes die Statik eines Hauses beeinflusst, werden relativ geringe Schichtdicken angestrebt. Um dennoch ein optimales Pflanzenwachstum gewährleisten zu können, müssen Dachsubstrate

■ strukturstabil sein,
■ Wasser in pflanzenverfügbarer Form speichern,
■ überschüssiges Wasser ableiten,
■ bei maximaler Wassersättigung noch ausreichend Luft zur Wurzelatmung aufweisen und
■ Nährstoffe in pflanzenverfügbarer Form speichern können.

Filterschicht
Die Filterschicht (Filtervlies) verhindert, dass feine Bodenteilchen aus der Vegetationstragschicht in die Dränschicht einsickern. Wasser und Luft können ungehindert hindurch. Gewicht ca. 100 bis 200 g/m².

Dränschicht (Dränmatte, Schüttstoff, Dränageformteil)
Die Dränschicht hat die Aufgabe, überschüssiges Wasser aus der Vegetationstragschicht aufzunehmen und den Dachabläufen zuzuführen (→ Belüftung des Wurzelraums). Bei entsprechender Ausbildung kann sie auch als zusätzlicher
Wasserspeicher (z. B. Wasserspeichermatte) dienen.

Durchwurzelungsschutz (Wurzelschutzfolie)
Ein Durchwurzelungsschutz ist bei nicht durchwurzelungsfester Dachabdichtung notwendig. Gewicht ca. 380 bis 1000 g/m².

Trennlage
Bei Bedarf, wenn Schichten, die aus chemisch nicht miteinander verträglichen Stoffen bestehen, aufeinander kommen würden. Schützt die Wurzelschutzfolie bei rauem Untergrund. Gewicht ca. 150 bis 300 g/m²

Dachabdichtung (Bitumen oder Kunststoff)

Betondecke

Abb. 1 Grundsätzlicher Schichtenaufbau für Dachbegrünungen

Damit Pflanzen auf einem Dach wachsen können, müssen bestimmte Voraussetzungen erfüllt sein. So benötigen sie ein Substrat, in dem sie sich mit ihren Wurzeln verankern können und das sie in ausreichenden Mengen mit Wasser und Nährstoffen versorgt, gleichzeitig aber vor Staunässe schützt. Zudem muss gewährleistet sein, dass durch das Wurzelwachstum der Pflanzen keine Schäden an Dach oder Dachhaut verursacht werden und durch die zusätzliche Auflast die Tragfähigkeit der Dachkonstruktion (Statik) nicht überschritten wird. Aus diesen Forderungen heraus lässt sich ein grundsätzlicher Schichtenaufbau ableiten (s. Abb. 1).

2.2   Extensive und intensive Begrünungen

Mögliche Schichtfolge *(extensiv)*

Filtervlies (PP-PE-Gemisch, 100 g/m²)

Dränageformteil aus Recyclingkunststoff, 1,5 kg/m², 25 mm

Wasserspeichermatte (Synthesefasermatte aus Recyclingkunststoff, 470 g/m², 5 l/m²)

Wurzelschutzfolie (PE 0,4 mm, 380 g/m²)

Mögliche Schichtfolge *(intensiv)*

Filtervlies (PP-PE-Gemisch, 190 g/m²)

Dränageformteil aus Recyclingkautschuk (zusätzlich Schutzfunktion: spatenfest, befahrbar), 14 kg/m², 20 mm

Trenn- und Gleitfolie (PE-LD, 0,2 mm 190 g/m²)

Pflanzen	**Pflanzen**
Anspruchslos, niedrig wachsend, trockenheitsresistent (z. B. Sedum-Arten, Moose, Wildstauden, Gräser)	Anspruchsvoll (z. B. Gräser, Stauden, Sträucher, Gemüse und ggf. auch Bäume)
Substratschicht	**Substratschicht**
Dünn (2 bis 20 cm), s. Tab. 2, S. 476	Dick (≥ 15 cm), s. Tab. 2, S. 476
Erforderliche Traglast	**Erforderliche Traglast**
Gering (ca. 50 bis 150 kg/m²)	Hoch (ca.150 bis 500 kg/m² und mehr)
Pflegeaufwand	**Pflegeaufwand**
Gering (keine zusätzliche Bewässerung oder Düngung, 1 bis 2 Kontrollgänge/Jahr ausreichend)	Regelmäßige Pflege (wässern, düngen etc.) erforderlich
Herstellungskosten	**Herstellungskosten**
Gering	Hoch

Tab. 1   Kennzeichen extensiver und intensiver Dachbegrünungen[1]

Nach der Intensität der Dachbegrünung kann zwischen Extensiv- und Intensivbegrünungen unterschieden werden. Kennzeichen einer extensiven Begrünung sind nur wenige Zentimeter dicke Substrate mit entsprechend anspruchlosen Pflanzen. Extensive Begrünungen sind relativ kostengünstig zu erstellen und benötigen kaum Pflege.

Je intensiver hingegen die Begrünung, d. h., je anspruchsvoller die verwendeten Pflanzen sind, desto höher sind die Anforderungen an die Vegetationstragschicht. Entsprechend hoch ist auch der Aufwand für Herstellung und Unterhaltung (s. Tab. 1).

---

[1]   Die Übergänge zwischen extensiven und intensiven Begrünungsformen sind fließend.

2.3 Ein-, zwei- und dreischichtige Bauweise

Kennzeichen: Direkt auf der Wurzelschutzfolie befindet sich die Vegetationstragschicht, die gleichzeitig als Substrat-, Filter- und Dränschicht dient. Schichtaufbau etwa 8 bis 10 cm. Geringe Baukosten, geringes Wasser- und Nährstoffhaltevermögen, neigt zur Vernässung.

Einschichtenaufbau

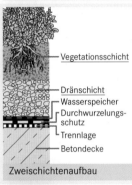

Kennzeichen: Unter der Vegetationstragschicht befindet sich eine extra Dränschicht, sodass die Dränagewirkung verbessert ist. Schichtenaufbau 8 bis 10 cm. Organische Stoffe können in die Dränschicht eingewaschen werden.

Zweischichtenaufbau

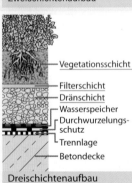

Kennzeichen: Vegetationstragschicht und Dränschicht sind durch eine Filterschicht getrennt. Höhe und Zusammensetzung der Substratschicht kann der gewünschten Begrünung angepasst werden. Auch für intensive Begrünung. Aufwendiger in der Herstellung, relativ hohes Gewicht.

Dreischichtenaufbau

Tab. 1 Ein-, Zwei- und Dreischichtenaufbau

Extensivbegrünungen lassen sich in ein-, zwei- und dreischichtiger Bauweise unterscheiden. Ihre Erstellung erfolgt häufig in Schüttbauweise, wobei mineralische Baustoffe wie Lava, Bims, Blähton, Blähschiefer etc. verwendet werden. Zur Verbesserung des Nährstoffhaushaltes werden in die Vegetationstragschicht organische Stoffe eingemischt (s. Tab. 1).

Der Dreischichtenaufbau ist auch für intensive Begrünung geeignet. Dabei ist jedoch zu bedenken, dass Dränschicht-Schüttungen im Vergleich zu Dränelementen (s. Tab. 1, S. 475) deutlich schwerer sind (pro cm ca. 12 kg/m²).

2.4 Vegetationstragschicht

Begrünungsart	Dicke in cm	Flächenlast je 10 mm Schichtdicke bei maximaler Wasserkapazität	
		kg/m²	kN/m²
Moos-Sedum-Vegetation	2 bis 5	10	0,10
Magerwiese, Grasdach	≥ 8	15	0,15
Rasen, niedrige Stauden	≥ 10	5 – 10	0,05 – 0,1
Mittelhohe Stauden	≥ 15	20	0,20
Hohe Stauden und Sträucher	≥ 25	30	0,30
Großsträucher und Kleinbäume	≥ 45	40 – 60	0,40 – 0,60
Mittelgroße Bäume	≥ 80	150	1,50
Großbäume	≥ 125		

Tab. 2 Empfehlungen für Schichtdicken von Vegetationstragschichten

Dicke und Art der Vegetationstragschicht richten sich in erster Linie nach der Tragfähigkeit des Daches und der Art der gewünschten Begrünung (s. Tab. 2). Dabei kann man unterscheiden zwischen Ober- und Unterboden, mineralischen Schüttstoffen bzw. -gemischen (Lava, Bims, Zeolithen) mit unterschiedlichen Anteilen an organischer Substanz, Substratplatten aus Schaumstoffen oder Mineralfasern sowie Vegetationsmatten mit mineralischen bzw. organischen Schüttstoffgemischen. Auf dem Markt werden zahlreiche fertig gemischte Substrate für die extensive und intensive Dachbegrünung angeboten. Den Anforderungen entsprechende Dachsubstrate weisen das von der **Gütegemeinschaft Substrate für Pflanzenbau e.V.** verliehene **RAL-Gütezeichen** auf.

3 Anforderungen an das Bauwerk

Am Anfang der Arbeit steht die gründliche Begutachtung des gesamten Dachzustandes. Die Voraussetzung für die Durchführung einer Dachbegrünung ist ein gemäß der „Flachdachrichtlinien" abgedichtetes Dach mit ausreichender Tragkraft (Statik). Gegebenenfalls sollte bei der Erstellung der Dachabdichtung mit einem Dachdecker-Meisterbetrieb zusammengearbeitet werden. Die fachgerechte Ausführung der Arbeiten schützt vor hohen Folgekosten, die gerade durch jahrelang unbemerkt entstehende Feuchtigkeitsschäden entstehen können. Da mit einer Begrünung die Dachkonstruktion zusätzlich belastet wird, ist mithilfe statischer Berechnungen zu ermitteln, ob die **Tragfähigkeit** ausreicht bzw. welche Zusatzlast das Dach überhaupt noch tragen kann. Nicht jedes Dach ist für eine

Abb. 1 Das Hundertwasser-Haus in Wien – auf den 13 Dach-
terrassen des Hauses wurden über 50 Bäume sowie
Hunderte von Sträuchern gepflanzt

Moose
Bryum argenteum (Silberbirnmoos)
Ceratodon purpureus (Hornzhanmoos)
Homalothecium sericeum (Goldmoos)

Sukkulente
Sedum acre (Scharfer Mauerpfeffer)
Sedum album (Weiße Fetthenne)
Sedum dasyphyllum (Dickblattmauerpfeffer)
Sedum forsterianum (Zierliche Fetthenne)
Sedum hybridum (Sibirische Fetthenne)
Sedum kamtschaticum (Kamtschatkasedum)
Sedum lydium (Moossedum)
Sedum reflexum (Felsenfetthenne)
Sedum sexangulare (Milder Mauerpfeffer)

Steinbrechgewächse
Saxifraga cespitosa (Moossteinbrech)
Saxifraga crustata (Krustensteinbrech)
Saxifraga granulata (Körnersteinbrech)

Laucharten
Allium carinatum (Gekielter Lauch)
Allium oleraceum (Kohllauch)

Tab. 1 Pflanzen zur Extensivbegrünung

Dachbegrünung geeignet. Nach DIN 1055 „Lastannahmen für Bauten" wird zwischen **ständiger Last** (Aufbau bei maximaler Wassersättigung inklusive Vegetation) und der **Verkehrslast** (in der Regel 75 kg/m² für Schneelast und 350 kg/m² bei zugänglichen Dachgärten) unterschieden. Punktlasten von z.B. Bäumen, größeren Sträuchern, Pergolen u.ä. sind gesondert zu ermitteln. Vorhandene Lasten, z.B. Kiesschüttungen, können durch eine Begrünung mit gleicher oder kleinerer Flächenlast ohne gesonderten Nachweis ersetzt werden. Die **Dachneigung** sollte mindestens 2% (Wasserabfluss) betragen. Auf Schrägdächern (ab 15°, bei exponierter Lage ab 10°) müssen zusätzliche Schubsicherungsschwellen eingebaut werden, um das Dachgrün vor dem Wegrutschen zu sichern. Mit heutigen Techniken lässt sich jedes Dach bis 45° Neigung begrünen (s. Tab. 1, S. 475).

4 Bepflanzung

Substrate können – je nach Zugänglichkeit, Mengenbedarf, Größe und Belastbarkeit der Dachfläche – mit Säcken (50 Liter), Mini Bags (0,25 m³), Big Bags (1/1,5 m³), Turbobags (bis zu 5 t), teleskopierbaren Bandauslegern (Förderbändern) mit 30 – 60 m³/h oder Schlauchleitungen auf die Dächer befördert werden. Die Begrünung kann mit vorkultivierten **Vegetationsmatten** (z.B. Moos-Sedum-Begrü-

nung für besonders dünnschichtige Bauweisen und erosionssichernde Begrünung von Steildächern), Aussaat (z.B. Sedumsprosse[1] = Triebschnittlinge und Triebrisslinge, Rasen, Wiese), Nassansaat (z.B. bei Steildächern) und Pflanzung erfolgen. Für dünne Vegetationstragschichten werden Kleinballenpflanzen mit Flach- oder Miniballen angeboten (s. Tab. 1).

Zur Begrünung von Dächern eignen sich im Prinzip alle Pflanzen, vorausgesetzt Schichtaufbau, Tragfähigkeit und Standortbedingungen stimmen. Die Sicherung der Standfestigkeit von größeren Gehölzen kann durch die Befestigung mit korrosionsbeständigen und mit Nachspannvorrichtungen versehenen Stahlseilen am Bauwerk (Randeinfassungen, Mauern, großflächige Bodenplatten, Punktfundamente) erfolgen. Das Beschweren des Wurzelballens durch große Steine ist auch eine Möglichkeit, bedeutet aber eine zusätzliche Gewichtsbelastung. Bei ausreichender Schichtdicke sind auch Unterflurverankerungen möglich.

Friedensreich Hundertwasser prophezeite: *„Dachbegrünungen sind die Dachbedeckungen der Zukunft. Einen Wald auf dem Dach zu haben oder eine wilde Wiese oder einen Gemüsegarten, wird selbstverständlich sein."* (s. Abb. 1).

---

[1] 50 bis 60 g/m² bzw. 100 Stk/m²

Hinweis

Umfassende Informationen zur Dachbegrünung bieten:

■ Deutscher Dachgärtnerverband e. V. (DDV)

■ Fachvereinigung Bauwerksbegrünung e. V. (FBB)

5   Die einzelnen Bauphasen

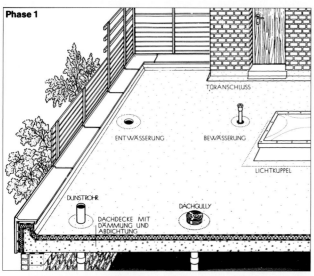

Vorgegebene Dachfläche

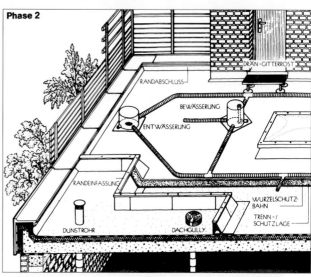

Einbau der technischen Einrichtungen

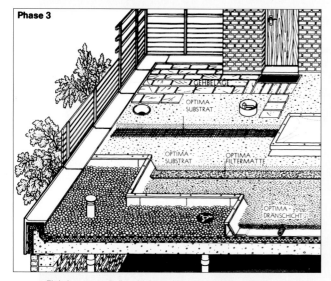

Einbringen von Dränschicht und Vegetationstragschicht

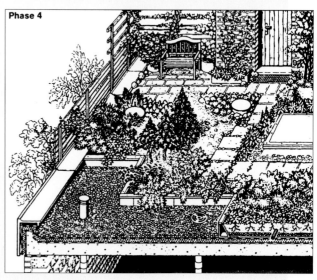

Ansaat und Bepflanzung

Abb. 1   Die Bauausführung der Dachbegrünung erfolgt in vier Phasen

1. Versetzen der Randelemente
2. Dichtigkeitsprobe der Wurzelschutzbahn
3. Einbau der Dränschicht
4. Substrat wird auf das Dach geblasen
5. Nassansaatverfahren
6. Verlegen von Vegetationsmatten

Abb.1   Die Praxis im Bild[1]

Aufgaben

1. Welche Vorteile hat die Dachbegrünung für
   a) Ökologie, b) Stadtklima, c) Wasserhaushalt und
   d) das Gebäude?
2. Dachbegrünungen stellen eine besondere Form der
   Entsiegelung dar. Begründen Sie dies.
3. Erklären Sie die Abb. 1 auf Seite 472.
4. Beschreiben Sie den grundsätzlichen Schichtenaufbau einer Dachbegrünung (Reihenfolge und
   Aufgaben der Schichten).
5. Unterscheiden Sie Extensiv- und Intensivbegrünung.
6. Extensivbegrünungen lassen sich in ein-, zwei- und
   dreischichtiger Bauweise erstellen. Worin unterscheiden sie sich?
7. Welche Vor- und Nachteile haben einschichtige
   Bauweisen?
8. Berechnen Sie das zusätzliche Gewicht pro m^2
   bei einer extensiven Begrünung mit a) Moos-
   Sedum-Vegetation und b) Wiese (s. S. 475f.).
9. Warum sind Vegetationsmatten besonders gut für
   Extensivbegrünungen geeignet?
10. Was sind die Voraussetzungen für die Durchführung einer Dachbegrünung?
11. Zwischen welchen Lasten wird bei der Berechnung der Tragfähigkeit eines Daches unterschieden und wie hoch sind sie in etwa anzusetzen?
12. Nennen Sie zehn geeignete Pflanzen zur Extensivbegrünung eines Daches.
13. Machen Sie Vorschläge, wodurch die Begrünung
    von Dächern gefördert werden könnte.
14. Informieren Sie sich über die Unfallverhütungsvorschriften bei Arbeiten auf Dächern.
15. Friedensreich Hundertwasser spricht von „Baummietern". Wer findet heraus, was er damit meint?
16. Wie kann mehr Natur in unsere Städte geholt
    werden? Stellen Sie die Stadt Ihrer „Träume", in
    der Pflanzen die Hauptrolle spielen, zeichnerisch
    dar. Lassen Sie Ihrer Phantasie freien Lauf und
    denken Sie auch an andere Kapitel dieses
    Buches. Diskutieren Sie die Ergebnisse in der
    Klasse.

---

[1]   Der Arbeitskreis „Dachbegrünung" der FLL hat Grundsätze für die Dachbegrünung erarbeitet, die als Richtlinien erschienen sind.

Ingenieurbiologische Sicherungsbauweisen

1   Zielsetzung

Immer wieder melden die Tageszeitungen, dass Böschungen abrutschen und Straßen verschüttet werden, dass Steinlawinen Parkplätze überrollen, dass Uferbereiche fortgeschwemmt werden und Flüsse über die Ufer treten. Leider sind diese Schreckensmeldungen oft durch menschliche Hand verursacht: Ufer werden begradigt, Hänge abgeholzt, Auenwälder, die jahrhundertelang als Überschwemmungszone dienten, werden zu Baugebieten erklärt.

Was kann der Garten- und Landschaftsbau tun, um die negativen Auswirkungen der Umweltzerstörung zu begrenzen?

Maßnahmen zur Sicherung von Abhängen, Böschungen und Ufern mit lebenden oder toten Materialien werden allgemein zu den **ingenieurbiologischen Sicherungsbauweisen** gezählt.

Abb. 1   Folgen umweltschädlicher Verhaltensweisen

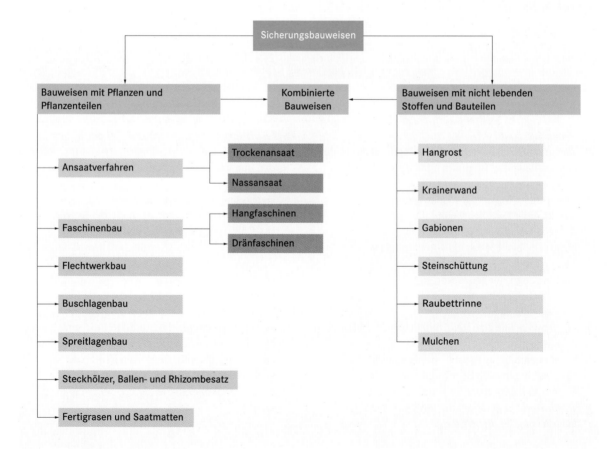

Abb. 2   Überblick Sicherungsbauweisen (Auswahl)

2 Verfahren

Jeder Boden in einer Hanglage oder an Uferbereichen ohne Bewuchs ist **erosionsgefährdet**. Als **Erosion** bezeichnet man den Abtrag von Boden durch Wasser, Eis oder Wind. Wind kann locker aufliegende und kleinere Bodenteilchen aufnehmen und vertragen. Wasser in Form von Regen oder Wellenschlag kann einzelne Bodenteilchen loslösen und wegspülen. Durch Förderung des Bewuchses mit Gehölzen oder Rasen wird der Boden mithilfe der Wurzeln festgehalten.

Die einfachste Maßnahme zur Sicherung von Böschungen oder Ufern ist das **Abböschen**.

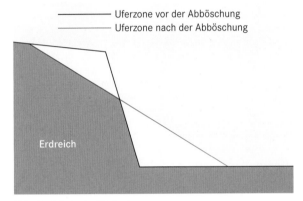

Uferzone vor der Abböschung
Uferzone nach der Abböschung

Erdreich

Abb. 1 Prinzip der Abböschung

Dadurch wird die Aufprallgeschwindigkeit des einwirkenden Wassers verringert, sodass die Energie nicht mehr zum Loslösen von Bodenteilchen ausreicht. Auch viele Dämme, Deiche und Ufer werden nach diesem Prinzip gebaut.

Abb. 2 Uferausbildung für ein Regenüberlaufbecken

Oftmals kann jedoch aus Platzgründen eine Abböschung nicht durchgeführt werden. Dann müssen andere Maßnahmen ergriffen werden.

Nach DIN 18918 werden die Maßnahmen zur Böschungs- oder Ufersicherung nach der verwendeten Stoffart eingeteilt (s. Abb. 2, S. 480).

2.1 Sicherung mit Pflanzen und lebenden Pflanzenteilen

Verfahren	Beschreibung
Wollgewebematten als moderne und ökologische Alternative zu Kokos- oder Jutematten	Wollgewebematten wirken sofort dem Einlaufen von Oberflächenwasser von der Dammkrone oder austretendem Schichtenwasser bei Einschnittböschungen entgegen. Das Wasser wird im Wollstrang drainiert abgeführt. Gleichzeitig wird die Ablaufgeschwindigkeit soweit minimiert, dass keine Feinbodenbestandteile mehr abgetragen werden. Die Wollfasern speichern Wasser, sodass integrierte oder nachträglich aufgebrachte Saatgutmischungen gut keimen können. Der beim Zerfall der Wollfaser freigesetzte organische Stickstoff sorgt in den ersten 3–4 Jahren für eine kontinuierliche Stickstoffdüngung.

Verfahren	Beschreibung

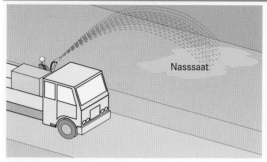

Nasssaat, Anspritzbegrünung

Eine besondere Form der Aufbringung von Rasensaatgut ist die **Anspritzbegrünung** oder **Nasssaat**.

Dazu wird das Saatgut mit Wasser als Trägersubstanz zum Aufspritzen vermischt. Beigemischt werden außerdem Kleber (z. B. Methyl-Cellulose, Latex oder Bitumen), Mulchstoffe (z. B. gehäckseltes Stroh oder Heu), Dünger und gegebenenfalls Bodenverbesserungsmittel (z. B. Schaumlava, Silikate, Komposte, Alginate).

Durch das Aufbringen mit dem Schlauchwagen kann eine große Flächenleistung erreicht werden. Allerdings ist die Nasssaat auf Unternehmen mit Spezialmaschinen beschränkt und wird deshalb oft von Subunternehmern durchgeführt.

Faschinenbau

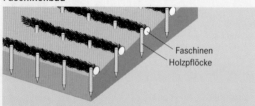

Tote Faschine

Faschinen sind Bündel aus Ruten, Ästen oder Zweigen. Sie sollen mindestens 4 m lang und 15 cm dick sein. Werden diese **Walzen** senkrecht zum Hang eingebaut, spricht man von **Dränfaschinen**. Sie dienen dann der gezielten Ableitung von Wasser zum Vorfluter. Werden die Bündel, gesichert durch Holz- oder Metallpflöcke, schräg oder waagerecht zum Hang eingebaut, ergibt sich durch die Terrassierung ein sofortiger Schutz des Hanges (**Hangfaschinen**). Nach dem Einwurzeln der lebenden Faschinen wird ein dauerhafter Schutz durch die Wurzeln und durch das Blattwerk bewirkt. Nachteil beim Einbau von **Faschinenbündeln** ist der geringe Bodenkontakt der einzelnen Ruten. Dadurch ist der Austrieb längst nicht so sicher wie bei der Buschlage (s. folgende Seite).

Auch tote Äste, Zweige, Ruten oder auch Bretter oder Rundhölzer werden als sogenannte **tote Faschinen** eingebaut. Sie dienen so lange zur kurzfristigen Hangsicherung, bis andere Vegetation die Sicherungsfunktion übernimmt.

Flechtwerkbau

Beim **Flechtwerk** werden vorwiegend Weidenruten im Abstand von 20 bis 40 cm ca. 20 cm tief in den Boden gesteckt und miteinander verflochten.

Die Höhe des Flechtwerkes beträgt ca. 20 bis 30 cm.

Nach dem Andecken des Bodens entstehen auf diese Weise sofort wirksame unterirdische **Rutschbarrieren**.

Wird lebendes Material verwendet, ist der Hangschutz nach dem Austrieb dauerhaft.

Flechtwerk wird auch zur Ufersicherung eingesetzt.

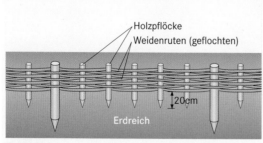

Flechtwerk

Verfahren	Beschreibung

Buschlagenbau

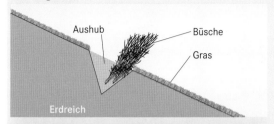

Steile Böschungen müssen so gesichert werden, dass Rutschungen unterbleiben. Dazu werden **Buschlagen** eingesetzt. Hangparallele oder schräge Gräben werden im Abstand von ca. 2 bis 4 m in etwa 50 cm Breite in den Hang gegraben. Die Gräben sollen ein bergseitiges Gefälle von ca. 10 % erhalten. In diese Gräben wird lebendes Material (das sogenannte Buschwerk) in Bündeln von ca. 15 bis 20 cm Länge eingelegt und verfüllt. Das aus dem Boden herausragende Buschwerk wird auf ca. 20 cm abgeschnitten. Als Material eignen sich alle Gehölze, die sicher adventiv bewurzeln und eine gute Widerstandskraft gegen Überschüttungen haben. Das sind vor allem Salix-Arten aber auch verschiedene andere Gattungen (s. Tab. 1, S. 486).

Durch das Einbringen des Buschwerkes in den Hang wird eine sofort einsetzende Tiefenwirkung erzielt. Nach der Bewurzelung wirkt diese Maßnahme dauerhaft.

Die einsetzende Begrünung vermindert die Wucht des Regens, sodass keine Bodenteilchen abgeschwemmt werden können. Zwischen den einzelnen Gräben ergibt eine gezielte Begrünung mit z. B. Rasen weiteren Schutz des Bodens.

Buschlage

Steckhölzer, Ballen- und Rhizombesatz

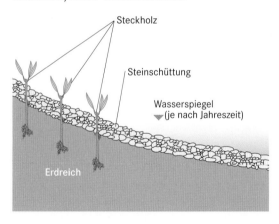

Steckhölzer bestehen, damit sie sicher bewurzeln, aus unverzweigten ein- oder mehrjährigen Trieben. Diese sind 1 bis 5 cm dick und 25 bis 40 cm lang.

Sie werden hauptsächlich im Uferbereich zur Dämpfung des Wellenschlages und Verminderung der Fließgeschwindigkeit eingesetzt. Dabei werden sie in der Regel rechtwinklig zur schützenden Fläche in den Boden gesteckt. Sie müssen so tief im Boden sein, dass 1 bis 2 Augen über dem Boden verbleiben. An der Wasserlinie von Bächen oder Seen kann das Ufer durch **Wasserpflanzen mit Ballen** gesichert werden.

Diese Sicherungsmaßnahme ist jedoch erst nach etwa zwei Jahren voll wirksam. Stehen nicht genügend Ballenpflanzen zur Verfügung, können auch Rhizome, von z. B. Phragmites australis, verwendet werden. Diese Maßnahme ist jedoch noch später wirksam.

Oftmals wird Steckholz, Ballen- oder Rhizombesatz in Verbindung mit **Raupflaster** oder **Steinschüttungen** verwendet (s. S. 485), damit die Pflanzen bzw. Pflanzenteile nicht weggespült werden.

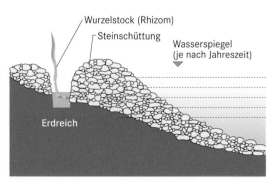

Phragmites australis (Schilf)

2.2 Schutz durch nicht lebende Stoffe und Bauteile und kombinierte Bauweisen

Verfahren	Beschreibung

Spreitlagenbau

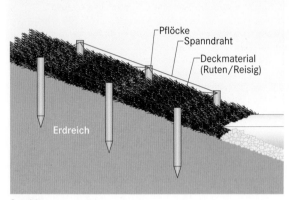

Spreitlage

Spreitlagen werden vorwiegend zur Ufersicherung eingesetzt. Sie bremsen die Fließgeschwindigkeit des Wassers und vermindern den Wellenschlag am Ufer.

In der geebneten Fläche werden mindestens 50 cm lange Pflöcke im Abstand von maximal 70 cm eingesetzt. Dazwischen wird Deckmaterial, z. B. Äste, Ruten oder Zweige, so ausgelegt, dass eine etwa 50 %ige Abdeckung des Bodens erreicht wird. Danach wird das Deckmaterial durch Spanndrähte an den Pflöcken verankert. Die Pflöcke werden dann so tief in den Boden geschlagen, dass das Deckmaterial fest auf den Boden gedrückt wird. Anschließend wird die Spreitlage bis zur Oberkante der Deckschicht mit Boden verfüllt. Durch diese Maßnahmen wird ein guter Bodenschluss erreicht, sodass das Deckmaterial gut bewurzeln und austreiben kann.

Gabionen (Drahtschotterkörbe)

Gabionen

Gabionen oder **Drahtschotterkörbe** sind kastenförmige Körbe aus festem Draht, die mit Steinen (z. B. Kies) oder Schotter gefüllt werden. Die Steine sind in dichter Lage einzubauen. An den Rändern der Gabionen sollen die Steine so aufeinander gesetzt werden, dass sie auch ohne Draht fest liegen würden. Die Steine müssen dabei größer als die Maschendurchmesser sein. Die Körbe dürfen sich beim Verfüllen nur gering verformen. Dazu werden zum Teil Drähte in den Gabionen verspannt. Gabionen werden auf einem tragfähigen Untergrund mit einem Neigungsverhältnis von ca. 1 : 5 bis 1 : 10 in Richtung Hang eingebaut. Gabionen stützen den Hang, wobei Hangwasser durch die Steine nach vorn abgeleitet werden kann.

Hangroste

 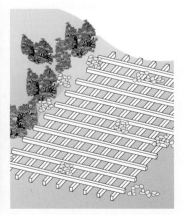

Hangrost

Hangroste sind an Hängen oder Böschungen eingebaute, aufgelegte oder verankerte rostartige Holz-, Beton- oder Stahlbauteile.

Hangroste werden dort verwendet, wo oberflächige Rutschungen erwartet werden. Der Schutz durch Hangroste wird durch das feste Einbetten der Bauteile in den Hang erreicht. Wegen des hohen Arbeitsaufwands werden Hangroste meist nur im Gebirge verwendet. Durch die Kombination von Hangrosten mit lebenden Baustoffen wird die Sicherungsfunktion verstärkt.

Verfahren	Beschreibung
Krainerwand 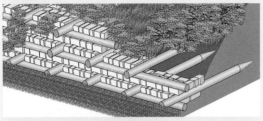  Krainerwand	**Krainerwände** sind Elemente aus Holz, Stahl, Beton oder Recyclingmaterialien. Waagerechte Schwellen werden mit sogenannten Bindern im Hang verankert. Die Zwischenräume können mit Erde verfüllt und bepflanzt werden. Krainerwände werden dort eingesetzt, wo an steilen Hängen Rutschungen vermieden werden sollen. An steilen Straßenböschungen oder als Lawinenschutz im Gebirge sind sie sofort nach dem Einbau wirksam. An Straßen dienen sie oft als Mauerersatz, der gestalterische Maßnahmen mit Pflanzen zulässt.

2.3 Erosionsschutz durch Bodenabdeckung

Verfahren	Beschreibung
Mulchen 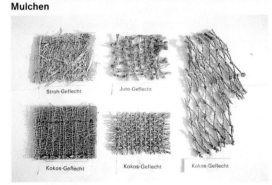 Mattenmaterialien	**Rindenmulch** eignet sich bei wenig steilen Böschungen. Bei steileren Böschungen werden oftmals Kokos-, Jute- oder Strohmatten eingesetzt. Die Matten oder Gewebe werden mit Verankerungen (Holz- oder Eisenpflöcke) im Hang befestigt, wobei die Ränder mit Erde oder Sandsäcken besonders gesichert werden müssen. Matten sollten nie gespannt werden, sondern dem Bodenverlauf angepasst werden. Die Haltbarkeit solcher Matten beträgt je nach Material zwischen einem und fünf Jahren. Ein dauerhafter Schutz kann jedoch nur erreicht werden, wenn eine Begrünung stattfindet. Folien als Erosionsschutz werden im Garten- und Landschaftsbau nur selten eingesetzt. Meist dienen sie im Tiefbau dem vorübergehenden Schutz von Baugruben.
Steinschüttungen 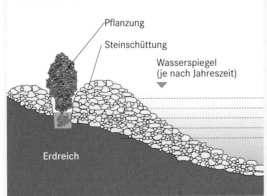 Steinschüttung	**Steinschüttungen** werden vor allem an flachen Ufern eingesetzt. Dazu wird Schotter oder Kies mit Körnungen über 32 mm abgeschüttet. So wird das Ufer vor Wellenschlag geschützt. Die Steinschüttung kann mit Steckholz, Ballen- oder Rhizombesatz kombiniert werden. 

Verfahren	Beschreibung

Raubettrinnen

Raubettrinne

Raubettrinnen sind muldenförmige Wasserläufe, die durch Bruchsteine befestigt sind. Sie werden dort eingesetzt, wo mit hohen Fließgeschwindigkeiten, z. B. bei Abläufen von Gewässern, zu rechnen ist. Die Bruchsteine müssen so mit Sand, Splitt oder Beton verfestigt werden, dass sie nicht fortgespült werden können. Die Ränder über einer Raubettrinne sind mit Faschinen, Flechtwerk, Steckhölzern oder Fertigrasen zu sichern.
Damit die Bruchsteine, besonders bei Raubettrinnen mit geringem Gefälle, nicht unterspült werden, sollte unter der Rinne eine Dichtung aus z. B. Lehm oder Beton eingebaut werden. Raubettrinnen dienen vor allem dem Uferschutz.

Weiden der Alpen und des Alpenvorlandes
Salix appendiculata (Schluchtweide, Großblattweide)
Salix glabra (Glanzweide, Glattweide)
Salix hastata (Mattweide, Spießblattweide)
Salix waldsteiniana (Knieweide, Bäumchenweide)

Weiden des Alpenvorlandes und der Mittelgebirge
Salix alba (Silberweide)
Salix daphnoides (Reifweide)
Salix eleagnos (Grauweide, Lavendelweide)

Weiden für die Ebene
Salix alba (Silberweide)
Salix aurita (Ohrweide)
Salix cinerea (Aschweide)
Salix fragilis (Bruchweide)
Salix purpurea (Purpurweide, Steinweide)
Salix viminalis (Korbweide)

Weitere Gehölze für die Ebene
Populus nigra (Schwarzpappel)
Ligustrum vulgare (Liguster, Rainweide)
Ribes uva-crispa (Stachelbeere)
Ribes rubrum (Waldjohannisbeere)
Ribes nigrum (Schwarze Johannisbeere)
Lonicera xylosteum (Gemeine Heckenkirsche)
Sambucus nigra (Schwarzer Holunder)
Sambucus racemosa (Traubenholunder)
Cornus sanguinea (Gemeiner Hartriegel)

Tab.1   Verschiedene Pflanzen als Material für ingenieurbiologische Sicherungsbauweisen

3   Fertigstellungspflege

Alle Maßnahmen der ingenieurbiologischen Sicherungsbauweisen müssen so lange gepflegt werden, bis ein abnahmefähiger Zustand erreicht ist. Dieser Zustand ist dann erreicht, wenn die eingesetzte Maßnahme ihren Zweck erfüllen kann und bei Verwendung lebender Pflanzenteile die Weiterentwicklung sichergestellt ist.

Aufgaben

1. Was versteht man unter ingenieurbiologischen Sicherungsbauweisen?
2. Ein 50 m langer Hang in einem privaten Garten soll mit ingenieurbiologischen Maßnahmen gesichert werden.
   Erklären Sie dem Hauseigentümer fünf Maßnahmen zur Sicherung des Hanges.
   Nennen Sie auch Möglichkeiten des Garten- und Landschaftsbaus zur Hangsicherung.
3. Das Ufer eines neu angelegten Baches soll befestigt werden. Erklären Sie fünf Maßnahmen zur Sicherung des Bachufers.
4. Beschreiben Sie die Herstellung von:
   – Faschinen,   – Flechtwerken,
   – Buschlagen und   – Gabionen.
5. Welche Vorteile bzw. Nacheile hat der Einsatz von Fertigrasen im Gegensatz zur Nassansaat?
6. Beschreiben Sie die Anspritzbegrünung.
7. Wo werden Hangroste oder Krainerwände vorwiegend eingesetzt?
8. Welche Pflanzen eignen sich zur Herstellung von lebenden Faschinen oder Buschlagen?

Finanzierungsarten

Jedes Unternehmen benötigt ständig bare und unbare Geldmittel. Diese dienen dazu, laufende Kosten, wie z. B. Lohnzahlungen, Zahlungen für Baumaterial und Treibstoffe, zu decken.

Außerdem müssen Investitionen zum Austausch alter Maschinen und Geräte (Ersatzinvestitionen) oder zur Neubeschaffung von Maschinen und Geräten (Erweiterungsinvestitionen) zur Unternehmenserweiterung getätigt werden. Die Beschaffung dieser Geldmittel wird **Finanzierung** genannt.

Geldmittel können auf unterschiedlichste Weise für das Unternehmen zur Verfügung gestellt werden. Nach ihrer Herkunft kann man zwischen Selbst-, Eigen- und Fremdfinanzierung unterscheiden.

1   Selbst- bzw. Eigenfinanzierung

Zum einen können Einnahmeüberschüsse, z. B. aus dem Jahresgewinn eines Unternehmens oder dem Gewinn bringenden Verkauf von Betriebsvermögen (z. B. Maschinen), verwendet werden. Diese Art der Finanzierung, bei der die Geldmittel von innen von dem Unternehmen selbst aufgebracht werden, nennt man **Selbstfinanzierung**.

Wird Kapital von außen in ein Unternehmen eingebracht, z. B. durch Geldeinlagen neuer oder bisheriger Gesellschafter oder durch Einbringung von Privatvermögen des Unternehmers (z. B. nach einer Erbschaft oder Schenkung), so nennt man dies **Eigenfinanzierung**.

Eigenfinanzierung und Selbstfinanzierung erhöhen das **Eigenkapital** eines Unternehmens.

Bleiben nach der Zahlung aller Kosten eines Unternehmens noch Überschüsse (Gewinn) übrig, können diese zur Anschaffung von Anlagevermögen, d. h. von Maschinen und größeren Geräten, und zur Deckung von laufenden Kosten verwendet werden.

2   Fremdfinanzierung

Bei der **Fremdfinanzierung** wird dem Unternehmen Geld von außen, das heißt von fremden Kapitalgebern, z. B. einer Bank, zur Verfügung gestellt. Die Bank verlangt dafür „Leihgebühren", die sogenannten **Zinsen**. Außerdem muss das aufgenommene Geld zurückgezahlt werden. Dies ist die sogenannte **Tilgung**.

Die Zinsen berechnen sich aus dem vereinbarten Zinssatz in Prozent pro Jahr (% per annum; p. a.) und werden üblicherweise auf die Höhe des aufgenommenen und noch ausstehenden Geldbetrages bezogen.

Allgemeine Formel für die jährliche Verzinsung:

$$Z = \frac{k \cdot p}{100\,\%}$$

Z = Zinsen (Zinskosten)
K = aufgenommenes (bzw. ausstehendes) Kapital
p = Zinsfuß

Rechenbeispiel:

Wie viel Zinsen müssen bei der Aufnahme eines Kapitals (K) von 15 000,00 € mit einem Zinsfuß (p) von 8 % p. a. je Jahr an die Bank gezahlt werden?

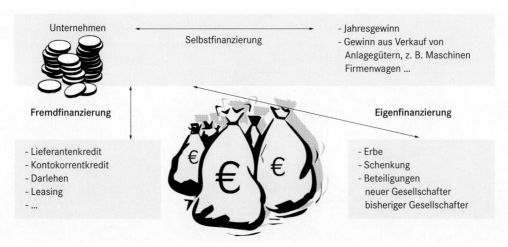

Abb. 1 Finanzierungsarten

$$Z = \frac{K \cdot p}{100\%} = \frac{15\,000,00\,€ \cdot 8\%}{100\%} = 1200,00\,€$$

oder

100%	entspricht	15 000,00 €
1%	entspricht	150,00 €
8%	entspricht	8 · 150,00 €
		= 1200,00 €

▶ Für ein Jahr müssen 1200,00 € Zinsen gezahlt werden.

Wird eine kürzere Laufzeit vereinbart, z. B. Monate oder Tage, wird der Zins anteilig umgerechnet nach folgenden Formeln berechnet:

Monatliche Verzinsung:

$$Z = \frac{K \cdot p \cdot m}{100\% \cdot 12}$$

m = Anzahl der Monate

Rechenbeispiel:

Ein Geldbetrag von 2500,00 € wird für einen Zinsfuß von 6,0% von einer Bank geliehen. Der Geldbetrag soll nach 8 Monaten zurückbezahlt werden. Wie viel Zinsen sind zu entrichten?

$$Z = \frac{K \cdot p \cdot m}{100\% \cdot 12} = \frac{2500,00\,€ \cdot 6\% \cdot 8}{100\% \cdot 12} = 100,00\,€$$

▶ Für 8 Monate sind 100,00 € Zinsen zu zahlen.

Taggenaue Verzinsung:

$$Z = \frac{K \cdot p \cdot t}{100\% \cdot 360}$$

t = Anzahl Tage

Beachte: Jeder Monat hat nach kaufmännischer Rechnung 30 Tage.

Rechenbeispiel:

Eine Rechnung über 5298,71 € wird nicht rechtzeitig beglichen. Für die Zeit vom 1.8. bis zum 12.9. des gleichen Jahres müssen Verzugszinsen in Höhe von 5,5% p. a. bezahlt werden.

Verzugstage (t)

1.8. .. bis 1.9. ..	= 30 Tage
und 1.9. .. bis 12.9. ..	= 12 Tage
insgesamt	= 42 Tage

$$Z = \frac{K \cdot p \cdot t}{100\% \cdot 360} = \frac{5\,298,71\,€ \cdot 5,5\% \cdot 42}{100\% \cdot 360} = 34,00\,€$$

▶ Für 42 Tage müssen 34,00 € Verzugszinsen bezahlt werden.

2.1 Kontokorrentkredit

Kontokorrentkredite sind Kredite vom laufenden Geschäftskonto (ital.: Kontokorrent = laufende Rechnung). Ein Zins wird so lange erhoben, bis der ausstehende Geldbetrag zurückbezahlt (= getilgt) ist. Ein solcher Kredit wird auch als **Dispositionskredit** oder **Überziehungskredit** bezeichnet.

Das Konto darf bis zu einer gewissen Höhe überzogen werden. Dieser Betrag wird **Kreditlinie** genannt, die üblicherweise das Zwei – bis Dreifache des monatlichen Nettolohnes beträgt. Bis zur Höhe der Kreditlinie wird ein festgelegter Sollzinssatz verlangt. Da die Bank den Kontokorrentkredit meist ohne Prüfung gewährt, sind die Kreditzinsen oft relativ hoch. Die Zinsen belaufen sich auf 12 bis 20%.

Wird das Konto über den Betrag der Kreditlinie hinaus überzogen, fallen zusätzliche Bearbeitungsgebühren und höhere Zinsen an.

2.2 Darlehen

Mittelfristige Kredite, d. h. Kredite, die innerhalb von 1 bis 5 Jahren zurückbezahlt werden müssen, und langfristige Kredite, die über 5 Jahre laufen, werden **Darlehen** genannt.

Ein häufig vergebenes Darlehen ist das **Annuitätsdarlehen**. Bei dieser Art des Kredites ist der monatliche (bzw. jährliche) Zahlungsbetrag, die Annuität, konstant. Die **Annuität** setzt sich aus den **Zinsen** und der **Tilgung** zusammen. Jedes Jahr werden Zinsen geleistet und Tilgung abbezahlt.

Die Zinsen je Jahr werden in Abhängigkeit des Restwertes zu Beginn des Jahres berechnet. In Abhängigkeit eines anfänglichen Tilgungssatzes wird die jährliche Annuität errechnet. Diese bleibt für die Folgejahre gleich.

Da die Restschuld durch Tilgung abnimmt, sinkt der Zinsanteil der Annuität mit zunehmender Laufzeit, während der Tilgungsanteil steigt. (s. Abb. 1 und 2, S. 490)

Kaufpreis Radlader: 45 000,00 €
Zinsfuß: 8 %
anfängliche Tilgung: 15,0 %
Beginn des Darlehens: 1. Januar 20...

	Wert des Darlehens am Anfang des Jahres	Zinsen	Tilgung	Annuität	Restdarlehen am Ende des Jahres
2010	45 000,00 €	3 600,00 €	6 750,00 €	10 350,00 €	38 250,00 €
2011	38 250,00 €	3 060,00 €	7 290,00 €	10 350,00 €	30 960,00 €
2012	30 960,00 €	2 476,80 €	7 873,20 €	10 350,00 €	23 086,80 €
2013	23 086,80 €	1 846,94 €	8 503,06 €	10 350,00 €	14 583,74 €
2014	14 583,74 €	1 166,70 €	9 183,30 €	10 350,00 €	5 400,44 €
2015	5 400,44 €	432,04 €	5 400,44 €	5 832,48 €	0,00 €
Summe der Zinsen		12 582,48 €			

Abb. 1   Zeitlicher Verlauf eines Annuitätsdarlehens

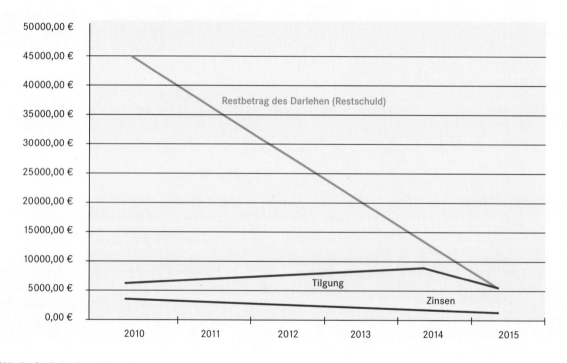

Abb. 2   Grafische Darstellung eines Annuitätsdarlehens

Die Laufzeit beträgt für dieses Darlehen 6 Jahre. Im letzten Jahr muss natürlich nur noch der Restbetrag von 5400,44 € getilgt werden.

Bei jedem Kredit ist zu bedenken, dass die Laufzeit des Kredites kürzer sein sollte, als die angestrebte Nutzungsdauer des angeschafften Gutes.

2.3 Lieferantenkredit

Eine besondere Form der Fremdfinanzierung ist der Kauf von **Waren auf Ziel**. Dabei räumt ein Lieferant (von z. B. Natursteinpflaster) bei der Bezahlung einer Rechnung eine Zahlungsfrist ein. Der Rechnungsbetrag muss dann erst bis zum Ende dieser Zahlungfrist bezahlt werden, obwohl die Ware bereits geliefert wurde.

Der Lieferant bietet oft einen Zahlungsanreiz bei sofortiger Bezahlung an, das sogenannte **Skonto** (Preisnachlass für die Bezahlung innerhalb einer bestimmten Frist). Wird der Rechnungsbetrag trotz Einräumung einer Zahlungsfrist sofort, d. h. meist innerhalb von 8 Tagen nach Rechnungserhalt, bezahlt, kann der Käufer 2 bis 3 % vom Brutto- bzw. Nettopreis (je nach Vereinbarung) abziehen. Der Bruttopreis besteht aus der Summe von Nettopreis und der gesetzlich festgelegten Mehrwertsteuer.

Rechenbeispiel:

Der Warenwert einer Pflanzenlieferung beträgt 12 500,00 € inklusive Umsatzsteuer (Mehrwertsteuer). Folgende Zahlungsbedingungen sind vereinbart: Entweder Zahlung sofort mit Abzug von 3 % Skonto oder Zahlung „rein netto" (= netto Kasse) innerhalb 30 Tagen ohne weiteren Abzug.

Skontoabzug:

100 %	entspricht	12 500,00 €
1 %	entspricht	125,00 €
3 %	entspricht	375,00 €

oder

$$Z = \frac{K \cdot p}{100\%} = \frac{12\,500{,}00\,€ \cdot 3\%}{100\%} = 375{,}00\,€$$

Bei sofortiger Zahlung können 375,00 € abgezogen werden. Der Überweisungsbetrag beträgt 12 500,00 € – 375,00 € = 12 125,00 €.

Würde das Geld 30 Tage lang auf einem Konto bei z. B. 5 % verzinst, können damit:

$$Z = \frac{K \cdot p \cdot t}{100\% \cdot 360} = \frac{12\,500{,}00\,€ \cdot 5\% \cdot 30}{100\% \cdot 360} = 52{,}08\,€$$

an Zinsen erwirtschaftet werden.
Es lohnt sich also der sofortige Skontoabzug (375,00 €) gegenüber dem Zinsgewinn (52,08 €) für 30 Tage.

2.4 Leasing

Auch das Leasing gehört zu den Möglichkeiten, Anlagegüter zu finanzieren. Die Beschaffung eines Anlagegutes (z. B. Maschinen und Geräte) erfolgt durch Mieten.

Vorteile des Leasings:
- Der Leasingnehmer hat keine hohen Anschaffungskosten.
- Die Mietkosten können aus den laufenden Einnahmen bezahlt werden.

- Die Mietkosten können in die Gewinn- und Verlustrechnung eingerechnet werden.
- Nach einer vertraglich festgelegten Zeitdauer kann der Leasingnehmer die Maschine zum Restwert kaufen oder zurückgeben.

Nachteile des Leasings:
- Die Mietkosten liegen in etwa bei 2 bis 3 % monatlich vom Kaufpreis und sind relativ hoch.
- Der Leasingnehmer ist nicht Eigentümer der Maschine. Die Maschine kann bei Bedarf nicht vom Leasingnehmer verkauft werden. Bei über Kredit finanzierten Maschinen ist der Unternehmer Eigentümer. Die Maschine kann jederzeit weiterverkauft werden.

Oftmals bietet sich im Bereich Büroausstattung, z. B. Computerhardware, das Leasing an. Nach der vertraglich festgelegten Leasinglaufzeit ist die Hardware meist veraltet. Der Leasingnehmer gibt den Computer zurück und least ein neues Gerät mit aktueller Ausstattung.

Aufgaben

1. Unterscheiden Sie Eigen-, Fremd- und Selbstfinanzierung.
2. Erklären Sie folgende Begriffe:
   a) Annuität, b) Zins, c) Tilgung.
3. Nennen Sie die Kennzeichen eines Annuitätendarlehens.
4. Eine Baumaschine soll angeschafft werden. Diskutieren Sie, ob die Maschine fremdfinanziert oder geleast werden soll.
5. Lösen Sie folgende Rechenaufgaben:
   a) Ermitteln Sie die Laufzeit eines Annuitätskredites mit einer Kreditsumme von 50 000,00 €, einem Zinsfuß von 6,5 % und einem anfänglichen Tilgungssatzes von 10 %. Wie viele Zinsen müssen insgesamt gezahlt werden?
   b) Eine Pflanzenlieferung mit einem Bruttopreis von 7000,00 € wird aus Versehen 35 Tage zu spät bezahlt. Wie viele Verzugszinsen sind zu zahlen, wenn ein Zinssatz von 5,5 % vereinbart wurde?
6. Sie wollen 10 000,00 € bei einer Bank anlegen. Die Bank gewährt Ihnen bei einer Laufzeit von 90 Tagen einen Zinssatz von 4 % p. a. Wie viele Euro erhalten Sie zurück?
7. Sie erhalten eine Pflanzenlieferung zu folgenden Zahlungsbedingungen:
   „… zahlbar innerhalb 28 Tagen rein Netto oder bei Zahlung innerhalb 8 Tagen 2 % Skonto."
   Welchem Jahreszins entspricht der eingeräumte Warenkredit bei Zahlung rein netto?

Kalkulation

1 Arten der Kalkulation

Das Wort **Kalkulation** kommt vom lateinischen calculare, d. h. rechnen. Je nachdem zu welchem Zeitpunkt und mit welchem Ziel die Kalkulation durchgeführt wird, spricht man von

- **Vorkalkulation** (auch: **Sollkosten-** oder **Plankostenrechnung**),
- **Zwischenkalkulation** und
- **Nachkalkulation** (auch: **Istkostenrechnung**).

Die **Vorkalkulation** wird zur Ermittlung von **Angebotspreisen** verwendet (s. Tab. 1).

Die **Zwischenkalkulation** dient der Kostenkontrolle während der Bauausführung. In der **Nachkalkulation** wird nach Abschluss des Bauvorhabens ermittelt, ob ein Gewinn oder Verlust erwirtschaftet wurde. Mithilfe der Nachkalkulation wird die Vorkalkulation überprüft. Abweichungen müssen untersucht werden.

Abb. 1 Die richtige Kalkulation setzt Erfahrung und gute Fachkenntnisse voraus

2 Aufteilung der Gesamtkosten

Jeder Auftrag kostet den Unternehmer Geld für Organisation und Durchführung des Vorhabens. Es entstehen Kosten für die Büroorganisation. Auf der Baustelle müssen Arbeitskräfte, Material und Maschinen vorgehalten werden (auf Abruf zur Verfügung stehen). Alle Kosten, die in einem Garten- und Landschaftsbauunternehmen anfallen, werden als **Gesamtkosten** bezeichnet. Diese Gesamtkosten unterteilt man in **Einzelkosten** und **Gemeinkosten**.

Die **Einzelkosten** werden, vereinfacht ausgedrückt, unmittelbar (= direkt) durch den Baubetrieb verursacht. Zu diesen **direkten Kosten** gehören z. B. die

- Kosten für Maschinen auf der Baustelle,
- Kosten für Arbeitskräfte auf der Baustelle oder
- Materialkosten.

Die **Gemeinkosten** oder **indirekten Kosten** stehen nicht direkt mit der Baustelle in Verbindung. Sie entstehen durch die Organisation des Unternehmens und der Baustellen. Sie fallen auch an, wenn z. B. im Winter kein Baubetrieb herrscht. Die Gemeinkosten werden mithilfe von Verteilungsschlüsseln anteilig zugeordnet.

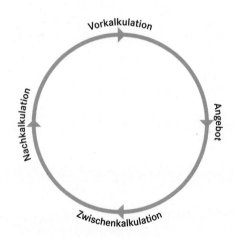

Abb. 2 Kreislauf betrieblicher Kosten- und Preispolitik

Herstellkosten
+ Gemeinkosten
= Selbstkosten
+ Risiko- und Gewinnaufschlag
= Barpreis (Gesamtkosten)
+ Verkaufszuschläge (z. B. Skonto und Rabatt)
= Nettopreis
+ MwSt.
= Angebotspreis (brutto)

Tab. 1 Ermittlung des Angebotspreises

Je nachdem ob sich Kosten verändern oder von Anfang an feststehen, wird von **veränderlichen Kosten** (= variable Kosten oder Betriebskosten) oder von **festen Kosten** (= **fixe Kosten** oder **Fixkosten**) gesprochen. Fixe Kosten sind z. B. Versicherungsbeiträge oder Zinszahlungen. Variable Kosten sind z. B. die Treibstoffverbrauchskosten oder die Kosten für Kopien im Büro.

3 Durchführung der Vorkalkulation

Die Vorkalkulation findet vor einem Bauvorhaben statt. Erhält der Unternehmer ein Leistungsverzeichnis, kann er darauf ein Angebot abgeben. Dieses Angebot basiert auf den voraussichtlichen Kosten des Bauvorhabens (Gesamtkosten), die der Unternehmer möglichst genau abschätzen muss. Dazu braucht er Erfahrung und Fingerspitzengefühl.

Die Gesamtkosten sind nicht mit dem Angebotspreis identisch, sondern es müssen weitere Faktoren berücksichtigt werden. Einfluss hat auch die allgemeine Auftragslage im Unternehmen. Folgende Fragen können z. B. entscheidend sein:

- Ist das Unternehmen gerade mit Aufträgen ausgelastet oder hat es Kapazitäten frei?
- Ist der Kunde ein Stammkunde, der die Rechnungen stets rechtzeitig bezahlt hat, oder besteht beim Kunden ein Zahlungsrisiko?
- Muss der Auftrag zu einer bestimmten Zeit durchgeführt werden oder ist der Auftrag in den zeitlichen Rahmen anderer Aufträge einplanbar?
- Stehen die für den Auftrag benötigten ausgebildeten Arbeitskräfte, Maschinen und Materialien zur Verfügung oder müssen für diesen Auftrag Investitionen getätigt und neue Mitarbeiter eingestellt werden?
- Besteht die Gefahr, durch Konkurrenten aus dem Markt gedrängt zu werden, falls der Auftrag nicht angenommen wird, oder kann man sich die Aufträge frei aussuchen?

Merke

Die Kosten eines Bauvorhabens kann der Unternehmer abschätzen, der Angebotspreis ist dann jedoch abhängig von der herrschenden Marktlage.

Der Angebotspreis sollte jedoch so hoch sein, dass mindestens alle anfallenden Kosten des Unternehmens gedeckt sind.

3.1 Herstellkosten

Der Kalkulator wägt zur Gesamtkalkulation einer Baustelle die Kosten für Maschinen-, Arbeitskräfte-, Materialeinsatz sowie für Fremdleistungen, das sind Leistungen von Subunternehmern, ab.

Die Summe daraus wird **Herstellkosten** genannt.

+ Lohnkosten
+ Materialkosten
+ Maschinen- und Fahrzeugkosten
+ Kosten für Fremdleistungen
= **Herstellkosten**

Tab. 1 Ermittlung der Herstellkosten

3.1.1 Lohnkosten

Lohnkosten entstehen durch den Einsatz von menschlicher Arbeitskraft. Für die Ermittlung werden die Kosten einer Lohnstunde (oder Lohnminute) und die Arbeitsleistung in dieser Zeiteinheit (= Zeitleistung) benötigt.

Bei der Kalkulation einer Lohnstunde darf nicht vergessen werden, dass neben dem **Bruttolohn** (Arbeitsgrundkosten) auch die **Lohnnebenkosten** (Arbeitsnebenkosten, Lohnzusatzkosten) mit einem Aufschlag von 80 bis 90 % berücksichtigt werden müssen.

Bruttolohn	100 %
+ gesetzliche Lohnnebenkosten (lohngebundene Kosten) und tarifliche und betriebliche Lohnnebenkosten	+ 90 %
= **Betriebsstundenlohn**	= **190 %**

Tab. 2 Ermittlung des Betriebsstundenlohns

Der **Kalkulationsfaktor** für eine Akh (Arbeitskraftstunde) ist hier somit 1,9. Mit diesem Faktor muss der Bruttolohn je Stunde multipliziert werden:

Beispiel:
10,23 € Bruttolohn/Stunde · 1,9 = **19,44 €/Akh**

Der **Betriebsstundenlohn** beträgt 19,44 €/Akh.

Teilt man den Betriebsstundensatz einer Lohnstunde durch 60, erhält man die Kosten einer **Lohnminute**. Je Lohnminute müssen in diesem Fall dann 19,44 € : 60 = 0,32 € in Rechnung gestellt werden.

Werden die Kosten für eine Lohnstunde mit der Leistung je **Zeiteinheit** multipliziert, ergeben sich die Kosten für den Arbeitskräfteeinsatz.

Betriebsmittellohnberechnung

Auf den Baustellen des Garten- und Landschaftsbaus sind in der Regel unterschiedlich entlohnte Arbeitskräfte (Baustellenleiter, Facharbeiter, Hilfsarbeiter) tätig. Da die Ermittlung der anteiligen Arbeitskosten vielfach nur mit großem Aufwand möglich ist, wird zur Vereinfachung oft mit dem **Betriebs- oder Baustellenmittellohn** gerechnet – besonders dann, wenn eine Baustelle von Anfang bis Ende von ein und derselben Arbeitskolonne betreut wird. Dabei werden Auszubildende als halbe Arbeitskraft gerechnet, nicht ständige Arbeitskräfte je nach Einsatzdauer mit einem Faktor kleiner 1.

Arbeitskraft (Ak) in der Arbeitskolonne	Anzahl	Bruttolohn/ Stunde	Gesamtlohn/Stunde
Baustellenleiter	1	14,50 €	14,50 €
Landschaftsgärtner	2	12,50 €	25,00 €
Maschinist	1	12,50 €	12,50 €
Arbeiter	2	10,50 €	21,00 €
Auszubildender	1	6,50 €	6,50 €
Arbeiter, halbtags	1	10,50 €	10,50 €
Bruttolohn der Kolonne/ Stunde : 90 %	100 % →		90,00 €
Lohnnebenkosten (pauschal)	90 % →		81,00 €
			= 171,00 €
Baustellenmittellohn/ Mitarbeiter	$\dfrac{\text{Gesamtlohn/Stunde}}{\text{Anzahl AK}}$ $= \dfrac{171,00\ €}{7\ \text{Ak}^{[1]}}$		24,43 €/Akh bzw. 0,41 €/ Lohnminute

[1]   6 Voll-Ak + Azubi 0,5 Ak + Halbtagskraft 0,5 Ak

Tab. 1   Ermittlung des Betriebs-/Baustellenmittellohns

Zeitleistung

Die **Zeitleistung** gibt an, in welcher Zeit eine bestimmte Leistung erbracht werden kann. Die möglichst genaue Ermittlung ist ausschlaggebend für die Kalkulation des Angebotspreises. Sie setzt große Erfahrung und fachliches Wissen (Arbeitsablauf, mögliche Probleme usw.) voraus. Aus Tabellenwerken können Zeitwerte, sogenannte **Musterzeitwerte** (Durchschnittswerte), für bestimmte Leistungen entnommen werden. Vereinfacht wird die Kalkulation mit **Kalkulationsprogrammen** für den Computer.

Sie enthalten aktuelle Arbeitszeiten, Stundensätze und Materialpreise in verschiedenen Variationen, sodass eine flexible Preisgestaltung möglich ist. Zudem enthalten sie der VOB entsprechende Positionstexte zu jeder Leistung, die direkt in das Angebot übernommen werden können. Trotzdem sollte bedacht werden, dass es je nach **Baustellen-** (Organisation, Witterung, Bodenart und -zustand usw.) und **Betriebsbedingungen** (fachliche und handwerkliche Qualifikation und Motivation der Mitarbeiter, Betriebskli-

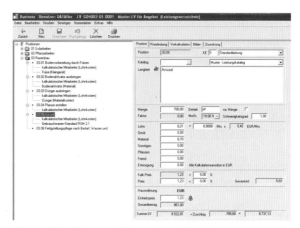

Abb. 1   Bildschirmausschnitt aus einem Kalkulationsprogramm

ma, Stunden- oder Akkordlohn, Ausstattung mit Geräten und Maschinen usw.) zu Abweichungen dieser Werte kommen kann.

Beispiel

Wie hoch sind die Herstellungskosten für 1 m² Rasenplanum anzusetzen, wenn als Musterzeitwert eine Arbeitsleistung von 2 Minuten je m² angenommen wird und der Betriebsmittellohn je Stunde 24,43 € (s. Tab. 1) beträgt?

1 Stunde (60 Minuten) kosten 24,43 €
1 Minute kostet 24,43 € : 60 min = 0,41 €
2 Minuten kosten 2 · 0,41 € = 0,82 €

▶ 1 m² Planum kostet **0,82 €**

3.1.2 Materialkosten

Wird Material durch den Auftragnehmer auf eine Baustelle geliefert, entstehen dafür Kosten, für die der Auftraggeber aufkommen muss.

Die Grundlage für die Materialkalkulation bildet der Preis des Materials frei Baustelle. Dieser setzt sich aus dem Materialpreis ab Werk (Listenpreis) und den Transportkosten zusammen. Der Materialpreis ab Werk wird durch Rabatt und Skonto beeinflusst.

Rabatte sind Preisabzüge infolge besonderer Umstände, wie z. B. Abnahme großer Mengen.

Skonto wird gewährt, wenn die Rechnung innerhalb einer bestimmten Zahlungsfrist beglichen wird.

Außerdem müssen je nach Material noch Bruch bzw. Verschnitt oder Volumenabnahme durch Verdichtung eingerechnet werden.

Zur Erstellung eines Betonverbundstein-Belages im Wegebau werden 50 m² Betonverbundsteine benötigt. Wie hoch ist der Kalkulationspreis je m²?

Listenpreis	7,31 € je m²
– Rabatt (15 %)	– 1,10 € je m²
= Nettopreis	**6,21 € je m²**
+ Mehrwertsteuer (19 %)	1,18 € je m²
= Bruttopreis	**7,39 € je m²**
– Skonto (2 %)	– 0,15 € je m²
= Verkaufspreis ab Lager (inkl. MwSt.)	**7,24 € je m²**
+ Transportkosten (inkl. MwSt.)	1,00 € je m²
= Preis frei Baustelle (inkl. MwSt.)	**8,24 € je m²**
+ Aufschlag für Bruch (5 %)	0,41 € je m²
= Kalkulationspreis (inkl. MwSt.)	**8,65 € je m²**

Schüttgüter, wie z. B. Kiessand 0/32, werden in loser Form geliefert. Im eingebauten und verdichteten Zustand müssen sie dann einer bestimmten Dicke entsprechen.

Eine Bettung aus Splitt-Brechsandgemisch 0/5 soll eingebaut werden. Die Dicke des Materials soll im verdichteten Zustand 5 cm betragen. Wie hoch sind die Kosten für 1 m³ eingebauten Splitt-Brechsandgemisch 0/5 zu kalkulieren?
Aus 1 m³ Splitt können 1 m³ : 0,05 m = 20 m² Ausgleichsschicht erstellt werden.

Listenpreis	5,84 € je m³
– Rabatt (10 %)	– 0,58 € je m³
= Nettopreis	**5,26 € je m³**
+ MwSt. (19 %)	1,00 € je m³
= Bruttopreis	**6,26 € je m³**
– Skonto (2 %)	– 0,13 € je m³
= Verkaufspreis ab Lager (inkl. MwSt.)	**6,13 € je m³**
+ Transportkosten (inkl. MwSt.)	0,00 € je m³
= Preis frei Baustelle	**6,13 € je m³**
+ Aufschlag für Verdichtung (30 %)	1,84 € je m³
= Kalkulationspreis (inkl. MwSt.)	**7,97 € je m³**

Der Kalkulationspreis für 1 m³ Bettung mit 5 cm Dicke beträgt also 7,97 € : 20 m² = 0,40 € je m².

3.1.3 Maschinenkosten

Die Maschinenkosten berechnen sich aus den Kosten der Maschine je Stunde und der bewältigten Leistung je Stunde. Die **fixen Kosten** für eine Maschine entstehen durch:
- Steuer,
- Versicherung,
- Unterbringung,
- Abschreibung und Zinskosten.

Während Steuern, Versicherung und Unterbringung tatsächlich vorhandene Zahlenwerte sind, ist die **Abschreibung** ein rechnerischer Wert.

Der Wertverlust, der durch die Abnutzung einer Maschine entsteht, wird kostenmäßig durch den Begriff Absetzung für Abnutzung (= **AfA**) oder kurz Abschreibung ausgedrückt. Ein Wertverlust tritt auch dann ein, wenn die Maschine veraltet, weil die Technik sich verbessert.

Die Abschreibung stellt kostenmäßig den Wertverlust eines Anlagegutes dar.

Durch die Abschreibung wird der Anschaffungspreis auf die voraussichtliche Nutzungsdauer eines Anlagegutes verteilt. Nach Ablauf der Nutzungsdauer hat der Unternehmer die gesamten Anschaffungskosten „hereingeholt" und kann sich – rein rechnerisch – eine neue Maschine kaufen.

Für die Kalkulation wird aus Vereinfachungsgründen meist die jährlich gleichbleibende, d. h. lineare Abnutzung angenommen.

$$\text{Abschreibung je Jahr} = \frac{\text{Anschaffungspreis}}{\text{Nutzungsdauer in Jahren}}$$

Die Werte für die Nutzungsdauer werden von den zuständigen Oberfinanzdirektionen festgelegt. Der Verband Garten- und Landschaftsbau hat dabei beratend mitgewirkt.

Wie hoch sind die jährlichen Kosten für den Wertverlust eines Radladers mit folgenden Vorgaben?
Anschaffungspreis: 22 500,00 €;
Nutzungsdauer: 5 Jahre.

$$\text{Abschreibung je Jahr} = \frac{22\,500,00\ €}{5\ \text{Jahre}} = 4500,00\ € \text{ je Jahr}$$

▶ Je Jahr kann der Unternehmer 4500,00 € als Kosten in seine Kalkulation einbringen.

Zum Kauf von Maschinen oder Fahrzeugen muss der Unternehmer Eigen- oder Fremdkapital aufbringen. Dieses Kapital kann dann nicht anderweitig benutzt werden. Man spricht von **Kapitalbindung** durch Anlagevermögen. Wird Anlagevermögen, wie z. B. eine Maschine, fremdfinanziert, müssen Zinsen an das Kreditinstitut gezahlt werden. Ist die Maschine mit Geld vom eigenen Konto bezahlt worden, gehen dem Unternehmer Zinserträge verloren.

Bei der Berechnung der **Zinskosten** wird davon ausgegangen, dass jährlich ein durchschnittlicher Zins bezahlt wird. Diese Annäherung ist für die Kalkulation ausreichend, obwohl bei den meisten Darlehensarten die Zinszahlungen mit der Zeit infolge der Tilgung sinken (s. S. 489 f.).

Die Zinskosten lassen sich näherungsweise durch die Formel berechnen:

$$\text{Zinsen je Jahr} = \frac{\text{Anschaffungspreis} \cdot \text{Zinsfuß}}{2 \cdot 100\%}$$

Beispiel

Wie viel Kosten für Zinsen fallen an?
Ein Radlader kostet 27 500,00 €, die über einen Kredit fremdfinanziert worden sind. Der Zinsfuß beträgt 5 %.

$$\frac{27\,500,00\,\text{€} \cdot 5\%}{2 \cdot 100\%} = 687,50\,\text{€}.$$

▶ Je Jahr müssen Kosten in Höhe von 687,50 € einkalkuliert werden.

Zusätzlich fallen noch die Kosten an, die erst bei Betrieb der Maschine entstehen, die sogenannten **Betriebskosten** (= **variablen Kosten** oder **veränderlichen Kosten**). Hierzu gehören:

- Treibstoffkosten,
- Schmiermittelkosten und
- Reparaturkosten.

Die Werte für **Treibstoff** und **Schmiermittel** können aus der Buchführung des letzten Jahres oder den Herstellerangaben entnommen werden. Die voraussichtlichen **Reparaturkosten** werden mit einem **Reparaturkostenfaktor**, der aus Tabellen oder eigenen Aufzeichnungen und Erfahrungswerten entnommen werden kann, berechnet. Es wird angenommen, dass während der Nutzungsdauer ca. 30 bis 50 % der Anschaffungskosten als Reparaturkosten anfallen. Diese Kosten werden dann auf die Nutzungsdauer verteilt:

$$\text{Reparaturkosten} = \frac{\text{Reparaturkostenfaktor} \cdot \text{Anschaffungspreis}}{\text{Nutzungsdauer}}$$

Beispiel

Wie hoch sind die Kosten einer Maschine je Stunde?

Anschaffungspreis	45 000,00 €
Nutzungsdauer	5 Jahre
Zinssatz	8 %
Einsatzdauer/Jahr	800 Stunden
Treibstoff/Stunde	7,50 €
Schmiermittelkosten = ¼ der Treibstoffkosten	$\frac{7,5\,\text{€}}{4} = 1{,}875\,\text{€}$
Reparaturkostenfaktor	0,50
Reparaturkosten/Jahr	4 500,00 €

Fixe Kosten/Jahr	
Abschreibung	9 000,00 €/Jahr
Zinsen	1 800,00 €/Jahr
Steuern	0,00 €/Jahr
Versicherung	750,00 €/Jahr
Unterbringung	600,00 €/Jahr
	12 150,00 €/Jahr

Fixe Kosten/Stunde	**15,19 €/Stunde**

Variable Kosten/Stunde	
Treibstoffe	7,50 €/Stunde
Schmiermittel	1,88 €/Stunde
Reparaturkosten/Stunde	5,63 €/Stunde
	15,01 €/Stunde

Gesamtkosten/Stunde	**30,20 €/Stunde**

▶ Für diesen Radlader fallen Kosten von 30,20 € je Stunde an.

Zusätzlich müssen noch die Kosten für den An- und Abtransport der Maschine verrechnet werden. Diese werden mithilfe der Einsatzdauer der Maschine auf der Baustelle umgelegt. Gerade bei kurzer Einsatzdauer auf der Baustelle fallen diese relativ stark ins Gewicht. Werden die Kosten für den An- und Abtransport mit 100 € angesetzt und beträgt die Einsatzdauer auf der Baustelle 40 Stunden, müssen je Stunde noch 2,50 € zu den Kosten für die Maschine hinzugerechnet werden. Die Kosten einer Maschine je Stunde werden mit der Leistung dieser Maschine je Stunde multipliziert. Daraus ergibt sich der Kalkulationspreis für die Herstellung einer Verrechnungseinheit.

Wie viel kostet es, 1 m³ Erde zu verladen?

Eine Radladerstunde kostet 30,20 €. Je Stunde werden 20 m³ Erde verladen.

▶ Je m³ müssen 30,20 € : 20 m³ = 1,51 € als Herstellkosten veranschlagt werden.

3.1.4 Kosten für Fremdleistungen

Die Kosten für Fremdleistungen lassen sich vergleichsweise einfach aus den mit dem Subunternehmer vereinbarten Kosten vorab schätzen.

3.2 Gemeinkosten

Zusätzlich zu den Herstellkosten müssen auch noch die **Gemeinkosten** des Unternehmens auf die Baustelle umgerechnet werden. Da diese Kosten relativ schwer einer bestimmten Baustelle zuzurechnen sind, wird die Summe aller geschätzten Gemeinkosten anteilmäßig auf die einzelnen Baustellen verteilt.

Addiert man die Gemeinkosten zu den Herstellkosten, erhält man die sogenannten **Selbstkosten**. Sind bei einem Auftrag die Selbstkosten erwirtschaftet worden, hat der Unternehmer alle tatsächlichen Kosten gedeckt.

Zur Einberechnung der Gemeinkosten werden zwei Kalkulationsansätze unterschieden:
- die gleich belastende Kalkulation und
- die ungleich belastende Kalkulation

3.2.1 Gleich belastende Kalkulation

Bei der gleich belastenden Kalkulation werden die Gemeinkosten und der Risiko- bzw. Gewinnaufschlag auf die Herstellkosten aufgeschlagen. So wird eine gleichmäßige Aufteilung erreicht.

	Lohnkosten
+	Materialkosten
+	Maschinen- und Fahrzeugkosten
+	Kosten für Fremdleistungen
=	Herstellkosten
+	Gemeinkosten
=	Selbstkosten
+	Wagnis- und Gewinnzuschlag
=	Gesamtkosten (Baustellenumsatz)
+/-	marktbezogene Preisauf- oder -abschläge
=	Nettopreis (Angebotssumme netto)
+	Mehrwertsteuer
=	**Angebotspreis (Angebotssumme brutto)**

3.2.2 Ungleich belastende Kalkulation

Bei der ungleich belastenden Kalkulation werden die einzelnen Kostenstellen (= die Stelle, wo Kosten entstehen) ungleich mit Gemeinkosten und Risiko- bzw. Gewinnzuschlag belastet. Bei dieser Kalkulationsmethode erhalten Maschinen und Material einen Aufschlag von ca. 10 bis 20 %. Die Lohnkosten erhalten einen Aufschlag von 60 bis 100 %.

Der relativ hohe Aufschlag bei Lohn wird durch den hohen Anteil der Personalkosten am Umsatz begründet.

3.2.3 Mischkalkulation

Nicht immer kann der errechnete Kalkulationspreis für die zu erbringende Leistung auf dem **Markt** durchgesetzt werden, da letztlich das Verhältnis von Angebot und Nachfrage den Marktpreis bestimmt. Mithilfe der Mischkalkulation (Ausgleichskalkulation) versucht der Unternehmer seine Preise den Wettbewerbsbedingungen am Markt sowie den betrieblichen Gegebenheiten anzupassen.

Das Prinzip der **Mischkalkulation** besteht darin, dass bei der Kalkulation gewinnbringende und auch verlustbringende Angebotsbestandteile so gemischt werden, dass letztendlich noch ein Gewinn erzielt werden kann.

Dabei muss der Unternehmer immer vor Augen haben, dass nicht der Einzelgewinn, sondern der Gesamtgewinn aller Leistungen entscheidend ist.

3.3 Wagnis und Risiko

Jeder Bauauftrag birgt jedoch noch gewisse **Risiken bei der Bauausführung**. Dies sind z. B. der nicht geplante Ausfall von Maschinen, witterungsbedingte Verminderung der geplanten Arbeitsleistung, Preisänderungen bei gemieteten Maschinen, Materialien oder Löhnen. Diese Risiken werden auch als **Wagnis des Unternehmers** bezeichnet. Treten diese Umstände ein, verliert der Unternehmer Geld.

Zusätzlich hat ein Unternehmen in der Regel das Ziel, einen Gewinn zu erzielen. Dieser wird mithilfe eines **Gewinnzuschlages** in die Kalkulation einbezogen.

Das größte Problem bei der Kalkulation sind die Höhe der Risiko- und Gewinnzuschläge und die Höhe der Auf- bzw. Abschläge wegen bestimmter Marktsituationen.

Während die Gemeinkosten noch aus früheren Jahren abgeschätzt werden können, ist das Risiko relativ schwer einzuschätzen.

3.4   Ermittlung von Einheitspreisen

In der Regel müssen in ein Angebot (oder Leistungsverzeichnis) für ein Bauvorhaben Einheitspreise eingetragen werden (s. S. 24, Auszug aus einem Leistungsverzeichnis). Diese Einheitspreise beziehen sich z. B. auf alle Einzelleistungen, die zur Durchführung des Bauvorhabens nötig sind.

Zur Anlage einer Rasenfläche muss beispielsweise:
- bei Bedarf die Vegetationsschicht mit einem Heckaufreißer aufgelockert werden,
- bei Bedarf Dünger eingebracht werden,
- bei Bedarf die Vegetationsschicht gefräst werden,
- das Planum erstellt werden und
- der Rasen eingesät werden.

Diese Einzelleistungen sind in einzelne Positionen aufgeteilt (s. S. 24).

Zu jeder Position müssen alle Kosten ermittelt und zusammengezählt werden. Die Position „Vegetationsschicht mit einem Heckaufreißer auflockern" beinhaltet Maschinenkosten für die Raupe mit Heckaufreißer, Lohnkosten für die Bedienung, Gemeinkosten, Risiko und Gewinn.

So müssen für jede Position in einem Leistungsverzeichnis die Kosten ermittelt werden.

Die Summe der Preise ergibt den Angebotspreis.

Aus Zeitgründen kann oft nicht für jedes Angebot jede Position kalkuliert werden. Deshalb existieren unternehmenstypische **Kalkulationszahlen**, sowohl für den Preis je Stunde als auch für die Leistung je Stunde.

Anhaltswerte für verschiedene Einheitspreise können auch aus **Tabellenwerken** entnommen werden. Diese Werte sind jedoch relativ ungenau, da sie nicht exakt auf ein bestimmtes Unternehmen abgestimmt sind. Wichtig ist es daher, dass der Kalkulator die aktuellen Zahlenwerte aus Auswertungen der Buchhaltung oder des Steuerberaters erhält und dann bei Bedarf neu kalkuliert.

Für die Kalkulation eignen sich besonders **EDV-gestützte Kalkulationsprogramme**, bei denen geänderte Zahlenwerte eingegeben werden können. Dann werden automatisch alle geänderten Werte neu berechnet.

4   Zwischenkalkulation

Bei der Zwischenkalkulation ermittelt der Unternehmer oder sein Kalkulator die bis zu einem gewissen Zeitpunkt für ein Bauwerk angefallenen Kosten. Weichen die tatsächlichen Kosten stark von der Vorkalkulation ab, kann der für die Baustelle Verantwortliche Maßnahmen ergreifen, um weitere Kosten zu reduzieren. Einsparungsmöglichkeiten finden sich auf nahezu jeder Baustelle. Beispielsweise könnten unproduktive Wartezeiten auf Material oder Maschinen durch bessere Vorplanung und -organisation vermindert werden. Werden während der Baudurchführung günstigere Einkaufsquellen für die benötigten Materialien gefunden, senkt dies die Kosten für Materialien. Durch den verstärkten Einsatz von Maschinen können unter Umständen die Kosten für Personal eingespart werden. Einsparungsmaßnahmen dürfen jedoch nie so weit gehen, dass das Bauwerk unsachgemäß erstellt wird.

5   Nachkalkulation

Nicht allein die erfolgreiche Durchführung eines Auftrages ist wichtig für das Unternehmen. Wesentlich ist auch die Erwirtschaftung eines Gewinnes. Dazu wird nach der Baudurchführung der Aufwand, den eine Baustelle verursacht hat, dem Erlös gegenübergestellt, um den Gewinn oder Verlust abzuschätzen.

Zur Nachkalkulation kann eine Vollkostenrechnung oder eine Teilkostenrechnung durchgeführt werden.

5.1   Vollkostenrechnung

Bei der Vollkostenrechnung werden alle angefallenen Kosten addiert und den Erlösen gegenübergestellt. So kann direkt ein Gewinn oder Verlust ermittelt werden (s. Abb. 1, S. 499). Der Aufwand für eine Vollkostenrechnung ist jedoch sehr hoch, sodass oft auf eine Deckungsbeitragsrechnung zurückgegriffen wird.

5.2   Teilkostenrechnung

Mit der **Deckungsbeitragsrechnung/Teilkostenrechnung** kann der Betriebsleiter die Rentabilität seiner Dienstleistungen überprüfen bzw. unternehmerische Entscheidungen treffen. Bei ihr werden im Gegensatz zur Vollkostenrechnung nicht alle angefallenen Kosten berücksichtigt, sondern nur die variablen Kosten. Die fixen Kosten können vernachlässigt werden, da sie unabhängig von der Auftragsannahme auftreten. Die Differenz zwischen den Einnahmen aus der Dienstleitung und den variablen Kosten der Baustelle bildet den **Deckungsbeitrag**. Er ist der Beitrag der Dienstleistung zur Abdeckung der vom Auftrag unabhängigen Fixkosten. Je höher der Deckungsbeitrag einer Dienstleistung, desto wirtschaftlicher (gewinnträchtiger) ist sie für das Unternehmen (s. Abb.1, S. 500).

Herstellkosten

Maschinenkosten	Menge	Einheit	Einzelpreis	Gesamtpreis
LKW	15	Stunden	37,50 €	562,50 €
Planierraupe	25	Stunden	55,00 €	1 375,00 €
Radlader	70	Stunden	45,00 €	3 150,00 €
Rüttelplatte	20	Stunden	20,00 €	400,00 €
Rasenbaumaschine	10	Stunden	27,50 €	275,00 €
Herstellkosten Maschinen				**5 762,50 €**

Materialkosten	Menge	Einheit	Einzelpreis	Gesamtpreis
Kippgebühren	60	m^3	12,50 €	750,00 €
Hofsinkkasten	1	Stück	75,00 €	75,00 €
Platten	60	m^2	10,00 €	600,00 €
Mineralbeton	50	t	7,50 €	375,00 €
Kantensteine	50	lfm	4,00 €	200,00 €
Oberboden	60	t	7,50 €	450,00 €
Kleinsteinpflaster	50	t	175,00 €	8 750,00 €
Dünger	300	kg	0,375 €	112,50 €
Saatgut	200	kg	0,40 €	80,00 €
Herstellkosten Material				**11 392,50 €**

Lohnkosten	Menge	Einheit	Einzelpreis	Gesamtpreis
Schmid, J.	21	Stunden	10,50 €	220,50 €
Leobald, F.	16	Stunden	12,00 €	192,00 €
Hanreich, R.	120	Stunden	11,50 €	1 380,00 €
Maier, R.	130	Stunden	11,50 €	1 495,00 €
Schwange, E.	135	Stunden	12,50 €	1 687,50 €
Huber, K.	90	Stunden	12,00 €	1 080,00 €
Lander, K.	8	Stunden	10,50 €	84,00 €
Gezahlte Löhne				**6 139,00 €**
Lohnnebenkosten			85 %	**5 218,15 €**
Lohnherstellkosten				**11 357,15 €**

Baustellenauswertung (gleichbelastende Kalkulation)

	Herstellkosten		Aufschlag auf die Herstellkosten	Selbstkosten
Maschinen	5 762,50 €		35,1 %	7 785,14 €
Material	11 392,50 €		35,1 %	15 391,27 €
Lohn	11 357,15 €		35,1 %	15 343,51 €
Fremdleistungen	0,00 €		0,0 %	0,00 €
Herstellkosten gesamt	**28 512,15 €**			
		Selbstkosten gesamt		38 519,92 €
		Erlös lt. Rechnungen ohne MwSt.		41 000,00 €
		Differenz	**hier: Gewinn**	**– 2 480,08 €**
	Gewinn/Verlust	6,0 %		$\left(\dfrac{\text{Gewinn}}{\text{Erlös}} \cdot 100\right)$

Abb. 1 Übersicht über die Kosten und Erlöse einer Baustelle mit der Berechnung von Gewinn oder Verlust.
Eine Aussage über unwirtschaftliche Teilleistungen kann nur durch eine Einzelauswertung getroffen werden

Für die **Nachkalkulation** benötigt der Kalkulator die tatsächlichen Herstellkosten, die umgelegten Gemeinkosten und den Erlös dieser Baustelle.

Dazu werden in der Buchhaltung alle Kosten für diese Baustelle in einer Übersicht zusammengestellt (s. S. 499).

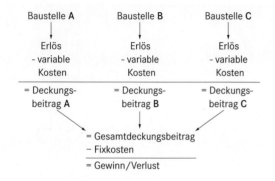

Abb. 1 Deckungsbeitrag

6 Berichtswesen

Zur Erfassung der laufenden und vergangenen Kosten für die Zwischen- und Nachkalkulation muss der Kalkulator auf Daten des innerbetrieblichen Berichtswesens zurückgreifen.

Abb. 2 Bautagebuch

■ **Bautagebuch**

Der Baustellenleiter führt auf seiner Baustelle meist ein Bautagebuch. In ihm werden Informationen über Wetter, Anzahl der Arbeiter, ausgeführte Arbeiten, verwendete Geräte und Maschinen, Materiallieferungen, Behinderungen durch z. B. andere Unternehmen, Anordnungen durch Auftraggeber oder durchgeführte Regiearbeiten vermerkt (s. Abb. 2). Bei Unstimmigkeiten kann die Geschäftsleitung so die Geschehnisse auf der Baustelle nachvollziehen.

■ **Tagesberichte**

Tagesberichte werden vom Kolonnenführer geführt. Sie sollen einen detaillierten Überblick über das Tagesgeschehen geben und dienen zur Ergänzung des Bautagebuches.

■ **Stundennachweise**

Stundennachweise (Rapportzettel) werden vom Baustellenleiter, Kolonnenführer oder jeder einzelnen Arbeitskraft geführt. Sie werden zur Lohnabrechnung und Kostenkontrolle der einzelnen Baustellen herangezogen.

Abb. 3 Tagesbericht

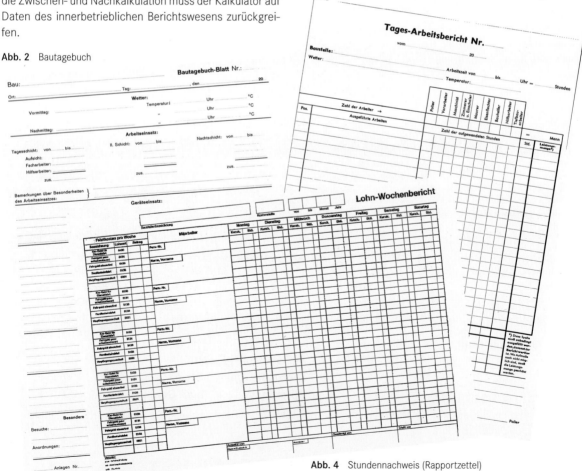

Abb. 4 Stundennachweis (Rapportzettel)

Maschinen- und Materialanforderungen

Sie lassen Rückschlüsse über die Baustellenvorplanung zu. Werden Maschinen oder Materialien zu spät angefordert, können Engpässe auf allen Baustellen des Unternehmens entstehen.

Maschinen- und Fahrzeugtagesberichte

Der zuständige Maschinist oder Fahrzeugführer führt den Maschinen- und Fahrzeugtagesbericht. Hierin wird vermerkt, wann, was, wo und wie lange mit der Maschine gearbeitet wurde. Auch die Wartungsstunden und Stillstandzeiten sind in den Berichten enthalten. Fährt ein Lkw-Fahrer Material und Maschinen für mehrere Baustellen, müssen die Zeiten je Baustelle aufgeschlüsselt werden.

Lieferscheine

Lieferscheine enthalten wichtige Daten für die Buchhaltung. Aus ihnen sollte hervorgehen, welche Firma welche Mengen von welchem Material wohin geliefert hat. Das Datum der Lieferung muss vermerkt sein (s. Abb. 1). Der für das Abladen und Kontrollieren der Waren Verantwortliche muss den Lieferschein unterschreiben. Mängel oder fehlerhafte Waren müssen umgehend bei der Anlieferung beanstandet werden. Dies kann nur geschehen, wenn ein fachlich versierter Mitarbeiter die Waren entgegennimmt. Besonders bei Pflanzenlieferungen sollten Qualität und Menge eingehend geprüft werden. Eine nachträgliche Beanstandung kostet Zeit und verursacht zusätzlichen Aufwand.

HOLZ SINGER

Inhaber: Franz und Dieter Singer

89407 Dillingen-Steinheim · Markgrafenweg 2
Telefon (0 90 74) 8 34 · Telefax (0 90 74) 53 66

Lieferanschrift:
Klaus Gärtner
Bürgermeister Hübner-Str. 10
Bergbach

Lieferschein Nr. 30107

Lieferdatum: 9. 7. . .
Versandart:

Bestell-Datum | Bestell-Nr. | Bestellt von

Latte 24x48 vol. troda
30 Stck 4-m

Ware erhalten: Hr. Gärtner

Holzdecken vor der Montage endbehandeln und unbedingt lange im warmen Raum akklimatisieren.

Beiliegende Verlege- und Pflegeanleitungen des Herstellers sind zu beachten.

Lieferung unter Eigentumsvorbehalt bis zur Bezahlung meiner gesamten Forderungen. Eine Haftung für mittelbare Schäden ist grundsätzlich ausgeschlossen. Nur schriftliche Mängelrügen, die spätestens 8 Tage nach Empfang der Ware bei mir eingehen, können anerkannt werden. **Nur unbearbeitete Ware kann zurückgenommen werden.** Erfüllungsort Steinheim · Gerichtsstand Dillingen a. d. Donau

Lieferprogramm: Schleifpapier · Klebstoffe u. Leime · Lacke u. Beizen · Riffeldübel · Lamello · Konusplättchen · Holzschutzmittel · Lasuren · Acmos-Trennmittel Fugenleimpapier u. Fugenfaden · Gupfo-Leimer u. Ersatzteile · Schrauben u. Dübel
Fußböden: Fertigparkett · Stabpakett · Mosaikparkett · Holzpflaster · Korkböden · Laminatböden · Parkettkleber · Parkettlacke · Fußleisten · Flächenstreicher · Lackierwalzen · Bituperl-Trockenschüttung
Spanplatten: Verlegeplatten mit Nut u. Feder · Spanplatten 185/410 · OSB-Platten
Decken: Profilbretter · Exclusiv-Paneele mit Echtholzfurnier · Paneele in Kunststoff · Unterkonstruktion · Befestigungsmaterial

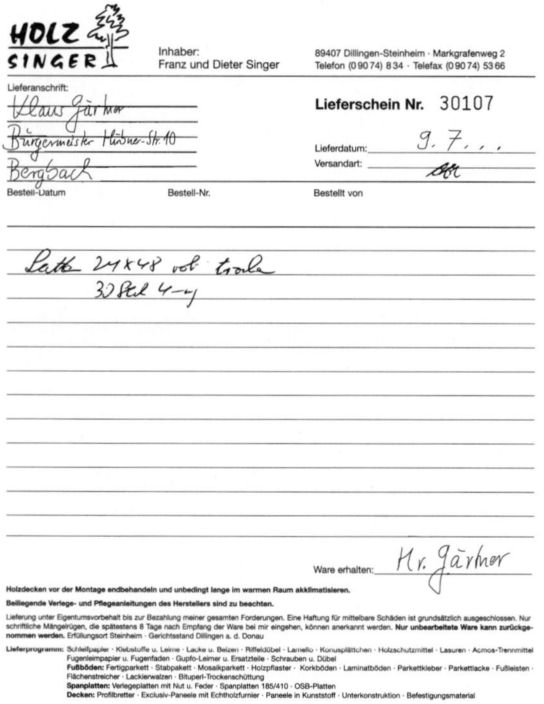

Abb. 1 Lieferschein

Aufgaben

1. Erläutern Sie die Notwendigkeit von Vor-, Nach- und Zwischenkalkulation.
2. Nennen Sie wesentliche Kosten, die in einem Unternehmen des GaLaBaus anfallen.
3. Welche Kosten zählen zu den Arbeitskosten?
4. Welche Güter unterliegen der Abschreibung?
5. Was versteht man unter der linearen Abschreibung?
6. Ein Radlader kostet 60 000,00 €. Die voraussichtliche Nutzungsdauer beträgt 5 Jahre. Wie hoch ist die jährliche Abschreibung?
7. Welche Kosten zählen zu den Betriebskosten?
8. Warum müssen auch bei Investitionen mit Eigenkapital Zinskosten berücksichtigt werden?
9. Warum werden bei Anlagegütern die Zinskosten nur vom halben Anschaffungspreis berechnet?
10. Welche Kosten zählen zu den Materialkosten?
11. Unterscheiden Sie variable und fixe Kosten.
12. Unterscheiden Sie Einzel- und Gemeinkosten.
13. Welche Kosten müssen bei der Vollkostenrechnung berücksichtigt werden?
14. Welche Vorteile bietet die Deckungsbeitragsrechnung gegenüber der Vollkostenrechnung?
15. Erklären Sie, warum eine Dienstleistung umso wirtschaftlicher ist, je höher ihr Deckungsbeitrag ausfällt.
16. Erklären Sie, warum ein nur kostendeckender Auftrag durchaus wirtschaftlich sinnvoll sein kann, obwohl er keinen Gewinn beinhaltet.
17. Für einen PKW liegen folgende Angaben vor: Anschaffungskosten 20 000,00 €; Nutzungsdauer 10 Jahre; Benzinverbrauch 8 Liter auf 100 km; Benzinpreis 1,45 € pro Liter; Ölverbrauch 0,5 Liter auf 1000 km, Ölpreis 7,5 € pro Liter; Versicherung 350,00 € im Jahr; Steuern 150,00 € im Jahr; Reparaturkostenfaktor 0,5; Fahrleistung 15 000 km im Jahr; Garagenmiete 25,00 € im Monat; geschätzter Zinssatz 5 %. Berechnen Sie a) die Fixkosten pro Jahr und km, b) die variablen Kosten pro km und c) die Gesamtkosten je gefahrenen Kilometer.
18. Wie können Gemeinkosten verrechnet werden?
19. Erklären Sie, warum die Gesamtkosten einer Maschinenstunde mit zunehmender Kapazitätsauslastung abnehmen.
20. Nach welchen Verfahren, kann der Angebotspreis kalkuliert werden?
21. Beschreiben Sie das Berichtswesen in Ihrem Ausbildungsbetrieb.
22. Woraus ergibt sich letztendlich der Marktpreis für eine Dienstleistung?

Marketing

Abb. 1   Ausstellungsbereich auf dem Betriebsgelände eines Garten- und Landschaftsbau-Unternehmens

Durch Marketing wird das gesamte marktgerichtete Verhalten in einem Unternehmen, die sogenannte **Unternehmenspolitik**, auf den Kunden ausgerichtet.

Marketing ist
- die Anpassung des Angebots eines Unternehmens an die Bedürfnisse der Nachfragegruppen (private, halböffentliche oder öffentliche Auftraggeber)
  → **Marketing- und Marktforschung**
- die Erschließung und Gestaltung des Marktes durch besondere Maßnahmen
  → **Marketingmaßnahmen**, und
- die Planung, Organisation und Kontrolle der Marketingmaßnahmen
  → **Marketingmanagement**

Marketing verfolgt dabei folgende **Ziele**:
- Kunden gewinnen und halten und
- Umsätze und Gewinne des Unternehmens erhalten und steigern.

Um diese Ziele zu erreichen, können in einem Unternehmen eine Vielzahl von Marketingmaßnahmen durchgeführt werden (s. Abb. 2).

1   Marketingmaßnahmen

1.1   Gestaltung der Dienstleistung und des Sortiments

Erst wenn der Unternehmer seine Produkte so anbietet, dass sie den Ansprüchen der Kunden entsprechen oder Wünsche wecken, können sie verkauft werden.

Ist der Kunde dann noch einverstanden mit dem Preis und gleichzeitig zufrieden mit der ausgeführten Arbeit, ist dies eine gute Ausgangssituation für die **Kundenbindung** und mögliche Folgeaufträge bzw. Weiterempfehlungen.

Ein Unternehmen kann zum Beispiel durch **Zusatzleistungen**, wie kompetente **Beratung und Betreuung**, längere Gewährleistungszeiten als üblich bzw. **besondere Garantievereinbarungen** oder **Kundendienste** („Wir kommen gerne für ein unverbindliches Gespräch."), die **Zufriedenheit** von Kunden erhöhen und sich dadurch einen **Wettbewerbsvorteil** gegenüber anderen Anbietern verschaffen.

Auch die angemessene Behandlung von Beschwerden (**Beschwerdemanagement**) gehört zum Marketing. Dabei führen Reklamationen nicht grundsätzlich zu einer Nachbesserung. Oftmals basieren sie auch auf mangelnder Beratung oder Information des Kunden. Mithilfe von z. B. Pflegeanleitungen können viele Beschwerden umgangen werden.

Abb. 2   Marketingmaßnahmen

Abb. 1 Angebot von Gartenaccessoires als Zusatzleistung

Wichtig ist in diesem Zusammenhang ein sowohl für den Kunden als auch für den Garten- und Landschaftsbauer zufriedenstellender Baustellenabschluss. Eine **formelle Abnahme** (s. Kap. Objektplanung; Baustellenabschluss), d. h., Auftraggeber und Auftragnehmer begehen gemeinsam die Baustelle und besprechen die Ausführungen, kann dazu führen, dass der Kunde den Auftragsabschluss besser anerkennt und eventuell die Rechnung schneller und vollständig bezahlt. Ein Abnahmeprotokoll ist dabei sinnvoll (s. Abb. 2).

Abnahmeprotokoll gemäß § 12 VOB/B

1. Art der Abnahme

☐ Abnahme der Gesamtleistung

☐ Abnahme einer in sich abgeschlossenen Teilleistung;
Beschreibung der Teilleistung: ....

2. Vertragsparteien
Auftragnehmer: ....
Auftraggeber: ....

3. Baustellenort
Straße: ....
PLZ, Ort: ....
ggf. Name des Bauwerks: ....

4. Abnahme
Die Abnahme
☐ erfolgt ohne Vorbehalte
☐ erfolgt mit den nachfolgend erwähnten Vorbehalten wegen Leistungsmängeln

5. Mängel
Beschreibung:
....
....
....
....

☐ weitere Mängel auf beiliegendem Zusatzblatt (Anzahl der Blätter:_____; Blätter bitte durchnummerieren)

6. Termin zur Behebung der Mängel: ....

7. Folgen nicht rechtzeitiger Mängelbehebung
Der Auftragnehmer wird darauf hingewiesen, dass der Auftraggeber berechtigt ist, den Mangel nach fruchtlosem Ablauf der Frist durch Dritte auf Kosten des Auftragnehmers beseitigen zu lassen.

8. Beginn der Frist für Mängelansprüche:..

9. übergebene Unterlagen
Folgende Unterlagen wurden der Bauleitung hiermit übergeben (Nr. und Stückzahl angeben):
....
....
....

10. Sonstiges: ....
....

11. Unterschriften

Ort, Datum ....

....
Auftragnehmer   Auftraggeber

Abb. 2 Vereinfachtes Abnahmeprotokoll

Ein Fragebogen zur **Zufriedenheit des Kunden** am Ende eines Auftrages kann unerkannte Probleme aufdecken (Abb. 3). Ziel ist es dabei, diese Probleme in der Zukunft zu vermeiden und die Kundenzufriedenheit und Kundenbindung zu verbessern.

Fragebogen

Wir wollen, dass Sie zufrieden sind!

Bitte beantworten Sie die folgenden Fragen mit Schulnoten (1 = sehr gut, 5 = mangelhaft)

1. Beurteilen Sie die Sauberkeit der ausgeführten Leistungen: ☐

2. Beurteilen Sie die Freundlichkeit der Mitarbeiter: ☐

3. Beurteilen Sie Ihre Zufriedenheit: ☐

Abb. 3 Ausriss aus einem Fragebogen zur Kundenzufriedenheit

Auch das **Sortiment**, d. h. die Anzahl der Dienstleistungsarten und -ausführungen, ist für die Vergabe von Aufträgen wichtig. Wird das Unternehmen z. B. als **Spezialist** („Ihr Spezialist für Schwimmteiche, Mauerbau oder Pflegemaßnahmen") angesehen, spricht dies andere Kunden an als die Darstellung als Allrounder für alle Belange („Wir gestalten Ihren Garten: Beratung, Pläne, Ausführung, Pflege").

Unternehmen mit starker Spezialisierung haben meist ein **tiefes Sortiment**. Allrounder haben ein **breites Sortiment**.

Bei **Firmenkooperationen** arbeiten Unternehmen mit unterschiedlicher Spezialisierung eng zusammen. Der Kunde muss nur eine Kontaktperson ansprechen, um ein breites und tiefes Sortiment angeboten zu bekommen.

1.2 Gestaltung des Preises

Das Unternehmen muss entscheiden, zu welchem Preis es seine Dienstleistungen anbietet, um Aufträge zu bekommen. Der Garten- und Landschaftsbau hat in den letzten Jahren mit immer größer werdender Konkurrenz zu kämpfen. Zum einen nimmt die Anzahl der Unternehmen zu, zum anderen drängen immer mehr **Fremdanbieter** (z. B. Dachdecker zur Anlage von Dachbegrünungen, Landwirte zur Gartenpflege) in den Markt. Gerade bei größer werdender Konkurrenz ist das Ziel, Gewinn zu erwirtschaften, wichtiger als früher. Grundlage für einen gewinnbringenden Preis ist die Kalkulation (s. Kap. Kalkulation).

Mithilfe von Sonderleistungen wie Rabatten oder Skonti für gute Kunden (z.B. langfristige Pflegeleistungen) oder **besonderen Zahlungsbedingungen** (Zahlung auf Ziel, s. Kap. Finanzierungsarten) können Kunden gehalten oder neu gewonnen werden.

Ein großes Problem im Garten- und Landschaftsbau bleibt auch weiterhin die Terminzuverlässigkeit. Die Zeit bis zum Auftragsbeginn und die **Auftragsdauer** sind im weitesten Sinne der Preisgestaltung zuzuordnen. Muss ein Kunde lange auf den Baubeginn warten, zieht er unter Umständen einen teureren Konkurrenten, der jedoch jeher beginnen kann, vor. Wichtig wäre z.B., einen festen Termin für den Baubeginn zu vereinbaren und dann auch einzuhalten. Leider scheitert dies im Garten- und Landschaftsbau oft an der Wetterabhängigkeit, aber oft auch an der mangelnden Organisation in den Unternehmen.

1.3 Gestaltung der Verkaufsmöglichkeiten (Verkaufs- oder Distributionspolitik)

Der Verkauf von Dienstleistungen kann im Garten- und Landschaftsbau direkt und indirekt erfolgen.

Direkter Absatz bedeutet dabei, dass das Unternehmen selbst für den Verkauf sorgt. Diese Absatzform kann durch das Auftreten des Unternehmens auf z.B. Messen, Börsen, Ausstellungen, Tag der offenen Tür, Tag der offenen Baustelle, Landes- oder Bundesgartenschauen oder Mustergärten gefördert werden. Hier bietet es sich an, durch Werbemaßnahmen den Bekanntheitsgrad des Unternehmens zu erhöhen.

Abb. 1 Tag der offenen Tür mit Präsentation von Neuheiten

Manchmal vermitteln auch Landschaftsarchitekten, Lieferanten, Hausmeister, Versicherungen und Sparkassen oder andere Kunden Aufträge. Diese Form des Verkaufes wird **indirekter Absatz** genannt.

Um diese Absatzform zu fördern, kann der Kontakt zu den Absatzmittlern oder Absatzhelfern durch z.B. Fortbildungsmaßnahmen, Weihnachtskarten usw. gepflegt werden.

1.4 Gestaltung der Informationen über die Dienstleistungen (Kommunikationspolitik)

Der Unternehmer kann seine Dienstleistungen und Produkte nur verkaufen, wenn der Kunde darüber informiert ist, welche Produkte er anbietet, welche Eigenschaften, Verwendungsmöglichkeiten und Vorzüge sein Produkt bietet und welche Leistungsvorteile (z.B. Beratung, Pflege) er bereitstellt.

Die **Kommunikationspolitik** hat dabei die Funktion, den Umworbenen zu informieren und zum Entschluss zu bewegen, einen Auftrag zu erteilen. Dabei werden die Bereiche
- **Absatzwerbung** und
- **Öffentlichkeitsarbeit** unterschieden.

1.4.1 Absatzwerbung

Die **Absatzwerbung** versucht, durch Werbeträger (z.B. Werbeanzeige, Firmenprospekt, Flyer) in Werbemitteln (z.B. Tageszeitung, Regionalrundfunk) den Kunden mit der Dienstleistung oder dem Produkt bekannt zu machen. Sie will Einfluss auf die Entscheidung des Kunden nehmen.

Folgendes ist bei der Planung zu bedenken:
- **Werbeziel**: Welchem Ziel dient die Werbung, Einführung neuer Dienstleistungen, reine Information oder Aufbau eines positiven Firmenbildes (= Firmenimage)?
- **Werbeetat**: Welche Mittel stehen zur Verfügung?
- **Zielgruppe**: Wer soll angesprochen werden?
- **Werbemittel und Werbeträger**: z.B. Werbeanzeige, Prospekte, Flyer, Kataloge, Werbebriefe, Fernsehspots, Werbefilme, Flugblätter, Beilagen, Werbegeschenke, Preisausschreiben.

Bei der Durchführung sollte eine professionelle Unterstützung durch eine Werbeagentur bzw. einen Grafiker erfolgen. Oft organisieren die Agenturen dann auch die Verteilung, Weiterentwicklung und Pflege der Werbung. Um kurzfristig an Aufträge zu gelangen, können sogenannte **Aktionswerbungen** gestartet werden.

Um den **Bekanntheitsgrad** zu steigern und zu erhalten, wird sogenannte **Imagewerbung** durchgeführt. Mittel dazu sind z.B. Firmenprospekte (s. Abb. 1, S. 505), Firmenfilme (häufig auf Filmportalen platziert), Filme über besondere Bauprojekte (z.B. Biotopgestaltung, Anlegen des neuen Sportplatzrasens, usw.).

Abb. 1 Imagewerbung mit Firmenbroschüren

Die Bekanntheit eines Unternehmens oder die Wahrnehmung der Dienstleistung kann durch besondere Maßnahmen, wie z. B. einem einprägsamen Firmennamen mit zugehörigem Firmenlogo, erhöht und aufrechterhalten werden.

Dabei sollte die Gestaltung z. B. auf den Fahrzeugen, der Arbeitskleidung, dem Briefbogen, dem Baustellenschild oder der Visitenkarte einheitlich sein. Dies wird **Corporate Identity** (einheitliches Firmenbild) genannt und erhöht die Wiedererkennung (s. Abb. 2).

Abb. 2 Corporate Identity steigert den Bekanntheitsgrad

Ganz wichtig ist dabei jedoch, dass ein guter Ruf nur langsam und behutsam aufgebaut werden kann, aber auch sehr schnell wieder verloren gehen kann. Bei den **Werbeaussagen** ist deshalb immer zu beachten, dass der Werbeinhalt klar, leicht verständlich, wahr, wirksam (d. h. originell) und wirtschaftlich sein soll.

1.4.2 Öffentlichkeitsarbeit

Durch **Öffentlichkeitsarbeit** soll die Bekanntheit und das Ansehen des Unternehmens gefördert werden. Ein bekanntes und angesehenes Unternehmen bekommt im Zweifelsfall eher einen Auftrag, als ein unbekanntes Unternehmen. Maßnahmen der Öffentlichkeitsarbeit sind z. B.:

- Betriebsbesichtigungen und Veranstaltungen (Tag der offenen Tür, Vorträge, Filmvorführungen, Jubiläumsfeiern, Ausstellungen)
- Beteiligung an Gartenschauen
- Berichte und Reportagen in der Presse (z. B. zur Einführung neuer Dienstleistungen)
- Kurse an Volkshochschulen
- Zeitschriften (z. B. Kundenzeitschriften, Fachzeitschriften)
- Arbeit in gemeinnützigen Organisationen (z. B. Sportvereinen, Interessensvereinigungen, Hilfswerken)
- wöchentliche (monatliche) Artikel in der Tageszeitung
- Auftritt im Internet mit einer aussagekräftigen Homepage

Durch Anschauungsobjekte oder Mustergärten auf dem Firmengrundstück kann den Kunden bei der Kaufentscheidung geholfen werden.

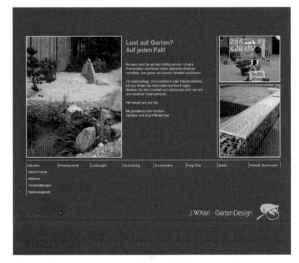

Abb. 3 Firmenhomepage als Aushängeschild und Informationsplattform

Abb. 4 Schauanlage mit Lösungen zur Gartengestaltung; hier Sichtschutz mit Brunnen

Abb. 1 Muster zur Entscheidungshilfe bei der Materialwahl

Abb. 2 Musteranlage Schwimmteich

2 Qualitätsmanagement (QM)

„Qualität ist, wenn der Kunde zurückkommt und nicht das Produkt." (Fa. Philips). Dabei versteht man unter dem Produkt sowohl die Ware als auch die Dienstleistung.

Qualitätsmanagement ist ein Teil des Marketings. Qualität spiegelt sich in der Zufriedenheit der Kunden und der Mitarbeiter mit der durchgeführten Arbeit und mit der Unternehmensleitung wider. Management ist Organisation in einem Unternehmen. Unter Qualitätsmanagement versteht man also die gezielte Qualitätssicherung bei der Durchführung von Dienstleistungen.

Oberstes Ziel ist, die Zufriedenheit von Kunden, Mitarbeitern und der Unternehmensführung zu erhalten und zu verbessern.

2.1 Ziele

Unternehmen sollten versuchen, sich im Rahmen der immer stärker werdenden Konkurrenz am Markt hervorzuheben. Nur so kann die vorhandene betriebliche Situation gehalten oder verbessert werden.

Durch **die Sicherung der Qualität**

■ kann die Anzahl der Nachbesserungen vermindert werden,
■ gibt es weniger Reklamationen,
■ kann ein guter Ruf („Qualität ist die beste Werbung") gehalten oder erreicht werden,
■ wird die Zusammenarbeit zwischen den Mitarbeitern im Unternehmen verbessert (Freude am Beruf).

2.2 Maßnahmen

Zum QM gehören alle Maßnahmen, die während der Bearbeitung eines Auftrages anfallen. Dies betrifft z. B.

■ den Einkauf von Material,
■ die Annahme von Materiallieferungen,
■ die Verbesserung der Organisation im Büro und auf der Baustelle,
■ die Abnahme der Bauleistung,
■ die Bezahlung von Rechnungen und
■ den Umgang mit Beschwerden.

Abb. 3 Wie geht man mit Beschwerden um?

2.3 Durchführung

Wie qualitätssichernde Maßnahmen im Unternehmen durchgeführt werden, kann jedes Unternehmen natürlich selbst entscheiden.

Nach den **DIN EN ISO 9001:2008** kann ein Unternehmen jedoch auch eine sogenannte **Zertifizierung**, d. h. Beurkundung der qualitätssichernden Maßnahmen erhalten, wenn bestimmte Kriterien erfüllt sind (s. Abb. 1. S. 502). Damit kann ein Unternehmen werben und sich von der Konkurrenz positiv hervorheben.

Die Einführung eines zertifizierten QM-Systems ist an ein **spezielles Verfahren** gebunden:

Vogehensweise

1. **Erstellen eines QM-Handbuches**

   In diesem Handbuch werden die Ziele aufgestellt, die ein Unternehmen mit dem QM verbindet. Außerdem wird die Organisation der Qualitätspolitik im Unternehmen festgelegt. Dabei wird insbesondere die Qualität der Dienstleistungen betrachtet. Das QM-Handbuch dient als Leitfaden für die Überprüfung des Systems von der Unternehmensseite und zur Präsentation nach außen.

2. **Festlegen von Verfahrensweisen im Einzelnen.**

   Dies sind die Zuständigkeiten für verschiedene Bereiche, z. B. wer darf Material bestellen, wer darf Materiallieferungen annehmen. Je klarer die Abläufe in einem Unternehmen geregelt sind, desto besser kann die Verantwortung für einzelne Teilbereiche verteilt werden.

3. **Erstellen von Arbeits- und Prüfanweisungen, Checklisten und Formularen.**

   Diese dienen der Organisation und der Prüfung einzelner Arbeitsverfahren. Hier werden z. B. die bisherigen Formblätter für z. B. Maschinenanforderungen oder Tagesberichte überprüft und bei Bedarf neu und einheitlicher gestaltet. Ziel ist es, den Arbeitsablauf effektiver zu gestalten und Prüfungen einzelner Arbeitsabläufe zu verbessern (s. Kap. Kalkulation).

Da ein Unternehmen das Handbuch, die Arbeitsanweisungen und Prüfanweisungen, Checklisten und Formulare schwerlich allein erstellen kann, werden dafür professionelle Beratungen von externen Firmen angeboten.

Danach kann ein Unternehmen entscheiden, ob es von einer unabhängigen Institution (**Zertifizierungsstelle**) geprüft werden möchte.

Die unabhängigen Institutionen zur Zertifizierung können z. B. beim Bundesverband Garten- und Landschaftsbau erfragt werden.

Die Prüfung des Unternehmens erfolgt in vier weiteren Phasen.

1. Phase: Vorbereitung

Für die 1. Phase eigenen sich die Unternehmen, die bereits die oben genannten Verfahren ausgearbeitet und umgesetzt haben. Mithilfe eines Fragenkataloges kann die unabhängige Institution feststellen, ob die Anforderungen des QM-Systems grundsätzlich erfüllt sind.

2. Phase: Benennung der Auditoren

Auditoren sind die für die Betreuung und Prüfung zuständigen Personen. Das Unternehmen übergibt der Zertifizierungsstelle das QM-Handbuch, damit alle Unterlagen geprüft werden können.

3. Phase: Prüfung des Unternehmens und der Unternehmensabläufe, das sogenannte Audit.

Die Zertifizierungsstelle besucht das Unternehmen und prüft und bewertet die Abläufe, z. B. auf der Baustelle.

4. Phase: Erstellen eines Auditberichts

Die Zertifizierungsstelle erstellt einen Bericht. Bei positiver Beurteilung des Unternehmens erhält es eine Zertifizierung für drei Jahre.

Ablauf zur Zertifizierung eines Qualitätsmanagement-Systems in einem Unternehmen

Beratung des Unternehmens

↓

Erstellung eines QM-Handbuches

↓

Verfahrensanweisungen erarbeiten

↓

Arbeits- und Prüfanweisungen, Checklisten und Formulare entwerfen

↓

Grundsätzliche Prüfung des Unternehmens, ob die Grundanforderungen erfüllt sind

↓

Benennung von Auditoren zur Betreuung des Unternehmens. Übergabe und Prüfung des QM-Handbuches

↓

Erstellung eines Audit-Planes und Prüfung von Prozessabläufen

↓

Erstellen eines Audit-Berichtes. Bei positiver Beurteilung Ausstellung der Zertifikation

Abb. 1 Gesamtablauf der Zertifizierung nach DIN EN ISO 9001

Jedes Unternehmen führt dann jährlich weitere Überwachungen durch. Nach drei Jahren erfolgt dann ein Wiederholungsaudit zur Verlängerung des Zertifikates.

Für wen lohnt sich der Aufbau eines QM-Systems und eine Zertifizierung? Ein QM-System lohnt sich grundsätzlich in jedem Unternehmen. Nur so kann sichergestellt werden, dass alle Aufträge zur Zufriedenheit der Kunden durchgeführt werden. Die Zertifizierung ist eine besondere Auszeichnung für ein Unternehmen. Dadurch kann sich das Unternehmen von Konkurrenten abheben und eventuell Aufträge erhalten, die es sonst nicht erhalten hätte.

ZERTIFIKAT

Hiermit wird bescheinigt, dass

Musterfirma
Musterstraße 12
12345 Teststadt

ein **Qualitätsmanagementsystem** eingeführt hat und anwendet.

Geltungsbereich:
Herstellung von Musterware

Durch ein Audit, dokumentiert in einem Bericht, wurde der Nachweis erbracht,
dass das Managementsystem die Forderungen des folgenden Regelwerks erfüllt:

ISO 9001 : 2015

Zertifikat-Registrier-Nr.   123456 QM15
Gültig ab   2016-08-03
Gültig bis   2019-08-02
Zertifizierungsdatum   2016-08-03

DAkkS
Deutsche
Akkreditierungsstelle
D-ZM-16074-01-00

DQS GmbH

Frank Graichen
Geschäftsführer

IQNet

Akkreditierte Stelle: DQS GmbH, August-Schanz-Straße 21, 60433 Frankfurt am Main

Abb.1   Zertifizierungsurkunde

Aufgaben

1. Warum betreiben Unternehmen Marketing?
2. Welche Maßnahmen gehören zum Marketing?
3. Wie kann die Zufriedenheit von Kunden verbessert werden?
4. Was bedeutet
   a) das GaLaBau-Unternehmen hat ein breites Sortiment?
   b) das GaLaBau-Unternehmen hat ein tiefes Sortiment?
5. Was bedeutet
   a) direkter Absatz?
   b) indirekter Absatz von GaLaBau-Dienstleistungen?
6. Erstellen Sie ein Plakat für eine Einladung zum Tag der offenen Tür (oder Baustelle). Überlegen Sie sich dabei Aktivitäten, die die ganze Familie ansprechen.
7. Was bedeutet Corporate Identity?
8. Entwickeln Sie eine Anzeige für eine Aktionswerbung in einer Tageszeitung. Entwerfen Sie dazu ein Firmenlogo und einen Firmenslogan, der die wichtigsten Eigenschaften Ihrer Firma ausdrückt.
9. Überlegen Sie sich Möglichkeiten, um die Attraktivität eines Mustergartens zu erhöhen.
10. Welche Maßnahmen können zur Imagewerbung eingesetzt werden?
11. Was bedeutet Beschwerdemanagement und welches Ziel wird damit verfolgt?
12. Wozu dient ein Qualitätsmanagement?
13. Überlegen Sie sich Möglichkeiten, um in folgenden Bereichen die Fehlerquote zu vermindern:
    a) Einkauf von Materialien
    b) Annahme von Kundenaufträgen
    c) Bearbeitung von Kundenaufträgen im Büro
    d) Erstellung von Leistungsverzeichnissen
    e) Ablauf von Bauaufträgen beim Kunden

Beraten und Verkaufen

1 Der Verkauf

„Verkaufen heißt, dem Kunden zu helfen, das zu bekommen, was er braucht und ihm dabei ein gutes Gefühl zu vermitteln. Und zwar vor, während und nach dem Kauf."

(Ron Willingham)

1.1 Vorgänge beim Verkaufen

Gute Gärten bauen zu können, reicht heute nicht mehr aus. Man muss sie auch verkaufen können. Doch wie erlernt man das Verkaufen?

Im Verkaufsgeschehen treffen verschiedene Menschen zusammen: der Käufer und der Verkäufer. Sie treten in Verbindung und teilen sich mit. Dieses nennt man **Kommunikation.**

- Kommunikation findet grundsätzlich statt, wenn Menschen sich begegnen.
- Kommunikation vollzieht sich auf der sachlichen Ebene und auf der gefühlsmäßigen Ebene.
- Kommunikation läuft über sprachliche Mittel (= verbal).
- Kommunikation läuft über nichtsprachliche Mittel (= nonverbal).
- Kommunikation entwickelt sich im Aufeinandereingehen (= Interaktion).
- Kommunikation ohne Störungen ist Voraussetzung für erfolgreiches Verkaufen.

Der Verkaufsablauf ist geordnet und in verschiedene Phasen einteilbar. Diese Phasen sind von der Sache her bestimmt (= sachlogisch).

Nun handeln Menschen nicht immer sachlogisch, sie treffen auch gefühlsmäßige (= emotionale) Entscheidungen. Während man früher davon ausging, dass Entscheidungen zu 70 bis 80 % emotional getroffen werden, kann man heute von 90 % und mehr sprechen.

Die Gefühle bestimmen stark unsere seelischen Bedürfnisse. Jeder Mensch hat diese seelischen Bedürfnisse. Nach einer psychologischen Theorie können diese Bedürfnisse in eine Rangordnung gebracht werden.

Grundlage sind demnach die sogenannten **„primären Bedürfnisse"**:

- körperliche Bedürfnisse (z. B. Nahrung, Bekleidung, Wetterschutz usw.),

- Sicherheit (Selbsterhaltung, Gesundheit, Risikofreiheit, Sorgenfreiheit).

Diese drängen erst nach Befriedigung, bevor höhere **„sekundäre Bedürfnisse"** befriedigt werden können.

In Garten- und Landschaftsbau werden daher vorwiegend sekundäre Bedürfnisse befriedigt. Ein Verkaufsgespräch in diesem Bereich erfordert ein anderes Verkäuferverhalten. Ein Brot verkauft man anders als eine Gartenanlage (vgl. Kap. 2.2).

1.2 Jeder Käufer ist anders

Es gibt ca. sieben Milliarden Menschen auf dieser Welt, und jeder ist anders. Die Beobachtung von Kundenarten, typischem Verhalten einzelner Kunden sowie der Temperamente hilft Ihnen, sich besser auf Kunden einstellen zu können.

Eigenschaften von Kundentypen	Mögliche Reaktionen
anspruchsvoll = sucht besondere Qualität; Preis ist nicht so wichtig	qualitativ hochwertige Waren anbieten
eigenwillig = konkrete, zum Teil ausgefallene Wünsche; nicht zu beeinflussen	Kundeneinstellung respektieren; Wünsche exakt erfüllen
geltungsbedürftig = prahlerisch Aussagen über Haushalt, Reisen; auffällige Kleidung	bei Angeboten das Geltungsbestreben beachten; auf Neuheiten hinweisen; nie die privaten Aspekte kritisch bewerten
gesprächig = ungehemmter Redefluss, der sich inhaltlich verliert; fällt in die Rede anderer ein	zuhören; auf fachliche Fragen überleiten; nach dem Kaufabschluss streben
sachkundig = aus Beruf oder Hobby stammende Kenntnisse werden eingebracht	Zurückhaltung, jedoch fachliche Beratung exakt vornehmen; keine Belehrung oder Streitgespräche
schweigsam = ausdruckslose Mimik; knapp im Grußverhalten; kaum beteiligt am Verkaufsgespräch	direkte Ansprache; freundliche und geduldige Bedienung; zur Kaufentscheidung führen
sparsam = wählt nach dem Preis aus, sucht nach Vorteilen	auf preisliche Vorteile hinweisen; nicht mit vergleichsweise teureren Waren belasten
unsicher = längeres, suchendes Herumblicken, leises Sprechen	Eingrenzen des Angebots; sorgfältige Beratung; Bekräftigung der Kaufentscheidung

Tab. 1 Kundenverhalten und Reaktionen

2   Das Beratungs- und Verkaufsgespräch

2.1   Wie man auftritt

Einer der wichtigsten Faktoren während eines Verkaufsgespräches ist das Auftreten des „Verkäufers". Denn jeder Mensch sendet unbewusst Botschaften aus.

Einer Umfrage zufolge vermittelt jeder Mensch im persönlichen Miteinander 55 % seiner stummen Botschaften über sein äußeres Erscheinungsbild, 38 % kommen über Tonlage, Sprachmelodie, Unterton, Akzentuierung der Stimme beim Gegenüber an und nur ganze 7 % werden als Inhalt, als fachliches Wissen im ersten Umgang miteinander wahrgenommen. Auch wir entscheiden in Sekundenbruchteilen, ob wir jemanden mögen und respektieren oder nicht und ob wir von ihm etwas kaufen oder nicht – der berühmte **erste Eindruck**.

Abb. 1   „Offene Handhaltung" signalisiert Gesprächsbereitschaft

2.1.1   Schaffen Sie eine gute Verkaufsatmosphäre

Zeigen Sie dem Kunden gegenüber Ihre positive Einstellung:

- Die freundliche Behandlung des Kunden ist eine Selbstverständlichkeit.
- Sie orientieren sich an den Einstellungen und Wünschen des Kunden.
- Sie zeigen Ihre Bereitschaft, den Kunden zu beraten und ihm geduldig Auskunft auf seine Fragen zu geben.
- Sie werden auch bei unentschlossenen Kunden nicht ungeduldig.
- Drängen Sie dem Kunden nicht Ihre eigene Meinung auf und widersprechen Sie nicht unhöflich.
- Der Kunde darf ausreden, ohne dass Sie ihm ins Wort fallen. Sie hören aufmerksam zu.
- Ehrliches und faires Verhalten dem Kunden gegenüber ist genauso selbstverständlich wie Zuverlässigkeit.

2.1.2   Selbstsicherheit schafft Vertrauen

Sie können eine Dienstleistung nur dann verkaufen, wenn Sie selbst davon überzeugt sind. Geben Sie daher Ihr Vertrauen an den Kunden weiter. Wenn der Kunde Ihre Sicherheit spürt, wird er auch Vertrauen in Sie und Ihre Dienstleistung bekommen. Beim Umgang mit Kunden gilt: freundlich sein, aber trotzdem bestimmt und selbstbewusst auftreten.

2.1.3   Körpersprache – der Körper sendet Signale

Mithilfe der Körpersprache kann man Aussagen verdeutlichen und glaubhaft machen.

Hier einige Beispiele zur Körpersprache:

Blick	Ein offener, zugewandter Blick erzeugt Sicherheit.
Mimik	Machen Sie ein freundliches Gesicht. Wenn die Situation es erlaubt, lachen oder lächeln Sie.
Gestik	Auch der Kopf, die Arme, Hände und Finger sollten beteiligt sein, z. B. ein bestätigendes Nicken mit dem Kopf, leere, geöffnete Hände.
Körperhaltung	Stehen Sie frei und entspannt, dem Kunden zugewandt. Der Kopf ist aufgerichtet.

Die Anwendung der Körpersprache muss geübt werden und auf die Person abgestimmt sein, damit sie natürlich wirkt. Beobachten Sie sich ab und zu selbst – und lassen Sie sich von anderen beobachten.

Abb. 2   Freude im Gesichtsausdruck ist ein Aspekt der Körpersprache

Auch der Kunde hat eine Körpersprache. Diese beobachten und verstehen zu lernen, ist genauso bedeutend.

2.1.4 Die Sprache als nützliches Werkzeug

Wie die Körpersprache hat auch die Sprechstimme und -weise eine Wirkung.

- Eine freundliche Stimme schafft Kontakt zum Kunden.
- Ein mittleres Sprechtempo ermöglicht es dem Kunden, Sie inhaltlich zu verstehen.
- Eine ruhige Sprechweise signalisiert dem Kunden, dass Sie sich Zeit nehmen.
- Sprechpausen ermöglichen es dem Kunden, Fragen zu stellen oder sich zu äußern.
- Eine betonte Sprechweise unterstützt Ihre Überzeugungskraft.
- Kurze, einfache und verständliche Sätze erleichtern es dem Kunden, Ihre Verkaufsargumente zu verstehen.

Vermeiden Sie unbedingt:
„Gesprächskiller" („Davon haben Sie keine Ahnung"),
Befehle („Überlassen Sie das mir, ich bin Fachmann"),
Vorwürfe und **Monologe.**

2.2 Wie man ein Verkaufsgespräch vorbereitet

Wenn der Mensch seine primären Bedürfnisse befriedigt hat, geht er an die Verwirklichung seiner sekundären Bedürfnisse (vgl. Kap. 1.1).

Profit	Gewinnstreben, Spartrieb, Zeit gewinnen
Komfort	Bequemlichkeit, Ästhetik, Schönheitssinn
Ansehen	Stolz, Prestige, Anlehnungsbedürfnis, „in" sein
Freude	Vergnügen, Großzügigkeit, Sympathie, Liebe zum Partner oder zur Familie

Eine besonders gepflasterte Hofeinfahrt oder ein Gartenteich sind demnach sekundäre Bedürfnisse. Überlegen Sie sich daher Argumente - auch emotionaler Art - zu dem, was Sie verkaufen wollen. Sie sind gut auf ein Verkaufsgespräch vorbereitet, wenn Sie den Kunden auch auf seiner Gefühlsebene ansprechen. Er fühlt sich von Ihnen verstanden und hat Vertrauen zu Ihnen.

Abb. 1 „Erhobene Handhaltung" signalisiert Abwehr

2.3 Das 6-Stufen-Verkaufsgespräch

Diese sechs Stufen eines erfolgreichen Verkaufsgesprächs heißen:
- Annähern
- Befragen
- Vorführen
- Festigen
- Verhandeln
- Abschließen

2.3.1 Annähern

In der Regel wird die erste Kontaktaufnahme im Garten- und Landschaftsbau vonseiten des Kunden kommen. Er wird vielleicht telefonisch um ein Beratungsgespräch bitten. Dieses Telefongespräch ist Ihre **erste** und **wichtigste Möglichkeit**, ein positives Bild zu hinterlassen.

Fertigen Sie während des Gespräches eine Notiz. Nehmen Sie zu Ihrem Beratungsgespräch Ihre Telefonnotizen mit und bereiten Sie sich auf dieses Gespräch vor. Merken Sie sich den Namen des Kunden und begrüßen Sie ihn mit Namen und Titel.

Dann sollte der **erste Schritt** eines erfolgreichen Verkaufsgesprächs beginnen. Er hat mit dem Produkt oder der Dienstleistung noch überhaupt nichts zu tun. Hier geht es darum, dass Sie sich auf Ihren Kunden einstimmen. In der Psychologie heißt das „Warming-up" oder „Aufwärmphase".

Bringen Sie ihn dazu, dass er von sich spricht. Das gibt ihm das Gefühl, dass Sie sich für ihn interessieren.

- Für den Gesprächpartner klingt es positiv, wenn Sie ein Telefonat mit dem Tagesgruß (nach regionaler Sitte) beginnen, dann erst Firmennamen und zuletzt Ihren Namen nennen.
- Notizblock, Schreibzeug und Terminkalender am „Arbeitsplatz Telefon" ermöglichen Ihnen eine rasche und korrekte Aufnahme der Kundenwünsche.
- Vergewissern Sie sich, dass Sie Name, Anschrift und Telefonnummer des Anrufers richtig verstanden und aufgenommen haben.
- Nehmen Sie in die Telefonnotiz alle Einzelheiten auf.
- Auch am Telefon können Sie ohne Sichtkontakt kundenbezogen argumentieren, mit kurzen Erwiderungen bestätigen, dass Sie mithören und interessiert sind.

Das Ganze funktioniert natürlich nur, wenn Sie sich wirklich für andere Menschen interessieren.

Merke

Wer im Verkauf arbeitet, kommt um die vier M nicht herum:
Man muss Menschen mögen!

Wenn Sie einen Kunden besuchen, gibt es verschiedene Möglichkeiten einer **Einstimmung**. Loben Sie sein schönes Zuhause, die Lage des Grundstückes oder möglicherweise entdecken Sie Dinge, die auf eines seiner Steckenpferde hindeuten. Sprechen Sie diese Dinge aber nur an, wenn Sie dazu auch Fragen stellen oder selbst etwas beitragen können.

Das Mindeste an Einstimmung sind ein **freundliches Lächeln** und die Bereitschaft, sich in diesem Moment voll und ganz diesem Menschen zu widmen.

Im Anschluss an diese Phase beginnt das eigentliche Verkaufsgespräch.

2.3.2 Befragen

Auch am **zweiten Schritt** scheitern unzählige Verkaufsgespräche. Bevor Sie Ihrem Kunden auch nur irgendetwas vorführen oder zeigen, müssen Sie seine Bedürfnisse abklären.

Überlegen Sie sich, was Sie von Ihrem Kunden alles wissen müssen, damit Sie ihm helfen können, das zu bekommen, was er braucht.

Fragen Sie Ihren Kunden, was er will – und: Lauschen Sie aktiv und interessiert seinen Antworten.

- Durch Fragen treten Sie im Gesprächsanteil zurück (= Dominanz wird vermieden).
- Stellen Sie offene Fragen, wenn Sie eine möglichst detaillierte und umfangreiche Information benötigen. Offene Fragen (z. B. Was, Warum, Weshalb? etc.) können nicht mit Ja oder Nein beantwortet werden und provozieren eine umfangreichere Antwort.
- Stellen Sie geschlossene Fragen, wenn Sie gezielt Informationen oder Standpunkte zu fest definierten Punkten erhalten wollen. Geschlossene Fragen können nur mit Ja oder Nein beantwortet werden.
- Vermeiden Sie Formulierungen wie „Ja, aber ...". Statt „aber" sollten sie besser „und" benutzen. Beispiel: „Ihr Vorschlag ist gut, aber die Kosten sind nicht vertretbar." Besser: „Ihr Vorschlag ist gut und wie bekommen wir die Kosten optimiert?"
- Reden Sie mehr vom ICH als vom MAN oder DU. Kritik wird wesentlich annehmbarer in Form von ICH-Botschaften.
- Blockaden beim Gegenüber überwinden Sie dadurch, dass Sie Redewendungen und Begriffe des anderen aufnehmen und aktiv einsetzen.

2.3.3 Vorführen

Erst jetzt sind Sie in der Lage, Ihrem Kunden ein Produkt oder eine Dienstleistung **vorzuführen**, die seinen Bedarf abdeckt. Und er soll spüren, dass Ihnen das Spaß bereitet. Denn wenn Sie nicht überzeugt sind von Ihrer Dienstleistung, wie soll es dann jemand anders sein? Legen Sie sich eine Mappe zu, in der Sie Bilder, Auszeichnungen, Referenzen usw. gesammelt haben. Der Kunde muss mit all seinen Sinnen an der Vorführung teilnehmen können. Wenn es beispielsweise um die Anlage eines Gartenteichs geht, nehmen Sie Gartenteichfolienstücke mit. Sammeln Sie Bilder oder Videofilme von gelungenen Bauvorhaben. Vielleicht haben Sie einen Laptop, in dem Sie schnell eine Gartenanlage erstellen können. Je mehr Sinne Sie ansprechen, desto größer ist die Chance, dass der Kunde „sich angesprochen fühlt".

- Wo es etwas zu fühlen gibt, lassen Sie ihn fühlen.
- Wo es etwas zu riechen gibt, lassen Sie ihn riechen.
- Wo es etwas zu schauen gibt, lassen Sie ihn schauen.
- Wo es etwas zu kosten gibt, lassen Sie ihn kosten.

2.3.4 Festigen

Beim Festigen handelt es sich eigentlich nicht um einen getrennten Schritt. Festigen muss man während des ganzen Verkaufsgesprächs. Denn Festigen heißt, dass der Wert der Dienstleistung im Gefühl des Kunden stetig wächst und dass im Gegensatz dazu der Preis immer vernünftiger erscheinen soll. Es bedeutet auch, dass Sie dem Kunden die Kaufangst überwinden helfen, die naturgemäß bei größeren Anschaffungen auftritt.

Zuerst einmal sollten Sie dem Kunden klar machen, dass seine Wünsche erfüllbar sind. Dann sollten Sie Hintergrundinformationen liefern, die den Wert betonen und den Preis begründen.

2.3.5 Verhandeln

In dieser Phase geht es darum, zu welchen Konditionen der Kunde kaufen wird. Starten Sie deshalb einen **Abschlussversuch**. Nehmen Sie dazu einfach an, dass der Kunde abschließen wird. Zum Beispiel „Gibt es noch etwas, was wir berücksichtigen müssen?" Wenn der Kunde „Nein" sagt, kommt es zum Abschluss.

In der Regel kommen aber Kundeneinwände. Diese Einwände können sich auf verschiedene Dinge beziehen. Fassen Sie diese Einwände nicht als persönlichen Angriff auf. Im Gegenteil: Betrachten Sie den Einwand als Möglichkeit, die Erwartungen des Kunden besser kennen lernen zu können.

In dieser Phase sollten Sie ein besonderes Vorgehen anwenden: „Bewegen Sie sich immer mit dem Kunden, nie gegen ihn. Wenn der Kunde Sie stößt, ziehen Sie ihn. Wenn er zieht, stoßen Sie ihn." Kämpfen Sie nie gegen den Kunden. Eine gängige Einleitung ist: „Sie haben Recht." Nie: „Das ist nicht richtig!"

Verschiedene Einwandarten

Einwände können verschiedene Ursachen haben.

Der objektive Einwand

Es gibt Einwände, die sachlich fundiert oder vom subjektiven Standpunkt des Kunden aus richtig sind. Es empfiehlt sich, dem Kunden in diesem Punkt Recht zu geben und gleichzeitig die zahlreichen Vorteile zu erwähnen.

Beispiel:

„Das ist zu teuer!"

Stellen Sie einfach folgende Frage: „Angenommen, wir können uns über den Preis einigen, würden Sie dann das Geschäft mit uns abschließen?"

Abb. 1   Der Kunde ist König

Wenn es wirklich nur um den Preis geht, dann sollten Sie einige Rezepte zur Verfügung haben.

Stellen Sie vielleicht folgende Frage: „Können Sie mir sagen, womit Sie dieses Angebot vergleichen?" Das zwingt den Kunden zum Nachdenken. Vielleicht bringt er auch eine Mitbewerber-Offerte, die tatsächlich im Preis etwas tiefer liegt. Jetzt sollten sie beispielsweise die hergestellten Werke Ihrer Mitbewerber kennen. Gehen Sie dann die Vorteile einzeln durch und vergleichen Sie sie mit der Mitbewerber-Offerte. Sollte der Mitbewerber günstiger im Preis sein, dann können Sie Punkte sammeln, wenn Sie Ihrem Kunden empfehlen, dort zu kaufen. In mindestens 80 % der Fälle und sofern Sie Ihrem Kunden sympathisch sind, wird er antworten: „Nein, ich möchte lieber bei Ihnen kaufen."

Eine weitere Möglichkeit ist die Aufsplitterungs- und die Abzahlungstechnik. Bei dieser Technik zeigen Sie Ihrem Kunden beispielsweise, wie wenig er pro Tag, pro Woche oder pro Monat bezahlen muss.

Der subjektive Einwand

Hierzu gehören Einwände, die der Kunde vorbringt, weil er andere Erfahrungen gemacht hat, noch nicht genügend informiert ist oder Fehlinformationen erhalten hat.

Beispiel: fehlende Information zum Unterbau einer Hofeinfahrtpflasterung.

Klären Sie den Kunden auf und nennen Sie gleichzeitig die Vorzüge.

Der unausgesprochene Einwand

Das sind Einwände, die der Kunde nicht nennen kann (z. B. weil er nicht zu Wort kam) oder will.

Ermutigen Sie den Kunden durch Ihr Verhalten, Einwände zu äußern.

Scheineinwände

Das sind zumeist Ausreden. Sie drücken aus, dass kein Interesse am Kauf besteht.

Beispiel: „Ich habe gerade wenig Zeit."

In solchen Fällen gibt es keine überzeugenden Argumente.

Der boshafte Einwand

Hierbei handelt es sich um Störungsversuche von Menschen, die sich von Ihnen zu wenig beachtet fühlen.

Manche Kunden haben auch einfach schlechte Laune. Es ist schwierig, solche Einwände durch Argumente abzuschwächen. Bleiben Sie aber ruhig.

2.3.6 Abschließen

Wenn Sie Ihre Arbeit bis hier richtig gemacht haben, ist das Abschließen eine reine Formsache. Mit Ihren Abschlussfragen, die Sie dem Kunden ja bereits gestellt haben, geht der Abschluss fast von selbst. Es kann höchstens sein, dass Sie jetzt noch eine Unterschrift unter einem Vertrag brauchen. Da die Unterschrift jedoch immer eine Sache ist, die viele Menschen nochmals abschreckt, sind clevere Unternehmer dazu übergegangen, mithilfe von Abschlussfragen eine mündliche Zusage zu erhalten und diese dann schriftlich zu bestätigen.

- Wann möchten Sie's haben?
- Wie viele dürfen wir Ihnen liefern?
- Wann können wir mit der Arbeit beginnen?
- Möchten Sie lieber diese oder jene?
- Darf ich mir einen Termin in meinem Kalender notieren?

Sollte der Kunde jedoch nicht abschließen, bleiben Sie weiterhin freundlich. Denn nicht jedes Verkaufsgespräch führt zu einem positiven Ergebnis. Vielleicht braucht er nur ein wenig Zeit und wird sich später melden oder sie konnten sich diesmal nicht einigen und es ergibt sich ein späteres Geschäft. Deshalb hinterlassen Sie bis zum Schluss einen positiven Eindruck.

Ein wichtiger Grundsatz: Bleiben Sie seriös und integer, dann können Sie auch allen Menschen in die Augen schauen.

Nach einem Gespräch denken Sie noch einmal über den Gesprächsverlauf nach. Man sollte immer aus gemachten Fehlern lernen.

3 Die Beanstandung

Zu Beginn dieses Kapitels stand „.... und zwar vor, während und nach dem Kauf".

Wenn Sie Ihre Dienstleistung ausgeführt haben, kann es zu Beanstandungen kommen. Der Begriff Reklamation ist negativ besetzt und hindert nur daran, die positiven Aspekte zu erkennen.

Das Positive ist, dass Sie die Enttäuschung Ihres Kunden kennen und somit handeln können.

- Der Kunde will keine Ausrede oder Rechtfertigung hören!
- Er will Lösungen und Zukunftsperspektiven erkennen!

Aber wie geht man mit Beanstandungen um?

1. Dampf ablassen, ausreden lassen.
2. Verständnis zeigen.
3. Sachverhalt klären.
4. Sich entschuldigen.
5. Vorstellungen des Kunden zur Lösung erfahren.
6. Danken Sie für das Verständnis, für den fairen Vorschlag, für die gute Zusammenarbeit.
7. In Beanstandungen stecken Chancen: Nach der Bearbeitung zur Tagesordnung übergehen und neue Zukunftsperspektiven aufzeigen.

Aufgaben

1. Beschreiben Sie das Verhalten einer in Eile befindlichen Person.
2. Zählen Sie unsichere/desinteressierte Körpersprachemuster auf.
3. Ein Kunde möchte sich einen Gartenteich anlegen lassen. Welche Fragen müssen Sie mit ihm klären?
4. Sie schlagen einem Kunden vor, dass seine Hofeinfahrt nach Vorschrift hergestellt werden soll. Stellen Sie subjektive und objektive Einwände zusammen.
5. Führen Sie ein Verkaufsrollenspiel durch.

Bildquellenverzeichnis

ACO Hochbau Vertrieb GmbH, Büdelsdorf: S. 120/1

akg Images/Bildarchiv Steffens: S. 1/1 (Bildarchiv Steffens); 2/1; 3/1, 2; 6/2

Arbeitsgemeinschaft Pflasterklinker e. V., Bonn: S. 109/1–6; 110/1–7

Bavaria-Bildagentur GmbH, Gauting: S. 9/1

Bayerische Maßindustrie A. Keller GmbH, Hersbruck: S. 46/1

BERDING BETON GmbH, Steinfeld: S. 157/1; 160/1, 3

BetonBauteile Bayern im Bayerischen Industrieverband Steine und Erden e. V., München: S. 160/2

Bietenbeck, Martin, Osnabrück: S. 93/1, 2; 98/1; 99/1; 100/1; 102/2; 103/1; 105/1; 108/1, 2, 4; 115/1, 2; 116/1, 3; 117/1, 2; 118/2; 119/1–3; 121/1; 123/3; 124/1–3; 125/1, 2; 127/1; 128/2, 3; 131; 133/2

Bund deutscher Staudengärtner, Bonn: S. 286/1

Bundesministerium für Verkehr, Bau und Stadtentwicklung, erstellt von SSP Consult, Beratende Ingenieure GmbH: S. 97/1

Ceramiche Atlas Concorde S.p.A., Spezzano di Fiorano, Italia: S. 106/2

COMPO Expert GmbH, Münster: S. 363/1–3, 5

COSMET Helmut Ploß, Hamburg: S. 292/2, 4, 6; 321

CPMaschinenbau AG, Sörup: S. 177/3

David Austin Roses, GB-Wolverhampton: S. 271/4–6

Dettmer Agrar-Service GmbH, Kettenkamp: S. 133/1

dpa Picture-Alliance GmbH, Frankfurt/Main: S. 357/6 (Oliver Giel)

DQS – Deutsche Gesellschaft zur Zertifizierung von Managementsystemen GmbH, Frankfurt/Main: S. 508

3P Technik Filtersysteme GmbH, Bad Überkingen: S. 374/3

Edition Leipzig: S. 3/3

ELIET EUROPE NV, OTEGEM/Belgien: S. 177/5

engelbert strauss GmbH & Co. KG, Biebergemünd: S. 346

Eschlböck Maschinenbau GmbH, Prambachkirchen: S. 178

Forschungsinstitut der Zementindustrie GmbH, Düsseldorf: S. 199

Fotolia Deutschland, Berlin, © www.fotolia.de: S. 102/3 (mahey); 102/4 (romannerud); 102/5 (ic36006); 102/6 (Pixelmixel); 104/2 (Kalle Kolodziej); 280/1 (ArtHdesign); 320/1 (Johannes Ruppel)

Gala-Lusit-Betonsteinwerke GmbH, Hannover: S. 104/3

Gärtnerei Germann, Arbeitskreis Wasserpflanzen im Bund deutscher Staudengärtner, Hans Großmann, Speyer: S. 409/4

GEFA Produkte® FABRITZ GmbH, Krefeld: S. 236/6–9

GEO3 GmbH Freiraumplanung, Bedburg-Hau, Zeichner: Moritz Thönnissen: S. 41/1

GEOTEX® GmbH, Zella-Mehlis: S. 481/3, 4

Golden Mile GmbH, Berlin: S. 166/2

Greenleaf Deutschland KG, Reichshof-Hunsheim: S. 123/1

Gritzke Lasertechnik OHG/Martin Stölting – Tiefbau + Abbruch GmbH, Lemgo: S. 62/3

GROWI Maschinenbau, Oberthingau: S. 179/1

Heinrich, Rudolf, Donauwörth: S. 167/1; 177/1, 2

Himmelhuber, Peter, Regensburg: S. 225/3–5, 7–9; 230; 294/7; 295/2, 4; 303/5, 7, 8, 10; 304/1, 2, 11, 12; 318/2, 3; 331/3–8; 335/1, 4–8; 380/1; 407/1–7, 10–12; 409/1–3, 5–12; 411/1–8; 413/2–5, 7, 11, 12; 425; 479; 483/5

Hoyer, Harald, Schwerin: S. 8/1

InformationsZentrum Beton GmbH, Erkrath: S. 186

Institut für Stahlbetonbewehrung e. V., Düsseldorf: S. 189/1

Internationaal Bloembollen Centrum, NL Hillegom: S. 295/1, 3; 296; 297; 298; 299/1–8; 300/2–8; 301; 302

Jacobi, Dipl.-Ing. agr. Dr. Friedhelm, Rhumspringe: S. 222; 223

John Deere GmbH & Co. KG, Mannheim: S. 344/2

Kalinke Vertriebs GmbH, Berg: S. 343/3–5; 348/1, 2; 350/4–8

KRAIBURG Relastec GmbH & Co. KG: S. 105/2

Kresko GmbH, Stuttgart: S. 369; 372/1, 3

Lohrer, Thomas, Freising: S. 278/5

Mauritius GmbH, Mittenwald: S. 6/1; 150/1; 480/1; 486/2

Meilland Deutschland: S. 265/1; 266/5, 6; 272/2

Müthing GmbH & Co. KG, Soest: S. 344/4

Nedo GmbH & Co. KG, Dornstetten: S. 64/1; 73/1

NGR-Natursteine, Rheine: S. 111/1–3; 112/1–6; 113/1–10; 121/2

Okapia KG, Frankfurt: S. 319/1 (G. Kiepke); 359/1 (Lothar Lenz); 359/2 (R. Cavignaux); 417/1 (M. Varin); 417/2 (Andreas Hartl); 418/2 (G. Dagner); 418/3 (O. Cabrero i. Roura); 418/4 (Raimund Cramm); 419/1 (Herbert Kehrer); 419/2 (Martin Rügner); 419/3 Frank Kramer); 419/4 (Natur im Bild/R. Förster)

Optimas GmbH, Saterland/Ramsloh: S. 102/1; 122/2

Paul Spierenberg, Hamburg: S. 477

pezzolato-Deutschland, Gondershausen: S. 177/4

Posch GesmbH, Leibnitz/Kaindorf, Österreich: S. 179/2

PÖTTINGER Landtechnik GmbH, Grieskirchen, Austria: S. 342/8

quick-mix Gruppe GmbH & Co. KG, Osnabrück: S. 107/1, 2

Roe, Karen: S. 8/2 Bild: Flickr: RHS Chelsea Flower Show 2012, Lizenz: CC BY 2.0, https://de.wikipedia.org/wiki/Chelsea_Flower_Show#/media/File:RHS_Chelsea_Flower_Show_2012.jpg

Rosen Union eG, Bad Nauheim: S. 266/1; 272/1

Schlüter, Martin/ Bruun & Möllers: S. 449/3, 4

Schmitt GmbH, Münnerstadt: S. 345/2

Schmitt, Jens, Höchstädt: S. 26/2; 27/1, 2; 28/1, 2; 29/1; 30/1–3; 31/1; 32/1; 34/2; 76/2; 82/1; 83/1; 84/1, 2, 4, 5; 85/1, 2, 4, 5; 86/2–4; 88/1, 2; 89/1; 145/4–8; 146; 163; 167/3; 168; 169; 170; 171; 172; 173; 174; 175; 332/1; 481/2; 482/3, 5; 483/2; 484/2, 4; 485/2, 3, 5; 494; 502/1; 503/1; 504; 505; 506/1, 2

Seipel, Holger, Wiefelstede: S. 4/3; 43/1–8; 47/1; 51/2; 59/1; 60/1–4; 61/1, 2; 84/3, 6; 108/3; 136/1, 2; 144/1; 145/1–3, 9; 153; 154; 182/2; 192; 196/1; 212; 213; 214/1–4; 215/2–5; 216; 217; 224; 225/1, 2, 6; 226; 228; 229; 233/2; 236/1–5; 240/1, 2; 242/1; 246; 247/1, 3, 4; 250; 251; 256; 260; 261/1–4; 262/1, 2; 265/3, 6; 266/3, 4; 267/5, 6; 268/2, 6; 269; 270; 272/4–7; 273/1; 274/4; 277/2, 3; 278/1–4, 6–11; 280/2–5; 281; 282; 283; 284; 285; 292/1, 3, 5; 294/2–6; 299/9–11; 303/1–4, 6, 9, 11, 12; 304/3–10; 308; 309; 310; 312; 313; 314; 315; 316; 317; 318/1; 319/2; 320/2; 330; 331/1, 2; 333/2, 3; 334; 342/1–4, 6, 7; 343/1; 349/1; 350/1, 2; 354; 357/1–5; 358/1, 2, 4; 360; 361; 362; 363/4; 364; 370; 380/2–8; 381; 383; 386; 389; 393; 394; 395; 396; 397; 404/2; 407/8, 9; 413/1, 6, 8–10; 415; 416/2; 424; 430/1; 433; 441; 455; 464; 465; 467; 468/2; 475

Seipel, Kai-Michael, Achtrup: S. 358/3; 419/5, 6; 420/2, 3; 421

Sembdner Maschinenbau GmbH, Fürstenfeldbruck: S. 333/1; 335/2, 3; 342/5; 350/3

Shutterstock Images LLC, New York, USA: S. 4/2 (Igor Plotnikov); 340/1 (designelements)

Spierenburg Fotograf: S. 4/1

Spindler GmbH, Ampflwang – Österreich: S. 150/3

Staatliche Schlösser, Burgen und Gärten Sachsen gGmbH – Schloss & Park Pillnitz: S. 5/2

Staatliche Schlösser, Burgen und Gärten Sachsen gGmbH, Fotograf: S. vio Diettrich, Heidenau: S. 5/1

Staub Designlight AG, Stansstad, Schweiz: S. 449/1, 2, 5

Stiftung „Pückler-Park Bad Muskau", Astrid Roscher, Bad Muskau: S. 5/3

STIHL AG, ANDREAS, Waiblingen: S. 344/1; 345/3, 4

TIGER GmbH, Endingen: S. 345/1

Topcon Deutschland Positioning GmbH, Hamburg: S. 62/2

Trimble Germany GmbH: S. 49/1, 2; 62/1

UPM Biocomposites: S. 166/1

Verband Baugewerblicher Unternehmer Hessen e.V., Frankfurt: S. 78/1

Verlag Handwerk und Technik GmbH, Hamburg: S. 164; 165; 190/1

Volker Kreye GmbH & Co. KG, Ganderkesee: S. 444; 446; 447

W. Kordes' Söhne GmbH & Co. KG, Klein Offenseth-Sparrieshoop: S. 265/2, 4, 5; 266/2; 267/1–4; 268/1, 3–5; 271/1–3; 272/3

Wacker Neuson Vertrieb Europa GmbH & Co. KG, München: S. 195; 196/2

Wiedenmann GmbH, Rammingen: S. 344/3, 5, 6

Zeppelin Baumaschinen GmbH, Garching bei München: S. 85/3; 86/1

Illustrationen:

as-illustration, Rimpar: S. 106/1; 237; 238; 239; 240/3; 341

Grafische Produktionen Neumann, Rimpar: S. 14/1; 122/1; 182/1; 189/2, 3; 190/2, 3; 193; 194; 196/1; 197; 209; 233/1; 248; 355; 379

Krausen, Scott, Mönchengladbach: S. XII/1; 16/1; 17/1; 20/1; 211; 387/1; 472; 473; 487; 492/1; 506/3; 510; 511; 513

Sämtliche nicht aufgeführten Illustrationen:

Marlies Meier, Hamburg

Julia Reimann, Hamburg

Scholz & Partner, Wolfsburg

Sachwortverzeichnis

zu Seite 222:

Abb. 1 Acer platanoides (Spitzahorn)

Abb. 2 Betula pendula (Sand-/Weißbirke)

Abb. 3 Catalpa bignonioides (Trompetenbaum)

Abb. 4 Fraxinus excelsior (Esche)

Abb. 5 Aesculus hippocastanum (Rosskastanie)

Abb. 6 Alnus glutinosa (Schwarzerle)

Abb. 7 Fagus sylvatica (Rotbuche)

Abb. 8 Quercus robur (Stieleiche)

Abb. 9 Tilia cordata (Winterlinde)

Abb. 10 Acer campestre (Feldahorn)

Abb. 11 Carpinus betulus (Weiß-/Hainbuche)

Abb. 12 Ginkgo biloba (Ginkgo)

zu Seite 223

Abb. 13 Tilia platyphyllos (Sommerlinde)

Abb. 14 Ailanthus altissima (Götterbaum)

Abb. 15 Salix alba (Silberweide)

Abb. 16 Robinia pseudoacacia (Robinie)

Abb. 17 Sorbus aucuparia (Vogelbeere, Eberesche)

Abb. 18 Liriodendron tulipifera (Tulpenbaum)

Abb. 19 Liquidambar styraciflua (Amberbaum)

Abb. 20 Paulownia tomentosa (Paulownie)

Abb. 21 Platanus x hispanica (Platane)

Abb. 22 Juglans regia (Walnuss)

Abb. 23 Prunus avium (Kirsche)

Abb. 24 Castanea sativa (Esskastanie)